文革史料叢刊第四輯

第一冊

李正中　輯編

只有不漠視、不迴避這段歷史，中國才有希望，中華民族才有希望！忘記歷史意味著背叛！

——摘自「文革史料叢刊·前言」

蘭臺出版社

巴金先生说在文革

受盡火与血磨煉

的人是不会沉默的

八十又五叟

李正中

著名中國古瓷與歷史學家、教育家。
李正中　簡介

祖籍山東省諸城市，民國十九年（1930）出生於吉林省長春市。

北平中國大學史學系肄業，畢業於華北大學（今中國人民大學）。

歷任：天津教師進修學院教務處長兼歷史系主任（今天津師範大學）。

　　　天津大學冶金分校教務處長兼圖書館長、教授。

　　　天津社會科學院中國文化研究中心主任、研究員。

現任：天津文史研究館館員。

　　　天津市漢語言文學培訓測試中心專家學術委員會主任。

　　　香港世界華文文學家協會首席顧問。

　　　（天津理工大學經濟與文化研究所供稿）

為加強海內外學術交流，應邀赴日本、韓國、香港、臺灣進行講學，

其作品入圍德國法蘭克福國際書展和美國ABA國際書展。

文革五十周年祭

百萬紅衛兵打砸搶燒殺橫掃五千年中華文史精華　可惜

中國知識分子慘遭蹂躪委曲求全寧死不屈有氣節　可敬

國家主席劉少奇無法可護窩窩囊囊死無葬身之地　可歎

內鬥中毛澤東技高一籌讓親密戰友林彪墜地身亡　可悲

2016年李正中於5.16敬祭

前言：忘記歷史意味著背叛

文學巨匠巴金說：

應該把那一切醜惡的、陰暗的、殘酷的、可怕的、血淋淋的東西集中起來，展覽出來，毫不掩飾，讓大家看得清清楚楚，牢牢記住。不能允許再發生那樣的事。不再把我們當牛，首先我們要相信自己不是牛，是人，是一個能夠用自己腦子思考的人！

那些魔法都是從文字遊戲開始的。我們好好地想一想、看一看，那些變化，那些過程，那些謊言，那些騙局，那些血淋淋的慘劇，那些傷心斷腸的悲劇，那些勾心鬥角的醜劇，那些殘酷無情的鬥爭……為了那一切的文字遊戲！……為了那可怕的十年，我們也應該對中華民族子孫後代有一個交代。

要大家牢記那十年中間自己的和別人的一言一行，並不是讓人忘記過去的恩仇。這只是提醒我們要記住自己的責任，對那個給幾代人帶來大災難的「文革」應該負的責任，無論是受害者，或者害人者，無論是上一輩或是下一代，不管有沒有為「文革」舉過手點過頭，無論是造反派、走資派，或者逍遙派，無論是鳳或者是牛馬，讓大家都到這裡來照照鏡子，看看自己為「文革」做過什麼，或者為反對「文革」做過什麼。不這樣，我們怎麼償還對子孫後代欠下的那一筆債，那筆非還不可的債啊！

（摘自巴金《隨想錄》第五冊《無題集・紀念》）

我高舉雙手讚賞、支持前輩巴老的呼籲。這不是一個人的呼籲，而是一個民族對其歷史的反思。一個忘記自己悲慘歷史和命運的民族，就是一個沒有靈魂的民族，沒有希望的民族，沒有前途的民族。中華民族要真正重新崛起於世界之林，實現中華夢，首先必須根除這種漠視和回避自己民族災難的病根，因為那不意味著它的強大，而恰恰意味著軟弱和自欺。這就是我不計後果，一定要搜集、編輯和出版這部書的原因。我想，待巴老呼籲的「文革紀念館」真正建立起來的那一天，我們才可以無愧地向全世界宣告：中華民族真正走上了復興之路……。

當本書即將付梓時刻，使我想到蘭臺出版社出版該書的風險，使我內心感動、感激和感謝！同時也向高雅婷責任編輯對殘缺不全的文革報紙給以精心整理、校對，付出辛勤的勞累致以衷心得感謝！

感謝忘年交、學友南開大學博導張培鋒教授為拙書寫「序言」，這是一篇學者的呼喚、是正義的伸張，作為一個早以欲哭無淚的老者，為之動容，不覺潸然淚下：「一夜思量千年事，人生知己有一人」足矣！

李正中於古月齋

2014年6月1日文革48周年紀念

序言：中國歷史界的大幸，也是國家、民族之大幸

張培鋒

李正中先生積三十年之功，編集整理的《文革史料叢刊》即將出版，囑我為序。我生於1963年，在文革後期（1971-1976），我還在讀小學，那時，對世事懵懵懂懂，對於「文革」並不瞭解多少，因此我也並非為此書寫序的合適人選。但李先生堅持讓我寫序，我就從與先生交往以及對他的瞭解談起吧。

看到李先生所作「前言」中引述巴金老人的那段話，我頓時回想起當年我們一起購買巴老那套《隨想錄》時的情景。1985年我大學畢業後，分配到天津大學冶金分校文史教研室擔任教學工作，李正中先生當時是教務處長兼教研室主任，我在他的直接領導下工作。記得是工作後的第三年即1987年，天津舉辦過一次大型的圖書展銷會（當時這樣的展銷會很少），李正中先生帶領我們教研室的全體老師前往購書。在書展上，李正中先生一眼看到剛剛出版的《隨想錄》一書，他立刻買了一套，並向我們鄭重推薦：「好好讀一讀巴老這套書，這是對「文革」的控訴和懺悔。」我於是便也買了一套，並認真讀了其中大部分文章。說實話，巴老這套書確實是我對「文革」認識的一次啟蒙，這才對自己剛剛度過的那一個時代有了比較深切的瞭解，所以這件事我一直記憶猶新。我記得在那之後，李正中先生在教研室的活動中，不斷提到他特別讚賞巴金老人提出的建立「文革紀念館」的倡議，並說，如果這個紀念館真的能夠建立，他願意捐出一批文物。他說：「如果不徹底否定「文革」，中國就沒有希望！」我這才知道，從那時起，他就留意收集有關「文革」的文獻。算起來，到現在又三十年過去了，李先生對於「文革」那段歷史「鍾情」不改，現在終於將其裒輯付梓，我想，這是中國歷史界的大幸，也是國家、民族之大幸！

前兩年，我有幸讀到李正中先生的回憶錄，對他在「文革」中的遭遇有了更為真切的瞭解。「文革」不僅僅是中國知識分子的受難史，更是整個民族、人民的災難史。正如李先生在「前言」中所說，忘記這段歷史就意味著背叛。李先生是歷史學家，他的話絕非僅僅出於個人感受，而是站在歷史的高度，表現出一個中國知識分子的真正良心。

就我個人而言，雖然「文革」對我這一代人的波及遠遠不及李先生那一代人，但自從我對「文革」有了新的認識後，對那段歷史也有所反思。結合我個人現在從事的中國傳統文化教學與研究來看，我覺得「文革」最大的災難在於：它對中華優秀傳統文化做出了一次「史無前例」的摧毀（當時稱之為「破四舊，立新風」，當時究竟是如何做的，我想李先生這套書中一定有非常真實的史料證明），從根本上造成人心

的扭曲和敗壞，並由此敗壞了全社會的道德和風氣。「文革」中那層出不窮的事例，無不是對善良人性的摧殘，對人性中那些最邪惡部分的激發。而歷史與現在、與未來是緊緊聯繫在一起的，當代中國社會種種社會問題、人心的問題，其實都可以從「文革」那裡找到根源。比如中國大陸出現的大量的假冒偽劣、坑蒙拐騙、貪汙腐化等現象，很多人責怪說這是市場經濟造成的，但我認為，其根源並不在當下，而可以追溯到四十年前的那場「革命」。而時下一些所謂「左派」們，或別有用心，或昧了良心，仍然在用「文革」那套思維方式，不斷地掩飾和粉飾那個時代，甚至將其稱為中國歷史上最文明、最理想的時代。我現在在高校教學中接觸到的那些八十年代、九十年代後出生的年輕人，他們對於「文革」或者絲毫不瞭解，或者瞭解的是一些經過掩飾和粉飾的假歷史，因而他們對於那個時代的總體認識是模糊甚至是錯誤的。我想，這正是從巴金老人到李正中先生，不斷呼籲不要忘記「文革」那段歷史的深刻含義所在。不要忘記「文革」，既是對歷史負責，更是對未來負責啊！

記得我在上小學的時候，整天不上課，拿著毛筆——我現在感到奇怪，其實就連毛筆不也是我們老祖宗的發明創造嗎？「文革」怎麼就沒把它「革」掉呢？——寫「大字報」，批判「孔老二」，其實不過是從報紙上照抄一些段落而已，我的《論語》啟蒙竟然是在那樣一種可笑的背景下完成的。但是，僅僅過去三十多年，孔子仍然是我們全民族共尊的至聖先師，「文革」中那些「風流人物」們今朝又何在呢？所以我認為，歷史是最公正、最無情的，是不容歪曲，也無法掩飾的，試圖對歷史進行歪曲和掩飾其實是最愚蠢的事。李正中先生將這些「文革」時期的真實史料拿出來，讓那些並沒有經歷過那個時代的人們真正認識和體會一下那場「革命」的真實過程，看一看那所謂「革命」、「理想」造成了怎樣嚴重的後果，這就是最好的歷史、最真實的歷史，這也就是巴老所說的「文革紀念館」的一個重要組成部分啊！我非常讚成李正中先生在「前言」中所說的，只有不漠視、不回避這段歷史，中國才有希望，中華民族才有希望！

是為序。

中華民族最黑暗的年代「文革」48周年紀念於天津聆鍾室

〔注〕張培鋒：現任南開大學文學院教授博士班導師

古月齋叢書6　文革史料叢刊　第四輯

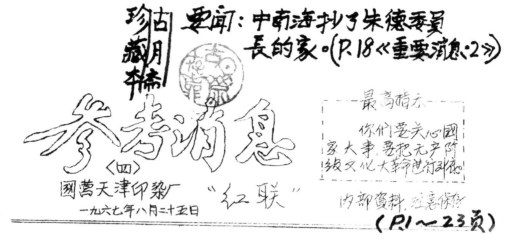

要闻：中南海抄了朱德委員長的家。(P.18《重要消息·2》)

参考消息（四）

國营天津印染厂 “红联”
一九六七年八月二十五日
内部資料，注意保存
(P.1～23页)

最高指示

你们要关心国家大事，要把无产阶级文化大革命进行到底。

毛主席的战略布署

▲上海、北京、天津、東北是重点。上海、山東革命委員会成立，基本上控制了华東。内蒙軍区已改组，由北京、山西、天津控制华北，利用黑龙江控制東北三省，切断走資派与苏美日修的联系。最近武汉湖南又一个个解决了。广西由黄永胜领导，切断走资派与帝修反的联系。贵州革命委员会成立，保証了西南。四川又派張国华，因此大西南已逐渐摆脱了罗李廖的法西斯统治。兰州陕西部队又协助了大西北反对保守派与刘邓势力。新疆看来比较平静，但也有一场大规模斗争，王恩茂自己沉默就是在反对！青海造反派占上风，全国以北京、上海、武汉、成都、沈阳、广州、兰州为中心的文化大革命形势很好！

▲我们现在拿着笔杆子，但每人都要随时准备拿起枪杆子。

× × ×

▲林付主席指示

一九六七年八月三日下午，林付主席接見楊得志同志作了重要指示。

現在一种是内蒙、青海的形势，一种是像你们那样认錯了改。

▲要相信毛主席，坚决执行毛主席的革命路线。

▲要相信中央文革，中央文革是毛主席亲自領导的。毛主席对下面来的报告、电报，看得很仔细，对下面的情况了解得很清楚，紅卫兵的报毛主席都亲自看。

▲对主席的指示，最好是思想上能理解，如不能够理解就照办。如果什么都理解了，再办就迟了。我们最好是不錯的。有的錯到底，你们没錯到底，用你们的办法坚决改过来是对的。

▲我们的文化大革命是史无前例的。世界上只有毛主席才能发动这样的文化大革命。在这个文化大革命中有些乱，乱一下不要紧，打仗不是要死亡人吗？只有在乱的当中好人才能暴露出来。

▲主席的政策是成功的，每一个步骤都是主席親自下的。对武汉、江西都是主席下的决心。再三证明主席的政策是

正确的。事实证明就是主席，我们这些人都是有错误的，在文大革命中也是如此。

▲我们要坚决跟上毛主席。跟上有点赶不上，只好照办，按照主席的指示执行。你们随时要有报告，主要是有回答的。坚决地跟两头，尤其是上头更主要。

▲局部要服从全局。你们早检讨早转过来是好的，迟转不如早转好。

× × ×

一批判要落实，调查确实，不然会一风吹。

二文章一、二千字，短一点写一个问题，一个问题说明了就行，不能超过三千字，长了没人看，看了也记不清。

三训服工具论要批判，但是也要有无产阶级纪律，服从组织都是有条件的。

四托拉斯不能搞翻吧！旧名称可以有新内容，主要批判走资本主义道路。

× × ×

▲毛主席关于反对武斗的指示

恩来同志：

最近以来许多革命师生和革命群众来信，问我给走资本主义道路的当权派和牛鬼蛇神戴高帽子，打花脸，游街是否算武斗？我认为，这是武斗的一种形式，这种形式起不了教育的目的。这里我顺便强调一下，在斗争中一定要坚持文斗，摆事实讲道理，以理服人，才能斗出水平，才能达到教育人的目的，应当分析武斗的人大多数是党内一小撮别有用心的资产阶级反动份子挑起的。他们用意破坏文化大革命，破坏党的方针政策，降低党的威信，凡动手打人，应依法处置，请你转向革命师生和革命群众。

× × ×

▲林付主席最新指示：

这是一场不带枪的全国大内战。决不能轻视不带枪的敌人，他们可以颠复无产阶级专政，不带枪的敌人可以转变为带枪的敌人，不带枪的战斗可以转变为带枪的战斗。如果转化了，付出很大代价。进行这场文化大革命就可避免历史的曲折反复，大破坏，必免造成人民生命财产的损失。

× × ×

▲关锋同志给谢富治付总理的信：

富治同志：

希望把去东北的北京同学招回来，他们把北京两大派的观点和对形势的错误估计带下去，造成了复杂的局面，使军区更加困难。

敬礼

关锋

左派武斗枪的来源

参考消息

（5）

国营天津印染厂"红联"

一九六七年八月二十六日

最高指示

你们要关心国家大事要把无产阶级文化大革命进行到底

内部资料注意保存

毛主席最新指示

要武装左派，要发枪给左派群众。

▲**谢付总理批准武装师大井岗山** 八月十四日谢付总理批准（北）师大井岗山武装自己。

谢付总理在文件上批示说：同意，你们自己五百支枪武装自卫，但背枪的人要选择要训练，不能儿戏。

▲在毛主席第一次接见红卫兵一周年的光辉日子里，在毛主席林付主席党中央关怀下，师大井岗山民兵师成立了。上午民兵师举行了授枪仪式，会后举行了武装示威游行。

▲河南目前的形势很好，八月九日上午九时郑州警备司令部在司令员陈贵昌付司令员王辉和政委王新率领下举行隆重的进城仪式，二、七公社广大战士，全国赴豫革命造反派和广大革命群众都参加了大会。　八月十三日警备司令部给郑大，河医等大学的二七战士发枪，并举行了隆重的发枪仪式。

▲北航红旗已发枪，武装起两千五百人的民兵师。

▲**全军文革小组改组** 肖华靠边站了

八月十六日周总理、陈伯达、江青同志接见了三军党委负责同志时宣布：

鉴于徐向前、肖华主持的全军文革小组已经瘫痪，不能领导全军无产阶级文化大革命，中央决定由吴法宪、邱会作、张秀川、叶群四人组成领导小组，领导全军无产阶级文化大革命，这是毛主席、林付主席、党中央对全军无产阶级革命派的亲切关怀。

▲肖华已靠边站了，总政文化革命由叶群同志领导，海军由张秀川同志，总后由邱会作同志，空军由吴法宪同志来领导。

▲林彪同志女儿林豆豆最近贴出第一张大字报，重炮猛轰肖华，而且份量很重，别人问她情况，她说"我妈妈知道"。

▲ **武汉消息：** 八月一日武汉军民大渡江，由于支左口是以非"百万雄师"一小撮破坏，结果造成大惨案，失踪三、四百人，已捞起尸首一百七十余具，目前正在继续打捞。悲信传来，三镇悲哀。

毛主席最新指示

犯了错误的干部和群众组织的坏头头，要到群众中考验。一要承认错误，二要坚决改正，认真改正；三要得到群众的谅解，群众的眼睛是亮的，你是不是承认错误，是不是回到无产阶级革命路线上来，要通过群众来证明；四要给左派做工作，不要乘机报复，要帮助受蒙蔽的群众提高觉悟，使他们迅速回到无产阶级革命路线上来；五不允许坏人钻空子，破坏我们的社会秩序，如果坏人操纵工人散了，威胁无产阶级专政，威胁革命领导，不怕，那有广大群众支持。

[七月三十日周总理等首长接见河南代表时传达]

我们一定不要脱离群众。不要脱离群众是一条，另一条就是不能脱离马列主义。

我们提倡青年人上台，有人说青年人没经验，上台就有经验了。过去也提倡培养无产阶级革命事业接班人，那是从形式上讲的，现在要落实到组织上。

国家机关改革最根本的 条就是联系群众，机构改革要适应联系群众，不要提倡官僚机构。

毛主席决心给延边地区的造反派发枪

王力同志八月十五日在新华社讲话中说到：吉林延边地区军分区和地方走资派勾结在一起，支持保守派，镇压造反派 连邮电大楼都被保守派烧了。后来毛主席下了决心，决心给造反派发了一千多支枪。这是全国第一次给造反派发枪。造反派才把保守派打垮。

王力、关锋同志就新华社总社请示报告

伯达、康生、江青、本禹、文元同志：

在无产阶级文化大革命中，新华社许多地方分社的记者，在大风大浪中经受考验，坚定地站在毛主席的无产阶级革命路线一边，站在左派群众一边，出生入死，坐监狱，被绑架，向中央反映了真实情况。为了表扬这批战士，在宣传战线上树立拥护毛泽东思想的标兵，我们建议召开一个无产阶级革命派新闻战士会议。(一)八月下旬召开(二)文革小组同志准备集体接见一次(三)登报支持他们，他们中许多人遭受打击(四)新华社提出一个初步方案。

办事组和×××协助审查一下　请批示

王力、关锋

参考消息

第六期

一九六七年九月四日

注意保存

国营天津印染厂

红色联合指挥部

首都商场一场武斗的后果

在首都商场由一小撮坏头头操纵的保守势力制造的一场武斗事件，造成极其严重的政治影响和国家财产严重损失。在短短的十几个小时内，打死打伤革命造反派战士三百多，其中被汽枪打伤的就二百五十余名，轻伤的难以计算。至今商场革命造反派战士及职工下落不明被抓走的二十三人。从十二日凌晨到十三日下午三点多，被暴徒关在小屋子里几次被毒打，经过卫戍区军管会和北京市革委会四点声明他们才放出，其中九名身受重伤，打的昏迷不醒，遍体鳞伤，不能动弹，当时送往医院，抢救医治，救出时在场见到的人没有一个不掉泪的。

这次武斗事件，使商场及临近商店房屋设备遭到严重破坏。四楼柜台材料被抢走了，四个保险柜全部被撬开，房顶被踩塌了，屋瓦被揭掉了，达到无法修补的程度。大部分门窗被砸烂，见到的玻璃柜所剩无几，仅儿童用品部一个部的损失玻璃柜一百多个。无数商品被砸被抢。在四楼餐厅、茶厅一地，汽水点心拿走吃了，手电、三角带、木刺棍抢走当打人的武器用了，就连闹钟也拿来当打人武器用了，衣服被穿走了，帽子戴走，鞋也换上走了，根本就不像是爱护国家财产。这些家伙是流氓、小偷、强盗，哪有一点革命派的样子。商场损失惨重估计一两个月不能生产。

西单商场事件要通报全国

关于聂元梓

▲毛主席说："很遗憾！全国第一张马列主义大字报的人不是马列主义者，但在世界上影响很大"。

▲北大校园内大字报特多，其内容大多是揭发聂元梓和孙××如何破坏北京市大联合，社会上支持保守派，校内执行资产阶级反动路线。

▲八月二十一日晚，聂元梓承认伯达、关锋、戚本禹同志曾对她进行过四次批评。在其中的一次批评中江青同志说："聂元梓你是北京两大派斗争的总后台"。伯达同志说："北京里的两大派是你（指聂）挑起的，后台是你，两大派武斗你要负责任！"

聂听到批评后极力狡辩："如果后台是我，我就到公社劳动去！"

戚本禹说："不要赖，赖是赖不掉的！"

聂元梓说："我准备孤立5～10年，剩我们500人也要干！"

▲九月一日 北大、北师大批判聂元梓。

中共中央文件

中发〔67〕251

中共中央关于在报刊上点名批判问题的通知

一九六七年八月十四日

各省市、自治区革命委员会（筹备小组）、军管会、各革命群众组织、人民解放军各总部、各军种兵种、各军区、中央和国务院各部委、各宣传机关：

目前，全国范围内正在掀起革命的大批判高潮。为了把党内最大的一小撮走资本主义道路当权派批深批透，彻底肃清他们的流毒和影响，为了把这场革命的大批判更好地同各地区、各部门的斗批改结合起来，需要在中央报刊和地方报刊上公开点名批判一些中央部门、中央局和省市委内的走资本主义道路当权派。

(1) 经过主席和中央批准，已经在中央报刊上点名批判的党内走资本主义道路当权派有：彭真、彭德怀、陆定一、罗瑞卿、杨尚昆、周扬、肖望东；已经在地方报刊上点名批判的党内走资本主义道路的当权派有陶铸、王任重、李井泉、贾启允、闫红彦、汪锋、欧阳钦、李范五、乌兰夫、王铎、王恩茂、王昭、任白戈、王鹤寿。对于这些已经点名批判的修正主义分子，在中央报刊或在地方报刊上还要继续深入地进行批判。

(2) 在中央报刊上下一步拟予公开点名批判的党内走资本主义道路当权派有：薄一波、吕正操、林枫、安子文、杨秀峰、蒋南翔、吴冷西、张闻天、张劲夫、郭光。

(3) 在地方报刊上下一步拟予公开点名批判的党内走资本主义道路的当权派有：西北局刘澜涛，习仲勋、胡锡奎、东北局马明方、上海市陈丕显、曹荻秋、杨西光、天津市万晓塘、张淮三，河北省林铁，安徽省李葆华，福建省叶飞、河南省文敏生、赵文甫、广东省赵紫阳，江西省方志纯，四川省廖志高、吉林省赵林、宁夏自治区杨静仁，马玉槐，山西省陶鲁笳，卫恒、王谦、王大任。

(4) 对于经过主席和中央批准在地方报刊上点名批判的修正主义分子、地方报刊发表的、写的比较好的文章，中央报刊可以转载。同时，中央报刊也可以直接组织文章。

（发至省、军级）

目前上访来京人员有多少？

八月十二日中央文革接待委员会主任孟××说截至八月十日为止，来京访人员已有七万二千人。目前每日大约来五千人，返回三千人，净增二千人。从大区看，以华东、华北最多；从省市看，河北、辽宁、吉林、江苏、安徽为最多。各区主要由中央各部机关负责接待。

周恩来谈江青

周总理谈江青同志

暮色苍茫看劲松 乱云飞渡仍从容。
天生一个仙人洞 无限風光在險峰。”

这是毛主席在一九六一年九月九日为江青同志所摄庐山仙人洞题的七绝。毛主席这首气势磅礴，震撼三山五岳的千古绝章，抒发了一个无产阶级革命家的伟大胸怀，同时我们认为这又是对江青同志最全面、最完美、最深刻、最形象的写照。

周总理无限感慨地回答说：当然艰苦的斗争损害了江青同志的身体健康，但是精神的安慰和鼓午一定能补偿这些损失。

中央新决定

——由新的领导小组领导全軍无产阶级文化大革命

鉴于徐向前、肖华主持的全軍文革小组已经瘫痪，不能领导全軍无产阶级文化大革命，中央决定由吴法宪、邱会作、叶秀川、叶群四人组成领导小组，领导全軍无产阶级文化大革命。这是毛主席、林付主席、党中央对全軍无产阶级文化大革命的巨大关怀。

21日由吴法宪同志向三軍无产阶级革命派传达了这一最新决定。

有理、有利、有節

杨成武讲话

夏利于个际事时 部掌
杂有这一阶情侯 门握
阶節样个级。狗现措了軍
级否的地斗因急在文，内
斗击形鲜争此跳的化現的
争，势决的軍墙軍大在阶
看方，。全内，内革的级
得々我夺局的孤一命问斗
太不们权。问注小一题争
高能战也飯题一撮样是盖
单并略只只不掷他全軍子
了动方能能能，们否内不
。，针从一操可还鋪的是
急是上口之能有开阶没
爆持而一过会势这级有
、久下口急发力取斗揭
感战一地，生，决争开
情，个吃要我在于盖，
用战一，些们病国子這
事术个问领意死际不些
，上来题到想的国能向
不有：只国不斗内象题
能理：能内到争形共中
把有鑑一国的 势他央

中央指示

一、华北局书记处书记解学恭同志任天津第一书记。

二、天津改为中央直轄市

三、决定调吴德同志回吉林省委

四、杨成武接替贺龙任軍委付主席。

五、王唯舟任新华社代理社长。

红代会组织情况

八月十七日，红代会核心组研究达成协议，二十八名工作人员分配如下：

后勤：财金、国际关係学院

办公室：体院、林院、外语、工大。

作战组：人大、輕工、矿院、科大、农大、戏专、劳大、医大。

政宣：外交、华侨大学艺术系。其余均为编輯组或宣传组人员。

核心组分工如下：

编輯组：师大、矿院、农机、地质、清华、北大

作战组：农大、政法、輕工、外院。

办公室：林院、邮电、体院、北航。

需裕同志談越南形勢

由于中国的影响，特别是最近一年多文化大革命的影响，那么在亚洲、非洲、拉丁美洲许多国家里也发生了武装斗争，而武装斗争最集中、最突出的是在亚洲，尤其是在東南亚地区。越南战争从一九六四年打起来，到现在已经八年了，三年以前，美国有几万人，可是现在美国在那里的正规軍队已达到了四十七万多人，将近四十八万人，而且还准备增加五十多万人，这个力量已经超过了一九五〇到一九五三年那个时候，我们抗美援朝在朝鮮的战争时那样的兵力，可是越南那个地方有多大呢？人口也不过是一千至一千三百万人口，就是说人口未超过美帝的十分之一，美国有一亿七千多万人口，而南越那个地方只有一千二百万人。美国用了最大的力量去对付越南，由他过去的特种战争打成了现在的局部战争，这种局部性战争美国动员了这样大的兵力，动员了它海軍的几个师，整个太平洋的第七舰队，还总括一部分在印度洋，在大西洋那边调来的第六舰队的一部分，而空軍力量，空軍的战斗部队占它的整个空軍部队五分之一还强。可是打了这么几年，打的结果怎么样呢？现在南越解放軍所占据的地方已经几乎占了南越土地的面积的80%以上，在人口哪，在农村人口几乎是全部是南越解放軍控制的，他们的城市工作和农村工作能很好地配合，合法斗争和武装斗争能够很好地配合。南越战场是一个深的污泥坑，使美帝国主义越陷越深。由越南战场这样的技术发展下去，继续不断地取得胜利，把東南亚的民族解放运动，武装斗争也发展起来了。

「陳伯达同志接見福建代表」

21日，陳伯达同志接見福建代表，指示如下：

一、福建根本问题在軍区；

二、我既管了福建问题就要下足决心，排除万难，解决福建问题，因为福建处在海防前线

三、你们一定要争取韩先楚同志和你们一起工作。

四、要拥軍，夺枪很危险，就帮助敌人，又互相残杀。

五、农民进城问题，黄国璋开了头，开坏了，軍分区、人武部接受骗了。要有自我批评的精神，你们还可以说话过去不对的还有经济主义，现在继续下去错上加错。

敌情！

据悉：

△十四日十六时一架国籍(?)的大型客机（126号）窜入我广州南部上空，散发大量反动传单，内有反动漫画，丑化我国文化大革命，疯狂攻击毛主席，引起我造反派密切注意。

△泸州八月九日晚发现飞机散发反动传单，泸州到纳溪有人对空发射信号弹，反动传单内容(1)煽动农民抗交公粮，(2)有关陶铸问题；(3)攻击毛主席

△八月九日至十日，在南山、越庐二县，二次发现用汽球散发反动传单，据说可能有空降特务部队正在搜山。传单内容攻击文化大革命，宣扬美蒋匪帮，署名反共救国軍总部。

关锋、戚本禹同志接见『农民战争史组』的谈话（摘录）

（八月十六日晚于人大会堂付崇兰、张仕信作为联系人参加）

▲戚：听说你们找过聂元梓？
张：这是造谣！
戚：你怎么知道他们没有找过呀？
付：分两派后，我连去北大看大字报都不敢。
戚：不要找聂元梓吆！找也可以，问题是要有原则。北京的两大派斗争，中央文革是清楚的，问题是采取什么态度。
▲关：我是五七年反右后才认识吴传启的，曾同一起写过文章，用"撒人兴"名，对他的历史我不了解，我没有权利去看他的档案。不能说反对吴就是反关，不论谁讲这点我都不承认这一点。我希望学部两派都高举大批判旗帜、大联合，掌握大方向。
戚：不要因为这个问题影响大方向。
▲戚：北京两大派，你们不要参加进去（付极力辩解）你听我说，你们不要介入。
▲戚：你们回去首先要斗走资派，吴传启的问题，按关锋同志讲的去作，他写过文章，58年写了些还是不错的吆！"海瑞罢官"他也写了吆！当然他的文章也有问题，也可以批评，但两派不能因为这个问题转移斗争大方向。
▲曹宇元（大无畏的）：伯达同志说了，吴传启是个小小的人物，他们还是把吴叫作大扒手，说到处伸手控制。
▲关：说吴控制《人民日报》《红旗》评论员以上的文章要给伯达同志审阅，吴控制是那儿来的事呀！
戚：你们还看不出这个名堂来呀！不管谁说的，显然有人利用这个事在作文章呢。周景芳是我们推荐的吆！那时北京日报刚新办，说是开门办报，好吧，我就到处找人，有机关学校的，叫吴传启当顾问是我请的。关锋根本不知道。（关：我是不知道）吴传启可以了解历史，你们搞清楚，我忘谢你们。

敌情

△据悉，已查到广州、杭州与李井泉的密信，密谋政变，在湖北也查到密信，湖北要不成功，就逃往黄山，经云南逃往缅甸。缅甸反华与云南有关。

▲最近渡口出现反革命传单内容：(1)"百万雄师"是革命组织，(2)陈再道不能打倒，(3)攻击主力是资产阶级知识分子，(4)武汉工总不能翻案。散发反动传单的头头已经抓到。

▲《百万雄师》第三号头头——夏菊花已于八月一日被钢二司新华工师捕获。现正在新华工师总部毛泽东主义捍卫者处反省。《百万雄师》的一个分部——武汉公安局的第一、二号头头李树春、汪树春已被造反派于八月四日捉拿。

5.

陈伯达同志接见福建代表

（21日凌晨 2:00 — 8:00）

1. 福建根本问题在军区。
2. 我既管了福建问题就要下定决心，排除万难，解决福建问题，因为福建问题处在海防前线。
3. 你们一定要争取韩先楚同志和你们一起工作。
4. 要拥军，夺枪很危险，既帮助敌人，又互相残杀。
5. 农民进城问题，黄国璋开了头，开坏了，军分区、人武部接受了。要有自我批评的精神，你们还可以说话。过去不对的还有经验主义，现在继续下去错上加错，你自己应当承认错误，在承认错误以后，才能说服农民，这样就主动了。

斗谭实况

十九日下午，在人代会堂召开了《批斗三反分子谭震林大会》，周总理由李先念付总理陪同登上主席台时，全场热烈鼓掌，谭震林也跟在后面，摆出付总理的架子，频频摆手，轻轻鼓掌，走向主席台桌去，红卫兵小将气愤不过，将谭揪出，以喷气式押往主席台侧的小方桌前示众。谭在人证物证面前，仍拒不承认迫害革命干部革命群众的罪行。这时刘湘萍（八机部计划司长、谢富治同志的爱人）跳上主席台，当众揭发了谭去冬亲自对刘说过的，八机部的北京公社是坏组织，头头是反动的……罪行，这时，红卫兵小将让谭下跪，低头认罪。最后迫使谭在台上，向在二月逆流中被谭亲自批准，逮捕入狱的同志（共11人，在台上七人）一一鞠躬道歉、请罪。会上还揭发了谭在历史上，一贯反毛主席，今年二月疯狂反扑，攻击中央文革等一系列罪行。

西单商场事件要通报全国

八月十五日，李钟奇同志在北京卫戍区司令部说：

武斗使国家遭受到严重损失。西单商场事件，江青同志讲、谢付总理都参观了，中央首长觉得很痛心，中央决定发出通令，这种武斗作法是极端错误的，要当面教育，书面教育，通报全国。

十九日，北外红旗造反团红一方面军，揪斗了姬鹏飞、乔冠华。最后姬、乔不得不签字保证每天交出交待自己罪行和揭发陈毅、张闻天等材料。

动态简报

你们要关心国家大事，要把无产阶级文化大革命进行到底！

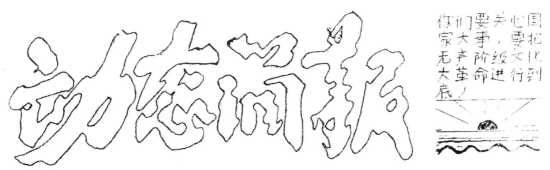

第205期　内部参考，不准外传　力学所红军大队动态组

毛主席最新指示

由毛主席亲自批发的《中共中央、国务院、中央军委、中央文革小组给煤炭工业战线职工的信》，伟大领袖毛主席亲自作了修改，以下加黑点的为毛主席亲自加的：

第一处：煤炭工业战线上的无产阶级革命派的战友们，广大职工群众们

第二处：正在武斗停产的煤矿，应当立即停止武斗，恢复生产，离开生产岗位的职工同志，应立即返回原单位参加生产，在矿职工应该热情欢迎他们，无产阶级革命派和革命职工，必须把国家利益、工人阶级利益放在第一位，决不做亲者痛，仇者快的事情。凡是坚持下井、坚持生产、做出成绩的职工，不论属于哪个组织，或者未参加组织，都应当给予表扬和适当奖励。

周总理就广州问题向广州双方代表提出的四点紧急措施

一、各派组织立即停止抢夺中国人民解放军的枪支、弹药装备，粮秣和车辆。

二、各派组织所抢的武器，弹药和车辆，立即封存，交给中国人民解放军。

三、停止一切武斗，禁止打、砸、抢、抄、抓。

四、立即释放一切被扣人员。

八月二十二日

南京来电：21日凌晨2:00海军文办院校组赵参谋来电　中国人民解放军海军党委电话指示

南京海军学院革命造反总部、军械学校红联总和革联

据我们所知，南京军区许世友同志虽然在文化大革命中犯有这样那样的缺点错误，你们可以批判，但他与武汉陈再道比较有根本区别，因此对许世友同志不能採取打倒的方针。同时，南京8、27组织是一个革命的组织，对他们不能採取压倒压垮的方针。建议你们冷静考虑我们的意见，并希望你们尽快纠正不符合这个方针的一切做法。你们可能一时不理解，我们相信你们将来会逐渐理解的。

又讯　8月20日杜方平作了一个形势报告，要点是：①两派（好派、屁派）到目前为止还是人民内部矛盾　②拥军爱民　③制止武斗，抓革命促生产　④支持促联派工作。

康生李广文同志接见宁夏造反派、军区代表的谈话摘要（8.19）

要政治挂帅，做好政治工作

要政治挂帅。如山西李英部队同志执行了错误路线，在晋中县的人武部煽动四个县六千多人发了武器，他们把造反派打伤了。陈永贵去解决问题，保守派把陈永贵包围了，后来又去了一连又给包围了，并且打死十一个人，但六十七军开了一个团，这个团没进城隔十几里路进行了大量宣传工作，主要内容是：你们受骗了，你们没责任。大约进行了一天工作，他们自己自动把枪放下，把反动头头抓起来，回去了。你们李贤的独立师到银川本来是要找麻烦的，作了工作他就回去了，这个经验比较好，要利用这个经验。涉及到群众的问题，一定要作好工作，这就是相信群众，不要打砸抢，要有革命性、科学性，你们要分化他，瓦解他，蛮干是不行的。中央处理"西方雄师"的问题告诉左派不要去抓人，工作做好了就把他们煽动群众的本钱丢掉了，要有科学性、纪律性，抢枪更要这样。各地保守派的资本就是说造反派搞打砸抢，你们工作做好了，他们就没资本了。

宁夏形势是好的

我看宁夏的问题形势是好的，张芝达的这些罪恶，反动路线暴露了，矛盾暴露了就好解决。全国哪个地方乱透了就会出现一个好的形势，保守派开枪杀人是坏事，但坏事可以变为好事，现在连朱不也要待罪了吗?!

不是所有的坏事都不能转为好事，坏事转变为好事要有条件：一、要毛泽东思想作指导。二、要有解放军的支持，坏事就会变成好事，宁夏出现一个很好的形势。

富春同志关于批判余秋里的指示

李富春副总理八月十九日接见北京石油学院北京公社揪余战士时指示：

余秋里要来接受群众批判，本星期三次，"斗批改"两次，"斗简筹备处"一次，下星期"斗简筹备处"两次，"斗批改"一次。

又讯：八月二十一日上午十点，在北京石油学院礼堂，"斗批改"批斗了余秋里，陪斗的有康世恩、徐今强、张定一、周文龙。

▲ 八月十九日晚，石油学院北京公社主要负责人姜树作了检查，承认以前在余秋里问题上，犯有严重的右倾错误，并于八月十九日发表了个揪斗余秋里的严正声明。

工交口各部响应中央号召，分赴生产第一线

煤炭部 60名到生产第一线，现已与矿院，煤矿文工团等单位的同志们组成"毛泽东思想宣传队"，离京分赴各个矿区，工厂。为革命组织的勤务员成立亲自带队出发。

交通部 准备先下去四百人，了解情况，为第二节下去一半作准备。

铁道部 由军管会带领，组成毛泽东思想宣传队下去，一去一半人，三个月轮换一半。

纺织部 纺织部红旗公社已报告富春付总理，提出两条建议①建立一个生产领导班子，领导干部三人，红旗六人，井冈山3～4人，②发一个给全国纺织工业职工的紧急呼吁书。总理批示欢迎你们的两条建议，希望你们和井冈山的同志好好协商订出具体方案。

大联合

创刊于67年2月8日　　67年2月8日 [illegible]

传达新消息：

一. 江青同志一月十六日五点指示：

1. 中、小学要开学，不要到工厂去了，要回来。
2. 春节不放假（指大专院校）
3. 走访队伍要很好地触及自己的灵魂。
4. 下厂、下矿不要包办代替，要（更）很好地与工人相结合，工人也有首创精神，效果不好的要调回，好的要根据情况决定。
5. 凡是外面串联的要回来。

三、

1. 北京在春节前将掀起一个自修高潮，[illegible]要召开万人誓大会。~~拥护主席……所有各兵年~~
2. 据可靠消息：红旗第三期社论中很多是毛主席的话，希望全国人们好好学习。
3. 28日下午20多位外国专家在天安门高呼：毛主席万岁！打倒刘少奇，打倒邓小平，拥护毛主席关于外国专家和中国专家同等待遇，还写了一份大字报。
4. 外国专家成立了毛泽东思想改造

二、

1. 中央决定：原吉林省第一书记吴德现北京市长，调回吉林。
2. 元月廿六日新疆石河子发生了反革命大血案……反革命暴徒用机枪、手榴弹、步枪、炮屠杀我们战友达100余人。
3. 联动头子，打死过人的有：陈毅儿子、[illegible]必武的儿子、朱德的孙子、宋彬彬[illegible]被判处死刑，缓期执行。

反团“北京一延安”

5. 解放军前进动员，世界[illegible]者李敢英因造反被广州军区扣押。

（以上消息转载自 津[illegible]

声　明

我原八一红卫团革命造反司令部（津工学联红旗革命造反团）联合。即日起改为天津市工学联红旗革命造反总部延安三中分部。

通訊

广州红司
工运联络站
1967年9月23日
星期六

毛主席最新指示

刘少奇这些家伙干的，赫鲁晓夫都不敢这样干，我个人认为目前存在这样一个苗头，就是放弃对敌斗争，对最大的党内走资派的斗争。

敌情：

▲日本特务情报局想尽办法找彭真的《二月提纲》找了很久也未找到手。后来，在中国搞间谍活动的一个日本特务花了两分钱在北京街买了印有《二月提纲》的小报，以一千五百元美金的高价卖给了日本情报机关。

▲宁县武斗死伤人员的照片，在武斗发生后的第二天，香港的报纸便有登载了。

▲广州军管会内发现外国制造的定时炸弹。

▲最近在东北破获一日本的特务集团。

▲近日，在广州沙面附近发现有印刷很精致的攻击我们伟大领袖毛主席的反动传单。

▲珠丝马迹：反动电台《解放之声》，根据侦查人士核实，其毒巢位于广西中南部，该台疯狂地攻击毛主席和林付主席，胡说八道，臭屁乱滚。广西南宁经常可以听到，青渐以前，广州地区隐约可以收到。

▲《解放之声》罪大恶极！《解放之声》的混蛋们充当了国际间谍的角色。里通国外，南宁地区红卫兵报出版不到三天，即发现在台湾、香港、东京等地……十恶不赦，攻击伟大领袖毛主席、林付主席和其他中央领导同志为"毛林集团"竟如在大白日，罪该万死。

▲越南南方的美帝又增兵50万左右，广西已出现了一系列问题。

▲八．十八日在香港英国陆军新闻处的安排下，一批中外反动报纸记者，乘军区车到罗湖、文锦渡、打鼓濠、沙头角出入境，偷摄我方照片。

▲武汉7.20事件发生后台湾将匪特务召开各科军警紧急会议。

▲黄埔岛主义卒袭击旗派时。并狂叫道：打死一个解放军甚于打死一个蚂蚁。解放军前往保护旗派，主义兵混蛋们，竟踩过解放军身上去抓旗派。

▲美国中央情报局28人和其他间谍机关百余人及日本若干特务共1700人组成《中国文化大革命调查研究委员会》在香港集合。

▲外国专家推测今年 [illegible] 时分我国将发射(1)一个小型地球卫星，(2)国防导弹从大陆发射，越过喜马拉雅山，命中印度洋的目标，或者射向北方。

▲近来，美蒋合伙蠢蠢欲动，台湾沸腾，匪帮们活动于台湾海峡、金门一带，猖獗之甚，就金门则集结卅万匪兵，美国航空舰进了香港，将经国新抵金门，东南沿海形势紧张。

▲莫斯科紧张，据某家新闻报导：莫斯科最近空气紧张，许多军队和警察纷纷移动。莫斯科之要害机关部门皆有军警把守，"森严壁垒"俨然杀机即鉴。军队皆全付武装，分要各处一些在公园和广场上，特别出动。

提高警惕，
严防敌特！

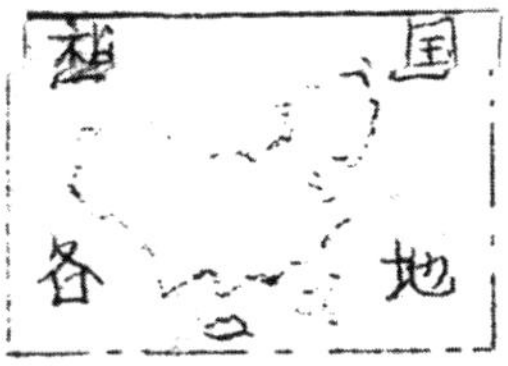

北京 △中央文革办公室申明：最近刘少奇第二次检查是假的，那八条是刘少奇今年四月抛出的大毒草，但这八条如何传出来，现在还在追究。

△戚本禹同志把批判刘少奇的光荣任务交给清华井岗山、建工新八一；把批判彭德怀的任务交给北航红旗、地质东方红。

武汉 △百匪抢劫武装部枪枝，组织了暗杀队，杀害造反派。

△据说：“新武汉”是由新华工等组织起来的，“三钢”说新华工是在搞分裂。

长沙 △高司观准备大打一场，后就撒手不干，并且把所有的上至刘邓陶，下至本单位的材料以及贺龙红四方面军的材料烧光，扬言说除非中央为他们作保，（中央说高司是受蒙蔽的）。他们才重新干起来；现高司部分人马抢了解放军的枪后，逃往大山打游去。

军内消息

●近日内，军区后勤老保活动猖狂，在那里大做与论，随意撕毁造反派的大字报大标语，军区内个别老保还在红一司的大字报上写道：“这是一张马列主义的大字报。”却把造反派给他们的传单撕掉，说什么：“他们从小到大都是造谣的。”

△臭名昭著的“广州三军联合演出委员会”分裂重重，现剩下陆军和空军部分人，他们慑于新形势，妄图削尖脑袋钻入造反派队伍，最近改名为“新三军”，换汤不换药，老铁杆暂退居幕后，把战士杂技团一个十三岁的小鬼推上来当常委，妙在其中。

●今天有几车解放军在北京路详细抄录批陶的大字报，其中着重抄红司的。

× ×

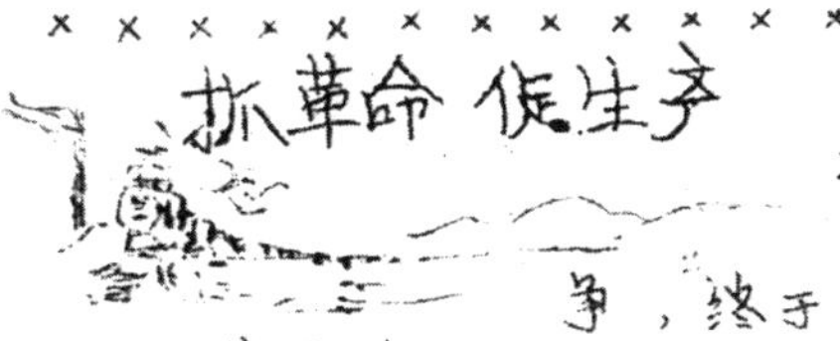

广铁总司革命造反派工人响应毛主席“抓革命、促生产”的伟大号召，在中央调查团与解放军的帮助和支持下，经过艰苦的斗争，终于在18日下午4.07开出一列已停了两个月的火车，到黄浦港疏运积压已久的物资，受到黄埔港总司和解放军当地支左部队的热烈欢迎。

※ ※ ※

最近，工业大道四十多个工厂的工联、红旗工人，在中山医学院内设了“抓革命、促生产”的联络站，正在研究有效措施，准备全部杀回工厂去。

广大工人革命造反派克服重重阻力，不怕白色恐怖，纷纷回厂抓革命促生产。广钢今日已回去、市柴、广船、纤维厂等也准备杀回去，抓革命促生产。

工革联属下许多单位、广船、广漂、十一橡胶厂、广纸、轻工机械厂及广州兵团，八中红色造反团等造反派战士连日来前往黄沙码头协助装卸作业。据17日上、下夜班合计，共卸运水泥、油类等共1191.7吨。

向革命工人学习，向革命工人致敬！

1月22日下午四点钟周总理在人大的讲话

现在无产阶級文化大革命进入了一个新的阶段，无产阶級革命派联合起来，向党内走资本主义道路的当权派夺权的阶段，号召在京串连的所有的外地同学都回去夺权。

1.必须实行各革命組織大联合，在接管中也必须实行大联合，要有組織有计划的进行，反对各自为政。

2.各单位必须以本单位革命組織为主体，外面的革命群众組織起帮助作用。

3.原来业务机构能照常工作的应继续工作，外单位起监督作用，反对小团体主义，反对个人争权夺利，必须实现无产阶級革命派大联合。

重要消息

1.北航紅旗接管北京日报是执行了一条机会主义路線，紅旗军行动委员会，西安紅色暴动委员会，西安紅色恐怖委员会，湖(不清)色政权保卫军都是反革命組織必须解散。

2.中南海造反派抄了朱德的家。

3.八一三，卫东，北大接管华北局换了批，主要是没有依靠内部造反派。

4.北京工业大学夺权后发表通令：(1)接管了党政军权，(2)撤消(　)付书记党内外一切职务，(3)逮捕已罢官的党委书记，(4)党员重新登记，(5)团员不过組織生活，(6)一切对外人员都要經过夺权委员会批准。以上六条必须严格遵守，违者以破坏文化大革命论处(精神对不一定原文)

急电

陈伯达与蒯大富通电话：

陈伯达同志与蒯大富同志通电话记录：

时间：六七年一月二十二日凌晨一点五十分

内容：我是陈伯达，我和你讲一件事，今天我们收到一个公告是由"调查康生问题联络委员会"发出的。这个組織有井岡山兵团，你知道吗？答：知道。你们的态度怎么样？答：准备退出。

你们出一个反公告，说这个公告这个行动是错误的，是反动的，是同中央文革作对，康生同志是中央文革小組顾问，是中央信任的。

(此时电话听不清，改为陈伯达同志、楼夫锋同志讲话)

怎么样？你们能说服他们吗？ 答：能
如果不能说服则开除，你们这样干就等于和中央文革小组决裂了，我们是支持你们的，康生同志一贯是反对杨献珍，反对林枫的，你们的矛头完全是错了。（红战团（中央党校红战团）是反动的，你们不能和他们联系）

蒯大富　北京公社四支队抄

第二次通电话凌晨三点三十五分

关锋同志：伯达同志让我补充一点，你们学校贴了一些攻击总理，攻击康生同志的大字报，建议你们挺身而出痛加驳斥。高级党校的权不能投降，那里的权在左派手里，向高级党校夺权，就是向左派夺权（建议你们让出，如能在派，那里左派是李广文、石瑞、吴保华，你们不要丢失，你们的名誉，要彻底分析，不要迷失方向。革命的首要问题是分清敌、我、友，要懂得这是无产阶级和资产阶级斗争的继续。防止坏人混水摸鱼。再说一句，要阶级分析，不要迷失方向。（就是向无产阶级夺权）

蒯大富

供同印天津医学院毛泽东主义红卫兵
67.1.24

·2·　　第155期　　军号　　1967·8·25

要有革命性、科学性

——8月19日下午康生在接见宁夏造反派时的讲话摘录

主要做政治工作。军区五条命令先广播一下不行，要叫他们知道朱声达是错了，是反抗中央、反对毛主席的，把这个盖子揭开使群众不要受骗，要把他们头头和群众分开，动他们回原地抓革命促生产，使他们在政治上了解了，枪的问题才能解决。政治工作不做，叫他交他一定不交，要政治挂帅。如山西平鲁部队同志执行了错误路线，在晋中县人武部煽动四个公社六千多人发了武器，他们把造反派打伤了，陈永贵去解决问题，保守派把陈永贵包围了，后来解放军又去一连，又给包围了，并且打死十一人，但69军开了一个团，这一个团后进城离十几里路进行了大量的宣传工作，主要内容是农民你们受骗了，你们没责任。大约进行了一天的工作，他们自己自动把枪放下，把反动头头抓起来，回去了。你们平罗的独立师到银川去本来是要找麻烦的，做了工作他就回去了，这个经验比较好，要利用这个经验。涉及到群众的问题，一定要做好工作，这就是相信群众，不要打硬仗，搞打硬仗是帮助他们宣传欺骗，你们造反派要有政策，林付主席说："要有革命性、科学性"。你们要分化他们、瓦解他们，蛮干是不行的。中央处理百万雄师的问题告诉去派不要去抓人，工作做好了就把他们煽动群众的本事拿掉了，要有科学性、纪律性，掌握枪更要这样。当地保守派的资本就是说造反派打硬仗，你们工作做好了，他们就没资本了。

我看宁夏问题是好解决的，朱声达的这些罪恶，反动路线彻底暴露了，矛盾暴露了就好解决，全国那个地方乱透了就会出现一个好的形势，保守派开枪杀人是坏事，但是坏事可以变成为好事，现在连朱声达不也要请罪吗?!

原则的政策是唯一正确的政策

——伯达同志21日接见南开大学两派代表的讲话摘录

我们要当你们两派的媒婆，都是一个大学，两个造反派，为什么不可以联合？应当联合，在毛泽东思想，在毛主席革命路线上联合起来。我刚才写了一个条子"卫东应该承认八一八，八一八应该承认卫东。"现在你们就成立协议，大联合的协议，有什么问题都解决了，有问题看摆到桌面上来，互相谅解，暂时不能解决的非原则问题以后解决，"原则的政策是唯一正确的政策"不要讲人多人少，力量大小，不要凭力气，不要靠打架，要靠毛泽东思想，要靠革命的原则，高举毛泽东思想伟大红旗，一切问题都想得开了。毛主席在抗日战争时期，曾批评要联合不要斗争的右倾机会主义路线，也批评只要斗争不要联合的左倾机会主义路线。革命派之间不同意见可以辩论，大鸣大放，大字报，大辩论，四大没有说大打出手吗！都是用口、笔，不是用拳头、用武器。武器就是毛泽东思想，这是文化大革命的唯一的武器。不要搞勒令，那是封建主义的东西。文化大革命才搞了一年另两个月，就觉得了不起，其实才走了半里路。你们现在二十岁左右，活到八十岁，还有六十年嘛，走完了死才算活到老、学到老、学到死，心不跳为止，学不够。我写字也写

155
1967.8.25

毛主席指示

公安机关是无产阶级手里的一把刀子，掌握得好，就能打击敌人，保卫人民，掌握不好就容易伤害自己。这把刀子要是被坏人抓去了，那就更加危险。所以，公安工作只能由党委直接领导，不能由业务部门垂直领导。

十七日晚在三军党委会议上陈伯达、康生、江青讲话内容（摘要）

总政关起门来搞文化大革命，什么都不搞。全军文革也是，由肖华同志领导。由吴法宪、张秀川、邱会作、叶群负责全军文化大革命，由中央文革直接领导。江青同志指出：总政文化大革命没有搞好，主要负责人中央一保再保，都没有纠正过来。总政的文化大革命要关起门来搞，主要靠本单位。总政究竟造些什么人，一定要搞清。肖华要揭开来，揭出什么问题就是什么问题，要抓大节，不要抓细节。

总政的材料不让往外拼。要有计划斗彭、罗、谭政、陈再道。地方不要到处揪一小撮。这样搞会上敌人的当。要坚决保卫毛主席、保卫解放军，不能把毛主席亲手缔造的解放军威信搞垮。要保护革命群众。要搞解放军就要上敌人的当。搞垮了谁去搞三支两军，谁来保卫文化大革命！

河北地區一定要制止武斗！

八月廿三日清晨陈伯达、谢富治同志在人大会堂接见唐秦、张垣、石家庄地区赴京代表。谢付总理指示：一定要把协议搞成，坚决必须付止武斗。后天能不能签字？这次问题不解决，你们就不回去。下定决心，不怕牺牲，唐山、石家庄、张家口达成付止武斗的协议，并要坚决执行，否则对不起人民群众。北京是首都，河北是首省。首都是我们毛主席、林付主席所在地，河北在首都周围，武斗一定要付止下来。毛主席叫陈伯达和我们把河北事件抓一抓，大家帮个忙嘛！不要搞武斗，武斗上坏人的当。各派要有积极态度，包括我们在内，要把主要精力转移到大批判，对党内赫鲁晓夫的批判。付止内战，这个内战干扰我们的大方向。你们在一起住房吃饭，要有自我批评精神，人民解放军要自我批评，造反派也要自我批评。

市革委会在师大召开《革命大批判现场会》上谢付总理讲话摘要 8.22.

毕业生不要心都想在，不想完成这一工程，那不行的。为什么有些学校走出五千人呢？就是怕艰难，我们要立完全是马克思主义（转第4版）

（接第1版）毛泽东思想的教育，这个主是很难的，可能要立好几次，走错了就回来，试验吗！错了再改，走了一趟路可能还不对再要走呢！

师大是搞教育的，要搞教育革命，搞一套马列主义的，你们学了那么多年，读了那么多书，你们是可以搞好，立毛主席的，完全脱离资产阶级的。开始不一定是很完善的，要慢慢地改嘛！比如现代京戏样板戏，也是慢慢改好的。六三年到六七年现在四年，才像个样子，你师大搞教改，我看不要四年也得二、三年。光破不立是不行的，破了还要立。同志们要在这方面下功夫，这也是对文化革命的贡献，对全国文化革命最大的支援。搞好革命各校要下一些功夫，不是到哈尔滨、上海去支援，而是搞好这个样板戏（指教改）就是最大的支援。可是这个事不容易的，年轻人就是愿意轰轰打打的，但这个事就是落在你们肩膀上了。毛主席去年说过：我们这些人又不能批，又不能斗，又不能改。这还不是靠你们这些人吗！你们要下功夫，师大搞出一点成绩，这一点点成绩我院来支持。搞武斗搞两派斗争打内战的我就不支持。昨天晚上河北师院打仗，是因为送主席像，一个在前面送了一个，一个在后面送了一个。这两个也可以嘛！但后面的这个要推倒前面的那个，结果就打起来了。这是是大学生干的事吗？这是小学生干的事！（周景芳同志插话：小学生也低年级的小学生干的）是小孩子干的事情，我看一概不管了，叫他们去好了。你们交流经验很好嘛！回去就要发扬，不要打内战，这是江青同志一再希望的。

丁国钰同志在会上讲话摘要

搞好大批判关键在于领导。我们这次各级革委会必须抓大批判，活学活用毛主席著作，在大批判中实现大联合。领导亲自抓，还要抓紧，抓而不紧，等于不抓。政治思想工作搞好，思想工作做好，大批判就蓬蓬勃勃地开展起来。形势座谈、广播、讲用会配合。其次就是组织工作。

上海工作搞得好，局面稳定，就是工人登上政治舞台，掌握了命运，成为文化大革命的主力军。处理了人民内部矛盾，搞好大联合。干部问题做得好，主要靠干部自己解放自己，真正参加斗争，参加批判，经灵魂的检查。更突出的印象是领导得好。首先高举毛泽东思想伟大旗帜，跟中央跟得紧，跟得快。柯老在上海养成一种作风，就是书记的不隔日传达到基层，闻风而动，雷厉风行，斗争性比较强。文汇报的论转得快，有些人要冲，就有人睡在马路上保护，革命者就有革命的……

周总理四点紧急措施解决广州问题

一、各派组织立即停止夺取中国人民解放军的枪枝、弹药、物资设备、粮秣和车辆。二、各派组织所抢的武器、弹药和车辆立即封存，交给中国人民解放军。三、停止一切武斗，禁止打、砸、抢、抓、抄。四、立即释放一切被扣人员。

要闻

武汉 据悉总理下令五天内将8201调离武汉并上交全部武器。8月3日已遵命执行（营以上干部例外）调××农场查训劳动。中央军委命令将8201番号取消，进行改编。

南京 十八日讯，市内已由造反派控制，加强社会治安，恢复革命秩序。市内交通已逐步恢复。除"8.27"破坏的省工人医院、及市医院不能使用外，部队、机关医院全部对外门诊，目前市内大部份已恢复生产。

…处，不会经约，榜样也不可以当嘛！你们要互相学习，不要说是大…
…、你是个摇头，要学对方长处，克服自己短处，要作自我批评，我建…你们学习"正确处理人民内部矛盾"，认真学半个月，开联席会议。这派…，以我为主，这是错误的，是资产阶级的小团体主义的心理状态，要…毛泽东思想为基础。

当前的主要任务就是搞好大批判

——8月18日丁国钰在农大的讲话摘录

当前主要的任务就是搞好大批判，这是大方向，关系到文化大革命的彻底胜利。

在大批判中有些学校，农大也是之一，深入广泛开展起来了，除大会外，要进行群众活动，人人参加大批判，大家坐下来，研究分析材料，学习毛著，大家说、大家写才是人民战争，才能把修义在各个方面的流毒彻底肃清，大立毛泽东思想，任务是艰巨的。

第二个问题：大联合，农大实现了大联合，听说还有一个组织没有联合，通过大批判达到联合。伯达与天津一个同志讲：看法分歧是正常的，不一定搞组织上的二、三个组织，可以一个嘛，都是革命造反派，观点、认识、看法都可以保留意见，是有好处的。要反对实用主义、资产阶级实用主义，不搞派别活动。

支持解放军报社揪出赵易亚

——伯达24日在解放军报社的重要讲话

我代表中央文革小组到解放军报社支持新革命造反派以高…等三…的大字报，这是一张很好的大字报，在解放军报社揭露了一个隐藏报社内部的反革命修正主义分子赵易亚。这是一个卑鄙的资产阶级政…，到处投机取巧、投机倒把、招摇撞骗，他的作风是很恶劣的：拉一…、打一派，主要的是要包庇那些很坏的人，他过去的历史就是很可疑…他在研究院就是做了很多可恶的事。以前我把他当做一个小政客，…理他，他在调到研究院时造反派残酷斗争、无情打击，他在研究院结…一个小集团，我没有及时地彻底揭露。现在革命小将把他的面貌揭…来了。我们的几位革命小将风格比我要高，他们做了我过去没有做…事情，我觉得要向他们学习。希望大家紧密地团结起来，在伟大的毛…东思想旗帜下团结起来，办好我们的《解放军报》。《解放军报》是一…重要的报纸，是高举毛泽东思想伟大红旗的一个重要报纸，是宣传…泽东思想的一个重要岗位。这个报办得好不好，关系到党的荣誉，解…军的荣誉，大家一定要办好。现在已经十二点多了，你们还要编报，不多讲了。

在毛泽东思想伟大红旗下把报纸办得更好、更好、更好！

高举毛泽东思想伟大红旗的《解放军报》万岁！

光焰无际的毛泽东思想万岁！

希望你们好好地办报！我明天一定能看到你们的很好的报纸，你们继续进行大批判，你们要继续清除反革命分子赵易亚的影响，这和办报纸是分不开的。

参攷資料

目录

1967.3、天津

国营天津印染厂造反兵团翻印

一 反党集团的历史根源

1 中国的买办资产阶级：

中国的买办的老祖是大汉奸曾国藩，继承他的衣钵的是卖国贼李鸿章，李又哺育了窃国大盗袁世凯。袁世凯死后，蒋、宋、孔、陈四大家族的巨大官僚资本家的统治，代替了封建官僚军阀的地位，就这样，从曾国藩到蒋介石要加垄断的衣钵相传，广大人民的灾难不断。买办阶级是内外敌人的集中代表，是中国人民的死敌，民主革命之后，它并没有死亡，并没有灭亡，它的阴魂不散，在空中游荡。它的代表人钻进了革命队伍，搞空心战，它妄图死灰复燃。

2 买办对革命队伍的渗透：

① 大阴谋家、大野心家刘少奇的妻子王光美，是一位官僚资本家兼国民党反动军阀的孝子贤孙。她得宠于刘，打击共产党，上蹿下跳，不遗余力的为恢复资本主义效劳。她对死去的父亲恩爱有余，为之修石碑纪念，挖掘之坟，共产党的创始人之一——李大钊同志墓。

刘少奇阶级本性未变，同王光美狼狈为奸，为非作歹，连买办资本家的老妖婆王光美之母也加官重用，让其去北海幼儿园长期当教高干子女，培养修正主义的精神贵族。王光美深宫作祟，其兄弟、老母，经常出入左右，为刘出谋划策。刘少奇是什么阶级的代表，还不够清楚吗？

② 反动集团的先人高岗、彭德怀之流及其伙伴本在北洋直系之间中任职军人政客，大革命前混入我党，长期以来，人在曹营心在汉，同国民党头人于佑任、何应钦、白崇禧、阎锡山、陈诚之流心心相印。解放战争时期甚至通过以前的组织关系，把大批国民党高级将领，勾引进革命队伍。

③ 中国中央委员杨秀峰是国民党一大学教授，后来弃笔投戎，在国民党华北[illegible]当委员，于"[illegible]"事变后[illegible]。

杨未走，仍留北方。为北方局刘少奇，打开门人接入党内，大批危害青云直上，历任要职。

④ 钻进党内的资产阶级代表人物刘少奇、杨秀峰之流利用窃取职权对国民党战犯开恩特赦，唯恐天下不乱，司马昭之心，路人皆知。

3 中国知识分子的发展：

中国的知识分子，主要是高级知识分子，基本上的在旧中国大多数是为买办服务的，其世界观是资产阶级的。其中有些人虽在不同时期入党，但思想上没有真正入党，他们所想的还是资本主义那一套。

4 中国资本主义势力和封建势力在解放后的复辟活动：

解放十七年来，被推翻的反动阶级，总是不甘心失败，妄想恢复已失去的天堂，他们以各种各样方式破坏社会主义所有制，宣传剥削阶级思想，对革命部队，加以侵蚀分化瓦解，他们作为同无产阶级对抗的一种政治力量存在着。

二、反党集团的组织根源

1. 从托洛斯基到刘少奇：

第三国际时代的修正主义祖师爷是臭名远扬的托洛斯基，托洛茨基死后在各国党内收罗了一些门徒，中国共产党内的陈独秀、张闻天、张国焘、张太华及原是国民党的薛介石都是托洛茨基的忠实信徒。在托洛茨基徒子徒孙的作用下，中国共产党的一些组织，深受其毒，前北方局就在其例。

王明在华北局任书记时，在"七七"事变后，完全执行了一套修正主义路线。正如林彪同志说："他挑着打狗旗上门去，描画自己

"一言中的。刘少奇伙同彭真明，从组织上、思想上偷梁换柱的使……明路线的纲领，到1962年刘才……暴露了一些天机，这点后来却们偏已。

从铁托，赫鲁晓夫到刘少奇、陈云、邓小平、张闻天、李维汉、彭德怀等。第二次世界大战后，修正主义首先从南斯拉夫产生，刘、陈云的亲信伍修权长驻贝尔格莱德，偏又同了不少经典。在中八大会议上南共代表团长布尔拉夫斯基，在听到刘少奇的报告之后，兴高采烈地说："中国共产党今后一些更大的成就，将证实列数字。"这当然不是偶然的。

赫鲁晓夫篡党篡政篡军的野心生活，一开始就同刘少奇、高岗、张闻天、邓小平、彭德怀结下了不解之缘。1956年2月赫鲁晓夫在苏共廿大会议上，提出了大反个人迷信、崇拜，大反斯大林，提出了一切国家和平过渡。这年秋天，刘少奇、邓小平在八大会上重复赫鲁晓夫的陈词滥调。在中国党内兜销黑货。刘少奇、邓小平的这些动作赢得了赫鲁晓夫不住的称赞。

1960年正是赫鲁晓夫修正主义泛滥世界的时候。刘少奇之流竟亦步亦趋的紧跟着赫鲁晓夫的脚印走路，钟情于……赫鲁晓夫是"良师益友"。

1962年，在刘少奇、邓小平、陈云之流的鼓动和策划下，中勇力和李维汉抛出了"三和一少"、"三自一包"的主张。

可见从铁托、赫鲁晓夫到刘少奇、邓小平就是一家兄弟，一脉相承，互相学习，都是向马列主义、毛泽东思想进攻的"一丘英雄好汉。"

3 苏共和北方局刘少奇：

苏共修正主义的祸根早已移植在前北方局隐之的之地位

长。北方局的要人刘少奇、彭真、高岗、李维汉、欧阳钦、林枫、李一恢、蒋南翔、乌兰夫等，及另一伙人物。到如今刘少奇的老伴高岗已销声匿迹了。刘少奇、彭真之流们，自然地有任，如其冥妙 从邓小平至西安军事学校，到"七七"事变，刘彭由北京进至太原，及不是一段光彩的史迹。

三 反党集团的思想根源

1 王明——刘少奇：

"七七"事变以后，中共华北局书记王明，提出了一条修正主义投降主义的路线，他主张"一切通过统一战线"。实际上是一切经过和服从蒋介石，他反对放手发动群众，他不要党领导人民武装，要把八路的一切交给蒋介石。他不要党的领导，要国共两党共同领导，以适合蒋介石演化共产党的企图。接替了王明职务的刘少奇，完全继承了这一衣钵，在党的八大上，刘少奇把王明的这一套，结合赫鲁晓夫的腔调，发展成"和平过渡""和平共处"，"友好合作"，"缓和国际紧张局势"和"阶级熄灭"论等，这就难怪刘少奇在1962年重版的《论共产党员的修养》中把王明的修正主义投降政策，说成是在政治形势发生重大变化的时候，不能坚定地站在无产阶级立场上辨明革命事业发展的正确的方向而动摇了。

2 赫鲁晓夫、苏斯洛夫、米丁——刘少奇：

刘少奇在他的《论共产党员的修养》（1949年修改本）中，有这样一段话："苏联有位哲学家名叫米丁的，有下面一段话说得很对：对于马克思主义……理论上的区别本身是有它的阶级根源的。"众所周知：米丁是赫鲁晓夫的理论权威，是马列主义大叛徒，是仅次于苏斯洛夫的老修喉舌。刘少奇虽然删掉了自己书像赫鲁晓夫的表白的话。[illegible]把自己吹捧为中国的赫鲁晓夫、野心家、[illegible]的[illegible]。

在刘少奇修改前的《论共产党员的修养》中，有孔子一段很露骨的话："己所不欲，勿施于人"。这是一句极其带有欺骗性的格言，是赫鲁晓夫所宣扬的人道主义的同一个东西。这句话在刘的"名著"中一直保留到1962年才修改掉。但是万变不离其宗，修改后的《论共产党员的修养》仍然是贯穿着一条修正主义黑线。它实际是孔孟儒家修身格物致知，诚意正心齐家，治国平天下"的翻版。

四 反党集团的社会基础

1 资本主义势力，封建势力在所有制改革中，改革后的政治反扑：

1957年春天，资产阶级右派分子从政治上向社会主义猖狂进攻，提出了"政治设计院"、"轮流坐庄"等反革命纲领，企图颠覆无产阶级专政。在党中央和毛主席的领导下，我国人民展开了激烈的反右斗争，粉碎了一小撮右派分子的罪恶阴谋。

1959年后，资产阶级、地富反坏右趁我国暂时困难的机会，大肆搞投机倒把，贪污盗窃，[illegible]，阴谋复辟。他们通过封建和资产阶级的方式，腐蚀干部，寻找他们的代理人。在思想领域中封建主义、资本主义的大泛滥，对于社会主义进行疯狂的进攻，所有这些都不可避免地反映到党内来，产生修正主义。这就是修正主义的基础，就是在资产阶级和无产阶级斗争的条件下，站在资产阶级方面，向无产阶级进攻，把无产阶级专政变为资产阶级专政。（见关于赫鲁晓夫的假共产主义及其在世界历史上的教训）。

使敌人乘机登陆，害我军队，给我军造成极大损失。

7.高饶反党集团：

1953年在国内阶级斗争紧急发动的时候，刘少奇的老伙伴高岗、饶漱石怀着资产阶级野心家，再也耐不住性子，他们迫不及待地跳出来向毛主席进攻。阴谋夺取党和国家的最高的权利，实现反革命复辟。在全党的打击下，他们阴谋很快破产了。

8.合作化中的机会主义：

在合作化运动中，有些地方的党组织负责人，害怕了大胆快偏，大砍已建立起来的合作社的机会主义举措，严重地破坏了社会主义事业的发展，留下了修正主义的一根苗子。

9.苏共廿大的执行者：

1956年初，赫鲁晓夫主持的苏共廿大，是苏联领导上修正主义道路的里程碑，在这次大会上，赫鲁晓夫提出了反对"个人迷信"，"个人崇拜"，大反斯大林，提出了"和平过渡"，搞阶级投降，放弃革命，这是一股来自右翼的反动的，反马列主义的逆流。

也就是在这一年的九月，在中共八大上的刘少奇，陈云，邓小平之流完全反反革命的，忠实地执行了赫鲁晓夫的旨意。

刘少奇在他的政治报告中说：

"外国帝国主义的工具——官僚、买办，资产阶级已经在中国大陆上消灭了。"

"封建地主阶级，除了个别地区以外，也已经消灭了，富农阶级也正在消灭中，原来剥削农民的地主、富农，也在被改造成自食其力的新人。"

"民族资产阶级分子，正处在由剥削者变为劳动者的过程中。"

"工人阶级已经成为国家的领导阶级，它的队伍扩大了，它的觉悟程度和文化技术水平大大提高。"

这些论调，是同毛主席的七届二中全会关于社会主义时期的阶级和阶级斗争学说针锋相对的，分庭对抗的，是赫鲁晓夫修正主义在中国的表现形态。

刘少奇说："我们主张一切国家间的和平共处和友好合作，我们相信社会主义的优越性，不怕同资本主义国家进行和平竞赛。"

赫鲁晓夫的徒子徒孙不过照葫芦画瓢而已。

反对"个人迷信"、"个人崇拜"在刘少奇、邓小平的报告中，占着一个极为重要的地位。

刘少奇肯定赫鲁晓夫的"成绩"，邓小平马上大肆发挥。

邓小平说："骄傲、专横、鲁莽、自作聪明，不同群众商量，把自己的意见强加于人，为了自己的威信而坚持错误，是同党的群众路线不相容的。"

"苏联共产党廿次代表大会的一个功绩，就是告诉我们把个人神化，造成多么严重的后果。"

他煞有介事地说："正因为这样，我们党摒弃对于个人的神化"。

对于刘少奇、邓小平对赫鲁晓夫修正主义的追随和中国实践的相结合的叫嚣，本文将在下章专门批判。

八 反右斗争中刘少奇、邓小平、陈云对大右派陆定一、周扬、邓拓的庇护。

前中共中央宣传部长陆定一，付部长周扬，《人民日报》主编邓拓是货真价实的大右派。56年牛鬼蛇神大肆出笼之了乘机推波助浪，兴妖作怪，心存侥倖。刘邓黑帮，其罪事实已揭露，可是中共付主席刘少奇、陶铸，总书记邓小平这些知名人物都当作掌上明珠，爱不释手，严严地藏在衣襟下。

11. 彭、黄、周反党小组和刘少奇：

1958年党内一小撮修正主义分子彭德怀，黄克诚，张闻天，王稼祥，周小舟到处搜集大跃进的材料，攻击三面红旗，59年庐山会议上，他们在苏修的支持下，抛出了一个彻头彻尾的修正主义纲领，攻击大跃进是"大跃退"，是"得不偿失"，是"劳民伤财"，"最多也是得失相当"。攻击人民公社"搞糟了""搞早了"，直接赫鲁晓夫的调子走，妄想代替党的总路线。

可是对于这个问题，刘少奇却在一次会议上说："庐山会议上，彭德怀给毛主席写了一封信，看起来没什么问题，问题在于彭德怀参加了高岗反党集团。高彭反党联盟，会议他可以批判，他就不能批评。可见刘少奇是彭黄张周反党小组的后台老板。

12. 1960年的布加勒斯特会议和莫斯科会议：

1960年6月在布加勒斯特会议期间，赫鲁晓夫发动了一次对中国共产党的突然袭击，作为刘少奇的第一流亲信，中国共产党的代表团团长彭真却突然反映迟顿，应战被动，岂非咄咄怪事。1960年9月，刘少奇，邓小平，彭真率领代表团赴莫斯科开会，由刘少奇亲自在声明上签了字。会后，赫鲁晓夫搂着刘少奇、邓小平的肩膀照了像，会后刘少奇在苏联访问了很长时间，离开苏联时说："苏联永远是我们的良师益友"。勃列日涅夫陪同刘少奇到伊尔库茨克。

13. 1962年的"三自一包""三和一少"？

62年反党集团的急先锋习仲勋、李维汉、谭政等提出了"多留自留地，多搞自由市场，多搞自负盈亏，包产到户"；"对苏修、美帝国反动派要和，对世界各国革命支援要少"等反动主张。刘少奇、陈云、彭真、邓小平等为之拍手叫好，说什么"不管黑猫白猫，能捉老鼠是好猫。""还是包了好。"等等。并制定了"包工、包产、包成本、超额奖励"的中庸政策，为之保驾。

14. 修正主义思潮，资本主义势力，封建势力对社会主义的猖狂进攻

60年到62年，国内外反动势力对社会主义进攻达到了顶峰。随着国际上苏修赫鲁晓夫修正主义的泛滥，美蒋各国反动派反华大合唱甚嚣尘上。党内修正主义反党集团表面化，国内资本主义势力、封建势力同党内代理人内外加攻，掀起了一阵阵黑风恶浪，国家企业和干部队伍中出现了一批新式资产阶级分子，即蜕化变质分子、贪污盗窃分子，他们同老的资产阶级分子勾结起来，狼狈为奸，为非作歹，吸取劳动人民血汗，破坏了社会主义的全民所有制。

不少地方的地主分子对贫下中农反攻倒算，记变天帐，杀人放火的现象多处发生。封建的宗族活动在一些地方阴魂复发[illegible]，反革命暴乱的现象多处加剧了。许多地方分田分地，大刮单干风。坏戏坏电影，坏文章到处泛滥，牛鬼蛇神纷纷出笼了，在刘邓支持下的"三家村""四家店"之类，在中共中央机关报《人民日报》的付刊，《北京日报》《前线》陕西省委机关报《陕西日报》《思想战线》等抛出了《海瑞罢官》、《三家村札记》《燕山夜话》《分阴集》《秦岭》《诗海一瓢》《瓦石集》，《思想漫谈》《王若飞同志在狱中》、《王若飞同志出狱前后》《刘志丹和谢子长》等大批毒草，极其恶毒地攻

不自在，于是在这年二月，趁毛主席离京机会，把持中央通过了刘少奇一手炮制的《中共中央关于当前农村社会主义教育运动中的若干具体政策的规定》。这个所谓的"后十条"，和毛主席的"前十条"唱对台戏，包庇党内走资本主义道路的当权派，企图把运动引入歧途，直到65年元月毛主席主持制定了"二十三条"，出来后才制止了这个修正主义纲领对社教运动的破坏。

18 包庇"三家村""四家店"

姚文元同志的评新编历史剧《海瑞罢官》发表后，彭真还蛮横地质问上海市委为什么要发表姚文元的文章。姚文元的文章是在什么背景下发表的？你们究竟有没有党性？为什么不告诉我们？彭真亲自为吴晗打气说："是你的问题你就要检查，不是你的问题你就不检查，彭真还亲自为《北京日报》写编者按，胡说什么"真理面前人人平等"。

此时，刘少奇、邓小平、陈云竟任命彭真为中央文革组长，组织康生同志，陆定一、杨尚昆、吴冷西为文革小组，排挤打击康生同志，有组织地保护"三家村"过关。五月廿五日聂元梓等七人的大字报出来之后，他们竟然把她打成反革命的大字报，欲保彭真、陆定一、刘仁这些阎王的统治。

19 镇压无产阶级文化大革命：

6月1日，中央人民广播电台奉毛主席的指示广播了聂元梓的大字报，无产阶级文化大革命的烈火从北京燃烧全国，"三家村""四家村"彻底垮台了。刘少奇、康一伙慌了手脚，一下子乱了阵脚，就像热锅上的蚂蚁一样。当他们略一定神，就马上躲到斯府里大发作，权在手，令在口，一连几道圣旨。急如星火，调兵遣将，钦差大臣亲赴上阵，工作组全付披挂，四处打棒子，扣帽子，啥帽扣无，颠倒黑白，是非，围剿削阶级的国家。"约三五年的时间，人民公社的集体所有制，就变成全民所有制。""全民所有制教育普及，并且提高了。""国家职能只是为了对付外部敌人的侵略，对内已经不起作用了。""将进入共产主义时代"。这些"共产主义"已被几年的历史事实证明完全破产，已被毛主席的理论所揭，刘少奇之流的做法只不过是在那里吹口哨，给自己壮胆而已。

4.资产阶级的军事路线：

反党集团为了把军队变成实现自己阴谋的工具，硬是要反对毛主席的建军路线，模仿苏修的那一套，什么军衔制呀，什么条令条例呀，花样翻新，象妖怪一样。反党集团提出："平时练兵""战时作战""正规化"的军事方针，是一种脱离党的领导和群众路线的建军方针，是很反动的，很危险的。依了他，我们非亡党亡国不可。在我们伟大领袖毛主席和林彪同志领导下，我国的党进行了坚决的斗争，彻底打倒了反动军事路线，粉碎了反党集团的可耻阴谋，我们的无产阶级专政更巩固了。

5 反抗毛主席的教育方针，搞资产阶级教育：

毛主席的"教育为无产阶级政治服务，教育与生产劳动相结合"的方针，早就提出来了。可是长期以来，刘少奇、邓小平、陈云、彭真、陆定一、杨秀峰、蒋南翔等人之流，阳奉阴违，根本不执行毛主席的指示，他们搞得是苏修的"教学为主"、"专家治校"，脱离群众，脱离劳动，培育修正主义苗子，放毒毒害青年。甚至在毛主席的"七一三"指示下达后，刘少奇之流不但不全部公布、贯彻、执行，还多次秘密地在各省普遍第二教育厅，搞地下教育系统，同毛主席唱对台戏。

6 修正主义的文艺路线。

刘少奇在八大政治报告中说："为了繁荣我国科学和艺术，使它们为社会主义建设服务，党中央提出了'百花齐放，百家争鸣'的方针。科学上的真理是越辩越明，艺术上的风格必须兼容并蓄的。党对于科学性质和艺术性质的问题，不应当以行政命令来实现自己的意见，而是提倡自由讨论和自由竞赛来推动科学和艺术的发展。"在刘少奇这把大伞的掩护下，陆定一、周扬等一伙反动文人公开地宣扬他们所谓三十年代的传统。"写真实论"、"现实主义广阔论"、"时代精神汇合论"等修正主义谬论，争先竞径，在文艺界弄得乌烟瘴气，一片阴森。

7、刘少奇、陈云、薄一波、孙冶方等人的物质刺激论：

刘少奇在八大政治报告中说："在发展生产的基础上，逐步改善职工生活，对于提高广大群众的积极性，具有重大作用。"在刘少奇的手下，王震、陈云、薄一波同孙冶方大谈男女，提出一套套修正主义的谬论。他们反对思想挂帅，~~图改变~~政治挂帅，主张物质刺激，利润挂帅，奖金挂帅，企图改变社会主义的生产关系。把社会主义企业变成资本主义的企业。

8 刘少奇之流所谓"国际统一战线"：

由反党集团的急先锋提出的"三和一少"政策，实际就是刘少奇之流卖国，为了实现个人野心，刘少奇不惜违犯宪法，在人民日报上把自己命名为"我国元首"，带上夫人王光美周游列国，到处演说，大吹特捧"纳沙贡"，结果使印尼五十万人被屠杀，招致了不可饶恕的罪过。为了讨好屠杀共产党人的奈温，不惜丧权辱国。连早就修了的远东某些党的领导者一再把刘少奇视为团结的对象。如此当权下去，其结~~果~~必然不是刘少奇统一

别人，而这套个集团被统一到西方"自由世界"的大家庭

9、反对学习毛主席著作：

解放以来，刘少奇从来不提学习毛主席著作，自命要人，与毛主席分庭抗礼，最高挂着反动"权威"，猖狂地攻击学习"庸俗化"、"简单化"、"实用主义"这三根棍子，反对工农兵学习毛主席著作，同时利用手中权力禁止报刊发行工农兵活学活用毛主席著作哲学论文。刘少奇亲自带头在孔子的僵尸前鞠躬膜拜，宣扬资产阶级观点。

10 破坏社教运动：

为了破坏毛主席亲自发动的城乡社会主义教育运动，刘少奇派王光美偷偷潜伏到河北桃园，搞了个所谓"桃园经验"，并由刘少奇、邓小平、彭真等于63年9月10日制订了一个关于在社教的具体政策的规定的中央文件，同毛主席五月廿日主持制定的十条唱对台戏。

刘少奇的文件贯穿了一条政治路线，为资产阶级服务，庇护党内走资本主义道路的当权派，保存资本主义、封建主义经济、政治的阵地。这是刘少奇在社会主义中国复辟资本主义统治的黑纲领。为了达到罪恶的政治目的，刘少奇还把彭真、王光美、陆定一、杨尚昆、胡耀邦、杨献珍、田汉、胡乔木派到西北地区蹲点，同他在西北的亲信刘澜涛、胡锡奎、汪锋等头目总结破坏社教的经验。当时他一面别有用心地把以刘仁为政委的北京专业队调到西北社教，另一方面又在社教中大肆攻击解放初期的土改是所谓"和平土改运动"、"夹生饭"。直到廿三条下达后，刘少奇的爪牙在运动中仍然坚持按王光美的办法进行。

11. 招降纳叛，结党营私：

从刘少奇、邓小平、陈云担任中央机关工作以来，就从事了招降纳叛，结党营私的活动。如把国民党新疆省政府主席包尔汉、赛福鼎，十七路军军长赵寿山，华北行营参谋长杨秀峰也被拉入党内担任中央委员、候补委员。其他委以重任的国民党高级将领，反动政客更是数不胜数，罄竹难书。

12. 制造反革命的舆论准备：

刘少奇铁笔之一邓拓，在饮冰室写了这样一首诗：

笔走龙蛇二十年　分明非梦亦非烟。
文章满纸书生累，关心最是后争先。
屈指当知功与过，风雨同舟战友贤。
平生赢得豪情在，举国高潮望接天。

这里的“龙蛇”指帝王，下二句喻为与自己一起统治的少奇伙伴。“战友贤”指与刘少奇、邓小平、陈云、彭真的关系，“功与过”是自我安慰。“关心最是后争先”，“先”是指最高统帅，“后”指刘少奇，意为和争当第一，即所谓“自豪”，“举国高潮望接天”指当国反革命高潮。也就是在这种估计下，《海瑞罢官》和《海瑞骂皇帝》出笼了。原诗作者呼喊：“腊鼓鸣，春草生”。吴晗说：“让邓拓歌颂解冻”。反党集团的知识分子某某著《前国之春》说：“我想全国各地逐渐的回暖气氛，也象春暮夜的冰雪在融化似的随着气温的变化正在不断地上升吧。”（见62年5月短篇）

1962年元月5日刘氏国的西北大学管理偏权威陈丙新发表文章《抬头见喜》。用邓拓他们当时的心情说：“春到人间，万象更新”“打开1962年春节大门，当头喜字相迎，春节喜逢立春，春上加春，喜上加喜，真是喜气洋洋，人心跃跃。日历当1962年是个好年头。”“人和为贵，天时地利固然重要，人和更为重要。”“笑一笑，可以变风。”“日历前后后，泾渭分明，历来昨天，今天，明天一脉相承，有数可循的。"

同时"三家村"加紧进攻，《陕西日报》刘介然煽动政变发表诗句：

号令风霆迅　天声动北陬
长驱渡河洛　直捣向燕幽
马蹀阏氏血　旗枭可汗头
归来报明主　恢复旧神州

借古喻今，大长右派的威风，一时反党毒品连篇累牍，风雨满城，舞台上演的改编古戏《昭君出塞》宣扬北国出塞和番（谢瑶环），歌颂"刘皇上"，口口声声"忠臣"，丧心病狂，无以复加。"山雨欲来风满楼"，这是反革命复辟的前奏。

13. 变无产阶级专政为资产阶级专政：

象刘少奇这样的人物当权，其必然是对无产阶级和劳动人民专政，无产阶级文化大革命中许多地方对革命群众围剿，杀人如麻的流血惨案，充分暴露了这批间谍的真面目。

14. 对苏修的勾结：

原反党集团勾结苏修事例已多，前文已有论述。58年赫鲁晓夫提出要在军事上控制中国的要求，绝非偶然。更重要的是1962年的伊塔事件。西北地区的边缘，新疆地区是王震同志为最高领导，后来刘少奇派了亲信习仲勋带了八个部长赶到乌鲁木齐，把王震斗了一通，押回北京，从而安插了刘邓的亲信。

1962年三月至五月苏修在新疆大规模进行判乱暴动，西北当局不加任何制止，反而由中共新疆区委书记勾结的苏修人员，由苏领馆策划暴动叛乱。叛乱发生后，刘的亲信指挥的边防部队未加任何阻拦，眼见着让几万中国居民逃到苏联去了。当时究竟是谁对毛主席封锁消息，还不够清楚吗？

15复兴资本主义

刘少奇之流热衷于鼓吹"人道主义"，"物质刺激"，"利润挂帅"那么，复兴资本主义事业功劳的勋章就该给他们了。

16：纵容包庇反革命势力：

刘少奇对国民党战犯开恩特赦，不亚于赫鲁晓夫"人道主义"的"仁政"。刘的亲信[illegible]在陕西有委召集土匪头子，密谋策划，有案可查，常到西北视察的刘少奇或许不知道美蒋特务的猖狂活动，难道也不知道陕西运输公司党委书记，经常给台湾发电报吗？怪不得有些内部情报一般群众还不知道，而美国中央情报局，台北就知道了，原来这其中有奥妙所在。

17 搞地下反革命活动

刘少奇、邓小平、陈云，彭真之流都是长期从事地下工作的，在斗争中，他们也用了这一手，叫双管齐下。十六条公布后，北方有谭立夫，南方有周彦的讲话，这就是地下伪中央策划下抛出来的。

18．宣扬赫鲁晓夫修正主义：

陈大章主发行其理论技术，以纪念为名文，不惜笔墨，为赫鲁辩护，创造性地发展，真可谓"鞠躬尽瘁，死而后已"。

19．树碑立传，为篡夺党和国家领导开辟道路：

新编的中共党史，把刘少奇放在显赫的地位，同毛主舞弊行於前。更有傳承之勢。薄一波、杨植林、张秀岩、蒋南翔等人的名字亦大吹特捧。"党有党史，刘少奇同志根据"之类說法。这是不知人间还有羞耻的事。彭真、刘仁的《北京党史》赵凡主编的《陕西党史》同出一辙，紧密相连，同相呼应。

20 打着红旗反红旗：

刘少奇这些人物之所以能伪装这样巧妙，爬得这么高，无非是打着红旗反红旗，阳奉阴违，使人不易察觉，如此特务，比起赫鲁晓夫，不能不是后来居上。

七、反党集团的组织系统

1. 中党政治局常委：刘少奇、邓小平、陈云。
   中央书记处书记：邓小平、彭真、陆定一、罗瑞卿、杨尚昆、李雪峰。
   人大常委：彭真、李雪峰、李井泉、林枫、程潜……
   国务院：邓小平、陈云、薄一波、陆定一、罗瑞卿、李先念、乌兰夫、何长工、陈伯达、肖克……
   最高人民法院：杨秀峰……
   最高检察院：张××、谭政文（谭力夫之父）
   中央高级党校：林枫、杨献珍。

2. 北京重镇：彭真、刘仁、赵凡、邓拓……

3. 西北大本营：
   刘澜涛、汪锋、王林、王甫、王××、陈××、霍士廉、胡锡奎、杨静仁、刘明夫、刘子、高扬、高峰、高克亭、杨植林、钱闻、杨荟森、方仲如、王昭、马伯孔、章泽。

白兰台氏，惠去荒……

以及陕西省省长赵寿山（国民党十七路军二流）

甘肃省省长邓宝珊（国民党某军团司令长官，华北剿共总指挥）

青海省省长××（大军阀）

宁夏自治区主任马鸿宾，马鸿奎，（反动军阀，反动民族主义分子）。

新疆自治区主任包尔汉，赛福鼎，（反动民族主义分子）

西藏班禅叛国集团……

4. 川、陕、湘、鄂、豫、皖边区根据地的布置：

地点陕南，川北，豫西，湘西，鄂西，皖南的纵深山地区，是刘少奇、沈徽石、李先念、汪峰、邓子恢、黄克诚、陈少敏们的老根据地。解放后，他们反对人马往渗进在这个地区。有的守山，有的由山上走到水边，独自为政，高持养兵。

5. 西南据点：由刘少奇的亲信李××、廖××、黄××、周林、李××、阎红彦率领重兵把守，颠连西北，牵制中南。

6. 二中线地带：乌兰夫统治的内蒙古，林铁统治的河北，欧阳钦统治的黑龙江等地，只留在其例。

7 地下反党组织系统。

8 下属同地、富、反、坏、右的勾结。

9 外借：北边苏修，蒙修，西南有奈温，东面台湾的空降特务，高李哥。

八 反党集团同苏修的"苏美合作主宰世界"的关係

苏美主宰世界是苏联修正主义领导集团的灵魂。跟着赫鲁晓夫的脚印在走的刘少奇之流,跟赫鲁晓夫的比照就是绝路了。他们的修正主义方向只会把中国变成苏修的附属。

九 反党集团同美帝的"全球战略"

美帝国主义的侵略目标,一直是霸占和征服中间地带,对社会主义国家进行"武装颠复"和"和平演变",企图把全世界人民统统置于美国垄断资产财团的魔爪下。中共内的修正主义主义~~的特点~~,就是要否认阶级~~和阶级斗争~~反党集团同美帝的外施压国内之里应外合,在国中的(不停一步)要通过反党集团来实现。

十 彻底粉碎修正主义反党集团

毛主席教导我们:"资产阶级的存在,是修正主义的国内根源,屈服于帝国主义的压力,是修正主义的国外根源,在了社会主义阶段中,在社会主义国家共产党内,不可避免地存在着马克思列宁主义同各种机会主义主要是修正主义的斗争。这种修正主义的特点,就是否认阶级和阶级斗争的存在下,站在资产阶级方面向无产阶级进攻,把无产阶级专政变为资产阶级专政。

林彪同志也说:"无产阶级文化大革命要斗倒一小撮党内走资本主义道路的当权派,横扫社会上的一切牛鬼蛇神,破资产阶级的四旧,立无产阶级的四新,目的是为了进一步巩固无产阶级专政,发展社会主义制度。国际无产阶级专政历史的经验告诉我们,如果不这样做,就会出现修正主义的统治,就会发生资本主义的复辟。在我国如果出现情况就会回到到殖民地,半殖民地、封建半封建的老路上去。帝国主义反动派就会重新骑在人民头上。”

也就是说，如果不搞这场文化革命，让资本主义代表人物得逞，那么就会出现匈牙利式的事件，就会出现赫鲁晓夫式的反革命政变。那时蒋介石匪帮就可能返回大陆，大批地主还乡团、恶霸就可能卷土重来反攻倒算，我们就会亡党、亡国、亡头，出现历史大倒退。我国人民百年以来，为革命前仆后继，流血牺牲换来的果实，就会付之东流，我国人民就会重做帝国主义、资本主义、封建主义的牛马！

近四年来，毛主席提出了一系列英明决策，保证了我国社会主义革命和社会主义建设沿着正确的道路上前进。毛主席关于无产阶级文化大革命的一系列指示，是当前我国文化大革命的指南，是马列主义的新发展。

毛主席的亲密战友林彪同志高举毛泽东思想伟大红旗，号召开展活学活用毛主席著作的群众运动。这个运动从人民解放军发展到人民群众，取得了伟大的成果，这个运动使毛泽东思想深入人心。有了毛泽东思想武装起来的亿万人民群众，这是无产阶级文化大革命取得胜利的可靠保证。

中国人民解放军是毛泽东同志亲手缔造的军队，是人民的子弟兵，我们国家的政权是掌握在无产阶级手中，修正主义反党集团只是一小撮，他们反对人民，脱离人民，这就决定了他们一定要失败。粉碎修正主义集团，要肃清资产阶级反动路线的恶劣影响，要斗倒走资本主义道路的当权派，要改组贯彻修正主义路线的组织系统，要彻底摧毁修正主义反党集团的社会基础，挖掉修正主义的根子，这是一项极其艰巨的任务。

只要我们听毛主席的话，按毛主席的指示办事，政治挂帅，到群众中去，同群众在一起，进行与天、与地，与人的斗争，活学活用毛主席著作，让毛泽东思想武装亿万人的思想，无产阶级文化大革命一定能够取得胜利！

让帝国主义和一切反动派在我们面前发抖吧！

无产阶级文化大革命万岁！

中国共产党万岁！

战无不胜的毛泽东思想万岁！

伟大的导师，伟大的领袖，伟大的统帅，伟大的舵手，

毛主席万岁！万岁！万万岁！

1. 王冒南门负责的红卫兵主编

2. 北京农业大学东方红革命造反团万里红战斗队
摘录广院东方红公社《火炬》战斗队翻印稿翻印 1967.1.15

3. 1向北大学习师大东方红地理系翻印 1967.1.20

国营天津印染厂毛泽东思想红旗造反兵团 翻印

具有马列主义水平

分析深入难能可

贵。不知毕业

後，担任何职，有何大作？

1967.3.6

（严禁张贴，严禁抄成大字报，仅供参考 不得外传）

周总理陈伯达谢富治等首长接见

外交部革命造反联络站、外交学院革命造反兵团、北外红旗革命造反团、外办、外政造反派等组织的讲话

一九六七、八、廿三、凌晨

总理：你们是同一个红代会的（指北外红旗和红旗造反团），还不在一起开会。今天是要讲一件重要的国家大事。

富治：你们都是办外交的，惹下祸来了。今天把总理请来，你们还不开会，不像话。

伯达：还是大家一起来嘛！

（谢付总理去请来进来的同志，来后，二外红卫兵一看有一个二外八五兵团的。）

二外红卫兵：他们（指二外八五兵团）是炮打你的（指总理）。

总理：我不怕打嘛！你们不要干涉，你们不要再吵了，你们说他要炮打我，你们也是炮打我的，一会儿我再讲。我要是不紧跟毛主席的话，你们不打也要倒，我紧跟毛主席，你们打也不倒（大家热烈鼓掌）。你们（指一外红旗造反团）把部党委封了 也不给中央打招呼，直到现在也不上报中央。

一外造反团：我们已经通过外交部造反联络站给总理打电话了。

总理：有报告，要有正式文件嘛！打个电话就行啦？要是不请你们来你理都不理我的。付部长要出席外交活动，要你们来批准，要我向你请求，才放罗贵波。

（一外红旗造反团就说到那个王力讲话）

总理：王力讲话没这个意思，你们捞稻草捞不着。我靠谁来办事呢？你们这是目无中央。

一外造反团：外交大权还是归中央，可是问题是谁来具体执行命令。

总理：你们是代替部党委的改组，要和中央商量嘛！你们封完了，要我们来替你们办事，外交大权四天没人管，你们让在派组织来管，中央没有批准嘛！事情也没有人执行，外交部联络站，用监督小组的名义，发电报给国外，这在法律上也不能算数。（对外交部造反联络站）你们冲了中央机要局，这样做对不对？戚本禹要我问你们一下。（外交部造反联络站答：不对）。你们还要斗争[illegible]公主任，认为他执行了资产阶级反动路线，戚本禹是全部了解的，这些事情最高领袖也全知道，劝你们走，你们一直不走，也不弄清楚。机要局的革委会主任是主席直接批准的，你们现在脑袋发热了，请你们三家主持开了一个批队大会，就算胜利啦 头脑发热啦！

富治：是不是脑袋发热啦？

伯达：这没什么了不起的胜利嘛！你们这是走入迷途啦！一个国家的外交、外交大权、外交部不能同时有两个权力机构，而是一切权力归联络站 中央就没有权啦！国家的事情你们不会随便干涉嘛，要是每个学校都到外交部设立一个权力机构，这是谁委托给你们啦？谁选了你们啦？有最高指示吗？外交、国防、机要不能够冲、

你们头脑发热啦！在外交部的权利归一个机构部，那一个国家就有几十、几百个权力机构，中国怎么办外交哪？以毛主席为首的党中央、以总理为首的国务院，没有通过总理，你们命令谁呢？这是命令总理。

总理：那连命令也没有嘛！

伯达：你们完全是小孩子，小孩子闹着玩，你们两派也不同时开会，这根据什么原则？

常溪：你们真难讲，真难做工作，都是伟大的人物嘛，没做几天工作就不得了。自己管不了自己还要管什么外交部。

伯达：自己一个学校搞得四分五裂。

（下面嚷嚷，有的说这个，有的说那个）

常溪：今天听总理来讲话，今天听总理的话。

伯达：没什么要求的啦！听总理讲话。

总理：今天是来呼吁：国家的大权，是在毛主席、党中央手里，是归党中央管还是归你们管？如果要是归你们管的话，那我就去报告领袖。

（大家说还是归党中央管）

总理：那为什么不商量一下哪？各省的文革小组，中央不批那是不合法的。一外红旗造反团我一向是支持你们的，你们三家刚刚得了点胜利，头脑马上就发涨啦！

伯达：我看这不是什么了不起的胜仗。

（下面有人说这是群众自发的）

总理：你们是有组织的嘛！怎么能说是自发哪？十九日封啦，也没有给我们一个纸条，就这样打个招呼就行啦？外交大权断了四天，这能够断吗？国家荣誉不要啦？今天又把英国代办处烧啦！这样为了叫那派听我们的，联络站给驻外使馆发电报，把打倒刘邓陶、要打倒刘邓陈，这不能强加中央嘛！这种发电报是不合法的，文革一致讨论过，联络站要承认错误。

联络站：我们承认错误，但他们也有错误，电报不能发，是因为没有什么部长画圈。

总理：是一个人的嘛，要主席来批嘛！

伯达：无产阶级文化大革命是毛主席亲自发动的、亲自领导的，是一场非常严肃的政治、阶级斗争，不是儿戏，不是开玩笑，你们对外交部的行动，是在开玩笑，这是给外国人制造材料，一切权力归联络站，这是站不住的，三天就会垮台的，没有中央、没有毛主席授权，你们自己说了权利归我，以我为中心，这怎么行啊！一个子就授权给另一派，这是儿戏。

总理：我要再不管那是要犯罪的。

—— 接下页 ——

周（对外联站）外交学院不能干涉内部的了。我早就讲了，你们外交部去冲中央机要部门，这是错误的。中央机要局军管会主任是毛主席直接批的。机要局的许多工作条例和规定都是毛主席亲自修改了的。你们一外红旗和二外红卫兵要去冲外办，外办有什么油水呀？外办有自己的造反派嘛！（外办造反派：他们砸了三道门，要是外贸部的电报来晚一点，机要室就没有保证了。）

一外红旗：这是造谣，这是你们思想家办了。

周：你们再这样搞，我把外办收回到中南海，就要十几个人，你们容许，我可以试验一下，让你们自己每校派一个人到那儿去实习一下，看你们行不行。

一外红旗：我们没有打砸抢，这是损坏了几块玻璃。

周：你们好大的口气呀，玻璃是国家的财产嘛，损坏了国家财产一定要赔。我们来作个榜样。

二外红卫兵：我们同意，我们自己掏钱去赔。

周：现在我再谈个问题。把砲打我的说成反革命，我不赞成。说了就行了。不要再威胁他们。

陈：大家这是听总理的话。砲打总理是很错误很错误的。可是说了就行了。（叫：是反革命，是反革命！）

周：我不同意。我的威信不是靠表面来维持的，而是靠我自己的工作。你们不要对他们那么光火，要不，要犯大错误的。由解放军了汇报一下。

解放军团政委：革命的同志们：卫戍师昨天上午十点按命令，团部指挥调动了七百名解放军加倍了现场。三百名组成了宣传小组。下午五点到了现场，传达了指示，找了各组织负责人进行了传达。到了二十一点的时候，找了各革命组织的负责人开了联席会议，反复地交谈，后来他们提出最低要求要把英国代办叫出门外参加他们的声讨大会，请示了总理，总理就同意了。到了二十二点四十分，群众开始了冲击。三十分，西墙就被冲了，四十分正门开始冲。有五九一六，北京化工，新北大，医科大学。五十分开始冲北墙了，有一千多人。后来在东西两院点了火，东院烧着了前半部分，门窗地板烧坏了。西院烧了楼的上部，按照外观来看，烧的还不厉害。小汽车都给烧毁了，并且还烧毁了一些文件，东西丢了一些。文件有的是主动送回来一点，也烧毁了一点，有些群众拿去了一部分，到二十四点，经解放军的劝说，撤出来了，一些外国人也个别撤出来了。在英国代办处一共二十二个人，五个女的，十七个男的。现场抢救出来的有十五个，有四个跑到外交公寓去了，三个跑到芬兰使馆。二十二个全找到了。

周：今天的行动，你们外交部联络站是否知道？

外联站：我们下午才知道的，我们到现场去了，可是劝阻无效。

周：你们是不能控制局势了，这样的事情应该由中央来下决心，权力应该集中在中央。现在群众运动中有一种倾向，是无政府主义思潮。我们对外宣传的时候，我一再讲不要空传。现在你们是经过证明了，我们是一个无产阶级的国家，要有组织有纪律，陈：你们这不是在搞严肃的政治斗争。

周：控制不住局势啦，我要再不出来，会对毛主席犯罪。

陈：我是会搞笑的，可是这是好意。你们是在开玩笑，是儿戏，不是严肃的阶级斗争，非常轻率，也没有经过严肃的考虑。自己的学校还没有团结起来，还要管一个七亿人口的外交部，一切权力归你们？

谢：确实要好好思考一下。

陈：你们有几百个学生？（答有一千三百个）你们一千三百人搞夺权给联络站，这的确是儿戏，严肃一点说，这是目无中央，这恐怕是闹宗派啦！要冷静的考虑一下，英国代办处也给你们烧了。

周：中央机要局不给你们打电报，你们还要接中央机要局，每天付了几一个一个到你们那儿去报批。今天一次外交活动要向你们请示，大权是在你们指挥了手里。关起门来讲，这很滑稽。今天火烧了英代办处，另一派（指红旗大队和二外红卫兵）又去冲外办，一个另一个

红旗大队：我们冲外办性质不同。

二外造反团：我们是革命的，他们是保的。

周：现在性质不争。

陈：我建议听总理的命令，由总理一手来处理。

红旗大队：他们夺党中央的权，夺毛主席的权。

周：你们外办是夺了更高一级的权了。

陈：你们搞在一起，开玩笑。

陈：现在几点了，（一看三点半）从三点半起一切由总理统一安排，统一听总理的命令。总理说，退出外交部，退出外办，通通都撤出，所有的封条完全无效。

陈：只有党中央才能贴这样的封条，所有这些封条由总理全权处理，不要再在那儿纠缠，回到自己的学校里去，自己的学校弄好就是很大的好事了。两派三派不能联合，还要管什么全国的外交，要听你们的命令，这是开玩笑。你们去睡一觉想一想就觉得好笑是在做梦。

谢：做了一场黄粱梦。

陈：行了，你们走吧。

周：还要讲话，还要讲几句。

陈：总理是很民主的，我就很武断，很专制。

陈：砸烂总理这是什么意思？（答说：是反革命。）

周：你们都是些小孩子，是可以原谅的。不要搞那么凶。所有的都无论如何要撤出来，要马上撤，要听话。如果要我给你们做附从人员，学一点东西，我是很愿意的。要中央给我十天假，到那儿去学一学，我是求之不得的。马上跟你们回去。可是不可能你们办这样的事电话也不来一个，你们自己就管文化大革命嘛，管自己的了结嘛！

（对外联络站）你们提出的二个方案（指联络站党委和成立革命委员会）这个恐怕要商量吧，还不成熟。具体的任务，等会还要和你们商（我们要揪陈毅到外交学院来批斗）总理说：你们批判陈毅，我早应了。什么时候去，以后再共同商量。

你们控制不住局势，这只权宜策，我这么讲也无用，我在你们之前没有威信吗！你们把中央放在什么地方呢？我们不能像那些反动派那些国家，我们是无产阶级专政是社会主义国家，他们是在我们的专政下面么，我们这样搞就输理啦，还是在战场上。我常看你们去冲，多者几个外国人这是应该的。可现在今我们无产阶级专政条件下，可以示威，但不能打砸冲。

陈：那就作为一个教训。你们要对国家负责，特别是外交活动。

周：我建议北京市革命委员会通过一个决议表扬一下。

谢：北京市革命委员会！那管不了。我输送了老九；

陈：你们不都是二十、三十岁的人，输了老几！这都是发动的话。

周：还是外交部回去讨论吧！

周：还是中学生听话，你们的小弟弟小妹妹很听话。他们非常有礼貌。可你们心血来潮啦！脑袋发胀啦！要好好吸取教训。你们做完了抢就回去睡觉，可我们还要来处理。还要向毛主席负责任。我们工作没管好么！（礼宾司报告，英国已经把我们的外交人员、旅行、银行都冻结了）

周：这损失很大，我们都毫无准备，在英国我们还有很多存款，都给他们冻结了。你们这样搞，可是不能说你们的群众组织里一个坏人也没有，难保有人进去偷东西这是丢国家的脸。当然责任还是在我，我没有管好。要记过记我一大过。不能怪你们。

陈：我的话大家不要记，不要去贴大字报，总理的话可以记。

周：今天的谈话，作为一个社会主义国家的公民，革命的群众，你们不要去贴大字报。这件事已经做了，我们在这儿讲，谈我们的弱点，要再贴出去，外国人是求之不得的。

周：你们就在学校当中好好批判，外交部的都撤出去，批陈的可以再定日期。

红代会外交学院
革命造反兵团动态组印 一九六七、八廿四。

周恩来总理在外地来京上访群众大会上的讲话

一九六七年、八、二十四、下午

同志们，战友们：我首先代表我们伟大领袖毛主席和他的亲密战友林副主席，代表党中央、国务院、中央军委、中央文革向你们问好！

同志们，战友们：我们伟大领袖毛主席亲自发动的这场史无前例的无产阶级文化大革命已经一年多了！这一年好像是过了很多年。时间虽很短，但又好像很长。在一年的短短时间里，变化很大，人的思想更加革命化。这场思想大革命，从学校走向社会，走向工厂、机关、农村，遍及全国、全体人民。根据党的八届十一中全会决议，高举毛泽东思想伟大红旗，彻底批判以刘邓为代表的资产阶级反动路线，在这个批判中取得了初步胜利。这是第一阶段。

进入第二阶段，由上海以工人为主的革命群众进行了反经济主义和夺权斗争，到处掀起了夺权斗争，现在已经半年多了。确实像我们伟大领袖毛主席说的，确实把群众发动起来了，我们的成绩是伟大的，现在形势一片大好。我们这个斗争正向广阔深入发展，是一片大好形势。在这场夺权的地方和单位，不少的已经夺了，还在发展。当然我们要取得彻底胜利。

如何取得彻底胜利呢？这就要更充分地发动和组织起广大群众来，各个地方、各个单位，对最大的一小撮党内的走资本主义道路的当权派，结合本地区、本单位的一小撮走资本主义道路的当权派把他们斗倒、斗臭、批深批透，把他们的流毒彻底肃清。

在这种形势下，你们到北京来，有的是有问题到这来要求中央解决的，但你们的问题是发生在一个地区一个单位，大部分是能在本地区本单位解决的。有人说，再来个大串连。这个意见是不对的。现在和去年不同，各地群众都已经发动起来了，他们能够按照十六条解决自己的问题，不需要北京革命委员会或工代会、农代会、红代会的人去串联。因为革命要靠自己，不能靠别人包办代替。北京革命委员会已发出通知，不要到外地去串联，凡在外地搞串联的或在外串联的，要赶快回来。同样，你们外地来北京的也要很快打回老家去，就地闹革命。因为那个地方和北京一样，也要掌握斗争大方向，批判党内最大的走资本主义道路的当权派，结合本地区、本单位的走资本主义道路的当权派，进行大批判。所以需要你们在场，需要你们参加。你们要响应毛主席的号召，回去就地闹革命。在本地区搞大联合、革命的三结合，这都需要你们参加。如果你们在北京就参加不了，就等于放弃了革命的责任。你们应不应该回去？（群众答：应该）

这次来京的大部分是职工，你们应该响应毛主席抓革命促生产的伟大号召，回去抓革命、促生产。你们想想，各个生产部门是需要配合的，互相是有联系，缺一处，会影响其他部门。你们不应该在北京住着，不生产光拿工资，游游荡荡，作逍遥派。这样对不对呀？（群众答：不对）

学生放假半年多了（别人插：不是半年是一年了）啊，是一年多了，现在要搞好大批判。各地群众都发动起来了，都在进行着斗争，学校、工厂都起来了，还有什么可串连的吗？你们过去在大革命是有功劳的，现在你们要在生产上立新功。林付主席讲，一个革命干部不要背老包袱，要立新功。你们都是工人，闹革命才一年就够了？不够的。你们回去抓革命促生产，在生产上立新功。要立新功，就要按林付主席号召的突出三性，即革命性、科学性和组织纪律性。要闹革命就要有革命性，要有科学性，要调查研究嘛！要学习毛主席著作，活学活用，在用字上狠下功夫。学习中央有关文件，学了要用，要实践，只有回去实践，在北京怎么能实践呢？

毛主席号召我们学习解放军。解放军在文化大革命中作的很好，要大学，要学好。你们知道，人民解放军是毛主席亲自缔造的。毛主席说要三相信二依靠，相信和依靠群众，相信和依靠解放军，相信和依靠大多数干部。依靠和相信主要的是群众，解放军是从群众中选拔出来的，是武装起来的群众。一年来证明，解放军是能够作多方面工作的。他们担负了三支两军的繁重任务，……他们在工作中，由于缺乏经验，有这样和那样的缺点和错误，这是不可避免的。他们责任大，任务重，犯错误难免。毛主席说得好，错误是难免的，改了就好。你们要晓得，一年多来，解放军操了多大心，化了多大力气，流了多少汗！这样的军队在世界上是找不出来的。去年来北京的这时人有一千多万，解放军给他们进行了简单的训练，结果很有秩序。如果没有解放军他们就不可能这样守纪律。这就是对我们的帮助嘛！很多地方打架，他们劝架，两方打起来，他们在中间隔离开。有时还挨打、挨骂，在全国被打伤的（包括轻伤）不下几十万。他们从没说什么。你们想想，如果有人骂你一句，打你一拳，你不还口，不还手吗？早闹起来了。解放军就不还口，不还手。这是什么精神？这是伟大的毛泽东思想。

在坐的职工、干部们，大革命一年多了，你们要文斗，不要武斗。你们要打架，我们还得派军队去帮助解决。在北京搞的两方，一来就打起来，就抓人，解放军那样做是爱护你们。最近我们特别提出拥军爱民号召，这跟过年过节一般提不一样，这是个长期的。军民关系，通过文化大革命要象鱼水一样团结。你们要拥护解放军，如果你觉得对的话，有的地方打架打了一天，解放军去从中间隔开，还不行，连解放军打，受了伤，这对不对？（群众答：不对）。我们派解放军徒手去，不行就抓武装，有人抢他们的枪。解放军有备战任务，你抢枪对不对？（群众答：不对）。你们回去要劝说大家不要这样做。

这样一个大革命，如果没有解放军保卫行吗？有人说我们这里没有特务。特务是少，十万人中有一个也不行。帝修反都要反对和破坏我们，如果他们胆敢来侵犯，有人民解放军，就能消灭他们。

你们有的来自广州，来自新疆，来自东北，来自内蒙古，来自云南，来自福建……你们想想，周围不都有敌情吗？应该放松警惕吗？（群众答：不应该）。不能放松。敌人在探听我们能不能搞好这场文化大革命，有没有空子可钻。我们无产阶级革命派要联合起来，不要因为我们解放军中出了个别坏分子，出了彭、罗，出了赵永夫、陈再道。陈再道叛乱这是个别人，到处抓军内一小撮是不对的。我们应该相信和依靠解放军，有错误可以提，只要伟大领袖叫他们改，他们会立刻改掉的。所以你们回去要宣传解释。好不好？（群众答：好）。这都是现在应该注意的事情。

在生产上要特别注意的，就是要保证交通。不要破坏交通。现在还有个别地方不买票要爬车，硬叫人家开车。今年已是第三季度了还有四个月，生产计划要完成。你们来了，不能叫你们走回呀，还得用车送。

只要铁路轮船畅通，生产就能搞好，最重要的还是很好学习，熟读毛主席语录 活学活用。这些在语录中说了，在中央文件中也都有了。我不过把要提々 作为欢送词。

赶快打回老家去！就地闹革命！

坚持文斗，不要武斗！

抓革命促生产！

彻底批判资产阶级反动路线！

毛主席的革命路线胜利万岁！

毛主席万岁！

戚本禹同志在外地来京上访群众大会上的讲话

同志们，战友们，红卫兵战士们、你们从全国各地来到首都北京，来到毛主席的身边，你们都是来倡文化大革命的第一线 反映了很多情况 使我们学到了很多东西，我们表示感谢。

刚才毛主席的亲密战友，周恩来总理讲了话，对形势作了分析，提出了任务，这是毛主席司令部向大家发出号召，这是一篇重要的讲话，我们要很好学习，坚决执行。

大家来首都是有问题要解决，要解决问题，就要有全面观点 刚才周总理对形势作了分析，从这里可以看到全局。目前应集中力量搞好大批判，结合本地区本单位的斗批改。但目前有不少群众来京 约十万人。有的是来北京进行宣传扩大影响的，有的是来北京对中央施加压力的，还有的是地方武斗 人身安全得不到保证，来北京避风的 个别的来是为着解决个人的问题的。如下乡，户口…… 也有极个别的是进行投机倒把……的。甚至有的拉家带口来京长住的。据一个接待站统计：就有一百八十来户，占上访人数的58%。来北京反映情况我们欢迎，但北京是文化大革命的发源地，不是避风港，一个战士长期离开战场是不光采的。你们的战场在本地区、本单位，你们长期在这里，就对不起本地区的革命派。中央号召你们打回老家去就地闹革命，在战场上才能显出英雄本色。

有人说回去受压制，革命还能没有压力吗？革命道路能没有困难吗？有困难就离开战场 革命能取得胜利吗？

有人说，我们那里武斗严重，人身没有保证，要求中央制止武斗。中央对解决武斗发了指示，又大通令 七一三通知 但是解决武斗最重要的还是依靠群众发动群众。如果来北京解决武斗，不仅不能制止武斗 还会把武斗带到北京来。安徽有两派，一派叫好极了派，一派叫做好个屁，就是屁屁派，互相斗，经过很多工作，好容易才劝开了。刚才送上来一个条子，说安徽××煤矿两派来会场了，散会就武斗，卫戍区已经发现你们了，不要搞武斗了。解决武斗问题在当地宣传，把武斗搞臭，使挑动武斗者的阴谋破产。毛主席说：众心齐了，事情就好办了。江青同志说，要发动群众反对武斗。

还有同志认为来北京人多就能胜利。听说中央要解决他们的问题了，他们就大批来人，显示他们的力量。中央不是根据那一派来人多少决定问题，而是看那派站在毛主席的革命路线一边，真理在那一派手里，毛主席党中央就支持你们。

对要求解决个人问题的，也要回去，这些问题中央不能解决。有的地方上也不能解决，大体要等到夺权以后，运动后期解决。最根本的就是回去闹革命，大问题解决了，才能解决自己的小问题。

有的人长期滞留在北京，由国家供给，过着不劳而获的生活，我们是不赞成的，是反对的。北京的人民对你们这样很不满，要赶你们，如果不走，对抢东西搞流氓活动的流氓坏分子，我们给你们打个招呼，要实行专政。大家发现了就把他们抓起来送交军管会。

这样一个问题吧！

第二、要好好学习总理这次指示，回去紧紧掌握大方向，什么叫斗争大方向，就是斗争矛头指向谁，是指向群众还是指向当权派，只能指向当权派，不能指向群众。这里还有两个问题必须指出，一个是有些人受资产阶级反动路线的毒，把矛头指向群众，文化大革命进行了一年了。头一年是发动，第二年是胜利。两条路线斗争很激烈、很尖锐，资产阶级反动路线，他们打着红旗反红旗，蒙蔽了一些群众，武汉就是一小撮人蒙蔽了群众，那样乱干。所以对受蒙蔽，对资产阶级反动路线要很好进行调查研究，立场要站稳，发现站错，要赶快站回来，早造反，晚造反没有关系，不要坚持错误。武汉的百万雄师就是这样，希望那里的群众赶快站回来。另一个是造反派不善于掌握政策，他们不把矛头指向当权派，而是指向受蒙蔽的群众，人家杀回马枪就说人家是投机，有些造反人并不很好，或不是一贯好。你不检讨人家看不贯。你在工作中吊儿郎当，人家就有意见。有些人是迷迷糊糊，保了党支部书记，保了党委，不知不觉地犯了错误。这些人中，有的在过去困难时期很坚强，他们现在犯了错误，但大多数是好的，是热爱毛主席的，我去过的工厂就有这样的人。北京工代会一个常委一次对我说你过去接近的人都是不好的。我当时顶了他。他后来承认是说错了。唯我独左必然要走到自己的反面，对受蒙蔽的人不要看的太重。我过去就受过蒙蔽，把一个坏人看成了好人，但还是可以跟毛主席走，如果唯我独左，就成了赵太爷了。受蒙蔽无罪，我十年前受过蒙蔽，当然受过蒙蔽要赶快回来，不要闹意气，不要死中央，要赶快回来，搞大联合，把矛头指向当权派。如果群众与群众斗起来，把当权派放在一边，那就是错误。

要热爱解放军，人民解放军是举世无双的，这个部队一贯坚定地站在毛主席一边。所以毛主席提出向解放军学习，无论如何不能把矛头指向解放军，不然就是错误。这样说会有人不服气，解放军犯错误，与走资派的问题有本质的不同，走资派在地方上有一整套政治和

组织路線　如北京的彭真刘仁……而解放军没有这一套。他们犯了错就高姿态检查　高姿态地改。解放军有错误可以提，但不能大張旗鼓地搞，不能提军内一小撮这个口号。如果过去提过，现在改了，不提了就行了。我们要热爱解放军。陈再道是极个别的　现在还没有发现第二个。所以一定要好好地学习总理的讲话，端正方向。

同时，军队有错误不能减轻过去你们冲击军队的错误。

第三、回去要坚持文斗，不要武斗。

第四、坚持抓革命促生产，执行毛主席的伟大号召。

第五、提高革命警惕，现在有些坏人混入革命造反派，以极左的面目出现，引导同志们犯错误。

（口号略）

谢付总理讲话

同志们，战友们，红卫兵战士们，首先让我代表北京市革命委员会、北京革命造反派对你们表示热烈欢迎。你们来到北京我们招待不够，请原谅。

刚才周总理和戚本禹同志讲话是两篇很好的讲话。很重要　要好々学习　我个人要好好学习。你们来北京，要求中央帮助解决问题。向中央反映情况，来北京搞々我们的首都是可以理解的。但是在这革命斗争很激烈的紧要关头　事情很多　任务很重，应该赶快回当地，那里最能锻炼最能学习　当然也最艰苦。现在应该听周总理和戚本禹同志的讲话　立即停止武斗，立即回本地区抓革命促生产

不能曲解我们敬爱的江青同志提出的文攻武卫，她当时是针对河南二七公社提出的。我们不能曲解这个口号，不能在革命群众之间搞武斗，更不能搞武攻文卫。

犯了错误的应该检查，问题不能搞在群众身上　还是应该揪出一小撮走资本主义道路的当权派身上。

现在有的地方的群众纷々来北京，有几个地方来人在五千以上，有些地方问题已经解决，如安徽、河南、湖北……，有的地方的问题正在解决　如河北的天津、唐山、张家口……有些地方的问题还没有解决。问题已经解决的，你们就应该回去，正在解决的　可以留下少数人解决，多数人应该回去。有人说来人多就能解决，就能取得胜利。这不能取决于来多少。相反，来的人多　在谈判上要扣分的。

在北京我们对你们招待不够　但请让你们不要在北京搞武斗。不能抢枪，不要能把外地的武斗搬到我们首都北京来。我们是不赞成的。

你们的问题解决了就可以回去了，回去后第一件事就是要制止武斗、第二件事搞大批判，第三件事搞大联合，第四件事抓革命、促生产。

我就讲这两句

好，让我们呼口号！（口略）

好，再见！

天津市法院"造总"整理
天津市纺系"红联"翻印。8.30

第□□□期　　动　态　　第三版

周总理接見侨务界代表谈话摘要（八月十六日）

在庐山开会批判彭德怀　有　次我主持会议，刘少奇插了一句话“与其你篡党，不如我篡党”。还有他在七千人大会上说：“别人说可以，你彭德怀说不行”这也不合逻辑。林彪主席是毛主席的好学生，但以前登照屯是把刘与毛主席並列　这是经过新华社请示他　我不反对主席也不好表示态度。这三件事　是什么思想？“叛党就是篡党”上海文汇报写得很好。

毛泽东思想是辨证的　但初步理论、形式逻辑也应学。，青年党员经验不多　可以锻练，论理要学，不然吵架很容易被人抓辫子。

“时刻想着一个打字”这是报上的一句话。侨委侨校的同志时刻要有敌情观念，时刻想到阶级斗争，这是一个最大的问题。

华侨在国外受迫害　我们支持华侨　但华侨中的保守思想　相当浓厚　上层很重，劳动人民也不是没有。今年预标不到侨汇　困难时侨汇有点好处，但带来付作用，现在不要了。

国内安置华侨是个麻烦问题　华侨在国外爱祖国，祖国如此強大使他们高兴，这是毛主席，党领导的　他们回国后热爱毛主席。当然这种爱国主义　还是资产阶级范畴的。另一种是大国主义，过去就瞧不起外国人　排外思想很重，这种人上层多，劳动人民少，有的投机倒把，套外汇，这种人房子里有陈设　都是古色古香，从国内买去。他们在国外支持当地一派，如苏加诺　肖班德里约等。。这种人回来对祖国有不满，他们属于右派。还有一种是中间派。回来不习惯，不满。要有一个过程才能改造过来。要逐步改造。在朝鲜受气不等于反修，在印尼受气不等于反对反动派。这种人不多。头一种人是好的，是左派，第二种是看不惯的，将来还会走，走也不怕，没有什么了不起，格格不入，何必留下来麻烦”要去香港也没有什么了不起　不要怕！现在没有秘密　我今天讲的明天就会上街。主席说　他们明天要回来也可以　主席总是怪我们为什么不让罗隆基出去　他出去顶多是储安平之，主席说他们写上一年也就没的写了，这些是右派。中间派的还有一些，不习惯，不能只批评，不能只讲“不去农场就不是好样的　这就要学主席的分析方法。还有第四种，钻进来的特务，不会没有，朝鲜、印尼、缅甸都会派。印尼先排华　接着印度，缅甸，朝鲜，蒙古　以后还会有马来亚、菲律宾也要赶上，华侨在回教国，要吃猪肉人家不喜欢，又不能通婚　所以那些地区华侨少。回来的劳动者，有保守思想，要教育，其他中间派，右派要分析。还有特务。国内可要分析，造反派要承担起来，不能说不打倒方承志什么问题都不能解决，大家都矣呆。侨委总有 天要结束 越早结束越好 侨委是暂时的过渡的 是国民党遗留下来的。华侨逐渐参加当地国籍，支持当地革命才是好样的，不要怕跑到蒋介石那里去 去了也翻不了天。要革命的隐藏下来 跑到蒋介石那里的只是少数，解放了台湾 这个问题就解决了。蒋匪派大使去，我们就断交，但我们不先断，有华侨 有个使馆总好照顾些。国内可要好好研究安置问题 四方面（指中侨委和侨务界两派）可以研究。

提出以谁为核心这很蠢

戚本禹同志八月十七日在接见湖南代表时说：毛主席说"提出以谁为核心，这很蠢"。核心是自然形成的，（要是提以自己为核心），他是最终成不了核心的 要被历史所抛弃，能成核心，有出息的是那些埋头苦干、谦虚谨慎的人，而不是争核心的人。核心是自然形成的，而且经过长期的考验，你们（指湘江风雷）要成为核心必须要工联承认 工联不承认，你就成不了核心。现在谁也不能成为核心 所以要联合。斗争有两种 对内不能动拳头，刀枪，越以你为核心越打架，中央提出的三个人，你们不能不信任。黎源同志不仅经过文化大革命的考验，而且经过长期战争的考验，不能再说章伯森狡猾。我很赞成你们是左派，但在你们这些左派中我最相信黎源同志。你我还要看一看 凡提自己是坚定左派的都成不了左派。左派有变化的，有的向右，有的向极左，极左就向右靠了。章华在湖南的干部中是比较好的 华有错误但他愿意改，过去有功 能力较强 你对他不信任，你可以看看，他还没有登台，还没有表演就打倒他，你让他表演表演么 看他是什么样的演员么。多数的老干部我们要爱护 对干部我们要实行毛主席的政策，一看二帮。小资产阶级的东西很象无产阶级的东西，小资产阶级的激情很容易左面。章伯森是湖南干部中唯一没有逃跑的 因为逃不了，跟群众有了接触 站到群众一边。三、四月以前也就向中央写信，为湘江风雷翻案，还有一点舍得一身剐的精神，现在你们刚翻身就要把别人打倒。"决定"是主席批的 三个干部主席了解，你们不能掌握斗争的大方向，就很可能犯错误。让你们来就是要扭转你们这种情绪 解决这个问题。

朱成昭的堕落

戚本禹同志说 地院朱成昭原是一个很好的革命派，很有造反精神，但由于家庭各方面影响，还有另一个司令部的人，用各种卑鄙的手段拉拢，收买他，使他走向了反中央文革的道路（下面不少人说：是叶剑英的女儿叶向真拉他），被谁拉拢不愿意说出他的名字来。

第126期　　　　动　　态　　　　第五版

林彪、周总理、康生、江青、李先念等中央首长在中央政治局常委会的讲话（66.12.14）

康生：对工人阶级文化大革命我没有调查研究，过去没有接触过，今天第一次对于文化大革命怎样认识，我也不大很了解，近来同波兰一个左派同志谈了一次，十个钟头，从他谈话来看受教育不少，谈到从一个社会主义国家怎样变为一个资本主义国家，这个波兰同志过去是中央委员，搞过工业，谈得很详细。社会主义工业向着资本主义方向发展的情况，他们的形式是公，实际是私，形式是新，实际上是旧，形式是社会主义，实际是资本主义，过去对这些问题不大理解。

林彪：形式未变，内容变了，实际上是资本主义。

康生：我们过去对苏联《新大林到赫鲁晓夫领导变修我们比较清楚，文化上也比较清楚，比如叶甫图申科到美国到处受到欢迎，对农业上他们有自留地……等，我们也知道一点，对工业就不大清楚怎么变的了。

林彪：把社会主义国家怎么变成资本主义国家？工业、农业、文学艺术、各项政策，怎么变的，要找人研究一下怎么复辟的，我们这些到底怎么变的不甚了解，怎么堵这个漏洞，要研究。昨天同周总理谈还谈到这个问题，资产阶级革命是经过多少次反复的，法国革命从一七八九年路易十四上台，后来就上了断头台，拿破仑又上台恢复了帝制，从××年到×××年三次革命五次反动复辟，英国资产阶级也经过很多次反复的，科林维尔后来也上了断头台，坟墓都被挖了，尸体被烧，活象赫鲁晓夫烧斯大林一样，可见资产阶级革命也是经过多次反复，中国革命从戊戌政变袁世凯做皇帝恢复帝制，北洋军阀到蒋介石也是几次反复。

周恩来：剥削阶级代替剥削阶级还经过这样多次反复呢。

林彪：社会主义革命的的确确实实在在存在着反复的问题，几千年来人有文化以来的历史就是剥削史，特别是社会主义国家怎样演变成资本主义的，如何复辟的，现在我们只有笼统的概念，没有具体事实，没有说服力，请康生同志组织研究一下这个问题。

康生：从波兰的情况看来资本主义复辟在工厂方面关系很大，因为它是经济基础。

林彪：工厂比学校厉害，好也厉害，坏也厉害。

康生：波兰的情况是三种经济，一种是私人可以开工厂，私人可以开饭店、旅馆、牛肉，法律规定雇用工人不得超过三个，但是学徒不在数。

周恩来：我们半工半读学校也剥削很厉害，他们每月只有20元，几小时工作制，没有什么学习。

康生：他们农业劳动合作社形式上是社会主义，实际上是资本主义，农村的富农经济更突出，一个人可以有50公顷的土地。

李先念：这就是富农经济。

康生：有的土地不多，在郊区经营蔬菜水菓可以成为百万富翁，三是闻营经济形式上是社会主义国家实际上是资本主义国家，他贪污盗窃外同外国勾结，我感到我们的工厂是否都那样干净，我没有研究，要挖掉修正主义、资本主义根子怎么搞文化大革命。

林彪：这是对的，什么是新的，我看了《列宁论领导的批判》和《国家与革命》所谓新就是生产资料所有制变为公有制，所有制由私变公其它一切都变了。

康生：我们的工厂里面的经济规律没有改变的是什么？在交换问题上商品等价交换规律没变，工资仍是按劳付酬，资产阶级法权残余仍然存在，仍可产生资本主义，工厂搞不好就会出修正主义的上层建筑，不好影响经济基础，基础不好影响上层建筑，工厂文化大革命就这个意义上讲比学校重要，它是经济基础，工厂也有上层建筑。

林彪：不论工厂、农村都有上层建筑

康生：因此我们工厂文化大革命对防资防修很重要，不是可有可无的，不是比文化教育的文化大革命次要，一些更重要靠于工厂系统怎么认识工交文化大革命需要很好研究这个问题，现在领导机关对于工业农业无产阶级文化大革命在防修反修问题上认识不够，很不理解，总觉得没有什么问题，谷牧同志汇报的第一条第〔?〕条理由站不住，对主席思想很不理解，还要认识，要调查研究，什么是修正主义根子，要深入调查研究，工厂的问题不一定比学校少。

林彪：问题不摸底，一摸不是问题少，而是一堆。

江青：工厂里有成本利润问题，从修正主义那里抄来不少东西，我们脱产人员太多，生产一表现好了，就马上提拔出来脱离生产，郝××是模范，让她脱产了，坐上汽车，提高了待遇，这个问题很大，她怎样革命呢

林彪：吃了饭不干革命就镇压别人革命。

康生：我们有些工厂，恐怕是列宁说的是没有资本家的资产阶级工厂，工交口的同志要很好地对待这个问题

林彪：前车之鉴，引以为戒，不要重蹈覆辙。

康生：工厂权力比学校大得多。

林彪：有身家性命生杀之权

康生：苏联专抓经济工作，政治不挂帅，检查起来我们工厂不挂帅毛泽东思想不挂帅恐怕比学校还厉害，抓革命促生产的十条我参加制定的，完全赞成，但是第一条是否加上几句话"工厂文化大革命对防止修正主义资本主义复辟发展生产力有更大作用"抓革命促生产这不是二元论，而是主席说"抓革命才能促生产"，第二机床厂一个车间材料不错，由于抓革命，促了生产，精神变物质，不好的是领导搞不好，——　我补充一句，波兰同志说，修正主义的标号一是党的上层领导，一是企业基层领导。

江青：凡是革命的地方，生产总是搞得好

內部材料
仅供参考

无产阶級文化大革命

参考資料

★

第 二 集

一九六七年三月

最 高 指 示

我们伟大的导师，伟大的领袖，伟大的统帅，伟大的舵手毛主席说：

“领导我们事业的核心力量是中国共产党。 指导我们思想的理论基础是马克思列宁主义。”

“人民，只有人民，才是创造世界历史的动力。”

“马克思主义的道理，千条万绪，归根结底，就是一句话：‘造反有理’……根据这个道理，于是就反抗，就斗争，就干社会主义。”

我们的责任，是向人民负责，每句话，每个行动，每项政策，都要适合人民的利益，如果有了错误，定要改正，这就叫向人民负责。”

“为什么人的问题，是一个根本的问题，原则的问题，”

目　　录

李富春同志十一月四日接待一轻部部分群众代表的讲话

李富春同志首先念了林彪同志十一月三日在接见全国各地革命师生大会上讲话中的一段话：

“这样的大民主，不但领导和群众之间必须彻底实行，而且，在群众中，在群众相互之间，也完全必须彻底实行。在群众之间，沒有这样的大民主，不善于互相商量，不善于倾听不同的意见，不善于摆事实讲道理，不善于开动脑筋，思考问题，这样，就不可能自己教育自己，自己解放自己，就不可能达到发展左派队伍，团结大多数，孤立一小撮资产阶级右派的目的，就不可能不折不扣地实行我们伟大导师——毛主席所提出的无产阶级文化大革命的路线。”

接着李富春同志回答了同志们提出的问题。

李富春同志说：

1. 所谓“八条”是要各口讨论一下，由各口根据自己的具体情况来研究执行。只有你们一轻部全盘传达了，这是你们一轻部的特例，我知道以后就批评过陶鲁笳，（陶点头）这只是在国务院办公室，几个口的领导人在一起议了一下，并沒有形成文件的指示，“八条”更沒有叫向多数人宣布。（陶插话，这是薄一波同志的问题。）

2. 一轻部的问题应由一轻部革命群众自己下结论。一波的错误路线沒有什么“七·二九”以前和“七·二九”以后的区别，一直是执行资产阶级的反动路线，不过到一轻部更讲了一句错话，说一轻部是“黑暗统治”。

3. 一轻部必须批判资产阶级反动路线，但要批判必须与部领导结合起来，部领导执行了沒有？执行在什么地方？让广大群众来讨论做结论，来批判，而不是由一轻部党委自己可以做结论的。

4. 一轻部的情况我不了解，过去薄、陶都沒向我做过汇报，只有谷牧同志九月底向我汇报一次，在那次汇报中讲了“七·二九”以后的情况。你们的行动还是要搞革命的，但是筹委会缺点，有错误，表现在打击面过宽，有武斗等方面。陶鲁笳说筹委会有“白色恐怖”是不对的，分的结论，应由群众来做。更不能说筹委会是搞资产阶级专政，革命群众怎么能搞资产阶级政呢？资产阶级专政只有当权派才能搞吧！筹委会首先是革命的，第二发生了一些缺点错误，是革命群众起来之后沒有经验，这些错误是难免的。各级领导应该原谅革命群众，应该群众己教育自己。

5. 阶级路线，第一是有成分论，第二是不唯成分论，第三是重在政治上的表现，三者不可缺，三者要结合起来，这样最后才能达到团结95%嘛！否则不是毛主席的阶级路线，是谭力夫阶级路线，唯成分论的阶级路线是错误的。

6. 不同的观点，可经过大家商量和辩论。（李富春同志又念林彪同志讲话关于群众大民主段）。你们要在革命中学会革命，在游泳中学会游泳，在大民主中学会大民主，要学会倾听不意见，要学会互相商量，学会思考问题，你们是少数，你们要革命，除我们支持外，你们自己还独立思考。

阻力，曲折在革命过程中是难免的，三个阶段发生曲折，阻力是相当大的，只有靠你们这些年轻人去闯。

7.党的领导，首先是党中央、毛主席、毛泽东思想的领导。第二如果党委值得我们信任，可以接受他的领导，如不值得信任或者已经瘫痪了，你们如果是按毛泽东思想，按16条办事的，不算摆脱党的领导，更不能说不要党的领导。对部党委、院党委信不过就不信，这不算反党。完全是无产阶级司令部，无产阶级当权派，自然相信他，因为我们还相信党中央、毛主席，相信16条嘛！

8.谷牧同志是好同志，你们应该信赖他，我将你们的情况告诉他，你们11号开大会我将派人去参加。

9.你们不要怕，十六条第2条就讲了主流和曲折嘛，你们还要准备有曲折，就是把部党委端正过来，也还是会有曲折，这说明革命是不容易的，革命不是一帆风顺的，若是沒有曲折，革命就太容易了。就是因为不容易，你们越是得到锻炼。

对部党委要有分析……总有好的嘛？（有人说：大部分是好的）筹委会有个把不好的人，可以罢免，要把筹委会健全起来，文化大革命的一切权力都归筹委会。文化大革命要在筹委会的领导下进行。如果筹委会认为部党委可以领导就接受，认为不能领导就不叫它领导，可以上一级党委领导。就是领导也是当顾问作参谋，不能包办代替，我要和谷牧同志讲。按你们讲的如果是这样，筹委会就不是权力机构了，就是党委的办事机构了。往各所派联络员也是错误的，违反十六条的第4条，这全要纠正。"七·二九"以前被打成反革命的，除个把眞正牛鬼蛇神外，都应该平反。军委的指示适合机关，黑材料不要公布了吧！可以同群众商量销毁。

10.有人问："文革筹委会是不是当权派呢？"

李富春同志说："说文革筹委会是当权派是不对的，文革筹委会是从群众中产生的，怎么算当权派呢？这是一轻部的怪事。"

11.有人问："有人说我们的筹委会是薄一波泡制的，说筹委会执行了薄一波的资产阶级反动路线。"

李富春同志说："筹委会是革命群众组织起来的，革命群众不会执行资产阶级反动路线。"

李富春同志第三次念林彪同志关于群众大民主的一段讲话。（略）随手交给我们一份林彪同志讲话的打印材料。并说："这份材料送给你们带回去，让部党委、毛泽东思想红卫兵和其他同志，你们好好学习学习。"又说："不论谁都要学习林彪同志的讲话。我今天讲的，你们可以向同志们和毛泽东思想红卫兵讲一讲。你们对大民主也做一番宣传。什么筹委会泡制的（指机关红卫兵），薄一波泡制的（指筹委会），保皇的，一律取消。根据林彪同志的讲话，实行大民主，大家学习，大家辩论，大家斗、批、改，群众中的民主气氛活跃了，领导上也会活跃。首先批判资产阶级反动路线，批判薄一波，必须联系检查部党委。"

12.李富春同志说："我支持你们，支持一切革命的同志们。我相信你们有困难，有阻力。你们要经得起考验，若沒有你们这帮年轻人冲，什么四旧呀！当官做老爷呀！要冲垮是办不到的。

是无产阶级司令部，我们不应该乱打。第一，看是不是无产阶级司令部？第二，就是无产阶级司令部也有缺点和错误，也应该揭露批判吧！我是采取这种态度，我不能说我就是百分之百的正确，批判他是为了更好的领导我们。我们希望你好好改正错误，并不是想把你们打成黑帮，为了让你坚决跟毛泽东思想走，跟着毛主席走，我们就是采取这种态度。如果你再跟革命群众对立，就是一错到底了，革命的多一个总是好吧！十六条中就是对走资本主义道路的当权派，也还给一条出路！

因此，我们就理直气壮了，如果你们再跟革命群众闹对立，就错到底了，就怪不得我们了，但我们要讲究政策和策略，要提高我们的政策和策略水平。

（接见结束，李富春同志和群众一一招手，

群众：请代问毛主席好，祝毛主席万寿无疆！

李富春同志：好，好，我一定办到，我一定办到。）

戚本禹同志十一月五日接见北京邮电学校《东方红》公社代表时的讲话

你们的意见和反映的情况昨天阎长贵同志已经跟我谈了。

关于罢陶鲁笳官的问题，北邮转抄师大井岗山战斗团的记录不确切。其他的记录是这样的：群众喊"要求罢陶鲁笳的官"我说："重要的不是罢官，重要的是要彻底批判资产阶级反动路线。"

关于邮电学院群众斗群众的问题，是指运动的前一阶段，邮电学院斗了很多革命同志。这是资产阶级反动路线造成的恶果，这是与工交系统陶鲁笳执行的资产阶级反动路线分不开的。不仅邮电学院这样，陶鲁笳所领导的地质学院等院校也都是这样。革命同学反对这条路线，是做得对的，在反对这个错误路线过程中，提出对以谭力夫为代表的思潮进行批判是必要的，对执行这条错误路线的批判并不是群众斗群众。

陶鲁笳是企图挑动群众斗群众的，我们要提高警惕，受错误路线蒙蔽的同学，只要认识了自己的错误，站到正确的立场上来，我们就要很好的团结他们，不要叫他们修正主义红卫兵，因为这对团结多数很不利。

我揭破陶鲁笳企图挑动群众斗群众，是希望同学们要提高警惕，不要上当。如果有人利用我这个讲话说革命同学是执行新的资产阶级反动路线，这是错误的。

个别革命同学在运动中提出的过分的主张，只要改正了，就不是什么了不起的问题。企图揪住个别革命同学提出过分的说法，来反击革命同学，把枝节当成主流，这是不应该的。这不利于批判资产阶级反动路线，纠缠不休有可能影响运动的大方向。

革命同学要团结多数，掌握运动的领导权，十六条的第九条中说文化革命小组，文化革命委员会和文化革命代表大会是群众在共产党领导下自己教育自己的最好的新组织形式。这是我们党同群众密切联系的最好的桥梁。它是无产阶级文化革命的权力机构。在条件成熟的地方应该根据中央指示成立文化革命委员会或者临时革命委员会，革委会是权力机构，要有这样一个机构才好办事。

有了革委会，就可以把斗批改很好地抓起来。怎样进行斗批改？有两条路线，毛主席的路线和反毛主席的路线。要按毛主席的路线进行斗批改，正确贯彻党的阶级路线，而不是谭力夫那样假阶级路线。集中力量打击一小撮极端反动的资产阶级右派分子、反革命修正主义分子。运动的重点是整党内那些走资本主义道路的当权派，这是毛主席的方针，反对毛主席路线的人不执行这个方针。有的学院甚至把革命同学打成反革命，象李贵、安静中、白之其都是因为反对错误路线被打成了反革命。革命的左派要执行毛主席的方针，按照毛主席的方针进行斗批改。

李富春同志十一月七日接見×××部分革命群众代表会上的讲话

1.抢材料、抢文化大革命的材料、砸保险柜、档案室，中央不提倡、不赞成。这种行为我认为是过火的。昨天他们来了，问我们支持不支持，我说看了材料再说。对这个问题在这里表示过态度，抢是过火的行为，中央是不赞成的，不提倡的，同时也要看到整个北京市这个行为，特别在院校带有普遍性。空军院校、地质、外语、体院、机械学院都发生了这种情况，我同意你们的说法。院校和你们院部情况不一样，×××这个行为更严重。对你们×××来说，这种行为更不能支持，更不能提倡。

2.我们也不同意这是反革命行为，因为这样牵涉到许多人，除了极少个别坏分子外，其余的一般按人民内部矛盾处理。不能把×××七〇一这样一些人的行为定成反革命。如果定了你们的性质，其他院校怎么办？我们要警惕别被坏人利用，其它人按人民内部矛盾处理。因此，部院在中央新指示未下来之前，要采取坚决彻底的措施。不管什么地方，把有关文化大革命的材料封存起来，沒有就拉倒。同时，我们也不赞成他们继续搞，我昨晚也讲了。

3.×××党委，政治部、中央办公厅三个方面组成一个调查组，我们去两个人，×××党委、政治部也各去两个人，到现场去找各方面人谈话，审查被抢材料，然后再下结论。

4.你们可以有权利继续对这件事批判，你们认为这个行为不对，可以写大字报辩论，运用四大进行批判，你们认为错的，就可以进行辩论。群众之间辩论找林副主席十一月三日第六次接见全国各地来京革命师生大会上的讲话。这个大民主，不但领导和群众之间必须彻底实行，在群众之间，沒有这样的大民主，不善于互相商量，不善于倾听不同群众的意见，不善于摆事实、讲道理，不善于开动脑筋、思考问题，这样就不可能自己教育自己，自己解放自己；就不可能达到发展左派队伍，团结大多数，孤立一小撮资产阶级右派的目的，就不可能不折不扣地实行我们伟大导师——毛主席所提出的无产阶级文化大革命的革命路线。这段话新出来的，领导是不是犯错误主要是在“敢”字和“怕”字上。敢不敢发扬大民主，不仅是领导和群众之间的大民主，而且是群众之间的大民主。（这就是四个善于：即善于互相商量，善于倾听不同的意见，善于摆事实、讲道理，善于开动脑筋、思考问题。）

依靠大多数，逐步消除对立，你们是多数（代表插话：有的单位不是多数），少数要善于团结多数，多数要善于团结少数。不搞大民主，不但部党委不能解决问题，我也不能解决问题。搞了这么久，还是群众对立，还是群众斗群众。这样下去，部党委就把自己置于资产阶级反动路线上去了。这样下去，就说明部党委和院党委沒有作好工作，我们也沒有作好工作，就是要依靠群众作工作。

周总理、江青等同志十一月八日在人大会堂接見部分学校红卫兵代表讨论纪要

参　加　人：周总理、江青、谢富治副总理、戚本禹、张春桥、王力及周荣鑫秘书长等。

红卫兵代表：三个司令部每个出八个人，另外指定航院红卫兵、航院红旗和其他一些单位

各出一名代表，共三、四十人。

内　　容：讨论有关黑材料的问题。

《讨　论　纪　要》

总理：因为连着开会，气节不好，连着很疲劳。今天叫你们三个司令部的来想座谈一个紧急的问题。十月五日中央军委的紧急指示信，……中央批转了，到现在一个多月了，但平反和档案材料问题沒解决……。林彪同志发表了两次讲话，红旗两期社论、人民日报社论、解放军报社论，但是黑材料的问题不便于写进去（此句是大意）。今天和你们直接谈，以便解决的彻底、干净利落。以便于向资产阶级反动路线坚决地斗爭。…… 不然纠缠在这个问题上不利。北京如此，全国也是如此。想征求你们意见，你们可能很突然。事先通知了沒有。（众：沒有！）

（总理让大家举手发言）

蒯大富：叶林到我们那儿去了，说要交材料，但什么也不交。他拿了两份清单，一份清单我们照了象，另一份是交给文革的材料清单，他不交，不让照象。他们说防止群众斗群众。

总理：你们两边都挺"文明"，他不交，你们不叫走，那一边呢，他就不交，也不走了。

他有的材料是回忆的，你们串联的回来了，一问，不对，说有的烧掉了。……因此他说宁肯不听中央的报告，也不回来。

蒯大富：同学们等不得了，那要抢怎么办？

总理：那不好（江青同志笑了）。

（有人谈到陶鲁笳的问题，江青同志小声说："陶鲁笳胡说八道"。）

（林院、国际关系学院、人大、航院有的代表谈了他们的主张，还有一些学校谈了一些具体问题。因为这次会是专门讨论有关材料问题的，所以沒有讨论那些具体问题。在讨论过程中首长很少讲话。因为谈的很具体。从略）

北医红旗：搞材料沒意思（按：后来有人反对这个意见），材料公布，不要销毁。

应该乱，三个司令部要乱，红卫兵要乱。要大胆地闯，不怕乱。有的问题自己解决，不把矛盾上交。

总理问他们，大意是：那么你们为什么还有人在中南海西门等我？

北医红旗：现在有人在国务院西门是说服他们回去，只有一个代表。

总理：你回去说服说服，你们给陶铸同志贴大标语，共七个标语，贴到陶铸头上合适不合适？请你们说服说服。

他要把第四号人物也揪出来，是什么意思？我不能见他，我不能同意这个口号。这个口号不只是我不同意，毛主席也不同意。

北医红旗：他说党委不是黑帮。（有人说：那个检查了。）北医红旗：他还说……。（有人说：8 月 23 日在医大也检查了）

总理：那个已经声明了（有人说：那个检查了），定调是定早了，他承认算个错误。把第四号人物陶铸揪出来，我怎么能见？中央政治局名单，沒有正式公布，但是只要有点政治常识，在报上总可以看得出来嘛！

我那个门（指国务院大门）走不过去了，怎么做工作呢？大民主应该有个限度，在最大民主的基础上应该有集中，必要的集中还是要的，"八・八"的十六条公报是毛主席审定的，新的政治局常委是十一中全会选出来的……。

说错了几句话是不可避免的（大意）。如果陶铸他坚持这几句话，你们还可以……。他承认了嘛！

文办是很弱的，文办不健全。人手一时抽不出来，经过革命才能发现人嘛！你们贴标语说陶铸是"扶搖直上"，却又说毛主席要提拔新生力量（大意），把这样的老同志沒看成是主席的学生、战友。现把我心里所想的，不管对那一派都讲了。……

现在要见我的人这么多，……。我不只有国内事情，还有国外的事情，不能点名要见周某人，我就见，我沒有这个义务哇！

我插入这一段，把时间占了，我借这个机会向你呼吁。

（很多代表讲了对黑材料的移交处理意见：有的主张抓黑材料问题，有的主张不要在这件事上过多地耗费精力，有的主张把黑材料销毁或部分领导过目，或全部公布等处理意见。分歧不小）

总理：这个问题全国到处都提出来了。中央文革小组研究，提出个方案来。这牵涉许多问题。

一个（建议）是，中央的大门不能开了，你们三个司令部的不要闯进去，不管那个司令部那一派的都不要闯进去。光拥护毛主席亲手制定的文化大革命纲领，拥护党中央，但是，毛主席睡觉也睡不好。我号召你们不要往里闯，先开一个门，然后再开一个门。（按：有些人在中南海西门外等着接见，有的往里闯。）

（看不清）为了黑材料问题，档案问题，把部长找去要见，我们排上队要有个商量。

我今天说了，你们同意我回去就开。毛主席的中央那有开小门的。……你们是留在北京的，你们很困难，××大学，你们四五百人，接待外地来京的同学很紧张。在家的由你们传达，还有外地的同学，外地同学总好劝嘛！主要是北京的作个榜样嘛！

如果你们来几个人劝说一下，我们欢迎。

这是一件事，向你们呼吁。你们那个反对？（沒人反对）应该不应该开？（众：应该）这是一件事。

主席这两天要分批接见外地师生。要见就得分批接见了。因为各种组织形式都试过了，总有缺点，这次想时间短，拿车运。对外地的同学要说服他们，第一批不成，以后还可以见。本地的同学辛苦了。……你们做工作，明天请周荣鑫同志给中学同学作工作。这次排上队的见了就回去了。……

告诉他们排得上的上车，别的第二批，第三批……都排得上。

眞正拥护毛主席的，要使毛主席，中央不受干扰。问题是非要当天见不可，非要见某个人不可（大意），我们十几个人，有一个人见就可以嘛！我和谢副总理谁见也不一样嘛！戚本禹和×××（沒记清名字）一样嘛，这不能一见就叫陈伯达，江青同志，陈伯达是杰出的理论家，要思考要写文章……。

在会后过程中，第二司令部提出了航院红旗为主的一些红卫兵到第二司令部造反的事，江青同志表示："你们群众组织自己的问题，我们不能包办代替，应由你们自己解决。你们那个问题我们听，委托戚本禹同志解决"。

另外总理答应派人调查一些单位发生的事件，答应处理学生组织长征队的问题，答应打电话解决入学校的工作组的材料问题。

这次会议，充分地体现了，中央对红卫兵的无限信任。最后让我们高呼：我们最最敬爱的导师和领袖毛主席万岁！万岁！万万岁！

张春桥、戚本禹同志十一月八日上午十时接见北航《红旗》五名战士谈话纪要

红旗战士问：自从那篇社论《红卫兵不怕远征难》发表以后，大部分人都去长征了，我们留下来到北京社会上去，到工厂去。

戚本禹答：与工农相结合，大方向沒有错。

红旗战士问：我们到工厂去了几趟，看到眞正工人的造反精神比我们好，现在文化大革命向纵深发展，我们迈开脚步到工厂去和工人相结合，了解社会，我们到工厂去写大字报，宣传毛泽东思想，宣传党的方针政策，与工人谈谈心，替工人抄大字报，和工人一起劳动，搬到工厂去住。

又一红旗战士问：我们是到光华木材厂的，工人同志纷纷要求我们去，那里路很远，我们准备搬到那里去睡。

戚本禹答：到工厂与工人一起住，不打破他们的生产秩序，当然有的生产秩序也是要打破的，靠群众去闯，去打破，这样就可以了。

张春桥答：搞工厂是个方向问题，我们打算下一步应该这样走，至于怎么样，你们去闯，去摸索经验。

红旗战士问：有人反对我们进工厂，例如，北京玉器厂（光华木材厂红旗战斗团也抗议我们）。

张春桥答：这是一件新鲜事物嘛！当然有人反对，（笑）反对你们进工厂的指导思想是怕你们打破了他们的生产秩序，如果你们注意了，把革命和生产关系处理好了，他们反不了，首先你们应该和工人接触，现在不要到车间去，因为他们內部不统一，也谈不了多少话，我以前有几次到工厂去，也是这样，要等工人下班了再和他们谈话。否则你到这派师傅那里去劳动，那另一派可能会全部停工，那就不好了。

红旗战士问：我们想搞几个点摸索经验，是不是你们也深入配合我们搞点总结经验？

戚本禹、张春桥：好！好！还是靠你们去闯吧！找几个工人谈谈。

周恩来同志十一月十三日接见科学院串联队代表的指示——两个组织如何团结

慢慢做工作，路线错误关键是对待群众问题。毛主席的无产阶级革命路线是相信群众，依靠群众。资产阶级反动路线则反对群众。院党委也好，工作组也好，不相信群众，包办代替。凡是受打击受压制的，有反抗精神，应该承认他们是先进的，是左派。我们保守了，应该向他们学习。他们易于偏激，知识分子不免有这个习气。过去错了总不服气，对了要回敬一下，这种情

绪是有的。应当矛头向上，错的要自己批评。你们着重检讨，他们会欢迎。才能有共同标准，对准院所党委。（这时总理突然插了一句：院党委有人要离职务，总还有一部分要留下工作嘛！）要充分发动群众，把矛头指向院党委，谁先这样做，谁就先进。但不能偏激，偏于落后的、保守的，要勇于承认错误，现在先进的，过去受压制，有反抗精神，犯错误的检讨了，受压制这是锻炼。你们认为是眞理，就要坚持。要站稳立场。先进的、落后的只要站稳立场就不要紧。先进的偏激了，不能团结大多数。任何事过了头就会走向反面，这也是受教育。为什么要大民主？就是为了不变色，挖修正主义根子。世代发扬大民主，敢于向错误的领导斗，领导不能在群众之上。

串联队这么多人，处境与想法差不多一致吗！教育好这部分人也是贡献。两方面接近以后，又有新的问题。少数人先看到，就教育落后的，受压制的先进了带你们。团结多数、教育多数则符合十六条。如很偏激，则走向反面。这是运动规律。合则对，不合则错，过之则反。这方面我对学生讲的很多，按说不应再对你们讲。人不犯错误的少。你们对毛主席著作是学了些，但沒完全实践。人永远正确是不行的。世界上只有列宁、毛主席这样的天才。这样的领袖不多见。斯大林问题不少，当然功大于过，三、七开。象林彪这样高举毛泽东思想伟大红旗带领大家前进的不多。一般的同志那能无过错？承认不应难过，应愉快。对过去认错不够，做些错事承认过错就沒什么。串联队这么多人，处境、观点与你们大概一致，如还有沒有认识的，你们去教育他们，教育好了，就是对科学院的一个贡献。

问：为什么有比较多的同志跟不上形势？

答：这些人有个天眞想法，认为党的领导就是对的，领导说话就是党的领导，这蒙蔽了你们。这不怪你们，责任在我们。过去主席思想贯穿在组织系统较差，沒有按主席思想办党。红旗十三期社论你们好好学习。这个问题以后到科学院再说。

毛主席要求的是敢想、敢说的青年。中国党沒有把主席的建党思想贯彻下去，这个中央要负责。中央宣传部不宣传毛泽东思想，组织部不办毛泽东思想的党，现在应该很好地把毛主席的党自上而下的建立起来。不但党过去这样，共青团也是死气沉沉，这应难过。青年团不起作用，为什么红卫兵能起作用？冲向前、冲向社会上去？可见群众不是不能发动起来。中学红卫兵比大学红卫兵还能干。

党团员天眞地认为党的领导人都是对的，如果我今天说的话都是随便讲，哪能都是对的？如果想一下再说就不会这样随便了。你们所以抓住我一句话责问我，贴我的大字报，但是我的大方向是对的，清华就贴了我不少大字报，这可以嘛！我是奉命去了解清华问题的，这是个难题，我只能那么讲，沒办法。

过去总是机械，你们感到很委屈，这点我是理解的。那些现在还是先进的同志也不会百分之百还是的。我们以为落后是天眞和机械，这有个危险，假如在毛主席身边眞正有赫鲁晓夫式的人物，难道只靠毛主席来发现还行吗？苏联教训是很大的，赫鲁晓夫蒙蔽了斯大林，他不是斯大林死后才出现的，他那时就是政治局委员。在十八次党代会上还做了党章的报告。斯大林式的党不如列宁式的党。列宁式的党很活跃，争论很激烈。每个党员要有独立思考能力，但要有严格的组织纪律，又能提出问题，有许多问题你们都想不到，《人民日报》登了大字报，《北京日报》停了，这都沒想到吧！中央下的决心很大，也只有我们中国党才能这样做。造反有理，清华附中红卫兵“三论”是发挥了主席思想，亦不能不承认，红卫兵才成立，一下子就冲到社会上去了，搞出了不少成绩。红卫兵所以敢闯就是有造反精神。二百多万红卫兵到北京，相当于两个蒙古的人，比阿尔巴尼亚人还多，撒到北京，秩序井然。只有在毛泽东时代才存在。应该有这种敢于造反的精神。把委屈去掉。遵义会议到七大，在这期间开始了党內整风，统一了党內高级干部的思想，取得了全国解放的伟大胜利。七大以后二十年来应该按照毛泽东思想办党，但是辜负了毛主席的期望。陆定一是反党分子，安××现在还沒公布，可以给你们讲，也是反党分子。二十年来一直在主席跟前就沒有解决。张劲夫也是利用党的威信，搞些个人手法，蒙骗了你们。就谈到这里。

戚本禹、姚文元同志十一月十四日上午接见华东师大部分同学时的讲话

地点：政协礼堂会议厅

姚：华师大《革命造反队》给江青同志写了一封信，讲了上海文化革命情况。江青同志很重视，委托戚本禹同志和我来听取你们的意见。关于上海文化革命的情况，我们知道一些，今天再来听听你们讲，回来以后向江青同志和陈伯达同志汇报。你们可以去告上海市委的状不要拘束，随便讲讲。

接着华师大《革命造反队》同志汇报上海市委的情况并请首长指示。

戚：师大情况要我们具体讲，下结论，很困难。我们今天作了两个钟头的调查研究，但还是不够，而且不符合主席一贯教导。我们的态度是支持你们的革命！从你们今天的谈话中，对师大运动情况有了一个轮廓，可以看出这也是两条路线斗爭的反映，也是文化革命中两条路线斗爭的部分。今后怎么做？怎么斗爭？怎么认识？中央会有新的指示和文件（姚插：这几天就要出来）。有一个是向全体红卫兵宣读另一个是向全体同学宣读的，你们回去后可以听到。这些文件有关中央工作会议精神，是带有总结性、政策性的东西。怎么认识斗爭？怎么继续进行斗爭？你们具体结合自己大学的情况得出结论，进行斗爭。张春桥同志已经回上海了，你们回上海可以找他。

姚：你们过去要求中央文革小组派人去，现在张春桥同志去了，他是中央文革付组长，是市委的，又是华东的。有些情况你们还不知道，最近斗爭有变化。

戚：张春桥同志已回去了，你们还沒有回去。我们从上海运动简报、信件和电报中知道一些上海最近情况，焦点已不是你们所讲的，有许多新的情况你们还不知道，希望你们赶快回去，有新的斗爭。不要长期留在这里（而且你们是骨干，是代表人物），脱离斗爭要落后，要掉队（以后不要长期留一批人）。资产阶级反动路线现在虽然已告失败，但还会以新的形式出现，斗爭不会风平浪静的，资产阶级反动权威，走资本主义道路当权派不会甘心失败，在北京不是听说“秋后算账”吗？现在不是已经秋后了吗？看来秋后算不成了，冬后会不会算？冬后算不成，春后会不会算？他们还要继续算账的，他们还要给革命派算账的。所谓算账就是复辟，就是反攻倒算，执行他们路线，重新镇压学生，把学生当右派斗。其实他们一开始就算了一次，今后还会有新的斗爭。不要怕这些斗爭，秋后冬后算，都不要怕！要把文化大革命进行到底。不搞到底，他们是要算账的。希望你们赶快回去参加斗爭，在大风大浪中锻炼成长，靠自己革命。

走资本主义道路当权派不斗垮，不打垮，他们是会反攻倒算的，秋后算账其实是资产阶级反动路线反攻倒算的口号，如果我们不放手发动群众把文化革命进行到底，他们是要算账的。

希望你们赶快回去参加斗争，在大风大浪中锻炼成长，靠自己革命。毛主席说：“眞正的铜墙铁壁是什么？是群众，是千百万眞心实意地拥护革命的群众。”有了群众就能打垮反革命。你们回去后要依靠群众一起斗争，团结那些受过蒙蔽的同志参加斗，包括“向常溪萍学习，向常溪萍致敬”的！不要把他们看成保皇派、修正主义的，他们是受了蒙蔽，不是资产阶级反动路线的执行者，更不是提出者。即使是执行了资产阶级反动路线的干部，还可能改的，也还可能成为一、二类干部。我们要把矛头指向死不改，坚持反动路线的人。提出的，坚持不改的这些人，就是走资本主义道路的当权派。所谓要“秋后算账”的，他就是这些人（姚文元插说：你们斗争不彻底胜利，他们是要算账的）。你们不是有人被打成反革命吗？如果不把文化大革命进行到底，他们还会算账的，是会把你们打成反革命的。但我们不怕！所以毛主席说：“你们要关心国家大事，要把无产阶级文化大革命进行到底。”文化大革命关系到国家前途、人类命运和变不变颜色的大事。你们学生之所以继续停课半年，就是这个问题。文化大革命是关系到国家命运、七亿人民命运的重大斗争！大家早点回去，参加斗争，在新的风浪中锻炼成长。

姚：现在斗争还是一个序幕，还是开始，大的斗争还在后面（戚本禹同志插说：你们不是有“六、三”“高潮”吗？以后还会有“高潮”的）（众：笑）希望你们要不断总结经验，在斗争中继续学习新的问题，革命到底。我们相信你们回去以后会成长，会革命到底！张春桥同志不是回去吗？你们可以去找他，当然回去以后有事可以写信来北京。你们谈了前一阶段的情况，帮助我们了解了一些问题，我们一定负责整理，向江青同志转述。

（接着戚、姚回答了一些同学们提出的问题，从略）

姚：你们最近从“红旗杂志”社论能看到基本问题是：干革命要靠自己。一定要坚强树立这样的信心。不要以为哪一个人讲了一句话，就可以保证你们不犯错误。中央文革小组的态度是明确的。但沒有说，只要中央文革讲一句话，就不会出问题了。干革命还是要靠自己（戚本禹插说：要自己教育自己，自己解放自己）毛主席说：“在群众运动中滚过千百遍的胜利，才是眞正的胜利，这在革命斗争中是有无数经验教训的。”

戚：两条路线斗争是个大问题。你们要看得多，看的远。不仅要看学校，要看到全国。毛主席讲，要关心国家大事，不是关心一个学校，一个学校是国家的一部份。这几年两条路线斗争，一个是毛主席的路线，一个是反毛主席的路线。你们不是看了清华、北大了吗？要好好思索……。

你们不是见了毛主席三次了吗？毛主席为什么要接见你们呢？你们想见毛主席，毛主席也想见你们（姚插说：你们三次见了毛主席，要永远忠于毛主席，永远跟着毛主席。毛主席永远是我们心中的红太阳。谁反对毛主席就与谁拚到底！）苏联出了修正主义，我们会出吗？我相信我们不会出！但是我们要做思想准备。你们要永远跟着毛主席干一辈子革命！我们希望你们保持革命激情，要一生革命！不能碰到困难就动摇、后退。我们对毛主席要海枯石烂永不变心。只要看到谁离开毛主席开辟的航道，就反对谁，一反到底！只要有这一点就能保证中国永远不出修正主义。胜利走向社会主义、共产主义。不走资本主义。毛主席一次又一次接见大家，是对你们寄予了很大希望！国家命运就是靠青年一代，希望你们永远革命到底！帝国主义把希望寄托在中国第二代，第三代出修正主义。毛主席希望我们把革命红旗打到底！把革命进行到底！从这次革命斗争中可以看到绝大多数青年是坚决跟毛主席走的，是能够做无产阶级革命事业接班人的。他们（也包括你们）过去遇到很多困难（象你们经过很多风浪）走过来了！但今后风浪更大。姚文元同志在纪念鲁迅的大会上作报告，要大家学习鲁迅的精神。你们要学习鲁迅的精神，坚韧顽强地斗争！你们到北京来，见到了毛主席，看到了北京的情况，树立了革命到底的决心，能够做到这一点，能建立这个信念，就能说沒有辜负毛主席的希望。你们今天来的都有名单的，希望你们永远做革命派，永远不掉队。当然，我们也不能掉队，希望你们监督我们。我们掉队了，你们批评我们。你们掉了队要相互批评，我们相互勉励吧！我们要高举毛泽东思想伟大红旗，沿着毛主席开辟的航道大踏步前进！

姚说：不要幻想风平浪静地干革命！不要幻想一次革命成功！不要幻想有谁讲了一句话革命的道路就笔直了！要革命到底（戚插话：列宁讲过如果以为革命道路是笔直的，不是幻想，就是欺骗），但是，有主席思想领路，有以毛主席为首的党中央，我们完全有信心将文化大革命进行到底！一定能完成主席交给我们的任务。文化大革命从聂元梓的大字报开始算，才有半年（戚插话：以前半年算舆论准备，干革命总要有舆论准备的，六月份以来是急风暴雨式的群众运动，文化大革命总还要搞相当长的时间，现在还只有五个月，还要搞一个五个月，二个五个月，可能还要长）整个战役要挖掉产生修正主义的根子，是几十年、几百年的事情。

戚：文化革命总的战役要搞几十年、几百年，我们是站在大浪潮的序幕里。从历史观点来看，苏联是修掉了，列宁的旗沒有打下去。

姚：我们一定要把主席思想传到底！把主席路线坚持到底！把主席旗帜打到底！这就是国家大事。

我们要关心有谁在反对主席思想，谁在违背主席路线，谁在捣毁主席旗帜。这种人不管是谁，我们都要和他们拚到底！我们要关心国家大事，永远做毛主席的好学生，保证我们在风浪里永远做坚定的革命左派！我们要力求跟上主席思想！力求掌握主席指示。整个文化革命运动，学校怎样建设成毛泽东思想的大学校是以后的事，希望你们在斗争中锻炼自己！希望你们在革命的道路上都革命到底！不要中途停顿、半途退却。碰钉子、遇到困难、挫折都不要紧，一定要革命到底！

康生同志
十一月十五日在乌鲁木齐途次接見新疆大学《革命造反团》等外地少数派同志的讲话

按：一九六六年十一月十五日晚十一点四十五分至十六日晨二点十五分，康生同志在乌鲁木齐途次接见新疆大学《革命造反团》、《星火燎原战斗团》、《东方红》战团“湘江”公社、《鲁迅》战斗队等及外校外地少数派社、团同志时的讲话。此记录未经首长审阅，仅供参考，若有错误，由我们负责。

陪同康老接见的还有中央委员伍修权同志。红卫兵战士给康老和伍修权同志戴上了新疆红卫兵革命造反司令部的袖章，这时大家热烈鼓掌，不断地高呼“毛主席万岁”等口号。稍停，众喊：请康老坐下。康老站着说：

要讲话就不坐，我坐着就讲不下话，（鼓掌，众喊：一定要康老坐下。）（鼓掌、康老坐下又站起来说）坐了，后面的就看不见了，坐不坐由我吧，坐下就讲不了话了。两个半钟头以前我写了封信。（读信）：

新疆红卫兵造反司令部同志们：

谢谢你们给我的关于《王恩茂同志的检查》。对这个文件，因为今晚接待外宾，来不及阅读，我准备带回北京仔细地看看。

你们很想见我，我也很想同你们谈谈新疆文化大革命的情况。但是我是同好几个兄弟党参加阿尔巴尼亚代表大会的代表团同机来此，他们有事急于回去，我也要很快地回到北京向毛主席汇报阿尔巴尼亚五次代表大会的情况。因此我们无法在此停留，明天（十六日）早上就必须离此乘飞机返京。这样我虽然很想找你们谈谈，但是时间来不及了，请你们原谅，将来你们到北京来时我们再谈吧！

林彪同志说："党的八届十一中全会，宣告了以毛主席为代表的无产阶级革命路线的胜利，宣告了资产阶级反动路线的破产。"希望你们紧紧掌握着毛主席的正确路线，彻底的批判错误路线，把这场由毛主席发动和领导的无产阶级文化大革命进行到底。

旅途匆匆，恕不多写，以后再谈。

现在交给你们。（康老把信往桌子一放，大方极了）（鼓掌）

既然同志们都来了，我就从床上爬起来了，（笑，众也笑）那就要谈了，不谈不象话了。

你们先谈呢？还是我先谈呢？（康老笑，大家再次要康老坐下，并鼓掌要康老先讲）我就先讲，你们读过八届十一中全会公报没有？里面讲了从群众中来到群众中去，你们不来，我怎么去（笑，大家也笑）（鼓掌）先当群众的学生，后当群众的先生，你们看我是先当学生好，还是先当先生好？

这样的，十月廿六日离开北京，在离京前一天，人大红卫兵写了一封信给我，提了三点意见，第一个意见，去机场欢送我，第二要我到国际上去串联（笑）（康老和大家都笑了）。第三，派几个代表跟我一块去阿尔巴尼亚串联（笑）。第一点谢谢他们了。第二点我确实是去串联，你们在报上也看到了。（讲了他国际串联的简单经过，由于康老讲得很快，记录不详，故略去。）我们到阿尔巴尼亚去串联了，和十三个党进行了串联。毛主席的贺电使整个阿尔巴尼亚都沸腾了。在这个大会上，我们毛泽东思想的火点起了。我们宣传了毛泽东思想，宣传了八届十一中全会的公报，把第三部分都讲了。什么是毛泽东思想？社会主义走向全面胜利，资本主义走向全面崩溃的马克思列宁主义。利用贺电宣传了毛泽东思想。但不强加于人，我们把我们的看法都讲了，什么都讲了。

第二，宣传了无产阶级文化大革命。

第三，宣传了你们，宣传了红卫兵（热烈鼓掌），霍查在我走时讲了两句话，很有意思，他说开始听说学校放假搞革命，原来放到寒假，现在看来到暑假，开始他们想不通，怎么学生不学习了呢？后来想通了，讲了两句话："革命搞一年，胜读十年书"。现在全国是个大学校，谁的校长呢？毛主席的校长。（热烈鼓掌，高呼毛主席万岁！万万岁！）有个外国代表说："毛主席是当代的列宁。"阿尔巴尼亚代表说，赞成还是反对中国的文化大革命，是马克思列宁主义同修正主义的分界线。一句话，毛主席的思想对世界的影响，文化大革命对世界的影响，红卫兵对世界的影响，原来我们在中国是想了的，这次出去体会更深了。

你们红卫兵将光辉地载入马克思列宁主义的史册（热烈鼓掌，呼口号：无产阶级文化大革命万岁！）

有一种人说文化大革命糟得很。什么人呢？帝国主义、地富反坏右和牛鬼蛇神，有的是象"左"的，实际上在中间，是修正主义。

在这次大会上，一提到毛泽东思想，一种人是先坐着，后站起来，（有动作）这个样子（放在胸前)；还有一种人，连站着都不站；还有一种人，一谈到毛泽东思想就溜了。反对毛主席的一定有，国内有，国际也有。如果敌人赞同，那就糟了。(众呼口号：谁不站在毛主席一边就打倒谁！谁不站在毛主席一边就砸破他的狗头！)"好得很""糟得很"这是阶级斗爭。什么是社会主义的阶级斗爭，你们回去想一想，这就是我的汇报，看我串联得怎样？

毛主席和林彪讲，文化大革命非常必要，大概你们从《红旗》《人民日报》社论就知道了。当面測验一下好不好？为什么要进行文化大革命？毛主席为什么一次、二次、三次、四次、五次、六次、七次的接见红卫兵和革命师生？(康老让一个红卫兵回答。他激动地答：就是为了不使我们国家出修正主义、永远使我国不变颜色，跟着毛主席干革命！)

回答得对，但还差一点，应当更进一步，同志们回答得对。我们建立公有制废除私有制，也就是林彪同志说的，提倡一个"公"字，这次恐怕定息就要扫除掉了。国家沒有这个规定，但有这个意见。

新的经济基础，就必然要求新的上层建筑为它服务。任何的社会都是这样。既然社会主义是新的经济基础，那旧的上层建筑能不能为它服务呢？(答：不能)大家知道，上层建筑要影响经济基础，不把旧的上层建筑换成新的上层建筑，就必然要出修正主义。如果不把旧的上层建筑去掉，那新的经济基础就不能巩固，那无产阶级就不能巩固，就会出修正主义，文化大革命就是要巩固无产阶级专政，防止修正主义的领导，防止资本主义复辟，文化大革命就可以保证社会主义不改变颜色，同志们讲得很对的，但要把马列主义毛泽东思想同你们的实践结合起来，不断提高你们的认识。我相信通过文化大革命，马列主义，就一定会发展，一定会在中国大发展。

大家知道，革命的根本问题。在沒有政权之前，中国人民就跟着毛主席，跟着共产党经过长期的武裝斗爭，取得了政权。列宁说过：一个人只承认阶级斗爭，不承认无产阶级专政，就不是一个眞马克思主义者。一般都讲，取得政权之后，无非是社会主义建成了。但实际上，在沒有取得政权之时，革命的根本问题是政权问题，在取得政权之后，革命的根本问题还是政权问题。取得政权还要巩固它，发展无产阶级专政。如果政权被篡夺了，变了颜色，共产主义就不能胜利。这个马列主义的发展，归功于伟大的领袖毛主席！(鼓掌，毛主席万岁！)

你们除了串联，还要在思想上解决问题。首先是想什么呢？到底社会主义社会中有沒有阶级？国际上的马列主义者的意见不完全一致，国内干部的意见也不完全一致。你们老实说，有沒有阶级斗爭？(大家答：有！)在那儿？(下面回答有几种：有的说在思想领域里，有的说在意识形态领域里，有的说人还在，心不死)列宁关于阶级是怎样划分的？(答：按经济地位划分的)那怎么不一样呢？(答：毛主席发展了！)廿年以前，我们开了一次土地会议，处理了一个土地法，我们按列宁的划分阶级法搞的。这是对的，我不是说他不对，沒收了地主的土地，地主参加劳动了，五年后就改变成分，因此就有了"地主沒有了"的论调。你们搞四清对农民这样讲，讲得通吗？肯定讲不通，农民不答应。你们回答得对，就是毛主席发展了这个问题。阶级，一方面要从经济方面去看，另一方面要从思想，意识形态来看。

剝削阶级经济基础被摧毁了，但它作为一种社会力量还存在，这又是毛泽东思想的又一重大发展。(热烈鼓掌，呼口号：毛主席万岁！)

什么叫无产阶级专政？是阶级对阶级的专政。如果沒有阶级了，那要什么专政？如果这样，那赫鲁晓夫不就对了，虽然还有那么几个流氓坏人，那他就是阶级分子，不是阶级，那不是和赫鲁晓夫一样了吗？

既然有阶级斗爭，怎么能沒有阶级呢？既然要无产阶级专政，怎么能沒有阶级斗爭呢？这是毛主席同修正主义者，也同一些好心的，但把马列主义当作教条主义的人的分界线。

第一，以经济范围为主的阶级斗争，这个大概在56年以后，基本解决了。斯大林的错误，宣布了沒有阶级，这就是根据剝削关系下的结论。

第二，57年反右，这一场斗爭主要围绕无产阶级专政的斗爭此一范畴为主的斗爭。

第三，就是你们这一次，是思想、文化方面的阶级斗爭。我们叫文化大革命。实际上超过了文化的范畴，涉及到政治经济的革命。十七年来就有这阶级斗爭。修正主义说我们文化大革命是国内国际政策反苏的必然结果。我们说就是毛主席的国际、国内的政策发展的必然结果。

这个文化大革命，不管你愿意不愿意，它是客观存在的。开始时，谁叫吳晗写那个剧本呢？他不写不行啊，他不写就睡不着觉，难受啊嘛！如果南斯拉夫是偶然的，那列宁亲手缔造的党也被修正主义篡夺了，我们的党可能不可能呢？在社会主义社会阶级斗爭不仅表现在政治、经济上，而且表现在思想文化上，十七年的阶级斗爭，完全证明了毛泽东的伟大的天才的预见。

我们文化大革命所以产生，那是阶级斗爭规律决定的。这个文化大革命是毛泽东同志发动的。取得政权以前革命的根本问题是政权问题，取得政权以后，革命的根本问题还是政权问题。中央沒有讨论，是我自己的想法，和中央文革小组个别人讨论过，跟大家谈一谈。

同学们要我去串连，我就先讲一讲。全国这次抄出黃金120万两，白银1200万两，美金200万以上(据說有的红卫兵不知道，还有烧掉的)，抄出各种枪枝一万多，其中有炮，有机关枪，电台，收发报机几百架，这个成绩是伟大的。材料不在手边，所以有些东西记不清了。可是你仅仅把这些材料给兄弟党讲就不够了。原来我准备作一个报告的，后来又沒有做。只是在欢送宴会上讲了几点，希望你们议一议。你们每一个红卫兵串连，还担负着发展马克思列宁主义！当然要象毛主席那样就不容易了，但是你一点，他一点，毛主席一总结，一发挥，就发展了马列主义。从群众中来，从哪儿来？就是从你们中来。当前文化大革命就是阶级斗爭的一个更大的发展；因此，我们就更进一步地了解社会主义社会阶级斗爭。因此就一步步认识了社会主义社会三方面的阶级斗爭，它证实了毛主席的预见。这是第一点。

第二点：就是通过这个斗爭，把毛泽东思想深入到亿万人民思想中，广大劳动群众掌握了毛泽东思想，这是史无前例的，人民掌握了毛泽东思想是任何力量打不倒的。

我们在天安门上看到红卫兵举着这个(康老举起毛主席语录，鼓掌)，就想到人同马克思主义结合起来了。千万人同马列主义的结合，是过渡到共产主义最最重要的保证。

这次运动也所以说不被修正主义篡夺领导，不改变颜色，使我们按毛主席的思想建设共产主义。这件事不但在我们目前有重要意义，在国际上也有重大意义。

苏联修正主义最怕毛泽东思想的，怕得要死，连我们五十多学生都要赶走。(讲了各国红卫兵情况，因记录不详，从略)

人的思想革命化，这个事件是很大的。

第三点，该说啥？忘了。(康老回头对一随行人员说)你记得吗？不管吧：

什么叫无产阶级专政下的社会主义社会里的民主？什么叫毛主席说的既有集中又有民主，既有国家的统一意志，又有个人心情舒畅的生动活泼局面(大意)，那时我就想这是一个什么样子呢？现在眞正明白了无产阶级专政的民主，这个民主和资本主义国家的民主是不可比拟的，这是一般马列主义者所想不到的。大鸣、大放、大字报、大辩论，超过巴黎公社多了。不管你是什么权威、什么老革命，只要离开了毛泽东思想就批评，就炮轰嘛！(长时间掌声，暴风雨般的掌声，呼口号：炮轰区党委！火烧王恩茂！！)

我讲几个例子，十月六号的大会上，扬州的郭苏杨的讲话，那小将相当沉着。那小毛子！

(笑)小女孩讲她要进行社会主义革命,父母不干,我问她,兄弟姐妹几个,她说四个,她是二。她父亲是扬州地委监委,大概那个书记对文化大革命有抵触,她父亲是跟着跑的,她说:"他过去革命,我赞成,现在不革命,我反对!"(鼓掌)一个十三岁的小毛子能这样!文化大革命眞是毛泽东思想深入人心!我说是不是你父亲很喜欢老大、老四,不喜欢你?她说不是,是观点不同!(康老笑了,大家也笑了,鼓掌)她把毛主席象纪念章(黄色)给我,你们看(康老指着胸前纪念章说)这个我戴着它出国串连了。这样一个大民主那个国家敢实行?赫鲁晓夫你来试试,勃列日涅夫你来试试,保加利亚的日夫科夫,匈牙利的卡德尔,东德的乌布利希,你们试试,试三天就垮台了。

我们现在有沒有集中?(下面喊有!毛泽东思想下)对!集中在毛泽东思想下。有民主,有大鸣大放,大字报,大辯论,有统一意志,又有个人心情舒畅。你们就心情舒畅了。有沒有心情不舒畅的呢?那给他治病嘛!(众说:王恩茂就不舒畅,康老笑着说,那他以后就会舒畅了(热烈掌声)。

北京文化部有个肖望东。人家红卫兵找他,他说他不是黑帮,一个红卫兵说得好:"我们斗你,不是要把你斗成右派,而是要把你斗成左派!

五七年党内有个文件,整风反右的文件,中间毛主席提出一个问题:社会主义建设必须建立广大的无产阶级革命知识分子的队伍。到现在十年了,检查十年来怎样呢?不是沒有成就,但是队伍不大,力量还不够。就科学实验来说,人工合成"胰岛素"美国西德搞多年未成,我们搞成了。最近消息,美国一个科学会议也有中国这方面的报告,上海合成苯也搞得好。最大的呢,是导弹核实验成功。它把帝国主义惊得不得了。英国说,过去我们都是一层层地上梯子,中国呢,楼梯烧掉了,一跃上去了!

在58年出现过这样一种现象,工人学习毛主席著作的高潮,先是上海求新造船厂,然后是天津胜利毛织厂,还有一个食品工厂,他们自动地学习毛主席的哲学著作。我在天津还和他们开过两次座谈会。人的正确思想是从哪里来?马列主义哲学从哪里来的?我们在学校里学习时,矛盾是绝对的,抽象也可以懂,也可以讲,可就是不生动,一个工人讲得好,快十年了,我还记得。他们学习毛主席著作就讲主要矛盾,你讲这是主要矛盾,他讲那是主要矛盾,后来经过调查,也是群众中来的,搞清楚了,主要是纺纱车间的矛盾,机器不好,人力不强,后来调整了一下,纺纱车间的问题解决了。可是不到两个月,织布车间又跟不上去了。后来又把它的问题解决了,生产上去了。因此那个工人就讲了"矛盾是不可怕的,矛盾促进了生产的发展"。

去年我又去天津这个厂,看到黑板报上说:"学习毛主席著作表面是减法,实际是乘法。学习花了一些时间,但是第一人的思想变化了,第二技术变化了,第三生产变化了。从这个意义来看是一个乘法"。

我那时说要工人学习毛主席的哲学著作,可也成了党校杨献珍攻击我的罪状了,其实也不是我发明的,是工人,我不过是参加了他们的会,主持了一下。

现在看来,文化革命中的人材辈出,有的红卫兵写的大字报很好,我们还写不出来呢!我现在已经看出这些来了。

还有一点,文化大革命同反帝反修有关系的。帝国主义有两手政策,一手是武的,二是和平演变。文化大革命一扫,就把它第二个办法扫掉了。修正主义在这里也搞,叫做什么?(回头问随行人员,沒回答,康老猛地想起)颠复活动。高×,饶××,彭××、彭×、陆××就是这样的。

我看你们这个革命就是政治上、组织上、思想上的总动员,现在不是徒步串联吗?特别有意义，不仅能宣传毛泽东思想，搞两条路线的斗争，而且还行军。打起仗来，那有那么多汽车拉你们？

他们把希望寄托在中国第三代，第三代就是搞你们(下面喊：妄想！)把第三代变质。这一搞把这个希望搞掉了，但是是否彻底搞掉，要看你们是否继续高举毛泽东思想伟大红旗。因此文化大革命对反对帝国主义，反对现代修正主义，有重大意义。

还有一个就是抓革命促生产，精神变物质，物质变精神，从哲学上来讲是这样。人革命化了，就可以变成巨大的物质力量，就可以把生产搞好。我给工人、农民讲，他们很容易懂得。美国从核试验到导弹是十年，苏联是五年，我们是二年，为什么会这样呢？因为人的思想革命化了，人掌握了毛泽东思想。抓革命促生产是不用怀疑的，开始中央很关心，现在也很关心。最近不是发表了《再论抓革命促生产》这是简单的道理。

最后一条，文化大革命必然使马列主义发展，毛泽东思想一定会在这个文化大革命中发展。不能设想在这样的文化大革命中马列主义不发展，辟如我刚才讲的，关于阶级和阶级斗爭的问题，无产阶级专政的问题，经济基础和上层建筑的问题，抓革命促生产等问题。这就必然要发展马列主义。

沒有长篇大论，就扼要讲了。总起来说，这一次，红卫兵给我一个任务，出国串连。做得怎么样，还要向毛主席汇报才能说。第三点就沒能做了嘛，沒有把他们带上飞机。

青年人错误总是有的，列宁说要允许青年人犯错误的，但要看大的方向，要看出不出修正主义，要看是不是把毛主席的旗帜举的高高的。

我冒充先生就讲这些。

你们给我这么多材料(注：红卫兵和革命师生)(不清)我消化不了。你们要分析，不要以为我每一句话都是对的，要自己革命，不要我保姆，也不要找"媬男"嘛！(大笑)红卫兵就是要敢想、敢闯、敢干、坚持眞理、修正错误。

新疆的情况我不清楚。(康老扶着眼镜回忆)什么……什么……"九三"事件，你们最清楚。最主要的一条坚持毛主席的路线，抵制资产阶级反动路线！(众呼口号：誓死捍卫以毛主席为代表的无产阶级革命路线！向区党委的资产阶级反动路线猛烈开火！)

(问：中央过去和现在有沒有把地、富、反、坏、右和其他牛鬼蛇神赶出城市的指示？)

这个问题有点儿曲折。在国庆节赶出一部分危险分子。还有一部分不该赶的也赶出去了。大概共有三、四万。但是有些地方地、富、反、坏、右还沒有赶，正式决定沒有(以下因声音小未听清从略)

新大《湘江公社》整理

阎长贵同志十一月十五日晚十一点卅分在国家测绘局与武汉地区少数派座谈记录

阎：由毛泽东思想红卫兵武汉地区革命造反司令部、武汉地区第三司令部、华工毛泽东思想红卫兵和华工东方红红卫兵等四个组织写了一封信给戚本禹同志，要求解决一些问题。戚本禹同志委托我来给大家谈一谈。你们有意见我们听，你们有信我们转。现在不管那一派都提批判,不过有眞批判,假批判,眞理不怕辩论,越辩越明。我们支持你们批判资产阶级反动路线,坚决支持你们批判。你们先谈谈。

同学:我们先谈谈武汉的三级干部会议(情况从略),11月1日召开的三级干部会议,毛泽东思想红卫兵冲进红山宾馆,会议沒开成。在11月7日,同张华同志协商,我们提出了三点要求:(1)同意召开三级干部会,(2)保留参加权力,(3)我们揭发的材料要铅印出去。三级干部会不能关门开,要参加批判大会。在协商过程中,发生了工人斗学生三次,挨打的不说,在此情况下,中央精神得不到贯彻。地委、县委以下的情况更为严重,我们参加列席三级干部会是听取中央精神,因为11月1日至6日省委仍然违背中央精神。协商张华不同意,回去同(张)体学同志商量,张华同志后来同意两点:(1)参加一、二次座谈会;(2)拿材料来讲,达成了协议,我们保留两天,他们开 天的会,但我们要派代表团到中央请示。现在武汉地区的情况,比过去更严重,工人斗学生比九月份还严重,还动了武,省委和稀泥,4日早上韩副省长授旗给大专院校红卫兵,现在多数派也在造反。(和少数派对立)(史子荣)张华、体学他们就搞折衷,不知省委如何执行中央指示,我们认为工人斗学生是省委资产阶级反动路线流毒太深,搞不清楚省委是怎样贯彻中央指示的。

阎:你们代表团几个人?

答:十个

问:我们感到体学同志仍在执行资产阶级反动路线,我们要听取中央精神和毛主席的声音。

阎:你们对北京那个司令部感兴趣?

答:第三司令部。

同学:他们开三级干部会议,我们冲进会议是因为体学撕毁了一个协议,我们提出要以实际行动支持三级干部会议。大专院校红卫兵是坚决反对我们的。当时达成了一个协议,结果省委单方面突然开起了这个三级会议,因此,我们就冲进去。我们要列席会议的原因:(1)张体学参加了制定十六条,但沒有执行;(2)不执行军委指示;(3)篡改陶铸三点指示,对省委我们信,要监督他贯彻执行中央指示,因此我们要派代表列席会议。现在湖北省委继续挑动工人斗学生。

(毛泽东思想战斗团的工人到中央告状)

阎:就是说继续挑动工人斗学生。

答:是。

同学:关于列席会议协商结果是,省委当晚打电话向中央反映,当我们冲进会场,张华张体学说沒有向中央反映,他们说这件事不好向中央反映。

阎:除了代表团以外,其他同志有什么问题?你们这儿有沒有被打成反革命的?你们是右派吧?你们支持赵桂林吗?(答:支持。)那你们不是支持反革命吗?(笑)

我是支持少数派的,你们被打成反革命,我表示同情、痛心。被打成反革命,这是坏事,但也是一件好事,可以受到教育、锻炼。文化大革命就是要在国内反对现代修正主义。国内有沒有修正主义呢?看来是有,而且头目不小,大家消息清楚。文化革命就是挖修正主义的根子,揪党內赫鲁晓夫式人物。赫鲁晓夫式人物他们就是要搞资本主义复辟,改变中国的社会主义方向,他们作赫鲁晓夫式的秘密报告,反斯大林的秘密报告,他们想反对毛主席、篡党、篡军、篡政。如果不搞文化大革命,中国就会改变颜色,等他们复辟成功,千百万人就要人头落地,在资本主义下,反抗他们,你们就要被杀头,跟着他们的就会升官发财,就会使中国回到半封建半殖民地社会。周宏怎么样啊？（答：周宏是张体学同志的好孩子）我祝贺你们被打成反革命，这样一来，中国出现了修正主义，你们就知道怎样顶了。苏联到明年整整五十年了，什么结果？就是资本主义复辟。原因很多，主要的就是沒有搞文化大革命，机械化搞了一些，我们是要搞两化的，搞机械化革命化，用革命化领导机械化。光搞机械化就容易修过去，苏联修了，这是全世界一个大事。苏联是坏事，但又是一个很有意义的事，他的意义可以同十月革命相比，可以引出怎样保卫无产阶级专政，这是马克思、恩格斯、列宁、斯大林沒有解决的，也是伟大的马列主义者斯大林沒有解决的，我们的毛主席解决了。这是对全人类最大的贡献。怎样保卫无产阶级专政呢？林副主席说了，我们就是用大民主的方法解决保卫无产阶级专政，我们都要懂得保卫政权的大道理，关心国家大事，要念念不忘政权，要时刻关心政权。政权的问题是革命的首要问题，忘记了政权就是糊涂人。保卫无产阶级专政这是大事情。中国是世界革命的中心，全世界人民无限崇拜毛主席，毛主席不仅是中国的伟大导师、伟大领袖、伟大统帅、伟大舵手，而且是世界人民的伟大领袖，十几个社会主义国家，有几个国家是高举反修旗帜，高举马列主义旗帜的？除了中国、阿尔巴尼亚外，还有吗？（答：沒有。）中国是个大国，阿尔巴尼亚在欧州，是个小国，一大一小，中国的担子很重。这是关系到中国子孙万代的事情，我们要站得高，看得远，认识到文化大革命的意义，要批判资产阶级反动路线，从这点上来看，我们的劲头就大了。你们都不同意周宏的观点，我不知道周宏是个什么人（答：是学生，是受骗的）他的观点也可以改变吆！

资产阶级反动路线，罪恶很多，不论是包庇右派，打击左派，挑动工人农民斗学生，但最根本的一条是企图扼杀扑灭这场无产阶级文化大革命。两条路线斗争是很尖锐的很复杂的，他们明目张胆地推行资产阶级反动路线，明目张胆地，反对毛主席。两个司令部吗：推行资产阶级反动路线，害怕群众，压制群众，派工作组到学校；毛主席不许派，他们知道，但是违背了。多数工作组到学校，不是领导革命的，点革命之火的，而是去镇压革命，是消防队，是去扑灭革命之火的。从六月上旬到七月底八月初，这五十多天的时间里，很多地方是资产阶级专政，白色恐怖。包办代替是轻的，压制群众，放着黑帮不斗去斗给院党委贴大字报的，敢冲敢闯的革命学生。不知湖北是不是。（是，都是这样的。）有许多人都被逼得自杀。搞蒯大富搞得挺厉害，有人甚至拿到别人的名字做文章，什么大富就是资本主义，这象话吗？出现了很多反革命集团，假左派真右派，湖北枪打出头鸟。很多的革命同志被逼得走头无路，有的在自杀时写的血书、遗书对党很有感情，但是偏偏要打成反革命，一个学校有几百个，那有那么多，太不象话。我们都是喝党的乳汁长大的，但是对于这些青年这样的残酷，这就是实行的资产阶级专政 这就是实行的资产阶级反动路线。后来毛主席纠正了，召开了八届十一中全会，公布了十六条。十六条是两条路线斗争的产物。斗争是很尖锐深刻的。你们心中应该有数，外国人都知道，大家可以分析看看，斗争很高。十六条公布以后，是否两条路线的斗争就此结束了，现在看来被打成反革命的同学，仍然受到压抑，不少地方还是支持多数派，压抑打击少数派，很多支持党委的传单是一些漂亮的传单，但是少数派的则是草纸印的。还有一种奇怪的事，八月八日十六条公布了，九日见报，但是在八月二十日出了谭力夫的发言，谭力夫的发言有什么了不起呀？发表出来是风云一时，到处翻印，清华印了二万，他们沒有二万人，师大印了一万，师大也沒有一万人，师生员工加起来才七千人，人手一册，绰绰有余。大学印了，中学印了，学校印了，机关印了，北京印了，各地也印了。谭力夫的讲话我们可以想一想，多问几个为什么。谭力夫的发言可以分析出一些问题。林彪同志是副帅，是毛主席的接班人。对林彪同志的讲话为什么不人手一册？谭力夫的讲话则人手一册。如果不用阶级观点来看，根本不可能理解。我听师大的一个多数派同学说，筹委会对谭力夫的发言最感兴趣。

很多工作组撤得不老实，有的从幕前撤到幕后，在撤时根本违反巴黎公社成立筹委会的形式。武汉是不是？（是，都是这样。）很多地方筹委会继续执行工作组错误路线，打击压制原来的少数同学。谭的发言直接、公开反对毛主席，反对十六条。有人还说他有工人阶级的感情？这个人是喝牛奶吃面包长大的，是沒有工农感情的。他的发言是有背景的，直接反对十六条，我怀疑有人在背后操纵。很多事情逼着我们去想，很多地方出现了这样的东西。湖北大学有个叫什么林？（答：漆林，张体学的好儿子）

北京当时沒有工作组的工作组路线斗爭很激烈。林彪同志讲话，两条路线斗爭很激烈。十三期社论发表以后有两种人：一种是敲锣打鼓去报喜，这是受到压制的。另一种人去质问我们，问发表“红旗”十三期的背景是什么。我们回答：大家都清楚，这是刚刚过去的事，都经历过的。有人还说：“红旗”十三期社论只适用于全国其他地区，不适用于北京。“红旗”社论是指导全国文化大革命是适用全国的。你们湖北情况知道的不多，但信来的不少。据反映执行资产阶级反动路线恐怕还是相当严重的咧。反右反得很厉害咧。手段很高咧。（他们坚持文斗，不用武斗，我校还有一个同学戴高帽子游乡）你们湖北抓右派抓得很厉害，我们不是说一个人，但是一个学校打了好几百，这是干什么？

你们湖北对串联很反感，还开大会控诉赵桂林（插：张体学代表三千二百万湖北人民控诉赵桂林），对串联的问题不是小问题。革命串联是毛主席支持的，反对串联究竟反对谁呢？对待串联的问题是对待革命的问题，对待群众的问题。反对串联不是一个小问题。据同学们反映，问题不轻，应该坚决批判，彻底批判。我们坚决支持你们坚决批判，彻底批判。有人说湖北省委是高举毛泽东思想伟大红旗的，是无产阶级司令部。是不是高举毛泽东思想伟大红旗，不是自吹自擂的吆！不是自封的吆！群众都是糊涂虫？群众眼睛是雪亮的。是不是无产阶级司令部也不是自封的，是无产阶级司令部就不害怕，如果怕就是心中有鬼。共产党员还害怕群众。国民党才害怕群众吆！不是眞的你保也保不住呀！蒋介石八百万军队也沒有保住他。利用工人、农民对党对毛主席的无限热爱，甚至利用先进人物（插：夏菊花、黄义臣，夏菊花说：谁反对我就是反对党、反对毛主席）来保自己这种作法很坏呀！这种资产阶级反动路线必须彻底批判，不能搞折衷。沒有两条路线的斗爭胜利，就沒有文化大革命的胜利。无产阶级革命路线战胜资产阶级反动路线是文化大革命胜利的关键。斗什么？（斗学生不是斗反了吗？）批什么？反什么？才能明确。从社论看出党中央毛主席坚决支持革命师生批判资产阶级反动路线，八届十一中全会也是批判资产阶级反动路线，发表了公报十六条。这次三级干部会议之前中央召开了工作会议，可不可以说是十一中全会的继续。有人沒有接受毛主席的批评，继续推行资产阶级反动路线，这个会议继续批判资产阶级反动路线。会议结束后，发表了“红旗”十四期社论。要好好学习，要敢于批判资产阶级反动路线，也要善于批判资产阶级反动路线。中央要各省回去召开三级干部会议，传达中央精神。三级干部会议要批判资产阶级反动路线。参加三级干部会议是不是铁板一块的，是一分为二的，有人不同意他们的观点，你们湖北发现沒发现？（发现，但力量太弱了）你们可以支持吆！三级干部会议中央的意见红卫兵不宜于参加。不参加不就沒有事干了。大家想办法来个会内会外结合，他们在这里开会，你们在那里去开，可以印材料给他们，叫他们自己开，让他们内部去斗爭，你们会主动，这样对与他们持不同意见的同志是极大的支持。在适当的时候，请他出来作检查，你们爭取把事揭发出来，送材料进去一人一份，代表中有同意你们观点的，等他们开完会后你们再开，开控诉会，一方面符合中央精神，一方面又使他们在群众压力下开的会，在这里有个爭取群众的问题。不是有多数派吗？你们要争取，你们要相信绝大多数同学是受蒙蔽的，是可以争取的，你们是不是这样看的呢？(是)这就要作艰苦细致的工作。掌握原则，掌握稳当的政策，团结那些认识不清的人。你们少数派的工作比过去你们被打成反革命还要艰苦，现在你们要做工作。要打通他们的思想，不打通不是对立吗？这个工作可艰苦咧。必须学会打通思想。从策略上讲不要叫他们修正主义红卫兵（我们武汉沒叫），也不要叫保字号红卫兵。修正主义红卫兵不要叫，修正主义是反革命（插：我校有个红卫兵五次写反动标语——华师），红卫兵里也有坏人，谭力夫也是红卫兵呟！你们那儿周宏也是红卫兵吧！（插：周宏是纠察，是高级的）多数是好同志，是阶级弟兄受蒙蔽。我们要欢迎改正错误，改变观点，有的从多数派出来了，多数说他是叛徒，少数派说他是投机分子，不改过来又说是顽固分子。本来是好事，结果搞得走投无路，揭露走资本主义道路当权派，争取同志，度量要大一点，不大不能革命，不能因为他们过去压迫你们，打你们骂你们，你们就以眼还眼，以牙还牙。必须把这些记在资产阶级反动路线罪恶的帐上。这样就能壮大我们的力量，周宏也可以改变呟，还年青。当然不改变也沒办法，若坚持下去就会滑到对立面。北京就有人保党委，保工作组到反对林彪。反对林彪就是反革命（插：有人把林彪的名字打上××——华师），这是反革命行为。林彪是副帅，毛主席的接班人，反对林彪就是反对毛主席，就是反革命。北京已经有这样的人，现在这个人已经被逮捕了。

我就讲这些好不好？沒有准备，乱说一气，从你们来信知道一点，有意见可以批评。

童小鹏同志十一月十五日在中共中央办公厅接待室接见了內蒙地区赴京的革命师生和革命干部谈关于乌兰夫问题

童小鹏同志听了革命师生代表讲述乌兰夫和云丽文的主要罪行之后的谈话：

他们（指乌兰夫、云丽文）的错误性质是很严重的了。內蒙各族人民揭发了他们反党反社会主义反毛泽东思想的罪行，要求批判。因此中央支持对于他们的批判。至于乌兰夫除了检讨、批判之外，在组织处理上也作了初步的确定：中央已决定撤销了他內蒙古党委第一书记，內蒙古军区司令员兼政委，內蒙古大学校长及华北局第二书记等职务。他在华北局会议上表示要承认错误，中央对于犯错误干部的作法向来是“一看二帮”（即先看看表现，然后再作处理）乌兰夫作为一个共产党员当然问题是非常严重的了。但是毛主席对于他还是考虑得更多一些。乌兰夫不但是一个共产党员，而且是一个蒙古族的共产党员。当然广大的蒙古族人民是革命的，跟汉族人民团结得很好。平息西藏叛乱时西藏人民跟汉族人民就团结得很好。由于有个民族问题，因此，增加了一些复杂性。所以中央有更多的考虑。对于他的老婆以及其党徒那是要坚决斗臭、斗垮、斗倒，这是沒问题的，但是，还要根据其认识错误的态度和程度，在具体作法上还是有计划、有步骤的。赛福鼎同志也有比较严重的错误，但是这几年努力认识改正错误。这次维吾尔族人民给揭出不少问题，也属保护的人物。阿沛阿旺也被接来上天安门，他过去还是农奴主，这里有民族问题。

乌兰夫还是向党表示愿意改正错误的。因此，中央还是给予他改正错误的机会。中央督促他深刻地、有系统的检查。至于到什么时候向群众检查，中央是需要作仔细考虑的。用什么来安排，就在原有的数目之外增加这个数目。因此厂矿、企业、事业单位，在不影响生产的情况下，他们那个地方的宿舍、礼堂、俱乐部、一切公共的地方，包括宿舍都要安置这些革命的青年同学、红卫兵，接待他们。

第二个数目，就是中央的国家机关，党、政、民各机关，也要负担这个增加的数目，要增加30万。

大专院校，就是北京60个大专院校，因为大专院校的革命师生绝大多数都到外地去革命串联了，当然他们在20号截止以后回来的人我们还给他免费车票，陆续地回来了。现在的接待力量不够，我们由解放军、由北京市的外县动员了一万人，解放军动员了，组织了炊事队，有政治人员领导的，有30个队派到院校去，所以增加大专院校的接受数量20万，解放军各军种、兵种、三个总部，还有其他的附属机关，还有院校增加接待的10万人，那就是礼堂啊，宿舍呀。

机关里的呢？我们这样设想：办公的工作，机要的工作，那还要继续工作啦，特别是指导生产的业务，办理紧急行政、外交这些工作，还要继续进行，但是得有一部分的经常的业务，不是紧急的业务，那种办公室得腾出一部分来让同学们住。我再重复一个数字，就是北京市它的党、政、民机关，他直接管的中小学校、厂矿、企业、事业单位、各种团体、街道的居民，凡是能住的、住戶里头就合在一起，总数增加50万学生的招待的数字。中央国家机关，党、政、民三个方面和他直属的附属机关，增加30万的招待数。大专院校增加20万的招待数。军队、解放军增加10万人的招待数。这不是110万吗？

为着要带头，起带头的作用，国务院，就是你们知道的那个地方，中南海的中海，我同李先念副总论住的那个地方，我们也把它开放接待10000人（鼓掌），而且今天早上8～9点他们已经到永定门车站、先农坛接待站，已经去领去了，大概我们等一会儿我们回去就会看到。那么既然国务院一个小地方，你们晓得的都是一些小平房，南面是中央的机关，不进去，我们已经把它隔断了，国庆节的时候已经接了3000多人，我现在增加二倍10000人，并且首先做给你们看。（鼓掌）那么国务院那么一个地方，接待一万人，就是原来三千人，等于增加了七千人，那个地方可以接待一万人，那么全北京市，110万就会做到了。

因为我们站在你们一百一十分之一了嘛！但是沒有勉强要求你们了，我们大家都打开门来接待嘛！做好今年最后这个接待工作，给全国的革命的学生和教职员工和红卫兵给个最好的影响嘛！这是毛主席所在的北京城嘛！（鼓掌）

你们有人看到吗？十一号那天，我们的游行办法检阅150万革命师生、红卫兵吗？40分钟就通过了嘛！不仅第一靠我们解放军，当然首先是毛主席的影响威信了。第二靠解放军维持秩序了。第三呢？北京的机关、工矿企业、特别是居民，那个守秩序，那维持秩序的精神，那是可以钦佩。许多街道的居民啊，老太婆啊，妇女啊，小孩子都出来维持秩序，把所有交通要道都割断了来往，从东西长安街、从钓鱼台南端一直到八王坟的东边，十二公里，一条直路40分钟检阅完了，那要不是毛主席的威信，解放军的努力，北京机关、广大人民的共同努力，沒有可能表现出这个伟大成绩来。也只有中国，只有毛主席所在的北京，我们做出来这个成绩。（鼓掌）那么我们相信这个成绩会推广到全国各城市去了，相信他们会学的了。

那么我们现在接待工作也做出一个招待300万人成绩出来，因为走的人不可能太多，甚至突破300万人。

那么除了接待以外，我们还进行组织教育工作，主席的指示，就是我们从解放军调相当大量的数目，把这个红卫兵啊，革命学生都组织起来，成连、成营、成团的组织起来，每一个连按照驻地的情况，小连的就三个排、三个班，大连的就四个排、四个班。由解放军派去连长、指导员、排长，班长由学生中自己选。选举出来。这样子就是说小连 144 个人，大连 192 个人；小班就是 5 个人，大班 6 个人，就平均 100 人里头派三个解放军的干部。那么 100 万就三万。所以解放军抽调了可以担负二三百万的军事干部。在今天集中，明天就开始派进来部队，明天就是 17 号，所以说做我们就马上动了。用突击的精神来实现，就分到各机关、各学校和厂矿企业和街道去帮助组织，那么利用这个他们在北京的时候，估计不可能是 20 日截止，接见就是 21 号这个不可能的，另外还有组织工作，准备工作。

我们还要爱护我们伟大领袖毛主席和他亲密战友林彪同志的健康，所以还得准备一些时候。到了最后接见一直等到走了，可能要延长到 12 月 10 日左右。从现在起我们准备一个月的时间，那么早走完当然比较轻松了。但是多打一点日子比较好，不要想趁这几天就卸包袱，应该来锻炼我们嘛！我们根据小朋友嘛，我们后代们打交道，我们每一个单位都学习一下，怎么样接待他们，怎么跟他们交谈，怎么跟他们生活在一起，一道学习。所以各机关、各单位，除了紧急工作以外，应该分出一部分来做这个工作，锻炼我们。不是毛主席告诉我们，这次文化大革命我们大家都要在斗争中学会斗争吗？在游泳中学会游泳，在大风大浪中锻炼自己，每一个人都不要除外嘛！要做这个锻炼，要准备一个月的时间。

做好今年这个接待工作，为明年接待工作做了精神、思想准备。所以解放军给我们带头，把队伍组织起来，给他政治训练、军事训练。组织成队的步行去参观，就不要去坐车了。少数的远道的比如石景山、西山、丰台、长辛店、通县这些地方可能要用一些车子运；到天安门来参观的时候，一般的参观串联都是近距离的，整队的来往，就可节约时间，节约车辆，便于我们城市交通。这工作解放军已经成队训练。

这以外还有文化教育，要学解放军吗？就要学解放军遵守三大纪律、八项注意嘛！他的纪律性嘛，成队的组织嘛，成连队的组织嘛，组织性嘛，也学习三八作风嘛！要使他们学会这个不仅要成连队的训练，基本的动作，还要首先从政治挂帅上学习毛主席语录啦，著作啦，林彪同志十一月三日的讲话啦，还有其他文件啦，总是不太多。要精了、集中了，军事训练也是少而精了。

参观也是参观必要的地方，串联必要的、一两个典型的、附近的就够了。

要保养他们的身体，因为他们南方来的穿的比较单薄，早晚不宜出去，在家里学习、讨论呢；这样子来加强教育、学唱歌，晚上也讲讲故事啦，招待的单位给他们座谈啦，象刚才已经解决了就是车辆，我们尽量地采取步行的参观了，整队的前往，整队的回来，不要坐车了，刚才已经解决这个问题了。这事解放军负责，我们机关协作、各单位协助。生活就要各单位照顾了，做饭啦，有的帮助他们洗点东西，教育他们劳动，要他们参加帮助作饭，参加打扫卫生，学解放军嘛，三大纪律、八项注意。这些中学同学在幼年，在青年的时候进行这样的教育有好处，就是我们最后这一批呀把他教育成典型模范啦。因为现在来的外县同学最多，特别是农村来的一部分，甚至于还有一部分小学生，那都是中学生，他的哥哥姐姐带来的啦，老师带来的啦。也把他组织起来，当然，我们规定还是大中学校，不过少数带来我们还是接待他们，更要照顾他们。我们整个北京的各机关、各企业、事业单位、群众团体、解放军，我们给了他们这样的印象，他们回去时成为终身难忘的事情，这是深远的教育。所以我们各机关要做好这个动员，并首长挂帅，你这个部就要有一个部长管事，一个企业要有一个企业的党委里的书记呀，厂长副厂长有一个人挂帅，总是要有一个首长挂帅来管这个事，这也是锻炼自己嘛！增加自己知识嘛！跟他们学习嘛！先作学生，后作先生嘛！许多事情我们不知道嘛！没有认识嘛！这个增加我们的知识和认识了，也就是我们在文化大革命中两条路线的斗争啊，斗批改的工作，破旧立新的工作就会前进嘛！大概要说的就是这么些。我相信我们这个解放军会做我们模范的，因为他要动员干部一直到二百万和二百五十万的革命师生当中去嘛，成连的组织，上头还有营的干部，团的干部，以团为单位，这样的组织，那个国务院的一万人你不能给我单是 300 人不够了，还有团营干部，你要算一下子，你忘了，昨天忘了团营干部，（笑声）所以呀，第一是解放军带头，我们向他们学习，各机关都有了。借这个机会也可以向解放军学习嘛，学习他们好的作风，好的品质嘛！

林彪同志直接领导下的培养成这样一个高举毛泽东思想伟大红旗，活学活用毛主席著作，在用字上狠下功夫的呀！急用先学，立竿见影，把毛主席著作普遍推广教育到广大群众中去，使毛主席的思想为群众所掌握，化为物质的力量。这点我们各机关，各学校，各厂矿、企业、事业单位都应该这样学。

剩下一个问题，就是有同志们问这个小学怎么办？小学的问题，我们正在研究中。现在我们是准备他们要到一定的时候要开学，有的已经开学了。但是小学你非彻底革命化不可，所以首先要使教师们的思想革命化。教师队伍要整顿、然后嘛，才能使小学教育方针跟教学计划进行改革，现在我们正在准备中。总之，我们的教育方针要遵照毛主席在《关于正确处理人民内部矛盾的问题》报告中所说的，我们这一代的、中国的这个社会主义时代的青年，要使德育、智育、体育得到均衡的发展，当然是政治挂帅，思想领先，并且使他成为有社会主义觉悟的、有文化的劳动者。作为一个劳动者，不是成为一个纯粹的知识分子。那是旧社会、资产阶级教育，我们是要社会主义教育，要成为人人都是劳动者，但是他是经过教育了以后有社会主义觉悟、有文化的。从小学、中学到大学就是解放军报曾经发表过毛主席的话了。学校的教育以学为主，一定要学工、或者学农，同时学军事、学文化，批判资产阶级的反动思想，培养自己在这个学工、学农中劳动，这才是我们社会主义教育的方针。所以小学的改革我们定出计划来再发表，现在是准备过程。

刚才一个同志告诉我，要表扬一个老北京的农业劳动大学，他们地方比较小的，他们现在接待的只有 1500 人，他们要一下增加到 5000 人，（鼓掌）我想这样的竞赛事情，拿农业劳动大学，拿解放军，拿国务院这样的接待的比例，增加上去，我想一百一十一万、二个一，吆吆吆万人这个数字一定能够完成，甚至于准备超过。为什么呢？我刚才说了，最后五天，各个路车站上人很多，本来我们已经劝他们回去了，明年再见、再到北京来，春暖的时候来更好嘛！但总有一些人他不大相信，他要今年抓紧这个最后时间挤得来就好，所以这青年们的心理我们可以理解的，他们要急于见我们伟大的领袖毛主席嘛！这是很自然的。所以我们要准备还要超过，所以每一个机关、单位、部队、学校，我们准备超额完成这个数字。（鼓掌）

还有一件事，就是医疗的能力我们当然有限了，所以从现在起，所有的医务机关，不论是地方的、中央直属的、解放军的、还包括医学校的，或者是军事的、有医治、医疗能力的，譬如他那里有附属医院，有高级班的同学，已经能够帮助来治疗了，从现在起，因为我们已停止了免费出去了嘛！还有五天嘛！再出去沒有多少时间嘛！因为这个免费的出去，我们免费的回来，一定的期间就停止了吆！比如说 20 天那你就回来了嘛！所以希望明年再出去串联，就连医学校也是如此。一切医疗的能力，不管是医院的、医疗所的、门诊部的，高级医学校的，护士学校的高年级生，能够帮助工作的，我们都要动员起来，因为现在近 300 万，或者超过 300 万的师生很多是南方来的，衣裳单薄，这个地方天寒地冷，很容易感冒，已经病了的不少。我们帮助他们恢复健康，主席接见了以后欢欢喜喜的回去，这是我们的责任，所以这里一方面，请大家传达我们这个决定，这是一个紧急的决定，要遵守的。因为我们到了一个紧急的时候，就是备战的演习嘛！不是毛主席去年六月就提出来嘛！备战、备荒、为人民嘛！这个指示我们是到处传达了嘛：这就是一个很好的备战演习嘛：北京能一下子容纳300万人，一下子就能够接待下来，安置下来，然后又能疏散出去，这就是个演习嘛！所以我们医务人员，医务学校的高年级同学，应该有这样一个勇气来承担这个责任。

第二件事，就是供应的机关。粮食呀，其它的蔬菜等等也要充分的供应，不要使街道、机关感到缺乏，还有其它一些被服等等问题，如果十分不够的，我们想办法来借，这些事情都是要各机关共同努力的。我们认为这件事情不仅是一次考验，而且是一次在无产阶级文化大革命中的考验。尽管在无产阶级文化大革命中犯过一些错误的同志，把这次工作做好，就会将功补过。（鼓掌）不要带着包袱来做工作，那就做不好了。要愉快地接受这个任务，在工作中锻炼，就可以把错误改了嘛：我们是允许人家改过的，是欢迎人家改过的嘛！所以这个精神，不仅在今天来传达，也希望你们转达各学校的，我们也去转达学校的同学当中去，来共同做好这个工作。完了。（鼓掌）

王力、戚本禹同志十一月十六日上午在接见全国各地来京串联革命工人代表大会上的讲话

王力同志的讲话

工人同志们：

我和戚本禹同志来看望同志们，向同志们问好！

我们在这个会上听到了好多同志反映了很多重要的情况，重要的问题，提出了很多重要的意见，我们一定负责地把同志们所提出的这些情况、问题、要求。意见反映到中央文革小组，反映到党中央领导同志那里，我们很感谢同志们提出了这样多的情况和问题，我们是当小学生的，是向同志们学习的。关于工厂的文化大革命怎么搞，谁最有知识，谁最有发言权？是同志们！中央文化革命小组总是坚定地支持一切革命群众的一切革命行动，中央文革小组总是坚持这样一条基本原则，就是相信群众的大多数！

现在我们看到了全国各地方工人同志们动起来了，这是一个很好的现象，这是很好的事情！我们感觉到工厂要搞无产阶级文化大革命，这是大势所趋，这是不可阻挡的！任何人不可阻挡的：究竟怎么样子的搞法，我们今天也就是听取同志们的意见！我们还要继续听取同志们的意见，继续听取各方面同志的意见，继续向你们学习，继续听取你们的意见，能够争取把这些意见迅速地反映给党中央，迅速的研究，迅速地提出适合工厂情况，适合广大革命工人群众需要的文化革命怎么搞法的意见。我们要坚决认真地贯彻执行毛主席党中央关于《抓革命，促生产》的指示。这个指示我相信同志们都赞成的：对不对？（群众：对）决不能因为广大工人群众起来了，有些人就害怕了。就同工人们形成对立，这样子的一些东西我们坚决反对！我们反对那一种错误地把文化大革命运动同生产对立起来的想法和作法。有的人用抓生产为名，来抵制文化革命，这是完全错误的！也有的人他假装做抓革命运动，抓革命来做为借口来保护他自己，也不管生产，这样子一种错误都是不顾大局，都是违背毛主席关于《抓革命，促生

产»的方针的。我们听到一些工人同志讲，就有一些人，他怕群众，怕革命，怕罢官，但是他并不害怕完不成生产任务，这样一种批评，工人同志对于一些领导同志不正确态度进行这样一种批评，是一针见血的，是很正确的。我们接触到广大的工人同志，在座的广大同志都是既关心文化大革命又关心生产的，大家都有高度的自觉性，对不对？（群众：对！）我们要这些各级领导都应该充分认识到工人同志们这样的一种极其高度的革命自觉性，充分地估计到工人同志对于自己国家的高度责任感，很多工人同志看到生产，看到革命，怎么样的搞法，大家都是积极地想办法，怎样子把它很好地安排，有些问题耽误了一点生产，大家还想办法把它补起来，这是我们工人阶级高度的风格，一定要反对一切不信任工人群众的错误的观点，这些错误观点必须批判，必须纠正！我们想和同志们商量，我们大家共同想办法怎样把工厂文化大革命来搞好，一定要按照党的无产阶级文化大革命的决定，按照十六条办事嘛！积极地，主动地抓革命，把«抓革命，促生产»的道理交给我们工人同志自己，我们相信工人同志，自己会妥善安排的，对不对！（群众：对）我们大家来共同商量。大家来依靠工人群众。职工同志们要充分地商量，充分地酝酿，充分地讨论，大家根据本单位的具体情况自觉地做出文化革命同生产两不悞的妥善安排，全面安排，不能再象学校那样再重犯包办代替，死保老框框镇压革命运动的那些错误。（热烈鼓掌，高呼“毛主席万岁！”“中国共产党万岁！”的口号）

下面谈谈同志们提出的问题。

文化革命和生产的时间问题完全适当的安排。有的同志提出八小时生产绝对保证，文化革命用业余时间，大约三到四个小时，不占生产时间，同时又不影响休息，这个意见请同志们考虑。这是一般的安排，历次运动都是这样的。工厂的文化大革命要按十六条，按文化大革命的决定。要相信群众，要依靠群众，放手发动群众嘛！工厂中一定要掌握住斗争的大方向，集中力量打击一小撮党内走资本主义道路的当权派，这一点还要强调，不许斗工人！（群众：呼口号声）不许斗一般干部，对不对？（群：对！）要集中力量打击一小撮党内走资本主义道路的当权派，这样就不能挑动一部分工人来反对另一部分工人，挑动一部分群众斗另一部分群众。（一个工人喊：他们目前就是这样！）这样做是错误的！（群：热烈呼口号，工人说：他们以横扫一切牛鬼蛇神为借口斗工人！）横扫一切牛鬼蛇神是对的。但是不能对工人！（群：对！热烈鼓掌，呼口号：“打倒资产阶级当权派”，“打倒压制运动的行为！”）（有人称王力为首长）第一我和戚本禹都是老百姓，不是首长，不要用首长这个名词来代表我们中央文革小组。我们都是老百姓，我们跟你们一样；第二没有指示，我们是同你们商量，我们听你们的意见，我们一定要反映革命群众的革命要求，这个大家赞成吧？（群众说：也不能借牛鬼蛇神去斗贫下中农！）不对的！转移到对工人，一般干部，对贫下中农都是不对的！（工人问：厂子里当权派压制群众，可不可以斗！）那要问自己，工人同志说斗就斗嘛！（群：对！热烈鼓掌）很多具体问题，每个厂的问题，答案从你们那儿去找，我们提一些原则问题同同志们商量，刚才讲了，同志们都赞成要掌握斗争大方向，集中目标，不许斗工人，这是一个问题；再一个问题，很多同志关心这个问题，也许就是在座的很多同志都关心这个问题，很多厂的同志都向我提出一个迫切的问题，就是十月五日中央转批军委的紧急指示是不是适合于工厂，这样一些原则，以及中央不久可能还要发一个文件提出一些原则，这些原则完全适合于工矿企业，事业单位，党政机关，群众团体等组织。（群众热烈呼口号）所有的单位对于文化革命运动当中因为对领导上或者对工作组提意见而被打成所谓反革命，所谓反党分子，所谓右派分子，所谓假左派真右派的群众。都应该宣布一律无效，予以平反！当众恢复名誉（热烈鼓掌）材料，档案问题怎样合理处理，现在在考虑，是不是可以这样，凡是工人被迫写的个人检讨要退本人，其他的材料大家赞成用一简单可行的办法，把所有的那些整人的材料，整革命群众，整工人的材料统统地烧掉！（群众：好！热烈鼓掌）全部集中销毁，不许隐瞒，不许转移，不许复制，不许私自处理！（群：对！）全部当众销毁！（要是不传达，不执行这个军委指示怎么样？）不传达，不执行就同他们斗嘛！（群：好！热烈鼓掌）这个问题中央很快就要指示，可能比工厂怎么搞文化大革命指示要快，很快就要传达下去，有的同志疑心工厂里成立各种革命组织，特别关系到同志们自己成立的革命组织，有这样名称那样名称的革命组织，要问我们持什么样的态度，我们的意见，应该按照中华人民共和国宪法规定，工人群众在文化革命运动中当然有建立各种组织的权利（热烈鼓掌呼口号）怕什么呢？有什么值得害怕的呢？由于他们自己组织了镇压工人的组织，压迫工人的组织，不执行文化革命的组织，他就可以承认，而工人不满他的意的，就不承认，那不对嘛！可是这也是事实嘛！什么叫承认不承认，事实不摆在他面前吗？（群众问：当权派支持他们怎么办？）按照宪法办事，这一些组织成立的意见，可以同同志们商讨，这些组织是不是可以注意到保持工人阶级的勤劳朴实的本质，不要脱离生产，不要建立那个专门的办公室，不要搞一套脱离群众的官僚机构，不要搞一大套的物质装备。学生运动当中有一些做法是不是还可以值得研究，接受他们的一些经验，吸收他们的好经验，不要搞排场，搞朴素一点，这个赞成不赞成？（群：赞成）我们是为革命嘛！是不是可以这样，厂与厂之间的联合组织最好用"联合会""协会""联络站"用"代表会"这样一种形式，是不是用这种形式比较好，供你们商讨。这种联合组织同志们认为斗争的需要，需要联合，我们认为这是合法的，在群众组织内部，在群众组织之间，我们按民主的原则办事，好不好？（群众：好！）这个组织同那个组织之间，因为我们要联合起来斗走资本主义道路的当权派。集中力量反对资产阶级反动路线，肃清反动路线的影响嘛！在我们之间，在我们群众组织内部，我们有不同意见，我们这个组织同那个组织之间有不同意见，有争执，我们通过民主协商，民主讨论的办法来解决好不好？（群众：好！）是不是我们也提出这样一个号召，不要因为纠纷来打架，不要因为纠纷来停工妨碍生产，是不是可以这样提？（群众：对！）我想大家一定会赞成，对不对？（群众：对！）

串联问题，本市范围内厂与厂之间进行的革命是完全正常的，完全必要的，对不对？（群众：对，热烈鼓掌）交流经验嘛！互相支持嘛！出去的问题，是不是一般地不出去，赞成不赞成？（群众：赞成）因为现在好多问题原则上没有规定，原则上规定了同志们也好斗争了，相信你们自己可以解决。本地实在解决不了一定要到上级机关所在城市，要到北京来，那是最好必要的情况下，派个别的少数代表的形式，好不好？（群众：好！）是不是同意这样一个原则，还是同志们商量。

关于学生到工厂的问题，是不是可以这样。我们认为学生同工人农民结合，这是正确的方向，应当欢迎革命学生到工厂来交流经验好不好？（群众：好）赞成不赞成？（群众·赞成！热烈鼓掌）学生要到工人当中去，是不是应当虚心地当工人的小学生，做工人阶级的小学生，向工人阶级学习，宣传文化革命十六条，宣传毛主席的正确路线，全心全意为工人阶级服务，结合起来，是不是我们也同学生同志商量，在座的也有吗？（学生：可以！）我们同你们商量，是不是都到宿舍里去，做艰巨的群众工作，也可以参加一点劳动行不行？（学生：行！热烈鼓掌）除了参加劳动以外，就不要进车间，赞成不赞成？（学生：赞成）参加劳动的时候，要遵守劳动纪律，赞成吗？（学生：赞成）保密车间不要去（学生：对！）这些我们同大家商量，是不是还有什么好经验，有什么样的问题，再商讨……。

对于人民日报问题：人民日报是我们党中央机关报，从总的原则上，同志们支持人民日报，好不好？（群众：好！）因为是党中央的威信，还有国际上国内的影响，还有个外国人嘛，因为人民日报过去是还反修的，还有国际上的影响。是不是人民日报我们还是支持他。有些社论有些缺点怎么办？批评对不对？（群众：对！）这个还是有言论自由，可以批评！比如这一篇"再论抓革命，促生产"同志们进行很多批评，我觉得很多批评是正确的。（热烈鼓掌）这是我个人的意见，（口头说）戚本禹代表你吗？（戚答：可以！）代表戚本禹！（会场大笑）可以批评，人民日报也应该虚心地听取你们的批评，吸取你们的好意见，有些社论上不正确的提法，可以改。我们还是做为内部矛盾，好不好？（群众：好！）（有一个工人要求：人民日报应该发表三论抓革命，促生产，正确贯彻毛主席的抓革命，促生产的指示）这个态度很好，对人民日报不正确的地方应该批评，同时积极地要求它改进。（群众：对！）让它很好地同同志们站在一块，来支持工厂的文化大革命这个总的方针，人民日报也是这样做，它是工作中的缺点，我们允许它有一些地方不对，你们提出来，及时地提出意见，提出批评，我们共同把人民日报办好，人民日报一定要拥护，在有党中央毛主席的正确路线同时要听取广大革命群众的意见，吸取你们的意见，这个报纸才能办好，对不对？（群众：对！）

至于平反是否适合文化单位，当然适合，军委的指示当然完全适合。文艺单位的文化大革命恐怕比工厂搞得更凶一点，因为工厂还不能停，你们那个单位不革命就演不好，停一下有什么关系呢？文艺团体同工厂还不完全一样，要根据你们的情况提出你们的意见，并不一定都要问，根据十六条办事，根据毛主席的正确路线，相信自己。自己起来闹革命嘛！（热烈鼓掌）

关于农村的问题，关于县以下中学的问题，关于小学的问题，我们非常欢迎在座的有关这方面的同志提出自己的意见，向我们反映情况，提出意见，这个问题也到了非解决不可的时候了。（热烈鼓掌）今天我们在这里沒有研究，今天不做具体回答。是不是主要问题回答了，有些具体问题可以回去掌握十六条，掌握紧急指示，掌握中央补充规定，掌握中央发出的工厂怎么搞的文件。同志们自己回去斗爭！我们相信同志们一定能斗得好！一定能成功！一定能把无产阶级文化大革命搞好！

告状你们已经来了嘛，已经来了就是客观存在，谁不承认。（问：是不是革命行动？）在这里向中央反映文化大革命情况，来提出文化大革命的意见，来控告那些压制文化大革命的，这样一些行动当然是革命行动！（热烈鼓掌），但是，同志们，同同志们商量，这样子的问题不要形成一个普遍上北京来的运动，这个不对，不好，不应当脱离生产岗位呀！不能大量大批地脱离生产岗位，一定要来还是按照派少数代表的这样的形式，好不好？（群众：好！）

向我们反映具体情况，一个要靠自己解决，要相信自己，比如上海的工人现在起来了嘛，恐怕要赶紧回去联合起来造反。是不是这样。

我向同志们要解答的，从原则上就这么一些问题，现在请戚本禹同志讲几句。

戚本禹同志的讲话

我看具体问题，你们还是依靠自己来解决。现在最大的问题就是有些工厂的领导，还有领导工厂的领导，非常怕文化革命，怕的不得了，象怕老虎一样的怕！（王力同志插话："怕字当头"。）就是想把它压下去，简直想各种办法往下压。他们最大的一个理论就是生产，拿生产的大帽子压工人群众。实际上关心生产的是谁？是工人群众。你们刚才讲的嘛："最关心生产的是工人群众，而不是那些走资本主义道路的当权派"。他们就是希望把生产搞坏，然后给我们施加压力："文化革命小组，你看生产搞坏了吧？你看革命不能搞了，搞下去就不成了"。这是忘了马克思主义最基本的道理，忘了毛泽东思想最基本的东西，就是革命和生产的关系，是革命领导生产呢？还是生产领导革命？

生产和革命，究竟生产怎么发展？问问历史。总之，有历史以来，这个生产就是在阶级斗争中发展的，在革命当中发展的。沒有革命，生产就不能发展。（群众：对。掌声）是不是，你们想想吧！封建社会几千年，地主压迫农民，生产就不能发展，生产就落后嘛！后来资产阶级革命就把生产力提高到很高的高度。马克思讲过：资本主义的一百多年造成了生产力的发展，比封建社会几千年还快嘛！那么资本主义是什么样呢？还是资本家压迫工人，所以搞社会主义革命嘛！你们看吧，中国的社会主义革命以后，生产力的发展多么厉害哪。这些人是忘了历史，忘了最基本的东西了。中国解放以前，大家想想嘛，生产是怎么个情况？什么都是进口的嘛！旧社会搞了几十年，才搞了一个90万吨钢。那么今天怎么样呢？今天你就看看我们的导弹上天了嘛！这不是世界上沒有的事情吗？——用导弹来运核武器呀！那么精确地击中目标，这个在世界上还是第一次，外国人不敢搞的！（掌声雷动。口号：毛主席万岁！）我们的钢的产量我们的农业的大跃进，我们的大庆油田，这是怎么搞的？都是革命搞出来的！沒有革命，怎么会有这么大的成绩？！所以说，要是有人压你们，说是革命就影响生产，你问他："你说现在生产是怎么搞出来的？"你问他一个问题，很简单的道理，马克思主义最基本的东西，他们都不懂得。社会主义国家怎么建设，是有两条道路，两个路线的，社会主义革命成功以后，究竟怎么建设这个国家，是有两条道路。他就是搞机械化，搞物质刺激，搞来搞去，搞了个修正主义。毛主席给我们提出了一个建设社会主义国家的道路。什么道路呢？就是革命化，就是搞革命化加机械化，而且这个革命化加机械化还不是折衷的，两个都是平起平坐的，是革命化领导机械化，所以我们国家就能建设一个马列主义的国家，建设一个眞正的社会主义国家。我们如果不搞革命化，那么，我们国家同样也要走苏联的道路。搞来搞去，搞了个机械化，搞了个修正主义。只搞一化不行，也搞革命化，也搞机械化，用革命化领导机械化，才能把我们国家带上社会主义道路，带上共产主义道路。文化大革命搞什么？就是搞革命化，把革命化丢了，还搞什么生产？只有革命，把革命化搞好，生产才能发展。所以"抓革命，促生产"。所以毛主席说："要政治挂帅"。政治挂帅就是革命挂帅，毛主席沒说生产挂帅嘛！所以，他们要用生产来压革命、压你们，你们就拿毛主席的理论来驳斥他们！毛主席从来给我们讲的是革命化领导机械化。"抓革命，促生产"，从来讲政治挂帅的，违反这个东西统统是修正主义理论，要批驳！痛驳！！这是一个问题吧。革命和生产，我看你们用毛主席的武器来解决这个问题。他们到处都是拿这个东西来压，好象他们怎么关心生产，实际上他们关心什么生产哪？！那些走资本主义道路的当权派——文化革命中我们看了很多材料——他们破坏生产。太原市纺织厂走资本主义道路当权派，那个党委书记，为了保护自己，挑动工人罢工，挑动保他的那一派工人罢工，他关心什么生产？！

第二个问题就是王力同志刚才讲的大方向。我希望同志们很好地掌握这个问题。要革命一定要紧紧掌握大方向，就是文化革命大方向、无产阶级文化大革命大方向。大方向是什么？无产阶级革命干什么？一句话，就是造反！造谁的反？就是造资产阶级的反！造修正主义的反！造资产阶级反动路线的反！这就是大方向，要掌握这个大方向。我们的革命不是斗工人、也不是斗一般的干部而是斗走资本主义道路的当权派、斗那些党内走资本主义道路的当权派，斗那种家伙！这些人是一小撮，不出来给他念，你执行不执行最高指示？！这是一个方法。第二个方法要依靠群众来解决问题。（某工人："把我们都解雇了，县官不如现管。"）是呀！这些问题怎么办呢？依靠青天大老爷行不行呢？沒有青天大老爷，青天大老爷就是你们自己！掌握毛泽东思想的群众就是青天大老爷。你们依靠我们会得到失望，因为我们每天都有很多事情，不可能一项一项都处理。要依靠群众，依靠毛泽东思想。我给举一个例子：太原市我昨天也看了些工厂的问题，那问题拿哪儿也不好解决，他们自己组织起来就能解决。你们就是嘛！上海市工厂要成立团体，不让你们成立，有的几千人，有的上万人轰起来了，闹起来了，解决了。

用四大武器发动群众，大鸣大放大字报大辩论，依靠这些武器来发动群众，团结群众。如果你们不能团结群众，你们是个搞折衷的宗派主义小集团，变成孤家寡人。那么谁也不可能帮你们的忙！你们到这几十次，一百次也不能解决问题！你们到北京来干什么呀！来取北京的经，来取毛泽东思想的经，拿起这个武器来去搞革命。在革命当中会有很多阻力的，你们要有大无畏的精神。无非是这几个问题：一个是斗你们，一个是打你们，一个是把你们抓起来，一个是开除。这些问题我看你们自己能解决。你们充分讨论一下，根据群众意见办事。这无非是把你们斗一下，开除一下，我看好嘛！对你们是个锻炼，这个越压越革命呀！他不斗你，你怎能革命呢？那么舒舒服服地怎么能革命呢？对不对？（群众："对！"）不要怕斗，开除你，无非开除嘛！还有一个就是老婆离婚，是不是？（群众大笑）还不要怕，"舍得一身剐，敢把皇帝拉下马"嘛！你不舍得一身剐，能把皇帝拉下马吗？能斗垮它吗？是呀！革命总是曲折的，总有困难，那有笔直的道路？路是笔直一条的，从这头看那头的那有那么多路？你沒看见天安门大街也不是那么直你不信？测量一下！你们从上海、从浙江从四川到北京来，那这些弯弯曲曲多少弯呀！拐多少弯呀！那是一条直路吗？不要怕，马克思一个人的时候，我们的导师他一个人批判了资本主义世界。毛主席那么几个人，他组织一个共产主义小组，组织共产党，把中国，这么一个整个中国，把封建主义、帝国主义打垮了，把统治中国的反动势力打垮了。你们工厂吗？革命再困难我看也不比中国革命更困难吧！还有毛主席领导，还有毛泽东思想嘛！还有那么多群众嘛！这个问题你们可以解决。相信自己的力量要团结起来，团结大多数工人，工人群众只有团结起来才有力量。这是从马克思到毛主席一再教导我们的，你们要唱你们"团结就是力量"的歌儿，要团结起来。有了团结你们就能解决一切问题。我们今天看到你们来了很多人。我看到都是青年工人，老年工人很少，我看这是你们的弱点，很大的弱点。老工人我看就沒有几个。我知道老工人在工厂里他的地位，他的作用，你们不把老工人发动起来，不把老工人团结起来，你们想搞革命那搞不彻底的。你们是青年工人，有很多是知识分子，我听语言就听出来了，跟我的语言差不多，光靠自己搞革命是不行的。要把工人群众发动起来，要依靠老工人。你别看老工人落后啊！他知道的事情可不少，他要提供一条够你十条你信不信？那他斗争起来坚韧性就比你们青年工人还能斗争。（有人问：我们单位里当权派说，三十岁以上的人，不能参加红卫兵、赤卫队）那么你们就组织别的，不要组织红卫兵嘛！你就组织赤卫队，（赤卫队也不行），可以参加赤卫队，为什么不可以？！（鼓掌）为什么不能参加赤卫队？（插：有人强调文化大革命分期分批，这种说法对不对？第二个，我们单位里沒有搞四清的单位，文化革命搞不搞？）分期分批是总的来说，你们北京市、上海市，那工厂都搞起来，怎么分期分批法？（笑）啊！他搞你们反革命分子怎么不分期分批？（对！鼓掌）现在要平反了，就要分期分批了。（插搞四清单位搞不搞文化革命？）四清跟文化革命是一件事情，都是反对修正主义，走资本主义道路的当权派的。四清搞得不彻底的话，还要补课，还要搞文化大革命。（插：走资本主义道路的当权派用多数人压制我们少数人怎么办？）怎么办？你看怎么办呢？依靠你自己做工作，如果你们有眞理的话，就能团结大多数群众，沒有眞理的话，当然团结不了，那只能怪你自己。

（杭州××厂工人提了个问题，……）我要是在你们工厂做工人的话，我就不来了。你有那么多人，还来啊！还到北京来找毛主席？毛主席方针这么清楚，你们那么多人如果有眞理的话，那么多人你还怕？（不怕。）那你来干什么？（杭州××厂工人谈了具体情况，并提出要工作队撤退，罢官）我教那么多，大多数人是革命的，就那么一小撮搞资本主义的，搞修正主义的但是这一小撮有很大的危险性，他们占据领导地位。不仅仅是你们工厂就是现在工业战线上掌握领导权的也有走资本主义道路的当权派，你们可以调查去，那是大头头，还不是一般头头，是大头头！你们想一想。你们给你们工厂领导提问题，你们是执行他们的路线呢？还是执行毛主席的路线？你们不知道的话，你们到工人里面去调查，到学生里面，学校里面。那些人以前是在工厂里推行修正主义路线的，文化大革命以后，他们怕文化大革命触及他的灵魂，就到工厂里去镇压学生运动。工厂这一镇压很好，一镇压以后，学生就起来造他的反，一造反以后，学生光造他的反还不行，还斗不了他，就到工人里面去结合，这一下子就把他轰下台去了。我讲的是谁，可能你们都明白。你们不明白，可以到学校去，到清华大学、轻工业学院、邮电学院、师范大学去，你们调查去，就明白了，就明白你们工厂的文化大革命的这个斗爭是整个国家反对修正主义的一个组成部分，一个重要组成部分。如果不把这个修正主义路线搞垮的话，那么工人阶级不能得到眞正解放。毛主席解放了我们，将来他们上台以后，我们重新要变成奴隶。现在工厂里存在修正主义，有些人就是相当厉害了。我去过一些工厂，是相当厉害了，反对毛泽东思想，反对大跃进，反对总路线，搞资本主义经济方针，当官做老爷。本来是革命的，由于当官做老爷，自己变为特殊阶层、工厂特殊阶层。那个家伙厉害，有的当权派——走资本主义道路的当权派，那个恶劣程度，那个坏的程度，不比黄世仁要差。你们看过黄世仁，看过《白毛女》吗？（群众：看过！）那个压迫，对工人的压迫不比黄世仁差。我就收到很多信，这次文化大革命收到很多信。有的提个意见，就给人家开除嘛！有的就给搞成"牛鬼蛇神"，强制回乡嘛！那当然，强制回乡的有很多是牛鬼蛇神，这是我们大家都很清楚了；但是很多借这个东西来整工人。还有北京××工厂一个同志给我写信，就是因为他那个工厂的书记对工人提出不正当要求，那个工人拒绝了——是个女工，马上就开除。那个恶劣程度，我看不比黄世仁要好一点，更坏！这样的人不反怎么行啊！不反的话，我们的国家还不会变颜色吗？这样的人不反的话，我们的工厂就要变颜色！我们的国家就会变颜色，所以我们要大造资产阶级反动路线的反，有些工厂相当严重的，学校里学生还比工厂好一点，在工厂里我看到一些情况可比学校严重得多。（某工人："现在我们一家子还沒饭吃呢！"）刚才这里也有很多工人，我们看到了很多材料。这个我们当然沒有进行调查，我们也沒有很大的发言权，我们调查清楚再处理，一方面要处理，一方面你们自己要斗爭，自己去开展斗爭，写大字报，斗大的字写在外边！（某工人："他们不给白纸！"）不给白纸使报纸嘛！想办法嘛！不给纸一样革命，毛主席革命的时候也沒多少纸，你们看延安出版的书都是黄纸的嘛！这些都不是主要因素。最重要的是你们的革命精神，你们造反的精神，要靠这个东西。所以你们斗爭要掌握大方向，靠革命精神，靠革命造反精神。那么怎么进行这场革命呢？我们中央文革小组也正在研究这些问题，刚才王力同志也讲了一些意见，这些意见都是属于商量性质的，还不是中央的决定是同大家商量，同大家考虑。如果你们同意的话，给中央写信，也可以提出你们的意见来，那个意见不对，你们也可以批评。（群众："你们收得到吗？"）收得到。你们直接写中央文革小组，北京中央文革小组，邮票都不用贴，就可以收到。（某工人："我给毛主席的信和给党中央的电报，省委都给扣住了。"）你们可以打电话、打电报、可以写信。主席的信是中央办公厅办的，你们可以去查怎么处理的；写给文革小组的信，有的是给你们办了，比如今天王力讲的一些意见都是根据很多信件，很多意见来研究的。因为不可能每封都给你们答复。（某工人："我有一个问题想说……"。）你是那个机关的？（我是唐山市劳动局服务队的。"）好不好你写出来？你请个学生帮你写一写，你写出东西我们好处理，好不好？（“我找个学生写一写”。）搞革命怎么搞法，你们还可以考虑了；我们还要再继续研究，研究好了以后中央就会通知下去，（某工人：“我们领导讲：这次运动群众不是不斗，群众也要斗”。）革命的运动从来不是斗群众的。（“他就公开这么讲！”）这些问题怎么办呢？我建议你们不要把希望寄托在我们身上，我们沒有很多时间一个一个地处理问题，我告诉你们两个方法：一个方法依靠毛泽东思想。这些问题，错误的东西，你们能用毛泽东思想来批判，最高指示嘛！你给他念语录，语录本拿出来给他念，毛选给你们方法，象你们这个厂里，你们厂里有三千多工人，你们分几个班？（我们有四千多工人）上几班？（我们分三班）三班制，你把三千多人分成三班，包围省委。（可以吗？）可以包围的！（好！鼓掌）他不答复你们的要求，我就不走。（呼口号：革命无罪！造反有理！）就跟他去喊这个口号。你到北京来干什么的？（到北京来告状的。）告状啊，我看你们要向群众告状，要向杭州的群众告状。（我们沒法才到北京来的。）我看你们最好赶紧回去。（当权派把业余时间全部占去了，怎么办？我们可不可以安排时间？）

生产的问题，你们是要注意的，我们革命工人最关心生产的。因为我们的国家，生产是不能停顿的。关于生产，我刚才跟杭州的工人建议，你们要革命可以，包围省委也可以，但是你们要上班，生产要坚持。而且要把生产搞得更好，比他们搞得好！（分期分批，自从党中央确定，人民日报社论，我们怎么样去确定？）分期分批是总的来说，总的全国范围来说，是分期分批的。但是象你们杭州那儿，我看那个厂就是分到这一期，现在就搞。（这分期分批是党中央的指示，还是我们自己说的？）过去有个总的方针，这是有的，分期分批，但是北京这个地方，上海这个地方，它都搞起来了，你怎么分期？就是分的这一期嘛！你们要求分到这一期嘛！（根据你刚才的解释，我们要求全面开花，不要分期分批。）我刚才说过了，分期分批是中央总的方针，但是已经搞文化革命，你怎么分期分批法！（对！）你打“反革命分子”有沒有分期分批啊？你整我们工人有沒有分期分批啊（对！）但是有一些地方沒有打，他现在沒有搞起来，当然可以分期分批啰！你先慢一慢搞嘛！如有些地区，象××地区它就慢一慢搞嘛。你的工厂已搞得热火朝天，你还分什么期？分期分批是党的总的方针，不能拿这个东西来压革命。（对！口号：革命无罪！造反有理！一反到底！就是胜利！）文化大革命，十六条上讲的，要把生产搞好，至于你们什么时候搞文化革命，时间怎么安排法，由你们工人自己安排。

刚才王力同志讲的，根据具体情况，自己安排。你们有问题实在要派代表，由你们工人自己商量，派那几个代表，那么这几个代表走了以后，他们代表所留下来的工作，所留下来的生产任务，要由其他工人来完成。（对！）你们如果回去，不把生产搞好的话，大家就会骂我们党中央，给中央文化革命小组施加压力说：“不行了，生产搞坏了。”那个时候就会给你们革命遭受损失。我坚定的相信，毛主席的指示还要抓革命，就能促生产。所以我相信你们，只要把革命搞好，就能把生产搞好。我希望你们，不要给他们一种口实。事实上，他们是最要破坏生产的，走资本主义道路的当权派，他们把生产搞坏。他们不搞生产的时候，你们自己组织劳工委员会，把生产管起来。（对！鼓掌）我们相信你们管生产比他们管得更好。（对！鼓掌）他们走资本主义道路的当权派，他们整天享乐、腐化，还搞什么生产呐？他们不搞你们搞起来，你们抓起来，建立临时的生产指挥系统，把生产搞起来。生产是不能停顿的，一时一刻也不能停顿的。你们看，生产象个火车头，来来往往，火车要一停的话，马上就要碰车。不能停顿，要有指挥，沒有指挥是不行的。（我们到北京来告状的，他们不会说我们旷工吗？怎么办？）你们工人自己讨论一下，如果你们革命派变成多数的，大家讨论讨论当然不算旷工。你们如果不能把群众动员起来，是少数，是孤立的，那么，人家要怎么处理你，就怎么处理你。你说是不是？我说不算旷工也不行，你们厂里也不能答应，我看最好的办法，依靠你们斗争。（问：对推行资产阶级反动路线的当权派，我们群众能不能罢他们的官，撤他们的职，叫他们靠边？）你说可以不可以？（可以！）这还用问我吗？（那为什么要经上级党委批准呢？）但是我建议你们，不要轻易地提出罢官要求，那个你罢了官以后，他挺舒服，他靠边站了，什么事都不管了。罢官是斗爭的最后结果，而不能把它搞成斗爭的序幕，斗爭是第一幕，不要搞罢官，斗爭的最后结果，当权派对他最最有利，你们如果一下子就把他的官罢了的话，那群众会以为革命完成了呢！不利于发动群众，并不利于发动群众。（县以下学校工厂的问题怎么办？）县以下学校工厂的问题，我们中央会有另外研究的，这里不答复了。（有人问刻公章问题）工人能制造机器，难道一个公章问题还要问我吗？（下面不少人提了具体问题）

同志们，你们看，我是不是讲到这里，我们下午还要开会，你们看，是不是我们就到这里结束为止。下午的问题，你们自己去讨论一下，你们吃了饭，再研究。（还有学生的问题沒有解决。）什么问题？（学生的问题）有人站起来回答："学生的问题，毛主席在27年以前就下了指示了，只要我们遵照毛主席的指示去做，就沒有问题"。齐声说："对"（鼓掌）戚本禹同志说：看！他答复得比我还好！

王力、穆欣同志十一月十七日在政协礼堂对山东代表的讲话

同学们：

中央文革小组要我和穆欣同志来看一看同学们，同学们给陈伯达、江青、康生同志和我不少信，要求见我们，我们很忙，一直沒有见你们。你们的来信，我们都看了。我们中央文革小组很关心山东、青岛、济南的斗爭，关锋同志去接见别的同学去了，所以我们两个来了，听听同学们的意见，我们主要是把同学们反映的情况带回研究一下，我们小组就是那么九个人，我们很想见你们。我们是中央常委的秘书，我们不能发号施令，我们只能向中央，向毛主席提出商议，我们不能做任何决定。同志们提出很多要我们做解释的问题，我们只能做原则上的回答，不一定对。

对我们整个文化大革命的形势很好，两条路线的斗爭已经取得了很多的胜利！同学们分析一下，我党的八届十一中全会，就是宣告了以毛主席为代表的正确路线的胜利，也宣告了资产阶级反动路线的破产

在八月八日十六条和八月十二日十一中全会公报未发表之前，在全国各地都执行这条错误路线。十一中全会纠正了这条错误路线，但是这两条路线的斗爭，在八月到十月二个多月的时间里面还在继续进行。有的地方改变了新形式，还在执行错误路线。林彪同志在十月一日的讲话和《红旗》杂志十三期社论发表后，掀起了群众性对错误路线的斗爭，两条路线的斗爭更加深入发展。这个形势很好。各个省市各部门都展开了对错误路线的斗爭　是不是说资产阶级反动路线就是这样会退出历史舞台了呢？它是不会的。也是会改变新的形式的。所以我们看形势要看到主流，另外，坚持资产阶级反动路线的人也会改变新的方式来对抗。

同学们递了很多条子，各个地方都在开三级干部会议，三级干部会议开得怎么样？当然不

是说山东的三级干部会议，山东的我们不太了解，各地开三干会是中央统一布置的，这是运动深入发展，在两条路线斗爭的推动下，就看过去犯错误路线的同志，对抗以毛主席为代表的正确路线的同志，采取什么态度，经过两个多月的斗爭，经过群众的大批判，经毛主席、林彪同志的教育，给犯错误路线的同志以改正错误的机会，是否能把屁股转过来。

拿山东来说，大家看到了，我们也看到了，他自己也不得不承认是犯了严重的方向错误，路线错误。党中央和毛主席希望他们不要象八届十一中全会以前那样，回去还是老一套，是不是会在认识上有点毛病。现在我才知道，你们把谭启龙带来了，经过你们反映，谭启龙回去后进步很小，（同学喊：沒有进步！）啊？沒有进步？这样做是不对的。继续与革命师生对立，这就辜负了毛主席和林彪同志的苦心教导，这一点就是坚持以毛主席为代表的无产阶级路线，同资产阶级反动路线斗爭到底。一定同与这条路线的各种错误思想做斗爭，斗爭到底，不能妥协，这个旗帜必须鲜明。同时我们要根据党中央毛主席的指示，给他们一些时间来观察他们。你们还给他们条件，让他们开三干会，这很好，因为他们还要传达毛主席、林彪同志的指示，他们还要讨论学习。

另外这个斗爭，现在五个月，从十一中全会算起来二个多月了，在这当中，革命的同志，是不是也应该总结一下，想一想，我们本身斗爭也要提高，我们的水平，觉悟、斗爭艺术，斗爭策略，是不是也要提高一点，同学们记得在十月六日我们在十万人的大会上江青同志讲了三个问题。这个问题已经提了一个多月了。两条路线斗爭要按毛泽东思想来正确进行斗爭，这一点请革命的同学们仔细读一读，一、对形势的估计要正确地估计，一片大好形势，不要看成是一片黑暗。不要对资产阶级反动路线估计过高，过去把黑暗估计过高了一点，要看到方向，大的形势，要看到一天比一天好的形势，当然一点黑暗沒有那也不是事实。二、必须彻底批判资产阶级反动路线，才能把文化大革命进行到底。对反动路线的批判要加以区别：1.提出这个路线的和执行这个路线的区别开来。提出这个路线的是一、二个，是代表人物，这是一个很重要的区别。同学们可以溫一溫我们党的历史，代表人物就是那么一、二个。2.不自觉执行是大量的，自觉执行是少数的。这两个要加以区别。3.有轻重，就是有量的不同，它也有性质上的不同。4.坚持错误还是改正错误，他犯了错误，但是改正了，同顽强坚持错误的要区别开。

对一般犯路线错误的人，是人民内部矛盾，这是我党、毛泽东同志对这种同志一贯坚持的正确方针，我们党在历史上曾对这种同志做了错误的处理。怎么处理才对呢？毛主席指出：“惩前毖后，治病救人”既要看清问题，又要达到团结的目的。不弄清问题，不把思想问题，原则问题搞清楚，求团结，这是违背毛泽东思想的，所以对犯错误的同志必须大喝一声：“你犯了严重错误，是路线方面的，是与毛主席对立的，必须彻底改正。”这个光口说是无效的，是否改了，要看行动。看行动看什么呢？红旗社论指出看他三条：1.是不是公开承认检查自己过去犯了路线方向的错误。2.是不是纠正错误。3.特别是对被他们打成所谓“反革命”、“反党分子”、“右派分子”、“假左派”等等革命群众，给予认眞平反，公开平反。是不是当众恢复他们的名誉。这样的问题是不是公开彻底做到了。青岛做沒有？（众：沒有）青岛现在还把小学生打成反革命，这怎么能叫改了呢？（生气地说）这个结论要由青岛广大革命学生自己来做。被迫写出的检讨是否交给本人沒有？这沒有准，怎么叫改了呢？

你们要求谭启龙回去做检查，回省回青岛做检查，我坚决支持学生的革命行动。是看他的屁股是不是眞正移到群众这一边，是不是同群众眞正坐在一起来了。我们就是要看一看，是不是做到了这三点，不是光看，而还要斗爭，我们每前进一步都要斗爭的，我们斗爭的策略，艺术要有提高，坚决地支持革命的学生。一些被压制，被打成反革命的学生，我们坚决支持，你们的地位一定要改变，有的已改变了，改变了要注意，更加热爱毛主席，更加注意用毛泽东思想来武装自己，要按毛主席的指示办事，不要象当权派那样，采取了他们那老一套坏传统，我们党内有两种传统，是从苏修、国民党那里来的坏传统，我们一定要用毛泽东思想来武装自己，我们一定要正确处理党内二条路线的斗爭，因此，我们一定不要象他们那样整黑材料。另外也不要象他们那样，什么盯梢、搜笔记本啊，这统统是错误的做法，我们对同学不要象这样做。我们要靠毛泽东思想，靠大鸣、大放、大辯论、大字报及搞革命串联，来搞革命，来解决问题。我们要整顿我们的队伍，扩大我们的队伍，我们不要象他们搞的那一套，我们要抓住大事大非，抓住两条路线的斗爭，抓住政治思想，进行彻底批判。特别是在这样的问题上，档案、整理个人的材料，一定要给个人处理。至于整理的同学的材料，是不是可以想出更痛快的简单方法来处理？不要用抢材料，同学互斗的方法。我们把精力集中到政治思想问题上，我们过去沒有想到这个问题，今天学生中引出这么大的问题，总之我们斗爭要提高。

有的同志递了个条子，说是“山东学生破坏了三级干部会”。这个罪状加在学生身上是不对的。他们（山东省委）如果不彻底公布检查改正错误，学生是不会让他们开三干会的，如果因此事耽误了几天会议，这不叫破坏三干会议。我们要做到给他们改正错误的机会。

毛主席这次说了：“是不是这次会议（中央工作会议，要比上一次会议（八届十一中全会）好一点？”我们希望他们能改正错误，能把会开好。红卫兵是不是参加三干会议呀，这个中央规定，今天看来，要给他们改正的机会，他们要抽出一定时间，给红卫兵做工作，讨论问题，你们看好不好？

最后希望同志们把林彪同志的两篇讲话，红旗杂志的两篇社论好好地学习，武装自己的头脑，提高自己。我们要根据最高指示办事。文化革命就要按十六条办事，按红旗社论和人民日报社论办事。

我今天的讲话是你们的要求，不能做标准，我们的标准是毛泽东思想，是人民日报，红旗杂志社论，至于其他传说，眞眞假假，流传，都不能做标准。《林彪同志论左派》是彻头彻尾的捏造的。林彪同志一字也沒有写。这是为了达到个人特定的目的。这些东西都不能传说，这样易上当的，对这种问题必须斗爭，不能偏信。是借领导人的讲话，达到个人目的，这是不对的，你们应批判那个利用这个讲话的人（青岛市委就是这样的人）。

工厂、农村如何搞文化大革命，我不能回答这个问题，党中央、毛主席、我们也正在研究这个问题。革命的学生应当同工农相结合，这是毛主席的教导，革命学生的革命运动不同工农运动相结合，都不能结出丰硕的果实。

工厂、农村同学校不一样。学校、毛主席下了大决心，停他一个学期再停他一个学期（鼓掌）但是工厂生产不能停，一天也不能停，农业生产也不能停。人不能离开生产岗位，指挥生产的系统不能中断。至于怎么搞好，我们希望工人同志能提出意见，同志们也可以提出意见，这一点我相信党中央会做这方面指示的。工厂、农村现在很紧急，希同志们提出自己的看法，抓革命促生产是革命的，是毛主席提倡的，抓生产压革命扣工资开除统统都是错误的。

串联问题，工人到外地去串联，受生产条件的限制，是不可能的。但是，到工人宿舍去可以不可以呢？完全可以去。为什么不能去呢？如果他们是坚持反动路线，就可能利用党中央的指示来为自己服务，达到自己的目的。这个要斗爭。

县以下的机关学校可以不可以串联？那时是农忙，现在是农闲，这个可以考虑。原来只是笼统地讲了讲。这都是正研究这些问题。剧团文化大革命是重点嘛？怎么能不搞文化大革命呢？文艺团体应该在这次文化大革命中彻底整顿，彻底搞文化大革命。

最后归结到一点，按16条办事，按照毛主席思想办事，按照以毛主席为代表的革命路线办事。最根本的一条就是群众自己教育自己，自己解放自己。我相信你们是自己能解放自己的！你们不是自己搞了吗？不让串联，你们这不是自己来了吗？谁捆着你们的手脚了？至于怎么办？你们自己最清楚，你们自己掌握自己的命运，自己干就是了。

陈伯达同志十一月八日的指示

十一月八日晚上中央文革小组张春桥同志在国防部南门向冲进国防部大院的解放军技术工程学院等校师生宣读了陈伯达同志的指示：

小道理服从大道理，大道理管小道理。这是毛主席经常说的，今天的事不管你们有这样和那样，一千条和一万条的道理，但比起了进我们无产阶级的神圣的国防部这样的大事来，你们的各种道理都站不住脚了。你们忘记了大道理，把那样的小道理摆在大道理之上，这怎么能够说是正确的呢？

希望你们立即离开国防部。有什么事情可以一个一个的谈清楚，有什么委屈可以一个一个的解决。在文化大革命中，同学们是用大道理自己教育自己，自己提高自己，方法是摆事实说道理，骂人不好，打人更要不得。请同学们好好想一想，不要再往那里顶了。你们年轻，不要以为自己都对，谁也说不得。我说的这些都是好意，都是从大道理出发的。希望你们不要轻听轻信，偏听偏信，在伟大的毛泽东思想道路上前进。

再说一句，希望你们立即离开国防部。今天的错误是可以改正的，改正后还可以做一个毛主席的好学生。

因为身体不好，托张春桥，谢鏜忠和戚本禹三位同志来见你们，说这番话请你们考虑。

王力、姚文元同志十一月十七日对杭州絲绸厂二千多来京职工的讲话

王力讲话

你们反映了很多重要情况，很多问题。我们向你们学习了很多东西。你们讲得很好。同志们反映了一个最迫切的要求：我们为国家不要变颜色，大家不要受二遍苦，不能让修正主义分子篡夺领导。工人阶级是国家的主人，也应成为文化大革命的主人，要把文化大革命的领导权自己掌握起来。

工人阶级是最关心生产的，大家离开生产岗位是被迫的，大家迫切希望解决问题很快回去搞生产。"抓革命，促生产"是毛主席提的口号。我们相信靠工人自己能够妥善安排好革命和生产的。

我们一定把大家的意见反映上去，一定很好的研究。党中央正在研究，工厂的文化大革命一定要搞彻底。

大家提出来的这些意见，大家最关心的是以下这些问题：

大家要求中央文革小组对你们这次行动作出估价、表示支持。同志们，三千八百人的行动能说是反革命吗？一万个不能。大家会上反映的都是革命的情况、革命的要求，对所受的压迫进行控诉。我们认为这些都是革命的。有人对同志们这种革命行动说成是匈牙利事件是完全错误的。我们保证同志们回去不受迫害，同志们在政治上经济上都不应受到任何损失。我们负责通知浙江省委，不得打击报复，所有的谣言都要省委负责辟谣。

你们工厂里在错误路线支配下，斗群众，把工人、一般干部打成反革命的，把革命群众打成牛鬼蛇神的，应根据十月五日中央批转军委紧急指示，一律平反，宣布无效，当众恢复名誉。工作队强迫你们个人写的检讨应退还本人处理，工作队整理的各式各样整工人的材料应全部集中当众烧掉。

毛主席、党中央、中央文革小组是坚决支持革命群众的一切革命行动的。但革命要靠自己。十六条基本精神就是自己教育自己，自己解放自己。你们有好几千人，为什么不能回去干？坚决向与毛主席路线对立的错误路线进行斗争，斗争到底。你们要精神变物质，更好的完成国家任务。

文化革命的命运你们要自己掌握起来。工作队在背后操纵搞起来的文革委员会，你们可以不承认。你们按巴黎公社的原则(即工人自己创造的原则)进行全面选举，选举前要充分反复酝酿讨论，真正选出能代表工人阶级利益的代表，把不能代表工人阶级利益的人罢掉。你们文革委员会委员名单中，只有一个生产工人。我们提议你们要以生产工人为主体，重新建立工人的文革委员会来领导文化革命。

生产问题，如果原来领导生产的机构还可以领导就领导，如不能领导了就以老工人为主，你们自己组成生产领导班子。革命和生产都应由我们工人自己来讨论安排。革命、生产都要靠工人阶级。

同志们说得对，如果修正主义上台，搞好生产为谁？说得很好。

同志们对人民日报“再论抓革命促生产”这篇社论有意见，我个人认为你们的批评是正确的。这篇文章是有缺点，唐平铸同志对我说准备再写一篇，支持你们搞革命。有人拿这篇东西压你们，你不要怕。这篇东西中有正确的东西，你们要拿起来当武器。

毛主席和你们是心连心的。我们相信你们。革命、生产都靠你们工人阶级是最拥护毛主席路线的，对一切反对毛泽东思想，反对毛主席路线的都要批判斗争。

你们一个厂的力量就这么大，杭州市还可以联合起来，你们要团结绝大多数工人。我们正在研究这个问题。根据宪法规定工人阶级有权成立自己的团体，也可以组织联合组织，最好叫联合会、协会等适合工人自己的组织形式，一般的最好不脱产。你们不要搞官僚机构。过去搞的那些官僚机构，今天要作为革命对象。

罢官问题(指大家要求罢工作队长徐钊的官)，他的文革职务，你们不赞成就算罢啦，至于其他职务，是否今天一定要在这里罢？我们是支持你们的要求的，认为你们的要求是合理的。但在这里罢掉不合干部处理手续，对你们的斗争也不利，为什么不能由你们自己回去把她斗倒斗垮呢？(姚文元插话：革命要有反面教员)你们回去自己去斗，我们支持你们，斗出个结果来。你们把她的事情都摆出来，摆事实、讲道理，大鸣大放，大字报，大辩论，把她斗倒斗垮。罢掉一个人，换一个人就一定是好的？不一定。不是罢一个人的问题，而是要把错误路线批臭。但应叫他随叫随到。签了字还不来是完全不对的。同志们还要求刘钊(副省长)检讨，是合理的要求，刘钊应去检讨。我们支持你们的要求。

同志们这样多的人到北京来，这件事对生产是不利的，这个责任应由省委、市委负责，不能责备群众。

你们对华东局有意见也可以提。对我们有意见也可以提。

同志们能否认为主要问题解决了，可以回去了。我们相信同志们一定能把革命、生产都搞好，做出个样子来给他们看看，要在生产上也做出个样子来。

同志们要求见毛主席的心愿，我们一定负责告诉毛主席。毛主席也很想见大家。毛主席的心永远和同志们在一起的。

我们提议同志们早些回去，你们商量一下，回去更好抓革命促生产。

姚文元讲话

我们今天见到的是自己的阶级兄弟姐妹，你们讲了很多很好的话。我们是来向你们学习的。我们不是首长，是你们的同志，勤务员、战友，是和你们一道闹革命的。

毛主席教导要我们和群众在一起，大家批评，有些人这样害怕群众，这样压制群众，这些人是完全错误的。

毛主席非常关心工厂里的文化大革命，我们一定把大家热爱毛主席的心愿转达给毛主席。

我们无产阶级专政的国家，工人阶级对文化大革命有特别重大的责任，文化革命先是在学校里搞，现在我们工人阶级起来了，这是个好现象。说明文化大革命正在前进。

文化大革命就是把毛泽东思想世世代代传下去，保证无产阶级江山不变色，大家不再受二遍苦。搞文化大革命，就是要挖修正主义的根子。

毛主席讲:“要关心国家大事。”你们不仅要关心一个工厂、一个市，还要关心整个国家的文化大革命，要坚决打倒资产阶级反动路线，让其永世不得翻身。

徐钊这个人坏透了，她所执行的是资产阶级反动路线。这不是一个孤立的现象，现在全国都在开展两条路线的斗争。你们这个工厂反资产阶级反动路线，是全国斗争的一部分。你们要上街看看大字报，工业部门就有人执行资产阶级反动路线嘛!

革命工人、贫下中农、革命学生团结起来，一定能把文化大革命搞到底，一定能把资产阶级反动路线打倒。

工厂的文化大革命一定要搞下去，还要把各种修正主义的东西都搞掉，改变不合理的制度，真正把工厂办成毛泽东思想的大学校。

你们要罢徐钊的官，我个人是支持的，但这个时期的经验证明，革命需要反面教员，把她留着进行批斗，由你们回去斗争。

毛主席说:“人民，只有人民，才是创造世界历史的动力。”你们要相信你们自己的力量。

过去搞土改就有两种搞法，一种是领导把地主抓起来，一种是群众自己起来把地主斗倒。后一个办法才是真正巩固的。你们要靠自己斗争。

总的形势很好。“抓革命，促生产”是革命的口号。革命的方针，有人把这个口号说成是抓生产压革命是完全错误的，工人阶级应该把革命生产都搞好，精神化物质。

是否可以考虑，大家回去自己对革命、生产做出妥善的安排，做出个榜样来，把革命搞彻底，又把生产搞好，我们等候你们的好消息。

大家回去再继续斗争，有些人对你们来北京是仇恨的，你们不要以为中央文革小组支持你们就沒有问题了。要靠你们自己去进行斗争。

大家回去后有问题写信到中央文革小组来，我们一定负责处理。

王力同志六六年十一月十八日接见被苏联无理勒令回国的留学生时的报告

同志们回来多少天了？（答：十八天了）

同志们在苏联也看了一些报纸。回来以后到处看了一看吧？有什么问题？先提提问题。（教育部同志建议王力同志先谈。）或者我先谈一点。讲长了，大家都沒时间谈了。我谈一点，可能不符合大家的要求。

我国在毛主席党中央亲自发动领导下搞文化大革命是人类历史上所未有过的创举。无产阶级文化大革命，我们算的话，这个大规模的群众动运，从六月一日开始到现在共五个半月左右。毛主席把这个作为革命的新的阶段来看，很重视。十六条也讲了。中国共产党搞民主革命 28 年，社会主义革命搞了十七年。文化大革命才五个月。毛主席提到这样高的高度——革命新阶段。这是个革命的崭新时期，大家都沒经验。同志们回来并沒有晚。这次大的运动已搞了五个月，再要搞五个月左右。大运动要这样长，但作为新阶段还刚开始。同志们回来不算晚，可以参加这样一场大革命。

如果把这次文化大革命再往前——从六月一日再往前看。开始发动这次大革命可以说从去年九、十月间。中央政治局常委扩大会议上，毛主席提出批评吳晗问题。吳晗大家都知道，用不着介绍。毛主席当时提出批评吳晗是作为批评反动的资产阶级学术权威，批评他的反党反社会主义的“海瑞罢官”。同志们知道毛主席提出这个问题后，当时我们国家是个什么时候，什么情况吗？当时我们的国家是个什么情况？特别在北京，根本沒响应。毛主席提出一个这样大的意识形态领域的任务，北京根本沒人干。主要代表是前北京市委及前中宣部，包括当时在北京掌握领导工作的人，根本不干，抵制毛主席的指示。到现在，回忆一下，一年来有多大的变化！那时一个小小的吳晗都碰不得，毛主席指示都不执行的。毛主席提出这样一个战斗任务也不执行。而对比一下现在国家的空气：满街大字报，人物比吳晗大多少都可以批评。北京不执行，毛主席直接领导下，在上海就出了姚文元的文章。去年 11 月 10 日，上海文汇报发表了姚文元的文章“评新编历史剧《海瑞罢官》”，批判吳晗的反党反社会主义本质。这文章一方面受到全国广大革命人民及革命知识分子的欢迎与支持，另一方面在北京的所有报纸都不发表。上海就出了小册子，同北京联系，但小册子在北京也不能发。……（几个字听不出来）。在群众的压力之下，北京不能不发表，北京报纸才发表。他们把这样一场政治斗争转移目标，转为搞成资产阶级的所谓纯学术讨论。什么道德继承问题呀，什么历史人物评价问题呀，什么清官问题呀，关于什么历史剧问题呀……把政治斗争——与反党反社会主义的政治斗争转移目标。另外搞一些名堂。无产阶级革命左派的文章不能发表，开红灯；对资产阶级反动权威的文章则开绿灯，打击革命派。彭真有个二月提纲——五人小组的提纲——这个提纲是彻头彻尾的修正主义的纲领。这个纲领同毛主席在意识形态领域搞文化革命对立的，是反对革命的，是镇压左派的，是包庇右派的。在一个时期之内，他们的这一些东西压着。但搞了这些东西又有好处：这样暴露了他打着红旗反毛主席的面貌。这中间，他的面貌一暴露，毛主席就批评他不对——提出这样一条错误的路线。这一揭纸老虎立刻破产，所以慌慌忙忙于4月16日搞"三家村"假批判、真包庇。毛主席已批评他们，他想争取主动，来个投机。达到什么目的呢？来个假批判。使北京市委邓拓这些人拿出来(他们是非拿出来不可的)对他们批判尽量减轻，想通过这一套手法掩护自己。这阴谋立刻为广大革命群众识破了，北京日报与前线立即被识破，全国沒人相信这一套，全国报纸沒登，而继续批判北京市委的错误。

党内有名的5月16日的通知，内容报上基本上已登了，只是沒点彭真的名字。内容报纸社论已登了。这是重要的马克思列宁主义的文件，最近中央关于串连、材料问题的通知中提到5月16日的通知。(这通知要向全体工人、学生念的，就是说要为5月16日后被打成反革命的革命派平反的文件)这文件很简单，就叫通知，这是一个伟大的马克思主义的文件，是毛主席直接主持下写出来的，重要的思想是毛泽东思想。在这文件中提出了高举无产阶级文化革命大旗的问题，第一次提出无产阶级文化大革命问题。彻底揭露资产阶级反动权威，资产阶级反动立场，批判学术界、教育界、新闻界、文艺界、出版界的资产阶级反动思想。夺取在这些文化领域中的领导权，同时批判混入党、政、军、文化领域的资产阶级代表人物，清洗这些人。有的要调动他们的职务，特别不让他们任领导文化革命的职务。过去让他们做领导是异常危险的。毛主席指出：混进党的、政府、军队的及各种文化界的资产阶级代表人物是反革命的修正主义分子。一旦时机成熟，他们就会篡夺政权，由无产阶级专政变为资产阶级专政。这些人物有些已被我们识破，有些则还沒有被我们识破，有些还被我们信任，被培养成我们的接班人，例如赫鲁晓夫式人物，他们正睡在我们的身旁。文化革命这样的思想，在5月16日通知中的精神思想深刻地发展了马列主义关于无产阶级专政的学说。

从这中间，紧接着是批判吳晗搞假批判，紧接着全国搞了"三家村"大批判。从提出对吳晗的批判，对"三家村"的批判，对翦伯赞的批判，对周扬的批判，到5月16日的通知，这样一些，毛主席讲，这叫做舆论准备。(从去年九月十日间提出这些问题，报上写文章，到党內发通知)从6月1日毛主席批示及广播了聂元梓的那张大字报，这是战斗的讯号，战斗开始的动员令。过去谁也沒料到毛主席批发的这张大字报有这么大的威力：六月一日大字报一广播，第二天一登报，人民日报发表评论员文章"欢呼北大第一张大字报"，在全国起了这样大的作用，来势很猛，全国到处贴大字报，到处揪出了党內走资本主义道路的当权派及反动的资产阶级学术权威一批一批地揪出来了，好多顽固堡垒一个一个地被攻破。局势非常好。群众发动起来，主流势不可挡。这样的通过广播大字报的形式，同志们可以回忆的。同志们可以重读一下这大字报及人民日报评论员文章，最好读红旗转登的那篇评论员的稿子，因为有个别文字的修改。这份大字报起了一个廿世纪60年代北京公社的宣言。我们的革命比巴黎公社更深刻，是更高的发展阶段，群众运动也是最大规模的，最深刻的群众运动。这是革命的信号，革命阶段的开始。毛主席批的大字报作信号，一切革命的工农兵，革命的学生，革命的知识分子，革命的干部都欢呼。把过去在意识形态领域中，政治思想领域中的修正主义黑暗统治现象来个大冲击。这样一个情况摆到了人们面前，就有两种态度：站在毛主席一边的革命派就说好，好得很，要站到群众中间，群众的前面，站在革命的一边，领导这运动。虽然沒有经验，但与群众在一起，把运动搞下去；但另一方面，地、富、反、坏、右、资产阶级及代表他们的党內走资本主义道路的当权派及反映、代表这一小撮人情绪、愿望、要求的党內的资产阶级反动路线的代表人物及拥护者，他们就害怕了。沒几天，群众打锣敲鼓，到处送大字报，贴大字报，他们慌了，订出种种限制，不准上街。这规定不是奇怪吗？我们文革小组有的同志听说了，就到街上去看看，看到大字报这里不许贴那里不许贴。他们认为大字报这东西糟得很，赶紧派出工作组，派出大量的工作组，想把群众运动按他们自己的老框框，按他自己的轨道去搞。在北京市，好多单位过去在前北京市委修正主义领导下，革命群众受压制。当工作组刚派到这些单位时，都是敲锣打鼓去欢迎。但不要好久，就看到这样不行。这一次革命，这样一个触及人的灵魂的大革命，包办代替根本不行的。一下子就直接冲突。尤其在毛主席的领导下，广大群众自己起来了，把一切不符合社会主义社会基础的上层建筑都要批判、斗争，采取革命态度去对待。但工作组就不能容忍。他要压。革命群众对工作组本身很快就提意见了。群众起来了，任何人压不住。工作组自己打什么旗号，群众不听他的。大字报形式过去处理敌我矛盾，处理右派，可以用大字报形式，处理人民內部矛盾也可以用。可是贴工作组的大字报，工作组就不能容忍。他们说："我工作组是毛主席、党中央派来的。谁反对工作组就是反对党中央，反对毛主席，就是反革命。"这样一个极端错误的逻辑。首先，他们不是党中央派来的，不是毛主席派来的。即使个别工作组是党中央派的，他们也不能不许人提意见啊！这样，普遍的采取了这逻辑，所以工作组几乎百分之百的镇压群众，压制群众，把革命群众打成反革命，打成右派分子，假左派真右派。所以大概五十天的工夫，这条错误路线相当大的范围內起了作用。当时毛主席不在北京。这条错误的路线，同毛主席的指示对立的错误路线在这期间相当普遍地镇压革命的学生运动，镇压革命的群众运动。这就是说，从六月到七月二十日左右，毛主席在外边就研究了这情况。回北京后，亲自观察这情况，几个大学的简报全看了，听了些情况，看了些情况，作了很详细的调查研究。在毛主席直接领导下，提出撤销工作组。这期间，中央在毛主席坚持正确路线，党中央同志领导下，在几个大学中贯彻毛主席的路线，如北京大学，广播学院，轻工业学院，北师大，对外文委（张彦在那里搞了一段资产阶级反动路线），打了一批所谓反革命骨干，反革命分子还到中学去。毛主席的意见在那个地方和群众见面，立即就发生巨大的力量。在一系列毛主席与群众见面，在一些典型基础上，在毛主席领导下，起草了十六条。十六条是两条路线斗争的产物。十六条及十一中全会政治上组织上标志着以毛主席为代表的革命路线的胜利，宣告资产阶级反动路线的破产。八月八日通过了十六条，八月十二日通过了公报。八月十八日主席接见红卫兵及革命师生。这消息的发表，公布了党中央名次排列次序的改变。

资产阶级反动路线宣告失败。在这以后，很快掀起了新的高潮。在新的高潮的主要特点是：运动向更广阔的范围，更深入的方向发展。红卫兵是个特点。十一中全会以后，毛主席大量接见后，红卫兵大量发展起来了。原来，红卫兵最早的组织是在六、七月份，在清华附中，由几个人到十几人成立了一个小小的组织。在反动的反革命修正主义统治下，他们受压迫。在工作组去了以后，这些革命同学依然受压迫，当时红卫兵被工作组看成是非法组织，黑组织。清华附中的红卫兵当时写了两篇有名的大字报——"革命的造反精神万岁"，"再论无产阶级的造反精神万岁"。这两篇文章被工作组及青年团中央看成是反动的文章。这样一个组织同他们的文章，中央文革小组送给了毛主席，毛主席当天看了，七月三十一日及八月一日，毛主席就给清华附中红卫兵写了信，坚决地、热烈地支持他们的革命组织及支持他们的文章。但这封信沒发出去，到现在也沒发出去，而是传出去了，十一中全会传出去了。当红卫兵组织刚萌芽，并且正在遭挫折时，我们的毛主席支持他，支持这组织，看出是革命的新生事物，有无限生命力的，是在革命中诞生的，他有无限发展前途的。毛主席热烈地支持他，并说：他和他的战友热烈地支持这革命的组织、革命的文章及革命的演说——发表的演讲。很快,红卫兵在毛主席的信传出去以后,比较迅速地、特别是八月十八日毛主席接见红卫兵后,在全国范围內群众广泛地发展了这个组织。

红卫兵作了很多好事,提出了很多好建议,学校的斗批改发展成社会的斗批改。好多社会上长期不能解决的老大难的问题,红卫兵上街后解决了。红卫兵成了全世界注目的革命组织,震动了整个社会,整个世界。帝国主义、修正主义见了红卫兵就害怕。在日本,一出现红卫兵,赶紧用警察去镇压,去抓。在新加坡也是这样。帝国主义、修正主义最害怕的就是红卫兵。

现在的大串联,是十一中全会后发展的,所以好多东西在十一中全会时都沒有想到。那时还沒有大串联,十六条里也沒有现在那样子的红卫兵。全国大串联是新的革命高潮中出现的新事物。拿我个人来讲,北京来了大批外地学生,北京学生也大量地往外走,当然现在不好比。我们也想,人都走了,怎么斗、批、改?我们思想落后于客观事物,落后于形势的发展。北京来了十多万人,北大、清华很拥挤,下雨、还有病号,沒有地方住怎么办?这情况反映到毛主席那里,毛主席怎么对待的呢?毛主席是彻底的无产阶级革命家,是伟大的马列主义者。他就站得高,看得远。他说:这是很重要的事,应该大搞,沒有了不起的问题,要支持群众的革命串联。要搞就大搞。不会沒地方住的。果然,现在北京串连的外地师生已有三百万了。应了解这个文化大革命中这个革命串联的伟大意义,它把文化大革命连成一片,无产阶级文化大革命斗争经验在全国交流。外地的大中学生,年纪还很轻,他们来北京能见一下毛主席,在他们一生中是永远不能忘的事。他们满腔对毛主席的热爱、尊敬、崇拜的心情。列宁死得早,当时局势也不稳定,他不可能大规模地接见群众,所以后来见到列宁的人很少;而现在已有九百万人次见到了毛主席。这是件大事,有长远的意义。他们看见了几个城市的革命造反精神。看到人民的革命要求及革命力量,人来得愈多愈好;将来防止修正主义更有保证。若出现修正主义,就有那么多人反抗。虽然给带来了物质供应困难,国家交通运输计划受到一点影响,吃饭,住房有困难,天气寒冷,生病……但比起他所起的长远作用和影响的意义是微不足道的。毛主席提倡徒步串联,有的叫长征。我们估计,一定按长征的路途不可能太大量,太大量会造成很大的困难。但是徒步串联,有组织、有领导、有计划、有准备地去做,会起很大作用。如中学生可在省及专区范围内步行串联,互相交流经验,对推动革命运动会起很大作用。革命串联的学生运动的发展趋势必然引起推动工厂、农村的文化大革命。工厂、农村也搞了一些文化大革命。现在尙沒有象学校那样的广泛。五四以来,历次学生运动,工人运动先起来,然后是农民运动。沒有工人运动、农民运动,沒有工厂、农村文化大革命的彻底搞好下去,那么学校的改革是空的。要把学校,把国家变成毛泽东思想的大学校,学校要彻底改变过去教育的一套,基本摆脱修正主义的框框。这一套教学制度基本上是资本主义制度形成的。把学生关在学校里念书,念的与工作上用的也不一致。念那么多年书,关在屋里念。这套教育制度怎么改?一定要与工厂农村的社会主义革命、文化大革命彻底结合起来。学生要和工农兵结合,是知识分子改造的道路。文化大革命也得这样。整个社会整个革命运动是最大的课堂,整个革命人民,革命群众是最好的老师,是不上课的上课。每个人都要经受这严重的考验,是不考试的考试。

十一中全会以来两个多月,又是大高潮,大变化。但是不是说毛主席的革命路线,无产阶级的革命路线一帆风顺,沒有阻力,沒有斗争,不是的。在大革命中,每一步前进还是斗争的结果。一个斗争接着一个斗争。八月八日发布十六条,八月二十日就有一个大学的筹委会委员发表了一篇讲话——北京工业大学谭力夫的讲话。他是一个学生,他可以发表讲话。但他代表了一种思潮,他的讲话与十六条根本对立的。这里一个十六条,那里一篇讲话,但到处在翻印，到处广播，到处散发，到处执行，执行谭力夫的。到大学去看，清华大学就印了二万份，它只一万多学生，却印了二万份。再去看看工厂，石景山钢铁厂也是人手一册；看看上次有由于拥挤受了点伤的同学，到同仁医院，也有谭力夫讲话。机关也有谭力夫讲话。有一次陈伯达同志与我在这里接见了陈伯达同志家乡——福建省惠安县红卫兵。学生说他们也有谭力夫的讲话，印得很漂亮，是福建省委叫新华书店印的。他是公开反对毛主席的，说毛主席著作已经过时了；同时十六条批判工作组执行的反动路线，而他公开地宣传工作组好。他提出一串口号："高干子弟"、"老子英雄儿好汉"的反动血统论，以资产阶级的反动血统论来代替马列主义毛泽东思想的阶级论流毒很深。有人散播这东西，企图与无产阶级文化大革命的阶级阵营较量。人，有什么了不得？但总得找个代表人物。那些资产阶级反动路线的人，领导干部，工作组沒有发言权了。他要用群众组织的形式继续贯彻其资产阶级反动路线，继续挑动群众斗群众，挑动学生斗学生，继续镇压、压迫革命群众。相当长时期內，就是从八月八日到九月，整个运动的主流是向前的，但是许多问题未解决，特别是彻底批判资产阶级反动路线的严肃的坚定性、彻底性在八月九月有批判，但不够有力。十月一日，林彪同志讲话里提出这个问题。红旗杂志十三期社论。从十月初开始比较猛烈的，群众性的批判资产阶级反动路线的群众运动。这是我党历史上所沒有的。路线问题，过去在党內讨论，沒有在群众中讨论公布。而这次文化革命两条路线斗爭直接在群众面前。由于资产阶级错误路线直接压迫人民，把群众打成反革命，而形成了公开的群众性的批判。这是党的历史上所沒有的。

同志们回来正赶上这个时候。满街大字报、传单。经过这个批判，最近中央又开了一次会，把这两个月情况研究一下。研究现在如何把这斗爭更好进行下去。从斗爭中大量的事实面前，路线问题可以看得更清楚。对如何对待犯错误的问题也可以想得更周到些。红旗 14 期社论把这个问题讲了一下。对错误路线看法要有几个区别：第一、提出路线的代表人。全国只有一、二人，他们负主要责任。其他的是执行的人。第二、自觉执行的(是少数)与不自觉执行的(大量的)要区别。革命新阶段只有五个月，很多同志不理解是可以想得到的。第三，轻重之分。轻重有时不仅有数量的不同。还有不同的量有时也可以有不同的质。轻重不仅有量的差别，还有质的差别。第四、改正错误与坚持错误的区别。什么叫改正错误？要有三个标准。第一、公开承认犯了路线错误。第二、运动中被错误路线打成反革命的群众要平反。当众恢复名誉。第三、屁股要挪过来。过去站在群众对面。在文化大革命对面要挪到革命群众一面与群众一起，支持革命群众的革命。如果这三个标准做到了，就是改正了。不能从口头上看，群众眼睛是雪亮的，很不饶人。看看你这三条标准如果做到了，群众是很讲理的。林彪同志常讲：群众运动有天然的合理性。很多人对犯错误的人说："我现在把你看成二、三类干部。你如果改了可以发展为一类干部。如果坚决不改，你可能变成四类干部"。矛盾性质是可转化的。一般犯路线错误的人与党、人民是內部矛盾。对他们的处理按团结——批评——团结的公式，既批判思想，又达到团结的目的。但革命不是文文雅雅的。革命这东西这样大规模的，历史空前的触及人的灵魂的运动，会有这样那样的问题。不能与群众对立。不能怪群众。不能使自已的思想感情站到群众对立。不能这样也看不惯，那样也不顺眼。这也怕，那也怕，怕得要死。这是根本的立场问题。沒有什么可怕，何必说得那么严重，那么怕得不得了。深入到群众中就沒有什么了不起。眞正的到群众中，与群众在一起，这是根本立场。毛主席的革命路线与资产阶级反动路线的斗爭一直围绕群众的问题，所以必须不采取与群众敌对的态度，软的、硬的整群众都是错误的对抗态度。搞两手，一手镇压，一手拉拢，恐吓，破坏。这都是错误的。是与群众敌对。继续搞下去，不是眞正与群众一起当小学生。有人问：现在到底是省委领导红卫兵？还是红卫兵领导省委？这问题，马列主义者，拥护毛主席路线的思想的人，很好解决。先当群众学生，然后当群众先生。你干了几十年，见到红卫兵沒有？沒有，就先当学生，向红卫兵学习，然后再领导他们。不辩矛盾性质，都当敌我矛盾，对抗性矛盾。感到已受到威胁。必须采取各种手段对抗。在这尖锐的情况下，是有人写反动标语、反动口号、反动传单，攻击毛主席，攻击林彪同志，他们走上邪路，走到与群众对抗的道路。当然矛盾的性质会转化，从对群众不满，发展到对党、对毛主席不满。

同志们能够参加这场伟大的革命，很好，很重要。希望同志们能眞正站在毛主席一边，眞正拥护毛主席革命路线，在毛主席领导下，做彻底革命派不要做半截子的革命派，要做彻底的无产阶级的革命派，彻底的辩证唯物主义者。彻底的毛主席思想的拥护者。

同志们在苏联呆了一个时候，那里是大倒退，大复辟，大变质。这情况在我们个别地方、局部地方，在一个时期会有这种情况或已有这种情况，我们要做坚定的无产阶级革命派。一切旧的东西要打破，你们在苏联看到的东西要当成自己的财富。当然，这不是一般的财富，作为反面的东西，作为借鉴。使我们不要走到那条路上去。不要计较个人的东西，不要计较“私”字，“私”字是剝削阶级私有制的产物。在我们的社会上很长时间內还是有阶级、阶级斗爭。我们不要以为社会主义发展会那么一帆风顺，不会的；也不要以为文化大革命过了以后，就沒有阶级斗爭。沒有同资产阶级的斗爭和两条路线的斗爭。要立志做毛主席的学生。任何人反对毛主席都不行。世世代代传下去，才能保证国家不变颜色。个人名利、个人打算要丢掉。在文化革命中，时时刻刻把自己看成革命的一分力量，贡献自己力量，同时又时时刻刻把自己看成革命的对象。时时刻刻丢掉不符合毛泽东思想、不符合无产阶级思想、不符合马列主义的东西。与工农兵在一起，做普通劳动者。严格要求自己。在革命中读毛主席的书，听毛主席的话，按毛主席的指示办事。最重要的是要把本质、把两条路线斗爭的纲抓住。时时刻刻独立思考，判断面临的事情、问题。看看是否符合主席路线？是的，就支持，拥护。不是的，就反对，抵制（不管是什么人），造反。永远做革命造反派。造资产阶级、修正主义的反。做无产阶级事业的接班人，一切不怕，不怕丢掉什么。要立下志愿按毛主席思想与革命派站在一起。党內也有派。有革命派，不革命的，中间的，反革命的派。毛主席经常讲的一句话：“党外无党，帝皇思想；党內无派，千奇百怪”。有派是客观存在，就还是让他表现出来好。可以表示自己的态度。这是正常的。表面一致，实际上不一致。强求一致不如叫他就不一致。但办事按民主制办事。在无产阶级文化大革命中。按无产阶级大民主原则办事，创造在毛泽东路线下，在文化大革命中，无产阶级专政下大民主的经验。

善于商量，善于听不同意见，善于用民主讨论方法解决问题。以毛主席的正确的政治路线——群众路线原则。相信群众，依靠群众，放手发动群众。相信群众自己解放自己的力量。反动的资产阶级不只在政治上是错的，组织上也是错的。革命的，不革命的，反革命的，只靠口袋材料，关起门排队，搞个黑名单，全是错的，是脫离群众、压迫群众的。这都要搞掉。这个指示今天可以发下到机关、学校、团体、厂矿，到处都将张贴，在一切地方适用。这些东西如果沒有这个月打架，抢保险柜。我们还不那么理解这问题。过去抢档案等都不怪群众，而是怪领导，过去领导搞材料的错误手段是对付群众的。这些东西，群众是关系一辈子的，对群众是个威胁，一来个什么运动，拿出来就要整他。这大不合理怪领导上，不能怪群众。他要与你拚命，不打这一个月的架。我们也不理解这一问题的这样严重性。打了这一个月的架，打破头。抬到医院的也有。砸了保险柜。把部长扣起来——学生不承认，说是他自己去的（笑）。省委书记说学生把他带来北京了。学生不承认，说是省委书记把他们带来北京。吵架，爭论不休。这一切，我们看来大道理在群众一面。政治是生命。过去的那些背地里搞材料，以后整风整人。群众当然不愿意，这套方法，不从制度，从思想上，从上层建筑来解决，左派刚上台。也能学会搞这一套。必须从思想上彻底解决。总是先有事实，然后形成概念。才能提出解决的方案。同志们不要老在岸上看，一定要下水才能学会游泳，在大革命中学会游泳。在运动中考验是否眞正是毛主席的学生，是否眞正拥护毛主席的路线。

问 题 解 答

条子中主要的问题有：现在两条路线斗争究竟怎样？两条路线斗争代表人物究竟是谁？我想不用说已知道了，已经点了名了嘛，这些问题不在这里讲了，现在各地开三级干部会已讲了。现在满街已贴了有什么规定限制？过去有建议关于什么人的大字报不要贴，但现在也已贴了，主要还是从思想，阶级根源，从两条路线的实质表现、形态、反正与人有关系。现在两条路线的斗争一方面，这些犯错误的同志，特别是提出错误路线的同志，我们希望他们改正错误。现在大量的犯执行错误路线的同志过不了关，三级干部会开不起，红卫兵不让他们检查。本以为这次会议后会比十一中全会后好一点，但是虽好一点，但贯彻毛主席正确路线阻力还很大。为什么在这次要把提出路线与执行路线的区分，就是为给执行路线错误的同志开脱一下，实际上资产阶级路线的代表人物是×××及×××。×、×路线，很多东西以中央名义下来，所以下达普遍。所以要炮打司令部，炮打与主席思想对立的司令部，在一个短的时期內，可以看到差不多大部分省都犯这错误，如果不把扣子解开就不行。“舍得一身剐，把××拉下马，”口号红卫兵也知道。谁与主席唱对台戏，所以红旗杂志及林彪同志就讲十一中全会已宣告资产阶级路线破产，中央已解决。省一级现挨轰也是可以理解的，矛盾自然集中到省及中央干部。现在有的省用了林彪同志讲话：“不能炮打无产阶级司令部来不许人家轰，轰了就是牛鬼蛇神。”这不对。不能以这话来对革命群众。炮打××是对准地、富、反、坏、右，对准党內走资本主义道路的当权派，而不是整群众的。这个斗争对省市一批利用林彪的九月十六日讲话来压制群众，这就是错了。

这次工作会议后，怕群众，把群众作对象的现象好一点，但还有干群关系紧张扭住抢材料的问题。

批判资产阶级的反动路线后，群众之间有分歧。有的群众受蒙蔽、受影响。群众中有了分化，或者是他也拿起了反对资产阶级反动路线，但是坚持继续接受反动路线，谁继续挑动群众斗群众，使斗争更复杂这也是一定的。党中央的号召是一贯的，对坚持错误的干部不利用。对群众要使革命派懂得，不要使受影响的群众组织负责任，应采取帮助争取他们，使他们认识操纵的人是不对的，重要的人做适当的自我批评是必要的。人民內部还是可以开展批评与自我批评，这不是群众斗群众。过去受打击的同志一下子地位改变了，对他们地位以后的气愤是可以理解的，但不能以激愤之感情代替政策，应使他们掌握策略，懂得团结大多数，不要用过去错误路线下的不正确的办法对待别人。当然他们不可能一下子全都懂得掌握政策策略，要在大风大浪中学会，不能着急。同志们问到第三司令部，这个司令部与我们全无关系，他们自已搞的第三司令部。据我们观察，过去刚成立时观察，第一、二司令部大，物质条件好。第三司令部较小，可能做些事。他们也的确做了不少的好事（北航是二司令部，观点是三司令部），北师大、地质学院……属于第三司令部。做的时候是否有点过火之处，可能。我们希望他们能得到改正，攻击第三司令部，我们不认为是正确。他们的核心未形成，如何建立健全队伍核心，提高领导斗争艺术水平，还有待斗争中去健全，可能有变化。

党的领导问题大家很关心，这次十六条中沒有具体规定。党中央、毛主席考虑到让各级党组织、党员接受考验，文化大革命还是党的绝对领导、毛主席领导，中央政策直接与群众见面。林彪讲话，红旗社论直接与群众见面。党、团员要接受大革命的考验，你站在毛主席和群众一边，就起了共产党员及这级组织应起的作用，你不行，站在与群众对立的一面，就不能起作用。要彻底按巴黎公社的，得到群众信任，选你，你可起作用，不选你，你作为一个党员也可起作用。不要等各层党委发号施令，一定坚持让群众自己起来闹革命。过去错误路线，就是在这问题上怕得要死，我们不象他们那样。文化革命委员会搞不起统一来，红卫兵也统一不起来，是有这情况，不要忙于统一，以后会逐步统一，各派思潮公开化，这并不必害怕。

处理档案问题，不是把所有档案都烧，而是指五月十六日以后整理群众的材料，其他材料以后再说。问题较复杂，不然就解决不了当前的迫切问题。

王力、戚本禹、曹軼欧同志十一月十九日在政协礼堂接见22个省、市、自治区来京的小学教师座谈纪要

王力：今天开座谈会，主要是看望各位小学教师同志们，听取大家的意见。小学文化大革命究竟怎么搞法。全国各地小学教师提出小学要求搞文化大革命，小学究竟怎么搞，还是第一次接触这个问题。我们看过一些材料，还沒有系统地想。有谁谈。（重庆代表发言谈了重庆情况，其中提到他们要开学是抓革命促生产。王力同志笑着对戚本禹同志说：这也要抓革命促生产，戚本禹同志也笑了。）

戚本禹：你们开学了吗？（答：都开学了。）那你们怎么出来的？（众：都是跑出来的。）你们都主张不开学？（答：不开学）你们都是一个意见？

王力：主张开学的有沒有？（旅大同志：可以开学，但是就是不能批判反动路线了。）

戚本禹：你是成都哪个学校的？叫什么名字？（记下）你们学校有多少教师？有多少“反革命”？有多少“政治扒手”？（此同志具体答复）他们斗争你们怎么斗法？（这同志讲了斗争情况）（兰州代表讲了兰州情况，被打成“反革命”，剪头发。）

王力：你们被剪头发的有多少人？（答：117人）都是给工作组提意见贴大字报的？（答：不全是。现在还有被关在小屋子里的，我们不能回去。）

王力：什么人在那里搞的？（答：工作组。）

一位请示团代表提出几个问题：

1．小学搞不搞文化大革命？

2．关于开学问题；

3．关于小学文化革委会以谁为主的问题；

4．关于小学教师串联的问题；

5．关于小学师生红卫兵问题。

王力：你们说文化革命搞不搞？（答：必须搞）今天反映了许多情况，提出了许多问题，

今天跟同志们交换意见，需要带回去研究。（戚本禹：全国大势所趋，）一定要搞好！搞彻底！研究怎么搞，还要靠大家，靠小学工作的同志，靠小学的革命教师。开学不开学我们还要研究，开学也不能照老一套开，如果开，不是这样开法。你们都"集训"吗？集训这办法就叫文化大革命吗？我们要研究，你们不承认人家叫文化革命吗？）我们都是老百姓，大家都一样。我叫王力，他叫戚本禹，她叫曹轶欧，加个同志也行，不加也行，取名字就是叫的嘛（大家鼓掌）。（大家提出小学生是否可以一至四年级另搞，五至六年级以上和中学一样搞。）要研究，如果这条可以是这样话，那红卫兵可按这条办。串联的问题我们要研究（有人讲本市也不准串联）本市不准串联肯定不对，是错误的。

戚本禹：这完全违背了无产阶级文化大革命的大民主，这还象社会主义国家吗？（一同志：我们搞了，他们说"合法不合法"。）

王力：革命还犯法呀！你们都有文化革命委员会吗？文化革命委员会是不是在工作组操纵下成立的？（北京、辽宁教师讲：学生打教师的事，老师看见了也不敢说。

戚本禹：这点都不敢说，你们还造什么反？

王力：操纵的不行，指定的不行。（关于是否选举新革委会的问题，有教师提出要先破，先批判资产阶级反动路线。）对！要斗争，要先破，先批判。（有人提到中央批转军委指示是否适用于小学？）

王力：完全适用于小学，凡是给工作组党委提意见被打成"反革命"的都适合。不是因给工作组提意见，本身就有政治问题，历史问题的，不包括在里面。凡是因给工作组提意见被打成"反革命"的，都适用这条。（有人说：他们说工作组沒做结论不算）。

王力：沒有做结论他们就这样干的都不行，都得平反。要说沒有结论，都沒有，那就不该有这个指示了。原则是提了，还靠你们自己去斗争。（一同志说：有个教师说工作组95%以上犯了方向路线错误，被斗三天。我们也不知道这话有无依据。）

王力：讲的完全对，这很不够，讲的太轻了，工作组走了，换了一种形式，路线还是原来的路线，人还是原来的人，还有这种形势吗？（众：有。）因此联系到小学要不要反对资产阶级反动路线？（大家：要反！）对！要反；反到底！工作组操纵的文革不算数，违背16条的当然不算数。

王力：小学教师队伍怎么样？对这个问题你们有什么意见？（众：复杂，一定要整顿。）小学教师队伍不纯，你们对这个问题怎么看？（有人说：要整顿，要增加新的血液。有人说：还有和尙当老师的呢！）（王力、戚本禹同志笑，一教师提出，有人说16条不适合小学，对吗？）

王力：不对，16条全国都适用。（一同志：我们企业学校怎么办？）不要等中央，你们起来自己闯，中央还是靠大家。（有人提出对人民日报社论"抓革命，促生产"的看法）你们可以自己写材料，抓革命促生产是对工农业说的。（有人问：运动一开始，就在教师中划类，定框框，这样对不对？）

王力：运动一开始就背着群众来个排队，排一二三四类，就不对，对群众不信任，这是错误路线的产物，和毛主席的群众路线相反，毛主席是相信群众，依靠群众，尊重群众的首创精神的。毛主席提倡大民主，大鸣，大放，大辩论，大字报，大串联。（有人提关于黑材料的处理问题）

王力：把文化大革命中的材料，五月十六号以后的材料，统统的一律当众烧掉，本人检查材料交给本人，送到区里也要退回来。材料处理中央刚发了指示。（西南地区的同志问：林彪同志指出，有些坏人要炮打无产阶级司令部，可有些资产阶级当权派歪曲利用来压制群众。）

戚本禹：不准整群众。（有人问：西南地区提出炮轰火烧，有人说是炮打无产阶级司令部。)

戚本禹:(站起来,大声果断地说)西南区可以炮轰!(热烈鼓掌,大家高呼口号:毛主席万岁!万岁!万万岁!)(西南同志:成都还算好的,重庆、南充、宜宾、贵阳……还要严重。)南充是很严重的。(西南同志:我们西南区的革命群众非常想念毛主席。)

王力:西南区是够艰苦的了。

关锋、王力同志 十一月二十日接见少数派代表的讲话

关锋:第三司令部不要超出来,要改变其实质,名字改不改不要紧,要顶住,不要垮!想一想,如果我们文革小组垮了,你们将会怎么样?在座的有多少打成"反革命"?运动还会有反复,假如敌人得手,你们还会被打成反革命,我们也会,而且还会被杀头!

左派队伍中的小问题不要争,小道理服从大道理,要容忍、忍耐、宽恕。井岗山内部的问题要解决,蒯大富要批评,团结——批评——团结。第三司令部一百五十多个单位,复杂不要紧,发展总是好的嘛!不发展还行,抗日时比这更乱多了,我到一个土匪连当指导员,十八岁,是个学生,他们看不起,后来我就剃头换装。原来抗日时期队伍很小,不是后来发展到几万人吗?成分复杂不要紧,改造嘛!文化大革命,不仅革命,是革命力量,而且也当革命对象遇事先批评自己,再批评别人。

——说八·八团,要善于和不同观点的人接触,和不同观点的人说话,不同意见要商量,文化大革命还早着呢!左派千万不要因为一些问题闹意见,左派顶打、顶揍,如梁山泊排座次就是用大石,无产阶级不要那一套,不要出头露面,艰苦的担子自己挑,第三司令部排场不要讲,不要退出,要内部整顿,搬出文化宫。有人说,不纯,从十八人发展到一百多个单位,队伍不纯是可能的,如抗日救国时打了几个胜仗就几万人了,队伍要浩浩荡荡,资产阶级攻三司,实则攻我们,退出对革命不利。

反蒯有两种,蒯不是一个人是一个代名词。清华很复杂,一个人错,缺点要改,内部要整风,左派不善于利用敌人矛盾,而自己却被敌人利用。我们是革命的主力,也是革命的部分名字不要改,退出是错误的,不对的要改。

当司令你搞不好,我当也当不好,慢慢学嘛!

王力:你们不要退出,要改革嘛!关锋曾对八·八团一人说你们不应攻潘复生。想一想八届十一中全会以后,全国有几个人那样站在革命师生一边,执行毛主席的路线呢?中央文革小组不也是我们几个人吗?湖南省委问题很大。

周恩来同志十一月二十一日夜的讲话

我有另一个重要的会议,人已到齐,就等我了,我先讲一讲。三面红旗的问题是口号已经提出,不喊是错的。张劲夫说中央曾经谈过这事情,有这么回事。这三个东西变成并列,不符

合一元论，辩证唯物论思想。总路线是主题，其它都是派生的。人民公社是个组织形式，大跃进是个速度问题。我们一形象化，就变成三面红旗。这不是中央提出的，群众有这样提法，人民日报选用了这口号，这还是好的口号，是克服困难的口号。所以当时不提这事，主席提出并列不对，但群众已经喊出，就不变。要逐步改变。在调整巩固时期提法已有些不一样，到我在三届人大的政府工作报告中就不这样说了，是有意识地改的，但不取消。有一些口号以群众语言叫出来。当时都用上了，经过用毛泽东思想的定义，反复研究，怎样才能恰当。要符合原则及当时的情况。在三年困难时期要高举三面红旗。关于不并列提不知张劲夫是从那口子听到的，中央确实讲过，你是从宣传口还是从什么口知道的？（张劲夫答：我记不清了）来源总不清楚，这暴露你一个思想，24 个口号变成 26 个是符合红卫兵不断加出来的，同学提出来的口号提得很高，你一改变都是阴谋了。暂时保留，一时期的行动口号可以不变，如写成书就要逐步科学化。你们学自然科学，有些自然科学现象也存在着这种情况，这样才合乎辩证唯物论的思想。

现在新的组织不断发展，有的分化出去，红色造反司令部，那天晚上发生争论，传单我昨天才看到，红色造反司令部原来和造反团在一起，现在分出来了，你们十个人都来了，你们说你们老早就筹备了，但最近才发出宣言，18 号才发第一号通令，我们只能看这二个东西，建议院文革承认这个组织，界限要划清楚，要与造反团分开，不然不能成立独立组织。我要领导小组和你们讲清楚，人数少要给少一些，不能说是刘西尧的问题，决心是我下的，你车子要开进来，沒票怎么弄进来，我同意了，要犯极大的错误，大家喊口号，誓死保卫毛主席，誓死保卫党中央，誓死保卫毛泽东思想，我怎能不保卫毛主席和党中央的所在地呢？我曾经挡过二批要冲进来的人，是我叫刘西尧同志出去的，如果他话说的不好，是他的态度问题，意思是我的意思，18 号会议上我就宣传了，我主张承认你们，完全是民主的态度，民主集中制，至于要的是发展的说，听（不记清）的组织了，情况总是会兴起的，只要是革命的，接受毛主席和共产党的领导，高举毛泽东思想伟大红旗，读毛主席书，听毛主席的话，按毛主席的指示办事，走社会主义方向，执行十六条，你们有权利实行结社的自由，有个前提，不能是反党反社会主义反毛泽东思想的，反的不行，这问题我要声明清楚，领导小组还要有各方面人参加的，造反司令部也参加了，这是协议了的，联络员同志退出，还当顾问，当联络员参加，这个领导小组，领导会议，领导学习，科学院做个试验，在院党委瘫痪的情况下，如何做得好，串联队同志提到改组院党委，他们提张劲夫可以保留，我问保留理由是什么？既有不同意见，就不要少数人听，到这个会议上来说好了，请代表性的同志来讲，我们也希望听全面意见，把问题搞得更清楚。虽是一个成员问题，是个主要成员，也郑重其事听听，今天交锋激烈，但只几个同志准备，还沒准备好，星期三如果沒有特殊的事情，我还邀请你们来，听你们的意见，张锦文（音）同志讲的系统的意见，有文件作证的，写出来更有力量些，档案问题希望还封存，不要动，晚几天处理不要紧，沒交的要准备交出，集中，中央肯定是不主张公布的，已经搞到的一些材料，我相信他们保存这材料不公布，是准备烧的，保卫部门的材料有关文化大革命的要交，无关的不交，保卫部门同志在场的要负责的，还有一小部分材料界限不清楚，那一天专讲的，今天不可能讲了，其它问题星期三开会的时候沒答复的还可以答复。

张春桥同志
十一月二十一日对上海工人造反
总司令部工人代表讲话

时间：一九六六年十一月二十一日

地点：上海红都剧场

(热烈地长时间地鼓掌欢迎)同志们，我首先代表中央文革小组向到会的全体同志表示亲切的慰问。向全体同志致以无产阶级的革命敬礼。(敬礼、鼓掌、呼口号)

中央知道同志们乘火车北上，就很关心这件事，立刻派我到上海来，和同志们见面，帮助同志解决问题，我到上海以后，上一时期决定 11 日离开上海的，现在已有十天了，时间过的很快，在十天中间，同志们，你们走的最远到南京，到了六合(音)了，这样我就非常不安，北京给打电话，问到南京去的同志回来了沒有。这中间中央文革小组，还曾直接打电话给南京，请江苏省委告诉你们，说我已经到上海，这个你们大家已经知道了。

中央对这件事是很关心的，对同志们行动，当然我开始的时候，并不知道前因后果，很仓促，因只知道交通受到了影响。而那个时候全国的交通同志们知道都是非常紧张的，由于大批的革命师生来到中央去见毛主席，现在北京据我所知，听说已经住满了，现在连中南海，也要准备让出来，让革命师生住了，因为实在是到处都住满了人，估计停止到 20 日为止，大家不到北京串联，在这几天里，在北京可能三百万人，交通压力很大，这三百万人到北京来，那要占很多很多的火车。在上海的工人同志，特别容易理解，我们上海各种工业器材，都是煤呀！铁呀！都要从外地运进来的，如果交通受到影响，耽搁生产，原料运不进来，产品运不出，那样的情况，就会影响很大了，就出于这样的一个心情，伯达同志就写了那样的一个电报。这个电报比较仓促，考虑不是很周到，我到了安亭以后，和工人交换了意见，听取你们各种各样的意见，提出就赶成了这个电报，由于我们的情况调查不完全，不知道，甚至这里的基本情况还沒有了解清楚，这样子写一个电报，仓促了。伯达同志表示很不安，同时他说我们用揭发办法来弥补这个缺点。这个问题刚才有人说了，有的人利用这个电报，炮打中央文革小组，中央文革小组挨几炮这个沒有关系，我们挨的炮很多，各式各样的炮都有，我也沒有什么。我们要革命还不挨几炮吗？是嘛，当然罗，这里有的(热烈鼓掌)根据伯达同志的电报，一方面有的人利用这个电报攻击伯达同志，这刚才你们代表和学生代表好几个同志都谈到了，我完全赞同你们这样的意见。就是要维护陈伯达同志，这个倒不是由于他是我上级，我要保他的皇，而是因为他是正确路线代表人之一，我们应该为了保卫党中央，保卫正确的路线，就不应该在他脸上抹黑。但是另一方面有人利用这个电报来压群众，打是不允许的(热烈鼓掌，呼口号)，这个话是应该说到两方面，一方面同志们，你们对中央文革小组有任何意见，都可以提，包括我在上海的工作，有缺点，有错误你们随便都可以批评，我欢迎你们对我们的批评，欢迎你们对中央文革小组的批评。另一方面呢？就那如果有人来自另一方面的批评，那就不叫批评了，那一种批评同志们也要警惕，可是，我们绝不能允许用陈伯达同志这个讲话到处去压工人(鼓掌，呼口号)。同志们，那么你们到北京去，是一个革命的行动，你们这一次回来，也是为了革命，从这样子你们一来一回，同志们虽然受了辛苦，有很多同志病了，有的同志因为沒有吃饭，挨了冻，饥寒交迫。但是这样的时间里证明什么呢？证明了上海工人对党中央，对毛主席无限忠诚，无限热爱(鼓掌)，证明了以毛主席为首的革命路线是一定会取得彻底的胜利的(鼓掌)，我们应该更高的举起毛泽东思想伟大的红旗，把我们上海里的无产阶级文化大革命进行到底(鼓掌)，因为同志们都向我讲，你们到北京去的目的，你们的目的是要控告上海市委执行的资产阶级反动路线，那中央派我来，要我听取同志们的意见，我一定忠实的把你们的意见，向党中央，向中央文革小组报告（鼓掌)，正象大家都知道的，上海是我们国家工业重要基地。我们上海搞的好，对全国有很大的推进作用。我们上海生产搞的好，对全国的社会主义建设，也有很大的贡献，也有很大的作用，反过来，如果我们上海无产阶级文化大革命搞的不好的话，那么，对全国也会有不好的影响，如果我们生产搞不好，也会对全国起不好的影响。因此上海工人阶级负担的责任，在全国工人阶级中间肩上所担负责任特别重大，我们确实挑着两付担子的，现在将来都会相信同志们能够把两付担子挑起来。但是，这是会有困难的，阻力是会大的，因为要革命有阻力，要搞好生产有困难，这个是我们预料之中的事情，不是什么预料之外的事情。我不知道同志怎么样，我认为，拿我个人来说，我也知道搞无产阶级文化大革命是会有困难的，而且困难是很大的。但是我的精神准备不够，我沒有想到困难是这样大，阻力这样大，原来沒有想到，就是毛主席所说的我们几乎每前进一步，我们都要进行战斗，如果不经过艰苦的斗爭，胜利是不能取得的。我晓得我们的工厂里面的文化大革命，就全国来说也好，就上海来说也好，仅仅是一个开始，这个革命是要解决的，问题是非常大的，很彻底的，是一个彻底的革命，是人类历史上所沒有的，别的社会主义国家都沒有搞，他们就是苏联，搞了这么几十年，明年就是五十周年，但是五十周年，列宁死了，沒有完成这个革命。因为列宁活的时间短，较早的就去世了，后来，斯大林同志领导也沒有彻底解决这个问题，所以就使得，后来因为无产阶级文化大革命沒有搞好，资产阶级思想，就刚才语录里面讲的，在思想意识形态这个领域谁胜谁负的问题沒有解决，那么，当资产阶级占了优势，占了上风后，修正主义就复辟了，资本主义上台，修正主义占了统治地位，苏联工人阶级长期斗爭的胜利果实都被资产阶级重新拿回去。我们一定要记住这个经验教训，我们无论如何不能重复，我们一定要使得在毛主席直接的领导之下，把我们中国的无产阶级文化大革命搞彻底，搞得越彻底越好，但是，这个革命还要相当长的时间，最近在中央讨论的时候，也曾经……哦，毛主席讲过说:“我们，如果从去年 11 月份，算起的话，那不过是从去年 11 月到今年的五月底，这个只能算作舆论准备阶段，就大家发动群众，思想上要准备呀，从批判“海瑞罢官”到批判“三家村”，这中间的斗爭还是很激烈的，但还算舆论准备阶段，从六月一日开始才进入大规模的群众性的轰轰烈烈的阶级斗爭，那么，从六月一日到现在呢？时间还很长，一直要到资本主义思想在我们社会里完全肃清，把私有制度肃清，另外还要把人头脑里的私有观念肃清，把这个用“公”字用共产主义思想代替个人主义思想、资本主义思想。这个斗爭是会很长的，是因为这不只是敌我矛盾，还有大量的人民内部矛盾，这个矛盾当然要解决，解决起来就会有一个波浪，一个波浪的进行相当的久，恐怕不是一个战役、两个战役所能解决的，有各种各样的斗爭形式。所以我们工人同志要准备打比较长的仗，这样的来重新组织我们的队伍，重新教育人。把我们从领导机关，从中央到地方各个领导机关，按照毛泽东思想来重新检验，看那一些是紧跟毛主席的，是按毛泽东思想办事的。那一些不是，那一些是走资本主义道路的。同时还要看那一些愿意改，那一些不愿意改，有的人犯了错误，他愿意改我们就欢迎，如果他改的彻底我们就更欢迎，他有一部分改，我们就欢迎他一部分，当然如果老一直不改的，那就另外的性质罗。这就是毛主席最近一直强调的。就是要先允许别人犯错误，也允许别人改正错误，因为闹革命总归要犯错误，我到上海来处理这个问题，这个过程里边我也会犯这样的错误或那样的错误，有的话说错了，有些事情也可能错了，但有一条，只要你们提出来，我们的思想通了，我就改，如果我不改呢？那我也可能要变的，那就要变坏了，这主要是改嘛，那我们还欢迎。这是对干部，那么对群众中的问题呢？我也希望同志们注意这一点，你们刚才喊的口号，有一个口号我也跟着喊了，我也举手了。就是“打倒保皇派”，对于这个口号，我要对同志们说中央是不同意的，因为这个口号是容易伤群众的，为什么呢？现在所称谓“保皇派”不是那个当权的，而是我们呢，两派工人之间。我也向你们汇报一些我的工作，我一方面从安亭回来。回来以后做了一些安排，同总部的同志们谈了话，交换了意见，最后订了那么五条，后来到苏州又订了那么五条，然后呢？那就一方面通过了北京来给你们打电话，希望你们快点回来，一方面在这里继续做工作，也和一些同你们工人同志经常来往的同学谈了话，听了他们的意见和工人同志们的意见，然后开了一天的会，是些什么人开会呢？即强烈的反对我答应你们的五条的，这些工人开会，他们说我犯了错误，说我违反了毛泽东思想，一定要见我，几十个工×××的人，现在还有陆陆续续的不断的有许多工人到这儿来见我，要我谈话。前天我谈了一天，我和这些工人接触中间，我深深地感觉到毛主席经常讲的，我们要相信群众，要相信群众的大多数是好的，无论是他们反对你们的行动，主要充足的理由是反对我答应你们的五条，仔细听下来，同志们就会知道他们完全出于对毛主席的无限热爱，反对并不反对党中央，并不反对毛主席，他们并不拥护资产阶级反动路线，他们也拥护无产阶级革命路线，但是他们对这些问题一时搞不通。从早九点谈起一直谈到下午五点。结果是什么？结果是大多数同志被我说服了，同意了我的观点，同意有各种各样的同意方法，同意也不完全一样的，还有一部分同志继续表示怀疑，同意一部分，还有一部分到散会的时候表示坚决反对，我也注意了这些同志，这些同志都是好的，并不是坏人。所以同志们我把情况向你们介绍一下，这要我们继续向他们做工作，有目的地向他们做工作，也象我们向你们介绍工作一样。我想同志们，你们还在这是支持我，这是你们对于你们厂里的，对于工人同志要用毛主席的方针团结——批评——团结，工人之间的问题，是利用这个方式解决，只能是团结——批评——团结，不能用别的方法，另外一方面，他们不应该对你们扣帽子，说你们是什么什么都错的，同时我也希望你们也不要给人家扣帽子。在北京我们经过几个月的工作，保皇派这个名称，基本现在不用了，街上的标语沒什么保皇派了，会场也沒有这个口号了，谈话中吆这不过有些人说惯顺口说句，这个东西我也不能过分的责怪了。因为这个口号不利于工人内部的团结，同志们你们现在是少数派，老是做少数派就不好了。我一向表示少数派是光荣的，那为什么革命呢？革命要靠广大群众，毛主席的伟大的地方，他不只是团结一批最革命的人，而且他团结了那些愿意革命，甚至是犯了严重错误愿意改正的人。如果毛主席不采取这种方针，那么我们党就不会有今天，绝不可能把全党团结起来。同志们要知道在我们党的队伍里边，过去有许多人是反对毛主席的，但是只要他表示愿意改正错误，毛主席都是和他们团结，王明，这王明路线的代表人物即反对毛主席是最坚定的了，当时第七次代表大会选他当中央委员，八次代表大会八大还是选他做中央委员，我们很多代表都不选这个家伙，还是要选他当，毛主席亲自出来，跟大家讲话，说同志们应该选他，选他有好处这样可以团结大多数，毛主席这个思想都写在无产阶级革命接班人的五个条件就是团结大多数，包括那些反对你，而且证明他是错误的人，不晓得你们注意了沒有，那些反对你是正确的，反对你，那你应该团结，问题是什么呢？他们反对你后来证明他是错误的还跟他团结。同志们，主席当作无产阶级革命接班人的五个件条之一。我这个话一点也不假，语录里面有，我身边沒带，你们自己查，上面有沒有？(有)我的意思是说我们革命造反司令部，你们这个队伍如果搞一个浩浩荡荡的队伍的话，就应该好好学习毛主席关于正确处理人民内部矛盾的方针，正确处理工人阶级内部的矛盾，你们如果不学习这个或者口号上学习不执行，那你们就一直是少数派，而单靠少数派搞革命是搞不成的，要使自己从少数变多数，这样子我们才能眞正的把走资本主义道路的当权派揪出来，才能够把资产阶级反动路线彻底打倒，把无产阶级文化大革命进行到底(鼓掌)，因为我们现在比较熟了，你们给我带袖章，我应该申明一下，因为有的同志递条子，叫我做你们的政治委员，我对这个应该申明，带袖章是光荣，但是我们中央文化革命小组有个约定，就是不担任任何群众组织的职务，这样的话我们就不好办了，这不是不支持，由于各派的都叫我们做政治委员，我们也不能，我只支持一派，因为我们对各派都要做工作，我是希望通过文化大革命把我们工人阶级，把我们劳动人民的队伍，彻底的用毛泽东思想从此教育组织使他成为一个在中国革命和建设中的强大力量，而且成为世界革命的一个坚强的战无不胜的这样的接班人。因为同志们很辛苦了，我想我今天不准备多谈了，我们还有机会，我想同志们这两天有的如果身体好就可以回厂工作，如果有病还要治疗一下，有的同志需要休息一下，你们都回来了我的心就安下了，我就可以和你们总部、大队部一块好好商量一下，把工作安排一下，我这儿收到一张条子关于工厂的无产阶级文化大革命的具体问题，这些问题中央正在起草研究，决定对这些问题作出答复。我今天在这里不想讲了，因为今天不是一个讨论工作的大会。

周恩来同志十一月二十一日夜
向中国科学院人员的讲话

我有另一个重要的会议，人已到齐在等我了，我先讲一讲。三面红旗的问题是口号已经提出，不喊是错的。张劲夫说：中央曾经谈过这事情，有这么回事。这三个东西变成并列，不符合一元论，辩证唯物论思想。总路线是主题，其他都是派生的。人民公社是个组织形式，大跃进是个速度问题。我们一形象化，就变成三面红旗。这不是中央提出的，群众有这样提法，《人民日报》选用了这个口号。这还是好的口号，是克服困难的口号，所以当时不提这事。主席提出并列不对，但群众已经喊出，就不变，要逐步改变，在调整巩固时期提法已有些不一样，到我在三届人大的政府工作报告中就不这样说了，是有意识地转的，但不是取消。有一些口号以群众语言叫出来，当时都用上了，经过用毛泽东思想一衡量，就要修改一下，但要到适当的时候。为毛泽东思想的定义，反复研究，怎样才能恰当。要符合原则及当时的情况。在三年困难时期要高举三面红旗。关于不并列提，不知张劲夫从那口子听到的？中央确实讲过，你是从宣传口还是从什么口知道的？(张劲夫答：我记不清了。)来源总不清楚，这暴露你一个思想，24 个口号变成 26 个是符合红卫兵不断加出来的。同学提出来的口号提得很高，你一改变都是阴谋了。暂时保留，一时期的行动口号可以不变，如写成书就要逐步科学化。你们学自然科学，有些自然科学现象也存在着这种情况，这样才合乎辩证唯物论的思想。

现在新的组织不断发展，有的分化出去，红色造反司令部那天晚上发生争论，传单我昨天才看到。红色造反司令部原来和造反团在一起，现在分出来了，你们十个人都来了，你们说你们老早就筹备了，但最近才发出宣言，18 号才发第一号通令，我们只能看这两个东西。建议院文革承认这个组织。我要领导小组和你们讲清楚，人数少，要给少一些。不能说是刘西尧的问题，决心是我下的。你车子要开进来，沒票怎么能进来。我同意了要犯极大的错误。大家喊口号，誓死保卫毛主席，誓死保卫党中央，誓死保卫毛泽东思想。我怎能不保卫毛主席和党中央的所在地呢？我曾经挡过二批要冲进来的人。是我叫刘西尧同志出去的，如果他话说得不好，是他的态度问题。意思是我的意思。18号会议上我就宣布了，我主张承认你们，完全是民主的态度，民主集中制。至于票数，是发展的嘛。听说又有新的组织了，情况总是会兴起的。只要是革命的，接受毛主席和共产党的领导的。高举毛泽东思想伟大红旗，读毛主席书，听毛主席的话，按毛主席的指示办事，走社会主义方向，执行十六条，你们有结社的自由。有个前提，不能反党，反社会主义，反毛泽东思想的，反的不行。这问题我要声明清楚。领导小组还是要有各方面人参加的，造反司令部也参加了。这是协议了的。联络员同志退出，还当顾问，当联络员参加。这个领导小组，领导会议，领导学习，其他如材料等问题也先不要管。先把院领导解决，包括广义的。科学院作个试验，在院党委瘫痪的情况下如何做得好。串联队同志提到改组院党委，他们提张劲夫可以保留。我问保留理由是什么？既有不同意见就不要少数人听，到这个会上来说好了。请代表性的同志来讲，我们也希望听全面意见，把问题搞得更清楚。虽是一个成员问题，是个主要成员也郑重其事听听。今天交锋激烈，但只几个同志准备，还沒准备好。星期三如果沒有特殊的事情，我还邀请你们来，听你们的意见。张锦文（音）同志讲的系统的意见，有文件作证的，写出来更有力量些。档案问题希望还封存不要动，晚几天处理不要紧。沒交的要准备交出、集中。中央肯定是不主张公布的。已经搞到的一些材料，我相信他们保存这些材料不公布，中央肯定不公布。是准备烧的。保卫部门的材料有关文化革命的要交，无关的不交。保卫部门在场的要负责的。还有一部分材料界线不很清楚，那一天要讲的，今天不可能讲了。其他的问题星期三开会的时候沒答复的还可以答复。

陈伯达、王力同志、解放军报社总编辑十一月二十二日在政协大礼堂和上访群众的讲话

王力同志说："今天不是解决上访问题，是解决北京市委贴出来的重要通告。所谈的问题，通告你们见到沒有？（群众答：见到了）。你们赞成不赞成？"（群众答：赞成）

王力同志说："这是中央文革小组建议，北京市委报告毛主席，毛主席同意了。（群众激情高呼：毛主席万岁！）这个通告不但要在北京贴，在全国范围也要贴。现在昨天在东城区旧政协礼堂又在搞拘留所，私设公堂，严刑拷打、逼供……，谁干的？"八·二五""黄继光战斗队"。他们打的旗号是保卫毛主席，实际不是。他们的行动不是共产党作风，是国民党作风。打人要受处分，过去打了人要处分，现在打人更要处分，尤其是幕后策划者，更要严厉处分。现在他们有凶器，有匕首、皮鞭、铁棍等，要全部献出，现在不献出，以后查出，按法律处分。"

关锋同志说："你们不献，就放在桌子底下，不要带回去。"

谈到平反问题，王力同志讲："群众被打成反革命的一律平反。"军委紧急决定"和"中央补充指示"，各个招待所全都要张贴。你们看了后可以对对号，你们要斗争，把走资本主义道路的

当权派打倒，要自己解放自己。”关于接待站的问题，王力同志讲：“接待站过去工作有错误，正在研究，应该解决的就要确决。”

这时大家要求刘建勋问题讲话，刘建勋同志说：“你们到北京来，我们接待的很不好，很不够，你们应该靠自己，自己解放自己。”

解放军报社总编辑讲：“你们荣、复、转、退军人同志，都发扬了部队中艰苦作风……（把大家表扬了一番，记得不清楚）

这时陈伯达到会了，陈伯达讲话听不清，王力同志翻译：陈伯达自己说：“现在东楼、西楼（指商业部招待所而言）对立，两个派别这样不好，东城区打人我去看了，鞭子很长（用手比划）；西城区有一些组织沒有问一个为什么，就和他们一起干了。打人就是破坏文化大革命。今后两个楼要团结，开个联欢会，被打的不要回击了，就算了。”

这时群众纷纷控诉“八·二五”“黄继光战斗队”的罪行。

陈伯达同志讲：“现在有些人打人，象吃鸦片那样过瘾，暴徒打人快活，还要用凶器，这是要不得的。”

“八·二五”的人也发言，“黄继光战斗队”头目于英海上去讲话，关锋、王力很愤怒，王力同志说：“你们不要讲了，我们知道你叫于英海，打人就是你打的。”

关于张文采、李润贵问题，王力同志讲：“张文采根本不是江青秘书，李润贵根本不是林彪的秘书，以后不准这样讲。”

“群众一律平反，当权派阻力很大，可以造反。”

周恩来同志十一月廿七日在人民大会堂接见全国各地革命小将大会上的讲话

同学们，红卫兵战士们，同志们：

我首先代表毛主席和他的亲密战友林彪副主席、（热烈鼓掌）代表党中央和国务院（热烈鼓掌）向你们问好！（长时间热烈鼓掌，呼口号）现在让我向你们致以无产阶级文化大革命的敬礼！（鼓掌，呼口号）另外，你们是等了很久的，希望党中央、国务院、文革小组领导同志来接见，我们不太可能一个个接见，采取集体的办法，今天能来的，都来了，我现在介绍一下：陶铸、叶剑英、康生、李富春、陈毅、李先念、谭震林、谢富治、张春桥、王力、刘宁一、曹轶欧、谢鏜忠、戚本禹、穆欣、姚文元、胡绳、唐平铸、汪东兴、周荣鑫、童小鹏等同志。都是你们点名要找的，还有几位同志，象陈伯达同志很想来，但这几天接见，很累，不能来，让我向你们道歉。（鼓掌）江青同志也一样，几天接见，很累，不能来，让我向你们道歉。（鼓掌）还有一位文革副组长刘志坚，向你们请假，凡是能来的，都动员来了（长时间热烈鼓掌）。

现在我同大家讲讲毛主席和党中央已经决定了的一些方针政策上的问题，还沒有决定的呢，我也给大家作个交待，至于你们来访问，来请愿，来上诉，提出的一些具体问题，在方针政策中一些原则性的问题已经有了规定的，我们相信同志们会在本地的斗争中得到解决，至于还有许多带地方性的一些具体问题，一般的说：通过依靠你们自己在斗争的实践当中，就地与当地的党政领导机关协商解决，不可能一件一件地都由中央代替地方同你们直接解决。我想请你们设想一下，就拿这个学校方面来说，因为今天参加的绝大多数主要的都是学校的代表，全国的学校，比方每天一件大事，大学几百所，中学就更多，几千所，那么都要派人，派代表到中央来解决，设想一下，那我们在座的同志只能天天作接待，天天接见，天天协商，也不可能排得下来。所以一般的各个学校出的事情，如果都派人到中央来解决，不仅使中央，我们的工作陷于被动，沒有时间，在毛主席亲自领导下，林副主席帮助下，我们好好地来进行对这次无产阶级文化大革命的典型的调查，实事地总结经验，掌握好方针政策，并且也解决不好你们从各地方提出来的具体问题，因为我们不可能在地方性的各个具体问题弄得清楚，解决得当，并且这样做也不合乎毛泽东思想的领导方法和工作方法。当然，也不是说任何具体问题都不替你们解决，凡是能够在中央解决的，我们有把握解决的，而不至于回到地方行不通的，特别是你们这一次等了很久的时间，我们一定要帮助你们解决，这是我对今天要求大家来首先要告诉大家的，这是开场白嘛！可能这样说对你们不会完全满意，方针政策讲了，具体问题不解决，那么怎么办呢？我刚才说清楚了，有了方针政策的一些大道理，我们就会回去依靠自己的力量，像十六条那样说了，毛主席这样说，依靠自己教育自己、依靠自己解放自己。根据我已经交待了，凡是能够解决的，我们决不推托，和我们在座的中央政治局的同志，中央政治局常委的同志，军事委员会的副主席，国务院的副总理，中央文革小组的各位同志，还有中共中央办公厅跟国务院秘书厅来分别接洽，求得能够解决的问题一定要去解决。还有，除去各学校来的代表和同学以外，现在在北京的还有不少工厂的代表，现在由我们全国总工会、党中央的书记处书记刘宁一同志负责，另外组织一个接待机构，同他们接洽，也是按照刚才说的这样的原则，分别的接洽，也准备开这样的会，向他们讲一讲方针政策的问题。好，我现在给大家谈谈以下几个问题。

第一个问题，讲一讲无产阶级文化大革命的目前形势。我们说现在的形势大好，我想把陈伯达同志在今年十月十六日在中央工作会议上一段讲话念一念，这个是最后的发给我们党内的干部的稿子，不是外面转抄的草稿，他这样说：“无产阶级革命路线取得很大胜利，资产阶级反对革命路线宣告失败。形势大好的基本特点是：广大群众眞正发动起来了。八月十八日，毛主席同林彪同志说：‘这个运动规模很大，确实把群众发动起来了，对全国人民的思想革命化有很大的意义。’毛主席三次（现在说已经是八次了）在天安门接见群众和国庆节的检阅，群众规模之大，声势之盛，在中国，在世界，都是史无前例的。毛主席同那么多的群众见面，亲到群众中去，同群众在一起，说明了他总是信任群众，同群众共呼吸、同命运，给全党同志树立了最光辉的榜样。

同志们要晓得什么是眞正的无产阶级革命家吗？伟大的无产阶级革命家毛主席就在我们身边，我们要向他学习、学习、再学习。两个多月以来，就是从党的八届十一中全会关于无产阶级文化大革命的决定发表以来，广大群众得到了战斗的思想武器，对毛主席关于无产阶级文化大革命的思想更加了解，斗志更加昂扬，运动更深入，更广阔，更健康的发展，文化大革命把学习毛主席著作的群众运动推向了新的高潮，伟大红卫兵运动震动了整个社会而且震动了全世界。红卫兵运动的战果辉煌，可以无愧地说，整个文化革命运动比巴黎公社，比十月革命，比中国历来几次大革命的群众运动都来得更深刻，更汹涌澎湃。这是国际上更高阶段的无产阶级革命运动。这个运动引起全世界革命人民的欢呼和支持，同时激起全世界帝国主义者和现代修正主义者的恐惧、痛恨和忧虑，而且庸人为之目瞪口呆。”这是伯达同志的一段报告。现在全国来京的革命师生，截止到昨天已经接近一千万，而八次经过伟大的领袖毛主席和他的亲密战友林彪同志以及其他的领导同志接见的，已经达一千一百万人（鼓掌），这就是说，包括北京的革命师生，也包括北京的工作人员和解放军的指战员，政治工作人员。今天这种形式的接见告一段落，今天《人民日报》已经宣布了，这是明年春暖以前的最后一次接见了，这次接见总结了我们对三个多月的无产阶级文化大革命的运动正如伯达同志所说的汹涌澎湃的形势，但今年暂时停止免费乘车、乘船、乘公共汽车到北京来串联，等待明年春暖以后我们再继续组织沒有来过北京的、沒有见过毛主席的大、中学校的革命师生，进行免费乘车的革命串联。现在正是寒冬的时候，我们跟着就要进行革命师生全程徒步大串联的试点，也就是从头到尾都是步行串联，不乘车，不乘火车、汽车，不坐轮船，进行这样的全程徒步的串联。今年作试点，明年春天将在全国来推广。

我们现在看，伯达同志的那个报告已有一个多月了，就是说，现在文化大革命进行半年多了，从五月十六日算起。从十一中全会以后的公开发表的文件算起，也是三个多月了。我们可以说，现在这个无产阶级文化大革命的形势发展，正在大、中城市推广到小城市，由大、中学校影响到小学校，由学校推向到工厂，由城市影响到农村，由党政领导机关推向一些业务机关，由上级影响到下级，这种形势确实是大好，这是一种大好形势中的大势所趋，不可阻挡。所以，我们就必须认识，要在势不可挡的形势当中，要采取因势利导的积极方针，不能采取违反运动趋势的消极方针，譬如说，堵呀！挡呀！割断！这些办法不行，也就是我们对目前形势的那么一个看法。

第二个问题，谈谈两条路线的斗爭。我先念一段陈伯达同志在同一个报告中的几段话："在这样大好形势下，资产阶级反对革命的路线会自然消失吗？不！他并不会自然消失。毛主席在十一中全会闭幕会上就已经警告我们：'决不要以为，决定上写了，所有的党委，所有的同志就会实行，总有一小部分人不愿实行。'事实的发展完全证明了主席的预见。

党关于无产阶级文化大革命决定的十六条，纠正了前一阶段的错误路线，即资产阶级路线。但是错误的路线又以另外的形式出现。无产阶级的革命路线与资产阶级反对革命路线的斗爭，还是很尖锐，很复杂的。"这是伯达同志在两条路线的继续斗爭中首先说的一段话。

确实如此，我们全国革命的师生和红卫兵，首先是革命的左派，响应毛主席和党的号召，坚决进行两条路线的斗爭，批判执行资产阶级反动路线的某些领导机关、某些领导同志，这是做得对。中央、党中央支持你们(鼓掌，呼口号)。我们要告诉你们，在进行两条路线斗爭的继续当中，要区别两类性质的矛盾。我们说，犯路线错误的同志，一般的说是人民内部的矛盾，我们应该用内部矛盾处理的方法来解决，来批判。只有坚持不改这个反动路线，或者本来就是反党、反社会主义、反毛泽东思想的三反分子，或者是两面派表面上做的好像站在党中央毛主席的路线一边，讲革命的话，也做一些革命的事，可是背后搞阴谋，搞破坏，像你们已经知道的北京前市委的彭眞集团那样，就是两面派的。而这样的，那就是超过人民内部矛盾啦，转化为敌我矛盾。或者本来就是属于敌我矛盾的。我们进行两条路线斗爭的时候，要认眞地调查和研究材料，核对材料，区别两类矛盾。现在各地方正在开党的三级干部会议，来传达十月中央工作会议，以及决定的文件报告，这些，党中央曾经发过通知，通过各中央局，各省、市党委，自治区党委转告你们。我们希望你们让他们由我们党的省、地、县三级干部把传达会议开好，讨论好，把思想搞通，以便通过必要的检查和应该交代的问题的检讨，和你们一道来把无产阶级文化大革命继续进行下去。因为这样，这就希望你们在他们开会的时候，不要冲进他们的会场，使他们会议开不成。也不要要求参加这些三级干部会议的人，都停下会议来，全部出来检讨。最好是能等会议开完了，党的三级干部省、地、县三级干部思想通了，就会对转到一些问题交待，就会更好一些，我们希望你们不要派代表参加党的省、地、县的三级干部会议，因为是党的会议，有些问题需要先经过他们酝酿讨论、认识，能够得到比较一致的结论，能使全盘工作最好的进行，而不是只限于跟你们打交道。所以能够在会议期间，各地方学校代表或者全体的革命的师生，革命的左派要提些问题来质问、调查，可以由各地方负责同志离开会场，到会外与你们接洽。另一方面你们也可以对省的领导或者少数领导同志提意见，送大字报，要求答复。这种希望也表示我们希望在全国二十八个省市区域能够认眞地把党的十一中全会的文件、决议、毛主席、林彪副主席的讲话、许多同志的报告文件认眞地讨论好。思想搞通了，这样更会有利各地方的无产阶级文化大革命继续进行，也同样的可以会同你们在一起去帮助那些少数犯错误路线的领导或者少数领导同志能够在会后改正他的错误，承认、认识和改正他的错误。这也是一种考验吗！因为这个问题，党的十一中全会刚开过以后，八月中各地的省市委同志回到本地还沒能够传达，我们红卫兵的小将们已经冲到各个地方去了，那个冲击就使各级党的领导，对这个十一中全会传达也来不及深入学习和讨论。当然这个责任在他们自己啦。为什么我们十一中全会的精神，全国的革命师生和红卫兵小将们能够领会，为什么党的各级领导不能完全领会或者很不领会，很不理解！作一个对比，就说明各级领导对以中央毛主席为代表这条无产阶级革命路线就沒有很好的学习，沒有很好的领会，对无产阶级文化大革命的运动根本沒有很好理解，所以就在行动上、在言论上有抵触，碰到我们红卫兵的运动起来以后，一冲击，就接受不了。也说明对我们领导的一个考验。康生同志有事，他先告退。（康生同志插话：对不住呀，我要接见一个外宾，新西兰党的负责人要与我谈文化大革命问题，我到那里去串联去了啊。《鼓掌》）所以这一次传达中央工作会议，我们最希望能够帮助他们搞得更好一些，学习得更好一些，传达得更好一些，讨论得更好一些。所以今天我们向你们提出希望，希望你们打电话回去，帮助党中央解决这个困难。这是讲到我们怎么帮助党的省、市、自治区党委和他的下级党委来认眞地执行无产阶级文化大革命的问题。

那么在学校里呢？也有路线斗争，两条路线的斗争，这个斗争的矛头应该指向过去的、学校的党的领导和原来的工作组，而不应该指向同学和群众（鼓掌）。至于在学生和群众当中，你们应该加强在革命左派当中学习，很好地学习毛主席著作，好好学习党的政策，来坚持提高自己认识水平，来坚持斗争的原则，讲究运用斗争策略，这样就能够巩固和扩大左派的队伍，这样也就能够争取、教育和团结中间派的队伍，争取、教育和团结绝大多数的保守派。即使在同学和群众当中经过长期斗争后证明有几个少数的右派分子，也如同十六条中所规定的，也要等到运动后期酌情处理。而在运动中间呢，我们还应该做工作，教育他们，接受改造。总之，我们在无产阶级文化大革命运动中，总是要动员全体同学和群众来接受这个锻炼。毛主席告诉我们，在游泳中学游泳，在斗争中学斗争，我们就要把每个人都放在这次无产阶级文化大革命的洪流中来锻炼自己，包括我们坐在台上的每个人都在内。（鼓掌）因为革命的学生都是青年，因为一般的来说，大学生都沒超过三十岁嘛！将来我们教育学制改变以后，年龄会更低一点嘛，所以在我们青年这个时代，我们会懂得，我们的思潮是起伏不定的，变化比较多的，需要经过多次的摸索、反复、实践，才能使自己的认识逐步地树立起来。因为这样，所以在革命的青年学生中所组织的一些革命团体，派别就比较多，时分时合，各种政治倾向有变的比较多，这是我们可以理解的。我们都是从青年过来的，当我们在青年的时候，比起你们现在情况来，我们那时比你们幼稚得多，落后得多了。当然时代不同了。但是，我们既然生长在毛泽东时代，生活在我们无产阶级专政国家里得到这么大的民主和自由，那么就应该好好的运用你们青年革命时代的光阴，尤其是在宣布了放假一年（鼓掌），你们更应该把光阴看得宝贵，如何来运用得好，锻炼得好。所以我们希望你们好好的学习毛主席的著作，好好学习党的政策和代表党的呼声的我们的《人民日报》和《解放军报》的社论。好好地去到社会，接触社会，以阶级斗争为纲来进行调查研究，向工农兵的广大群众学习。这才是真正的按照林彪同志所说的吃透两头，上边请教于毛主席，学好毛主席著作、毛泽东思想；下边向广大的工农兵学习，深入群众，深入实际，从斗争实践中来锻炼自己。只有这样子吃透两头，那么自己的进步才能有希望，自己在路线斗争中才能提高思想水平、政治水平。我们希望你们在两条路线的斗争中不要去抓枝节问题，要抓大关紧要的问题，十六条指出的已经很清楚。不要去调查生活小事，要调查研究政治生活中的大关紧要问题，要研究正式文件，如刚才所说党中央的决定，负责同志讲话，我们报纸的社论；不要去相信传说，因为传说不完全靠得住的，如常常有断章取义的传说，失掉原来的本意了。也不要随便传抄不正式的文件，沒有正式发表的文件，比如我刚才念的，陈伯达同志的讲话，就是正式的文本，我正式的念，读了两段全文，而在这以前，在北京街道上转抄的，不是正式传出去的，里头有不准确的地方，不仅这是对文件的传达也不利啰（因为这两个文本不同了），而且也是对陈伯达同志，我们中央文化革命小组的，我们政治局常委陈伯达同志不尊重。同样的，对主席、林副主席他们的讲话，他们的文稿，也要根据正式的机关发表的文件作准，不能根据传抄所述。我就常常收到这样的，说主席有什么诗稿，要我证明那是真的是假的。我不能够回答，因为不是报纸上，我们《人民日报》、《解放军报》，不是新华社或者人民出版社正式出版的，我们不能负责回答。尤其是主席的声音，不仅影响全中国人民，世界革命人民也是洗耳恭听的，要听这呼声的。我们传错了，一字的传错都会影响不仅是中国，会影响世界的革命运动。所以我们革命的青年同学们，红卫兵战士们，你们不是听毛主席的话，要关心国家大事吗！同样要心怀祖国，放眼世界嘛！要关心世界大事嘛！传错了主席一句话，影响就很大，我们应该把这个革命的责任负担起来，不可疏忽。

总之，我们进行路线的斗争中，我们要高举毛泽东思想伟大红旗，要按照主席的指示，树立我们进行路线斗争的正确的作风。因为，好的作风不容易。正是因为这样，所以在这次无产阶级文化大革命当中，暴露出我们某些党的领导机关，某些党的领导同志，不仅在政治路线上犯了错误，就是在思想作风上，也是不符合毛主席的思想作风的。而这种不符合毛泽东思想作风的、错误的思想作风，在我们党内，有它一定社会基础。据说，在一些地方作风不正。正是因为这样，所以毛主席就亲自领导和发动这场史无前例、汹涌澎湃的无产阶级文化大革命。首先在教育、文化机关单位和党政领导机关中进行。正因为这样，所以我们革命的青年要在我们青年参加这个政治斗争中就要树立一个毛泽东思想武装起来的好的作风。这一点，你们继续保持下去的话，将来你们会看到有深远的影响。这对于挖掉修正主义的根子，要起很重要的作用。

第三个问题，我谈一谈平反和档案材料的问题。最近，中央又发了一个补充规定，这个大家在北京都看到了，那是十一月十六日中央关于处理无产阶级文化大革命中档案材料问题的补充规定。这个规定传达还不久，现在还不能说这规定执行的情况，因为仅仅开始，并且因为各学校的革命师生出外串联，多数还沒回来，现在仅是开始纷纷的从外地归回本地。比如北京，从十一月二十一号以后，回到学校的人就渐渐多起来了。同样的，在外地串联的外地革命师生也逐渐的要回到本地去了，所以这个问题，总要在十二月能够得到更好的解决。我们希望是这样，也希望在北京这个地方树立一两个典型，把这个平反的工作总结。过去学校党委或者前工作组执行资产阶级反动路线，错误的整了一些同学，整了一些革命师生，把这些坚持正确意见的、提出工作组错误的一些革命师生打成“反革命分子”、“右派分子”等等，虽然过去撤工作组的时候，在各校不同的情况下，有做的比较好一点的，有做的不够的，宣布一律平反了。但是从现在的要求看来，做得还是不够彻底。所以现在党中央又发一个补充规定，宣布凡是这些错打的，一律无效，宣布一律平反，恢复这些革命的积极分子左派的名誉！（鼓掌、呼口号）应该说事实是走在前头的，你们已经在这么半年的斗争中，证明你们是革命的，是左派，你们自己已通过你们的实际斗争和坚持原则来证明了，中央只是现在把这个客观的事实正式的加以肯定。所以，主要的还是依靠你们自己，恢复自己的不应该受的侮辱，因为都是外加的错误的嘛，是不公的嘛！你们自己斗争，已经把你们自己解放了。首先要归功于你们自己的奋斗。关于挡案材料就是更复杂了。现在各校的同学都还多数沒回来，需要等待一个时候。但是在这个等待的时期，这个如同革命左派的同学说的首先要原工作组或者原校党委负起责来，把他所搞的在无产阶级文化大革命这一段时期中，从五月十六号以后有关的材料集中起来。上报的材料，由上级的党委集中，他自己的材料以及工作组员的日记等等，也都应当把它负责集中起来，交给学校的革委会或者筹委会。分散的要把它集中起来。所谓集中，就是要封存，并不是拿去公布，更不是拿去参观，而是把它安放封存起来，等待学校的各派学生，首先是左派学生，多数回来了，能够选出代表，上级党委要参加，来参加监督，来当面焚毁，就是说，把过去这段时期的挡案，一烧了之！（掌声，高呼：毛主席万岁！）有同学说：这样不是把一部分可以作为批判资产阶级反动路线的材料烧掉了吗？我们觉得不会的，因为原来的校党委，原来的工作组在学校里执行错误路线所犯的那些错误，在群众中是多数都知道了的。这种政治上的错误，那里学校很多同学都清楚的。现在经过革命左派的奋斗，把这事情搞得更清楚了。在这次十月一号林彪同志的讲话，跟着《人民日报》的社论，《红旗》杂志十三期、十四期两篇社论，阐明了这个两条路线斗争，就更加清楚的使这些大、中学校革命师生了解这个错误性质的严重，后果的严重。现在不仅革命左派已经能够公开的讲批判、揭露这些错误路线，就连过去偏于保守或者站在中间的，这些同学都逐渐地觉悟起来，认识受了这个错误路线的蒙蔽，跟着犯错误路线领导走了一段路，现在逐步觉醒起来了，这种现象是值得我们欢迎的（掌声）。所以可以说全国的各学校，首先是大专学院，同错误路线斗争的人，一天一天多起来了，这一点就是最有力的武器。因为人是决定因素嘛！人都觉悟了嘛！所以材料留下并沒什么需要了，而且材料中比较严重的就是在无产阶级文化大革命的初期。犯错误路线的阶段中，主观的、人为的错误把革命的同学和群众划为左、中、右排队，有的还搞了名单，有的还蒙蔽、欺骗了一部分同学检举另一部分同学。这些事情，都是错误的。如果把这些名单揭发出来，这个政策本身就是错误的。就是名字不宣布，只有好处，沒有坏处。（鼓掌）好处就是说不致引起同学斗同学，群众斗群众，不至于增加同学和群众的互相对立。至于排队、搞名单、搞围攻、搞检举，这个政策本身就是错误的，受批判的。我们批判它的本身，不在于这个形式，有几个名字沒几个名字，有名单沒有名单沒什么关系嘛！只要他排了队就是错的，因为不应该在群众中排队。所以我们觉得这部分材料，有部分好象增加了批判资产阶级反动路线资料，但更重要的是本身的问题，政策本身就错的就应该受批判，而材料公布了，反而有副作用。所以这件事情，请示中央、主席、林彪副主席还有中央常委，还有文革小组，我们再三考虑，最后大家共同认识，就是一烧了之为最好（掌声，高呼：毛主席万岁！）因为这样，就可以使我们思想引导到注意更大的问题上，本质的问题上去，把我们思想水平、政策水平提高了，也便于帮助和教育过去受蒙蔽的、受欺骗的、跟随错误路线的那些同学。便于我们教育他们，帮助他们。也便于保守派他们自己来共同学习。这个，我跟不少保守派也谈过这个问题，他们也愿意这样做，我们应该鼓励他们这样做。所以已经分散了的材料，譬如已经拿到革命左派手上的材料，除去他本人的由他本人处理以外，其他拿走的，或者分散了的，都应该最后三方面在一起把它集中起来，或者一烧了之。当然，首先原工作组要负起责任来，集中弄材料。对于犯这种错误路线的领导人，在学校来说，原来校党委领导人，原来的工作组某些领导人，除去极少的、一小撮的反党反社会主义反毛泽东思想的走资产阶级道路的人以外，一般的说，他们犯错误路线是人民内部矛盾，只要他们作了彻底的检讨，承认了错误，愿意痛改前非，我们应该按照毛主席的党内斗争，人民内部斗争的这个公式。它的方针是惩前毖后，治病救人，公式是团结，通过批判和斗争达到新的团结，我们应该学习这样的斗争方式。这才是从我们青年时候，就学习了这样子的斗争方式，就会养成我们党内，我们国内，我们无产阶级专政之下的、健康的发展的大民主。

第四个问题，我谈一谈大民主。这是前一次林彪同志讲话提了的问题，就是十月十号。确实是如此，我们中国青年、广大的革命群众，首先是你们革命的师生、红卫兵，在无产阶级专政的保护下，在毛泽东时代得到这样的大民主，是史无前例的。我们想一下，哪个国家敢实行这样的大民主，哪个社会敢实行这样的大民主，资本主义国家更不可能，只有在毛泽东时代，在社会主义的中国有。"四大"：大鸣、大放、大字报、大辩论。大鸣，包括炮轰司令部，炮轰，当然我们要求有材料，轰准，但轰错了，放几下空炮，这是不可免的，但不是我们所提倡的。大放，就是最大的依靠群众，信任群众，在革命中经受考验。不仅有四大，现在还有群众创造出来的大串联。当然现在串联是主要的限于学校之间，各地的学校之间，大、中学校之间。至于，在其它方面如何进行串联、进行接触，那还有待于新的规定。就是这个大鸣、大放、大字报、大辩论、大串联，这是一个很大的民主。那么另一方面，宪法上给的自由呢，差不多现在都实现了。全体公民都有权享受言论自由、出版自由、集会自由、结社自由、游行自由、示威自由。这些权利都享受了。并且比宪法上还超过了。毛主席给我们放假闹革命，（鼓掌，高呼毛主席万岁！）所以这样的时代那是跟我们那个时代眞是不同了。现在你们只有三个多月，一千一百万的革命的师生和革命的人民，走过天安门接受毛主席的检阅。回想五十年前左右我们在那个反动统治下，那是怎么闹命革呢？那时到天安门也来过，新华门也到过，那就得捉起来，坐班房。完全相反了嘛。就拿这个新旧对比，我们看到你们得到这么大的自由，说明我们就懂得时代的伟大，也就得更加同情你们。因为我们从那时代过来的嘛。现在你们处在这样青年的朝气勃勃的时候，应该给你们这个所有的权利锻炼你们，考验你们。但是这个地方，我们应该说有这么大的民主自由权利。那是不是沒有限度呢？那也不是。按照毛主席的教导，你们不信来读一读语录219页，毛主席说：（大家齐声念："在人民内部，民主是对集中而言，自由是对纪律而言。这些都是一个统一体的两个矛盾着的侧面，它们是矛盾的，又是统一的，我们不应当片面地强调某一个侧面而否定另一个侧面。在人民内部，不可以沒有自由，也不可以沒有纪律；不可以沒有民主，也不可以沒有集中。这个民主和集中的统一，自由和纪律的统一，就是我们的民主集中制。在这个制度下，人民享受着广泛的民主和自由；同时又必须用社会主义的纪律约束自己。"）所以，我们要谈的大民主，就是要把这个民主、自由作一个重要的侧面，就是集中，守纪律。因为，我们如果沒有我们伟大的党、伟大的毛主席，我们沒有这样的无产阶级专政的国家，我们怎么会得来这样大的民主和自由呢？这一点只要想一想就很清楚了。几百万人游行受检阅，一下就实现了，一下就组织起来了。也就是说，我们中国共产党在毛主席领导下，中国人民在毛主席领导下得到的这样大的民主和自由，那么我们就应该很珍视这个集中，民主集中制的集中方面。自由和纪律的纪律方面，就是说要尊重毛主席所规定的政策和毛主席的最高指示，要重视我们党和国家的纪律。因为这样，才能有我们的民主和自由，才能得到保护，才能得到指导。

全中国那么一小撮的走资本主义道路的当权派，或者说那一些很少部分的反革命分子，反动的资产阶级，沒有改造好的地、富、反、坏、右分子，只不过是一小撮人，在我们广大的人民动员起来监督之下，在毛主席的威望和领导之下，在我们无产阶级专政保护之下，他们不敢公然的为非作歹，所以我们才能够放手发动群众，越是放手发动群众才能更加保卫住专政。就这几点上，我们必须给同学们讲清楚。最近中央批转给各地一个重要通告，就是要保护我们革命人民的民主和自由的。这个指示，有个地方说这是棵大毒草，那是误会了。根据北京市的重要通告，是由中央文革小组提出，经过毛主席和党中央批准转发给各地。（鼓掌，呼口号）这个重要通告上说，任何厂矿、学校、机关和其它单位，都不许私设拘留所，私设公堂，私自抓人拷打。这样做是违犯国家的法律和党的纪律。如果有人在幕前或者幕后指挥这样做，必须受到国法和党纪的严励处分！（鼓掌）从今天起（在北京也就是从十一月十八日起，在各地方，也就是那个地方的省、市、自治区党委宣布那一天起），如果再犯以上罪行的要立即处理。这一个重要通告，我们应该认识，它是保护革命群众的。（鼓掌，欢呼）由于我们在毛主席领导的无产阶级专政的社会主义中国，才得到这样大的民主，大的自由。那么坏人怎么来破坏？或者有些不执行党和国家政策的人物来破坏？而我们这个重要通告的主要的矛头是指破坏党的政策的那些事情。譬如说，过去在派工作组那个错误路线的时候，曾经把左派的学生拘禁起来。这是错的了，这就是受了损失的了。那么，现在我们就不去说他们的，因为它已经是错的嘛，我们批判了。但是现在呢，是不是还有呢？据我们查，还有些地方党委领导的人做这样的事情，那我们就严密地限制了，一般的情况下，正是因为这种原因，这就影响了有一些厂矿的某一个派，工人的派别，或在学校里的某一部分的红卫兵，他因为由于过去的那种受到打击的，那种气愤，他想照样来做一下子。这样子呢，就把专政的权力给代替起来了。这种专政的权力应该是集中的，才能保护大家，一分散了，那么就会使这个专政的权力无法能够统一地实施了。所以这样的现象我们也是劝同学们，不要因为一时的愤激，一时的由过去受的压力，一种革命的激情所推动，做错了事。所以凡是同学们、工友们再这样做，我们总是劝阻，由他们自觉地不采取这个办法。而我们这个批评的主要矛头就是对过去的学校当局，原工作组的他们那些做的不对所引起的后果，我们从这样来批评。但是现在呢，因为后果已经从十一中全会以后三个多月了，我们应当早一点把它肃清了。所以这种现象，我们要求大家支持党中央的这样一个决定，因为这样子只有好处。所以我们更好地来进行革命运动，发动群众，凡是属于专政的事情，还是我们信任、尊重专政机关来做。所以在这个问题上，我们特别要提醒大家，我们的国家在毛主席领导下，我们无产阶级专政这么巩固，靠什么？靠我们有一支毛主席亲自缔造的、林彪同志担着的、一支坚强的，以无产阶级政治挂帅，毛泽东思想为领导的中国人民解放军！（鼓掌，呼口号）所以我们应该按照毛主席的最高指示，沒有武裝力量，我们就沒有一切嘛，我们的政权就是靠着我们人民的武裝力量夺取过来的。从反动的统治阶级手里头建立起我们无产阶级专政的、人民的中国。我们应该尊重、爱护我们这支武裝力量，所以对人民解放军应该尊重。即使人民解放军这样巩固坚强的部队，由毛泽东思想武裝起来的部队，当然也不可能沒有一点缺点。在领导中常常提醒我们，即使有，我们应该采取尊重他们、重视他们的办法，把我们的意见提给他们，不应该取对待其它的一种机关的办法，冲进去、不尊重他们，因为我们的民主自由靠他们保护嘛，而不仅保护我们国内治安，更重要的保护我们国防。因为有了这支力量，因为有广大人民的拥护，有毛主席领导，所以现在全世界以美国为首的帝国主义、以苏修领导集团为首的修正主义，对于我们根本不敢轻举妄动。（鼓掌，呼口号）其次是我们另一个专政工具，就是公安机关、法院、监狱，因为它是代表我们党和国家维持社会治安，镇压反革命分子的，镇压那些破坏分子。这一点我们也要给予他们以应有的尊重。当然，因为公安机关不象解放军那样子有一个长期的好的传统。确实过去，你们都知道的，彭眞、罗瑞卿，这两个反党分子曾经施展过影响，所以中央也好，各地方也好是有些缺点，中央公安部我们已经在经过谢富治副总理同志，他是用了很大力量，已经把中央公安部整理了，对北京市的公安局也进行改组了。但是不可能说，沒有缺点，沒有毛病，全国也是，因为在各地方发现公安、法院、监狱这些工作里头有毛病，有缺点，也应该采取对待解放军那样的态度，告诉我们，告诉各地党的领导。哪一些党的领导不听，可以找上级领导递交材料。对于这种专政机关，总是不要象对待其它学校机关似的，一下冲进去，还是尊重它应有的权力。而不是在人民中造成一个沒有权力的印象，这就是需要大家共同爱护这个权力机关，这个专政的机关，有意见用大字报，用信件给我们提出，我们中央负责解决的，因为我们也跟你们一样，关心两个专政机关的巩固。还有譬如在北京来说，《人民日报》、《解放军报》还有其它中央批准的报纸、新华社、广播电台、电视台，这都是传达毛主席和党和国家的呼声的。我刚才说了，毛主席的声音，不仅全中国人民要听，全世界的革命人民都响往着北京，听北京的声音，因此这种宣传机关我们不要干扰它，这些机关如果在宣传上发生了错误，你们可以贴大字报，可以送信件来纠正，我们来检查。但是呢，不要使它业务中断，因为报纸不能出版，或者广播中断，或者电视停播，这个会影响我们国家的信誉。如果发生错误，那就影响更大。所以我们欢迎你们来帮助我们来注意这些问题。但是不去干扰它的业务的秩序。我们提到这些问题的目的，就是说你们得到这么大的民主和自由，还应该集中的，应该讲纪律的。你譬如说，昨天那样子的二百五十万革命群众接受毛主席的检阅，如果不是很有纪律的组织，怎么可能实现在一小时到二小时之间，稍微哪个地方组织不好，纪律讲的不好就会出现偏差。只有中国，只有毛主席领导的中国，才能这样做。你们在北京，从你们每个单位来说，你们确实等了很久。但是呢，你们想一想，譬如今天一百多个单位，我们只能用这集体的方式来跟你们讲方针政策的事，具体事呢，多数要靠你们自己回去斗爭，部分的可以在这里给你们解决，这就必须按照民主集中制的程序来办事了。所以你们对于党的各级领导或者其它的领导提出意见，有的主张停止某几个领导同志的职权，停职反省，有的主张对某几个人罢官的。你们有权利提出，但是你总要允许各级党委特别是要党中央，要经过调查研究，全盘考虑，才能回答。不可能用限制几小时之內回答的办法来解决。因为这种最后通牒的方式，不是解决人民內部矛盾的办法，是解决敌我矛盾的办法。那就必须要有效。这显然不可能有效嘛！当着八月、九月北京许多的中学红卫兵我跟他们打过交道，我总劝他们不要用最后通牒的这个办法，除去的确是剥削阶级的那个四旧，而且是表面看得出的，譬如一个牌坊把它打倒，二个石狮子把它搬走，这个最后通牒有点效用，因为一搬就了事了。有些事情呢？你譬如说，这个政治上的问题，要做各种考虑，一时之间也不能解决，尤其是任命的这个人，那个人，称职不称职，罢官不罢官，这是各级党委首先是中央的权力，要考虑议定。根据毛主席的治病救人的方针，不仅是今天，将来你管事了，你们年岁大了，你们也学毛主席的方式。在现在中央不轻易赞成停职或者罢官，不是对某一个有什么偏爱，所以你们不应该这么设想。因为每一件事我们都要报告毛主席的，这样重大的事情，问题是全面分析，权衡利弊。所以要锻炼你们，你们将来长大了，你们管事了，也要学习这样的精神。错误是必须给予尖锐的批评，批评从严嘛，处理从宽嘛，你们知道这个事情。

第五个问题，谈谈组织问题：现在离开我们十六条的那个决定发表已经三个多月了。现在说明一件事情。由于学校里经过一个执行错误路线的时期，所以工作组撤退以后，有的学校里的革委会或者筹委会，多数都受原来工作组的影响，因此十六条上所希望的各个学校里边的文化革命委员会、文化革命小组、文化革命代表会，这个时候还沒有完全组织起来，而一个时期所存在的各种的革命组织，这是一种不可避免的一个形势，这就是反映我刚才说的学生中的各种思潮，左中右的分化呀，或者变化呀，因此有左派的组织，中间的组织，保守组织，分了然后又更大的分化，又合了，这个时期还沒结束，还可能继续一个时期，这个是不是不好呢？我们觉得不然，这就是一个锻炼青年的时候，志同道合的、观点相同的结合在一起，容易考验自己。大家来在各种观点上来较量，看看谁的对，只要是文斗，不是武斗，不是造成一种有成见的对立，而是一种意见上的交锋，思想上的交锋，只有好处，因为革命的眞理越辩越明，有好处锻炼你们。不仅在学校內部如此，在社会上的斗、批、改，对于整个社会上破剝削阶级的四旧，立无产阶级的四新也要如此。所以我们赞成现在这个时期各种组织象雨后春笋的情况在这儿来发展，来考验。当然这个里头总要分化的，总要变化的。至于这些革命组织，有的是激进的左派，有的是保守的，是不是都经中央来批准呢？或者地方上党政机关批准呢？在我们看，那存在的客观的事实，你们组织起来了，也要按照革命的大前提，就是说，这种革命组织是不是高举毛泽东思想伟大红旗，接受毛主席和党的领导，按照毛主席指示的方向走社会主义道路，按照无产阶级文化大革命的十六条的规定办事，做斗爭的纲领。这种组织我们就应该承认它是革命组织，就是领导方向、纲领这都是合乎毛泽东思想的，我们都应该承认，不需要批准不批准。当然，相反的如果不是这样，是反党反社会主义反毛泽东思想的，那当然这种组织不能存在的，你们同学们，群众们，就要批驳它，打倒它的。所以在这种革命的学生组织中有先进的，有落后的，有激进的，保守的，有左的，有偏右的这是在组织的分化过程中，斗爭的实践中，不可避免的，要经过锻炼，经过比赛，要经过较量，前进。我说的较量是讲的比观点呀。至于超过一个学校的全市的组织，恐怕到现在看起来也不可能是一种，辟如北京的大专院校就有三种组织，还许有更多的组织。中学就更多，有的是全市性的，有的是区域性的，这个都可以存在。至于现在是不是已经发展到成立全国性的组织，我们看现在还是串联的时代，还是串联的时期，还沒有成熟到成立全国性的组织，因为全市性的组织也是部分的，不是象我们过去设想的全北京市的大专院校的革命师生代表会议和它的执行机构——革命委员会，还沒到那个时候。有这一派的暂时的组织，辟如造反团，也有另外一派的暂时的组织。恐怕这样一种时期还要经过一段时间。所以不能够现在就有一派自命就是代表全市的，它要在斗爭的实践中给群众来认识它，承认它，赞成它，成为他们的代表，这才有力量。大概关于学生的组织我们现在想比较沉着一点，就是仔细一点，更多的我们觉得不好提。至于学校里头的，原来设想的那样的全校的组织，那要由各个学校的革命师生自己奋斗，尤其在今年的免费乘火车串联的队伍回来以后，会出现一些典型的组织来做榜样。我们希望能够在今年冬天出现这样的典型。在这个组织问题上，我们附带说一个问题，就是这一次我们根据红卫兵出现的时候就提倡大学解放军，刚才不是同学们也提出这个口号了吗？既然学解放军，既然如同林彪同志所说的，我们的红卫兵是中国人民解放军的坚强的后备力量，那么我们就要眞正地学习解放军的政治训练、军事训练、文化教育，这样子就要有适合于解放军生活的组织。所以当着最后这一次二百多万人等待毛主席接见的时候，我们就派了解放军的同志，指战员同志，和政治工作人员，分到二百多万的外地的师生当中，大概你们看到的，你们里头有一部分参加了的。我们把他分班、分排、分连、分营、分团、分师组织起来，第一步呢，就是由解放军派了师部的，团部的，营部的工作人员，也派了连部的连长、指导员和排长，班长是留给同学们自己选出来的。这一次训练时间比较短，十天左右，但是成绩已经看的很显明。在二十五号那天，四五十万的部队路过天安门的时候，实际上只用了二个半钟头就走过了。因为加上休息等等，只用了四小时，这就看出来，有组织和沒组织很大的不同。沒有组织的时候，我们曾经在十一月十号那天嘛，从上午十点到下午六点走过天安门的也才七十多万，那是八小时，这个二小时半就接近五十万，就看出有组织跟无组织的不同，有军事训练跟沒有军事训练的不同。所以在这一点，我们想把这个接待的工作今年告一段落以后，我们将向北京的中学来提议，向全国的中学来提议，来由解放军的派去指战员或政治工作人员的那些同志来帮助你们进行训练。(鼓掌,欢呼)学习解放军当然要跟你们商量了,看你们今天是赞成的样子,我们就准备。在我们中学首先倡议成立红卫兵的,清华附中是第一个组织红卫兵的。由中学到大学。我们既然叫红卫兵,就应该接受这样的解放军的训练。把我们组织起来,我们要学习政治,要学习军事,要学习文化,要学习组织,要学习我们的林彪同志经常提倡的三八作风,要学习我们解放军的三大纪律八项注意。这样子我们就能够有组织的生活了。中国的革命群众就是要组织起来才能更有力量。当然如果中学推行的好,大家赞成了,我们就会向大学推荐,这一点也希望大学同学你们好好地讨论。

第六个问题,我谈谈长征式的全程步行串联的问题。现在免费用火车、轮船、汽车运送全国大、中学校的革命师生进行串联,在今年告一段落,到明年春暖以后再组织。而在这个期中呢,我们转向徒步串联,今天《人民日报》的报导上已经写了这个,报导了这一个要求了。过去也宣传过,现在响应的数目也很大。现在在北京的响应的就差不多七百多个单位,人数也有相当大的数目。我们现在打算在最近这期间腾出手来跟准备离开北京徒步回去的单位的代表座谈一次。大概有一百多个单位,我们准备在下个礼拜找个时间给你们座谈。然后具体规定了。大概有这么几件事,应提醒大家。

1. 就是全程徒步串联的,最好是先短距离的试一试,然后再进行长距离的长征。因为我们现在不可能一切都准备好了再做,特别是青年同学们非常热情地要徒步回去,可以先做短距离的试验,做得通做不通,习惯不习惯,养成了习惯以后再进行;

2. 先在本省内进行,然后到外省去。

3. 先在交通要道上进行,不要先到偏僻的山区。在交通要道上居住的人很多,这样便于宣传毛泽东思想,物质供应也方便。有同学要求沿着三十年前我们长征时走过的老路去进行串联。这种志向雄伟的很,我们表示钦佩。但是那条路上有很多地方无人居住,沒有人烟,这样宣传毛泽东思想、社会调查就无法进行了。所以不一定要爬雪山过草地。那里沒有人烟嘛。说要锻炼艰苦,这在那都可以锻炼,北京冬天郊区也很冷,要爬山,西山也可以爬嘛。

4. 大家不要都集中目标向几个著名的地方,譬如说要到大寨去、要到大庆去、要到延安、要到井岗山、要到瑞金。大家都集中到那个地方,那个地方就招待不起了啊。还有韶山冲。现在大寨、韶山冲、延安都来电告急了,说人去的太多了。所以这一点呀,我们还需要进行有组织地布置。我现在只说这几点,提醒大家一下子,具体的我们另外单独找时间来座谈。

第七个问题,谈谈到北京来请愿的问题。因为我们理解,大家在本地你们所要解决的问题得不到解决。你们总是想到北京来直接找中央,并且可以见到毛主席。你们的心理我们完全懂得,但是同时我们要给你们声明,都来了我们也应付不了啦,你们可以会懂得,譬如我们在座的同志,我们都有很多业务要做的,不可能每天跟同学们打交道别的事情都不做了。我现在讲我这个嗓子就沒法恢复,我就打交道打到现在四个月。因为我们也是从青年来的,见到你们总是容易热情起来,话越说越多,声音越说越大。但是结果呢,久而久之不行的。所以我们希望了解我们中央工作同志,特别中央文革小组同志。他们人很少,就是十多位同志,都找他们,他们也是忙不过来。所以我昨天晚上跟一个西南的学生代表团谈,我说啊,今天跟你们西南来的那个告状团七百位左右今天都见了面了,那么昨天初步谈了话了,那么全体的人员呀大多数都可以回去,留下少数代表等待问题进一步地研究。现在知道的,那个西南那个学生的告状团一共有十六个单位,(原来知道是十一个,现在是十六个)十六个单位嘛,有的一个学校到现在只留下一个人了。如果是每一个单位一个人,最多到三个人,那么也不过留下二、三十个人。等在这个地方再见见面,其它的六百多位同学都可以回去,因为斗争的总还是在本地嘛,你那个斗争的对象也在本地嘛，不是在北京嘛，所以，今天大家都见了，绝大多数的同学都可以回去。如果原则解决了，全体都回去。（掌声）最后还有几个需要谈的留下极少数的代表，我个人的建议啊，就是每一个单位一个团体就从一个人到三个人就够了，最多留三个人，这样子我们接待工作也好接待，我们也可以跟你们接触。当然了，以后接触都是我们分开来接触了。我们都是集体的吗，每天我们要常见面，我们要商量事情嘛。这个不仅希望你们如此，希望你们回到各地方去，今天在座的有东北来的，有华北各省的，有西北的，有西南的，有东南的，有华东的，希望你们如此，也希望你们打电话回去也如此，以后我们便于接待，也便于接洽了。所以这一点是我们对你们的一个诚恳的要求。（掌声）

最后第八个问题，还有些问题，因为我们刚才说了，还沒有成熟，所以我不能够提前答复。但是我可以把这个问题讲一讲，说一下子，大概有这么几个问题

① 一个是工厂。我们厂矿的怎么样进行无产阶级文化大革命。学生怎么跟工人联系，学习。这样一个问题我们正在起草一个文件。起草好了以后，还要到工厂里去跟他们讨论，跟工人代表讨论，他们是革命的主体，需要问他们去，然后才好做正式的文件。当然草案以后会给你们看到的；

② 是农村怎么样进行无产阶级文化大革命？这一个问题也正放在我们的议事日程上了，还在研究；

③ 是县以下的中学。你们不少来自县以下的。这个县以下的中学，它一方面是中学，所以它跟大中城市中学有联系，另一方面它又是农村，工作是它的主要对象，它又跟农村有联系；所以县以下的中学的工作，如何进行文化大革命，这也需要作一个专题来研究；

④ 是小学的问题，现在小学有的开学了有的沒开学。小学怎么样子把小学的教育制度、教学的方针、方法，教员队伍怎么改革，这一个问题我们还在研究，也要搞一个文件；

⑤ 就是半工半读的学校，我是跟不少半工半读的接触过，但是这一个问题比较复杂。我们现在还做分类地研究。当然，现在半工半读的学校，多数都是放假出来闹革命了，那么现在呢，要回到原地去了，可能他们要劳动学习了，或者在本地进行革命串联。究竟半工半读的学校跟学徒制的劳动怎么分开，怎么联系问题，这一个问题我们正在研究，这也要解决的；

⑥ 是 1965 年第一季大专学校的学生因为一年的劳动的关系他已经分配到那个厂矿单位去了或者机关里去了，可是呢，他参加了无产阶级文化大革命，甚至有一部分人出来串联了，离开了这个工作岗位，如何解决，我们现在也要研究做一个规定。所以这六个问题或者还有其它都是我们要在最近的期间要回答的。当然还有另一个方面的问题，譬如社会政策统一战线方面，譬如对于政党啰，或者说民主党派啰，对于资产阶级啰，还有对民族政策啰，宗教政策等等啰。那也是要进行首先研究以后规定。因为这些问题都还沒有讨论成熟，所以今天我不可能再继续讲了。总起来说，这是八个问题来跟大家谈一谈，这是作为对党的已经决定的方针政策的解释。

啊，补一个问题，本来倒忘了，戚本禹同志提出，就是同学们在北京提议要成立一个红卫兵的国际性组织，这个问题刚才我说到全国性还不成熟啰，国际性呢就更不成熟啰。你们在宣传只管宣传，究竟能不能成立红卫兵国际组织现在这个条件不具备，条件很差。尽管出现某几个国家对红卫兵很称赞，他称赞当然很好啰，如果眞的实行，他们的那个制度，用得了用不了成问题啊；我举个例子来说，坦桑尼亚在民族主义国家中比较坚持反帝，它有一批海员的人到中国来参观，我们北京的红卫兵送给他们的红卫兵袖章，他们带回去了，经过埃塞俄比亚飞机场，那个海关要检查他的东西，他就说我们是红卫兵不许检查。当然人家不听他的啰，报上就登出来

了，说中国的红卫兵已经传到非洲了，那么这几位朋友回到坦桑尼亚，他们要想做工作不容易，那个地方要破旧立新啊，问题那的确就是多啰，因为那个地方还是在民族主义阶段，连土地改革还未进行，这个距离就很大啰。这是一个，对我们是欢迎的，但他们那个地方是不能实现的，还沒到实现的条件。还有第二种的，有的拉丁美洲的国家，有一个地方成立了红卫兵，写了一封信给我们北京红卫兵，说要成立国际组织。但是它啊，那个地方的红卫兵的组织情况有点复杂，因为它的反对的对象不是修字号共产党，而是反对马列主义的共产党，这个问题就复杂了，所以我们就不能够答复了。至于帝国主义国家，修正主义的领导的国家，那它不要我们这个红卫兵，而它更不会让你们去了。所以说现在成立红卫兵的国际组织条件不成熟。而且我们一个国家的红卫兵不能称是国际性组织嘛，也总得大家共同发起嘛，所以这件事情肯定条件还不成熟。因此我们说，你们的志向很大，将来总有一天会建立国际红卫兵的。（鼓掌）希望你们不要成立这个组织，因为我们是一个国家，我们不能自称嘛。我们这么一说就把他们吓住了，反而阻碍我们的工作的宣传。今天我要向同学们讲清楚。另外的问题还有其他啰，另找有关的几位（转过来指陶铸等同志）给你们解释了。还有类似的组织问题很多，就是现在存在的以外的，还要不要另外成立组织。我们的意见是将来分批的座谈比较好，因为今天讲的主要对象是学生，还有工人其他等等就涉及了。啊，陈毅同志啊，你讲讲好吗？（陈：不，你讲吧！）陈毅同志提议（热烈鼓掌），反修斗爭，反对苏修为首修正主义的斗爭也是我们革命学生要宣传的一项工作啰，那么我们总是与党中央的对外的政策配合得好，这总是希望不管在北京的在其他各地的凡是要进行反修斗爭的工作，都要跟当地的党委，管外事的同志商量商量。因为这个问题不是我们一方面，要牵涉多方面。例如说，我们北京成立的反修路，我们做了很大工作，北京女二中的同学工作做的很好，但是我们也是用了很大力量来保护，防止他们挑衅啊。所以现在不是有些同学提倡要开反修大会，经过我们讨论以后，同学们也答应了也考虑了总的各个方面的问题啊，反帝反修因为是我们党的政策，每一个步骤毛主席掌握得非常之紧的，抓具体政策是抓得很紧的，因为表示我们革命的，举国上下革命人民是一致的行动，不给敌人以任何挑衅的机会，不给敌人任何可乘的机会，表示我们这个根本政策是全国革命人民一致的，这一点希望革命的师生注意这个问题，请示下我们管外事的机关，因为这些机关也是全国一致的。这个机关问题我也是刚讲的，不仅是两个专政的武装和公安机关，不仅是中央掌握宣传的机关，就是对外的外事机关，机要机关、中央的机要部门，还是需要同学们给于应有的尊重的。因为这些机关都是我对外，这些机关都涉及最高机密要害，譬如人民大会堂，就是我们国家最高权力机关所在，我们对内对外的许多会议在这里开，我们就不能够随便出入了，我们就有一定的规定了，这样才能够维护自由嘛。党中央毛主席的政策来自这个地方，大家跟来讨论、来宣传、来讲解类似等等。啊，再补充几句。刚才陶铸同志说的就是工厂啰，工厂我们正在搞一个规定，过去曾经规定，在新的规定以前，旧的原来规定还一律适用。譬如到工厂里去，可以联络，可以彼此交换、交流经验，互相学习，但是呢，不要影响他们，中断他们生产，不要影响他们生产，这是有规定的，在新的规定沒有出来，原有的规定就一律有效，在这补充说一点。陶铸同志是不是要讲啊？你们还有谁要讲啊？春桥？沒啦，最后高呼：（口号略）

陈伯达、关锋同志十一月廿七日在北京钢铁学院的讲话

陈伯达：在座的是哪些学校呀？（各学校报了）钢院在座的有多少人？北航红旗有多少人？地质东方红有多少人？还有哪个单位啊？

答：林学院。

陈伯达：向林学院同学道歉。（群众鼓掌）我们很久就说要到你们学校去，可惜说了两个月都沒去。

关锋：刚才伯达同志说，向林学院同学道歉，本来说要去，后来沒去，现在道歉。（鼓掌）

陈伯达：道歉有什么可鼓掌呢？道歉就是我们不对嘛！（鼓掌）同学们不要太客气，欢迎去还不晓得哪一天可以去，不能随便诺言，随便答应，到时候去不了，就失信用了，刚才道歉就是因为我们失信用了。我们文革小组失信用的地方很多，刚才向你们道歉嘛，就是表示我们不完全正确嘛！

听得懂吗？我的中国话很不好听。

关锋：大家安静下来听伯达同志讲话好不好？（群众答：好！）

陈伯达：刚才有个条子说我们不关心文艺界，现在有文艺界的同志在吗？（有！）可见我们很关心嘛！

关锋：伯达同志想跟大家谈点意见，请大家坐下。

陈伯达：现在想跟大家交换交换意见，有些问题想向大家请教。大家安静下来就好谈一些。

你们是不是有这个感觉，现在文化大革命有些新的情况，（群众答：对！）主要是什么问题啊？主要是什么情况啊？（群众答：打人！）在哪里打人呀？（众答：好些地方都有。）学校、工厂……。

同学：湖南在工厂打伤一百多人。

（关锋同志问伯达：电报看过吗？陈伯达说：看过了。并说：这也是有坏人挑动群众斗群众。）

陈伯达：为什么打你们呀？为什么工厂里要打人啊？（众说：就是因为要黑材料不给。）

要黑材料不给就打人吗？是不是你们要得很急呀！我告诉你们呀，我们也是很急的。（热烈鼓掌）我们向中央反映情况，中央自己也掌握了情况，我们也向中央反映了情况，所以关于这个问题，中央几次的发下了指示，发下了文件，你们知道中央批转军委的一个文件吗？（知道）你们还知道中央又搞了一个补充规定吗？（众：知道！）

同学：湖南还不知道。

陈伯达：湖南还不知道，你们报告的这个情况很好。中央批转军委指示，中央补充规定上写着，要在群众当中宣读的，如果沒宣读，应要求那里的党委宣读。宣读以后怎么办呀？他们还不交怎么办？（众：抢！）我这个人生平沒有打过架，让反革命打过那是有的，但是从来沒和好人打过架，不打架还是可以革命的呀！我沒有和人打过架，你看我还算革命的？拿起武器和

敌人作战那是另外一回事。那是必要的。在机关、在工厂、在学校我们想，这不是我一个人想，中央十六条规定不要打架的，打来打去最重要的，最大量的还是打了自己人，还是好人挨打，不管他有什么错误，打了他不一定认识错误，反而坚持错误，我们是希望是改正错误好还是希望犯错误的人坚持错误好？（众：改正的好）看来打架也沒有必要嘛！这样关于黑材料问题，你是革命的他也不能证明你是反革命的。如果你就是不革命的，他那里沒有你的黑材料也不能证明你是革命的。不晓得我说的对不对？（众：对！）要动脑筋想一想，我的话也还可以考虑，不一定都对，有人贴大字报说："陈伯达站出来"，"要罢你的官"，"陈伯达，我们要坚决和你辩论"，我说这都不要紧，我们如果是对的就不怕辩论，如果是错的沒有和我们辩那也还是错的。我想我这个会不会主观主义，我今天来和大家随便说一点意见。现在你们碰到的问题除了本机关、本学校的以外，还有一个工厂的问题，和工人的关系的问题，是不是这样。（众：是）你们现在有一个很好的志愿，很多，同学有个很好的志愿，到工厂革命去，我赞成大家的志愿，可惜我这里有一个……可是我对这个问题有一些看法，所以需要和大家商量，是商量不是教训，更不是命令，我不是首长，大家都叫我首长，我不是首长，我是普通老百姓。可是我们解放以后在思想上必须改变一个观念，旧社会有一句话："官就是民之父母"，知道不知道这句话？（知道！）这个观念必须改变，我好多年以前到乡下去和农民谈话，农民对于干部有些意见，我说："你们有意见为何不提。"农民说："干部是父母官怎么能说呢！"这就给我一个启发，我就沿路讲了这个问题，我们不是父母官，而是老百姓的儿子（众鼓掌），我在《红旗》杂志登过的一篇讲话《在大风大浪中成长》也就是说过这个意见，我们干部是人民的儿子，包括你们在内，也是人民的儿子（鼓掌），这样就可以提出一个问题，你们到工厂去、农村去，一定要抱着做勤务员的态度当人民的儿子，这样工作起来就不困难了，如果作为一个指挥官去，那就要碰钉子，毛主席批评过去一些钦差大臣，下车伊始就哇啦哇啦发议论，你们知道这篇文章吗？《众：知道！》知道就学嘛！你们到工厂中去，到农村去，特别要向有经验的人，有经验的农民学习，和他聊天谈心，了解他们那里有什么问题，这样你们才有发言权，这就是毛主席所说的先当群众的小学生，（诚诚恳恳的做群众的小学生）才有一种可能当群众的先生，向群众学习好的，才可当先生，学习得不好的，还是不可以当先生。（鼓掌）最近我们知道工厂一些问题，学生到工厂去，一部分工人和学生有矛盾，我看，这个责任首先主要在学生，不晓得你们觉得我说的对不对（鼓掌），也可能是大毒草，你就贴我的大字报，满街贴，这样教育了我也教育了旁的和我同样态度的人，包括关锋同志。这样谈可以不可以？（可以）所谓责任在学生，因为学生年轻，沒有经验，不会和工人结合。你们学生革命热情、革命精神很好，但是沒有适当的方法，你们的目的是达不到的。你们的任务，你们的革命任务是完不成的。（关锋说：要有一个适当的方法）要有一个好方法，沒有一个好方法，革命任务也完不成，这个方法是什么方法呢？这个方法就是毛主席告诉我们的"从群众中来，到群众中去"的方法，如果不懂得这个方法，把自己的意见强加在群众的头上，就是意见是对的，强加在人头上也要碰钉子，也是行不通的，你们说对不对？（众答：对！）你们十几岁的人不容易懂得这个道理，二十岁左右的人还可能想一想，二十五岁以上的人可能比较容易懂得，因为他们年龄大一点，经一堑、长一智，懂不懂啊？这是毛主席讲的话，现在我要读一段毛主席的话，题目《关心群众生活、注意工作方法》现在请关锋同志帮助读一读。

关锋：伯达同志画出来让我读一下。

陈伯达：读得慢一点，你们听了记下来，要永远记住毛主席的这段话，现在不要吵了，吵了谁也听不清，变成赶热闹，我们来不是为了赶热闹的，是为了谈问题，跟同学们谈心交换意见。

关锋：我现在念了。在一卷一三四页第三段。"我们任务是过河，但是沒有桥或沒有船就不能过。不解决桥和船的问题，过河就是一句空话。不解决方法问题，任务也只是瞎说一顿。……”

陈伯达：主席谈这段话，当时在江西根据地有个扩大红军的问题。不讲究方法，只是讲扩大红军，“尽管把扩大红军念一千遍，结果还是不能成功”。你们读过这段话沒有？（众：读过！）好象半懂的样子。

这段话读过沒有？（读过！）

读过毛著是一件事，用起来会不会是另一回事，可以读得很熟，但碰到具体问题不会用，那样读了也等于沒读。现在给我们一个考验，就是我们会不会运用毛泽东思想。

同志们！请你们不要挤，这样挤，这样推很不好，东面、西面坐下来好不好？我们是商量问题呀！不是看戏呀！我们也不会表演呀！你们这样子我们很不安。我们给你们惹了祸了……。后面坐下来，可以到台上来。

同学：同志们不要到台上来，注意首长安全。

陈伯达：刚才他说的话是错误的，沒有什么首长安全问题，我们都是老百姓，可以上来，我是一个群众嘛！我也是一个老百姓嘛，可以考虑考虑嘛！挤得不可开交。（有人说台上听不见、沒喇叭）这到是个理由，台上听不见，沒喇叭。

（一个条子：有一部分走资本主义道路的当权派挑动部分工人斗学生，怎么办？）

有这样的事在考验你们会不会做工作，如果你们会做工作，要向工人做工作，工人了解你们不歧视你们，那么这种事情就会避免了，走资本主义道路的当权派，他要挑也挑不起来，他就孤立了。

假定工人一下子听不进你们的话，因为有坏人给他灌输了一些东西去了，你们的话他听不进，你怎么办？我说这时你们就要耐心，不要心急，给大家坦白的说，我这个人非常心急，但是在群众面前我就经常警惕自己，不要心急，群众听不进去，群众与你意见相反我们要想一想，我们的意见究竟还有哪些地方有缺点。如果我们的话是对的，群众听不懂学生腔，他感到你们是学生腔，所以你就要学会跟工人和群众说话。所以要学会跟工人和群众说话，一个态度问题，还有一个语言问题，群众的语言对我们年轻人是缺少的，当然，我也是缺少的，我在群众当中靠的就是一个态度问题。我的态度比较好，是跟他们商量的态度，是当小学生的态度，所以有些群众就可以听我的意见，但有些人就不一定听。还有一种情况，原来是听我的意见还是很好的，但后来不听了，因为情况变了，不适合他的口径了，所以这些问题，我也经常想到，要了解做群众工作并不是一件简单的事情，要跟工人和农民做朋友并不是那么容易的，他们有可能怀疑。上一回我在政协礼堂跟一些同学说过这样一个故事：一九四七年，我到晋西北做土地改革工作，住在一个农民家里，他家是中农，他的孩子是贫农，衣服穿得破破烂烂，不成样子，象叫花子，我看到他侄子来了，他们可能讲家里的话，就出来了，把门顺便关上，我就停在门口，在门口停了停，听到一句十分惊人的话：“这个人可能是好人吧！”当时我是共产党员，他们是知道的，又是上级派去的，他们也知道，那时我年纪也不算小了，我住在那里好几天了，相处得关系很好啊！他们还有这种怀疑。我认为他们这种怀疑是正当的，我们不能说群众怀疑就说群众不好，不能老子天下第一呀！你的话每个人都要听呀！过去和你不认识，你是听张三还是听李四，过去怎样，大家都不知道，这样大家就忽然听你的话啦？沒这么容易的事。如果忽然就听你的话了，反而不太对。不知对不对？你们的程度都比我高，你们是大学生，我是初中沒毕业的，只读了两年师范，小学还沒读过。你们程度比我高，我说的话你们可能听不进去，你不过是小小的知识分子，我是大知识分子，我们为什么听你的！我虽是小小的知识分子，但年纪比你们大一些，我接触的群众比你们多一点，走的路比你们多，有些话还可以听一听，还有参考的价值吧！现在有一个根本的问题，学生和工人的关系问题，这个问题如果不正确解决，就会给人家挑拨，就会被坏人利用，学生和工人打起来很不好，如果工人和你们打起来怎么办啊？我看逃为上策，可以跟他们退．我们眞是好意，可能我们工作方法不那么适当，以后再说吧！妥当不妥当啊？可能你们说我太妥协了，还是打他一下吧。这样做不能解决问题，不是要搞文化革命吗？不是触及人们灵魂的大革命吗？怎么动起手来了，动起刀来了，什么棍子不棍子的，这样不是文化革命方向不对头吗？如果有人打你们，你们就退让好了，你们认为是眞理就要坚持，是原则也要坚持，但不要用打架来解决，眞理是不能用打架来解决的，越打矛盾越厉害，对不对？净我说，沒你们说话的余地，你们不同意也可以表示表示。（众：同意！）你们青年人容易好打架，我年纪大了，比较不好打了，不适合你们的口胃吧！（众：适合！）这些话我们曾经和一些人交谈过，那天在政协礼堂开了一个会；有北航红旗参加，地质学院东方红，清华井岗山参加了，因为工厂发生几个事件，几件事情，都说是这些学校学生搞的，搞来搞去就搞到我们中央文革小组来了，因为这些少数派是我们保护过的，保护过他们以后，他们到各地就沒有注意工作方法了，就不好了，当然发生了问题，我们也连带，负了责任。请同学们注意，请和我们接触过的同学注意，你们做的事情是和我们联系在一起的，虽然你们现在做的许多事情我们并不知道，我们沒有指挥过，可是有人就说我们是幕后指挥的，实际上我们并沒有幕后指挥，我们跟大家说的话都是在大会上说的，都是在幕前说的，沒有在幕后说。我们不搞任何阴谋诡计，我们讲原则，讲党的路线，讲毛主席的路线，我们不搞拳术（不搞两面派——关锋加），现在有的人误会，说我们操纵的，实际上我们并不知道，这些事我们一点不知道，如果有 99% 不知道，还有一分知道，我们也是错的，我们确实 100% 不知道，所以我们特别希望同志们谨愼，和群众搞好关系。你们到工厂去，和工人劳动，学习革命，我们都赞成，但是当群众还沒有觉悟的时候，拒绝你们，你们也不要勉强，你们看我这是不是右倾机会主义，大毒草吧？听说上海工人贴我大字报，说我的电报是大毒草，是替走资本主义道路的当权派辩护，如果你们认为是大毒草，是替走资本主义道路的当权派辩护，那完全可以贴大字报。现在我嗓子哑了，请关锋同志讲几句。

关锋同志插话：

刚才伯达同志讲的精神就是让大家注意工作方法，学会做群众工作，特别要记住毛主席的那句话：任务是过河，方法是桥和船，桥和船的问题不解决，任务就不能完成。你们到工厂去，工人和你们冲突起来，如果是走资本主义道路当权派挑动起来的，冲突起来，那走资本主义道路的当权派就高兴了。如果方法不适当，他们就利用了你们的缺点，利用了方法不适当，被他们挑动起来了，对谁有利呀！对文化革命有利呀？（众：沒有）对同学有利呀？（众：沒有）对工人有利呀？（众：沒有）对走资本主义道路的当权派有利，他们就高兴了。

陈伯达同志接着说：他说他们胜利了。

现在思想还沒有互相打通，停一下再说吧！

现在我在上海也有点名气了，贴了我的大字报，说我给上海工人的电报是大毒草，电报主要是说：让工人回到生产岗位上去，不要中断生产，不要中断交通，不要中断铁路交通，有问题就地解决；必要时可派几个代表到北京来，不要那么多人来，中断交通，中断生产，这样子就沒有理由了，社会上就不同情我们了。因此说是大毒草。我的电报说：抓革命促生产，要革命，但是不能中断生产，不能停止生产。如果中断生产，中断铁路运输，那么大多数工人都不会同情我们的，社会上的大多数人也不会同情我们的，因为不能停止生产啦！中断生产运输必然扰乱了国家经济建设。国家经济计划，我们是必须保证完成、超额完成。我们的革命就是促生产，而不能中断生产、更不能停止生产。现在是社会主义经济，像一个大机器一样，各部联系着的，一个地方停止工作，整个机器都停了，这个问题要注意，不能意气用事，你们说对不对？(众：对)是不是停止生产闹革命了？我们说工厂革命有根本两条是：一条是八小时工作制一定要保持，搞三个钟头或四个钟头的文化革命，总之是在业余时间。八小时以外的时间，其余时间由群众自己支配，这是第一条。这是保证生产，同时要保证质量，要保证高质量，听懂吗？(众：懂)不能降低质量，你们进工厂要注意这一条，保证产量，产品质量，在八小时工作时间之內不要去扰乱他们，这是要很好注意的。还有一条就是，组织一个领导生产班子，由那些有经验的政治好的老工人和优秀的技术人员组织起来抓好生产，这样我们就能搞好文化革命，离开生产就不能搞好文化革命，你们赞成不赞成啊？(众：赞成)沒有饭吃能搞好革命吗？你们这些人来北京吃饭不要钱，还是因为这些年生产搞得好嘛！不然怎么有可能啊！不然在北京就得饿肚子的，那还行啊？我是教条主义，现在我念马克思一段话，马克思给他朋友的一封信，有两句可以念一念，请关锋同志念吧！

关锋同志念：马克思说：任何一个民族如果停止劳动，不用说一年，就是几个星期也要饿死，这是每个小孩都知道的。

陈伯达同志接着说：马克思的话主要讲的农业生产了，工业生产不能停止几个星期嘛。全国的工业生产停止几个星期那还得了啊！象我们社会主义国家，工人阶级领导的，工人做主人的国家，工业生产几个星期停止就乱了，交通运输不能停止。现在有些人在火车站上，让火车不能开，好些车停在那里，这样做是不利的，这样坏人可以利用来攻击文化革命，走资本主义道路当权派更有理由了，帝国主义也会称快，所以不能那样做，总而言之，不能停止生产，不能停止交通运输。你们北京各大学有在外的学生和工人结合有这样做的，可以劝他们不要这样做，快点告诉他们不要这样做，连工作方法问题也告诉他们，要着重说文化革命是促生产啊！不要让敌人借口，不要群众不满意，因为停止交通群众不满意，停止生产群众是不满意的，如果什么地方有大问题要到北京反映情况，不要成群结队大批地来，可以派少数或几个代表来，你们都不高兴了吧！说到这个地方鼓掌的就不多了，我希望你们鼓掌的人多一点，我不勉强让你们鼓掌，(群众鼓掌)学校是可以放假闹革命，因不直接搞生产。但工厂农村就不行了。

(关锋插话)学校可以停止半年一年闹革命，在阶级斗争的大课堂里上课，工厂农村不行啊！工厂农村停止生产闹革命不行啊：农村停止生产，农时一过小麦就插不成了，大家明年就不要吃面了。纺纱厂停止生产大家就不要穿衣服了。主要想跟你们说两个问题，一个是学生和工人接触中的工作方法问题，一个就是抓革命促生产问题。主要的意见讲完了，有反对的意见可以递条来，不一定站起来说话。站起来说话怕人家有反对啊！可以递条子嘛！现在街上有许多文章，包括我的在内的文章和讲话有些是假造的，姚文元的《论造反者》是假造的，《林彪同志论左派》那是假的，林彪同志沒有这样一个讲话，还有我和誓死卫东战斗队讲话完全是假的，名字沒听说过，请大家给我辟谣，我沒有这个讲话。听说很多学校翻印了，上了当了。还有文化革命小组同志也被造谣，有这样那样的讲话，有这样那样的文章。跟你们说，正式发表的讲话和文章都是经过中央批准的。

(关锋插话)如果林彪有那样的文章，还不在《人民日报》和《红旗》上发表？不要听谣言，听那些假东西。还有《论造反者》那是假的，我替姚文元同志辟谣。冒名姚文元写文章的很多，好多人替他写文章，什么猫呀，狗呀，姚文元有文章还不在报上发表呀！

陈伯达接着说：今天给大家讲的两个问题妥当妥不当呀，慢慢地想一想吧！补充一句，有时文革小组同时接见同学、接见工人，有些人记下来了，有些地方记得不准确，这是另一回事，这不能说是谣言，但以后要力求准确，不要加油加醋，最好让本人看看再说，今天讲话不一定准确，也不要马上贴到街上去，这是和大家研究商量问题，这是经常的现象。

（关锋插话）有一个条子上说：我到工厂去听工人说不应当规定那么死，八小时工作，三、四小时搞文化革命，他们的意见是，在完成生产指标的情况下搞文革，这个意见不知对不对。

陈伯达同志说：我的意见还是一定要八小时工作制，沒有八小时工作制，完成生产计划沒有保证，如果能够完成了，还可以超额完成嘛！还可以质量更高嘛！这样不是文革更有劲了吗？精神更愉快了嘛？不更多快好省了吗！革命不是搞得更好一些了吗？反对文化革命的人就更沒借口了吗？他就更沒理由了吗！这样看来我们的意见比较一致吧！（口号略）

陈伯达、江青、周恩来同志十一月二十八日在文艺界大会上的讲话

陈伯达同志的讲话

同志们！现在宣布开会。

听得懂吗？我有一个开幕词。我说话有困难，请一个同志代我念念。

今天的会议是一个有重要意义的会议。

历史上的文化革命，常常是从文艺方面开头的。我们现在进行着无产阶级文化大革命也正是这样。十四世纪到十六世纪的欧洲文艺复兴运动，即处在革命时期的资产阶级代表人物发动的文化革命，由意大利一位伟大诗人坦丁，用他的文艺作品来表白历史的新开端。

在我国以一九一九年《五四》运动为历史标志的反帝反封建的文化大革命，也由一位伟大的文化闯将——鲁迅，用他的文艺作品来表白历史的新开端。

鲁迅当时还只是一个激进的革命的民主主义者。但在《五四》前夜，他发表的文艺作品《狂人日记》，用“吃人”两个字，尖锐地揭穿了中国旧社会制度的最大秘密。同时，他有了这样的预见：“要晓得将来绝不容得吃人的人活在世上。”鲁迅在这篇作品中，反复地这样说。他的思想认为，必须完全推倒吃人的制度，他“呐喊”着：“救救孩子”。这就有着共产主义思想的萌芽。后来在剧烈的阶级斗争中，他就成为一个伟大的共产主义者了。

当前我国的无产阶级文化大革命以毛泽东思想为指南。毛泽东同志《在延安文艺座谈会上的讲话》用无产阶级宇宙观系统地、彻底地解决了我们文艺战线上的问题，同时系统地、彻底地给我们开辟了无产阶级文化革命一条完全崭新的道路。

一九六三年，在毛泽东思想的直接指导下，掀起了京剧改革的高潮。用京剧的形式表达中国无产阶级领导下的群众英勇斗争的史诗。这个新的创造，给京剧以新的生命，不但内容是全新的，而且在形式上也提高了，面貌改变了。同时，其他剧种也进行了改革。革命的现代剧，到处出现在我们的舞台上。这种无产阶级新文艺，空前地吸引了广大群众。但是，反动派、反革命修正主义分子，他们却咒骂它，恨死它。不为别的，就是因为这种新文艺的作用大大加强了我国人民群众的政治觉悟；将大大加强我国无产阶级专政和社会主义制度。

我在这里想说，坚持这种文艺革命的方针，而同反动派、反革命修正主义分子进行不屈不挠的斗争的同志中，江青同志是有特殊的贡献的。

历史打破了反动派、反革命修正主义的迷梦。一九六三年以来的文艺革命，成为我国无产

阶级文化大革命的眞正开端。文艺史上充满着剧烈的冲突，新和旧的冲突，现代和古代的冲突，这些都是反映社会阶级的冲突。处在革命时期的资产阶级，用当时的新文艺作为摧毁封建制度的一种重要武器。现在无产阶级同样必须用自己为工农兵服务的新文艺，作为摧毁资产阶级和一切剝削阶级的武器。

无产阶级在夺取政权之后，资产阶级并不甘心退出历史舞台。毛主席经常给我们指出："资产阶级采用各种方式，企图利用文艺阵地，作为腐蚀群众，准备资本主义复辟的温床。"因此，我们在文艺上的任务不是减轻了，而是加重了。我们在文艺战线上的领导不是应该削弱，而是相反的应该更加强了。我们的革命文艺团体，要实行自己的光荣任务，必须把无产阶级文化大革命进行到底。

在阶级还存在的时候，否认文艺上的冲突是完全错误的。在将来共产主义社会阶级消灭了，阶级矛盾，阶级斗争不存在了，但仍然会有新和旧的冲突，会有我们现在还不能完全预见或者不可能预见到的冲突，那些冲突当然也会反映到文艺上面来的。

我现在就说这些。作为这次在无产阶级文化大革命的大风大浪中文艺大会的开幕词。

江青同志的讲话

文艺界的同志们，朋友们，红卫兵小将们！

你们好！向你们致以无产阶级的革命敬礼！

首先，我要向同志们，朋友们，红卫兵小将们，说说我自己对无产阶级文化大革命的认识过程。

我的认识过程是这样的：几年前，由于生病，医生建议要我过文化生活，恢复听觉、视觉的功能，这样，我比较系统地接触了一部分文学艺术。首先我感觉到，为什么在社会主义中国的舞台上，又有鬼戏呢？然后，我感到很奇怪，京剧反映现实是不太敏感的，但是，出现了《海瑞罢官》《李慧娘》……等这样严重的反动政治倾向的戏，还有美其名曰"挖掘传统"，搞了很多帝王将相、才子佳人的东西。在整个文艺界，大谈大演"名"、"洋"、"古"，充满了厚古薄今，崇洋非中，厚死薄生的一片恶浊的空气。我开始感觉到，我们的文学艺术不能适应社会主义的经济基础，那它就必然要破坏社会主义的经济基础。这个阶段，我只想争取到批评的权利，但是很难。第一篇眞正有份量的批评有鬼无害论的文章，是得到上海柯庆施同志的支持，他组织人写的。第二个阶段，我和一些同志才想到要改。并且还得自己参加改革工作。事实上，多少年以来，随着社会政治经济方面新旧斗争的变化，在文学艺术方面，也出现了新的文学艺术，以与旧的文学艺术相对抗。就是号称最难改革的京剧，也出现了新的作品。大家知道，在三十多年前，鲁迅曾经是领导文化革命的伟大旗手。毛主席则在二十多年前，提出了文艺为工农兵服务的方向，提出了推陈出新的问题。推陈出新，就是要有新的、人民大众的內容，喜闻乐见的民族形式。內容有许多是很难推陈出新的，如鬼神，宗教，我们怎么能批判地继承呢？我认为不能。因为我们是无神论者，我们是共产党员，根本不相信世界上有什么鬼神上帝。又例如地主阶级的封建道德，资产阶级道德，它们天经地义的道德，是要压迫人、剝削人的，难道我们能批判地继承压迫人、剝削人的东西吗？我认为不能。因为我们是一个无产阶级专政的国家，我们是要建设社会主义，我们的经济基础是公有制度，坚决反对那些压迫人、剝削人的私有制度。我们无产阶级文化大革命的一个重要方面，就是扫荡一切剝削制度的残余，扫荡一切剝削阶级的旧思想，旧文化，旧风俗，旧习惯。虽然有的词我们还在用，但內容是完全不同了。例如忠这个词，封建地主阶级是忠于君王，忠于封建阶级的社稷；我们是忠于党，忠于无产阶级，忠于广大劳动人民。又例如节这个词，封建阶级所谓的气节，是属于帝王的，属于封建阶级的社稷的，我们讲的是无产阶级的革命气节，这就是说，我们要对无产阶级的、共产主义的事业有坚定不移的信仰，决不向少数压迫人民、剥削人民的敌人屈服。所以，同一个忠字、节字，我们还在用着，阶级內容是完全相反的。至于艺术形式，就不能采取虛无主义的态度，也不能采取全盘肯定的态度。一个民族，总有它的艺术形式，艺术特色。我们如果不把祖国最美好的艺术形式、艺术特色加以批判地继承，采取虛无主义的态度，那是错误的。相反，全盘肯定，不作任何推陈出新，也是错误的。对于全世界各族人民的优秀艺术形式，我们也要按毛主席的"洋为中用"的指示，来做推陈出新的工作。帝国主义是垂死的、寄生的、腐朽的资本主义，他们什么好作品都搞不出来了。资本主义已经有几百年了，他们的所谓"经典"作品，也不过那么一点。他们有一些是模仿所谓的"经典"著作，死板了，不能吸引人了，因此完全衰落了；另一些则是大量泛滥，毒害麻痹人民的阿飞舞，爵士乐，脱衣舞，印象派，象征派，抽象派，野兽派，现代派，……等等，名堂多了。一句话：腐朽下流，毒害和麻痹人民。

试问：旧的文学艺术不能适应社会主义的经济基础，古典的艺术形式不能完全适应社会主义的思想內容，那要不要革命，要不要改革？我相信，大多数同志们和朋友们，会认为需要革命的，需要改革的，只是这是一场严重的阶级斗争，又是一件非常细致、相当困难的工作。再加上过去旧中宣部、旧文化部长期的反党反社会主义领导，制造了种种理由，反对革命，破坏改革，就更加深了一般人的畏难情绪。还有一小撮人，则是别有用心的。他们破坏革命，反对改革。京剧改革，芭蕾舞剧的改革，交响音乐的改革，就是这样冲破重重困难和阻挠搞起来的。

在今年五月以后，进入了全国性的几乎涉及整个意识形态领域的无产阶级文化大革命。对于派工作队这个问题，我个人也有一个认识过程的。六月一日，聂元梓等同志的大字报发表以后，我用了一个来月的时间，观察形势，分析形势，我感觉出现了不正常的现象。这一个来月，我开始大量注意学校。例如，南京大学匡亚明制造的反革命事件，西安交通大学的六·六事件，北京大学的六·一八事件。我很惊异，为什么一些出身成分很好的青年，从他们自己写的材料看，他们是要革命的，可是，他们竟被打成所谓的反革命，逼得他们自杀，神经失常，等等。毛主席是七月十八日回到北京的，我是七月二十日回到北京的。原来应该休息几天，但是听了陈伯达同志，康生同志，以及在京的中央文化革命小组的同志们的意见，我就报告了毛主席，我感到需要立刻跟伯达同志、康生同志去看大字报，倾听革命师生的意见。事实同那些坚持资产阶级反动路线、坚持派工作队的人所说的完全相反，广大群众热烈欢迎我们，我们才知道，所谓北大六·一八事件，完全是一个革命事件！他们把革命事件说成反革命事件，并且通报全国，以此镇压全国的革命师生。这时，我才充分地认识到，无产阶级文化大革命中，派工作队这个形式是错误的，他们的工作內容尤其是错误的！他们不是把锋芒对准党內一小撮走资本主义道路的当权派，以及反动的学术权威，而是对准革命的学生。同志们，朋友们，斗争的锋芒对准什么，这是一个大是大非的问题，这是马列主义、毛泽东思想的原则问题！而据说我们的毛主席早在今年六月间，就提出过不要急急忙忙派工作队的问题，可是有的同志沒有请示毛主席，就急急忙忙地派出去了。但要指出，问题不在工作组的形式，而在它的方针、政策。有些单位并沒有派工作组，依靠原来的领导人进行工作，也同样犯了错误。也有一部分工作组采取了正确的方针、政策，并沒有犯错误的。这就可以说明，问题究竟在那里。

八月十八日，毛主席接见了百万革命小将，主席是那样尊重群众的首创精神，是那样相信群众，是那样爱护群众，我觉得自己学习很不够。这以后，红卫兵小将们走向社会，大破四旧，我们中央文化革命小组的同志们拍手称快，但是过了些天，又遇到了新的问题，于是我们赶快找材料，调查研究，这才又追上不断发展的革命形势。我就叫做紧跟一头，那就是毛泽东思想；紧追另一头，那就是革命小将的勇敢精神，革命造反精神。跟和追，不是经常能够完全合拍的，是时而追上，时而落后于形势。因此，我有什么缺点错误，希望同志们，朋友们，红卫兵小将们批评我，写信也可以，写大字报也可以。凡是我错的，我都改。凡是我对的，那我当然要坚持。

从五月十六日到现在，六个多月了，就是这样，处于高度紧张状态。因为注意了全国无产阶级文化大革命的形势，对文学艺术界的具体工作，就抓得少了。这点，我希望得到你们的谅解。今后，能不能抽出更多的时间来注意你们的问题，我不敢说。因为斗争的领域太宽广了。对于整个文学艺术领域的破与立的问题，目前，我不能集中精力专门搞了。这可能要等到运动的某个段落，我的体力也还能支持的话，再来同文艺界的革命的同志们，朋友们，红卫兵小将们，一块来建设为工农兵服务的无产阶级的新文艺。

北京京剧一团的同志们，朋友们，你们给我的信，我倒是都看了。只是因为工作忙一些，身体也不太好，沒有能够到你们团去，但是，你们团里的无产阶级文化大革命，我是关心的。北京京剧一团是北京首先接受京剧改革光荣任务的一个单位。这是你们团里一批想革命的演员和其他工作人员和我一块努力，在别人首创的基础上加工或改制的结果，旧北京市委和你们团的旧党总支的某些负责人则是被迫接受的。在毛泽东思想指引下，短短的几年內，你们在创造革命现代戏的工作中，确实做出了成绩，为全国的京剧改革树立了一个样板。我相信剧团的大多数同志和朋友，特别是青年同志，是好的，是要革命的，是能够自己教育自己的，自己解放自己的。你们一定能够进一步活学活用毛主席的著作，努力改造自己的思想，使自己的思想革命化，坚决执行以毛主席为代表的无产阶级革命路线，识破一小撮人企图破坏无产阶级文化大革命的阴谋诡计，把剧团的无产阶级文化大革命进行到底！

为了国庆节演出革命现代戏，我们做过多次讨论，支持了你们演出，反对了那种企图抹杀你们京剧革命成绩的错误观点。为了你们的《沙家浜》能够上演，也是为了《红灯记》、《智取威虎山》、《海港》、《奇袭白虎团》，舞剧《红色娘子军》、《白毛女》，交响音乐《沙家浜》……等等的演出，我们对红卫兵小将们和各方面都做了一些工作。向他们说明：这些创作是无产阶级文化大革命的伟大胜利，是毛主席为工农兵服务的文艺思想的伟大胜利。如果对你们这些革命成果不给予充分的肯定，那是完全错误的。只有那些反对无产阶级文化大革命的人，才对这些巨大的革命成果加以歪曲和否定。事实证明：广大的人民是承认我们的成绩的。世界上的革命的马列主义者和革命人民是给予我们以好的评价的。毛主席和他的亲密战友林彪同志，恩来同志，伯达同志，康生同志，以及其他许多同志，都肯定了我们的成绩，给过我们巨大的支持和鼓舞！

我希望：经过这次无产阶级文化大革命的斗爭和锻炼之后，我们还要经常和工农兵相结合。这样，我们一定能够为京剧改革和其他文学艺术的改革做出新的成绩！我们的任务是艰巨的。但我们一定要勇敢地担负起这一光荣而又艰巨的革命任务来。胸怀祖国，放眼世界！

你们剧团里的无产阶级文化大革命，存在着十分尖锐、十分复杂的阶级斗爭，存在着无产阶级和资产阶级的夺权斗爭。对于以彭眞为首的旧北京市委的反革命修正主义路线，你们还沒有眞正的进行深入、广泛的揭发和批判。在这里要严肃地指出：薛恩厚、肖甲、季一先、栗金池以及赵燕侠等人，还沒有认眞地同旧北京市委划清界限，沒有深入揭发旧北京市委的罪行，也沒有对自己的错误进行认眞的检讨。薛恩厚在文化大革命开始时给我来过信，对旧北京市委作了一些沒有触及问题本质的揭发。赵燕侠也来过一封短信，表示她沒有尊重我对她政治上的帮助，作了一些沒有触及灵魂的自我批评。但在最近，薛恩厚、肖甲、栗金池三人联名来信，竟然用种种"理由"掩盖自己的错误，企图蒙混过关。这种态度是不老实的。

你们剧团内，并不是所有干部、党员、团员都犯了错误，也不是所有干部都犯同样性质的错误，而是必须区别对待，摆事实，讲道理，采取"惩前毖后、治病救人"的态度，允许改正错误，允许革命。至于上面我指出的那几个人，就是薛恩厚、肖甲、季一先、栗金池以及赵燕侠，他们贯彻执行了旧北京市委的反革命修正主义路线，同彭眞、刘仁、郑天翔、万里、邓拓、陈克寒、李琪、赵鼎新以及陆定一、周扬、林默涵等反革命修正主义分子相互勾结，阴一套，阳一套，软一套，硬一套，抗拒毛主席的指示，破坏京剧改革，两面三刀，进行了种种阻挠破坏活动，玩弄了许多恶劣的手段，打击你们，也打击我们。旧北京市委、旧中宣部、旧文化部互相勾结，对党，对人民，犯下的滔天罪行，必须彻底揭发，彻底清算。对于我们党内的以反对毛主席为首的党中央的无产阶级革命路线为目标的资产阶级反动路线，也必须彻底揭发，彻底批判。否则，就不能保障革命的胜利果实。薛恩厚等人必须彻底交待，彻底揭发，只有这一条路，除此以外沒有别的出路！经过群众的充分批判，如果他们眞正进行了彻底的揭发和交待，"革面洗心，重新做人"，他们还是可以参加革命的。如果薛恩厚等人眞正努力改过自新，走上党的正确道路上来，他们还有可能争取做为好的干部。在无产阶级文化大革命中，要用文斗，不用武斗。不要动手打人。武斗只能触及皮肉，文斗才能触及灵魂。

由于沒有彻底批判旧北京市委、旧中宣部、旧文化部的反革命修正主义路线，沒有肃清这条反革命修正主义路线在剧团的影响，你们的无产阶级文化大革命就不可能搞彻底，你们剧团的运动就有可能走向邪路，被个别别有用心的人篡夺了领导权。这对将来剧团的建设将发生很不利的影响。我建议你们：牢牢掌握斗争的大方向，掌握党中央、毛主席制定的正确方针和政策，反对一小撮走资本主义道路的当权派，在斗争中逐步壮大左派队伍，团结大多数，包括那些受蒙蔽的人，帮助他们走上正确的道路。坚决把揭发、批判旧北京市委、旧中宣部、旧文化部的反革命修正主义路线的斗争，搞深搞透，坚决把无产阶级文化大革命进行到底！

你们对魏晋等三同志的去留问题发生了争执。必需说明：他们已经不是工作队，他们已经撤离了你们的剧团。在国庆节前，我接到你们全体成员来信，坚决要求把他们三位同志调回去工作，经过中央文化革命小组讨论决定，才又请回去帮助工作的。一个共产党员，为人民服务，做了一些好事，是本份；做错了，就应该接受群众的批评。这三位同志，我并不认识，更谈不上了解。在这段时间内，如果这三位同志有什么缺点错误，你们是可以批判他们的，他们也应当主动地进行检查。现在你们中间既然有一部分成员坚决要求他们撤走，我们经过讨论，同意他们的意见。将来，另派同志去负责团里的日常的政治思想工作。至于你们团里的无产阶级文化大革命，应根据中央的规定，民主选举文化革命委员会或文化革命小组来领导。不符合巴黎公社原则产生出来的文化革命委员会，文化革命小组，可以重新改选或部分改选。所有选举活动，都必须经过群众充分酝酿，充分讨论，不能由少数人把持。我们相信，大多数同志是能够自己分清是非的，是能够按照正确的方向把无产阶级文化大革命搞下去的。绝对不允许利用这三个同志的撤走，挑动群众斗群众，打击革命积极分子。在这里，我要说明：不能离开阶级观点去谈什么"少数""多数"，要看马列主义、毛泽东思想的眞理掌握在谁的手里，谁眞正站在无产阶级的革命立场上，谁眞正执行了毛主席的正确路线。对不同的单位，要作不同的具体分析。我希望：全团同志能够进一步高举毛泽东思想伟大红旗，突出无产阶级政治，坚决贯彻以毛主席为代表的无产阶级革命路线，彻底批判资产阶级反动路线，在马列主义、毛泽东思想的原则基础上团结起来，完成一斗二批三改的任务，把北京京剧一团建设成一个眞正的无产阶级化的战斗化的革命样板团！（口号略）

周恩来同志的讲话

文艺界的同志们，朋友们，红卫兵小将们：

我向你们问好，向你们致以无产阶级的革命敬礼！

当前我国正在开展的无产阶级文化大革命，是一场极其广阔的，极其深刻的，更高阶段的无产阶级革命运动。这场革命具有极其伟大的意义。这场革命，发动了亿万群众，触及了每个人的灵魂。这场革命，震动了全世界，震动了整个社会，震动了整个文艺界。这场革命，在毛泽东思想指引下，用无产阶级世界观改造社会。这场大革命的目的，是为了巩固无产阶级专政，挖掉修正主义的根子，防备资本主义的复辟，保证我国永不变色，大大促进社会生产力的发展，并且大大影响和支持全世界人民的革命运动。

无产阶级文化大革命是社会主义革命的新阶段。随着无产阶级登上历史舞台，就开始出现了同旧的剥削阶级的文学艺术相对抗的新的人民大众的文学艺术。在新民主主义革命时期，毛主席就提出了文化革命的历史任务。毛主席的《新民主主义论》、《在延安文艺座谈会上的讲话》，阐明了无产阶级文化革命的指导原则。在社会主义革命时期，毛主席又亲自领导了一系列的重大的反对资产阶级学术思想的批判运动。在经济战线上基本上完成了社会主义革命之后，又展开了政治思想战线上的社会主义革命。毛主席发表了《关于正确处理人民内部矛盾的问题》和《在中国共产党全国宣传工作会议上的讲话》这两篇辉煌的著作，提出了在意识形态领域里兴无灭资的伟大历史任务。这个革命发展到现阶段，就成为全社会都动起来的、亿万群众自觉参加的、轰轰烈烈的无产阶级文化大革命的群众运动。

我国的无产阶级文化大革命，创造了无产阶级专政下大民主的新经验。大鸣、大放、大字报、大辩论、大串连，让群众自己教育自己、自己解放自己，这是毛主席的群众路线在社会主义革命中的新发展。我们有伟大的毛泽东思想，有以毛主席为首的党中央的正确领导，有巩固的无产阶级专政，有千百万群众的高度的社会主义革命的自觉性和积极性，才可能有今天这样的无产阶级的大民主。我们的目的，就是像毛主席指出的那样，要形成一种又有集中，又有民主，又有纪律，又有自由，又有统一意志，又有个人心情舒畅，生动活泼的政治局面。

我们的文艺革命获得了伟大的胜利。近几年来，京剧改革，芭蕾舞剧改革，交响音乐改革，雕塑改革，都取得了划时代的成就。这是文艺革命化、大众化、民族化的一个大飞跃。这些成就，都是经过严重的阶级斗争，冲破了旧中宣部、旧文化部、旧北京市委反革命修正主义路线的重重障碍而取得的。这些都是在毛主席的为工农兵服务的方向和厚今薄古、古为今用、洋为中用的方针指导下取得的。这是在普及的基础上的提高，又是在提高指导下的普及。在这些样板的影响和带动下，已经产生了一批新的革命的文学艺术作品，广大的工农兵登上了戏剧舞台。这个革命运动必将在各个文艺领域里进一步深入地开展起来，必将对我们的未来产生极其深远的影响。

我在这里要介绍一下，在座的陈伯达同志，康生同志，江青同志，都是坚决拥护和执行毛主席无产阶级革命路线的。

上面所说文艺革命的成绩，都是同江青同志的指导分不开的，都是同文艺界的革命左派的支持和合作分不开的。这是同从三十年代到六十年代贯串在文艺界的一条修正主义黑线进行坚决斗争的结果。江青同志亲自参加了斗争实践和艺术实践。虽然艰苦的斗争损害了江青同志的身体健康，但是精神的安慰和鼓舞，一定能够补偿这些损失。

我在文艺方面是个外行，是个不成功的支持者。在方针上，我是坚持革命化、大众化、战斗化和民族化的，但在实践上，常常犯指导性的错误。例如，在音乐方面，我是外行中的外行，我只强调中西音乐的不同处，强调反对崇洋思想，强调中西音乐分开做基本训练，不认识洋为中用，不认识可以批判地吸收西洋音乐为我所用。在这个问题上，江青同志直接帮助了我。我也在学习革命歌曲的实践中，得到了深刻的体会。

我们文艺革命的成果，不但受到国内广大工农兵和革命群众的热烈欢迎，而且得到全世界革命的同志和朋友们的高度评价和热情的赞扬。

这里，我想从大量外国同志和朋友赞扬我国文艺改革的言论中，摘出一小部分，来看看我们这些崭新创造的伟大的世界意义。

英国伯明翰大学教授左派共产党人汤姆逊，早在一九六四年就称赞京剧改革和工农学哲学运动是两件划时代的大事。这是毛泽东思想的体现。这在马克思主义发展历史上，在人类文化发展历史上，具有重大的意义。

刚果(布)作家隆达和阿巴连续看了几出京剧现代戏，他们说："好几年前，我们在巴黎看过京剧。老实说，我们都是不喜欢的，因为我们想从中国的艺术作品中了解新中国的现实生活，但是京剧却都是描写过去生活的，那种生活是我们不能接受的，所以我们革命者不喜欢。法国的资产阶级倒是喜欢的。这一回我们看了表现现代斗争生活的京剧，戏里面的人物，谁是敌人，谁是朋友，我们非洲人，不用翻译，都能理解。"

同志们请看：世界上的革命人民是何等热爱我们新的革命京剧啊！他们是何等期望我们的京剧能够表现现代的斗争生活啊！他们说得多么深刻啊！

日中文化交流协会理事长中岛健藏说："京剧演出现代戏，用京剧来教育人民，其意义是很深远的，对人的启发教育是大的。"团员杉村春子(著名话剧演员)说，"日本戏剧界的朋友都很关心京剧演现代戏问题。站在第一线的(中国)演员们的任务很重大，不仅要把中国的戏搞好，同时也是日本戏剧界的榜样。人们的眼睛都在注视着中国戏剧界的朋友。"他们从京剧革命中看到了戏剧的方向。

许多外国朋友谈到了京剧改革的世界意义。英国友好访华小组一位成员说："京剧现代戏对于世界文化(革命)具有重要意义。"他说："我相信，这对世界文化会是一个贡献。中国将会为世界树立一个榜样，特别是对那些受英、美帝国主义文化影响的国家，对亚、非、拉美国家来说，更是这样。对于那些民族文化受摧残的国家，如希腊也是如此。"他们从中国京剧革命中看到了工农兵登上舞台的伟大意义。危地马拉一个剧作家说"没有理由来阻碍戏剧改革，应该用社会主义内容来代替封建主义资本主义的内容，让社会主义时代的新人物登上舞台。"这种态度是多么鲜明！他们从京剧革命的成就，看到了新中国革命人民的英雄姿态，看到了无产阶级英雄人物新的精神面貌，看到了毛主席为工农兵服务方向的辉煌胜利！

外国朋友们不仅从政治上肯定了文艺革命的成就，而且认为：这些京剧革命的样板戏，在艺术上也是成功的，十分杰出的。越南的一位同志对现代京剧很称赞。他说："这是毛泽东文艺方针的胜利。现代京剧在唱腔方面有很多的改进，念白也好懂了，看了演员的表情，观众对剧情就更容易理解了。"日中友协总部理事长宫琦世民说："老实讲，以前我对京剧的改革能否成功是有怀疑的，但看了演出，我放心了，你们改得对，改得好。你们不仅保持了京剧固有的特色，而且有了新的发展。"日本的一位评论家看了《智取威虎山》的演出后说："非常好。我早就听说中国在尝试给京剧以新的主题，反映现代生活，这次看了演出以后，很受教益。你们给旧的程式赋予了新的生命。剧中滑雪、登山等场面，都保持并发扬了京剧翻打的美的特色，这个尝试是非常成功的。舞动步枪的动作，一点也看不出有挥舞青龙大刀的痕迹，大花脸夸张很适当，与现代服装配合在一起，一点也沒有不调和的感觉。总之，一切都超出了我的想象。”

就是一些反对无产阶级文艺的资产阶级评论家，也不得不在铁的事实面前，承认革命京剧在艺术上“取得了相当大的成功”，“非常出色”。

我国对古老的芭蕾舞剧的改革，也使得世界各国艺术家十分钦佩。《红色娘子军》已经在阿尔巴尼亚演出了，受到了人民十分热烈的欢迎，认为是“世界上最好的戏”。

一九六六年“五一”节来华的各国外宾，对我们芭蕾舞剧《白毛女》反映也十分强烈。阿根廷外宾瓦洛塔说：“《白毛女》是革命的芭蕾舞，演技高超，布景是令人难以想象的好，具有深远的社会意义。”“苏联的《天鹅湖》则是苏联政治和艺术僵化的象征。”

加(拿大)中友协代表团普遍反映革命的芭蕾舞有很大教育意义。爱德华兹表示他原来不大喜欢看芭蕾舞，但中国的这种芭蕾舞他是喜欢看的。团员丹纽森说：“在资本主义国家里，我们不可能看到这样的剧，因为西方的戏剧都是资本主义性质的，苏联也是如此。”

日本松山芭蕾舞团参观中央歌舞剧院时，团长清水正夫说：“我了解到中国的芭蕾舞不仅要演剧，还要胸怀祖国，放眼世界，这是对日本人民的很大支持。要学到眞正的芭蕾舞必须到中国来。”

我不再多列举了。从以上的反映中，我们可以看见：全世界革命人民是多么高度估价我们文艺改革的成就！就是毛泽东思想的伟大胜利！毛主席的文艺方向，就是全世界革命文艺的方向。我们正在开辟的道路，是全世界无产阶级文艺将要走的道路！我们应当有充分的信心，在这条正确的道路上继续前进！当然，我们还有许多新的问题有待解决，要做许多艰苦的工作，但只要坚持不懈地朝着毛主席的方向走下去，就一定会不断取得新的胜利！

我们的文艺团体，是无产阶级文化大革命的重点单位之一。过去长期在彭眞、陆定一、周扬、林默涵、夏衍、田汉、阳翰笙等反革命修正主义分子的统治下，文艺界成为他们抗拒毛主席文艺思想和革命路线，散布修正主义毒素，制造资本主义复辟舆论的一个重要地盘。我们一定要在无产阶级文化大革命中，坚决把一小撮盘据在文艺界的反党反社会主义反毛泽东思想的资产阶级右派分子，统统揭露出来，把他们斗倒，斗臭，斗垮。

在无产阶级文化大革命中，必须彻底整顿我们的文艺队伍。在火热的革命斗爭中，促使文艺工作者思想革命化，肃清修正主义文艺路线的恶劣影响，坚决贯彻执行毛主席的文艺路线，认眞地同工农兵相结合，使我们的文艺大军成为无产阶级化的革命化的战斗化的文艺队伍。所有的做文艺工作的同志，都要在斗爭中努力活学活用毛主席的著作，认眞改造自己的世界观，在火热的阶级斗爭中考验自己，不做那种只在口头上讲讲的“口头革命家”，要努力做一个眞正言行一致的无产阶级文艺战士。

正如江青同志所说，文艺团体中犯错误的人员，要区别对待。要分清是人民内部矛盾还是敌我矛盾。少数混入文艺队伍的坏人，是要从革命的文艺队伍中清洗出去的。对于大量的犯错误的人，要分别错误的不同性质，采取“惩前毖后，治病救人”的方针，只要他们眞正的认识错误，眞正的改正错误，就应当欢迎他们，帮助他们，允许他们革命。

凡是在无产阶级文化大革命期间，因为对领导上或对工作组提意见而被那些执行资产阶级反动路线的人打成“反革命”的革命群众，都应该根据中央的指示，宣布一律无效，予以平反。他们被迫写出的检讨材料，应当交给他们本人处理。其他整群众的材料，应当全部烧毁，不许隐藏，不许转移，不许私自处理，否则，要受到党的严厉处分。

文艺界的无产阶级文化大革命，要靠文艺工作者自己动手来解决。我们相信你们，一定能够正确地、全面地、不折不扣地贯彻执进文化革命十六条。要用文斗，不用武斗。要掌握原则，掌握政策，懂得策略，努力团结大多数，包括受蒙蔽的人，集中力量打击一小撮走资本主义道路的当权派和反动的资产阶级“权威”。我们一定要坚决执行毛主席的正确路线，彻底批判资产阶级反动路线，把文艺战线上的斗、批、改搞深、搞透、搞彻底。我们一定能够用无产阶级的新文艺来代替一切剥削阶级的腐朽的文艺！在毛泽东思想的照耀下，我们一定能够创造出人类历史上最光辉灿烂的文艺。（口号略）

陈毅、叶剑英同志十一月廿九日在接见军事院校来京革命师生大会上的讲话

陈毅同志讲话

亲爱的同志们：今天陪同总理看望大家，绕场一周，周总理走了，肖主任要我讲话，讲什么？沒准备。

首先，我向大家问好！向大家致无产阶级文化大革命最高的敬礼。我们伟大的领袖毛主席说：“你们要关心国家大事，要把无产阶级文化大革命进行到底。”这是最高指示。你们来北京，最关心无产阶级文化大革命。今天就谈这个问题。

要革命到底，这个“底”究竟在什么地方？我们今天来摸一下底好不好？有的同志心里有底，有的同志心里沒底，是逐步升级。同志们对这话不要反感，希望同志们耐心听，还是有道理。

把社会主义搞好，一直进入共产主义，这就是底。到共产主义要几十年几百年很难说。到了共产主义就会有新的高级组织形式。全世界共产主义实现了，人的要求更高了，要求比共产主义更高的组织，到了那时候还要继续奋斗。

把文化大革命进行到底，就是破四旧、立四新，把私有制彻底打垮，把一个完全的社会主义建设起来，条件已经具备了，这是可能的。超过了这个条件就是空想，凭空想干革命就会犯错误。

两个礼拜前，两次陪毛主席接见外宾（几内亚、赞比亚）。毛主席说：“我们的文化大革命对旧的文化教育制度可能有些触动，也可能有根本改变，也可能动得不多。”这是眞实的，不是伪造的，是毛主席的口里讲出的。这句话非常有道理，是眞正的毛泽东思想。在这个期间能把大、中学教育制度触动一下或根本改变。究竟效果怎么样？还难说，还要看一个时候。有些同志认为这话不过瘾，我听了两次，很过瘾。这是最革命的讲法，用红卫兵的话讲就是最最最最革命的。因为要办得到才行。办不到怎么行呢？作战计划只有可能实现才有意义。

这两个外宾很称赞文化大革命，杜尔总统的弟弟说他们回去也要造反，也要组织红卫兵。毛主席说，把大、中学的教育制度有所触动，有所改变就不错了。

停课闹革命，到明年五月、七月，顶多到九月。在这个期间能把大、中学教育制度有所改变就很了不起。要把所有的问题都放到这次文化大革命中解决是不能的。可能我了解不够，可以受批判，但我的了解还有点道理。今天有三万多人，几十个单位，三万多人每个人的要求都要解决，每个单位的问题都要解决，这不可能。把主要的带根本性的问题都要解决这个不可能。我们要集中力量解决主要问题：军事院校革命化，教育制度革命化，高举毛泽东思想红旗，院校关系，师生关系……这些主要问题解决了，几万人的问题解决了。我的这个要求不高，并非降低了条件，我这不是泼冷水。我上次讲话有同志说是泼冷水，要揪出来批判。光想听好话，颂扬的话，说我们伟大呀，伟大得很呀，怎么干革命？我们要习惯于听逆耳之言。我们不少领导同志，缺乏民主作风，不愿听逆耳之言，在这次运动中整得好苦，这是活该。要能听批评意

见、反面意见，与反对过自己的人合作，要宽宏大量，用毛泽东思想作指导思想。看到许多同志犯错误不给帮助，这不对。要集中力量解决军事院校学毛著、学政治、学业务，提高我军战斗力。过去的一套是继承国民党、苏联、资产阶级的一套。我们有所创造，但不完全，地方院校更是如此。现在要批判资产阶级权威，走资本主义道路的当权派，我们要为全世界树立榜样，解放军要为全国树立榜样，也为全世界树立榜样，这是伟大的创举。现在有的人整天想着揪住工作组不放，揪住一两句话不放，把根本任务忘记了，这对文化革命不利，浪费时间，浪费精力。

毛主席说：这次文化大革命对资本主义制度有所触动，这句话是正确的。同志们不可轻敌，敌人是强大的，厉害的。旧的教育制度是个强大的敌人，你们是受害者，我们过去受害更大。我们在毛主席领导下挣扎出来了。大专院校要专门搞这个东西，对子孙万代是个基业，这是艰巨的任务。中央提出一斗、二批、三改，现在批就批不起来了，改就改不成功，斗的时间很长，大家提了很多条子，问题提的很多，可以提几百个，几千个，但沒有抓住主要问题，沒有打中要害。我们要把文化大革命究竟干什么搞清楚，要把所有的问题都解决是不可能的，你的力量不可能嘛？打仗也沒有这样打的，一个战役只能解放一个问题。南京、上海、沈阳不可能一天都拿下来。

军事院校的主要问题是：在原有基础上进行斗批改，建立起毛泽东思想武装的嶄新的教育制度，使所有教育制度，使所有教师，学生在这里都受到很好的教育，解决古今中外解决不了的任务。地方院校与我们情况不一样，地方院校情况比我们还差得多。地方院校情况不一样，我们不能按地方那样办，也不能把军队这一套办法拿到地方去，只能交流经验，不能照抄。现在有些把地方一套搬到工厂，这是一个很危险的作法，工厂就不能停工、放假，工厂怎么能放假？工厂放假两个月，不知道其中的厉害，工厂、农村有它们的搞法。这个问题讲的搞法是，军事院校有军事院校的搞法，军事机关有军事机关的搞法。这个问题讲多了误会，说我又在划框框，定调子，束缚手脚，动不能动。不过我说还有点道理，我还是要讲。你要承认毛泽东思想这个框框，在毛泽东思想指导下思考问题。第二个大框框是地球，人总不能脱离地球，过几年我们有人造卫星，你飞出去还得飞回来嘛！不然你到哪里去。

我在外交部看了不少大字报，有些大字报吓死人，什么“刽子手”，“罪大恶极”，“一切严重后果由你负责”，“限 48 小时答复”，但未打中要害，眞正的要害是各单位情况解决自己的问题。把眞正的黑帮，牛鬼蛇神，走资本主义道路的当权派揪出来，建立嶄新的社会主义制度，使世界成为世界革命的根据地，现在的斗争我有些担心。但是，有毛主席、林副主席领导，天也塌不下来。不去斗黑帮，也不去斗党內走资本主义道路的当权派，每个部里斗部长，每个单位斗首长，那里说错一句话，这里作错一件事，黑帮分子沒人理，他们坐山观虎斗。这样文革搞不好，不能搞到底。主要要斗黑帮、斗走资本主义道路的当权派，斗眞正执行资产阶级反动路线的。有些领导是有错误的，但不要把一般错误一般缺点当黑帮来斗，要区别对待。我们过去作过路线斗争，犯过错误，以一个老同志介绍经验，这很重要。什么是路线斗爭？如何斗法？什么是黑帮？什么是走资本主义道路的当权派？不要一讲黑帮就都是黑帮，一讲走资本主义道路当权派就都是走资本主义道路的当权派，打击面太大。如果这样，那把毛主席、林副主席，共产党放在什么地方？这是否认了毛主席的伟大，否认了党的领导，否认了人民解放军的强大。黑帮是有，有大黑帮、小黑帮，但总归是少数，走资本主义道路的当权派，有大有小，但也是少数，有资产阶级反动路线，这在领导干部中也是少数，要区别提倡者、执行者，有重有轻，有自觉不自觉的……要根据陈伯达同志的讲话，按这样进行路线斗爭是非常必要的。对不同人要有不同分析，如果不按科学分析，夸大局势，这样就沒打到主要目标，打了自己人。我年青时犯过两次大错误，就是把路线斗爭扩大化、简单化。第一次检讨不深刻、第二次检讨不老实、第三次检讨沒触及灵魂、第四次检讨是要阴谋，检讨死了也过不了关。毛主席不赞成扩大化，提出要分析，要弄清思想，团结同志，共同对敌，要团结95%的干部和群众，按这样进行路线斗争就可以深刻进行。不会损害好人，不会损害能改正错误的同志。这次听我讲话的单位，我未去过，上次听我讲话的单位，我也沒去过，我接触到一些学校，一些同学和我谈话，他们的搞法我是不赞成的，就是扩大化、简单化，沒打中要害。我说，你们这样搞法，我不把班交给你们，你们不能做接班人，大学还沒毕业，就这个厉害，掌了权还不整死人，这话伤感情，他说：陈老总爱刺激人，那有什么办法，我就是爱刺激人，我这个毛病改不了了，但这是老实话，总之，不要扩大化，不要把敌我矛盾当成人民内部矛盾，也不要把人民内部矛盾当成敌我矛盾。对于领导可以提意见，可以做路线斗争，然后还是在领导下工作，最重要的是顾大局，识大体，抓大问题。不计较小事。不要抓了芝麻丢了西瓜、毛主席有个好处，被人赶下台，他能等待，后来革命需要他，他上了台能与反对他的人合作，不念旧恶，不是冤家对头，一眼一钉。这种伟大的英雄气概，我们不及而可学，我们有的人就不是这样，别人斗爭过他，他一上台就报复，你们还很年轻，还要干几十年，我们干不了多少年了，我66岁了，剩下的时间不长了，你们还要干。我告诉你们识大局的人，吃得亏的人，会有好下场；吃不得亏，斤斤计较的人，要滑倒的人，是沒有好下场的，我见得多。过去政治教员为什么不讲这个？将他的军，贴他的大字报，不顾大局，就不够当一个解放军，战爭时期，解放军用生命掩护老百性撤退，先牺牲自己来掩护其他战友，王杰、雷锋、欧阳海，就能吃得亏，就是顾大局。人民解放军在要命的关头要勇往直前，不能推诿，有人说，好家伙，今天懂得你陈老总讲话的意思，你不要我们讲话，你要我们当奴才，要封住我们的咀，你们可以讲话，见到损坏党的利益不讲话，看到牛鬼蛇神自由泛滥不表示态度，看到黑帮横行采取自由主义态度，这也不够作一个解放军，必须要有革命造反精神。很多青年敢于造反，搞革命，使我们受到鼓舞，感到我们后继有人。要把造反精神提得更高，要加温，要鼓劲，就是要提高政治水平，提高到毛泽东思想的水平，要眞正搞文化大革命，不要去爭吵于主题无关的次要事情，把火越烧越旺，我今天讲话，就是要把革命造反精神提高到毛泽东思想水平，这样修正主义复辟就不可能。这样就即能挽救同志，又能使每个人得到锻炼。

我和许多同志经常交换意见，65年底，今年5月以前我们工农业生产发展得很好，爆炸了原子弹，农业搞得也不错，好象搞文化大革命不必要，搞得学生不听话，不上课，又影响生产，这样认识是不对的，这是对文化大革命采取否定观点。现在形势很好，各种大字报，各种意见，各种思潮都出来了，这证明今年5月底以前的平静是不可靠的，今天是眞正把灵魂深处暴露出来了，只有这样的乱，才有治。这次文化大革命把各种思想都揭出来，这证明我们眞正强大，通过这样一个斗爭更牢固。只有我们伟大的领袖毛主席才敢这样搞，八次接见红卫兵1200万。敢于让各界思潮在大街上贴大字报，国务院的北门，西门，王府井，天安门贴得最多，毛主席敢这样发动群众。

请大家不要误会，我们在大革命中不敢拉后腿，我是想要大家把斗爭提高到毛泽东思想水平。我赞成造反精神，现在革命造反中有我一分，我是老造反者。我讲的有片面性，有错误大家可以批判，究竟你批倒我，还是我批倒你，还很难说。要互相帮助，我讲的不一定每句都对，有60%的对，关于见毛主席的问题，昨天人大会堂开万人大会，有人要见毛主席，前几天，也是这样，大家要见毛主席这个要求是正当的，我们给转达，毛主席今年不接见了，明年再接见，大家要等一等。我们要关心毛主席的健康，毛主席连续两天接见很累了。外交战线上，我是把关的，有的外国人一下飞机，就要见毛主席，说五分钟就行，隔五米远见到就行，有的安排上了，见了毛主席，握了手，两天不洗手，用另一只手洗脸，有的沒安排上，临走时就说沒见到毛主席，是最大遗憾，我说下次再来，再给安排。

我讲的不适当的地方，欢迎大家大批改，上次讲话，有些话是不适当的，有过头的，放在今天就好些，错了就改，我这个人是经常犯错误，经常纠正。

叶剑英同志的讲话

同志们、同学们：

我本来不准备讲话了，大家提了很多条子，肖华同志要我讲一讲，我就讲几句。刚才成都军区战斗文工团的十六人交来一封信，信中说：他们用了最大努力冲破了重重障碍到北京来了，他们对成都军区的作法和对革命的压抑表示不满和反对，这种敢于造反的革命精神很好，我支持你们。还有一些条子，我念几个："陈毅副总理的讲话有严重错误，造成了新的阻力——红色造反纵队"，"军委统帅是毛主席、副统帅是林副主席，你有什么权力来代表军委，代表全体同志，你有什么资格这样说……"，还有一张："敬爱的叶副主席"，好啊，又敬又爱，"我们要见毛主席，我们要求为李进才恢复名誉。……"这不好办，怎么恢复名誉，能在人民日报登载发表吗？不行，这个问题让我们思考吧！我在这里也不能向他道歉，因为是他自己要求我广播的，我是按他的意见办事的，恢复什么名誉呢，这是小资产阶级面子在作怪，这种爱面子要不得。

"因为我们是为人民服务的，所以，我们如果有缺点，就不怕别人批评指出。不管是什么人，谁向我们指出都行。只要你说的对，我们就改正。你说的办法对人民有好处，我们就照你的办。"同志们，这是谁讲的呀！（群众高喊：毛主席讲的！）对，我考考你们。问题就是这样，言者无罪啊！毛主席讲过这句话沒有？（群众：讲过）对！我和大家都是一样。都是解放军的工作人员，我把我自己的意见讲一讲，也许明天又来大字报了，来大字报他不怕，我还要讲一讲。

同志们，全国有1200多万革命师生来北京串联，主席八次接见。主席对年轻的一代寄予殷切的希望。我们继续革命，革命到底，使我们的国家不变颜色，建成共产主义，要靠青年一代。伟大的希望就是你们青年一代。主席以最大的热情来接见年轻的学生，有人怀疑为什么只抓学生不抓工农兵，这不对。主席为什么只接见学生沒接见工农兵呢？大家要了解青年学生的地位和将来的地位。他们现在是学生不是工农兵，但将来不是工就是农，再不就是兵。千百万学生都是工农兵的苗子，要想果木好，必须先把苗子培养好，苗子培养不好就经不起风霜。把学生的革命化和战斗化搞起，参加阶级斗争，生产斗争，科学实验三大革命运动。当工农兵就更好，更能革命，他们将来就比我们更强一些，因此主席用最大热情来培养苗子。叫我们培养好的苗子，把年青的一代培养成能革命、能战斗、不受旧社会沾染、不变颜色，树立新的习惯和作风，这是一次伟大的，长远的，重要的任务。因此，大家不要误会毛主席只抓学生革命，不抓工农兵，这样想是完全不对的。这是指一般的学生，我们军队院校和地方院校有什么不同呢？你们和地方学生一样，你们已经是步兵、炮兵、装甲兵、海军、空军了，是更加有确定的目的来培养。国家拿出大量的人力、物力、财力来培养你们，你们培养的好不好，是好成品，还是次品还是废品，这不是你们个人的问题，是全军的问题，是关系到解放军的战斗力的问题，是关系到无产阶级专政能否巩固的问题。你们和一般院校不同，因此，不允许有一些人在文化大革命中，在军队院校中违反毛泽东思想，违反我军的光荣传统，失掉表率作用，这决不允许，这是不忠于毛泽东思想的表现，我们对此放任不管，就是失职。

我们的军队是伟大的，战斗的。我们院校的师生绝大多数是革命的，是好的，但也有少数是不好的，有那么一小撮人坐上火车就不管别人了，上了火车不让红卫兵上，红卫兵砸了门进去了，一上车就说："你们这些解放军不能学"，还有人跑到上海要大房子、要坐小汽车、吃好的，把解放军的光荣传统忘了。我们的最高统帅是毛主席，军委主席也是毛主席。但是，有一小撮人煽动一部分群众到毛主席和林副主席办公的地方猛冲猛打，这行吗？你们如果不改，就是废品，将来不能用的。有人说，我又要煽动群众斗群众，不是！我不敢挑动群众斗群众，这样的人不是群众，是废品，要洗刷！有人冲我们的最高统帅，冲击我们的无产阶级司令部。这是个大错误，严格讲是反革命，还有比这严重的错误吗？你们说是不是啊？（群众齐声高喊：是！高呼毛主席万岁！誓死保卫毛主席！把坏家伙揪出来！）我不是发脾气，我与同志们远日无冤近日无仇，不认识谁是张三李四。我敢告诉你们，有一个转业军人，不是学生，五十多岁了，站在你们的后边指手划脚在指挥，这种人要揪出来（群众高喊：把他揪出来！）有的人父亲是黑帮自杀了。有的父亲在台湾，他要报仇。这样的人也当群众行吗？我们大多数同志不要受他们骗了，要赶快回头。我们要允许人家犯错误，要允许人家改正错误继续革命。只要他认识错误，能够检查，改正错误，就和大家一样，就欢迎他希望他们改正，这不是群众斗群众。

你们要搞好斗、批、改，你们当前的中心任务是把本单位的斗、批、改搞好。

我们要培养眞正突出政治，按毛泽东思想办事的人，不是这样的人到我们的部队里去不行。我们要搞好文化大革命，做好准备，准备打仗。

周恩来同志十一月卅日在北京工人体育馆接见外地来京工人的讲话

同志们，全国各地来京的工友同志们，朋友们：

我首先代表毛主席、林彪副主席、中央军委、国务院、文革小组，向你们问好！（热烈鼓掌、呼口号）你们从全国各省、市来到北京，都是带着问题来的，来到北京想找党中央、国务院和文革小组解决问题，因为这个时期接见外地来京的大专院校及中学的红卫兵、革命师生，挤不出时间来接见大家。毛主席在第八次接见外地革命师生、红卫兵是最后一次，我们现在准备组织两次接见，一次是前几天，大中学校红卫兵、学生和教师，另一批是今天晚上在这里作第二次一万多人的接见，你们来自各地有几千人的，几百人的，几十人的，几个人的，有的代表企业单位，有的代表组织以及个人。象这样的大会是不能解决具体问题的，一般的无产阶级文化大革命的问题，十六条就可以解决了。

前一段运动，我们把工作的重点放在学校和各级党政机关，作为运动初期的重点。对于厂矿企业、县以下的单位以及农村工作，作了抓革命，促生产的规定。但随着文化大革命运动向深度发展，向前发展，不可避免地影响厂矿企业，先是大城市的厂矿企业产生了一些问题，有的问题带有共同性，中央正在研究这些问题。中央正在写关于厂矿企业怎样进行文化大革命的决定，正在起草当中，还准备拿到各大城市的厂矿企业去讨论，今天不能把还未正式的政策公开来谈，合格的问题来这里谈。

我们是借这个机会和大家见见面，我们因忙于这样、那样的工作，你们有的同志来北京有很长时间，沒有时间会见大家，在这里向你们道歉。（鼓掌、口号）

在这个会上，有些具体问题一时谈不了，重大问题不能谈，你们是从各个地方来的。具体问题不一一谈了。我只好叫陈毅同志来谈一谈国际形势。

我向你们提出个要求，天气冷了，你们有的同志来了很久，如果一般问题就可以走了，有些问题要解决就留代表，多数的工友们是可以回去，你们有你们的生产，都留在这里人多也不好谈话。以前我跟大、中学校的师生谈话时只十几人，有时二、三个人。我觉得商谈问题只有几个人好，二、三个人更好谈，各单位派代表留下来谈，有共同性的问题可以几个单位一起来谈。是不是各个单位回去商量一下，今天见了面，也许还有一些同志沒有来，可以回去商量，多数的人回去，留下几个人，把位置让出来，给其它来京的人住。

现在提倡学生全程徒步串联，中央也初步作出规定，现在中央正在总结经验，研究工作很忙。

现在厂矿、企业的代表在此比较多，你们派人留下来嘛！多数的问题还是回去解决，我们已经通知了各地方解决嘛？我们再利用空出的地方，让给其它人。这是我们对你们的要求，你们回去商量，现在我们正在总结，我希望多数的代表还是回去，我见到你们了，我也该走了。

周总理十一月廿六日到十二月二日在中南海接见西南区代表的四次讲话(摘要)

周总理十一月二十六日晚在中南海小会议厅接见成都地质学院、唐山铁道学院、民族学院、重庆师专的讲话

总理一进会议厅，就亲切地和代表一一握手，然后开始和代表座谈。总理从下午六点零七分一直谈到九点四十五分，整整谈了三个小时三十八分。

当自贡培红中学王典新(今年十三岁，被打成“历史反革命”)谈到：“我与父亲断绝关系”时。总理问：“还沒有恢复吗？”王答：“沒有”。总理又问：“你父母是干什么的？多大岁数？家中兄弟多吗？”王典新回答：“我父亲是工人，四十多岁，共产党员。我是老大。如果父母不和我断绝关系的话，要被扣工资，开除党籍！”总理说：“不要怕，我保你。”顿时代表们弃口同声地高呼：“毛主席万岁！万万岁！！”

当代表们反映了重庆地区的文化大革命情况后，周总理指示说：“……原来那个造反军与你们混在一起搞得我们很害怕，我倒不怕，秘书长解决不了，我还要到现场去解决，看他们究竟是什么问题。鱼目不能混珠，叫你们等了这么久！”

“你是保守派就站出来承认嘛！有什么了不起，过去法国有个保皇党，公开承认他是保皇党，法国资产阶级共和国根本沒有皇帝了！工党实际上不是工人的罗！还有保皇党，反动派都敢公开，我们更敢公开。错误要改，错了就改，不能伪装，彭眞集团的两面派，危险性最大，彭德怀公开反党反毛主席，容易发现，两面手法危害性最大。”

“你们年青人不要学旧社会那一套，搞两面手法，要坦率，公公正正，你们今天就谈得很好，很坦率，有错误就改正。”

当代表汇报到中学生都放假了，回家要挨打，总理指示说：“不要怕，越打犯的错误就越大。放假是对的，回家不对，要闹革命，你们回去斗争，去锻炼嘛，今天我们拉着你们的手去干革命，今后你们都见不到我们老一辈了(我们都不见)怎么办？自已去干嘛！这就是我们对你们的期望！”

你们要按原则办事，某个地区的具体问题还要自己奋斗，把毛泽东思想伟大红旗授予你们，你们要接班，现在你们锻炼比我们好！”

此时，成都地质学院的代表给周总理献红卫兵成都部队袖章，并请周总理把两枚袖章代献

给毛主席和他的亲密战友林彪同志，最后，周总理指挥大家唱《大海航行靠舵手》在高昂的革命歌声中结束了座谈，总理在晚上9时45分离开了会议厅。

周总理十一月卅日夜在中南海小礼堂东厅接见成都地质学院代表三人的讲话摘要

在一一与代表握手后座谈开始。

这时周总理已经知道了成都工人造反兵团动身上北京告状了。为了不使运动影响了工业生产，中央是不同意大批工人赴京告状的。据廖志高打给国务院的电报中说，工人已到了武汉，还有五十多人已到了西安，沒有转上车。周总理说：

“以国务院的名义给工人发了一份电报，开始他们还不相信，后来把电报贴出来了，大多数要求回去，少数不想回去，正在辩论。”

为了弄淸情况，周总理询问代表，工人造反兵团有多少组织？有哪些单位？是国营的，还是地方性的工厂？在汇报中代表们谈到了65厂林荫组织围攻我院同学的情况，以及刘正庚揭发林荫的情况。总理细心地听着，还问：“刘正庚是哪个庚字？代表答：“是陈庚的庚。”总理说：“啊！知道了。”

国务院总理办公室秘书要我们把电话中向成都工人造反兵团劝说他们不要到北京来的情况向总理汇报一下，我们详细讲了。总理说：“国务院发了一个通知给工人，大意是：支持工人的革命行动，有问题欢迎派少数代表到北京来解决。请他们考虑，上千人到北京来影响生产，又不好谈，家中也还有工作要做，建议：大厂派2—3名代表，小厂派一名代表。

我院代表把李大章为其继母立碑的照片交给周总理，请他看一下。总理接过照片看完之后，脸上立即显出十分生气的样子，把照片向桌子上一丢，很严肃地说：

“我家里的那个坟是由我侄子经手处理的，我还特意让他们埋深些，上面的土地留给农民耕种。”

周总理在听了我们反映的一些情况后，又谈到了关于各校组织原来所掌握的武器弹药问题。他说：

“关于军区收枪的问题，开始他们还不敢动手，怕打起来了，后来我说：‘不管怎么样，还是应该去，无论如何也要封存起来。’最后军区还是执行了。现在又不搞民兵训练，集中力量搞文化大革命嘛！”

在如何对待李井泉、廖志高等人的问题上，周总理这样指示我们：

“要他们检查、批判，这是对的，但是不能搞轮番轰炸，李井泉不是说已经生病了吗？这样搞久了反而对文化大革命不利，对批判资产阶级反动路线不利。把这些批判对象拿来连着搞三天三夜，就搞垮了，这有什么好处呢？”

在罢李井泉的官的问题上，总理是这样指示我们的：

“罢官不能一下子就能决定下来，要多方面调查。”又说：

“罢了官他倒省事了，现在不就是沒有人去斗××，×××了吗？都说他们是死老虎了，不愿打。这个问题北京同学回来后我还要说。”

最后总理又亲切地对我们的代表说：

“你们已经给我了一份材料，我还在看，看完以后，关于西南局，四川的情况，我要详细给你们讲的。好！明天谈吧，我还有别的事情。”

周总理十一月卅一日晚在中南海小会议厅接见成都昆明等十七个单位和四位代表的讲话摘要

周总理进到会议厅后，刚坐下来，看到会的人名单，就发现了宜宾的刘洁挺等四人，一一点名和他们认识了一下。接着又详细地看了成都地院 11 月 30 日打来的长途电话记录，并问到："工人造反兵团北上了 1000 多人？"代表回答："已经到北京了 64 人，还有 1000 多人在步行，他们要见毛主席，要把成都地区文化大革命的情况向中央反映"。

昆明代表反映了他们的情况，说李井泉到昆明后，保守势力大力活跃，在学生中大挖红烙印、黄烙印、黑烙印(指阶级烙印)……。总理说："什么！这些怪名字，眞是谭立夫思想！"

接着总理又让贵州代表谈贵州的情况。还问及贵阳保守派有多少人，组织工人、农民斗学生吗？"代表回答：从六月就开始了。逼死了学生一名，还有两名坐牢的，十六条公布以后，还逼疯了一个人。总理关心地问："坐牢的出来沒有？一直持续到什么时候？"代表回答："一直到现在。11 月 2 日又打死了一人。"总理关切地问："是中央会议以后！是谁打的？省委沒有处分吗？代表回答："17 日又打伤了 22 人，都是小学生。"总理气愤地说："这还是第一次听到！"接着总理又对各地召开三级干部会议的问题作了指示。总理说：

"各地红卫兵要求参加省的三级干部会议，以致使得省、市、县好多地方的会议都沒有开好。我们说过：让他们自己去开，开了，好改正，好做工作。有些地方的左派还问是否毛主席说的，我给他们说：毛主席说过。这个会议是党的会议，好多红卫兵还不是党员。要参加会议，这不是主要的，主要的是让他们关上门，冷静地考虑一下问题。红卫兵一进去，批评他们，吵起来，对立起来，他们就不能冷静地考虑问题。我的意思是让他们开好这个会，在群众中检讨好，做好工作。文化大革命都无经验，全国都是这样.一下子大民主，他们搞不惯，有些人有抵触，但不是全部，我们爭取他们转过来。"

周总理在听了一会贵州代表反映的情况以后，又听成电东方红战斗兵团谈到关于杜心原的女儿组织了一个保皇战斗团的情况。总理说：

"几百人的组织嘛！还是用我这个名字叫'保守'，'保皇'这是一个封建势力。"(代表插道：他们自己也承认！说他们是保无产阶级的皇！)总理接着说："那是他们自己给自己开玩笑。保无产阶级，那就应该说保无产阶级司令部。这是因为有对立情绪。'保皇'嘛！总是一个封建名称，为什么不学一个新名称，'保守'！今天有，明天还有。'保皇'就固定了。红卫兵成立时，天天骂'黑狗崽子'，那又有什么意思。过去在北海公园门口还贴过'黑狗崽子不准进'。长期这么贴，能行吗？调合不调合的问题，是看你放弃原则沒有！"

接着，周总理又听了重庆、南充的代表反映情况。总理详细地询问了各地保守势力和左派的人数，过去的情况，现在的情况。当听到有的学生、工人被斗、被关、被打时，总理都表现出极大的关怀与同情。连连询问：怎么关起来的，关在什么地方，关了多久，现在放了沒有，有多少人被打成反革命，黑材料处理的情况等等。同时也鼓励我们的代表说："你听他们说，他们说反革命就反革命了吗？"还风趣地说："南充是个大本营呀！你们去嘛！我看你们有点怕了吧！"当听到代表反映南充礼堂把李井泉的象和毛主席的象并挂时，总理惊奇地问："是眞的？"代表说："是眞的，取下来前还照的有象。火花公社就是李井泉蹲点的地方，针插不进！"总理又说："怎么这么大影响！你们要做工作哟！不会是铁板一块，要想办法做工作，要说服.要宣传，要跟他们在一起，不要说他们都是保皇派。要同情他们，说服他们，想办法分化他们！"同时还鼓励大家："你们和他们辩嘛！他们有什么理论水平？我看还沒有你们强，不革命才会出现匈牙利事件。"

第五次接见一直延续到深夜 2 时 50 分才结束。

这次接见，在当天向告状团传达以后，大家立即愉快地同意留下代表，其余全部于第二天乘火车返回成都了。

戚本禹同志十二月一日在故宫的讲话

我原来是反对录音的（有人说：既然本人反对录音，我们不同意录音），但是现在呢，我又赞成录音，（有人说：既然本人同意，就可以录音）。（掌声）为什么呢？根据我的经验哪，我有很多讲话一记录，记得很不完全，而且各种版本，完了以后又批判我，我也说不清楚究竟是不是这样说的，两下自己会矛盾，所以我现在由反对录音，到同意录音，有这么一个过程啊！对于我到你们这儿来，也是有各种说法，（有人请他坐下讲）说我沒下汽车，连汽车都沒下，就对我院工作人员态度不好，这个，如果我态度不好，我可以检查这个问题，啊！但是我沒有下汽车，恐怕大家还不认识，不一定是这样的，当然，同志们批评我，可以考虑了。这个，我来有各种说法，各种意见，这个，听得见吧！（大家请他坐下讲）这个，说的很多也沒有多大必要了，我看了今天阎长贵同志带来的材料，说这里写了个大字报，啊，这个，谁介绍这个情况，那个情况还是比较实事求是的，当时讲的情况，说中央陈伯达同志见了那些人也说："我看你们可以回家，但必须老实交待问题，不要搞鬼，否则我们就不好说话了"。那么，大体意思差不多，伯达同志大概是那样讲的，下面讲我的讲话追忆，这里，韩炳田同志是那位同志？（张天祥说保卫科）。这个情况差不多，我对陈桂保同志讲你是个老红军，你对政策掌握得基本上还不错，基本是文斗沒打人。设拘留所不好，不符合毛主席的政策。我现在回忆，基本上差不多，我说公安人员才能拘留人。这个要隔离反省，要经过上级批准，那么这里好象不是隔离反省，都在一起不利于斗争。这个，下面是不是讲一些自杀问题，不自杀了，象讲故宫放毒啊！是啊！说是要改造自己，不能竟向人民放毒，那是不行，这个对吳仲超，批评他说是你，你是有问题的，在郑家眞的使用上啊！是个叛徒，我看基本上差不多。大家批评我，我是要材料了，这是有的，到这儿要材料，我，我当天就要来，我一点也不了解情况，不看材料是不行的，是要材料看一看的，当然要材料是不是态度不好，这我可以检查了，当时说话怎么样子，也沒有录音，现在有个录音好办了，当时说话态度怎么样，就可以……啊所以不反对录音就是这个道理啊！但是同志们相信一点，无论是陈伯达同志，无论是我个人，我相信我们对各种黑帮是不会包庇的，希望同志们能相信这一点。这个，比如唐兰，我问过唐兰，因为我看见有一个人象他，我说有沒有唐兰？他说是唐兰，我问过他，问个他嘛，啊，这个是不是有同志会怀疑啊！可能沒有，因为我听到有这么一个片面的反映，说我和唐兰认识，我和唐兰大概认识，一次学术讨论会上，大概和唐兰交过锋，那么唐兰这个人是不是因为我认识他就会包庇他，我想不会的，因为这个人是一贯反对我的，罵过我的。在那个讨论李自成的时候，《光明日报》的记者反映，是罵过我的，罵得很厉害的，你说这种人，就说我个人的关系上我看也不会包庇他的。这个吳仲超，陈伯达同志会不会包庇他，我想，是不会包庇他，是吧？陈伯达同志是个很有高原则性的马列主义毛泽东思想的这么一个理论家，他在这个反对黑帮的反对右派斗爭中一贯坚決的，他是坚定的左派。不仅是吳仲超了，比吳仲超更大的右派，象周扬啊，彭、罗、陆、杨啊，都是跟陈伯达同志认识的，那么陈伯达同志既然认识，他一贯地跟他们斗爭，希望同志们不要顾虑。这个刚才那个同志讲得很好了（有人说：×××）她说，我们不会因为这个而放弃斗爭了，这个态度很好了，因为就这样的，我们是马克思主义者，彻底的唯物主义者是无所畏惧的。第一，他们不会包庇他，就是比如说戚本禹包庇唐兰，你们要坚决地和戚本禹进行斗争，不怕！哪个不符合毛泽东思想，你们就和他斗争。是吧，这个，我想不会，你们大家大胆相信这一点，我们中央文革小组是从来不包庇右派的，从来是站在这个斗争最前线，尽管我们有这样的缺点那样的缺点，但是我们在维护毛主席路线这一点上文革小组是丝毫不动摇的，这点，我希望同志们放心。下面我讲关于故宫的问题了，我讲点我个人的意见。上次我跟这个故宫一个同志通电话时我也讲过这些意见，因为我怕在传话中有传的不对的地方，我愿意亲自来一下，这个，我讲清楚，错了吗大家批判，我也可以从这些批判得到这个提高。那么我认为这个故宫的斗争啊，在故宫的阶级斗争中，在几年接触当中，我觉得故宫内部存在着尖锐的阶级斗争，故宫，究竟怎么办这个故宫，还是一个很大的问题，这是意识形态里一个很大的斗争，我希望同志们把我们的注意点放在这个问题上，这是大方向，刚才争论的意见是可以争论了，但是我觉得不是很……比起这个大方向来说不是很重要的，故宫嘛！是帝王将相的过去统治的一个中心，这个封建王朝所在地，这个地主阶级的一个老窝，那么我们劳动人民接管故宫以后，本来应该把故宫变成阶级教育的一个阵地。因为它有很多材料，阶级斗争教材，应该是不是办成一个阶级教育的一个阵地，象这个四川的《收租院》哪，那样的，办成这么一个。但是故宫由于过去的领导上包括吴仲超这些人长期以来执行了文化部的资产阶级路线，执行周扬的、陆定一的、夏衍的、林默涵的这些人的资产阶级路线。你们的材料没有揭发很多，这些的事情，是吧？所以把故宫变成一个宣扬封建毒素，宣扬地主阶级生活方式的一个阵地。本来应该是一个阶级教育阵地，是我们劳动人民拿来教育我们后代，教育我们自己的阵地，但是这个故宫长期以后，这个在文化部领导下变成了资产阶级阵地，变成一个宣扬封建阶级生活方式、宣扬封建毒素阵地等。这是我是不是否认了故宫的成绩呢？（对陈桂保）总的来说我过去一直是有这个意见的，有这么一个看法的，我在过去在你们故宫展览看过的时候在本子上也写过意见，我们很多同志来看过你们的展览啊，也都有这个意见。关锋同志，我接触的其他的一些资料所的同志，都有这个意见。我们觉得接管它以后，本来是应该为我们服务，结果变成我们为他们服务。我们有很多很多革命同志在这里，工作辛辛苦苦的，但是我们给人家做嫁衣，我们给别人干事情，这点应该说是很痛心，很痛心。我们党派那么多干部到这里来应该把过去人家向我们进攻的阵地，变成我们自己的、向敌人进攻的阵地。所以我说这个故宫是意识形态领域里的很大的斗争，究竟怎么办故宫展览是个很大的斗争。是不是我否定了故宫这几年的成绩呢？故宫革命同志做了很大的成绩，我们应该给予充分的肯定，我不想否定，你比如最近办的《收租院》很好，起了很大的作用吧，还有红卫兵在这里当解说员，刚才有个红卫兵就很好吗，我们故宫就应该这样办，是不是！群众到故宫以后，激发了他们的斗志，认识到阶级敌人的这个所有罪恶，是吧，坚定自己的革命立场，是吧，可是我们把它办成一个……这当然不是同志们的责任，同志们在这个时间进行斗争了，这主要是资产阶级分子，资产阶级右派，他们的错误领导造成的，但是，我们呢？这次文化大革命一定要把这个阵地夺回来，不能容忍这种现象存在，不能把故宫变成一个长他人威风、灭自己志气的这么一个展览，变成一个我们向敌人向资产阶级、地主阶级进攻的阵地，要使得那些外国的资产阶级、中国的资产阶级、地主阶级看了以后就要低头认罪那么一个阵地。但是我过去看了一些外国人的报导以后，很痛心，他们那些外国资产阶级看了你们故宫以后，非常欣赏，非常称赞，说这个怎么怎么好，那个怎么怎么好，这个馆怎么好，那个馆怎么好，写了大量的外国报导来表扬你们，我觉得毛主席讲的话很好，这个语录大家都很熟悉的，就是被敌人反对的是好事而不是坏事，为什么这些外国资产阶级说好？这值得我们深思。为什么人家说我们好，很佩服，你看这些地主阶级创造了这么多东西在那里耀武扬威，他们死亡了，但是他还是死人统治着已经死了几百年的人来统治我们故宫，在散布他们的毒素，在用他们的那些东西来教育我们的后代，这不能容忍过去故宫领导把故宫资产阶级捧得九天之上，我从来主张对资产阶级权威，如果他有一技之长，我们还可以用他。你比如唐兰这个人，虽然他过去反对过我，但是他这个人在政治上还有点所长，还可以用他。但是，必须是我们对这种资产阶级地主阶级的知识分子……我们就是利用他，说清楚，就是利用限制，改造这些人，而不能让他们猖狂地向党进攻而不闻不问，甚至捧场，如果这样的话，作为一个党员，一个革命者，那就是背叛革命、沒有气节。唐兰散布了许多东西，但是，今天你们给我看的材料里，沒有唐兰的材料，这个在孔子讨论会以后，就发表了很多文章，有的是讲话，有的是文章。使孔子的思想万古长青，我们故宫的同志应该批判这些东西，什么万古长青？最近师范大学井冈山的小将们，他们就去曲阜造了孔子的反，那是有两派意见的，有的人就不让造反，说造孔子的反还得了？就把关都关起来，这些小将们就不管，他们去了以后，就发动周围的贫下中农发动了曲阜师范的同学大造其反，造反造得很好，而且发现孔庙里有间房子放了一些反动的国民党党旗，变天账等之类的东西。这样的东西他们就把它保护起来，长期的保护起来，而且那个地方它是不让劳动人民进去，从来不让劳动人民进去。这一次浩浩荡荡跑进去以后，而且把孔夫子牌位给烧了，孔夫子的七十二个弟子的牌子给砸烂了，他们还要挖孔夫子的坟。我请示了陈伯达同志，陈伯达同志说可以挖，就是平孔夫子的坟，当然，陈伯达同志有指示了，对文化古迹，对汉碑之类的东西要保护，因为是作为文物来保护的，而且指示要把孔夫子的庙要办成阶级斗爭教育展览馆，办成《收租院》。我看孔夫子的庙的问题和故宫有类似的地方，我看伯达同志指示，对曲阜孔庙的指示，对故宫有参考的作用，有参考的价值。我们就是要把故宫办成阶级斗爭教育展览馆。当然不允许在这里宣传、宣传封建地主阶级，宣扬他们的生活方式，宣传他们的毒素，不允许，绝对不允许，象唐兰这种人宣扬孔夫子万古长青，你们就应该批判他，批臭、斗臭。我刚才看到故宫的工人同志，阎长贵给他们作的发言，刚才我也听了，我觉得他们这一点很好，他们的革命精神很好，我希望你们也参加这个批判，工农兵可以参加这个批判，他们批判能够一针见血。能够把这些事情批透。你们也要参加这个批判。故宫的革命干部和革命工人结合起来，团结起来，向资产阶级、封建阶级这个阵地展开进攻，把它夺回来。要大造资产阶级这个阵地的反，大造封建阶级的反。我上午看了一些材料，下午带回来看了一些材料，我觉得你们造了不少反，写了一千六百张大字报，但是我觉得很不够，造反造的不够，你们就沒把你们故宫的问题，这个材料里也有一点，但是这个相当不清楚。这里一条黑线下来的，你们这条黑线就沒有很好揭发。从旧文化部甚至于还有一些新文化部的东西，这条黑线一直贯下来的。从故宫这个麻雀解剖可以看到文化部、宣传部很多问题。但是觉得揭发还不充分，是不是这样呢？（常振生插话：不让揭发当中给煞车了，工作队给煞车了嘛！）……是不是啊：你刚才不是也发言了吗？哪些材料我觉得很不充分，还要充分揭发，造反得还很不够！这一点你们要向兄弟单位学习。有些单位造反的很不错，他就从本单位的问题，造到文化部，火烧到文化部。所以我觉得你们造很多反，有很大成绩，但是还很不够。我们故宫的革命同志，一定要高举毛泽东思想伟大红旗，从政治上、思想上彻底地把反动的文化部的资产阶级的对故宫的统治彻底摧毁！把这个阵地夺回来，要办成给劳动人民服务，给人民服务、给革命服务，把故宫变成一个阶级教育的阵地，使每个到北京来的人参观了你们故宫以后，能够提高革命觉悟，回去更好地参加斗争，而不是看了你们故宫以后，回去想当皇帝，反对社会主义。山东过去有一个人，我过去看到一个材料，他看了故宫以后，他就在皇帝坐的椅子上坐了一下，回去以后就说，我坐了皇帝的宝座啦！于是就在那里招兵买马，设立东宫，西宫。这是实在的事情。这是你们故宫过去办的这么一个成绩.人家来了以后,想当皇帝,当然,那人成份不好了,是富农分子。是不是富农份子,我已记不清楚了,大概是那么个人。(阎长贵插话:通过故宫的参观,应该痛恨旧社会,热爱新社会,如果不痛恨旧社会的话,那么这个事情就……)本来应该办成一个对旧社会的控诉、对帝王将相的控诉、对皇帝的控诉,对资产阶级的控诉。但是,我们来了以后,把它变成了一个欣赏。这是方向的错误,大方向的错误。我们现在就要扭转这个大方向。通过文化大革命把这个故宫变成革命的故宫,人民阶级教育斗争展览馆。把反革命的阵地变成革命的阵地。当然,我也说一下,我不是来主张毁坏这里的文物。你们这里有很多文物,尽是绘画,反动的家伙画的,这些东西应该保存下来,因为它是我们人民沒收来的,沒收过来的应该加以保护。但是有些不能展览,不要把文物采取简单的办法,一把火烧掉,我相信你们不会采取这个简单的办法。我需要说明一下,因为陈伯达同志对孔庙也是这么个指示,他说对孔庙的东西,对孔庙不要烧,牌位他主张烧,牌位可以烧了。汉碑他不主张砸的。你们这里的文物,那还是人民的财产,那是我们沒收过来的,是我们的财产。但是怎么展览这些东西,这里有路线斗爭的,有立场,不同的立场,有不同处理的方式,要站在无产阶级立场,站在革命的立场,用毛泽东思想这个伟大的武器来处理这些事情,而不能象他们那样搞,这是一个问题。

有的同志要我讲两条路线的斗爭,对故宫的展览,我过去有点感性知识,对你们这里两条路线的斗爭,我很对不起大家,我对你们这里怎么个斗爭方法,是那些內容,我不很了解。我相信这个问题依靠你们自己来辩论,自己来解决、我想这里也会有两条路线的斗爭,那么两条路线的斗爭都表现在那些方面,是个什么程度,表现在那些人身上,这些问题我都不了解,毛主席说沒有调查就沒有发言权。

但,我需要说一下的,就是这个拘留所的问题,你们集训班也好,拘留所这个问题,我上次跟工人同志交换了意见。我认为设立拘留所是不对的。但是,就设立拘留所本身这个问题,不要提到资产阶级反动路线来看。那么资产阶级反动路线,也许你们有,也许沒有。这个表现,不会表现在一个方面,如果这里有的话,会表现在很多方面,如果,这光是一个拘留所的问题,设立一个集训班,把几个人关起来了,这个问题是不对的,应该纠正。现在纠正了,单就这么一个问题来说,我想不把它当作为一种资产阶级反动路线来对待。拘留所是不对的,但是拘留的人呢?你比如吳仲超这些人;当时(这些你们刚才沒有讲)我来了以后,批评了吳仲超。因为我不了解的事情,我就要问哪!你们沒有材料,沒有材料我就要一一的问,我说:你是叫什么名字?他说:叫吳仲超。他有个纸帽子。我说:这个纸帽子给你戴很好哇!你应该戴,也有好处啊!我说:你是反动啊……上面写着的是封建的什么东西。我说:你们是搞封建毒素,我看就是搞封建毒素的。他还承认。吳仲超他承认说:戴得对戴得对。我这方面你们就不用说了,这也要说。你们要灭他们的威风,说我来给他们长了志气,沒有给他们长志气!我看,我是灭他们威风的。可能灭的不够、因为我还不了解许多事情,沒看到这些材料,就今天才看到。戴帽子问题,你比如还有个国民党叛徒,当了什么业务部主任,简直岂有此理。我很生气这件事情,我当时把吳仲超狠狠地骂了一下。这个你们有人在场吧?(阎长贵插话:有人在……)你们都看到了。当时,那个人(指郑求眞)还说了一句:什么叫叛徒?我说:你就叫叛徒。他说:我参加了共产党,后来又……我说:参加共产党也是叛徒。你过去是叛徒么,你参加共产党是不是眞的改变了自己立场,我看是不是混进党內的,你要审查一下的(张天祥插话:他先参加共产党,后脱党的)。如果是当了国民党的什么委员(群众插话:是区分部委员。张天祥又插话:先参加共产党脱党后,参加国民党)。这个问题很值得考查。前几年还当个什么业务部主任,那就岂有此理了!这种人,我们给他个生活出路就不错了,他还当了领导,他能领导什么?(群众插话:还让他到保密工地去了呢？)那眞是岂有此理的事情。这种人，我看是应当彻底批判的，而且以后不能让他担任领导工作，让他下台。当然，同志们那天批评也对了，那天我沒有很多批评，因为我不了解很多事情，而且时间也不够。因为当时陈伯达同志要我把这些人、拘留所解散，把这些人带来，他给训话，训完以后，叫他们回家，这么一个方针，我做为小组的成员，我要执行我们组长的方针。所以，我把他们带来。刚才你们不是问为什么带来呢？为什么带给陈伯达同志，因为他叫我解散集训班，把人带来，我只能按这样做。我想陈伯达同志讲话，讲得很好。他批评他们，你们提的，说是沒有经过群众，沒经群众讨论，我想经过你们群众讨论，大家也会同意的，你们现在不是都同意吗？当然，如果时间充分的话，我们可以做到这一点。因为当时时间比较伧促，伯达同志当时有指示，马上要带去，要解散。当时，有中央通告啊！这些问题，我希望大家从大局考虑一下，当时通告印发出两天了啊……三天了，如果搭上我们那次会呢，实际是四天了，我们第一次基本上是四天了，这个通告我可以给大家讲清楚，这个中央通告，它的矛头是指向资产阶级反动路线压迫群众的，这个矛头是这样。有些领导人，他为了镇压给他提意见的群众，他把给他提意见的人都抓起来，关在拘留所里边，我们这个中央通告矛头是对准他们的，但是，抓的右派分子，你们这里抓的是不是都是右派，你们将来可以一个一个的审查，我不作结论，这里也不能作结论。那么，对右派分子这些私设拘留所，象我们中央通告矛头是对准他们的。但是，对这些人私设拘留所也是不反对的，因为我们国家是无产阶级专政嘛！有法律嘛！也是不反对的，当然，是革命群众要这样做，要给他们进行说服教育，不要那么做，硬做了的话，我们处理这个事情。中央通告发了，要处理，因为中央通告发出来，就是要群众处理。可是，发了好儿天，这里沒处理……刚才，你们讲了，你们也准备处理，我也相信，你们也准备处理，但是沒有处理，因为沒有处理，别人把那个事情反映到公安局了，反映到市委，市委刘建勛同志把这个东西拿给陈伯达同志，你们想想看，你们作为陈伯达同志应该怎么处理这件事情。我看，你们做为陈伯达达同志也要解散，也要马上解散。因为说了，要马上解散，要处理，我们为了保护革命群众，我们也希望你们马上解散，事情就完了，我想伯达同志是为了保护革命群众。要解散拘留所，是为了保护革命群众，你们要理解这一点，沒有通过群众的这个问题，如果时间充分，当然可以……也可以这样做，但是当时那样做就要跑来，把你们文革人找来，两面谈通，经过文革同意把它撤销，我看也可以，也是正常的，因为不准私设拘留所，是我国的法律，党的纪律，宪法里面有规定。那么宪法这些规定，它是经过人民代表大会的讨论，经过七亿人民的讨论，所以这里不发生一个不通过群众就解散，当然，你们也不是认为这就是错误，是个方法问题，不发生这个问题，当时，这样处理也可以，因为是通过你们文革的同志。当时这位老陈同志(插话：陈桂保同志)，陈桂保同志，他是同意，也是赞成的。这个问题我说的是不是恰当，你们大家有不同意见，可以批评。我想这样处理还是合情合理的。如果时间充分一些，我们可以多做一些工作，给你们各派作一些工作，因为当时摆着这么个局面，很多单位都撤。当天晚上都检查了，当天晚上报告上这里还沒撤。你们说是不是要马上处理，因为中央文革的东西，中央批准的东西，我们说了就要作。我希望同志们能谅解这一点，希望工人同志们能体谅这一点，当然你们也有理由，打电话给文化部批准，要走市委，其实你们不打电话也可以，你们自己总结一下，不请示也可以，因为你们当时成立时也沒有请示嘛，所以你们成立时沒请示，撤销时撤了就算了，撤了就完了。你还请示，弄了半天，结果弄的……它就晚了，你们希望文革晚来一步就好了，我们希望你们能够早撤一步就好了。当然，你们的意见还是对的，就是我们沒有跟你们商量一下，就是时间的问题，因为大革命当中，很多事情它是很偶然的，它不能用预先的想法，各种事情不能按照想象非常合理，非常妥当的办法来进行的，在进行中它总有些……有时这点照顾不到，有时那点照顾不够，总有这些问题，我想你们也会有这些事情的，有些事情处理上照顾不够啊，引起一些群众的意见，也有这样的事情，所以这些问题，我们希望你们谅解这些问题，问题不大，这些问题我建议你们，这是我个人的建议，就是你们在拘留所的问题上，不要再展开大辩论了，就这一个问题上，就是设立拘留所不设立。撤不撤销的问题，对于文革小组究竟是不是(听不清)我想不要扯这些问题了，你们两边都是好意，他们对文革小组提出意见，也是为了帮助文革小组改进工作，都是好意的，我非常感谢大家，无论是对提意见的同志，或者是不同的意见，我都表示感谢，我希望不要在这些个问题上再继续纠缠了。

今天我的发言，意见大家听的差不多了，我说不要再讨论下去了，就是这个意思，我想你们在大方向还是能够一致的。在大方向一致的底下，把无产阶级文化大革命进行到底，那么这一个具体问题呢？你们给中央文革小组提意见我们是很欢迎的。我们中央文革小组需要在群众的监督下才能作好工作。同志们来找我，我当时因为到工厂去了，沒有接见你们，很抱歉，你们那一派同志也写信给我，因为我们最近每天都很紧张，昨天也在长辛店，搞的也是很晚，群众大会呀，我们两次饭都沒吃，搞得很晚的，工人也沒吃饭，争论的比你们这要……简直要武斗了，两派也是非常激烈的，你们还是比较文一点，因为你们都是文化单位嘛！所以这些问题上呢，是不是在这个问题上就可以求同存异。如果有不同意见，可以求同存异，不要再继续争论了，因为这个问题不是大方向的问题。有人递条子说："为什么说集训班不是资产阶级反动路线？"我是这样：就是这个集训班把人拘留起来，看管起来，这个问题不作为资产阶级反动路线来对待。那么至于你们搞的里边是不是有对这些黑帮斗争当中，比如同志们提出的问题说沒有把他交给群众斗争，这个问题情况是不是这样，我也不太清楚，沒有交给群众斗争，把文化部的这一套承继下来了，那么是不是承继这一套，我也不太清楚，因为它承继的话，不在于形式，而在于內容，这个情况我沒弄清楚，所以我不能回答这个问题，所以我说是不是其他方面有资产阶级反动路线，应当由故宫的革命群众来讨论，应该由你们自己来讨论。那么作为集训班本身这件事情，如果不和其他事情联系起来看，这个集训班或叫拘留所了，因为我们习惯叫拘留所了，实际上是拘留了。

你们大家也都承认是个拘留所了，那么这个拘留的话我看是不对的。但是，这个事本身不要作个什么路线问题来看待，如果他们拘留的是些群众。所以我那天问，那是我要问的，究竟你们拘留的是什么人，是要问的，如果拘留的是群众，人家给你领导提意见、贴大字报，这个搞人家是"右派"是"反革命"，把人家拘留起来，这就是资产阶级反动路线，这从內容到形式都是资产阶级反动路线。那么它是现在拘留的是啊……所以我问了以后啊……我对那个事情就兴趣不大，我一看是吳仲超，什么唐兰这些人在这里，我心里大体都明白了，因为我进去的时候是不明白的，并不清楚这些是什么人拘留了，因为很多拘留所我发现都是拘留进革命群众，所以我从形式上看也差不多，也是这些人。"黑帮""右派分子"他们脸上也沒有登个记，他就写个名字，他也沒有。所以我也弄不清楚是些什么人？不过它拘沒拘留群众，我是要问的，是些什么人，我是要问的，那么问了以后，我是得要材料看的，因为我不看材料我怎么知道。凡是到拘留人的地方他都说是"右派"，所有的人我问他，他都说是"右派"，所以我问是右派吗？我也要看材料，这也是一种调查研究。后来我一见吳仲超，我也不认识他，吳仲超我知道了，因为过去的材料，我看到过他，人不认识，但是材料看见过，还有个人，我看他象唐兰，他过去手上有个金镯子，我看他手上也沒有金镯子啊！是不是呢？他手上沒有金镯子啦！所以我问他，这有沒有个唐兰？他说他是唐兰。我说你手上沒有金镯子啦，那家伙是个资产阶级啊！他手上经常搞个金镯子(插话：他文化大革命以后搞掉的)所以，我并不清楚，就沒法判断了，因为我只见过他一面，这个总在他手上，他拿出来，我看他沒有，我说这个人是不是啊？也弄不清。像：所以我就问他，我一听说是他们两站在这，我心里大体也明白了，我明白是怎么回事了。所以，我后来很严励批评他们，过程就是这么回事了。我也不包庇你们任何一方面，如果是你们故宫文化革命委员会领导上有资产阶级反动路线，或者有的同志提的，有反动路线的影响。那么你们自己提出来，自己经过辩论，辩论清楚，有什么就要检查，沒有就沒有，采取毛主席的实事求是的态度来对待这个问题，我不能在这里，这个问题上讲任何意见。因为我不太清楚，这个由你们自己来讨论。

集训班这个问题，就这个问题上我看不要再争论了。

如果你们说，是承继了文化部的东西，那么承继了什么东西？如果不相信群众，表现在那些地方？如果不是，通过群众斗争，而是通过一些专人斗争，那是不是这样？你们自己来讨论，你们来自己辨别清楚。在讨论当中，你们还是要态度好一些，摆事实，讲道理，当然刚才的态度很好了，但是我看还可以更好一些。因为你们都是革命同志吗！可以通过摆事实讲道理的方法吗。把这些问题讲清楚，谁讲的对就服谁吆。不要形成我是一派，我这派就是不给你这派低头。你是你只这一派，如果把这个大是大非问题的争论搞成派系的争论的话，我看这不符合毛泽东思想，但是，你们这……我并不是给你们作结论，说你们这就是什么斗争了，不是那样，我沒有任何什么印象。但是呢，我希望你们能够本着毛主席的指示，本着十六条的精神用毛主席的正确处理人民内部矛盾的原则，用摆事实讲道理的方法，来解决这些分歧，在解决这些分歧的基础上大家团结一致，拧成一股绳，向那些资产阶级、走资本主义道路的当权派进行斗争。这是路线问题。

还有人提出故宫……，各文化单位，有沒有不执行资产阶级反动路线的？现在故宫，在于故宫的特殊论，这些问题我看你们自己讨论，好不好？因为我不能讨论这些问题，因为你们的工作组怎么样我不知道，工作吗？大部分工作组是执行反动路线的，但也有少数的工作组，它们作的还是对的。你们这儿究竟怎么个情况，我不知道，文化部的资产阶级反动路线是很励害的，你们是不是受到影响，我不清楚，也可能你们那儿作的好，也有这种可能，不是沒有这种可能的。这个由你们自己来讨论。讨论这些问题，就是你们机关、工厂、不再发展和成立红卫兵组织。现在我院革委会的委员，还说要成立，原来中央有那么个意见，红卫兵是三十岁以下的青少年组织，不是老头老太太都搞红卫兵。如果你们成立的话（陈桂保同志插话：是不是什么文艺造反军？）也可以保持下去。（插话：刚新成立的）我看成立的叫红卫兵，还是叫什么？（常振生插话：红卫兵新发展的）你们改个别的名字也可以嘛！如果都是三十岁以上的，改个别的名字，也可以吆，这个问题，我看问题不大。（霍海俊插话：都是青年）也可以成立吆，那有什么呢？（常振生插话：中央已经有规定了，这个文件在这儿念了，现在还要成立红卫兵，这是什么问题？）（张天祥插话：本来我们故宫已经成立了一个红卫兵，我就是红卫兵，他也是红卫兵，另外就是因为沒有吸收他们，他们另外成立了一个红卫兵——最近）（常振生插话：机关单位不许成立吆）中央是这样的，你们成立了以后（群众插话：是不是把发展的情况谈一谈）啊，这个问题就比较大了，这个问题谈一次也谈不清楚啊！我看这样好吧：红卫兵问题，你们既然成立了，也就不要这样争论来争论去了，这个中央指示不中央指示。因为现在也有这种情况，其他情况也都成立了，成立了也就算了，因为按照宪法呢，群众可以成立各种组织，有这个权利．因为中央这个东西也不是一个死的，不是命令性的东西，中央的意见希望不要在机关里边……。因为红卫兵是个青少年的组织，希望提倡这个东西，那么你们这儿成立了，我看你们最好不叫红卫兵，别的组织也可以吆，你们叫什么革命战斗队或什么队啊，什么小组啊，都可以。现在百花齐放吗。为什么一定要利用这个红卫兵呢？我看这个问题，不在这里再讨论了好不好？

是不是今天就谈到这里？看看同志们还有什么意见？（鼓掌）

李富春同志十二月一日召集团中央机关及直属单位第三次座谈无产阶级文化大革命座谈会上的插话和讲话（摘要）

我对团中央的工作是关心的，不是不关心的。这几天，一直有事。二十六日主席接见外地革命师生，我参加了。二十七日接见，我又参加了，搞了一天。二十八日中央常委开会，我又参加。二十九日，在人大礼堂，给来京的文艺界开会，江青同志，总理去，我也参加了。昨天在工人体育场开了一万多人外地工人的大会，我又参加了。今天不开会了，我来找大家开会，给同志们谈谈心，请不要记。现在常委除了主席，林总掌握大方向外，主要由总理、陶铸、伯达、康生、我，我们五个人管经常工作。团中央的工作是新问题，过去沒有接触过。同志们写大字报让我下楼调查情况，我都应该做。我每天总想挤时间，以后还想挤时间和印刷厂同志谈，到团中央去看看。

我稍微讲几点意见。

第一个问题，平反和材料问题。

这个问题，临时书记处要督促各单位迅速做好。按照中央军委指示和中央十一月十六日补充指示，把有关材料处理好，彻底解放在文化大革命中受打击受压抑的革命群众。这个事情不要等待两条路线的批判，也不要等待批判过去以“二胡”为首的修正主义路线。要解放一批受打击受压抑的革命群众。希望各单位筹委会：红卫兵负责同志共同把这个事情做好。平反工作一定要搞彻底。我以为，过去搞的整群众的材料，贴的大字报，我写你的，你写我的，一律不算数。不仅领导点群众的名，而且群众之间相互点名的，凡是不对的，一律不算数。不论工作组来之后，还是工作组来之前，人民日报三个横扫之后写的，反正是点错了名的，都算在内，一律不算数。这样比较彻底，不要使群众之间引起相互的猜疑，埋怨。

第二个问题：

听了大家汇报后，初步印象。不管是多数派，不管是少数派，只要是革命的，抓住了无产阶级文化大革命的大方向的，眞正高举毛泽东思想红旗，只要是眞正贯彻十六条的，就要欢迎这些同志革命。欢迎青年同志们敢想敢闯的革命精神，敢想敢闯，好，要爱护这种革命精神。

我的意见，当前，先批判资产阶级反动路线，开展两条路线斗争、然后批判青年团的错误。

毛主席提倡的大民主，是毛主席群众路线的新体现。这个问题，在我来说，也是逐渐认识，逐渐提高。经过十一中全会，中央工作会议，经过全国革命同志敢想、敢说、敢闯的影响，经过毛主席的教导，我也才逐步认识。是跟着毛主席走的，有时还跟不上，跟得不紧。八月十八日，红卫兵一出现，毛主席就抓住了，于是全国就出现了那么大的红卫兵运动。这是一个新鲜事物，以后，红卫兵从学校到社会，到街头，这又是一个发展。我是跟着认识的，学生起来以后，必须和工农结合。首先是工人起来了，目前中央正在研究工厂如何抓革命促生产，这个问题我们还缺乏实践经验。最近中央准备起草一个文件，如何在工厂中进行无产阶级文化大革命。

文化大革命，我们的认识是逐步发展的。我们思想是逐步跟着毛主席走的，因此，难免不说错话，不做错事。问题是如何紧紧跟着毛主席，紧紧跟着毛泽东思想，紧紧追随群众的革命创造精神。这是主席讲的相信群众，相信党，林总讲的吃透两头。

团中央的运动也是要发展的，不是停止在当前的状况的。因为团中央的运动不仅受本机关群众的首创精神的影响，还要受社会上运动发展的影响，所以现在要给团中央各单位定调子，定框框是不适宜的。还是要靠群众的首创精神，靠群众高举毛泽东思想。很多问题被初生的东西打破了。现在大家的思想水平、认识水平都提高了，我随着运动，思想水平，认识水平也提高了。我也不能墨守成规。你们亚疗院长做报告可以讲四十分钟长征，我要摆老资格，那得讲二个钟头。摆什么老资格，不管你资格多老，地位多高，都要向群众学习，都要好好学习毛泽东思想。这一点请亚疗的同志回去告诉你们的院长。

第三个问题：我也先念两段毛主席语录。

第十一页最后一段："谁是我们的敌人？谁是我们的朋友？这个问题是革命的首要问题。中国过去一切革命斗争成效甚少，其根本原因就是因为不能团结眞正的朋友，以攻击眞正的敌人。革命党是群众的向导，在革命中未有革命党领错了路而革命不失败的。我们的革命要有不领错路和一定成功的把握，不可不注意团结我们的眞正的朋友，以攻击我们的眞正的敌人。我们要分辨眞正的敌友，不可不将中国社会各阶级的经济地位及其对于革命的态度，作一个大概的分析。"

第七页最后一段："政策和策略是党的生命，各级领导同志务必充分注意，万万不可粗心大意。"

我们要分清敌我，把眞正的朋友团结起来，把眞正的敌人打倒，而且在敌人中也要分清主次，打击主要敌人。这是政策和策略问题。不仅注意团结眞正的朋友，团结中间的力量，而且注意间接的同盟军，而且注意利用敌人阵营中的矛盾，最大限度地孤立最大敌人。美帝国主义是我们的主要敌人，法国虽然也是帝国主义，但戴高乐表示反美，我们对法帝国主义这个间接同盟军要利用，建立邦交，做点生意。为着反对修正主义，孤立最主要的修正主义——苏联，我们对东欧有些修正主义的国家，态度有些不同，对罗马尼亚态度有些不同，对有些国家做点生意，主要是打击最主要的敌人。所以，朋友要团结，间接的同盟军也要利用，这样才能团结最大多数，争取胜利。

这是分清敌友的问题。把大方向搞对头了，枝节问题就要放后面一点，甚至放轻一点，利于把革命群众团结起来。我看团中央各单位都有一个分清敌我，团结多数，对敌人要分清主要和次要的这个问题。我沒有很好调查，但我看都有这个问题。只有这样认识清了，才能实行群众与群众之间的大民主。大家抓住大方向，丢掉枝节问题，不要舍本逐末。我希望你们在两条路线斗争中，注意学习毛主席这两条语录，分清敌我，团结多数。要按照毛主席的思想，在群众中实行大民主，有问题平心静气的谈。大家抓住大方向，去攻击主要的敌人。

因此，我建议，中央工作会议陈伯达同志的讲话，林彪同志的报告，在文革小组长中间，在筹委会之间，在党员干部之间，在团支委之间，在红卫兵负责人中进行传达。非党员也可以。都念念这些报告。林总主要讲文化革命的伟大意义，伯达同志主要讲两条路线斗争。念一遍不行念两遍，两遍不行三遍。领会中央新精神，就更有思想武器了吧。与其这里抄一点那里抄一点，不如读这两个文件，这是中央正式发表的。

有一点要注意，革命的同志，不但要学会倾听不同意见，还要学会团结反对我的意见的人。只要不是敌我矛盾，是人民内部矛盾，就要学会团结反对过我的意见的人，这是毛主席伟大的地方。彭德怀从二七年起，长期以来在党内与毛主席有不同意见。毛主席总是耐心地教育他，团结他，希望他改正，搞了三十多年。出了彭、黄反党事件以后，毛主席还不准备开除他党籍，给他以出路。从彭德怀有不同意见，由反对毛主席的意见走到反对毛主席的路线，三十多年。我是拿这个例子来说明毛主席的伟大，说明我们要学习毛主席如何对待人民内部矛盾，甚至是反对我意见的人。这是一个政策的问题，我们要学习。我耐心教育你，耐心说服你，耐心团结你，你几十年还不改正，那就怪不得我了，我做到了仁至义尽了。

毛主席对彭德怀是这样，对王明也是这样。直到五六年王明到苏联去养病，养病养病，变成苏联的修正主义者，毛主席也是长期采取团结——批评——团结的方针。在他沒有替苏联修正主义讲话以前，总是团结批评团结。你替苏联修正主义讲话，变成里通外国的了，那就怪不得我了。

所以，同志们也要注意有这样的心胸，这样的政策。这也是属于分清敌我，分清主次，尽可能的团结多数的问题。也是毛主席始终坚持的团结——批评——团结的公式，也是主席始终坚持的"惩前毖后，治病救人"的方针。你们之间的不同意见，我估计，敌我矛盾还是极少吧，绝大多数还是人民内部矛盾，既然这样，就要学习毛主席这个公式，这个方针，抓住大方向，抓住主要敌人进攻。

今天，我只能在原则上向同志们介绍一点毛主席的精神，毛主席的经验，不可能回答你们各单位的具体问题。请同志们谅解。我尽量安排出时间，和印刷厂的同志谈谈，到团中央各单位去看看。如果我只管团中央，那事情也好办。

调解放军到团中央来，我要王道义同志征求各个筹委会的意见，欢迎就来，不欢迎就不来，还是走群众路线。团中央机关和团中央其他机关，来多少？（王道义：二十三个）（有同志说：太少了）你们如果认为太少了，可以报告中央再来几个也可以。（团校和团中央有同志说，有同志反映解放军同志来的时机目前不适合）欢迎马上来的马上来；欢迎但迟点来的就迟点来；不欢迎的就不来。就是这三种情况，各单位的情况各单位去讨论。好不好？达成这个协议。总而言之，不管哪一种，都要经过群众讨论。就是有少数不同意见，我们也要遵重少数不同意见，不要强加于人。

今天就讲到这里为止。

（接着印刷厂有位同志问：在第一次座谈会上，曾听富春同志讲到"团中央书记处犯了错误，不等于团中央各级党委都犯了错误。"是不是这样说的？）

富春同志说："我说的是不等于各单位都犯了错误。"

（团报的同志又提出，曾听说富春同志给一轻部的同志讲过，筹委会是革命群众选出来的，因此不可能执行资产阶级反动路线。有沒有这样说过？）

富春同志说："我沒有说过筹委会不可能执行资产阶级反动路线，主要是看它实行的是什么路线，各级文革筹委会，实行了什么路线，就是什么路线。"

（出版社的柏淑兰同志问：在第一次座谈会上，富春同志说，周凤格有病，可以暂停对她的批判。但是，有的同志提出：批判她就犯病，不批判她就不犯病，这怎么办？）

富春同志说：那她就沒有病了。如果是眞病，是一回事，那就背靠背的批判，或者是否可以考虑暂停一下。如果是假病，那是另一回事。

周恩来同志
十二月三日晨一时半接见四川工人时的讲话

你们十一月二十七日要求来北京时，就有79名工人强行上车来京，他们到北京来我们是要招待的，但是我们不能承认他们的这个行动是革命的，(对廖志高同志说)听说你们签字承认他们抢车是革命行动，这是错误的，(对工人代表说)你们批评省委的错误是对的，但不应该抢车，你们斗爭的大方向是正确的，但不一定每项行动我们都支持。你们造反看造什么反。你们到了北京我们要管你们。四川省委承认你们抢车是革命行动这是不对的。

(工人反映厂领导上还在转移黑材料)对类似问题可以派人和工人共同检查。材料如果眞正交完了，就算了嘛！如果现在还在转移黑材料，就要罪上加罪。

你们来京要求解决问题，我们三家在一起，三头对面，大家都要讲眞话。我事先沒有和廖志高谈过，大家都要诚恳坦白。现在正在绵阳、广元的工人可以派一百人来京，最多不超过三百名，我每天抽时间同你们谈，但具体问题还是回四川去解决。

工人到北京问题，我们不能松口，我们停止运送红卫兵主要是为了抓紧运输生产资料，燃料及其他物资。你们是工人阶级应该懂得这个道理。文化革命不能影响生产，不仅不能影响生产，破坏生产，而且应该促进生产，你们要替中央考虑，中央的意见很坚决，就是不赞成你们全体来北京，只能派代表来，你们已经是最高指标的代表团了。

这次派十辆大汽车运送工人，你们四川省委同意这样做，我们不能同意这样做。我在这里正式宣布，这种做法是错误的。

(对廖志高同志说)你们是瘫痪下来了，你们想把矛盾上交给中央，你们来了我们当然要帮你们解决问题，但是对于你们这种做法，我们感到很恼火。

谢富治同志
十二月三日在公安部接见重庆红卫兵革命造反司令部政法兵团和华东政法学院红卫兵赴京代表的讲话

今天你们来了，我们热烈欢迎你们！

按照我们伟大领袖、伟大导师、伟大统帅、伟大舵手毛主席的指示我们坚决支持你们闹革命，向你们学习，向华东的学习，向西南的学习。我这个人沒文化，沒读过大学、中学、小学实际也沒读，我向你们学习。现在文化大革命才搞半年，还需要相当长的时间。

你们西南的同志提出要到专政部门去抢档案，材料的问题，你们当中有两种意见，有的主张去抢，你们不主张，我同意你们的作法，你们是那一派？（政法兵团战士答：少数派，八一五派）少数派大方向正确，斗争坚决，我是一贯支持少数派的。档案、材料（包括混的黑材料——记录者），你们派人去要就是了，不要冲进去，冲进去就失礼了，就会被抓住小辫子。你们要学习我们伟大领袖、伟大导师、伟大统帅、伟大舵手毛主席的立场坚定，旗帜鲜明。毛主席的领导一贯正确，所以他成了中国人民的伟大领袖，全世界人民的伟大领袖，同时我们伟大领袖毛主席的斗爭方法也是最高最高的马克思主义，他的斗爭方法也是値得我们所有人学习的。比如他做政治思想工作、群众工作、团结教育工作……。就是对付敌人来讲，一方面斗爭坚决，坚决得很！同时要改造他们，只要他们放下武器，就把他们改造成为新人，这也是最高的马克思主义。你们要读毛主席的书，听毛主席的话，照毛主席的指示办事，做毛主席的好学生。我同意你们的作法，不要冲公安局、检察院、监狱等等，你们回去以后要说服他们，按你们的想法办，但要说服不要压服。

你们要变多数好呢？还是老是少数好？你们老是少数不好，要少数变多数，要把大多数爭取过来，讲求斗爭方法，把他们团结过来，不要扣他们的大帽子。

现在各地斗爭在发展，我曾对安徽的同学说过，你们回去以后要宣传毛泽东思想，只准文斗，不准武斗，不许打人。要文斗，不要武斗，是毛主席亲自提出来的，我们的副统帅，林彪同志又把它发展，武斗只能触及皮肉，文斗才能触及灵魂。前五天（十一月廿八日）在文艺界人民大会堂，召开了文艺界两万人的座谈会，陈伯达同志致了开幕词，江青同志作了很重要的报告，你们看过沒有（齐答：沒有）给他们拿两份，（对侯景林等同志说）江青同志的讲话很重要，也说过要文斗，不要武斗。打架不好，大学生要好点，中学生和工人就做得差些，一些走资本主义道路的当权派和一些坚持资产阶级反动路线的人在幕后指挥，给文化大革命抹黑，你们不要上当，要提倡摆事实讲道理。

你们大学生要做十六条的宣传员，宣传毛泽东思想。当前的斗爭是对准走资本主义道路的当权派，批判资产阶级反动路线，你们要紧紧把渥住这点，很好地总结经验，回去后经过自己的斗爭。不要有事就到北京，有人总结了要求接见的"经验"：第一、大字报炮轰，第二、冲进寝室，这些"经验"不能推广，炮轰我，我就是不接见（众笑）。刚才那几个，昨天晚上才来，今天早上就要我接见，还跑到我家里来了，我正在吃饭，又沒有好招待的，我就边吃饭，边和他谈，他们不知道我昨晚什么时候才回来，（侯景林同志说昨晚二点钟才回来）他们不知道全国还有七亿多人口，好像就只有他们几个（众大笑）。

青年人的热情是高的，心情很迫切，大方向一致，这要提高斗爭艺术，我讲的就是要大家提高斗爭艺术，紧跟主席思想，方法好就能达到目的。大方向是主要的，达到大方向的路怎么走，方法是很重要的，比如：到延安是大方向，但路很多，怎么走法，每天走多少，就要考虑。开头走猛了，脚打起了泡，歇下来又不晓得洗脚，以后就走不动了。路找好了，方法对了，就能尽快达到延安。

搞了半年的文化革命，用那种方法斗爭最好，你们要好好总结，必须提高斗爭艺术，打人、打架的方法不能很好地达到目的。

（政法兵团问：公检法三机关参与学校文化大革命怎么办？）

公、检、法三机关平常的业务你们不要管，追查黑材料是合适的，他们藏有黑材料，你们就写大字报，叫他们拿出来烧掉，如果他们不交，将来要受到党的纪律的严厉处分的。

（华东政法学院同学反映；他们院党委不按毛主席思想办学校）

要按照抗大式的，按照毛主席思想办学校，你们院党委不按毛主席思想办学校，就是不执行吗？不执行我还是管不了，高教部的资产阶级思想多得很，搞得很糟，高教部我也提过意见，但他们不听，高教部有个司长，大笔一挥，把我的意见丢在一边不管，我现在都还有点生气，他们不听我们的，我管不了，他们执行的是一条资产阶级教育路线。凡是不符合毛泽东思想的都要管。现在要改革怎么办，这方面我还要请教你们，向你们学习。

关于少数派，江青同志有个报告就讲了(拿过江青的报告)江青同志讲："在这里我要说明，不能离开阶级观点去讲什么'少数''多数'，要看马列主义，毛泽东思想的眞理掌握在谁手里，谁眞正站在无产阶级革命立场上，眞正执行了无产阶级革命路线，对不同的单位，要作不同的具体分析"。许多单位的少数派是革命的，这是一般规律，个别的例外。关键的问题是看谁掌握了眞理，谁眞正地掌握了毛泽东思想，经过一个斗争过程，少数会变成多数，多数会变成少数。多数派要保守一点或中间一点，但他们还是要革命的。近来有的人提出"越少就越革命"，这种提法是错误的，今后不准提，这样又使得很多组织分成许多小组。我们要去爭取群众，把大家团结起来，最好多团结起来。总的说来是团结起来的好，多数不要压少数，少数要去爭取群众。少数派如果不注意，就会形"左"实右，我一贯支持少数派，坚决站在这一边，我要向少数派学习，因为少数派敢闯，敢革命。多数派要向少数派学习，少数派不要骄傲，要讲究斗爭方法，提高斗爭艺术，不要永远当少数，今后不要提多数派、少数派，这个提法不科学。多数要支持少数的革命行动，少数要提高斗爭艺术，团结爭取群众。

李富春同志
十二月三日在国家部长级干部会上的讲话

十条定下来了，大家有意见还可以提，明天中央还要开会讨论(12月4日)，十条(工业)是根据毛主席路线提出来的。向工人、向厂矿提出的文化大革命的意见，文化大革命的大民主是毛主席新的群众路线的体现，我们的屁股是坐在书记、部长(指到会者)的位子上，还是群众方面，这是当前一个很重大的问题。敢不敢领导，敢不敢深入到群众中去，信任不信任群众，敢不敢、怕不怕、信不信，讲来讲去还是这个问题，因为大家希望规定细一些，多一些，规定越细越多，还会被冲破的。总之，如果不改变过去老一套的作法，是不行的。工厂情况要具体分析，随时高举毛泽东思想红旗，谁站在革命路线方面，谁就是革命的，如果我们深入群众，与群众在一起，住上几个月就会弄清楚这个问题，否则是过不了关的。我们工交部门欠债很多，文化革命中要冲破做官当老爷作风，冲破自上而下行政命令这一套。我们要和群众在一起商量如何还债问题，现在我们大家都很困难，说话人家不听，为什么？就是因为沒有取得群众信任，还是想靠中央规定几条框框过日子。总理讲：我不入虎穴，谁入虎穴，我不入地狱，谁入地狱？我们要深入群众去搞一个时期，解决一个问题算一个问题，积累经验，不然我们怎么能肃清错误路线的影响呢？我们现在还是怕这个，怕那个，当前还是怕生产搞乱，我们要深入群众，和群众商量怎么能把革命搞好，把生产搞好。

目前大民主是空前的，我们的思想跟不上，学生一起来必然影响工人，大势所趋，谁也挡不了，有了十条好办事，业余时间闹革命，八小时工作制，可以串联，但不是强行干涉，要文斗，不要武斗，有了这几条就不怕了，到了一个工厂摸索经验，然后把问题再提出来，有问题的再补充，再发展。与其这个揪那个揪，不如到一个工厂去搞一个时期。现在工厂已经搞起来了，继续解剖一个麻雀，一机床(中央文革小组陈伯达等所蹲的点)的问题，我们要始终搞清楚，我们应摸索一个点，取得经验，我们屁股要坐到主席路线上去，各级领导的主要矛盾是深入群众，与群众站在一起，摸索经验，就有发言权了，不是这样就被动挨打。我们要在实践中执行主席路线，肃清反动路线的影响，与其被揪不如到工厂去，摸各种问题，都要和工人一起商量研究，一些经济要求，中央可以另行补充规定，其他问题要靠自己到群众中去滚，去解决，我们现在有那一个人在群众起来后得到群众拥护了？成为群众的领袖？(沒有——指到会的人)我们现在欠债很多，时间很长，有十几年啦，还是自己到一个厂去摸，取得群众拥护，也是一个收获。拿上十条到群众中去，光中央说话是不行的，中央必要时，也是要说话的。到工厂去取得经验，否则肃清影响是不行的，高举毛泽东思想也不行，我们就处在这十字路口。抓革命、促生产，思想革命化了，生产就上去了，短期影响一点生产是不可免的。

周恩来同志十二月四日一时四十分接见成都工人革命造反团代表同志的谈话

总理一进屋，就亲切地和在场代表一一握手。坐下后，总理首先问了磷肥厂生产情况(人数、产量、厂开工时间) 然后又问了纤维厂的情况(人数、年产量、厂开工时间)接着总理一一问了成都磷肥厂、纤维厂的代表的籍贯。

兵团林同志给总理看兵团来的电报。

总理问：你们的人还在来嘛，还步行吗？你们指战员要学会"三八作风""三八作风"歌你们会唱吗？唱了就要用，怎么工作不起作用呢？(指对步行前来北京人员的思想工作)

林：我们大家一路上一直在作思想工作，仍然阻挡不了，群众仍然步行来北京。

周总理问：(指成都磷肥厂代表)你们也是强行来的？

李答：这不怪我们群众，应该由兵团负责人负责，我们是召之即来，来之能战，战之能胜。

总理：你挺会说的！

接着兵团代表介绍杨××的情况(略)和介绍了兵团情况。

总理：十三号大会你们兵团有多少人参加？

林答：二千多人。

总理：兵团的负责同志是谁？

李答：×××有三个干部：政治部、宣传部、后勤部。

总理：政治部谁负责？

林答：××。

总理：宣传部谁负责？

林答：×××。

总理：后勤部谁负责？

林答：不太清楚。

总理：杨××带走多少人？

林答：一千多人。

李说：27号早晨成都火车站的广播站为了不让我们的同志到北京来，广播说：周总理打来电报：说不叫大家去，重大"八·一"的同学去问，他们只拿出一些传单来，后面有几个钢笔字，所以大家不相信这份电报。

总理：27号早晨打电话来，听说你们卧轨？

李答：沒有卧轨。

总理：28号你们出发的电报你们不知道，这不怪你们。你们二批是怎么上车的？

刘答：我上了684次快车，车站广播说：若有一个兵团的人上车就不开车。挑动学生斗争工人，他们派纠察队赶我们下车，我们兵团同志向红卫兵解释清楚后，得到了红卫兵的支持，结果学生和我们一起派代表找到鲁站长，站长说：有一个兵团的人上车就不开，要买车票才开车。我们共同到省委和高教局找李大章，李不在，并听说廖志高在新都，也听说可以派代表到北京来。我回车站后，林宝全他们13人已经走了，后来我们乘上到哈尔滨的火车，取下了袖套来的（总理插话笑着说：你们是伪装红卫兵来的？又问：第三批怎么来的？）

刘答：带了五角钱买了一张票来的。

总理：第四批怎么来的呢？

刘答：李大章签了字买票来的。

总理：连省长也不执行中央指示，告状是许可的，派代表嘛！能在当地解决就在当地解决，全国各地都有人来。学生支持你们的革命行动，打电话来只要有一处来别处都来了。

总理：你们兵团在途中很多，广元、西安、紫钢都有，有两批到广元，有到西安的，如果他们再来，我就派你们几位回去做工作……。在紫钢的我已委派当地县委书记在做工作。在紫钢也可以推派代表到北京来，其他回家，他们都是好意，你们领导还不能命令他们？我们一边称赞一边说服他们嘛！接着对成都磷肥厂、成都纤维厂的代表谈到：我不同意你们两个厂的作法，罢官要考虑嘛！组织是合法的，黑材料要集中，保证你们活动自由，要罢厂党委和局党委某些人的官，要跟省委商量，层层负责嘛！你们到齐了就有几十个厂矿啰。注意有冒充你们兵团的，成立了联络站要好好整顿一下，帮助是要帮助，可不要打架。你们白天可以出外联系。我昨天接见了你们，今天接见了你们，明天还要见你们，你们回去后，一定要给全纵队指战员说我是要接见他们的，只不过方式不同罢了，我要抓住你们几个人不放。要把运动搞好，首先组织好，把你们两个厂的基础打好，把人员集中起来嘛！你们两个厂的五个代表，一个小学生，两个初中两个高中毕业生，很有组织能力，打不散，你们四种办法来京，冲散了又集中，你们两个厂很有战斗力，有斗争经验，不过我首先声明，我不同意你们这样搞，你们派代表，我还是接见的，将来你们全体我也是要接见的。

兵团代表：请代问毛主席他老人家好！总理你太辛苦了！

总理：我明天一定代问主席好！谢谢你们的好意，你们别听工作人员说我太辛苦了，我有时还是按了时睡觉的。

最后总理说：今天我就谈这些，以后再谈吧……。

总理同在场的代表一一握手告别。

周恩来同志十二月四日在中南海接见中央戏剧学院 北京电影学院中央音乐学院中央乐团四单位代表谈话纪录

总理：你们走后我们召开了中央工作会议，我们完全支持你们的革命行动。首先鼓励你们。我们很理解你们的义愤心情。现在确实象上午同志们分析的，存在反扑，要给予反击！反扑不止一次，要有多次。反攻，机关里有，学校里就更多了。有斗争的反复可以锻炼我们，尤其在北京，林彪同志负责这个地方，他们就更不甘心了。

我们每个行动都要估计，要再三估计到后果。但是革命不是请客吃饭，你们的行动是革命的，也是很成功的。第一仅五分钟就解决问题了，干得漂亮，你们把警备卫戍司令部都给瞒过了。

你们的行动是好的，但也不可能沒有缺点，你们如何配合中央，请大家考虑。

"三极"宣传想得很理想，做出来很不好办，长安街的人那么多，你们怎么走得动，很不好办，如果出点事情很麻烦。所以要我来说服你们……这样搞不安全，斗争的效果也不太适合。……方才开会时，我们都不同意你们这样做法，游行示众，我们感觉沒把握……开大会这个办法好，可以出出你们的气，当然不仅是你们的气啰，而是公气。

张春桥、姚文元同志十二月六日接见上海工人革命造反总司令部赴京代表的讲话

参加人员：上海工人革命造反总司令部赴京代表团。

代表：我们这次到京有四点任务①反映上海情况②谈谈对中央十二条指示的看法③把在北京的同志带回上海④听听中央对上海运动，尤其是工人运动的新指示，介绍工人革命造反总司令部的组织情况及上海形势发展到新阶段，学生运动与工人运动相结合，到工厂去了。（简单內容）（学生代表介绍下厂情况。）

张春桥：好呵！

代表：关于生产情况，我厂提前一天完成全月计划，其它厂也是这样，新新机器厂超额完成任务。（把新新机器厂的喜报交给张春桥同志）

姚文元：你们把宣传资料给我们一些，我们帮你们宣传，你们也印，来辟谣，做些宣传工作，搞些情报。

张春桥：国棉十七厂情况如何，他们打了几个电报叫我回去。

代表：国棉十七厂关于封材料，烧材料问题，……厂里成立了赤卫队，游行大叫要造张春桥的反，张春桥执行了资产阶级反动路线。

张春桥：这个我知道，游行我不知道，你们连打了三次电报叫我回去检查，否则一切后果由我负责。

代表：……再提一个问题，工作队到底要不要？

姚文元：工作队撤了沒有？

代表：撤是撤了，但里面有鬼。

张春桥：是不是所有都撤了？

代表：已经撤了，但工人要求批判以后再撤。

张春桥：这不要紧，要检讨，还可以叫他们回去。

…………。

姚文元：（插话）有一篇文章《论造反者》写了我的名字，我沒有写，这篇文章是假的。还有《论左派》用林彪同志的名字，陈伯达同志《答誓死卫东战斗队》这些都是假的，你们要辟谣，搞些传单到街上贴贴，打破他们的谣言。

张春桥：赤卫队总部有多少人？共有多少人？

代表：不清楚，赤卫队有人到北京来。

张春桥：他们来了，沒有找我？

代表：他们来是找周总理告你的。

姚文元：来告，我们也不怕。

代表：当前运动可能有大反复，中央文革处境也很为难。

张春桥：（笑）不要估计得太高，你们不要替我们担心。

姚文元：不要把问题看得太严重。

（一代表介绍中国红旗军情况）

代表：哈尔滨红旗军头子是全国人大代表，工人工程师苏广铭。

张春桥：现在他们都找劳模做领袖，这是一个特点。

姚文元：对！

代表又谈到中央文革十二条问题，张春桥同志说：我们找了首都工人来座谈，八小时生产要保证，每周一次生产讨论要保证，其他由工人自己安排。

代表：工人要求长日班用六至七小时完成当天生产定额，剩下的时间搞文化革命（汇报三个厂调查情况）。

张春桥：这样可以的，连续生产单位是困难的。十二点要大修改，根本不是正式文件，我们想写得简单一些，越写具体越难，越沒法写，爭论越多，我们准备写那么八、九十条一般性，例如，要保证质量，要放手发动群众，自己革命，不要扣工资……最近我们的精力都放在这方面上了。

姚文元：这也是试行的。

张春桥：让全国工人提意见，讨论，中央过早作决定不好。

代表：对于中央十二条，工人说沒有十六条那么亲切。

张春桥：问题解决，还要靠时间，靠群众运动本身。

代表：我们希望中央下一次写文件时把我们的意见也考虑进去。

张春桥：你们对十二条不满意，反对的人可多了，他们讲革命讲多了，生产讲得太少了，我们要各方面都听。

姚文元：你们是从革命方面考虑的。

张春桥：有人说，这也革命，那也革命，那太多了，这两种思潮随时反映在党内……这个问题要从实践中解决，从群众中解决，我们想写简单些，思想问题从社论中解决，关于两篇“抓革命，促生产”社论，有些地方提法要修改，要根据运动的特点，准备再详细地写篇社论。当前学生运动与工人运动相结合非常重要，也是很必要的。

姚文元：(插话)这是运动的必然趋势。

张春桥：农民运动还沒有起来，不过开始冒头了，他们的问题更复杂，阶级关系复杂。对农村连这样的十二条也拿不出来。他们不是八小时问题，而是季节问题，这眞是吃饭的问题，季节一过，一年就完了。

代表：我们欢迎学生有组织，有计划下到工厂，既劳动又帮助我们总结生产与阶级斗爭的经验。现在就是阻力很大。

学生代表：下厂阻力大，市委不支持，要月票也不给。

张春桥：他们就是怕，怕你们下厂。

姚文元：这个问题靠革命解决，我们提倡进宿舍。

张春桥：你们有一个点子，他们必然也有一个点子，你讲完成生产任务，他们把定额提高，不然就不要搞文化革命了。

姚文元：不要从纸上的条文来规定，这些问题都说明了一个问题，就是搞文化大革命。

张春桥：有两种情况，有的是好人，有的不是这样，一种坏人要破坏，但有些老工人是由于旧的习惯势力，这种势力相当大，对于这种人更难办，这种人打不得，罵不得，要做政治思想工作，目前有个倾向，就是劳模被拉过去了，他们不但在厂里有影响，在社会上影响也很大，我们要做思想政治工作。

姚文元：包括赤卫队四十万人。

张春桥：中央不会把文化大革命停下来的，主席也是这样的，决心下定了，全国无产阶级文化大革命要进行到底，当然还要有分期分批的问题，一个城市不能分期分批，象上海形势很好，可以全面铺开，有的就不行，象中小城市，三线问题，现在大家都用个“红”字，情况很复杂，有的人利用文化大革命搞复辟活动，也有些人抓着生产来进攻，当然，我们也不怕啰。同志们对于抓革命，促生产理解很好，在这样大的革命运动中会出现各种问题，这是难免的，要以革命来推动生产，今天爭论是围绕着革命的问题，是要不要革命，敢不敢革命的问题，无论如何要下定决心把革命搞好。革命搞不好，生产怎么能搞好呢？中国不是变颜色了吗？现在我和你们有共同利益了，我沒有想到会有这么多人打电报要我回去。这点我不怪你们，几时我回上海去开一个十万人的大辩论会。但作法上要有策略，要爭取多数，把中间状态的人不要当坏人，赤卫队中间的大多数是热爱党，热爱毛主席的。

姚文元：都是阶级弟兄嘛。

张春桥：有些人，薪水一高，有个不好，思想上容易出修正主义，怕丢饭碗，怕报复，自己有家小。有些人就沒有这种顾虑。我们对那些人要做艰苦的工作，这样就形成了多数，形成多数才可解决生产安排问题。你们对生产革命都要很好重视起来。问题在少数时，我们提口号，要考虑到多数，有些同学提口号不注意多数，这样不好，对他们要一步步来，饭要一口口吃。要允许别人等待，允许他们观察，一切工作都是舆论工作在先。这些工作我们很需要注意，这是普遍性的问题，否则要引起群众对立，我认为群众斗群众，有些问题是我们有错，被人抓了把柄，当然根子归在领导，如果沒有人挑动，群众是斗不起来的。

姚文元：我接触了一些青年人在八月份只谈闯，只有三个月，现在他们头脑冷静多了。这是一个飞跃，现在还会有更大的飞跃，将来还会有更大的飞跃。

张春桥：近来我收到控诉我的意见时，你们的情况听得比较少，我希望能听到你们的情况，另外希望你们把厂里造反队中生产好，革命好的典型总结一下，要确实的消息，寄给我一些，我要给中央看，也可以在北京宣传。

对于打人的事，你们要观察一下，到底是谁在挑动打人。

代表：这很明显，头子是张琪，是总工会主席。

姚文元：我们的头脑要复杂一些。

张春桥：有人是公开指挥的，有沒有地下司令部呢？对于这些情况，我们要尽量减少冲突，目前有人要解散中央文革，北京学生很愤怒，要上街游行示威。我们以前从来沒有给他们提过建议，这次提建议叫他们不要游行。因为这一游行要冲突。

临别时姚文元同志意味深长地说：工厂搞运动，工人起来了，这能挖掉修正主义的根子，这有着很重要的意义。前一阶段在薄一波领导下工业交通部门有很多地方是修正主义的。

周恩来同志十二月七日在中南海小礼堂接见中国科学院京外单位在京革命同志谈话纪要

（总理容光焕发，神采奕奕，健步进入会场，全场起立。在热烈掌声中总理走到主席台前，向全场同志挥手致意。）

总理：怎么来了这么多人呀！来了多久了？

（接着询问来了多少单位。各单位来了多少人）

是来串联的，还是来开会的？

众答：是来反映情况的。

总理：哦！反映情况，那么就听听你们的反映吧！（看了名单）中南区许友梅同志是哪位？请他发言。

（许友梅同志代表49个单位到会的同志向总理汇报科学院系统京外各大区运动的大致情况。）

〔代表发言：根据各地同志所谈的情况，简单扼要地汇报一下。一、运动中的领导问题。（按：汇报内容另稿印发，此处只提小标题。下同。）（总理看了西北冰川冻土沙漠研究所周志和的信）〕

总理：周志和同志来了吗？（周：来了。）你的信我看了，你何必用血指呢？不用血指我们也会重视的，我看了很难过。

〔代表发言：二、转移斗爭大方向，公开对抗十六条。三、领导定调子，划框框。四、把群众把工人打成"反革命"、"右派分子"。五、封锁消息，互不通气。六、用"抓革命、促生产"作挡箭牌，压制群众。

(当许汇报到武汉办事处文革和分院领导人追到火车站逼迫赴京代表退票时)〕

总理：他们(指赴京代表)来了沒有？(答：来了一部分，八个单位，二十多个人。)今天到会沒有？(答：来了。)

湖北现在动起来了，你们赶快回去闹。

(总理知道汇报人是武汉哲学社会科学研究所的。又问：)杨献珍在武汉你们知道吗？……杨献珍现在倒舒服，有人说他是死老虎，其实现在还沒有"死"。他在党校工作了十多年，影响很大。

〔代表发言：七、害怕群众、压制群众。八、不执行中央批转的中央军委紧急指示。(当许汇报到兰州有的单位借批判资产阶级反动路线之名，重新在群众中抓"李贵子"式的政治扒手时)〕

总理：兰州的情况怎么样？李贵子的问题到底弄清楚了沒有？(众答：弄清楚了，他是个政治大扒手。)省委利用他，现在受他影响的同学觉悟了沒有？(众答：群众已经觉悟了，领导还沒有觉悟，领导都是保皇的。)汪锋已经倒了，还保什么皇？(众：省委秘书长在万人大会上公开说，我就是李贵子的后台！)哦！这个人倒有意思，还有这样的人！(又问)如果李贵子回去怎么样？(众：应该枪毙，很多大字报都说要枪毙他。)

(继续汇报，当说到科学院京外单位运动比京区单位差得远时。)

总理：啊！北京搞了半年，水平还不高，外地还赶不上北京？(众：差得远。封锁消息，首长的讲话我们都看不到。)你们这次可以带回去一大批材料嘛！

(代表发言：现在感到问题很多，我们这次上北京是开了眼界。)

总理：你们要自己创造，不要光借北京的……

(众：下面领导压得利害。)

〔(继续汇报，谈到武汉的运动)，武汉主要是学生动，机关差得远。〕

总理："长办"不是搞得很凶？！人家是机关？

〔代表发言："长办"里面有长江工程大学的学生搞。〕

总理：科学院同学校差不多嘛！你们还不是刚从大学毕业的！(众：他们对干部有许多规定，不准把大字报贴到外面，不准同学生一起搞……)你们把它冲破就是了！

〔代表发言：湖北的王任重威信很高，大家都很相信他。〕

总理：那也不一定，"长办"的林一山牛皮还不是很大的，说他可以直接同主席谈话，还不是给揪出来了。(众：学校是重点，我们不是重点。)科学机构也是文化大革命的一部分，只有大抓革命才能大促生产。你们革命干劲很大，这里(指会场)的革命气氛浓起来了，以后回去能这样浓就好！

〔代表发言：为了把文化大革命搞得更好，现在提几点要求：第一，首先要解决领导问题，请中央派联络员到各大区(指各分院)去，可以上传下达。〕

总理：联络员搞不好就变成工作队啰！还是上下交流好，我们派人去，你们也派人来。

〔代表发言：第二，建议在科学院系统內进行革命串联。〕

总理：可以派代表，总不会百分之百搞工作，同搞业务总有点冲突，可以挤一挤。以前我对科学院是毫无所知，我搞科学院搞了一百多天，现在觉得科学院不完全象个机关，又是机关，又是学校。(鼓掌)有的还有附设工厂，有点生产。我就只有这一条认识，特点是学校与机关之间。将来的科学院不应该办成机关式的，应该是研究理论与生产结合，抓些尖端、指导性的。(华北地理分所一同志谈到地理所的同志要求到大自然去，步行串联)野外的工作更重要，是实践嘛！

所有的所都可以搞串联，总要有比例吧！派代表，大家轮流这是一种，还有一种，和大自然结合，到农村去，接触社会，接触自然，科学院也会出现徒步串联的情形。

（紧接着，武汉一同志问：我们这次来北京向中央汇报运动情况，并听取中央首长指示，把北京的无产阶级文化大革命的经验带回去，这是不是革命行动？）这还要问？（众：这很重要，我们这次来，他们说是破坏生产，说是违反中央指示……压力很大。）当然是革命行动！不然，我就不接见你们了！（一同志问：车票能不能报销？）这个问题还不好解决吗？（众笑）

（代表发言：希望总理继续过问科学院京外单位的运动。）

总理：问是问了，问得很不好。搞了一百多天，科学院还沒有很好解决，当然我现在还沒有推，现在只能提几点意见。

〔代表发言：下面我们各单位同志共同提出了一些问题，请总理指示。许友梅同志汇报到此结束，另由华东区杨炳华同志提问题。）〕

总理：（又看了登记表，问许）你是湖南那个县的？（许答：永兴县。）为什么你们总是不写县，全国二千多个县，你们研究地理的都记熟了沒有？（众：沒有。）（总理转向问杨炳华同志）你是那里的？（杨答：山东青岛市的。接着杨炳华同志按打印稿陆续提出了一些问题。）

〔代表发言：根据各地运动情况，提出以下共同问题，请总理解答指示。一、有关串联的。（按：共12个问题，已印发此稿，不一一列举。）〕

总理：必须串联，交流经验，你们的首创精神很好！每个问题都可以派人串联，要具体化，要根据各所的具体情况具体解决。怎么办？具体情况具体决定，我每一个都答复你们，就太舒服你们了。我已经说了，科学院有它的特殊性，同一般机关不同，大方向确定后，具体问题自己解决，培养你们独立思考，独立工作的能力，我信任你们。但两条路线的斗争必须参加，批判资产阶级反动路线搞深入后，再进行串联。现在两条路线的斗争还很不深入。一定要待两条路线的斗争深入后，然后再往外。

（此时，声学所南站的同志说，他们几乎全部回来了。东站有三人由上海骑自行车到北京来。）

总理：全程骑自行车？（是的。）多少天？（14天）中途沒有休息？累不累？（不累。）这倒是个串联的新办法，你们多大了？（一个二十二岁，一个十九岁。）你们年青力壮，沒有事儿做，当然可以来，你们单位不是独立的，是直属单位，当然可以回来，但是最好是就地闹革命。少数人可以来。眞正搞水声学还是在海上好，北京搞水声学只能在颐和园，我们不能象慈禧太后一样在颐和园里搞海军。（笑声）

（当杨提到有些地方光促生产不抓革命，沒有工作拚命找工作时。）

总理："抓革命，促生产"问题，中央正在讨论，抓革命，促生产主要是对厂矿企业，你们是半生产性的单位，等中央的文件出来，对你们也会一般适用的，但不完全适用。你们既是机关，又是学校，你们既是生产机构，又是科研机构，又是教育机构，教学相长，照毛主席的指示：我们的教育方针是教育与生产劳动相结合，把每个人培养成为既能搞生产劳动，又能搞科研的劳动者。科学院具备学习、科研、生产三个条件，可以搞学习、科研、生产的三结合。从实践中改造世界观，成为眞正的劳动化的知识分子。但是，科学院现在还不是这种情况。而是修正主义、资本主义，有的是中国封建主义留下来的大、洋、古，杂得很。我沒有说科学院不能分散，我主张科学院因地制宜，能合又能分，能独立作战，要彻底地改，要把大、洋、古，修正主义根子，资本主义复辟的根子彻底挖掉，这是科学院的大课题。学校的斗批改和社会上的破四旧立四新都同你们有关，你们的确是各方面的集中的地方，都负有责任，应该好好地搞。革命是第一，抓革命才能促生产，促业务。分配问题，劳动关系都要解决，资产阶级法权的东西从苏联学来了很多，厂矿里领导与被领导对立的情况很厉害，长期做官当老爷，不是站在群众之中，就是修正主义根子。革命最主要的是思想革命化。林彪同志有一篇很重要的讲话，你们听到了沒有？（群众：沒有，是十七级以上的党员干部才能听到。）大革命以来，党团员的界线要看革命的积极性，许多新的问题提到日程上来了。人的因素第一，思想工作第一，思想革命化关键在于领导。这里领导很少，他们不让你们来吆！也可能有几个。

政治革命是夺取政权，经济革命是所有制的改革，思想革命是关键性的问题，这次是更深入的革命，深入到政治思想战线上了，进入了新的阶段。人人要从游泳中学游泳，斗争中学斗争，这是触及人们灵魂的东西。当然，首先是批判领导，批判资产阶级反动路线，要高举毛泽东思想伟大红旗，高举以毛主席为代表的无产阶级革命路线，这是中心问题，要搞透一些，揭发、批判科学院內一小撮走资本主义道路的当权派，重点放在批判资产阶级反动路线，要看性质，程度，时间的长短，坚持不坚持，科学院是否有反党集团，还有待于斗争的发展，要在长期斗争里才能作出结论。不论北京、全国都要这样，这是革命的中心任务。矛头要指向当权派，不能针对群众。有后台的当然要揪。产生群众斗群众，要责备领导，群众是受蒙蔽，自觉的是个别的。总之，斗争矛头针对领导，普遍的执行了错误路线，更不允许领导矛头向下，推卸责任。运动初期敢于举起文化大革命的旗帜，长期受压制还能坚持的，就是左派，当然是少数。有个别错误可以改正，要团结大多数。当然，群众有先进、落后、激进、保守之分，只要高举毛泽东思想伟大红旗，走社会主义道路，按十六条办事，就可以在原则基础上达到团结。现在科学院革命正在深入，这样抓革命，生产才会有起色。

科学院印刷厂担负印毛著 160 万册，每个月 40 万册，还是能超额完成，挤出时间搞。不能绝对地五天工作，一天运动，不能机械，科学院里情况各不相同，可以大家轮班，要排好到外面搞串联，一般工厂机关可以在本地串联，科学院有特殊性。多的我不敢说，一百个人分十个出来串联完全可以做到吧！你们不比中学生，会安排好的。大串联北京来了一千三百万，原来打算三万，三个月里分期分批把东京，上海搬来了，本来这是不可设想的，这是毛主席的伟大预见，你们是趁这个机会，借了东风就来了。

说通了，你们就一定看重业务，越讲革命，你们就越会重视生产。

今天，就给你们解决串联问题，彼此串联，交流经验，至于每个所，如何具体化，等你们。

（遗传分所同志提到建立分所不符合三线建设方针，布局不合理等时，要砸碎这个资本主义、修正主义的破烂摊子。）

总理：要砸碎这个破烂摊子是可以的，但不要把房子砸碎（掌声）。

（我们要造院党委这个反，不知该造不该造？）

总理：该造！（掌声）

有人提到研究生问题。

研究生不能完全象学生，他有一定的研究任务，也是抄袭苏联的，在家是抄资料查数据（枯燥无味），这一点我也很同情你们出去串联，不要在家里读死书，可以同学生一样，但有一点，如果负有重要任务，就应该留下来搞，研究生本身也有斗批改的任务。

（声学所提出，定方向与其他系统有联系时）

总理：可以与各单位联系。任何科学都有多方面的联系，不能孤立地研究问题。（遗传所同志谈到他们所已撤销，怎么抓革命、促生产？）

总理：所撤了，不存在生产任务，你们就可以不受限制大搞革命，象孙悟空在花果山上自由自在大闹一番，需要的时候，会把你们找回去的，有什么问题，可找刘希尧同志解决。

（问：有些地方的领导说我们又不是机关，又不是学校，所以听不到什么重要报告。）

总理：我现在给你们宣布，你们又是机关，又是学校（鼓掌）。等一下请北京话讲得好的给你们读林彪同志在中央工作会议上的讲话。

（问：如何划分当权派、干部、群众时）

总理：当权派在科学院首先是院所党委，部里行政上是部长、副部长，处里处长、副处长是当权派，科长对于他所负责的科也是当权派，也可以批判。和平生活十七年，领导与被领导有对立态度，不是无产阶级文化大革命就无法改变，修正主义根子无法挖掉，做一个长，总有点权，小首长也得批判，他做了长也会神气十足，瞎指挥，不是平等作风。当然，要从上往下，不能从下往上。

横扫一切牛鬼蛇神，不是扫一切干部，而是走资本主义道路的当权派，沒有改造好的地富反坏，右派分子和资产阶级反动学术"权威"。不能把有点毛病、坏习气的都叫牛鬼蛇神，有人说六月一日的社论打击面广了，我读了几遍，沒有错的，写得很好，这是人民日报有关文化大革命的第一篇振奋人心的社论。有些领导用它来扫有小毛病的群众，这是错误的，如果确实有，就要平反。群众立场一时不稳，思想上一时倾向可以批判，但不能搞牛鬼蛇神。干部的界限很难划，你们一毕业就是干部，但八级老工人，工龄廿多年还是工人，这是资产阶级法权残余。同时毕业的进科学院的成了干部，进工厂的成为工人、群众，这根本不合理。

群众是对领导而言，群众大家都有分，群众与干部不能对立，党员不叫群众，非党员叫群众，这是荒谬，党团员怎么与群众对立，这是一笔糊涂帐，我向组织部提过，现在发现安子文是个不好的人，统治了廿多年，他不听取，把群众和党团员对立起来，这次文化大革命把党团员冲击得最凶，这是自食其果，当然，这种情况不是党团员造成的，是上面有的人，也要把它冲掉，这次文化大革命要冲击的东西太多了。

（问：有些一般工作人员在运动初期群众揭发了他反党反社会主义，反毛泽东思想的黑话，如何处理？）

总理：看问题是否严重，即使是严重的也要放到运动后期处理，写成大字报了吆，大家看了，材料烧掉，群众也一样知道。

（问：属于反动罪证的材料怎么办？）

总理：什么材料？

（众答：象反党日记要不要给他？）

总理：反党日记当然不能给他，给他也不敢要。

（问：有人就敢要怎么办？）

总理：那就作为专案处理吆！你们什么事都找我，叫我来断案子，你们要自己革命吆！

（问：沒有开斗争会或打成反革命分子，只是整理群众材料，算不算整群众？）

总理：当然算。这些材料都要烧。

（问：领导不引火烧身，是否算执行了资产阶级反动路线？）

总理：也应该算，但有轻重之分。

（问：资产阶级反动路线需要批判到什么程度，才能转入斗批改？）

总理：矛头应该指向当权派。当权派有好有坏，不能说都是坏的，炮轰司令部都可以轰，但不能说所有司令部都是资产阶级司令部。首先要掌握材料，有的放矢，沒有材料不是放空炮吗？有材料才能打得对。领导应该引火烧身，不引火烧身是不对的，“眞金不怕火烧”，对大部分人，错误改了就不要烧了，又不是把他烧成灰！要惩前毖后，治病救人。你们要掌握火候，你们回去后，对资产阶级反动路线不批判，对过去被压制的同志不去帮他们平反，那就白来北京了。你们回去要仗义执言，对准领导。当然火候不能掌握得那么好，我们虽然经验多些，也还不能那么准，有时过了，有时不及。你们有一点好处，同群众在一起，天天有感性知识，我们只能看材料，听汇报，都是死的。群众眼睛是亮的，好坏会考验出来的。回去后发动群众，方向对，方针对，步骤对就行了，你们自己去搞，犯错误是允许的。错了就改。

（问：文化大革命中如何体现党的领导？）

总理：党的领导最重要的是毛泽东思想的领导，这是最高指示，最高领导。十六条也是党的领导，具体的党的领导，有的瘫痪了，全靠还不行，出现了新的情况。北京那个学校党的领导还在起作用？北大？清华？北师大？都沒有了吆！革命不革命？还是革得很好。具体的党团领导有时可以中断。张劲夫现在起不起作用了？不起作用了。但是撤了，我还不知派谁去呢？我们原想加强、改组。但是现在那里来那么多人去换，否则又变成了工作组。不要党的领导，就是反党，打倒“法西斯党”，笼统地说是不对的吆！不能丑化党。毛主席教导我们要相信群众，依靠群众，尊重群众的首创精神。相信群众 95% 是好的。当然会出现一些缺点，象长江流水总会带走一点肥沃的泥土。“革命不是请客吃饭，不是绘画绣花”。不要主观跑去喊打倒党的领导，这是错的。但是暂时中断是允许的。要在运动中掌握规律，不断总结。不是这次文化大革命，我们就不理解这个规律。联共党史，中共党史都沒有说这个问题。将来党章里要改革的地方可多了。

我告诉你们，主要是依靠群众，不要从我们这里取万应灵药，我这里只能是原则。主要靠群众，不要拿我的话，再加上在北京抄一些首长讲话，就拿回去发号施令，这样反而不好。那样作，你们也会脱离群众的。主要还是靠你们自己去依靠群众，发动群众，当群众的小学生，从群众中吃透两头。

最好能统一领导，但也不一定，我在科学院试验证明不灵。有许多新的经验。我不跟你们打官腔，我说的都是实话。到底科学院怎么办？还待你们创造经验。文革只能维持现状工作。革命要依靠你们自己，我只告诉你们一点方法，我仅仅把从毛主席那里学来的和身体力行的一点点经验告诉你们，我们应求教于主席的著作。等一下听林彪同志在中央工作会议上的讲话。狠抓革命才能大促生产，关键在于抓革命，抓革命的关键是在于人的思想革命化，人的思想革命化的关键是领导思想革命化，领导的思想革命化，主要是吃透两头，一头是毛泽东思想，一头是群众。革命要靠你们自己。当权派问题严重的，要动员群众，是什么货就是什么货！检讨好就过关，检讨不好就过不了关，即使是比较严重地执行资产阶级反动路线，甚至以前执行过修正主义路线的，也不要马上叫他停职、罢官。停职反省有利的一面是把他们的威风打下去了，说话沒有人听了，但是另一方面，因为停职了，沒有人找他们的材料了，不利于批倒斗臭，他们倒可以休息了。李雪峰、吳德同志检查了几次通不过，搞得很累，我们只好保护起来了，再检查也是这个样子，检查稿上都有了。彭眞倒是舒服了，现在小将要把他拉出来斗，当然要有准备，否则就囤起来了。停职反省可以在运动初期、中间或最后，看运动的需要，标准是扭着他批判才好，这是运动的规律，总是不断地在学，大家要找规律。

（问：怎样才算有贡献的科学家？如何保护？）

总理：有重大贡献的科学家当然要保护。一般的科学家不反党，不反社会主义，应当一视同仁。我们只搞反动学术权威，这当然是少数。批判是必要的。思想革命化是长期的，把他们批判倒，要下一些功夫，把他们的理论推翻，但打击面不能太宽。一般看在运动中的立场和态度，对运动对立的可以批判。

你们现在还沒有批判，谈不上保护不保护！但有些红卫兵去抄他们的家，我们去保护一下，保护只是在抄家问题上采取一些保护措施，有几位作很重要工作的科学家也被抄了家，他们态度很好，沒有埋怨，他们的思想是能批判的。保护并不是反动学术思想不能批判。

（问：参加四清工作队的同志是否回来参加运动？）

总理：有的要调回，有的不调回，这要看情况，有的工作队本身正在检查就不要调回，有的可以回来搞文化革命的还是回来好。这最好由那些同志和工作队商量。

（问：是否可以建立科学院京外单位驻京联络站？）

总理：在科学院搞一个联络机构，为你们服务，六个大区分院搞六个人就行了，搞两间宿舍一个办公室有个电话就行了，不要设大机构，设什么司令部，政治部，参谋部，后勤部，搞了一套官气。我们也不好泼冷水，慢慢改。你们是工作人员，建议你们要艰苦朴素，不然机关多了，还要精简下放（全场大笑，鼓掌）。我劝你们批判要向上，工作要向下。

（问：是不是给各大区分院派一个总理的联络员？）

总理：派联络员容易出乱子，还是你们这些联络员好，革命靠自己，每一个大区派一个人到北京和刘西尧同志联系，他再跟我反映就行了吗！

（问：希望总理根据科学院的特点，对我们下一步运动作一些指示？）

总理：我现在还在摸索，怎么指示哦！我上面的意见已经包括了。业务班子要搞一个，革命班子群众自己选，搞得好可能统一，搞不好也可能分成几派，你们要团结争取多数。

运动首先是批判领导，批判资产阶级反动路线、斗走资本主义道路当权派、批判反动学术权威。

科学院以科研为中心把教育与生产结合起来，实现这样一个方针，在斗、批、改中解决。

科研力量这样强，你们潜力很大，正在兴旺时期，是早晨八、九点钟的太阳，要好好用这个力量，时不再来，我们是追上来的，你们是迎上来的，要好好地干这场大革命，即使花些时间也是应该的。科技力量很强，过去的确沒有搞好，但是也要一分为二，科研也作出不少成绩。

科学跃进的革命，超过所有先进国家的建设。两年四次试验，主管部门有成绩，协作也有成绩。

你们潜力还很大，你们是很有希望的队伍，人不少，组织好还能发挥更大的作用。

你们把北京经验带回去，掌握好，主要依靠群众。

好！已经三个钟头了，就说到这里！

（讲话结束后总理绕场一周，在热烈欢呼声、鼓掌声中，总理向大家挥手告别。）

周总理十二月九日晚十点在国务院中南海小礼堂对红卫兵代表的讲话

同学们，红卫兵战士们：

今天临时召开这个会，在座位问题上发生了争执，现在移上台，一视同仁，过去我和红卫兵谈话总是在台下。今天讲对外问题。红卫兵六月诞生后，七月发展，仍是少数，但是被主席发现了，抓住了，鉴于主席给清华附中的支持，在陈伯达同志的报告中谈到过。八月十八日接见红卫兵上天安门。震动世界，成了一股青少年突击力量，这个最新力量，不仅中学发展了，大学也发展了，已推到全国社会各个方面，工厂、企业、事业、科研单位，甚至农村也出现了红卫兵。过去我们曾有一个时期设想大、中学校组织红卫兵，初期限于大中专院校，其它沒有红卫兵组织的停一停看一看。大中学校红卫兵向各地串联而其它红卫兵先不串联，到后来被这种蓬勃发展的形势冲破了，其它沒有红卫兵组织的也以战斗组出现，现在看起来是大势所趋影响全国各个方面，影响全世界，这是伟大的创造，在别的国家沒有。我们把红卫兵袖章送给外国朋友，是友谊的标志，作为留念。促进革命友谊的发展。现在全世界注视着红卫兵的一举一动，特别是北京的红卫兵，这说明红卫兵在世界的影响。目前由于条件不成熟不可能组织国际红卫兵，国际红卫兵也不能自称，我们要调查一下，看属于那一派。这是下一阶段的事。

今天讲红卫兵对外影响的问题，这是关系到国家声誉，而且也关系到毛主席的号召，影响声望的问题。现在谈第三个国际活动，第一次国庆活动，在首都是好的，当然是做了一些工作。努力学习十六条党的方针政策，语录和人民日报社论，争取对外大方向一致，这样下功夫得到一些收获。国际评价是好的，这些消息在“参考消息”上登了好多，过去大学生能看到，(叫周荣鑫同志注意一下)以后中学生也可以看“参考消息”。第三个活动是广州对外商品交易会，在贸易战线上，我们红卫兵也起了相当的作用，给出口商品提了很多意见，展览会晚上让红卫兵参观，三十天有三十七万人，平均每晚一万多，这么大的数字，但红卫兵遵守纪律，提了很多意见，那些不能表现无产阶级文化大革命气象一新的东西。打破了商品出口的框框。……第三个活动就是这次中日青年大联欢，以前日本反动派阻挠破坏，日本青年不能来，但日本左派青年向往中国青年，带有热狂。上(年)想到中国来，受到中国青年热烈欢迎。今年与去年不同，社会主义革命推到一个更新的阶段。他们来可以有更新的体验。今年日共修正主义压制他们，它们和左藤政府一起压迫他们，日本青年在反帝反修、反对反动政府斗争中打开了这一条路，从两方面看，我们的斗争热情提高到更高阶段。他们又反帝又反修，这样相见会分外知己。今年中日联欢比去年在电影上看到的那些带有低级趣味和资产阶级的，今年不能再出现了。去年彭眞还出来欢迎日本青年。那时彭眞两面派还欺骗党。今天揭发了彭、罗、陆、杨反党集团；还揭发了资产阶级反动路线，坚决拥护毛主席的正确路线。在这种形势下，接待那些排除万难的，他们也是按毛主席的教导：下定决心，不怕牺牲，排除万难，去争取胜利。

党中央有了国庆活动，广州对外贸易交流会的经验，又有了筹备中日青年联欢的经验。对于这个问题，沒有注意，结果出了问题，这证明了越是不注意的地方越是要出问题。主席说要在游泳中学会游泳，要在斗争中学会斗争。事情发生了，中央抓了，昨天知道了，今天开这个联合大会(这时有人递条子叫总理坐下。总理说开会老坐，坐得太多了，难得站的机会)。我们要有坚强的阵营，作这一个工作，这个责任就放在首都红卫兵的肩上。我们思想要一致，在原则基础上的一致不要勉强和稀泥。是不是可以找到共同的呢？我们正在研究，自从五月中旬文化大革命提出以来，六月二日毛主席批准了刊登北大聂元梓等七同志的马列主义的大字报，到现在半年多了。我们的运动正如火如荼，十一中全会以后，特别是毛主席接见红卫兵，三个多月来，证明我们的阵营是非常伟大的，来北京的一千一百万以上，截止十一月二十日。按日本报纸上所说的，一千一百万人等于把东京三个月分批分期搬了家。等于一个大上海和郊区十个县分批分期搬了家，最后一次主席接见二百六十万等于天津搬了家，这是红卫兵伟大阵营的表现，三个月的八次(实际上十次)这是世界上从来沒有过的，这样有组织有纪律的接见，沒有我们伟大的领袖就沒有这种场面。沒有伟大的人民，就沒有这种场面。冬季暂停免费乘车串联，北京到外地串联的同学逐渐回来了，日本朋友来晚一点，主力就在北京，这时我们要整顿一下，主要不仅是形式上的，更重要的是思想內容，经过七个月的斗爭，各个组织都要回顾一下，有的坚持批判党內走资本主义道路的当权派，批判犯错误的同志，批判工作组，批判负责领导机关，一直坚持到底！这是左派，这种坚持性是值得称赞的。这样的组织有北航红旗，地质东方红，第三司令部，政法公社，首都兵团，第二司令部形成的造反联络站，这样的组织都要总结一下，不可能在斗爭中每一步都是正确的根据十六条，进行总结，宣传毛泽东思想，爭取广大的同学，要教育他们，帮助一时保守、中间的同学，要关心帮助他们，而不是指责他们，这些保守的同学曾经打击了左派，但都是同学，斗爭的矛头要向上，向着犯错误的当权派，向着走资本主义道路的当权派。甚至有人支持他们，挑拨他们，我们不要受他们的挑拨。江青同志讲："要掌握方向，运用策略，我们总结一下，好的推广，错的纠正，共同把矛头向上，不要向下。相互之间爭吵，大辯论不可避免，不要把矛头放在同学之中，要向上。大家的经验不足，有些组织，特别是中学。运动初期在工作组撤销后，像北大、清华附中的红卫兵等阻力小了，冲向了社会，他们取得成绩。我们开始接触的都是中学生。从红绿灯到警察的军装……，比较有成绩的是反修路的开幕，这些尽是红卫兵干的事，这是九月初的情况，后转为大学，成立了第一司令部，第二司令部，二司令部开始偏于保守，也要支持。三司令部，人数少，也要支持。他们过去是受打击的。十月提出了两条路线的斗爭，林彪同志的国庆讲话，十三、十四期社论，十月六日工人体育场，我们把态度表示更明显了。运动是发展了，今后还要发展。过去偏于保守的今后方向如何？要向上。第二司令部十月二十二日他们表示要开门整风，我欢迎。要检查怎么受骗的，多数是不自觉的，少数是自觉的。开门整风人家先批评这更加不容易，这种勇敢精神我称赞。不知做了沒有？过去偏于保守的是不是一无是处？不是。中学开始是蓬蓬勃勃的，冲向社会，运动开始免不了要出现缺点，群众运动嘛！毛主席说："革命不是请客吃饭，不是做文章，不是绘画绣花，不能那样雅致……"，是这样子嘛，这个运动如火如荼，好像长江的浪涛，带走了泥沙，下游就肥沃了。总账算起来，主流是好的，过程有变化，招待外地红卫兵开始很热情，后来人越来越多，就有了不好的提法，有的在火车上就把他们叫回去了。九月下旬就改变过来了。国庆就搞得很好。十一月接待二百多万，我们估计一百万，毛主席说：不仅是一百万，二百万，三百万也有，得到这话，马上我就讲接待三百万，结果二百六十万。明年春暖北京要突破三百万。我们工作要紧跟，不要掉队，掉队的，赶快紧跟，决不保守，不故步自封，否则摔大跤。在工作组中犯了错误，保守一点赶快改过来，青年同学比我们不保守，犯错误的同学方向沒抓准，要赶快改，无论如何，大前提是对的，这就是承认毛主席和党中央的领导，在毛主席和党中央领导下走社会主义道路，高举毛泽东思想伟大红旗，按十六条办事，他们大前提沒有错，不能不支持。但行动偏了，保守了，这样的事情我们要帮助他们，提醒他们一句，让他们赶上去，我们要把斗爭矛头指向走资本主义道路的当权派，执行资产阶级反动路线，过去的工作组。帮助领导纠正错误，犯过错误的不要气馁不要不服气。团结不是一天的事，要通过批评，像毛主席教导我们的一样，要通过批评或斗爭。我们存在各种思潮、派别，这是阶级、社会、历史的反映。但青年变化快，在共同纲领上一致对外，任何时间都有左派、中间、保守的统一战线。为祖国的光荣，为主席的声望的提高，我们要把工作做好。哪一个组织是反革命的吗？不会走向另一个轨道，那是反动的，当然不允许的，这一方面要警惕，革命左派也会被钻空子的。人的思想是社会的反映，中国共产党是毛主席领导的，如有漏洞也会被敌人利用的，一个团体內总是各种思潮在里头斗爭，动荡，分化，改组。各学校的派别反映了社会的思潮，大方向是一致的，要走到共同点，小道理要服从大道理。弃私立公,这是林彪同志的号召。

这次发生的问题,首先是领导关心不够,中央抓得不紧,主要是廖承志同志和他们帮手抓的不好。大中学校参加有各种组织,左派的,中间的,保守的要求不经协商,像巴黎公社选举,我一听说选举就不同意,不能光靠票选,果然,选出来大家都不赞成。无计名票选好像很民主,但不能代表较大多数的意见,协商就能代表绝大多数的意见,莫斯科一九五七——一九六〇年的会议,是通过平等协商达成协议的。这是第一次,第二次在大前天六号晚上,通过向中央文革报告,要扩大组织,如北航《红旗》,地质东方红,政法公社,首都兵团,西城区左派等,都要经过商量。廖承志跟同学见面就谈中央决定的,同学就不好说什么。这两次廖承志要负主要责任。但不能因领导的问题打人,造成七号行动,这次行动是错误的,不管有什么意见。打人是错误的。只能文斗,不能武斗,打人是原则问题,是错误的,西城区纠察队长期骄傲起来,你们的第一号、十号、十一号、十二号、十三号通令,我倒要研究一下,如第一号保护老干部,保护太多,要让老干部继续革命,要求前辈继续革命,不要你们保护,你们保护,他们躺在太师椅上。结果不是帮助,而是让他们停止革命。不革命的应该批评,我也包括在内。地质部你们去保护,你们上当了,是工作组邹家尤找去的,你们上了当,我听了很难过,地质东方红同学对小弟弟小妹妹要原谅他们,他们大受骗了。何长工之流以老卖老,把你们出卖了。当时我非常不满,同学们斗同学,他自己在那里笑呵呵,他革命的灵魂不存在了,不要去保护他,要看他在烈火中能不能救过来,你们不安定,不满意,这个风气还沒有转过来,你们的通令我初翻了一下,有些话是错误的。你们(西城区纠察队)要好好整风,不要盛气凌人。陈伯达同志是毛主席、林副主席的得力助手,他两次到你们那儿去,有一次到东城,他抱着好意要帮助你们,他是我们杰出的理论家。毛泽东思想阐发得那样好,他跟毛主席那样紧!可以说是中央文革的头头,我们要尊重他,跟他学习,你们管辖下的六中,那样打人完全违反十六条,你们自己整顿嘛!大前天在民族饭店的行动,连工作组劝都劝不住,爬窗口进去打人,第三司令部沈××被打,(总理问:她来了沒有?众答:来了)她来了可以作证,七日许多人围住,交通都阻断了,这是廖承志犯的严重错误,他不是严肃的指出,诚恳耐心地教育,而是另一种态度,放纵,对解放军报记者不尊重,引起大家大笑,污蔑在毛主席、林副主席亲自指导下的解放军。你们对中央文革同志也这样,对同学也这样,打这打那个司令部已经多起,这不是正常现象,不是革命的需要,为什么这样?你们青年思想起伏大,要用四大,有错就承认么!毛主席的大民主放手让你们闹革命,相信你们自己教育自己,青年人免不了要犯错误,等你们成熟了就知道这段斗争,知道这段经历斗争世面,是毛主席给的,毛主席要你们在斗争中得到锻炼。即使犯了错误,就要纠正,要是不改,那就不好。甚至对中央文革小组的同志,对陈伯达同志、江青同志、张春桥同志、刘志坚同志、关锋、王力、戚本禹、姚文元、穆欣同志不尊重,甚至贴了海报、标语反对就是不应该了!中央文革是党中央,毛主席、林副主席指定的,是经过半年多考验过来的。中央文革是在党中央,毛主席,中央政治局常委领导下的,是毛主席、林副主席信任的。我提你们,你们不相信,我讲的话不是百分之百地正确,我早就讲过了,我讲的有一半对就了不起了,但我沒有坏主意,我是高举毛泽东思想伟大红旗讲话的,在这次联合行动中要做好,都是革命组织么!我希望你们抛弃你们不必要的成见,即使有错误意见,可以保留辩论。我们要求在毛泽东思想旗帜下联合起来。要求对中日联欢有共同的行动。对以后北京大专院校的团结方向,打个好的基础。

现在许多问题沒有解决,中央两个文件,十月五日批转军委关于"平反"的通知,十一月十六日的补充通知规定,可是现在找个典型都沒有,现在还在争。你们是各红卫兵代表,是负责的,可以谈一谈究竟用什么方法组织工作机构。十四个单位如何组成一个领导机构,这还许要几天功夫。要恢复在民族饭店的秩序。斗争是需要的，但那种打仗、打架的方法，对敌人是需要的，林彪同志讲，红卫兵是解放军的坚强后备力量，但还要很大时间考验，你们要学习解放军。最后一批接见，主席调动军队部队军事工作人员去训练，收到了成绩，建立了营连排班的组织。每天学习，晚上文娱生活，学语录。现在宣布：十二月二十号以后，解放军休整一下，调一部分帮助中学参加训练。大学后一步。红卫兵是解放军的后备军，北京的中学参加训练一个月，然后转到大学。冬季过军事生活很好。我在清朝，尽管梳过辫子，我是南方人，我在北方搞军训，身体很好，你们现在与我们受统治时不同了，你们在新中国毛泽东时代，条件比我们好，那就不能相比了！眞是按毛主席的德、智、体诸方面全面发展。今冬训练，明春出去串联更有锻炼。他们的（日本）武士道不好，你们好了，他们可以学嘛！如果你们需要文化工作人员，军事工作人员，也可以派一些去。

还有一个问题，纠察队的名字，开始还有好意，（1924—1927年）大革命时期，工人纠察队防止工贼资本家的狗腿子破坏罢工，手挽手的保护罢工机构，可现在纠察队变成红卫兵的上一级。招待日本朋友，一定要以红卫兵组织出现，纠察队名字改不改由你们，伯达同志讲，不用纠察队这个名字。我同意伯达同志的意见，但我不干涉。（周荣鑫说：海淀区××纠察队递条子说打人是枝节问题。）（周总理生气地说：我不同意。随手从衣袋里掏出一个红本子，读了林彪同志八月三十一日的讲话，……武斗只能触及皮肉，文斗才能触及灵魂。）斗走资本主义道路的当权派，还是如此，何况我们红卫兵自己。所以打人不是枝节问题，是原则问题，这个问题存在在北京城里！

再谈斗争大方向问题，进行彻底批判那些不改的人，要斗争走资本主义道路的当权派，公开批判彭、罗、陆、杨反党集团。更深入斗争，这就是阶级斗争，这就是大方向，要把许多隐藏的许多敌人揪出来，他们成不了气。但他们还捣乱，我们不要被敌人利用，如作错一些，他们会钻空子，我呼吁不要受蒙蔽，不要上当，这一小撮人还在活动。大街上出现反动传单，诬蔑我们伟大领袖毛主席，林彪同志，中央文革。你们是放假闹革命，有责任揭穿这个问题，看看这是谁搞出来的，要整顿自己的队伍，特别是把骄傲去掉，眞正高举毛泽东思想伟大红旗，学习十六条，毛主席著作，在阶级斗争中锻炼自己，继续把革命搞好。

问题很多，我这个讲话希望对同志们有参考价值，我讲的不能说百分之百正确对，但基本原则我是坚持了。

群众递给总理许多条子。同学问：第一司令部属于那一派？

总理回答：第一司令部偏左，后又改组。是保守，还是奋斗，由群众来定，比我封的好。

总理继续回答同学的问题：西城区要跟我谈话，我愿意单独跟你们谈。说老实话，咱们要以诚相见，我赞成陈伯达同志说的，高干子女最好不当领导，但有的高干子女与父母脱离关系我们不赞成，这办法不好，不提倡，革命靠自己，要在大风大浪中锻炼自己，相信只要有一颗信任毛主席的红心，只要紧跟毛主席，革命群众不抛弃他，你们是可以在大风大浪中锻炼出来的。最后，总理说：要记住毛主席的四句话："下定决心，不怕牺牲，排除万难，去争取胜利。"不要气馁。

关锋同志十二月十一日对接待工作人员的讲话

一、当前文化大革命的形势和两条路线的斗爭

当前文化大革命的形势比一个月前有了很大的发展。形势越来越好了!

目前形势大好的主要特点与一个月前比较是什么?

依我个人看,最主要的特点是:广大的工人起来了,投入了无产阶级文化大革命。大城市、中城市和一些小城市的一些工人起来了,投入了无产阶级文化大革命。有人想压,压是压不住的!现在各地,大中城市的工人纷纷成立工人的群众组织。我们的工会实际上并不能代表工人,搞一套所谓的福利主义,并不能代表工会的意见。红卫兵起来把团中央冲垮了,现在工人起来了,他们要成立自己的组织,起来闹革命,这件事好得很。

在前一时期执行资产阶级反动路线的人,曾经挑动不明眞相的工人起来围攻革命学生。现在,有许多工人明白了眞相,起来揭发,起来进行斗爭;前一时期执行资产阶级反动路线的人,利用工人中的劳动模范,和活学活用毛主席著作的积极分子,利用他们对党的感情作讲演来压制学生。有些劳模、活学活用毛主席著作的积极分子上了当,现在明白了。大家知道东北有个李素文,活学活用毛主席著作很好,前年到东北去我见过,这个同志有相当高的水平。她说:"电台上广播李素文,报纸上宣传李素文。但是,柜台上见不到李素文,这还了得。"这个同志很自觉。在运动初,被党委动员给保字派作报告,后来她明白了,她起来揭发,支持革命学生,她受到了打击。这样的事是举一个例子,不是个别的,其他地方还有。这个特点总的一句话,工人起来了,投入运动。当然也带来了很多新的问题。下面我还要讲。

现在,中央发了抓革命,促生产的十条意见,看来工矿企业的文化革命运动要大规模的开展起来。做接待工作的同志要做好思想准备,下一步工人来访来信还要大量增加,有人提出为什么不早一点做好准备呢?无产阶级文化大革命是新事物,不能事先定出一个框框来,群众干起来了,总结他们的经验才能做出规定。这十条意见是否把工矿企业中所有的问题都解决了呢?都回答了呢?沒有,现在要系统的搞还缺乏经验。这十条还是安民布告性质的,依照十条先干起来,然后总结经验,从群众中来,到群众中去,有些问题有了经验再解决。在这运动发展中,还会提出新的问题。这在事实发生前不知道,也不能回答。

再一点就是革命学生开始和工人相结合。有一些学生到工厂去向工人学习,和工人一起劳动,一起学习,一起讨论文化革命的问题,这样一个开端,是一件大事情。主席在几十年前就说过:知识分子不和工农相结合,将一事无成。这样一个革命原理,在今天也是完全适用的。文化大革命光靠学生不行,学生不和工农结合就不行,和工农结合力量就大了。学生一和工农结合,他们自己也就可以得到更好的锻炼,更好的改造,更大的提高。大约在一个月以前我到人民日报去,有一批学生在那里不走,我去和他们谈了几个钟头,我说我不把我的意见强加于你们,你们也不把意见强加于我,我们允许讲错话,讲错了也沒有关系。一个同学说,现在运动是六十年代的"五四"运动,应该允许学生到工厂去串联。五四时开始学生运动,后来是工人起来了。一部分知识分子和工农相结合。现在无产阶级文化大革命的内容和性质,与五四不

同了。但是,和工农结合应该是一样的。他这话是对的,现在提倡学生到工厂去串联,和工人相结合,和工人一起劳动,一起讨论文化大革命的问题,当然同学到工厂去还有个方法问题。不久以前,一批同学到第一机床厂去,工厂一些负责同志鼓动工人把大门关起来,不准进去,有的同学气不过,翻墙爬过去,发生了冲突,进去后工作方法上难免有缺点,现在已经有了改进。去了首先向工人学习,不要包打天下,成为工作组,那样作不行,进去先听,听两派工人的意见,学会和工人谈话,要感情交流,向他们宣传主席亲自制订的"十六条"。现在形势有很大的变化,有少数人对学生进工厂怕的不得了,视为洪水猛兽,如果不是别有用心的话,也是完全错误的。他们就是说说他们的意见,贴贴大字报,如果学生意见不对,怕什么呢?如果对的,那就修正错误,还怕什么呢?

当前形势的特点是工人起来了,革命学生开始和工人结合。中央十条意见公布以后将有更大量的工人起来,更多的学生到工厂去,依我个人看来,出现了这样的特点,我们的无产阶级文化大革命很可能出现一个新的高潮,随着运动的发展,也将会出现一系列的问题和争执,在学生、工人、各级领导中反映出来。在接待工作中也会碰到大量问题,有一些中央可能作出规定,有一些中央可能还沒有规定,这样就要大家及时反映和研究。以上说的是目前形势的一个重要特点。

另外,最近两个多月来,对资产阶级反动路线,展开了群众性的批判,广大革命学生,广大革命工人,还有机关革命干部都起来批判资产阶级反动路线。要想清除资产阶级反动路线的流毒,沒有群众性的批判是不行的。在群众性的批判中有沒有过头的语言和过头的做法?按照群众运动的规律不可能沒有,但是他们的大方向是对的。做为无产阶级革命家,应该支持群众运动,批判到自己头上也应该毫无保留的支持。

经过群众性的批判,有一些在前一阶段犯过路线错误的同志已经或正在改正错误。群众性的批判,触及了这些领导同志的觉悟,群众在斗争方法上也有所进步。有一个地方开大会向学生做检讨,开始是很害怕的,学生提出的口号很高很利害。怕检讨后下不了台,但是,由于检讨的比较诚恳,检讨后热烈鼓掌。眞正的检讨了,眞正的为打成反革命的平反了,并且在工作中依靠他们,对过去受蒙蔽的群众,很好做工作,自己承担责任,不把责任推给下面,这样就能取得群众的信任。现在有一个省就是这样。还有一个省的学生较好,他们不冲三级干部会议每天发给会外参考文件,还搞了个展览会——关于两条路线斗争的展览会,把参加三级干部会的首长都请了去,让他们参观,介绍情况,请他们吃饭,参观完了还放了一个黑电影,是把革命群众打成"反革命"的电影。这样一做,对参加三级干部会的干部有很大的启发,说过去错怪了学生,觉得省委实在沒有道理。许多干部思想转变了。看到学生在斗争方法上这样的进步,我们心里实在高兴,这种斗争方法上的进步有一个摸索过程,有些做法不妥当,我们不能责怪他们。老同志想一想,我们过去犯了多少错误,现在还在犯。现在十七、八岁,二十多岁的人比我们过去不知要能干多少倍,有些事情比我们敏感(当然有的也不一定正确,但是我们不要责怪他们,他们经过自己的实践会有很大的提高)有人讲北京第三司令部是中央文革小组支持的,甚至说是中央文革小组在背后指挥的,还谣传说中央文革小组成员说:"反对中央文革小组就是反对党中央,反对第三司令部就是反对中央文革。"沒有人这样说过,我们对第三司令部的革命行动是支持的。但不是幕后指挥的。他们的行动我们不知道的。他们诉苦了,说:"他们有……(沒记清)给他们出主意,你们不给我们出主意,我们斗不过他们。"我们不能给他们出主意。一来不能包办代替,二来左派就是在斗争中锻炼出来的。只要大方向正确,出一些错误出一些毛病不要紧,只有在革命的实践中锻炼,左派队伍就有很大的发展。当然中央开了工会议，主席讲了话，林彪同志讲了话，周总理讲了话，陈伯达同志讲了话，各地党委情况有变化，有的改正了错误，也有三级干部造反的。有的省委第一书记被学生找了去，或者躲了起来，他们沒有人管，就自己选举了领导小组来领导三级干部会，揭发批判资产阶级反动路线，批判他们的错误，这是很好的现象。

毛主席教导我们看事物要看主流，看本质，不要被一些现象、假象所迷惑，不要被谎报军情所迷惑，就是有人谎报军情，就在十一中全会开会前夕，团中央胡耀邦就谎报军情，有五十多个学生去团中央批判他们，要求罢胡克实的官，胡耀邦就慌了，就谎报，被包围了，要罢官马上要罢，还要不要党中央批准，还要不要纪律，把学生形容得一塌胡涂，当时学生还不像今天这样激烈。我们有两个同志在那里，就提出疑问，是不是谎报军情，但是，提出资产阶级反动路线的人，很不以为然，批评了王力和我，说："你们去看看去！"我们去看了，就是谎报军情，他们五十个学生坐在那里谈，要求罢官，并沒有马上要求答复，很有秩序。胡克实就是不承认错误，胡克实就是不老实，我们批评了他，他公然在学生面前说："我所做的一切都是有来源的。"不肯承担一点错误。现在也有谎报军情的，不能贸然相信，前天就有一个电报说一个工厂的工人与学生吵起来了，说学生到工厂抢了机关枪和子弹，后来一了解，根本沒有那么回事。文化大革命以来枪封起来了，好好地在那儿。所以，我们不要被假象所迷惑，也不要被支流、偏差所迷惑，要抓主流。

上面说是大好形势，是不是因为大好形势，两条路线的斗爭就停止了呢？沒有！党內一小撮走资本主义道路的当权派和极少数坚持资产阶级反动路线的人，采取了新的花样来同我们斗爭，运动的发展会有反复，看来上面两种人，其中有的人还会打起批判资产阶级反动路线的旗帜来，因为广大革命群众是坚决批判资产阶级反动路线，这些人也打起这个旗来，煽动一部分不明眞相被他们蒙蔽的群众，和群众组织来打击革命左派，妄图把资产阶级反动路线加在革命左派头上。就像鲁迅说的，他们扯起大旗，保住自己，打击别人。目的是打击左派，保护他们自己，保护走资本主义道路的当权派。也有人假借反对炮打无产阶级司令部，用来镇压革命群众，红旗第十二期社论发表以后，有些地方就利用这个东西，认为反击的时间到了，就作大报告，来打击革命群众，各地有不同的名词，什么"右派"，什么"假左派""眞右派"……还有土名，湖南有"黑鬼"，山西有……（未听清）有"伸手派"……好像我就是无产阶级司令部，你们反对我就是反对无产阶级司令部，就是"黑鬼"。中央提出一个口号来，那一小撮人从资产阶级反动立场上来加以利用。列宁说：马克思的理论逼得马克思主义的敌人穿起马克思主义的外衣来反对马克思。这一点在文化大革命中表现的更为清楚。

顽固的执行资产阶级反动路线的人和一小撮党內走资本主义道路的当权派利用我们的口号来进行他们的勾当，这些人有共同的特点，自己躲在幕后，更隐蔽的继续挑动群众斗群众，挑动武斗，企图破坏无产阶级文化大革命，搞乱了。然后加在中央文革的头上，加在党中央的头上，加在革命派的头上。不是有人有一种论调，他们说十一中全会以前群众斗群众，由提出路线的人负责，十一中全会以后应该由你们中央文革小组负责。当然中央文革小组（特别是我）的工作，有错误，要负责，但是，挑动群众斗群众，挑动大规模的武斗，不应该由我们负责，应该由在幕后挑动的人和操纵的人负责。现在武斗现象依我个人来看，有发展，一般有三种：（一）革命群众出于义愤，打了几下黑帮，这沒有什么，不能去责怪群众，当然我们不提倡，因为林彪同志说，武斗只能触及皮肉，不能触及灵魂；（二）小孩子吵架，抓破脸，也沒有什么，劝说劝说；（三）有人幕后操纵，制造宗派，煽起相当大规模的武斗，这个背后是有一支黑手在那里指挥，这是一个严重的问题，我们看到一些现象和事实，抓人，打人，非常惨，因此搞了个中央通知。初中学生说:"法不制众",同志们,用这样一种古代语言不是出于少年之口,有他们的老子在背后指挥的。

今后会有更多犯错误的同志起来检讨,回到正确路线上来,但是有少数走资本主义道路的当权派和坚持资产阶级反动路线的人,仍然要负偶顽抗。他们总是错误的估计形势,以为自己有多大的威力,要反抗,自己躲在幕后,制造武斗,他们想秋后算账,自以为得计,其实是最笨的。毛主席说:要相信群众的大多数。那些一时不明真相的群众,受了蒙蔽、受了利用,一旦他们觉悟起来,就会起来揭发他们,抛弃他们。革命群众是热爱毛主席的,热爱党的。

一旦觉悟起来,就会起来揭发他们。有些革命学生对资产阶级反动路线的反扑是很敏感的。上街贴了一些反击标语(有些不一定妥当,中央文革沒有在指挥)他们把形势估计的严重了一些,沒有什么了不起,一小撮走资本主义道路的当权派和顽固的执行资产阶级反动路线的人,他们的群众也是受蒙蔽的。纪念"一二·九"他们想搞活动不是沒搞成吗?有一些人想激我们,使我们犯错误,然后抓辫子,我们要冷静,坏人总是极少数的。

《红旗》十三期社论发表后,有部分学生到红旗去。要我和戚本禹同志接见他们,见了以后也不客气,他们要主持会议,可以嘛,就让他们主持,他们提出质问,到底十二期社论对,还是十三期社论对?我们说:"都对!",炮打无产阶级司令部就是有的,河北省有贴反对林彪同志的标语,贴反对毛主席的标语。这不是炮打无产阶级司令部又是什么?而资产阶级反动路线确实存在,必须批判!所以我沒有让步,说都对,是否每句话都对,不见得,由实践来检验。

现在,有些幕后操纵的坏人,利用一些群众组织的名义,干一些工作组还不敢干的事,工作组干要承担责任,现在他在幕后,反正是群众干的,发生事情算在你们头上。居然有这样的事,把贴第一张大字报的中学生活活打死。前几天,因为不同意见,在一个学生的背后刺了四、五刀,刺伤了。制造白色恐怖,有人给陈伯达同志写信反映情况,连名也不敢署,有什么大鸣、大放、大民主呢?

前几天,我接见了一个省的两派工人,保省委的六个,反对省委的六个,势均力敌。那里发生流血事件,打伤一百多人,有工人有学生,轻伤的沒有来,重伤的也不能来,来了一部分送在反修医院治疗,他们描述的情景实在使人难过,我止不住要掉眼泪,因为两派都在不好说,免的双方吵起来,止不住眼泪怎么办呢?只好把帽子打下些低着头,保守派讲不出道理。是厂里每人给了五十元钱来的,比造反派来的还多。咱们同志要头脑清醒,有些是民间代表团,有些是官方代表团,他们都要到接待站来反映,以前大街上的传单也可以看出,前一个时期,保守派的纸好,打印、铅印的,还有随着省委报纸发的,造反派是油印的,即使铅印的纸也不好。最近这种情况不多了,而是用告状的办法了,在接待工作中遇到一些问题时应该用阶级斗争的纲,要用毛泽东思想为指南来分析,做到心中有数,做到有一个正确的和比较正确的分析,不要跟现象跑,不要不明真象的发表意见,就支持,就帮他们谎报军情。红旗接待小组犯了错误,这个同志是个好同志,但说话沒有准,有人去套他,不反映情况,提了许多问题,其中之一就是"批判资产阶级反动路线是否转移斗争目标?"回答说:"就是批判文化大革命中的,以前的有以前的政策,现在有现在的政策……"回去后就公布,说是"走访红旗杂志社答复如下"结合那里斗争情况正好。我批评了那个同志并由红旗杂志文革小组写了大字报说:这只是某个人的意见,不能代表红旗杂志社,并说明1.红旗杂志社只听意见,沒有解决问题的权力;2.谈话有错误欢迎批评。这样一来,他们又来了,说为什么这次谈话要澄清?别的不澄清?用了好长时间,打电话给我们,我们说要顶住,道理很简单,别人都是讲某人讲的,而你那样说就好像是红旗杂志编辑部的意见了。

我讲的杂乱无章，第一个问题就讲到这里。

二、无产阶级专政和无产阶级大民主

这是值得研究的很新的课题。林彪同志根据毛泽东思想给我们做了原则的指示，我们作接待工作的对这个也应有个原则的比较正确的认识。大民主，好多同志是看不惯的，抵制的，我对此也有个认识过程。

林彪同志讲了，无产阶级专政下的大民主究竟有什么意义？就是发动亿万人民群众来监督我们国家的各级负责同志，来监督党和国家机关。运用大鸣、大放、大辩论、大串连对我们国家的各级领导机关的各级领导人进行批评，这个意义很重大，是防止无产阶级专政蜕化为资产阶级专政的重要措施。

列宁看到了无产阶级专政国家机关有变成官僚机构的危险，怎么办？列宁有很多设想，当时主要是从改组工农检察院的角度设想。但当时由于时间和经验的限制，还不可能像今天毛主席提出用大民主的方式来监督党和国家各级领导机关。这是很重要的，宪法给人民的权利、给人民的民主、自由，眞正变为实际行动，这时对国家的政治生活将会发生深远的影响。

有些省、部负责人是好人，有些世界观沒有改造好，前一阶段不自觉的执行了资产阶级反动路线，叫群众冲一冲有什么不好呢？有的省委书记做了十几年了，沒有检查过，更沒有向广大群众检查过，让群众冲一冲有什么不好的。

前几年，安徽，山东发生的事，很严重，山东的×××是××手下的第一号大打手，后来畏罪自杀，他搞的简直是法西斯专政。有一个同志被打成反党分子，他爱人要上省委告状，给他知道了，就由公安局派两个便衣盯梢，到火车站就被抓住了送到监狱里去了关了一年多，中央常去，也不知道。如果有今天这样的大民主，群众知道就可以贴大字报。上街贴大标语，上北京贴到天安门前，中央就可以及时察觉。沒有群众监督，包括我们这些人在內，能有什么办法可以保证不和平演变呢？无产阶级文化大革命中，出现了很多新事物，大字报、大标语上街，好些高级干部也被大字报、大标语贴上大街了。用往常习惯来看就觉得不顺眼，这恐怕沒从根本上想这个问题，毛主席讲过，如果中央将来出现修正主义怎么办？一是剝笋政策，剝不掉怎么办？就是造反。在无产阶级专政下如何造反法？如果沒有大民主，野心家上台就可以用下级服从上级的办法，用这一条来推行修正主义的东西。造成这样的大民主风气，出现了修正主义就起来造反。经过无产阶级文化大革命，在毛主席领导下将无产阶级文化大革命进行到底，我国就可以防止修正主义，是否这样绝对？事情不那么绝对，如果万一几十年后出现了修正主义，群众就可以上街游行、集会，用大字报、大标语来反对，说毛主席支持我们这样干的，到时他如果把群众抓起来、那就把自己公然的置于反对毛主席的地位上，就自己剝了自己的外衣，就会引起全党全民共诛之，共讨之。

我们各级领导机构沒有群众监督是不行的，例如六四年、六五年上半年，我和戚本禹同志在一个地方搞四清，前北京市高级法院刘仁在××蹲点，发表了修正主义讲话，戚本禹同志给中央写了一封信，中间也提到我的议论，就把彭、刘得罪了，我们村有个漏划富农，各种材料证家，不但是富农，而且是反革命，就逮捕了，审讯时就诱导翻案，实际上是审讯工作组，我们四清工作队退出后，刘仁就组织了一个调查组，群众叫他们翻案组，他们撇开新的党支部，专门找地富坏和四不清干部翻案，一个四不清干部不愿翻案，就进行威胁，我们当时沒有办法就准备挨整。无产阶级文化大革命中就提出了这个问题，第一次沒搞开，第二次到贫下中农家去了解，请来了五、六十个贫下中农，参加了法院的会议，这一下揭开了，摆事实、讲道理，很有说服力，贫下中农亲自受到翻案组的压迫了。威胁最多，起了很大作用，沒有贫下中农参加，为非做歹的翻案组就是斗不下来，贫下中农讲的不听就搞不清楚。结果革命群众、贫下中农很满意。许多事实证明，沒有这样的大民主，沒有这样广泛的群众性的监督，怎能保证不变质？大民主是保证不变质的条件之一。

联系群众问题。解放前打游击时，我们是联系群众的，但是，对我自已来说是不那么自觉的，客观上有压力，否则到一个地方沒有吃、沒有住、群众不理你就活不下去，以后进了大城市，有了大机关，如果沒有充分的自觉就不联系群众了，坐在办公室里，回家在沙发床上一躺，日子过的满好，沒有大民主，这几年包括我在内官气实在难以打掉。

另一方面，无产阶级大民主还要用无产阶级专政来保证。极少数坏人是否也会利用大民主呢？当然会，什么事情他都会钻空子，所以要用无产阶级专政来保证。这次运动是对我们无产阶级专政的考验，是对我们无产阶级专政机构的考验。有一部分学生，也许是受人利用的，去公安部门把民警打的头破血流，要学生留名子，不留，怎么办？我开了小汽车送走了，这一下引起民警的大为不满，民警不干了，也要造反了。我们专政机关决不能动用武力压制革命群众，但是要坚持原则，不能那样软弱无能，有些地方制造白色恐怖，连给中央文革小组写信说明问题都不敢署名，这还有什么大鸣、大放、大民主？伤了人可以逍遥法外怎么行呢！十六条里明明规定杀人、放火的要作处理。有这样一个公安人员，革命学生反映那里刺伤了人，一个公安人员居然说："现在专政权利下放，人人可以施行专政权力，我们不管。"杀人、打人公安部门怎能不管？

沒有大民主就不能保证专政机构不变质，但是，沒有无产阶级专政，也就沒有人民的民主。对这问题我们要研究具体办法。中央通知，有的地方沒执行或执行不好，有些说是大毒草，大阴谋，因为用省委名义发的，他们对省委不相信，所以说是大阴谋，现在用中央名义转发，眞正革命的同志是会接受的。

三、关于接待工作的一些建议（略）

大家最根本的考虑两条，(1)两个极端（负责、热情），也是对群众的一个根本态度问题；(2)两条路线斗争，我们站在那条路线一边？是自觉的站在以毛主席为代表的无产阶级革命路线一边，还是不自觉地站在资产阶级反动路线一边。这两个问题不解决，其他问题也解决不了。

同志们搞接待工作很辛苦，不久前看到材料，有点诉苦，也有道理，在一定意义上，我同情绝大多数接待人员，我对大家帮助太差。关于两条路线的斗争，未及时同大家讲，十一中全会前认识不够，也不好讲。十一中全会后可讲应讲，应组织大家学习，把两条路线对立的实质，内容搞清楚，搞接待头脑就清醒了，我们要作自我批评，但说到错误就要罢工，就不对了。主席讲的两个极端包括任劳任怨，我们做错事，讲错话，群众为何不可批评？群众误会，骂两句也沒有什么了不起，也是考验、锻炼。如抱当官做老爷的态度，接待工作搞不好。几千年来官是民之父母，现在反过来，脑子里还是不那么容易。群众批判我们一顿（不了解情况，误会），不要紧嘛！接待人员大多数是要革命的，但多少跟不上形势。孟宪荣是好同志，六、七月份支持科学院的革命群众，据自称不自觉。后来赶不上形势。工作抓不起来，我也如此。这不奇怪，江青同志让紧跟一头，紧追一头，有时理解，形势一变又不懂了。大家对领导有些意见，认为帮助不够，是对的。但特别老头子，要强调主观能动性，独立思考。说一下丁来福（广播电台的），四月十六日北京日报搞了个假批判，他给广播了。五月份我和他吵了一顿，他当时强调沒人同他打招呼。这样一个老同志不应强调这个。我说：如果彭眞得手，眞政变，谁给你打招呼？他假借中央名义你发不发？要不要对中央对人民负责？在座的老同志应强调这一点。至于有人在接待工作中执行一条资产阶级反动路线，欺骗接待人员，是另一回事。如有，要揭发，要批判。如徐明同志就应认眞检讨。

我们同志做了很多工作，但有些工作也实在做得不好，不怪要革命的多数接待人员，要怪极个别的别有用心的。如商业部、煤炭部招待所的事搞的很糟糕。我调查研究不够，可能说错，如说错了就受批判。接待站怎能支持一方，斗争另一方八二五，黄继光战斗队。另一方可能有坏人，但是极少数，支持的另一方，也未必沒有。怎么能参加进去，出谋划策，制造纠纷，而且不请示不报告？这不是挑动群众斗群众是什么？黄继光战斗队在重要通告以后搞拘留所，残酷逼供信。据李人贵讲，报告了徐明同志。发现拘留所，不是接待站告诉我们的。徐明去后说不知道。地方上到招待所抓人。山西拿着公安厅的信，经过接待站，把人捉走。不只这一个。有沒有勾结捉人的？应该规定不许地方到招待所捉人。他来告状嘛！极个别坏人，送上门来，也不用地方捉。地方公安厅有正式介绍信，也不允许捉。如有走资本主义道路的当权派，坚持资产阶级反动路线的人，捏造罪名来招待所捉人，岂非犯错误？张文彩做了许多很不好的事(说得轻一些)，招待所支持一方，斗争另一方，他至少是一个执行者。否则，给我贴大字报。双方互传，张是江青的秘书，张为什么不出来澄清？据说，当面问他，张回答：你说我是不是呀！

两条路线的斗争在接待工作及其领导中有沒有？大家要考虑。有，就批判。不自觉地执行了，或者在这一件事那一件事上犯了错误，应该检讨揭发。说李人贵是林彪同志的秘书，我们辟了谣。发现了拘留所以后，据说李人贵曾去解放军报抗议，说破坏了他们一个伟大的计划。为何不早报告呢？私刑拷打，哪条法律允许？据说有人把责任推到李人贵头上，这是错误的。李人贵也应该出来揭发。

相信接待站绝大多数同志是要革命的。不能适应形势要求，出些岔子，说些错话，可以原谅，沒有什么了不起，改了就行，而且首先怪领导，沒有明确的方针，我们帮助也不够。这些同志要加强学习，有错误路线就斗争，任劳任怨。在文化大革命中，有些人被打，贴第一张大字报的被打死，也不是极个别的。想想他们，我们受点苦，受点埋怨、误解、批评，有什么了不起？这是中央、主席给大家的光荣任务，接待见毛主席的客人。动动脑筋，可做很多的工作，帮助中央和文革。接待站在一定的意义上是晴雨表，六·一八以后，学生来的很少，这一条引起很大的思索。十一中全会以后，每个段落群众谈的问题都有中心，有重点，反映情况，提出意见。从群众中来，接待站是一个很好的渠道。接待人员搞两批人，轮流搞，研究问题，提高质量。沒有克服不了的困难。两个极端，学习主席著作，学习政策，可以变被动为主动。半年了，是否总结一下，十一中全会前，国庆节以前，到现在。估计今后定期接见，解答一批带普遍性的问题。

吳德同志十二月十二日在"誓死保卫毛主席斗争彭、陆、罗、杨反革命修正主义集团誓师大会"上的讲话

亲爱的同志们、同学们、红卫兵小将们:

首先我向你们致以无产阶级革命的、战斗的敬礼！(鼓掌)今天大家怀着万分愤怒的心情，在这里声讨彭眞、陆定一、罗瑞卿、杨尙昆等反革命修正主义分子的滔天罪行。新市委完全支持这个有重大意义的革命的大会。(鼓掌)完全支持革命左派团结广大革命群众向反革命修正主义路线猛烈开火的英雄行为。(鼓掌)我们决心同大家站在一起高举毛泽东思想的伟大红旗，誓死保卫毛主席，誓死保卫党中央，誓死保卫无产阶级专政，把清算反革命修正主义路线的斗争进行到底。把无产阶级文化大革命进行到底。(鼓掌)彭眞、陆定一、罗瑞卿、杨尙昆这一反革命修正主义集团，是党的败类，国家的败类，人民的败类。他们勾结在一起，阴谋篡党、篡军、篡政，实行反革命政变，复辟资本主义。我们同他们的斗争是你死我活的阶级斗争，把这一帮反革命修正主义分子揪出来，把他们反党，反社会主义，反毛泽东思想的罪行暴露在光天化日之下，这是我国无产阶级专政历史上一件大好事。这是毛泽东思想的伟大胜利(鼓掌、呼口号)。

彭眞这个大野心家、大阴谋家、大党阀长期以来窃踞党的重要职位。打着红旗反红旗，很久以前他就坚决执行了王明路线，超过了王明路线，反对坚决执行毛主席路线的林彪同志。这几年来，他更加狂妄地反对毛泽东思想，反对我们伟大的领袖毛主席。推行了一整套反革命修正主义路线，他依仗权势，招降纳叛，同旧北京市委反革命修正主义分子刘仁、郑天翔、万里、邓拓、赵凡等结成死党，把北京市搞成独立王国，成为他们篡党、篡军、篡政的反革命据点。他们百般诬蔑毛主席，极端仇视毛泽东思想，竭力反对活学活用毛主席著作，他们顽固的对抗毛主席关于社会主义阶级和阶级斗争的指导方针，鼓吹阶级斗争的熄灭论，调和论，实际上是赫鲁晓夫的全民党，全民国家那一套修正主义的货色。实行和平演变，他们一贯反对城乡社会主义教育运动，保护基层党委的那些党内走资本主义道路的当权派，保护地、富、反、坏、右；他们反对毛主席和党中央提出的教育方针，实行资产阶级的修正主义的教育方针；他们在学校中，排斥打击革命左派和广大革命师生，吹捧资产阶级反动学术权威，培养新的资产阶级知识分子，他们千方百计的抗拒毛主席的文艺路线，并且利用报纸、刊物、广播、书籍、讲坛、文学作品、电影、戏剧等等，散布修正主义毒素，腐蚀和毒害革命群众，为复辟资本主义，颠复无产阶级政权作舆论的准备。他们顽固的抗拒和破坏毛主席亲自发动的无产阶级文化大革命，千方百计地抵制对吳晗《海瑞罢官》的批判，包庇三家村，竟窃用党中央的名义，制造了一个修正主义的五人小组汇报提纲，歪曲和篡改毛主席无产阶级文化大革命的正确路线。总之，他们的种种罪行使我们清楚地看到，要不要彻底清算彭、陆、罗、杨这一帮反革命修正主义分子的罪恶，要不要彻底清算旧北京市委的反革命修正主义路线，这是关系到我们国家命运的大问题。因此，我们必须把清算反革命修正主义路线的斗争搞深搞透，必须把反革命修正主义分子斗倒、斗垮、斗臭。又须彻底挖掉修正主义的根子，同时也必须彻底揭发，批判资产阶级反动路线、坚决执行

以毛主席为代表的无产阶级革命路线，胜利完成一斗、二批、三改的任务。我们相信，不断成长壮大的革命左派，一定能够团结全市广大的工农兵群众，广大的革命干部，广大的革命知识分子，广大的红卫兵小将，高举毛泽东思想伟大红旗，坚决贯彻执行无产阶级文化大革命的十六条，牢牢掌握斗争的大方向，正确运用党的政策和策略，把无产阶级文化大革命推向一个新的高潮！（鼓掌）

让我们高呼：

誓死保卫党中央！

誓死保卫毛主席！

彻底打倒彭、陆、罗、杨四大罪魁！

彻底粉碎反革命修正主义路线！

无产阶级文化大革命万岁！

无产阶级专政万岁！

伟大的中国共产党万岁！

战无不胜的毛泽东思想万岁！

我们伟大的导师、伟大的领袖、伟大的统帅、伟大的舵手毛主席万岁！万岁！万万岁！（鼓掌）

周恩来同志
十二月十三日凌晨在中南海会议室接见
中国科学院文革代表时的讲话

总理是在接见我院两种观点的各革命组织代表后，继而接见我们的。

总理：本来想分开讨论（注：本打算第四批接见院党委委员等）不可能了，时间太晚了，我想把我的意见讲一讲，有几个建议请你们讨论。10条看到了吧！（答：看到了。）院部收到了吧，还沒有讨论吧？（答：沒有）首先讲一下10条的情况。

我记得我跟大家第一次见面是在九月七日，从八月十三日过问科学院的事到现在整整四个月了。四个月的发展变化很快，科学院进展慢一些，在大风大浪中学游泳，学习大民主，还是有一些进展罗。不仅科学院是这样，全国也是在主席领导下，在大风大浪中不断地学会搞大民主，和怎样在大民主条件下集中，这一切都在学习，同样抓革命，促生产也是在学习，九月七日我听大家讲话时正是第一篇社论发表，第二篇社论是十一月十五日了，在这中间还有一个通知，九月中旬关于工业的六条，是个内部文件，加上两个公开的社论，这就是在文化大革命中如何以抓革命为主导方面促生产。首先是人的思想革命化，这样才能促进生产的发展，这四个月是思想革命化的开始，是初期，开始摸到了一些经验。

最近我邀了工交，财贸部门的一些人和北京的一些工厂，科学院也有工厂（中间试验厂）也有教学（研究生）三者兼而有之，科研是主导方面。

四个月的经验得出十条，是个大原则，比过去进一步了，当在十一中全会时，是把重点放在大中城市的文化教育单位和党政领导机关。科学院也（有）份，因为是文化单位，但对工厂、农村县以下的小学校沒有作为重点，这是文化大革命开始时的方案，但运动的规律不以人的主观意志为转移，它一发展起来，就超过你主观的愿望，我这里说的主观愿望就是分步骤，有计划的，可它有它的客观规律。毛主席亲自领导和发动的这场文化大革命是史无前例，世界上沒有的。只有伟大的领袖，伟大的人民，伟大的无产阶级专政，依靠伟大领袖的天才预见，敢于领导，敢于放手发动群众，把几亿人民动员起来，就不限于大中学校几千万人了。就是大中学校也超过了原来的范围，比如红卫兵，开始人还不算太多，预计不超过100万，可国庆节前后都住满了，你们科学院也有点为难，有点情绪了，太麻烦了。工作不能做了，后来我们作了些工作，转变了这个情绪，改变了一些计划，我这里也住了一万多人，总算把国庆节搞得像样子了。国庆节以后来的更多了，中学生规定十分之一，结果自己选自己，百分之百都来了，有的顺便把小弟弟、小妹妹都带来了。根本冲破你的计划，不依人的主观愿望为转移。本来预计控制在150万，主席说你别打算150万，要准备二、三百万。后来北京最高达270万，加上一些住在亲戚朋友家的快到三百万了。主席的话说对了，领袖有预见，事物有它自己的规律，你限制不了。总共1000万，最多的来过九次的，去掉重复数还有900多万，沒接见的还有三分之一多。（此时有一个秘书同志向总理请示×××治丧问题，下边有人问是谁？）

总理：×××同志病故90岁，高寿了，（同时又对秘书说）家属要发丧说服嘛！治丧也要改革，治丧委员会去掉了，灵堂不设了，化灰后开个追悼会。这也是改良主义的。希你们管事后，要扬灰水上、土上，这才是彻底革命，恩格斯也讲过这个办法。彻底革命不是一步登天，是要经过步骤的，你们在座的有激进造反派，也要等待。在你们眼里看，我总有点改良味了，我坦白地说，从我思想上也还是认为这是改良的，事物发展是有曲折的，大方向是向革命走，但还得有过程。

对红卫兵是欢迎来，有过几种设想，但还是不够，最后调了10万解放军来，才照顾过来了，人的正确思想要通过实践产生，不可能凭空想到，这场文化大革命今年春天我作梦也沒想到，要有作梦想到的我佩服你们。时代的发展，推动了领袖的天才发展到最高水平，领导同志的评价是对的。红卫兵来的规模事先不能预想，三个月达1100万人，连日本人也不得不承认，你们三个月就分期分批地把东京搬到北京来了。最后一次200多万，把天津也搬到北京来了。只有从实践中才能产生智慧，今年八次接见，就有许多不同形式，主席把它提炼加工。今年给明年打下了基础，而明年又会有创新。这是主席哲学思想的巨创，总得不断总结经验，才能有所发明，有所创造，有所前进。狠抓革命大促生产，只有人的思想革命化才能有生产大发展。十六条只能设想到那个程度，总的关系说得很清楚，这两个问题是主从关系，是一元论，不是二元论。八届十一中全会后，总想有个步骤，先这个后那个，红卫兵不进厂、农村最后等等。四个月证明，这股伟大的革命洪流冲击了各个方面，从学校有了红卫兵，归功于清华附中了。毛主席抓住这个新的苗头，就发展起来了，很快推广到全国。如同1958年人民公社先从河南开始，这回发展更快，并且创造了串连的形式。从一个学校到另一个学校，从学校到社会，从北京到全国，从工厂到农村，阻挡不住，是大势所趋，方兴未艾。应因势利导，要迎接它，不能阻挡。反动路线就是压，不能对党委、工作组提出批评，因为冲击了旧秩序，受不了啦，就压。压有轻有重，有多有少，但绝大多数是压，不是从下而上，不是从群众中来，所以犯了严重的错误，使得以主席为代表的革命路线遇到阻力，而错误路线在全国有很大影响，在科学院也不例外。十一中全会纠正了这一错误路线，高举了革命路线，有了十六条，革命的组织在文化教育单位和机关里象雨后春笋般的组织起来，推进了革命。但是因为领导的思想不能如同领袖的预见和魄力，对文化革命的远景和目的总是很不理解，所以很不得力，很不认真，这一阶段还是有限制的，不自觉的。总想分个步骤，光想有前有后，特别是领导冲击了，不管它，让它那样，例如一些高等院校。这也沒有预见到，过去谁敢想？党章上也从沒有讲过。领导垮了，但革命仍在搞，谷雨，你想到过沒有？（谷雨答：沒有想到）我也沒有想到，也许科学院有几个天才想到了。讲老实话，学校党委垮了，革命仍在搞，再派人去还不是工作组？！选也选不出来，都分成好几派。历史上党章上沒这样作过。总该有个领导吧！北大罢了陆平以后，党委也建立不起来，后来工作组也撤了。不仅党委瘫痪，就是十六条中的革委会也沒有建立起来。有的临时革委会，筹委会还是自上而下，包办代替产生的，也冲垮了，不起作用了。分成很多派，半年多，沒有革命委员会，工作继续在做，革命继续前进。学生少了，但是接待还是完成了，串连还是进行。所以九、十月时，我们沒有想到要放到明年。开始只放暑假，后来放半年，现在看至少一年了，放到明年秋天，这是群众的创造，常常推翻了原来的设想，要承认这个。正确的思想只能从实践中来。我们要承认智慧从群众中来，善于领导的人，是集中群众的智慧加以提炼，再深化，再下去，不断反复，才能成为理论。不断总结，才能摸出规律，这是毛主席的思想，对红卫兵运动是这样，对抓革命促生产也是这样。

现在的十条原则在工矿企业，研究设计单位都适用。它比十六条详细，打开了一些限制。错误路线是压制群众，打击群众，围攻革命派，实行白色恐怖，是极端错误的。要深刻批判，它是有思想的、历史的、社会的根源的。十一中全会后有分期分批的设想，过去运动也是这么搞的。但现在是要动员几亿人民进行思想意识领域里的大革命，不是过去的规律所适用的了。要放手发动群众，必须通过实践。现有工厂的几条，还要搞农村的以及小学的。这都是原则性的，不能太具体。要不断地充实补充，这一规定同样适用于科学院，因为它是一个研究、生产、教育的组织。

十条贯穿了以革命为主导的抓革命促生产的方针，要使人的思想革命化带动生产的发展，第一条就是回答这个问题。抓革命促生产不是并行的，并重的，也不是抓生产才能促革命。一个时期生产耽惧一下，但是思想革命化了，就会有更大的丰收和跃进。比如铁路上北京最高达每天进三十万人，出去二十万人，过去不能设想，还不是打破旧规律，出现了新规律！

第二条强调了两条路线的斗争。要以阶级斗争为纲，建立文革，这是十六条上有的。这是一个方向。要深入加强两条路线的斗争，但也要兼顾各种工作进行。前一阶段北京各学校对新市委批判较普遍，但沒有挖根子。为什么北京市委比其他地方反动路线来得厉害呢？根子就在旧市委。今年五月间清出了一个彭真、刘仁反党集团。它十七年来表面上搞革命背后搞阴谋，两面作法，作了很多反党反社会主义反毛泽东思想的事情。今天公开在群众大会上批判，过去沒有在群众中深入公开，现在的目的是要挖根子。他们过去在干部中散布了很多坏思想、坏作风、坏习惯，要批判资产阶级反动路线，要挖挖根子。批判修正主义思潮言行是好的，应这样做，当然要掌握材料，要调查，即使这样，也需要一个时期。革委会沒有多大权力，因内部有各种思潮派别。科学院比学校还好一点，还有一个革委会。但还是过渡性的，还只能协商一些共同的事情，统一行动，对外联系，还不能作为革命的权力机关，现在权力还是在各派组织手里。这是在错误路线影响下造成的。科学院还是青年多吧？平均年龄有多少？三十岁左右吧？（答：三十岁多一点。）有青年工人，还有一些离开学校也不久，总还是青少年吆。这个时候思潮起伏，存在各种公开的组织，这好吆！是允许的。

三、四、五、六条是解决生产问题了。以革命为纲，抓革命促生产，建立领导机构，逐步把生产抓起来。第三条说的八小时工作，业余搞革命，这是一般的。你们既要有一般的，又有特殊的。例如印刷厂就要八小时工作，印毛选只要有纸多印一些更好。也有某些厂现沒有那么多活，可以做少一点，多搞革命，工作多了再赶上去。业务忙的、尖端的要保证八小时。工作量少的，要多搞人的思想革命化，有利于今后抓业务。总之，不能把业务放下不管。不能说不干就不干，说走说走，这不合劳动纪律，规定的业务总要实现。我不能因为跟你们谈话了业务就不抓了。白天我还要开会批文件，全国中央的事也要管，我不能光跟你们谈，回去文件也不批了，不管了。还得好好批，好好完成任务。不管业务那不行，这是劳动纪律人人要有自觉性，同样要保证质量。不能为忙批文件草草了事。最重要的是第六条了，要搞个生产班子，八月份陈伯达同志提出的两条中就谈到了，到现在还沒有搞好，我向科学院建议我已和各方面交换过意见了，就是在全院成立业务会议或业务行政会议，名称可以自己定。业务为主，行政在其內，行政是为业务服务的。每个单位推两个人，因为存在着不同派别，这个派有，那个派也有。两方面都同意当然好，不行就一方面派一个。但不以政治派别为标准，而是以革命精神和业务水平为标准。不一定是所长、副所长，更不一定是党委书记，甚至不一定是党员。这样你们可有一百多个人，商讨和规定业务计划，来管全院业务。在业务上党和国家派人来领导，现由刘西尧来领导，这个业务机构直属国务院，不经过院党委了，它已瘫痪了。其他单位有些党委瘫痪了，他们业务也直属省或市领导。各所各厂也成立业务委员会。可吸收工人技术人员参加，以革命精神和业务能力来定，看这两方面，要政治挂帅。各室也可成立业务小组，不管党委、支部、党员、非党员，就看革命积极性业务能力，就这样一杆子到底。可把科学院业务抓起来，以利于将来科学院的改革。这个业务班子要受群众监督，即是受革委会的监督，不适当的可撤回重选，中央派的不得力可批评，业务班子不过问文化大革命，但受革委会监督。

第二个建议：文革组织科学院有个形式上的也是临时性的，不健全了。九月份曾打算按巴黎公社式选举产生，条件不成熟，但现在还不能产生，有的所选的是正式代表，有的还沒有解决，愿意更换就更换，尽管它还沒有很高的权力，但还可作联络、缓冲、协商的机构，有点共同行动的权力，这个革委会还要不断改进，逐步成立正式的革委会，现在成立正式的为时尚早，不要急，因各派争执还沒有解决，各所文革也有瘫痪的，总要想法成立几派协商的革委会。通过半年多运动，有先进后进，激进保守，有左派，也有较偏右的组织，不管怎样，都是承认三大前提的了。共产党领导，社会主义道路，按毛泽东思想办事，按16条10条，当然10条还有讨论的余地，总还沒有一个组织，可以提出是三反的，如果这样，我现在就不同意它存在，各个组织之间是有区别的，如沒有区别那倒怪了。那就不合乎人的思潮规律了。人还要不断端正自己的思想。现在又化整为零了。还会分，二万多人吆！这沒有什么，清华北大也这样，北大最多了，有几十个组织，尽管有聂元梓，现不可能统一，要经过曲折思想革命就必然要有这些波折，能有文革最好，还沒有成为权力机构，应该有这个协商机构。毛主席说过永远不会清一色的，中央就是这样吆！刘、邓现在也还在政治局常委吆！要承认错误可以容纳。当然还要长期考验。以毛主席为首的党中央一直是这样，这就是毛主席思想在组织路线上的伟大之处，列宁也有这个伟大的气魄，他的政治局里有布哈林、托洛茨基等人，他们开始也不是那么好，他们中有人还曾到社会民主党去告过密，列宁的政治局都是统一战线的，斯大林初期也是斗争的形式，沒有排除在外。中期犯了肃反扩大化，作敌我矛盾处理，给以肉体消灭，而主席是给他以机会让他改正，如对王明，解放后十多年，在苏联成为修正主义，他一直反毛主席，将自己置于党外，本来他就不是马列主义者，他是毛泽东思想的叛徒，他从来也沒相信过毛泽东思想，一直是爭取他，爭取得最后。因此在科学院你们还是青壮年时期，思潮起伏时，政治经验刚刚积累时，一方面用斗爭求团结，一方面要允许别的派别存在，我不同意说一切权力归左派或下令解散哪一个组织，不能用一切权力归苏维埃，一切权力归农会来套。既使左派占优势也要用斗爭、教育团结爭取大多数。

我讲一个辩证的思想：左派的正确部分，爭取了大多数。但新的正确的思想又要出现，又是少数，这样又向前发展了，眞正的无产阶级革命家总是要使自己的思想向前发展，不断前进，而不是以一种主张独霸，这不是无产阶级大民主的精神，还是资产阶级垄断独霸的思想。反过来，保守观点要放弃才能赶上先进，总是这种不断的前进，所以我建议革命的组织要在原则问题爭论后，取得一致，对抗情绪要消除，但前进中还会产生分歧，再辩论，再大串联，有所访问、学习，再取得前进。目前革委会可能成为协商机构，可监督那个业务班子。

第七条是矛盾不上交，最好在本单位解决，不得已再到中央，你们有两级，所里矛盾最好在所文革内协商解决，否则到院里最后不得解决只好提到国务院，不要一下子就到国务院来，组织搞好一点，应减少矛盾上交。

第八条是领导与群众的问题，十一中全会前压制群众，十一中全会后打击报复也还有，一定要认眞平反，现在档案还封存着，中央十月五日和十一月十五日的两个规定，还要好好执行，上次说了要封存，还是有一、两个单位宣布了左中右名单，是科仪厂吧，这沒有什么好处，我说无论如何不宣布，这是中央和主席极力主张的，你们不听，我很遗憾，主席的决心我沒贯彻，我很难过。希望大家以诚相见，我有错你们批评，我知错必改，有则改之，无则加勉，大家都是革命同志，如果手上还有整人的材料，你们在这次讨论 10 条时还是要交出来，交出来就是对党忠诚，不然将来被抢出来，不论哪个个人或组织都要严一点处罚和批判，另一方面抢到材料的，不要把黑名单公布了，我要对中央负责，过去划的左中右，原是不对的，现在如果全调过来，也不一定都合适，也沒有这个规律吧，左派不能自封，也不能别人封，要靠斗爭中考验。我再次诚恳要求你们转达我的意思就是对名单，有些会议或讲话可以公布。以后不要再公布黑名单了，这不是一种好作风，这是一种小动作，毛主席、林副主席主张一火了之，我以 45 年的党龄和我经过党内苦痛的经验告诉你们，这样做对党不利，彭陆罗杨就是使用过这种作风，这是不好的。要在青年一代建立健康的作用。一时组织上多几个人，这种组织是不可靠的。当然我理解你们被院所党委打击时是很痛苦的，但是你们上有主席，党中央，下有群众，一旦说清楚，左派就正义申张了嘛！你们现在总不象过去了嘛！在反动统治时期，就是受了压迫也得革命，搞不好还要掉头，现在这几个月的委屈难道还要用同样的方法以其人之道还治其人之身吗？所以毛主席的大字报指出了资产阶级反动路线就是站在资产阶级反动立场上，就是不要学那种错误的方式，要以堂堂正正的战斗作风去批判资产阶级反动路线。

第九条，可以建立革命的组织，各种组织总有分歧，要互相发扬大民主进行讨论，不要造成对抗，不要武斗。科学院还较好，但现在有些苗头，中学同学又有人打人，我召开了他们的一个代表会，有同学说大方向正确，打人是小节问题。可是互打下去就沒有完了，都以其人之道还治其人之身，这就不是小问题而是大道理了。今天斗彭眞的大会也沒有打他嘛！何况人民内部矛盾。对中学生可以慢慢说服，你们三十多岁了要提醒你们打人不要还手，总会赢得同情的。我们对解放军说：“骂不还口，打不还手，重不开枪，最后说一句，你做错了事，你打了毛主席的解放军了。”难道各派不可采取这个办法吗？各派多责备自己，少责备对方，一个巴掌拍不响。对过去的山头，毛主席常说对对方的要少批评，对自己方的要多批评，这样才能团结。同样这可以用到我们这次运动中，这样就可以少吵架，少打人了。

第十条串连，对科学院可以串连，但不是大串连，外地可以来取经，首先不能大批的来，一次不能超过百分之十，时间不能太长，十天到两周，好轮换，至多一次，是跟科学院串连。北京到外地只能少数人去点点火，革命不能代替，相信人家自己能解放自己，这样出去的就更要少了。不是说京区两万多人可以出去两千多人了，我不是说的你们北京的呀！听说都有的整装待发了，传话又传错了，真耽心。帮助分院要有组织有计划串连可在本地，你们和学校还是不一样。

希望你们把意见带回去，希望你们五十多人把十条讨论一下，还是希望你们把革委会搞成协商的。每个所在文革领导下讨论一下，若文革瘫痪了，可几派协商临时成立一个协商的领导组织，领导讨论和学习。明天你们革委会讨论提些意见。我谈了几个建议：(1)成立业务班子。(2)革委会成为一个协商的组织，各派在观点上比赛，不断有新的观点提出嘛！(3)作风问题。(4)党委如何处理，现在这个党委既不能管业务，又不能管运动要报中央，以后专门谈这个问题。你们党委也自己讨论，写封信把结果告诉我，如意见多我再另外接见你们。于洋海同志你还要不要谈了？（于：刚才接见时我都谈了。）那你是不想再说了。院党委肯定是瘫痪了，现通过抓革命促生产进一步考验所以下的各级。

原打算搞统一领导，研究了多次，不行。不如让它瘫痪着，既不领导运动也不领导生产。这是党章上沒有的。学校也是这样，这也是一个创造，是毛主席一整套整党思想，将来要写成东西，兄弟党同志在问了，一直到革命接班人问题。列宁是在革命前建党有一系列的创造，不同于马克思、恩格斯，斯大林就少一些，而后期停滞了。党委瘫痪了还一样抓革命促生产，这也是一个创举。（下边大家提问题）

一、有关65年毕业生能否串连问题：

总理：65年毕业生口径不一，中央有些人不清楚，如有了岗位就不能随便行动。如分配工作就是工作人员了。如在四清工作队，现在多数要解散回来了。什么叫转正？（有人答：转正前46元，转正后56元。）那转正不能作为根据，他们有工资嘛，又增加20多万出去串连，国家也担负不了。（有人说陶铸同志同意了）陶铸同志说错了。两天之內我们就印发一个通知，应该承认这个错误。我以为是沒有分配工作的。你们提到了级，我们的级要垮了，斗批改以后要垮。我们考虑斗批改后要改供给制了，不过是逐步的。要把资产阶级法权三大差别逐步缩小，即是资产阶级法权中的东西，要丢掉了。你拿了工资，就沾了资产阶级法权一部分，哪能那么随便。过去是我们不了解情况了。

二、有人问到平反问题：

总理：只要是被宣布了的，要平反。平反是领导平反，不是个人平反，是要领导出来承担责任承认错误。换句话说科学院里罪魁祸首是张劲夫！张劲夫来了沒有？你承认不承认？！你勇敢地说！！（张答是）你要不要负责任？（张：我要负责任）不要再说你理解不够了！还不是根据你的报告！从现在起你不要搞阴谋，再搞你就要犯罪了。我要警告你和你整个集团。张劲夫同志啊，我今天还称你同志，我忍耐四个月了，整整四个月了。从八月十三到今天我才说，我就是要等待大家觉悟，在大风大浪中学会斗争。我就是不把结论过早的加给你们。不要以为你搞的那些活动我都不晓得！你要走张彦的路，你自己去走！！（沉默了一会儿）平反的事情责任在上边，根子在刘、邓。但底下是科学院张劲夫院党委，所党委也要负一部分责任。主要责任在张劲夫。不要互相道歉，那还成什么了，（下边有几个字看不清）

这是烦琐哲学。所党委书记应把一切责任负起来！

三、有些单位问到临时工、合同工文化大革命中被辞退等问题：

总理：你们本单位自己先研究，有些问题很具体，你要让我回答，等于让我犯错误了。……不要带见，错了，就是错了。总之一切矛头要指向上边，不要同志之间，抓革命，促生产，主导是抓革命。抓革命的主要方面是思想革命化，思想革命化的主要方面是领导思想革命化。要请教两头，上头请教主席，下头请教群众。

四、秦力生问到临时工、合同工提到的几点要求如何处理？

总理：这不是一个科学院的问题，这是全国的问题。你们用得是否恰当，你们自己检查。他们可派代表与总工会去谈。……原则要坚持，你们总想向上交，你们就是想抓根稻草，让上头给你们解决。你们自己造成沒有威信了，就是你们自己造成的嘛！

五、院里是否成立一个国防任务委员会？

总理：请刘西尧同志记下来，这个我们注意了。

六、非常脱离实际的业务工作搞不搞？

总理：搞不搞，搞多少，在业务会议上解决。

七、院部职能部门是否也参加业务会议？

总理：是。

八、有人问到停职检查问题：

总理：停职检查，现在养成这个习惯好象非停职不能检查。我要说，不停职也可以检查。要贯穿这么一个思想，不如不停职，让他无权，让他检查。不要轻易停职反省。让这些人在大风大浪中游过去。每个人要学会游泳，学会大民主，学会大民主下的集中制。有这样几种人：

1. 由于马列主义、毛泽东思想学得好，掌握得好，可以游过去。

2. 刚刚学游泳，喝了多少口水之后，最后还是游了过去。当然吃了些苦头甚至歇了几次。

3. 害怕，委缩不前。自己落伍掉队。

4. 淹死了。

有沒有第五种？当然也有救起来的，他又承认了错误又不行，救起来吧！现在很多停职的悠闲自在，游不过去。

九、有人又提到党委瘫痪的怎么办问题：

总理：我沒有说各级党委都停止活动，主要看他在党员中的威信，我不作（不清），全靠自已解放自己，要有个创造性，不能用老框框来回答这些问题。主席早就说了“很不理解”这个话了。不管你过去有多大功劳，只要现在不认识清楚，就不能彻底革命。不把这个民主搞好，国家还会变颜色，头掉了还不知道是怎么掉的。不要老框框。这次游泳不是中南海，是渤海，是长江。

十、有人问到院领导小组问题：

总理：不开会就沒有作用了，两三天告诉我还开不开？这周我要见你们一次。

周恩来同志十二月十四日接见成都工人造反兵团代表的讲话

今晚讲四个问题。

(一)对你们的组织承认问题。

大家满腔热情地来到北京,看毛主席,这种心情是可以理解的,要求解决的具体问题很多,例如红照壁事件,不管这个事件,那个事件,只要有人号召来北京看毛主席,大家都会来的。四川、西南、全国都有这个心愿的。大家都有这个愿望的。不仅你们有,人人都有,这个愿望从一个人来讲,来北京很容易。但把一个人的思想化为七亿人的思想,七亿人都来北京,怎么能实现呢?接见红卫兵小将,毛主席下了那么大的决心,三个月一千一百万人到北京,这是古今中外,历史上从来沒有的,这是不容易的事;而一千一百万学生只占全国学生的四分之一,假使全国学生都要来需要两年多的时间,那怎么得了。一千一百万,从全国人口来讲,只占七十分之一,全国人民都来北京,那怎么实现?因此关于到北京来的问题,不能使人如意,人人称心如意。从一个人来讲是能满足的,是能满足愿望的。要放大七亿人,是不能实现的。可是毛主席就在我们身边。接触毛主席伟大的精神面貌,直接接触不容易。但毛主席就在我们身边,因为我们有毛主席著作、毛主席语录,我们也就在毛主席的身边了。对这个问题思想化私为公就想通了。我们要学习毛泽东思想,要把来北京的机会让给别人,这才是毛主席的好学生,对工人阶级来讲,都来北京更不容易。全国工人有三千多万,他们都有生产业务的负担,通过生产为人民服务,为祖国建设服务。每天都有八小时工作,而且大工业生产有联系性,一个生产环节脱节了,就会影响生产,集体所有制企业也有一定的劳动时间,也不能随便离开,就是临时工也有自己的生产任务,也不能随便离开。你们两千多人要离开生产岗位到北京,我给你们打电报说不要来,你们反对我下命令,叫我到绵阳去,叫我为你们两千多人服务,如果只为局部服务,那倒很轻松。但我不能借口为局部服务,不为七亿多人服务。七亿多人是不会答应的。因此,我就未执行你们的命令,因为你们的命令不合理。你们硬要来,我坚持一条,一定要派代表来。我们抓这件事,其实是一件麻烦事情,从二十八日起,我每隔一天都要接触这样的事。这当中有一个原则,如果我答应你们二千多人来,那么,就会有二万多人或二十万多的人来,我要想到后果,我要想到三千多万工人,想到农民,还有军队,工农兵都来就是一件大事。所以,在处理每一件事情的时候,都要从七亿人民着想,这样就想得通了,只从个人着想就想不通。毛主席九年前在《关于正确处理人民內部矛盾的问题》一文中说过,要从六亿人口出发。在文化大革命中提出,要关心国家大事,不是关心一个人一个厂的事。我们的一举一动都关系到全国全世界的大事。我们处理每一件事,都要认眞,都要很好地想一想。

(讲到这里,对李大章签字买二十张票,提出批评。)

因此对你们来北京,我一直坚持一条要派代表。对你们的愿望,表示支持,来了就热情招待。但是,我要坚持原则,这一次作个典型给你们看一看,算个细帐,现在有的同志有两怕,即文化革命开始的时候怕群众,就压制群众,后来群众起来了,群众给了压力了,又是怕群众,随便答应签字不坚持原则了,这就是两怕。有的人满足了少数派的要求,多数派不同意,怕多数派揪你,就成了三怕,因此原则必须坚持。

当然，你们代表来了，还有一些沒有按中央指示办也来了。我接见还是接见一次，满足你们这方面的要求。但是要批评你们，这样工作是个麻烦事。至少花了我几十个小时的时间。这个麻烦不能迴避，要做个样子给你们看。你们不是提出口号要解放大西南吗？西南四旧的东西是很多的，不但有资本主义的，封建主义的东西，甚至还有农奴社会的东西，如大、小凉山。要解决实现这个任务，首先，要思想革命化，思想要彻底解放。要成为眞正的无产阶级革命家，就必须一心为公、化私为公。工人阶级与学生不同，你们已进入生产岗位，变成工人阶级了，要应该按毛泽东思想办事。

今天接见你们，代表推选出来了，听说有的不愿意开名单，我就不赞成。毛主席领导的无产阶级专政的国家，应该行不改名，坐不改姓，应该把名字告诉我们。大家对西南局、省市委要炮打，说他们执行了资产阶级反动路线了。要分析一下，是不是人人犯了错误？犯错误当中，是否还能改？因此，对西南局、省市委不能一概不信任。至于中央，我们是毛主席的中央。要是沒有毛主席领导，党中央的领导，沒有解放军的保卫，怎么能进行文化大革命，开展无产阶级大民主？我今天接见，把你们当工厂的代表来看。你们回厂后要把我前面讲的话向工人讲。同时，我把你们当成成都的代表，要成都市的工人讲。我也把你们当成大西南的工人代表来看待的，你们要把党中央毛主席的心意告诉大家。希望西南地区不要再发生类似的事情，不要再出现拦车、抢车、卧轨的事情。这种事情在全国已发生十几次，我们一次也沒有同意。有意见可向当地省、市委提出嘛！革命要靠在本地办，有问题可到市、省委、中央局解决。实在不行，可派少数代表来中央。全国交通运输不能马虎，西南运输关系很大，不能影响西南地区的建设。要把西南成为我国眞正巩固的后方。你们做出一件不好的事，但得出一个好结果，你们负责人检讨了说这样做不对。我说你们懂得了就行了。希望从此西南地区的工人得出一个教训；有事要向省市委、西南局商量。实在不行才派代表来中央解决。

（二）有些问题不难解决，在本省就可以解决。你们一哄而起，一哄而来，二百多个单位来了人。杨仲逑（代表团负责人之一）提的问题，我在电报上都解决了，他要承认你们的组织，一句话就能解决嘛！只要承认共产党毛主席的领导，按毛主席指出的方向走社会主义道路，高举毛泽东思想伟大红旗，按十六条、十条办事，领导、道路、纲领都承认，当然就都承认是革命组织。至于各组织有不同观点，可以讨论辩论，不要受坏人利用。辩论要文斗，不要武斗。既然是革命组织，都要承认，这是宪法给你们的权利。如果市委不承认，打一个电报就解决了。红照壁事件，回成都后，要调查，假若你们的说法有根据的话，调查清楚，自然问题就暴露出来了。人家保守派组织开一个会，你们反对，可以和他们辩论。硬把人家的会搞散，这就不一定妥当，你们要考虑。希望你们讨论，这样做妥当不妥当？你们说受到围攻，有的受伤了，听说还有人被打死。我们要调查，即是眞有这些事件，也要在当地解决。你们团部被抄，也在当地解决。派代表只派五、六人就行了，何必派二千多人呢？来了这么多单位！

另外，有人提出不扣工资，不变工作岗位，家属不受歧视等问题，我在电报上已解决了。还有工作组和类似工作组打击报复你们的问题，电报上都提到了，好解决。你们派代表五、六人就可以了，人少也同样能解决问题，人多才能解决问题吗？中央决不因为人多势众就怕！如果是这样，那还是什么党中央、什么无产阶级司令部？中央服从眞理，按原则办事。二百多个单位带来了很多问题，每个单位的问题都要在北京解决是不可能的。毛主席的中央是最讲眞理的，最讲原则的，只要眞理在你们手里，中央就支持你们，而问题是眞理是否在你们手里？以后再发生这类问题，派代表五、六人就行了。你们可以留上三个人在北京联络，留两个人两派就不好决定问题。三个人就好解决。保守派也可以留三个人，人多了不用说接待，连接洽也不容易。

（三）你们的口号上说决心要批判资产阶级反动路线，是符合十六条、十条的。但要进行这场伟大斗爭，要很好的组织起来。现在你们的组织不严密。这次究竟为什么来北京，很多人不明白。你们热情可佳，但是组织性不强，所以行动不力。你们请愿可以，这是人民內部矛盾。如果遇到与美帝打仗，与苏修打仗，你们这样的力量是不能打仗的，不是一条心。这说明你们组织是雏期状态。回去以后，好好组织一下，一个厂即使人少也要组织起来，成为一个战斗组织，即使人少也有力量。眞正的左派，经常处于少数状态，因为他们敏感，发现问题快，走在前面。而多数人的认识一下跟不上，所以是少数。但必须爭取多数，由少数到爭取多数。你们现在的人数汇报说有十一万人，把一万人组织好，也许组织是巩固的。十万人组织不好，不巩固，也沒有力量。你们是工人阶级的组织，要有战斗力，要爭取多数。眞正的革命左派，要以少数带动多数。不要害怕居于少数，但要懂得爭取多数。不但要懂得政策，而且要懂得策略。对于那些保守状态的人，要善于说服工作，不应仇视，不能动手。因为这种方法不能爭取多数。这种办法是资产阶级办工会的办法。无产阶级是光明磊落的，不搞这些。你们说要把成都市、四川省委、西南局的资产阶级反动路线批深、批透、批垮，这个要求是对的。问题不在于批判不批判资产阶级反动路线，而是要对犯错误的人给以改正错误的机会，允许人家改正错误，欢迎人家改正错误。要善于区分两类矛盾。不能把所有犯错误的省市委、西南局统统一棍子打死。如果这样，大西南怎么执行毛主席的路线，中央的领导就断线了，这不可理解，整个组织都坏了，毛主席和中央的红线怎么贯穿下去的？如果这些组织都搞垮了，谁来代替？今天看来，你们还不能代替。你们能在运动中锻炼一些好干部。但今天还不能代替。所以还是要西南局、省市委把中央精神贯彻下去。对这些组织要一分之二看待。当然，对彭眞反党分子、修正主义分子是另外一回事。

工人问：党的八届十一中全会对西南局作结论沒有？

总理答：沒有作结论。中央要他们在大风大浪中锻炼自己，改造自己，彻底改正错误。我们这次搞大民主，就是要在广泛的民主的基础上，更好的集中。帮助他们在大民主运动中改造自己，改正错误，挽救一批人。当然有极少数一批不能挽救。

（四）关于档案材料问题。

材料要集中在一起。各方面可派代表看一看。凡是不属文化革命的材料，一看就知道了，保密的材料不公开。现在转移黑材料的，经查出后，要给处分。

今天讲的四个问题：（一）化私为公，不要只想到个人，要想到全体；（二）有事到中央只能派少数代表；（三）很好的组织起来，对其它组织，爭取多数；（四）文化革命中的具体问题处理。

希望我们工人阶级，有社会主义的觉悟，还要有共产主义的觉悟，这次运动，要把活学活用毛主席著作推向高潮。

康生、陈伯达、江青等同志十二月十五日与一司、三司、北航红旗、矿院东方红代表座谈会上谈话

陈伯达同志讲话

內容：你们谈的这些情况很好，过去很少与你们一起座谈，直接联系少，间接联系多，以后

要经常联系，我们是你们的小学生，首先向你们学习，我们要从你们这里吸营养。

昨天与一部分中学生谈了，知道了许多事情，今天与你们谈又知道了许多事情，我们应该经常和你们接触，我们相信你们会给我们许多眞实的材料，这样我们头脑里可以有许多材料了，大家还准备给我们提供什么？

有人问：准备在十七号开个大会，像十月六日一样，內容是：1.控诉资产阶级反动路线，重庆代表发言；2.平反问题：外地很严重，至今未平反，号召群众自己解放自己，把材料抢出来平反；3.一小撮人反对中央文革，与他们进行坚决斗爭；4.与工人结合问题。（以上四点是大意）

伯达：从你们反映的情况看，文化革命中阶级斗爭的表现，还是长期的。毛主席说：无产阶级文化大革命，是触及人们灵魂的大革命，是换脑筋的问题，从一个脑筋换成另一个脑筋，用无产阶级脑筋换换资产阶级脑筋，这是件不容易的事。平反问题，要执行中央方针政策，简单宣布平反能不能解决问题，刚才提的这个问题很值得想，材料烧毁了，也平反了，但是思想沒革命。他（指当权派）思想不革命，还可以写黑材料，主要是解决他们思想问题。我们也要革命，包括我在內。不革命是不可能前进的。无产阶级革命事业要不断前进，不断有新的经验出来，有许多的经验被新的经验代替了。要不断革命，不断改造，如果不懂这一点，总以为“老子天下第一”，那就成了前进中的绊脚石了。

你们对我们有无产阶级感情了，在有阶级的社会，所有感情是有阶级性的。你们对我们有深厚的无产阶级感情，我们很感激，谢谢你们。

同时，你们还要不断鞭策我们，帮我们改正。我们不可免地有缺点，有错误。这和踢开中央文革、解散中央文革是两回事，你们要中央文革帮助，我们也要你们帮助，动动脑筋想一想，我们说的对不对，不对可以批判。

我们要在实践中总结经验，毛主席说过：中国共产党有三大作风，一条是理论联系实际的作风，一条是群众路线，一条是批评与自我批评。这是我党同一切剝削阶级区别的标志，我们不可能沒错，有错必须改。所以，要有批评和自我批评的勇气。

江青、陈伯达、周恩来同志十二月十六日在《北京市中学批判资产阶级反动路线誓师大会》上的讲话

江青讲话

红卫兵小将们，战友们，你们好！（热烈鼓掌）

毛主席问你们好！（热烈鼓掌，毛主席万岁！万岁！万万岁！）他的心情像你们会上这样沸腾着，关心着你们（毛主席万岁！）你们刚才的讲话，水平都是很高的，我还讲不出，我还要向你们学习。（鼓掌，向江青同志学习）我们沒有做多少事。一个共产党员，为人民做好事是本份。如果做错了，就要批评。（鼓掌）一个眞正的共产党员不怕批评，批评对了，就改正，批评错了，不

要理他。(鼓掌)如果是反革命,就和他斗到底。(热烈鼓掌、欢呼)

我只想讲一讲:刚才有的同学讲,西城区纠察队,东城区纠察队,还有海淀区纠察队,他们斗争的锋芒,他们那一小撮执行资产阶级反动路线的家伙,把斗争的锋芒指向了你们,这就是错了。(热烈欢呼:毛主席万万岁!)今天,我们要做自我批评,我们沒有把他们教育好。四十几岁的人,六十几岁的人沒有把他们教育好,我觉得周荣鑫、雍文涛、王任重是负有责任的,要他们向你们检讨。

我希望你们对犯了错误的人采取"惩前毖后,治病救人"的态度,对中年的,青年的,顽固执行资产阶级反动路线的,就斗垮、斗倒、斗臭。(鼓掌)

要不要让他们站出来看看(众:站出来!站出来!周、雍低头站出来)同学们,要特别特别看重他们的责任。(鼓掌)

我想讲讲专政与民主的关系。

我们的无产阶级专政是不是很稳固呢?我认为基本上是很稳固的。我认为有些地方,有些人(大家请江青同志坐下)有一小撮在拿着武器要打人、杀人,这就不巩固了。沒有很稳固的无产阶级专政,那能有大民主呢?对于那一小撮人,同时对于那些顽固的堡垒,眞正捣毁它。因此,对于一小撮杀人犯、打人、破坏文化大革命,这样的一小撮,我们坚决实行无产阶级专政。(热烈鼓掌)

但是我希望你们头脑要清醒。但是对于这一小撮,不实行专政就沒有团结可讲了。(长时间热烈鼓掌,欢呼,毛主席万万岁!坚决拥护江青同志讲话!坚决拥护中央文革正确领导!)

(仅依据记录整理)

陈伯达讲话

同学们:刚才江青同志讲得很好。(长时间热烈鼓掌)她的意见就是代表我们中央文革小组的方针。(热烈鼓掌)

同学们,刚才你们在这里的讲话眞象刚才江青同志讲的,水平都很高,大家在文化大革命中进步很快,逐步地用毛泽东思想在自己头脑中武装起来了。(鼓掌)这是我们无产阶级专政的保证,(鼓掌)这是我们社会主义制度,社会主义革命,社会主义胜利的保证,(鼓掌)这是防止修正主义复辟的保证,(鼓掌)这是我国由社会主义向共产主义胜利过渡的保证,(热烈鼓掌)是我国很快变成世界上最强大的无产阶级专政的国家,把那些帝国主义国家,由修正主义国家控制的国家统统拉在后面,成为世界上最强的国家的保证。(鼓掌)

我现在向同学们讲的还有几句话:

在伟大的战无不胜的光芒万丈的光芒沒有边际的毛泽东思想的照耀下,无产阶级联合起来!(鼓掌)

工人和贫下中农联合起来!(鼓掌)

全体劳动群众同全体革命师生,革命知识分子联合起来!

这样我们将无往而不胜。那一小撮走资本主义道路的当权派,那些反革命修正主义分子,那些反革命修正主义的幕后人物,他们自以为能用那种武斗的办法来镇压无产阶级文化大革命,他们自以为能用阴谋诡计来破坏文化大革命。他们以为这样就能达到复辟修正主义的目的,他们以为这样就能达到他们推翻无产阶级专政的目的,告诉他们,他们这样错了,他们是在搬起石头砸自己的脚。(长时间热烈鼓掌)我们在毛主席的伟大领导下,在广大群众的觉悟下,他们的失败是注定了的。胜利是属于你们，是无产阶级，是劳动人民，是社会主义和共产主义的。

那些不愿意向无产阶级投降的人，他们走的是灭亡的道路，有一些年青人被蒙蔽走迷了路，我们希望他们很快觉悟过来。同我们站在一起站在毛泽东思想旗帜下，只有这样才是出路。

伟大的毛泽东思想万岁！

伟大的无产阶级文化大革命万岁！（长时间热烈鼓掌）

周总理讲话

同学们，同志们：

我现在代表毛主席、林副主席、党中央、国务院向你们问好。我现在庆贺你们在北京的毛泽东思想红卫兵、首都兵团成立大会的成功，致以无产阶级文化大革命的敬礼。我完全同意江青同志、陈伯达同志的讲话，他们两个已经代表我们把应该说的话，重要的话都说了，我就不需要多说了。我只谈一点，自从红卫兵在北京诞生，发展到全国，我们伟大的领袖毛主席抓到了地平线上出现的新生事物，给予鼓舞，所以大专学校的红卫兵发展起来了，接着林彪同志又加以鼓励，说红卫兵是中国人民解放军的坚强后备力量，受到更大鼓舞，由于红卫兵这一革命组织的诞生，大大发扬了革命青少年的首创精神，做出了蓬蓬勃勃的惊天动地的伟大事业，做了许多破四旧立四新，兴无灭资的伟大事业，有了红卫兵就有了革命的大串联，从学校走到社会，走向全国，使我们毛主席提倡的大民主得到了莫大的发扬。总结四个月的经验，成绩是主要的，新生事物的发展不可能沒有错误，甚至有个别严重的错误，不必为此惊慌，新生的小孩难免长个疮，长个包啦，割下去就算了，但是新生事物总要成长起来，事物发展总要总结经验的，今天毛泽东思想首都红卫兵团的成立，就是总结四个月北京红卫兵的经验要帮助他们，团结他们，把最大多数的同学团结起来，那一小撮人物（几个、十几个、几十个），总之一小堆犯了严重错误犯罪的孩子们，小家伙加以法办，逮捕起来，但因为他们是青年，他们只要悔改，坦白，低头认罪，找出犯错误的原因，可以教育大家，应该给予改过自新，将功赎罪的机会，刚才讲话的同学说了，大家要以此为戒，要再犯错误，你们的眼睛是亮的，不是检举了这一小撮犯错误的孩子吗，要依靠大家检举，把那些犯罪的，犯错误的小孩逮捕起来，为的是长革命左派的志气。

正如以前两个同志指出的你们这次讲话比四个月前提高多了，是飞跃，但是不要以此为满足，不要骄傲，要爭取更进一步的飞跃，红卫兵诞生只五、六个月，才只是万里长征的第一步，从这一步向前猛进，在斗爭中学会斗爭，在游泳中学会游泳，在运动中学会大民主，在运动中学会总结经验，才能在运动中有所发现，有所发明，有所创造，有所前进，这是毛主席的教导，希望你们牢牢记住毛主席的话，永远不要骄傲，骄傲使人落后，虚心使人进步。

祝你们进步，进步，永远进步！

结束讲话，喊几个口号：

伟大的无产阶级文化大革命万岁！

以毛主席为代表的无产阶级革命路线万岁！

彻底批判资产阶级反动路线！

毛泽东思想万岁！

毛主席万岁！

陈伯达、江青、周恩来同志十二月十七日在北京工人体育场举行的《全国在京革命派为捍卫毛主席的革命路线夺取新的伟大胜利誓师大会》上的讲话

陈伯达：

同志们，战友们：

我们现在进行的无产阶级文化大革命是毛主席亲自发动的，亲自领导的一场大革命，这个无产阶级文化大革命在我国进行的，在世界历史上沒有过，这是一个极其复杂的，极其激烈的阶级斗爭，这是无产阶级和资产阶级和其它剝削阶级的一场生死的斗爭。我们有伟大的导师毛主席的领导，团结在毛主席的旗帜下，我们一定能够取得胜利！不论道路多么曲折，我们一定胜利！我们准备牺牲，有好多同学，好多同志已经牺牲了，但革命在前进！敌人是什么呢？正如毛主席所说的：一个著名的论断：敌人是纸老虎。这纸老虎在广大群众包围之中，他们只要被揭穿了，就什么也沒有了。说到这里，我们还是要好好记住毛主席的教导：战略上藐视敌人，战术上重视敌人。接受这个教训，我们必须牢牢记住斗爭极其复杂，敌人是不会自动退出历史舞台的，资产阶级和一切剝削阶级都是不愿自动退出历史舞台的。他们要各式各样的代表人物有的在幕前，有的在幕后，特别是一些反革命的幕后人物一小撮，他们进行了许多反革命不可告人的勾当，我们要经常保持警惕，我们要不断用毛泽东思想武装我们头脑，不断总结我们在革命道路上的各个方面的经验，这样我们才能够更顺利前进，才能象刚才江青同志所说的一步一步的团结大多数，只要我们能达到这个目标，就能把敌人完全孤立起来。昨天，我在一个会上说过一句话，今天再重复一遍：敌人不投降，就让他灭亡。让我们在伟大的、光芒万丈的、战无不胜的毛泽东思想照耀下前进。在毛主席的领导下，无产阶级联合起来，无产阶级同贫下中农联合起来，工农劳动群众同革命师生，革命的知识分子联合起来。

江青：

同志们、战友们，你们好。

我向你们致以无产阶级革命敬礼。

毛主席是非常关心你们的（众呼口号毛主席万岁！万万岁！）他的心情我相信你们是理解的，正象他理解你们一样。我是无足轻重的人物，一个普通的共产党员沒有什么了不起。如果说我为人民作了一点好事，那完全是我的本分，如果做错了或者作得不妥当，你们可以批评我（呼口号），但是对某一小撮坚持资产阶级反动路线的小家伙，我不愿说出他们的名字，因为从我咀里说出来就提高了他的身价，我藐视他们，他们做不出什么大的事业来，他们只会干些不可告人的勾当，因此，我希望革命的同志们、毛泽东思想的红卫兵小将们，投入到光明磊落的政治斗爭，在马列主义、毛泽东思想的基础上求同存异，把他们暴露在人民的光天化日之下。毛主席从来是相信群众的，是走群众路线的，从群众中来到群众中去的，那一小撮人，脱离群众就无所作为（呼口号），那么，你们会说，为什么他们会干出这么些坏事？杀人、打人？就因为这一小撮是当权派，当权派还掌握一定的政权。因此要推翻他（呼口号），你们左派队伍不壮大起来能推

翻他们吗?(众答:不能)能打倒他们吗?(众答:不能)你们就应该回去好好讨论一下,对不对?(众答:对)我的话完了。(鼓掌呼口号)

周恩来:

同学们,同志们:

我首先代表毛主席、林副主席、党中央和国务院向你们大家问好!(群众高呼:毛主席万岁!)你们今天大会开得很成功。我向你们致无产阶级的文化大革命和战斗的敬礼!(群众高呼誓死捍卫毛主席!誓死捍卫毛泽东思想!)我完全同意方才江青、陈伯达同志的讲话。现在我不想多说了,只想提点意见:

最近几天一些中学中一小撮人,做了些犯法的事的纠察队员,我们执行了经中央批准,北京市委制定的通告,处分了他们,逮捕了他们。(群众:谁反对毛主席、林副主席就砸烂他的狗头!谁反对林副主席谁就是反革命!)《这段话沒听清可能有出入》

另外他们经过我们的教育,屡教不改,所以我们逮捕他们,教育他们,改造他们,(群众:战无不胜的毛泽东思想万岁!)由于这个原因,我们就联想到一个问题,纠察队这个名字。北京一个中学,两个大学发起了红卫兵,我们伟大的领袖毛主席就及时发现了地平线上这个新事物,马上就支持鼓舞。

另外,毛主席八月十八日接见了北京的红卫兵。红卫兵就发展推广全国。红卫兵不仅在学校闹革命,而且走向社会到全国进行革命大串连。八月卅一日毛主席的亲密战友林彪同志支持这个革命的大串连,而且肯定红卫兵是解放军的坚强后备力量。

从此,四个月中红卫兵鼓舞了人民,吓坏了反革命分子,也震惊了世界反革命分子,也鼓舞了全世界人民,这样一个伟大的创举,这样一个光荣称号,我们希望今天參加大会的红卫兵,要珍重这个光荣称号,不要辜负毛主席支持你们。

在这个时候红卫兵中又出现了纠察队这个名字,这个名字本来从历史上说,是在我国工人运动中一九二七年成立的,是工人纠察队。他们保卫革命,是镇压工贼、反革命走狗、宪兵,可是我们纠察队起了相反的作用,是管我们红卫兵的了,这就不对了,渐渐被坏分子利用,用来打击红卫兵的革命行动,因此纠察队这个名字被沾污了,当然是极少数人。

所以,我们提议你们取消这个名字……(不清楚)是走到相反的地步,起了反作用,我希望红卫兵、纠察队是你们首创的,你们自己取消,不用我们命令好不好?(众:好,当场就有人把纠察队的红袖章搞掉)另外几个坏分子犯法,我们逮捕了他们,用专政的办法制裁。纠察队这个名是你们自起的,自己取消好不好:(众、好)刚才听大会主席宣读了主席的一段话,这是在解放后的头一篇著作《论人民民主专政》。我希望你们好好学著作《论人民民主专政》你们就懂得专政与民主的关系,好!我就结束我的话,大家一起喊口号(总领喊)

江青、张春桥、关锋、戚本禹、宋任穷、姚文元等同志十二月十八日在人民大会堂接见一司、二司造反联络站、三司、首都兵团以及部分院校革命派代表的座谈纪要

首先张春桥同志向各校抓反革命分子的情况以及群众的反映,到会的单位作了汇报。

江青同志讲：这几天我听到一些反映，听说你们抓了很多人，我很怕你们走反面，犯错误。中共北京市委的重要通知是经中央批准的，不仅对他适用，对你们也适用。抓来的人，你们可以交给公安部，让他们替你们管，告诉公安人员看管好，随传随到，发生问题由他们负责。你们不能私自拘留，也不能限其人身自由。不够送公安局条件的，可以警告他：不许乱跑，不许回家，否则一切后果由他负责。跟他们讲清楚，不要害怕，好好交待，认识错误，回到正确立场上来，同你们一起干革命。你们要作艰苦的思想工作。你们这些人就怕作思想工作。刘涛的工作可以做，贺鹏飞的工作也不比李井泉的儿子的难作，争取过来让他们揭发问题，也有利于作他们老子的工作。如果你们实在不听，要那样作，犯了错误，你们负责。

有人问：什么样的人可以抓？

中央文革回答：贴攻击毛主席、林副主席大字报的可以抓，贴江青同志大字报的要分析，如果是恶意攻击的可以抓，贴关锋、戚本禹大字报的不能抓（戚本禹同志讲的）。象贴一问二问三问中央文革的不能抓，凡是行凶动武的可以抓。

江青同志讲：在主流下的一股歪风，一定要批倒，现在全国打人行凶的很多，北京的这股歪风一定要镇压下去，给全国作个示范。对于那些打人多的，态度不好，年纪大一点的，可以镇压，一定要判刑，年轻的可以死刑缓期。

关锋：把西城纠察队的后台查出，严重的枪毙。

江青同志讲：抓人交给公安部。不要送公安局，公安部是谢副总理管的，我们信任他。西城区公安局问题很严重，已经调五、六十名干部去改组它，北京市公安局也肯定有问题，你们可以去造反，公安部队、监察院、最高人民法院都是从资本主义国家搬来的，建立在党政之上，监察竟然监察到我们头上了，整理我们的材料，这都是些官僚机构，他们这几年一直是跟毛主席相对抗，我建议公安部队除了交通警、消防警以外，其他的全部军队接管。（谢副总理同意）

你们红卫兵的纠察队不管是什么样的，都要解散，不要败坏红卫兵的名誉。红卫兵是毛主席的红卫兵，是毛主席支持的。

各省委的驻京办事处以及各省在北京开的饭店是收集情报作特务工作的。例如四川饭店就是李井泉搞的，晋阳饭店就是彭真搞的，公安部要下令撤销，（谢副总理同意）说回去和总理讲一下。

司递条子：准备揪出刘少奇、邓小平。

江青同志讲：刘少奇和邓小平是党内问题，中央可以解决，现在搞他们不适合，不策略，对于他们在党内、党外的影响，群众还需要一个认识过程。在清华和北大不是有人贴刘少奇的大字报吗？主席亲自派陈伯达同志去制止。

清华要揪王光美回去检讨，是可以的，我支持。

江青同志讲：周荣鑫、王任重、雍文涛、许明、孔原都是西城区纠察队和东城区纠察队后台支持的。

周荣鑫与彭真有关系，雍文涛也很坏，以前总是通过王任重来拖着中央文革犯错误，做很多坏事。

二司造反联络站一个同志（北航红旗）递条子给江青同志建议三个司令部合起来。

江青同志讲：这个建议很好，现在是时候了，你们三个司令部可以商量一下，搞一个全市性的组织，就不要什么司令部了。这个我们不能包办代替，现在革命派应该团结起来，一起战斗，浩浩荡荡干革命，人少了，人家老抄，你们可以求同存异，统一思想，一起行动，不仅左派、中间派可以联合，右派也可以争取。我有一篇关于这个问题的讲话，现在还不合适、太早，等你们要联合起来时，我再给你们讲。

（戚本禹同志会后也说：这个问题应该是提到议事日程上来，你们合并时，可以找聂元梓、蒯大富参加。）

张春桥同志讲：从现在到明年四月份这段运动怎么搞，你们回去讨论一下，我们很想听一听你们的意见，下次你们把意见收集上来。

王力、戚本禹同志十二月廿二日接见北医八、一八战斗兵团部分战士座谈纪要

开始针对前毛泽东主义红卫兵联络员谷喜春随便谈了一下。

戚：刚才坐车听说你们要抓一个人，我们很关心，来听听。

同学：谷喜春该抓不该抓？

戚：你们先不要抓他，可以斗斗他，斗他主要是把同学的认识提高到批判刘邓路线的水平上来。他只是一个小人物，是狗腿子，小狗腿子很多，这种人为了批判他搞大会，不值得。批判他是为了提高到两条路线斗争上去。

王：批判他们是为了肃清影响，团结同志，经过批判，如果他们悔改了，我们欢迎，我们要争取中间派，团结大多数，你们要提高斗争水平，斗争艺术，要学习毛主席的路线思想，看到整个斗争的全局，不要扭在他这个小家伙上，要加强领导核心的团结巩固，不要光靠大会。现在已开过几次大会，很有政治气氛了，下面需要做细致的思想工作，对他们斗争要分析，要讲究斗争策略，如何有利于争取大多数，彻底孤立一小撮。该抓的不抓是我们犯错误，不该抓的抓了，并不证明我们有力量，不是有人造谣我要抓五十万吗？（对戚本禹）

同学：他三次挑动外校同学打人。

戚：打人的要有确凿证据，看他是不是策划，有确凿证据可以抓。

同学：有人反对十六条的抓不抓？说"十六条片面，依靠左派不对，应该依靠红五类，如果我有能耐，给毛主席贴大字报"。

王：赞成刘邓路线的人是不会赞成十六条的。（戚插话：不是片面，是反对十六条）所以十六条是战胜刘邓路线的产物，可以让他讲，但我们要批判他，要揭发，要斗争。

大字报要一分为二，大字报当然大部分是革命的，但大字报也有反革命的。

戚：搞白色恐怖的，制造武斗的，有组织的，背后挑动人镇压的，勾结的可以抓。象李洪山写"彻底批判毛主席"这样的就立即抓。有多少抓多少。贴戚本禹的不能抓，贴他的（指王力）也不能抓。陈伯达同志说：给他贴大字报的也不能抓，江青同志还让我们转达："给我贴大字报的不要抓。"（江青同志谦虚）但我们要补充一点，搞恶毒人身攻击的要抓。

王：我们要深入的做工作，看他的时代背景，是不是有计划，有政治阴谋，有没有地下组织。

要掌握政策界限，在中央通知前，有人操纵打人，但打的都是坏人。十一月下旬到十二月上旬，这段时间出现了坏人打好人，镇压革命，所以中央发通知，要抓人。

同学：中央发出通知后，公安局有三个人来我校，让我们把彭瑞聪黑帮放掉，结果让我们

顶了回去。可是有人打群众,他们却不管。

王:(对戚本禹)是,是有这种情况。中央通告是保护群众,保护革命的。对黑帮也不要私设拘留所。黑帮和群众的性质不一样,再一个要经过群众讨论,最好也不要采取这个办法。

同学:现在他们给中央文革"提意见"很多是立场问题,很少有善意的。

王:中央文革有什么缺点错误是可以提的,问题是在12月9日前后掀起的这一小股逆流不是这样。(同学:很少有革命派提意见的。)革命派也有提意见的,九月份下旬,在中宣部开会时,你们北医的不也参加了吗?北航红旗也提了很多意见,批评得很尖锐,都很有用吗!但不是在这个时候,采取这种方式。

同学:现阶段如何处理工农结合和学校內运动问题?

王力:这个问题同志们自己安排,学校的如何搞,同工人农民运动如何结合。与工农是一定要结合的,这是一个方向,如果只停留在学校中,沒有工农,那就沒有文化革命的结果,就不会眞正懂得无产阶级文化大革命究竟要达到什么目的。学校的教育改革也就不知道要改到什么程度,对于革命的知识分子来说,如果不和工农运动结合,要彻底改造思想、世界观是不可能的。学校的教育制度要改好,若沒有工厂、农村的彻底革命是不可能的,而且工厂、农村的运动也需要学生参加。

周恩来同志十二月二十三日晨五时接见全国大专院校六六年部分应届毕业生和六五年储备生代表的讲话

总理说:

沒有什么好说的了。六六年的问题(与六五年的)不一样。

六六年毕业生的共同要求是早日分配工作,最好在春节前分配完。过去的分配表定了,有的单位接受了,现在看来那个表过时了,不适合现在要求了。革命发展了,深度、广度正在加强。现在已经影响到工矿企业、科研单位、中小城市,已到农村。工厂的十条和农村的十条发表后,已整个舖开。革命运动这样大发展,势必影响经济布局和制度。今后会慢慢看出苗头。原来分配的单位不一定合适。整个经济布局有些发生变化,根据现在情况应做些变化。

另外理科、文科、师范有些单位更不会要那么多了,这些同学不可能都到大城市了,有的可能要到中小城市,到农村去了。要重新分配,所以必须重新考虑分配方案,如果勉强派去沒有工作做不好。因此要给我们二个月考虑时间。革命正在发展,新的高潮就要到来,工厂、农村……。有的学校强调特殊情况,要尽快分配。不能一个、二个学校解决,不能头痛医头,脚痛医脚。我们是社会主义国家,是有计划的,要按计划办事。……(沒有记上)

十二月、一月、二月还要留在本单位搞,少数人可以到附近去串联,春节后将分配方案重新公布。到那时候可取二种态度:愿意接受分配的就到新单位搞文化大革命,如果新单位不急需,本人也愿意留在本校搞文化大革命,可以报到后再回原校参加到明年暑假,再到新岗位上若那个工作岗位确实需要，需要新生力量，本人又愿意去，那就到新岗位上去。这是符合抓革命促生产的。

六五年的已毕业一年多了，岗位上又急需他，本人愿意留在本单位搞的，就可以转正。当然六六年的沒有这个问题了，还有一年吆。…………。

还有教育制度、期考、入学考试、毕业鉴定等统统让文孟旭同志 23 日、24 日和你们开座谈会谈谈，听取你们的意见……。

周恩来、陈伯达、康生、江青同志十二月二十三日在人大会堂的讲话

参加大会的有：周总理、陈伯达、康生、江青、谢富治、张春桥、关锋、戚本禹、王力、姚文元等。

戚本禹同志讲：现在请伯达同志讲话。

陈伯达同志讲话（王力翻译）

最近，中央文革和大家开了几次座谈会，连续开了几次，开了几次大、中学校的大会。最近出现了一些行动，引起我们小组同志想一想，是不是向大家提一点意见，供参考。总理还要讲话，我现在讲一讲学毛著的问题，无产阶级文化大革命，按照毛主席的教导是触及每个人的灵魂，是无产阶级的思想革命，是无产阶级革资产阶级的命，是无产阶级和资产阶级的斗争。这样，我们就要用头脑，就要考虑在革命运动中发生的问题。我们的无产阶级文化大革命的形势是很好的，同学们的革命热情是很高的，这种革命热情是很可宝贵的。沒有这种群众的革命热情，我们什么事情也是搞不成的。但是只有革命热情，沒有毛泽东思想的指导也是不行的，对不对？（众：对！）

我推荐大家要熟读毛主席的三篇作品《关于纠正党內的错误思想》（1929 年 12 月古田会议的决议），这是毛主席写出来的，是经过许多调查研究，经过群众酝酿，和错误思想斗争写出来的，这个决议实际上是我们建党建军的纲领，是我们党成立以来在建党建军方面最主要的总结，现在我们的情况虽然与当时不一样无产阶级已经取得了政权，我们现在的群众运动，是在无产阶级掌握了政权，无产阶级专政的情况下大民主的群众运动。但是，我们也晓得，无产阶级思想同资产阶级思想的斗争是长期的，我们许多很好的革命青年和革命家也要很好地在运动中改造思想，这样才能很好地掌握毛泽东思想这一强大思想武器，才能胜利地战胜敌人。（第 1 卷 89 页）关于古田会议的决议，这个决议实际上是在我们队伍中无产阶级思想同资产阶级思想，无产阶级世界观同资产阶级世界观，无产阶级路线同资产阶级路线斗争的产物。在无产阶级文化大革命中，我们是革命派了，我们是站在无产阶级革命路线方面了，但我们每个人的头脑中，包括我在內，还有旧社会资产阶级的影响，封建阶级的影响，不能说我们每个人头脑中都已经无产阶级化了，我想我们每个人的思想是在无产阶级革命化的过程中，不能说已经化了。我这样说是否过低估计了大家？（众：沒有！）我说的对不对？（众：对！）大家都沒有个人主义

了吗？有些个别人还是比较严重的。个人主义是什么东西？个人主义就是资产阶级世界观的反映。在一些小的枝节问题上争论不休，打来打去，小团体主义有沒有呢？（众：有！）本位主义有沒有呢？（众：有！）自由主义有沒有呢？（众：有！）这些都是资产阶级世界观的反映，我们革资产阶级的命，同时，也要革资产阶级思想在我们头脑中的命，赞成不赞成？（众：赞成！）保留好，还是去掉好？（众：去掉好！）这些去掉好，请大家读一读，要一边战斗，一边学习，在战斗中我们会有许多经验，我们要结合这些经验学习毛著，毛主席讲的是长期的眞理，对我们现在还是完全适用的，同学们的革命热情，革命气概很好，刚才已经说过了。但是个人主义、本位主义、自由主义、小团体主义也有啊！有了就要克服。同工人比较，学生中克服这些问题比较困难些。比如，我们到过几次北京机床厂，去过几次，好多天沒有去了，那里普通工人比学生比较容易领会毛泽东思想。那里走资本主义道路的当权派组织了一个什么捍卫团，名义上是捍卫毛泽东思想，实际上是捍卫他们自己的名誉、地位和权利。我同一个厂长、书记说过，你们是借捍卫毛泽东思想捍卫你们自己，去了几回，同一部分工人谈了几次话，还沒有向全部工人说，但是这些话起了作用，捍卫团土崩瓦解，许多人纷纷脱离这个组织。这证明工人很容易掌握毛泽东思想，一时受蒙蔽的工人，一说穿了，他们就不再受蒙蔽了。小团体主义比学生少一些。斗争还是会有反复的，我不敢打保票有人操纵，有人在背后要把戏嘛！小团体主义，本位主义容易揭破，在学生中就比较困难一些，是不是这样？对不对？（众：对！）所以说要向工人群众学习，向工人群众学习会更好地掌握毛泽东思想。不知大家同意不同意，如果同意，就回去讨论讨论，结合你们现在的经验，要和实际结合学习。

第二篇是《反对自由主义》（第二卷 347 页）这篇是消除每个人包括我在内所存在的非无产阶级的东西和资产阶级留下来的影响。这一篇不长，大家同意的话，可以读，可以讨论。

第三篇（第四卷 1241 页）《中国人民解放军总部关于重行颁布三大纪律八项注意的训令》（1947 年 10 月 10 日），要学习解放军嘛！三大纪律八项注意是全世界的军队沒有的，包括十月革命后的红军他们也不能做到而我们的人民解放军做到了。这是毛主席对无产阶级军事建设的伟大贡献，这对我们在无产阶级文化大革命中出现的红卫兵是完全适用的。大家同意不同意学习？（众：同意！）学习必须联系实际必须见于行动，不然的话，天天念，念了不行动，这是毛主席批评过的教条主义：天天念好箭呀！好箭呀！就是不用，要把学习毛著，学习毛泽东思想和我们的行动结合起来。

我介绍这三篇和我们目前的实际行动有关。希望在学习之后，无产阶级文化大革命会出现更新的面貌。最近出现了这样一些问题：例如，红卫兵抄了牛鬼蛇神的家，本来是一件伟大的功绩，大多数红卫兵是守纪律的，是不是有些人抄了牛鬼蛇神、黑帮的家就沒有按三大纪律八项注意一切缴获要归公，有沒有这样的人？（众：有！）（江青同志插话：这叫吃油饼，这是少数。）每个红卫兵，都应按毛主席教导的那样，做一个普通的劳动者，不要抄了人家的家，就做了官了，把人家的汽车也坐了，还有许多。我曾批评过一个王立功的，他自称为红卫兵总司令，刚刚当了红卫兵就当起司令来了。抄了人家的汽车就坐起来了，有自己的勤务员、警卫员，还有秘书，不止一个，究竟有多少，我也说不清，总之有就是了，人家是司令嘛！出门也要坐汽车，小队车，我批评了，我讲了以后，有那么几个人，到人民日报社门口贴陈伯达的大字报，说我说的不符合事实。我可能说错了。校名也说错了，我检查错误，但他那样做总是不对的。我把学校的名字、警卫人员的数字说错了，但说的事是对的。当了红卫兵总是一个普通的劳动者，要像毛主席教导我们的那样，以一个普通的劳动者出现，这样就能把工作做得更好，把文化大革命搞得更好，就能把更大多数革命群众团结在一起。我说的对不对？（众：对！）我讲的是一个开头。请江青同志讲话。

江青同志讲话

同志们，红卫兵战友们，刚才伯达讲的是符合事实的。最近我们开了几次座谈会，有的是全体中央文革小组参加，有的是个别参加的，我们是遵照毛主席的教导，从群众中来，到群众中去，换句话说，就是先当群众的学生，再当群众的先生，边斗争，边学习。我个人认为目前的形势是大好的，这个可以对比和去年这个时候比一比，去年 11 月份发表了姚文元同志的文章，那时全国各地是一潭死水，压得很紧，而今天出现了无产阶级文化大革命的高潮，目前全国是一片大好形势，从国际上说，我们的国际友人对我们的无产阶级文化大革命是关心的，对红卫兵战友是关心的，敬佩的、赞美的，我们的敌人以美国为首的帝国主义，以苏联为首的现代修正主义，他们是全身发抖，简直是把红卫兵看成洪水猛兽，把文化大革命看成摧残一切，他们为什么要这么厉害地骂我们呢？我看一个革命者如果不被敌人骂，那还算什么革命者？对不对？（众：对！）中国无产阶级文化大革命出现的红卫兵组织，他们害怕得要死，现在红卫兵成了他们的头条新闻，惊动了全世界，对这一点要有足够的估计，我们要看到我们的光明前途，看到敌人在发抖，我们是七亿人口的大国，我们不怕孤立。我们形势大好这也是比较而言，你们说对不对？（众：对！）过去你们还能进大会堂吗？（众：不能）他们不请你们，过去大会堂许多装饰不是革命的，七拚八凑，不怪服务员。1964 年开民兵代表大会时，有幅所谓的国画，是反革命的画，我说把它弄掉，他们不摘，可是他们怕你们，怕小将，这次破四旧，他们赶快摘了，现在应看到红卫兵起的作用，对红卫兵战友们的革命战果要充分估价，错误我们都有，我和伯达讲的是两个方面，不要以为伯达同志刚才讲的光有缺点，缺点我也有，伯达也有，但是，我们要看到现在的大好形势。

另外讲一讲文化大革命的性质，这是在无产阶级专政的条件下进行的，或者说社会主义革命的新阶段，在苏联四旧多得很，这就逐渐腐蚀着人们的灵魂，我们这个无产阶级文化大革命是完全进入一个新的阶段，在无产阶级掌握政权之后，如何将革命进行到底，这次得到了解决，这就是说社会上两条道路的斗争，是走社会主义道路，还是走资本主义道路，表现在我们党内就是两条路线的斗争。是走以毛主席为代表的无产阶级革命路线，还是走资产阶级反动路线？当然在我们党内，两条路线的斗争还是长期存在的，两条道路的斗争必反映到党内，当错误路线起了主导，革命就失败，当正确路线起了主导，革命就胜利，这种情况在红卫兵组织中有沒有？（答：有）所以伯达同志刚才提的学习那三篇文章是很重要的。你们要学习，对我们也是很重要的，《反对自由主义》这一篇我记得比较深，主席对我的要求一直是很严格的，我不好好学就要掉你们的队，我不是说紧跟两头吗？

两条路线的斗争是对立的统一，又必然是在社会的各个角落都有如果沒有矛盾就停止不前了，只是看矛盾的主导方面在那方面。你们是大学生、高中生，里面有沒有初中生？（答：有）你们要更好地学习毛主席著作，你们比我文化高，你们比我学得快，但由于你们的斗争经验，可能领会得慢一点，如果现在随着斗争，边斗争，边学习，学到一点东西，就会用很长一个时间，要把革命的性质搞清楚。从前我们开六大、七大时都讲性质，那时是资产阶级性质，无产阶级领导的，而现在是社会主义新阶段，无产阶级取得政权十几年了，敌人还利用旧的传统习惯来腐蚀我们的同志、企业、政府机关，如果不是这次无产阶级文化大革命，沒有你们这些小将冲，那些旧东西就去不掉，还得冲啊！要把眼光放远一点，要较量十几个回合，现在如何壮大左派队伍，这是很重要的，这就要按伯达同志讲的很好地学习毛著，就要破私心杂念破个人主义，个人和集体是对立的统一，问题是把个人放在上头还是把集体放在上头？是把小集团放在上头？还是把国家放在上头？我看有些人把这个问题摆得不妥当。要善于分清敌友我，要善于利用同盟军，这是毛泽东思想最重要的一环，我们左派队伍如何壮大？就要求同存异，同就是在马列主义毛泽东思想的基础上统一起来，异就是在一些小问题上不一样。你们能不能经过协商在原则基础上团结起来，这个问题很重要，前几天开座谈会时有人提出，北京市搞一个统一的大组织，问我们行不行？我们完全同意，但不能包办代替，要搞统一行动，不要你搞你的，我搞我的，要好好学习毛著要善于利用敌人的矛盾。要联合就要有一个前提，就是马列主义毛泽东思想，这一条你们同意吗？（众：同意）要协商，要有气度，搞政治就是要有气度，青年人，容易犯个毛病，就是容易看到人家的缺点，而对自己的错误缺点就看不到了，你要先看人家的优点，把自己的优点放在后边，这样就容易团结起来，能不能？（众：能）因为你们比我们聪明。你们问能不能联合起来，你们不要问，由你们自己搞，你们要统一认识、统一行动，不要被敌人所利用。这样才能彻底孤立敌人，才能利用敌人矛盾，搞好同盟军，这一点不大容易，但是只要好好活学活用毛主席著作，不但要读语录，还要读好多篇文章，读、讨论、漫谈，年级高一点的还可以读一点马克思列宁的著作，如果不是边斗争边学习，在斗争中学习，来解决自己的问题，那就不行，一开会就背语录，我赶不过你们，我只注意领会，我觉得在求同存异的基础上，把大家团结起来，要搞大是大非的问题，就是要搞两条路线的斗争，不要搞枝节问题，错误路线是要坏人的，害死人的，王明路线得势了四年，使我们的红区剩下了 10 %。现在你们觉得这个问题该不该辩清，不久林彪、陈伯达同志在中央工作会议上的讲话就要印发你们，你们要好好学一学，此外，一定要和工人贫下中农相结合，否则你们沒有韧性，要坚持下去，与工农三同，在三同中要作调查研究，不要单听一方面意见，要从多方面了解，现在有些反革命说："你们只听一方面意见"，反革命的话我听你的干么？（热烈鼓掌），其实一个反革命的话我也听到过，在这里我不愿提他的名字，他只不过是一个小丑，主席经常教导我们要谦虚，实事求是，对自己不要说得太高，对别人不要说得太低，这样事情就会办得更好一些，左派队伍的壮大要学一些东西，看谁坚持贯彻执行以毛主席为代表的无产阶级革命路线，把这个纲提起来，就好办了，这是个分水岭，在斗争中，中间人很难存在，他不向左走就向右走，我讲的不知对你们有沒有帮助。

我还想讲一个问题，东西城纠察队，这种组织形式不好，它凌驾在红卫兵之上，凌驾在党和国家之上，凌驾在你们最敬爱的毛主席之上，但也要分清功过，初期他们也做过一些工作，只是后来被坏人操纵利用了，他们私设刑堂，听说广播实验管理局，还有一个软禁室，关了许多人，为了这些事我们调查了，伯达去了好几次。这个组织，被坏人利用，到处打人，打死许多人，开始还打坏人，到后来就打起好人来了，这是不容许的，对他们少数人必须专政。如不专政，你们的大民主就沒有保证，我们也沒有保证，他们可以一会儿打这，一会儿打那儿，但是一定要分开多数人与少数人。（江青问：吳法宪的儿子来了沒有？答：来了，江青对吳的儿子说：你们做得好，你们自己起来造反嘛！）对少数的小家伙专政也是一种教育。有的通过家长自己报案。这些人中可能有将军之子、国家主席、副主席之子、总理、副总理、部长、副部长之子，这些不在话下（拍桌子），谁要是那样干，就要坐社会主义国家的牢。我们欢迎他们自己解散，自己起来造反。

关于抄家问题，有些严重的地富反坏右的家可以抄。你们抄的东西大多数归公了，有的小家伙，抄了人家的东西，手表自己藏上了，钱自己拿去用了，要自觉地交出来，花了钱的要自觉的作检查。但是你们的主流是好的，这些不是主流，以后抄谁的家，可通过公安部门去抄。西城区纠察队后期的错误你们可不要再犯，不要抓的人太多了，主席向来是主张群众监督，这里也要看到一小撮和多数人的区别，有那么一小撮人坏极了，他们打人，还把打人的惨叫声录了音来放着听，这股妖风必须打掉，如果不打掉，我们的革命就要被引到恶路上去，红卫兵不要搞纠察队，千万不要破坏红卫兵的名誉，你们是毛主席的红小兵，毛主席是你们的红司令，你们千万要珍视这个光荣的称号，我希望看到左派队伍组织的浩浩荡荡，我希望你们去掉私心杂念，你们不是说要胸怀祖国放眼世界吗？你们要想想你们的责任多么重大啊，你们应该想想你们肩膀上挑的是什么，要把我们国家建设成一块红基地，去支援世界人民的革命，我的话今天就讲到这里。

康生同志讲话

再过一个礼拜就过新年了，向红卫兵小将们贺新年之喜。今天和同学们共过战斗的新年前夕。今年确实是新的一年，从来没过过这样的新年。因为是文化大革命中的新年，是两条路线斗争在全国普遍开展的一年，是毛主席的革命路线战胜资产阶级反动路线的新年，是无产阶级文化大革命将取得更大更大胜利的新年。还是在十八年前，主席写的一篇文章，这篇文章的题目是："将革命进行到底"我们今年过这个年就要掌握毛主席这个伟大指示，将无产阶级文化大革命进行到底，从六月一日到现在整整半年了，在毛主席领导下，根据这个指示，无产阶级文化大革命取得了伟大的胜利。但最后胜利还要明年大决战，因为资产阶级反动路线要进行各种各样的反扑，最近发生的象李洪山、谭立夫、赖锐锐、李进晓等，他们在其后台的指使下，进行了反革命反扑，我们要彻底打垮反革命的反扑。刚才伯达同志叫你们学习三篇文章，就是要掌握好武器，彻底把一小撮反革命分子打倒。

目前西城区纠察队受蒙蔽的人纷纷觉醒，现在形势确实很好，但是我们不能放松警惕，反革命还会作垂死挣扎。我们要掌握毛泽东思想把我们的队伍更加巩固、扩大，加强我们的思想武装，准备迎接67年更新的更大的胜利！

周总理讲话

各位同志们，同学们，红卫兵战士们，刚才江青同志系统地讲了形势和政策，伯达也讲了要边斗争边学习。我现在补充几个问题：

第一个问题，无产阶级文化大革命是毛主席在党内的七届二中全会上讲的，阶级斗争为纲，毛主席的这个纲一直贯穿了十七年，特别是一九六二年十中全会到现在整个时期，每当在关键时刻，毛主席就亲自领导。这次我们无产阶级文化大革命是十七年来取得政权以后必须出现的。毛主席最近和外国朋友谈话时提到，我们搞了十七年多了，这一次才找到主要环节。动员亿万人民进行大革命，确实触及了人们的灵魂。无产阶级文化大革命深入到社会、深入到工厂、农村，这样的群众的斗争规模超过任何一次。这样一个斗争我们不但要解决敌我矛盾，而且要解决人民内部矛盾。我们的斗争，要团结95%以上的群众和干部，打击一小撮党内走资本主义道路的当权派，没有改造好的地富反坏右、反动的学术权威，这是两条道路的斗争，同时也要搞两条路线的斗争，是执行资产阶级反动路线还是执行毛主席的革命路线，如果执行资产阶级反动路线，坚持不改，就要滑到敌我矛盾中去。《关于正确处理人民内部矛盾的问题》这篇文章要好好学一学。批判资产阶级反动路线，就是打击了党内走资本主义道路的当权派，批判资产阶级反动路线越深入、越彻底，就会把大家思想觉悟提高，林彪同志、伯达同志国庆讲话，以及红旗 13、14、15 期社论，都谈到这个问题，造反声势大大提高了，保守派大大消弱了，极少数犯罪分子法办了。但是不能满足于现在的胜利。要把学校的批判斗争引导到厂矿、企业、机关、农村，现在只是开始取得胜利，斗争要深入，首先要学好毛泽东思想，炼好基本功，要熟悉情况，调查研究，到社会中、工农兵中去调查，这个斗争才能提高，主要的是思想上解决问题，要文斗、不要武斗，这样才能使他眞正受到教训。

我们每个人都在学习，我们向你们学习，你们要向社会上更多的群众学习。做错了就要改，青年人朝气蓬勃，容易接受新事物，但不能只靠冲，列宁、毛主席说过允许青年人犯错误的，我们就不能犯大错误了，现在造反派是多数了，优势了，问题也就少了。少数时你们受到了锻炼，现在优势了，是不是就够了？不够，就要学习，上请教主席著作，下请教群众，不要骄傲。眞理掌握在你们手里，我们支持你们，鼓励你们，你们要发展，你们要提高，你们要经过教育，团结大多数，左派队伍扩大了，多数回来了，需要整顿一下，边斗争边学习嘛！你们要更好地掌握政策。

希望你们注意一个问题，前几次座谈会，我们支持你们，我们都是互相交换意见，可以说凡是能谈的都谈了，但，不是党的政策，不是中央的决议，有些讲了，你们给传出去了，影响很不好。我们交换意见只作参考，不是政策，以免给我们工作造成被动，说了不公开，我们都要互守信用，这样大民主才能更好地贯彻，当然这样也不要紧。我们的文化革命不是关着门搞，而是敞着门搞，要注意国际影响。因为你们是在北京，是在毛主席身边，你们的责任要比你们想象的大得多啊！现在你们放假搞革命，你们有最大的自由。你们要想到毛主席，想到党中央，你们的每个行动都不是代表你们自己啊！

新的高潮，67 年的高潮还会更高，你们要不断提高，你们的提高也就是我们的提高。将无产阶级文化大革命进行到底，这是我们共同的决心。

陈伯达同志补充讲话

现在我再补充几句话，我刚才讲的是否有问题？我们小组有人提出来了，我讲的不好，沒讲两条路线斗争，沒讲批判资产阶级反动路线，讲批评你们的多了，本来事先与江青同志商量过，和江青同志分工了，这方面的问题是江青同志讲了，两条路线的斗争我们是要反复讲的，问题是我们怎样在毛主席思想旗帜下，组织成一支浩浩荡荡的文化革命大军不是说不批判资产阶级反动路线，而是为了更好地批判资产阶级反动路线，这样批了更彻底。提高自己的战斗力，把资产阶级反动路线打个落花流水。我在两次会议上讲过：谁如果不向无产阶级革命路线投降，就叫它灭亡！

我今天讲话疏忽了些，我接受批评，毛主席教导我们要经常开展批评和自我批评，不开展批评就不能前进。我今天就算作个自我批评。

江青同志解答两个问题

问：现在许多人要下工厂、农村怎么办？

江青：现在不适合大批地下工厂、农村，因为资产阶级反动路线还沒有彻底批判，要边斗争，边学习，懂得了什么是资产阶级反动路线再下去。

我们以后还要召开中、小型座谈会，倾听你们的意见，然后到一定时候，再召开象今天这样的会，这样配合起来，才能把批判资产阶级反动路线搞得更好。

周总理谈几个问题

关于小教问题、关于下厂矿、农村问题，中央正準备发表文件，关于 65 毕业问题，也要做几点决定。关于复员、转业、荣誉军人的要求，也要做几个决定，关于徒步串联问题，有的已经解决了,有的还要作几点规定。

最后讲一个问题,关于毛主席12月26日过生日的问题,大家提出要进行祝贺毛主席过去就讲过,不要过生日,不要送礼,这是防止旧风俗的长期的影响,你们要响应毛主席破旧立新的号召,主席不赞成就不要搞了,你们要以实际行动,把无产阶级文化大革命搞好,来祝福毛主席万寿无疆。

周恩来同志十二月二十三日在中南海接见全国一九六五年大中专毕业实习生革命造反联络总部代表谈话记要

周总理点了代表们的名,询问了代表工作单位、籍贯等。说话非常有风趣和蔼。他亲切地开始与代表谈话。

周总理很细心地听了代表们的意见,我们代表提出了些具体的问题。对这些具体问题都基本上作了原则上的回答。

总理:今天到会的有65年大中专毕业实习生,你们要求回到母校参加斗批改,进行全国革命大串联。还有一部分是应届毕业生代表,你们要求离开学校,快些分配工作。你们这两种意见的代表今天一起来开会。这是巧合,不是我有意安排的。我赞成你们在一起谈谈。我们是来协商的,是平等的,我们同修正主义国家不一样。

65年同学说:我们的三项要求陶铸同志同意了。

总理:这个我知道。我号召你们先破自己,先从自己身上闹革命。比如关于谈到转正不转正,工资和级别的问题。你们65年毕业实习生和66年毕业生合起来先革掉这工资的命。你们平均年龄25,26岁,你们负担较小,经验少,改革起来容易。

对65年毕业生我先给你们提几个问题,树立个对立面。我提三种情况,你们看有沒有?

1.本单位文化大革命很需要你们。你们年青,有闯劲,你们刚毕业是一批新生力量。有些人确实离不开。这是最重要的一条。

2.因为有固定、具体的生产任务,不能离开,离开就会影响生产。

3.你们65年毕业生中,有由于经济负担重,工作已固定等原因,自己还不愿离开原单位。

同学回答说:我们认为这三种情况都有。我们毕业生情况是复杂的,我们认眞地考虑过了,认为存在上述三种情况,但与陶铸同志12月7日谈话精神不矛盾。

66年应届毕业生说:我们绝不同意65年毕业实习生离开工作岗位回母校参加斗批改、革命大串联。

总理:我不是有意识把你们安排在一个会上。但是我不完全同意66年应届毕业生同学意见。

65年同学读毛主席语录,第186页中间一段:"世界上的事情是复杂的,是由各方面的因素决定的。看问题要从各方面去看,不能只从单方面看。"

总理:我就是同意这个意见。我对你们65年毕业实习生离开工作岗位问题也要从各方面看。

同学们：陶铸同志不是在七日和我们代表谈了吗？

总理问：全国已经有多少地方响应了你们号召？

同学说：除台湾沒有解放外，现在各省市基本上都动起来了。

总理：噢！这么多呀！中央原则上同意一九六五年大中专毕业实习生回母校参加斗批改和革命大串联的要求。但是不能把凡是65年毕业就可以出来作为前提。如果这样，那只有一种可能性了，那是不民主的。必须去掉沒转正这个前提，再允许几个例外。你们绝大部分沒转正，这是中央下达文件指示的。这回我们重新考虑这个问题。当他有可能离开工作岗位的话，给予他串联机会，若不能串联愿意留下的，则可以适当的给予转正。

同学：我们全国65年实习生情况不同，有搞四清的，有安排工作的，有最近安排工作的，有劳动锻炼的……。

总理：如工作很需要你们，而眞离不开工作岗位怎么办？

同学：我们考虑过了，如眞不能出来的，我们会照顾到工作的需要，考虑到国家的利益暂时不出来或者不出来。

总理：如本单位需要他工作（工作需要他），要他干革命，应留在单位工作，不能离开岗位。如果单位人多，能够走的，可以出来。你们刚毕业的，有朝气，年青一代新生力量，你要知道某些单位也需要新生力量，不能全部出来。

沒有具体分配工作（包括四清工作队员）出来对工作不影响及已经分配工作如可以离开的，还是可以回母校参加斗批改、大串联。要在自愿的原则下，尊重自愿，互相协商。

总理：工作需要我们，要服从工作需要，如能够走，确实不影响工作，还是要他们出来。生活要安排，因为你们是拿了工资去串联的。说不要工资了，这是偏激情绪，是脫离群众实际的。不能这样号召。革命需要留下就留下，要安心留下。（去者安心，留者安心）现在基本上分为：工作需要、不十分需要、愿意出去的、不愿意出去的、转正的。如我们总结经验就不再犯错误了。分期分配要考虑，因牵动面太大。

66年应届毕业生说：（指他们迫切要求分配工作）65年毕业生的要求是违背最高指示的，违背抓革命，促生产的，是脫离工农兵群众，与当前革命形势不相符合的。（宣读了北京化工学院《抓革命，促生产》战斗兵团制造的观点）

总理：不要扣这么大的帽子，要实事求是，具体问题具体对待。

同学们：（争论）

同学：我们代表见了首长，可是全体同学沒见到。我们请总理，首长见我们全体同学。（同时递上同学托我们带来的请柬和信……）

总理：我答应见全体同学，但今天不行（23日），你们不就是二、三万人嘛！

同学：中央文件快些下来，同学等得很着急。

总理：要尽快下来。但是总得有个过程。

同学：外省市来了二万多人，市委不接待，我们认为市委应该接待我们。

总理：总部有多少人？

同学：十三人。

总理：太多了吧！只留几个就行吧！

总理和陶铸同志一再说：全国各地同学不要再来北京了。你们打个电话通知一下，你们应该做好这项工作。都来北京，国家负担不了啦。我们国家还是一穷二白的国家，不能太浪费。

会后，总理和我们代表一一握手告别。

江青、周恩来同志在十二月二十六日接见来京上访职工大会上的讲话

大会开始，全场起立，高呼毛主席万岁！各位首长就位，刘宁一同志逐一介绍各位首长，接着各位首长们分乘四辆吉普车绕场一周，全场起立，手持毛主席语录长时间热烈高呼毛主席万岁！敬祝毛主席万寿无疆！江青同志、周总理非常亲切地连连招手让大家坐下。

刘宁一：现在请江青同志讲话。（大家热烈鼓掌高呼毛主席万岁！）

江青同志：工人同志们！工友们！你们好！向你们致以无产阶级文化大革命的敬礼！今天是个好日子，是我们伟大领袖毛主席的生日，他很健康，问你们好！（全场沸腾高呼：毛主席万岁！敬祝毛主席万寿无疆）我听说你们对中共中央关于工矿企业抓革命、促生产十条，第三条有点意见，我看是可以的，第三条八小时工作制卡得太死，在运动开始高潮时，可以少干点或多干点，你们提得很好，我接受你们的意见，我和同志们一样关心运动的情况，我们可以开座谈会，请提出你们的意见，现在我的讲话就完了。

刘宁一请周总理讲话：

同志们！我现在代表我们伟大领袖毛主席、林彪付主席、党中央、国务院向你们问好！同志们，刚才江青同志讲了，今天是我们伟大的毛主席七十三生日（高呼毛主席万岁，祝毛主席万寿无疆！）让我们一道祝毛主席健康长寿！同志们！我在这里向你们致以无产阶级文化大革命的敬礼！同志们！你们来了很久了，我们工作很忙，不能一批一批接见，对你们不起，现在趁这个好日子在这里见面，很有意思。

江青同志讲了十二月九日，我们中共中央发表了关于工矿企业抓革命促生产的十条规定，今天人民日报又发表了一个社论《迎接工矿企业文化大革命的高潮》告诉我们怎样进行，我们工人阶级是领导阶级，我们趁这个好日子，今天下午好好讨论一下，然后把意见集中一下，给接待机关，告诉我们，提了很多意见，请你们现在讨论讨论，提出意见，提的意见可以写成简单的书面材料报上来，江青同志刚才讲了，八小时工作制很死，当文化大革命很紧时可以不按照作，可以少干二个钟头，文化大革命是第一位，实际上有很多注意、影响我们的生产，因为我们无产阶级文化大革命是我们工人阶级的革命，是使我们思想革命化的革命，思想革命化更可以促进我们的生产，你们提出的几个问题，在今日人民日报社论中都有了，回去以后好好学习，我无必要多讲了。我现在请你们讨论，你们要很快地回去到本地本单位进行文化大革命，因为这次无产阶级文化大革命是依靠自己教育自己，自己解放自己，革命要靠我们自己，要靠我们自己解放自己，回去以后，可以到附近串联，回去你们革命是最好的办法。

你们有了十六条，还有今天的人民日报社论，这就是你们的武器，你们有了这两个武器，可以斗党内走资本主义道路的当权派，一小撮顽固执行资产阶级反动路线的坏家伙把他们斗倒斗臭，所以最好的办法在 66 年底，回到本地区去迎接 67 年更大的新高潮。我现在在这个地方予祝你们 67 年新年快乐，更新的胜利！

呼几个口号：

我们迎接 67 年文化大革命新高潮！

无产阶级专政万岁！

中国共产党万岁！

战无不胜的毛泽东思想万岁！

祝毛主席万寿无疆！

毛主席万岁！万岁！万万岁！

刘宁一：同志们，今天是毛主席的生日，这是一个光荣伟大的日子，我们非常高兴，祝毛主席万寿无疆！

现在有人递了很多条子，要求发言，宣读文件，因为时间来不及了，散会！

合唱：大海航行靠舵手，最后唱：国际歌。

江青、周恩来同志十二月二十八日在工人体育场接见徒步串联来京红卫兵大会上的讲话

江青同志讲话

同学们、红卫兵小将们、战友们：

你们是徒步长征从祖国各地到北京来，我们欢迎你们，向你们致无产阶级文化大革命的敬礼，你们是遵照毛主席的教导发扬艰苦朴素的作风，一路走着来的，拜贫下中农为师，拜工人为师，我们向你们学习，道路是曲折的，不平坦的。同志们要有百倍的英勇顽强的精神，继续奋斗，祝你们继续完成长征宣传队的作用，我的话完了。

周总理讲话

同学们、红卫兵战友们：

我现在向你们致无产阶级文化大革命的战斗的敬礼！让我代表我们伟大的领袖毛主席、林付主席、党中央和国务院问你们好。

你们从我们祖国各地跋涉千山万水终于来到我们祖国首都北京。我们欢迎你们！你们热烈要求见我们伟大的领袖毛主席，我们懂得你们的心情，我现在宣布你们现在回去，到明年春暖季节我们免费乘车接你们来。

我很高兴地看到你们学习解放军的精神。有的走两千多里，最远的走五千多里。你们这种精神，值得我们学习，值得全国的同学学习，你们自己说得好，这仅仅是万里长征的第一步，你们还要好好学习。你们还要好好学习，要更好的学习解放军，三大纪律八项注意，做坚强的解放军的后备力量，现在你们快回去了，我们准备免费乘车送你们回去，如果你们愿意徒步回去，那就更好。学习解放军，做战斗队、宣传队、学习队。

你们在长征的途中，吃多了粮食，用多了粮票，我们准备发给你们学校补助你们。

同学们，战友们，你们这种精神要永远保持下去，将来一旦国家有事，你们是最好的后备队。同学们，战友们，让我们一起高呼：

长征精神万岁！

无产阶级文化大革命万岁！

无产阶级专政万岁！
伟大的毛泽东思想万岁！
伟大的中国共产党万岁！
伟大的领袖毛主席万岁！万岁！万万岁！

李富春副总理
六七年一月一日在国家计委接见北京钢院革命同学时讲话

钢铁学院《东方红》22 名战士，因抗议国家计委余秋里等同志不对冶金部部长吕东的私设拘留所，违犯党纪国法的罪恶行为进行严肃处理。自 1966 年 12 月 31 日上午 9 时 30 分起进行绝食斗争。1967 年 1 月 1 日下午李富春副总理到国家计委接见了钢院《东方红》22 名战士和前往声援的钢院和其他院校的革命同学及冶金部的革命干部，并作了讲话如下：（根据录音整理，未经本人审阅）

（首先、北京钢院《东方红》战斗队及其它革命组织向李富春副总理汇报了冶金系统的文化大革命情况及吕东的罪行。略）

各位同志们、同学们：我支持钢铁学院 22 个红卫兵的革命行动，支持冶金部机关联络站的革命行动，支持第三司令部和其他学校同志们，支持他们的革命行动！

关于吕东的问题，是严重的政治错误，我报告主席、林副主席、总理以后，作出决定以后，向同志们，同学们，向机关干部们宣布，同时，我们欢迎同志们，同学们，造冶金系统的反，革冶金系统的命。工交系统十年来是在反党修正主义分子薄一波操纵下面的，是反社会主义反毛泽东思想的，薄一波的问题，各位同学或许还不十分清楚，我在这里简要的提一提。

从 1956 年起，薄一波就是反冒进、抵抗毛泽东思想，62 年困难时期，薄一波是吹冷风的，把问题、局势看得很严重，而当时的局势正在好转，中央提出的八字方针，薄一波只取了两个字变成调整阶段，把"巩固、充实、提高都不要了。（调整、巩固、充实、提高）这也是对抗主席，以后，62 年以后搞了工业的 70 条，这 70 条完全违背主席思想，违背主席提出的鞍钢宪法的，毛主席主要的提出大搞群众运动，大走群众路线，要政治挂帅，要搞技术革命，要破除迷信，要敢说、敢想、敢干，而工业管理 70 条呢？用集中管理，用责任制来代替了群众路线，用物质刺激来代替了政治挂帅，用技术革新来代替了敢想、敢干、敢革命。65 年小技委新成立，由余秋里同志……同意他们成立小计委。薄一波千方百计的排斥，打击小计委，小计委是主席提出的，而薄一波却千方百计的排斥小计委，打击小计委。

文化大革命不论在学校，不论是在机关，都是完全彻底的执行了以刘、邓为代表的资产阶级反动路线，因此要清理薄一波在工交各个部门，各个系统这条反毛泽东思想的，反对以毛主席为代表的正确路线的资产阶级反动路线，是在工交各个部门各企业来清理，来调查。在这里冶金部革命的干部回去应该向冶金部的所有同志传达我今天的意见，要彻底革命，要肃清这个资产阶级反动路线的影响，要把冶金系统革命化，要把冶金系统变为毛泽东思想的大学校，同时冶金部革命同志，必须与钢铁学院革命学生结合起来。串联起来闹革命，矿业学院对于煤炭部、林学院对于林业部同样也要帮助，林业部、煤炭部的革命干部起来闹革命，要把工交系统从薄一波的错误路线下面解放出来，所以这个工作是一个很大的工作，很大的一件事情，很大的一个工作，很大量的工作，所以希望同志们在这个广阔的中间来努力。

对于22位绝食的同志表示慰问，希望他们听毛主席的话，就是吃好饭，睡好觉，闹革命，这个行动你们是被迫的，你们今天起吃饭，有什么问题找我联系，我坚决支持你们，坚决支持大家闹革命（鼓掌）因为我最近这个时期管理外省来的同志多，管理党中央的工作多，管工交系统的工作很少，我直接伸手的时间很少，也对不起各位同志，现在我们首先从冶金部来插插手，把冶金部作作试点吧！（热烈鼓掌）

另外，金川的四位同志，还有一个摄影师，鞍钢的革命造反司令部十一个组织代表同志们，我另外在抽时间来同你们单独谈一谈，给你们单独接见。（有同志问：什么时间接见。）现在我还很难预定，我是毫不偷懒的，有的时间是我自己都不能主动的，有时到这里开会，有时接见这里，有时接见那里，今天这个事情就是临时插进来的嘛！非要接见你们不可，非要支持你们不可。总言之，我要接见你们就是的，你们等了很多时候了，非接见这一次不可，听听你们汇报不可，你们刚才给了这个材料给我，这个照像是好材料（有同志提了一个问题）嗯！是的，不知道，原要知道我也想找赵敏、罗定枫一起来。（原来）鞍山他们正在开会呀！要他们解决问题呀！现在看起来，现在是不能等赵敏和罗定枫找你们谈话，他们既然不想，我找你们谈。

（《钢铁学院东方红》战士提出希望，李富春同志谈谈自己对吕东这个反党反社会主义阴谋家违犯党纪国法行为的意见）。

李富春同志说：我已经说了，吕东犯有严重的政治错误，关于他如何处理，要请示中央，我的表态就是吕东犯了严重的政治错误，至于如何处理，我要报告中央，现在我不能表这个态。

（同学提出：吕东是不是违反党纪国法？）

李富春同志说：有违犯党纪、国法的问题。

同学们讲：吕东私设拘留所，我们砸了。

李富春同志说：你们砸得对的。

同学们要求对吕东开除党籍，依法逮捕，送交公安部，请转达中央。

李富春同志说：我一定报告中央，一定转达。（鼓掌）

同学们提出要求，要李富春同志明确表态。

李富春同志说：我只能表示，第一、承认你们是革命行动，支持你们的革命行动，第二、吕东犯了严重的政治错误，第三、这个严重的政治错误我报告中央，决定对他的处分。这三条。

（同学们要求李富春同志谈谈自己的看法，谈谈计委上报中央的意见。北京矿业学院同学要求李富春同志谈个人对吕东的处理意见。）

李富春同志说：我认为他是违犯了中央布告的规定的，是严重的政治错误，应该按党纪国法办事，如何办由中央决定。

钢院东方红战士要求李富春同志谈是开除党籍，还是逮捕法办，是罢官还是撤职……）

李富春同志说：我个人认为是应该撤职。（大家热烈鼓掌）

（东方红战士向大家宣布，李富春同志认为吕东应该撤职。）

李富春同志说：嗯！（大家热烈鼓掌）

《东方红》战士将李富春同志的意见写成大字“我个人认为吕东私设拘留所，应当撤职。”请李富春同志签字，李富春同志在上面签了字。（大家热烈鼓掌）

北京钢院《八·一八》战斗队战士提出，在鞍钢以王鹤寿为首的，鞍钢党委组织不明真象的工人学生围攻，殴打外地学生，要轰走外地革命师生，要李富春同志严肃处理。

劳动部提出劳动部的问题。

李富春同志说：关于劳动部的问题请李××同志和你们谈。

（此时总理来电话请李富春同志去开会，接见到此结束）

周总理一月三日接见外语学院"少数派"各革命组织代表谈话纪要

当外语学院代表谈到一些领导，工作组和"多数派"一些人用平时的一些思想汇报来攻击"少数派"的革命同志时：

总理：把别人平时的思想汇报都翻出来攻击，这个方法好不好？

同学：当然不好。

总理：这个方法不仅对左派不应该，而且对其他同学也很不好。你们说，经常汇报思想这个方法好不好？

同学：我觉得不好，但以前谁汇报思想多，谁就靠近组织。不仅平时要经常汇报思想，而且期终也得写思想汇报。

总理：（摇头）我看这个办法很不好。这不是群众教育自己，这是我们党内生活不健康的东西。这不是我们党的传统，我调查了一下，是从莫斯科学来的，加上安子文搞了廿多年组织部，刘仁搞了北京市委，这种现象很严重。所以刚才谈到这一点很触动我的思想。这是党内很坏的东西。

同学：这次文化革命中，很多党内保皇，我觉得与党内生活的这一坏现象很有关。

总理：你说得很对。你叫什么名字？许多党员就因为缺乏独立思考，这不能怪党员。他们也认为自己忠于党。所以当你们批评他们时，他们就感到很委曲。所以你们要把眼光放大些……党内这种风很不好，灌输奴隶主义，使党员变成谨小慎微的君子。我们党内一直沒有肃清，这次非把它肃清不可。按这种恶劣作风培养的党员所谓老实的党员都是盲从，我们说的忠诚，是胸怀坦白，眼光远大。你们学校两派对立时间较长，有许多因素，"多数派"做了许多工作使你们不满，加上一些党员不独立思考，对党的干部迷信，主要责任在于领导，领导要把责任承担起来，把同学解放出来，就会好些。

周总理、陈伯达、康生、江青等中央首长及杨成武、肖华等同志一月四日接见军队院校部队文艺工作者代表时的讲话

周总理：

同志们，同学们：

这两天，听了你们的很好意见，对我是学习。我沒有过问过军队文革的工作，有时也被找去接见你们，十三日、廿九日大会临时找人，打电话把我找去，绕场一周，就走了。这说明任何事情蜻蜓点水，浮皮了草接触一下不顶事。这次两天认眞听了你们的意见，刚才我们商量了一下，集中几点，来回答。

一、我们完全支持你们各院校造反派在全军中，在各院校中批判资产阶级反动路线，（江青同志插话：还有文艺团体中。）你们这种革命造反精神，我们完全支持（鼓掌、呼口号）并愿意考虑你们一切合理的要求。具体问题不在这里答复了。

二、你们所提出的陈、叶两位副主席十一月的两次讲话，确有原则性错误。你们有意见，我们研究也认为是如此。十二月三十一日叶剑英同志作了检讨，我们认为基本是好的、正确的，因为他指出要在全军中批判资产阶级反动路线，对自己讲话中的错误作了检查，这些错误是影响了院校，文艺团体的运动。同时他坚决主张坚持大方向，把文化大革命进行到底。这个检讨是好的。在北京八千多人面前检讨的，能听到的都听到了。陈毅同志是军委副主席，但不是直接负责军事，他在外交系统讲话多一些，他正准备作检查，在检查中同时也回答对军事院校讲话的问题，先向你们通知一下。

你们所在院校，文工团领导和前工作组犯了执行资产阶级反动路线的错误，虽然沒核实，你们说得也是可信的，对这些错误应彻底揭露批判。你们受围攻、受打击、被打成“反革命，假左派，眞右派”……我们宣布一律平反，恢复名誉（鼓掌，呼口号）当然有些材料是被迫写的，被整的，被领导挑起一些同学写你们的材料，应按紧急指示、补充规定处理，这两个文件适用于军队院校和文艺团体。如果不能解决，由上级派人去检查协助解决，由上级军事院校要比地方院校解决得更快一些，把材料集中，除本人检讨归还本人外，其它一烧了之。（鼓掌）在这方面，军队院校，文工团要作出榜样。

三、既然要批判，军队內存在两条路线斗爭，如同全党，国家机关，人民团体中一样是存在着，这是阶级斗爭的反映，哪能不存在呢？毛主席、林副主席都说过，从建军以来，就有两条路线，不仅过去，就是解放后，社会主义革命阶段，像萧华主任讲的，最先是高饶集团纂党篡军篡政。第二批判过军队中的教条主义。第三彭德怀直接反对毛主席，反对总路线，他有一套旧式的建军反动思想。也是要纂党篡军篡政。五九年以后，林彪同志主持军委工作，现在主持中央工作，高举毛泽东思想伟大红旗。八年多的成绩你们都看到了，文化革命前，有彭陆罗杨反党集团，罗瑞卿这个反党分子，虽然在林彪同志领导下，但是他搞两面手法，反对突出政治，搞大比武，直接反对林彪同志，被揪出来了。你们都知道，这些都是从路线问题不改，发展到顽抗，

搞反党阴谋活动，变成敌我矛盾。现在我们来审查全军两路线斗争，谁是反动路线代表，你们看是陈、叶，但从全党全军的斗争来看，他们不是。陈、叶正如刘伯承、徐向前、聂荣臻副主席一样，都在毛主席、林副主席领导下，我们中央文革同志可以证明。必须从全面看问题，我们承认他们讲话有错误，但把他们作为代表，矛头指向他们两位，不恰当，不符合实际。昨天康生同志回答了，斗批改和批判资产阶级反动路线不能分开，矛头不能指错，指错了就会犯另一种错误，不符合实际，十六条讲了，说过一些错话，做过一些错事……不就是错误路线的代表。军队是保卫无产阶级专政的，念念不忘阶级斗争，念念不忘突出政治，念念不忘突出无产阶级专政，念念不忘高举毛泽东思想伟大红旗，沒有人民的武装，就沒有人民的一切。林彪同志在去年五月政治局扩大会议上讲过的，要保卫无产阶级专政，不要变颜色，军队保护政权，枪杆子靠人拿，我们要挖修正主义根子，断资本主义复辟的根子，这是你死我活的斗争，一切反党分子都要钻这个空子，我们不要只看一个侧面，不看全部，我们要用全面来衡量。林彪同志要我告诉你们，要放手发动群众搞运动。十月五日的紧急指示，是林彪同志建议，主席同意，政治局通过转发全国的。

四、问题怎么造成的呢？关键的问题是军队文革小组，刘志坚只是初步的检查。你们的揭发，对我们很有帮助。全军文革小组放在总政治部之下，不伦不类。刘是中央文革副组长应该向中央文革请示。（康生同志插话，既不请示，又不报告）如关于文艺单位的“三点指示”，今天才查出，江青同志是顾问，又是中央文革第一副组长也沒有向她报告，也沒有请示林副主席。这三条是完全违背紧急指示的。（呼口号）全军文革组织形式不对，必然有问题，上不向主席，林副主席请教，也不请教中央文革，刘志坚每次出席中央文革会议（江青同志插话：大多数会议他参加了）不说。林副主席，萧华同志不在京，他就派了工作组，叶剑英同志他军事管的多，管政治工作，院校文革少。彭罗陆杨的影响还要肃清。罗是总参谋长，军委秘书长，副主席总理，中央书记，集党政军于他手中，他是两面派，打着红旗反红旗，这是彭罗陆杨他们的特点，要在关键时期才能发现他们，罗瑞卿不是沒有他手下的人（萧主任，杨代总长插话：萧向荣、梁必业、王尚荣、雷英夫、史进前、陈鹤桥、谭友林……）过去罗把叶副主席放在一边，元帅们都是受打击的。刘志坚的检讨是初步的检讨，中央文革有过批评，你们这样大揭发，我们才看清楚。刘邓派工作组，他也派，主席回来要撤工作组，他迟迟不撤，八月五日林副主席从外地回来，萧华同志八月八日从外地回来，他才撤。两条路线斗争的问题，是林彪同志国庆节讲话中提出的，然后提出十月五日的紧急指示，全军文革跟不上。十月中央工作会议进一步揭发了。主席已经三次接见了，十一月就不需要单独接见了，大可不必了。林副主席是不同意见的，大家积极要求见，也起了点作用。林副主席要管全党全国的事，不能使他太劳累了，只好请其他副主席出来，把我找来，绕场一周，这两次接见是多余的。一说话，沒有准备好，既席出话，言多必失，陈伯达同志说过，祸从口出嘛！毛主席教导我们，要谦虚谨慎。四位副主席讲话都沒有讲路线，文件是文革起草的（江青同志插话：不是我们中央文革起草的）林副主席和我们都不知道，沒有认眞地讨论要不要开这样的会，这事情本身就不愼重，但是不能把他们两位作为刘邓路线的代表，他们拥护毛主席，林副主席的。坚决反对彭罗陆杨，反对刘邓路线的。关键是全国文革小组负责。全军文革中也有反对派，唐平铸、胡痴、询鏜忠、李曼材都是提过反对意见，他根本不听。你们有人提议、陶友鉴同学提出全军文革小组要改组，这有道理（鼓掌）我同萧华同志商量可以考虑。（康生同志插话：全军文革不像眞革命）中央文革有这么高威信，就是因为干革命，这从实际斗争中得到证明，刘志坚躲在机关办事，上不请教，下不接近群众。冲国防部，叫他去，他睡了不去。他沒有关心群众的精神。上不着天，下不着地，这就沒有按照林副主席的要求,吃透两头。全军文革还要检查,我就不说了。

全军文革应受中央军委领导,在总政领导下是不适当的,我很不理解,伯达也很不理解,全军文革里是杂七杂八的,什么人都有,我们要求他们汇报部队文化大革命的情况,在下面我个人和他(刘志坚)谈过几次,我们多次对他进行帮助,在这以前也不知道他搞了些什么鬼。今天交待了一点(以上这段是江青同志的插话)。

五、明天的大会,我们不赞成。不是不支持你们革命造反。我们不能参加你们的会,我们的任务是来劝说大家不开这个会。我们把你们话听得差不多了,激愤的情绪也接受过来。你们的大会不宜开,因为于全军不利,攻击矛头错了,所以劝说你们不开。这不等于停止这个斗争,还要继续深入批判资产阶级反动路线,坚决执行无产阶级革命路线。以此来衡量本单位的领导,分清两类矛盾。就全军来说,我们比你们清楚,希望你们不开这个会。当然我们不能强加于你们,你们要开,我们中央、中央文革、军队负责同志不能出席(高呼拥护总理指示等口号)。(康生同志插话:矛头搞错了,责任不在你们)对!关键在于全军文革刘志坚身上。(康生同志插话:责任是刘志坚的,刘志坚是不能算折中主义、和稀泥,而是坚决执行了刘邓路线)。(学生提出:刘志坚停职反省)你们提停职反省,一个人的反动路线还是先批判,依靠你们挖深挖透,不要过早停职反省。(学生提出:我们明天会的票都发了,来不及了!)来得及,八、九月间我说服两个十万人大会,有这个经验(江青同志插话:要有准备,不打无准备之仗,调查研究立于不败之地,你们可以商量一下)。

陈伯达、康生、江青同志一月四日在人民大会堂接见赴广州专揪王任重革命造反团时的讲话

今天下午二点多,周总理、江青、陈伯达、康生、王力、穆欣等同志在人民大会堂东会议室,接见了赴广州专揪王任重革命造反团。

江青同志说:"你们送来的材料都收到了。同学有意见留下,同大家继续谈,我们还要参加一个会议。我个人感觉,同志们打了一个大胜仗(24 名同学同陶铸进行辩论,胜利了。)下边请陈伯达同志讲。"

陈伯达同志说:"陶铸到中央并沒有执行以毛主席为代表的无产阶级革命路线,实际是刘邓路线的坚决执行者,是刘、邓路线的推广者。同他有关系。他们洗涮这一点,到后来变本加厉。你们到中南局去了解情况的确有后台,后台就是陶铸。他在北京接见你们时,态度是完全错误的。他是中央文革小组顾问,但他对文革的许多问题独断独行,从沒有同我们商量过。不但背着中央文革小组,而且背着党中央。你们揭得很好!给我们很多支持,感谢你们。"

江青同志说:"我只谈两点:(一)实事求是,核实材料,才能立于不败之地。(二)要做艰苦细致地群众工作,争取多数,不要把敌人看成铁板一块,多数派同学是受蒙蔽的,不是不能做工作的,是可以分割的,一定要做细致的工作,这是策略问题,希望大家注意这点"。

康生同志说:同志们把材料整理出来,有材料摆出来了,你们就胜利了。再见!

周恩来、王力同志一月五日在全国在京职工革命造反者彻底批判资产阶级反动路线，迎接工矿企业无产阶级文化大革命高潮誓师大会上的讲话

周总理讲话：

同志们！朋友们！

我向你们致无产阶级文化大革命战斗的敬礼！我现在代表我们伟大的领袖毛主席、林彪副主席、党中央和国务院向你们问候。庆贺你们这个誓师大会成功，预祝你们全国职工革命造反者的组织迅速发展。你们这个大会开的好，你们这个会是要下决心彻底批判资产阶级反动路线，要迎接工、矿企业无产阶级文化大革命的高潮，做的对。今天到会的有北京的职工同志，有外地来京的职工同志，我们希望你们、北京的职工同志，把这个革命的造反精神发展到北京的各厂、各矿、各种企业事业单位中去，把各单位的造反派组织起来。在京的各地的来到北京的职工同志们，你们经过这个誓师大会，打回老家去，回到本地闹革命，把无产阶级文化大革命烈火在全国各地的工矿企业事业单位都把它燃烧起来。有了北京造反者的组织，有了全国各地的职工造反者组织，这样你们就会准备将来形成一个全国职工的造反者的组织联合会。（口号略）

王力同志讲话：

同志们！战友们！

我代表中央文化革命小组向同志们致无产阶级文化大革命敬礼！

中央文化革命小组，坚决的支持一切革命群众的革命的行动。我们坚决支持这一次大会上所提出来的革命的要求和革命的口号。革命工人运动形势好得很。同志们可以想一想，比较一下，今天是一个什么样子的形势，去年今天是一个什么样子的形势，同志们再想一想去年六月那一段，六七月间是一个什么样子的形势，同志们再想一想去年十月中央批转了军委总政的紧急指示那个时候是一个什么样子的形势，今天是什么形势啊！是不是可以说好得很！我们革命造反的力量一天一天在发展，在壮大，在提高，是不是啊！那些顽固地执行资产阶级反动路线的那些顽固派，那些顽固分子，他们的丑恶面目一天一天的暴露了！他们一天一天的孤立啦！是不是啊！？革命的力量在发展，革命派正在逐步地团结多数。反对革命的力量，顽固派的力量在分化，被孤立，他们一定要被打倒，是不是啊。他们是不是会自动退出历史午台呢？他们还在挣扎，我们要在战略上藐视他们，他们是纸老虎，我们要在战术上重视他们。我们要重视他们，他们正在玩弄各种手段，来对抗，来反对革命在玩花招，对不对。现在他们主要的手段，他是躲在幕后，挑动群众斗群众，制造武斗，利用他们自己组织的又是什么捍卫团哪！又是什么纠察队呀？他们的导演。他们不是发动工人教育工人，来捍卫毛泽东思想，不是。而是捍卫他们自己，捍卫他们那些坚持资产阶级反动路线的顽固派，他们制造武斗，他们自以为得意，但

是，同志们！他们十八般武器都要拿来，十七般还不算数，统统拿出来，统统登台表演，这样就差不多了。这样就暴露了他们的面目了！这样，广大的工人群众就会认识他们眞面目啦。……（此处胶带断，沒录全）这是那些坚持执行资产阶级反动路线的顽固分子所采用的手法，我们必须把他们揭穿，同他们进行坚决的斗爭，同时，我们还要警惕，现在有这样一些顽固地执行资产阶级反动路线的人，他们企图一方面用硬的一手、用镇压的手段，另外一方面用软的手段。不是软一套，硬一套吗？阳一套，阴一套吗？他们用欺骗，他们用收买，他们企图把工人运动引向经济主义，这样的阴谋也必须揭穿。我们要识破一切那些党內一小撮走资本主义道路的当权派，极少数顽固坚持资产阶级反动路线的人，识破他们的一切阴谋诡计。让我们把这场无产阶级文化大革命沿着正确的方向，沿着正确的道路前进。我完全同意同志们这个大海报上提出地这些口号。（口号略）

陈伯达、江青同志一月七日在新华社革命群众大会上讲话

一月七日凌晨二时半，我们敬爱的陈伯达、江青同志和戚本禹、唐平铸同志来新华社亲切会见了新华社的革命群众。

中央首长的接见，是我们最最敬爱的领袖毛主席对我们最伟大的关怀！我们跳跃欢呼，流出了幸福的泪水。我们欢呼敬爱的领袖毛主席祝您万寿无疆！我们宣誓：誓死保卫毛主席，誓死保卫以毛主席为首的党中央，誓死保卫以毛主席为代表的无产阶级革命路线！我们要彻底批判刘少奇、邓小平反动路线！批倒批臭陶铸及其爪牙熊复！

江青、陈伯达、唐平铸同志对新华社的文化大革命作了重要指示，并对陶铸、熊复的问题作了重要讲话。

下面是讲话的全文（根据录音整理）

伯达：现在请江青同志讲话。

江青：同志们都好（热烈鼓掌，高呼毛主席万岁！）

我想同志们很关心毛主席的健康，我告诉同志们，很健康！（热烈鼓掌，高呼毛主席万岁！万万岁！）

我沒有什么更多的话来讲，因为沒有调查沒有发言权。

我们这个新华社有几百人？（群众讲：二千多）就是在北京的有两千多啊！刚才看起来你们有好几个组织。

我这一次来就是因为这一张（给群众看新华社新闻造反团印发的传单，揭露熊复伪造毛主席和刘少奇在一起的照片）《揭穿一个阴谋》。有的同志就是拿着这张。这张东西我收到以后就跟伯达同志商量来看看同志们。虽然沒有调查研究，但知道你们这里好象挺复杂的（群众笑）当然啰！阶级斗爭就是这样的，是复杂的曲折的，不会那么顺利的。但是毛主席教导我们就在这样复杂曲折的斗爭里头学会斗爭，学会判断那些是自己人？那是朋友？那是敌人？我想这点也还是可以给同志谈一下。刚才接着一个信，是新华社江苏分社赴京代表团，我们想单独地谈一下，今天不在这儿谈，好不好？（群众：好！）有一个同志写的条子，说要我肯定一下，封闭了你们这个革委会是革命的行动，这点我不太清楚，如果这个革委会已经不能够领导你们进行斗爭，进行革命了，那么可以改选，也可以部分改选，这点我觉得可以商量的，但是如果这个革委

会是革命的，那么可以不要封他，如果他已经阻碍你们革命了，封闭是可以的，(热烈鼓掌)当然啰！革委会不一定都是不好的人，也可能是个好的革委会，不过最近出了这样一些怪事儿啊这革委会可能也有点儿问题(热烈鼓掌)。这个怪事就太大了，因为这张照片看起来令人气愤，并且是完全弄虚作假了。这在新闻摄影方面是不允许的，这是资产阶级的作风，并且是对于我们目前现实的政治情况不符合的。对于两条道路的斗争，两条路线的斗争都是不符合的。这样排列伪造出的这么一张照来，而且在全国发行，大概只有人民日报、解放军报沒有登了，很多地方登了。你们自己讲的很对了，说“这张照片发出后，许多省市报纸利用，新华社还编发了展览稿，在各地公共场合，橱窗展览。这在全国起了极恶劣的影响。”这是完全正确的(热烈掌声)。所以从这一个问题上看，当然我也看过一些其他照片，也是你们新华社搞的，所谓的政治照片、新闻，我感到问题还是比较严重的。如果因为这个原因，就是说出现了种种政治事故，你们封闭了目前的革委会，我认为是革命的行动，(热烈鼓掌，呼口号)但是同志们我还是希望你们协商，起封对群众来说这是比较好的，你们可以协商来重新改选，部分改选，决不要再重蹈过去有的居心不良的人挑动你们互相斗争，你们说对不对？(群众：对！鼓掌)我们今天因时间的限制，不能更多的倾听同志们的意见，今后将尽可能的抽出一点时间用来倾听同志的意见(热烈鼓掌，欢呼)。

有的同志要我介绍熊复同志的情况，我对这个人不了解不熟悉。不过就他这一段工作来看，我觉得做的不怎么好，应该说有点坏。因为这些照片什么的都通过他手嘛！还有在天安门十月一号的时候又发生口号的问题，你们知道不知道(群众：知道！)出尔反尔，搞了好几次，搞得群众差一点……红卫兵又要保卫毛主席、党中央，解放军也要保卫党中央、毛主席，那么这差点就是发生误会了。就是因为他这样反反复复改了三次，是吧？(对伯达)所以这个事作的是不好的，我认为你们现在说罢他官，我觉得还是让他来作检查好(鼓掌)，不然你们沒有对立面(热烈鼓掌)。不过有一个情况可以提供同志们，我也还沒有最后完全核实，但是已经有相当程度的核实，就是熊复究竟是不是一个共产党员有疑问。就是他到延安的时候不是共产党员，是带着一个民先队员的介绍信，这个同志还在，他很好，在海军工作，他提供了这个情况，我们还要找他再去核实。已经核实了一次，那么他自己的填表呢？就填成是共产党员，并且把这个年代提的更前，所以他的党的介绍人也就发生问题了，这很可能有伪造的可能。当然啰，也可能他是以后入了党了，想把党龄搞长一点，或者怎么样，这个我就不清楚了。不过既然有这样的情况，他现在又作工作不那么妥当。你们现在又说是罢了他不让他作，我看让他到这儿来检查比较好，你们说对不对？(群众：对！热烈鼓掌)罢官你们沒有对立面了嘛！就是让他来这儿，我们提倡文斗，让他好好来交待，你历史上究竟怎么样？你为什么干这样一些事？指挥人敢干这样的照片？这样的东西他干了一些、不少！现在不要在全国发了，这个影响很坏，可以揭穿他在全国发还是有很坏的影响……当传单散发，可以揭穿他。你们这样作完全是革命的行动，我就是看了这个觉得你们作的对才来的。(热烈鼓掌)我是来向你们致敬的，来学习你们的(热烈鼓掌)。了解情况不够多，所以也就沒有更多的话讲。就请陈伯达同志讲一下吧！(热烈鼓掌)

江青同志：请伯达同志讲一讲

伯达同志讲话：

我这个讲话首先是承认错误，我来新华社两次，那个时间，因人民日报工作组的关系来的，因为新华社和人民日报的工作有密切联系，来看了二次大字报，是不是这样(众答：是！)有沒有跟大家谈过话？(众说，谈过)有沒有错误？(众：沒有)不晓得，我现在记不得了，可能有错误，后来在六月中旬以后，我就说了，新华社我不管，我这个人工作能力太差，管不了这么多，人民日报都沒有能够很好地管，又要管新华社，又要管广播事业局。我不管了，那个时候，有一些人到这里来，我说马列主义研究院有人到这里来，我说你们是当学生来，只能学习，后来听说又当成中央工作组看待，我就发了很大脾气，我说是什么工作组呢，去学习当学生，但这里出现了一个假工作组，因为这些人我根本不认识的马列主义研究院来的人我也不认识，我只是说，你们马列主义研究院停课沒有教课很本沒有教课，他们到处学习，学习，那么到新华社也是一种学习，可以派人来，是不是他们在这里犯了很多错误？我那时说叫他们来检讨向你们承认错误，要他们来检讨。听不懂要不要翻译？（众：听的懂）那我的中国话说的还可以，要不要翻译？（众：不要）不要翻译我很高兴，跟大家声明一下，过去如果你们这里有什么中央工作组，这是一个假的，根本沒有这样一个工作组，听的懂吗？（众：听的懂）马列主义研究院的秘书长兼党委付书记我跟他打了很多次招呼，他们是来学习的，不是什么工作组，但后来听说他们还基本上按照工作组的名义活动，我说把他们调回去，是不是已经照着作了？那个时候我听说有工作这个名义，我说是把他调回去，根本沒有这回事：你们自称工作组！你们是，倒好黄袍加身，给加上个工作组！他们（指群众）不知道，以为是工作组（伯达同志的秘书插话：派马列主义学院的同志来当时给新华社负责人再三强调是来学习，沒来前，就说过是学习的，不是工作组）讲过好几次。

秘书继续说：是我经手的，伯达同志派马列主义学院的同志来是伯达同志跟当时新华社的谁讲过的，不是工作组，来了以后不许参加新华社工作，不能干预新华社文化革命运动，是来学习的，可是马列主义学院的秘书长赵××打了几次电话请示伯达同志说，我这儿沒事是不是也到那儿当工作组组长去）笑声）后来伯达同志批评了他一顿，很严厉地批评了他一顿，他也沒有搞成。后来伯达同志要离开北京，他又请示，他说到新华社的那些同志和谁联系，向谁汇报工作？伯达同志说：给谁也不要汇报工作，和谁也不要联系，就到那里学习就行了。你们在这研究院里沒事，刚毕业的大学生，只能到那里去学习当小学生，经过就是这样，到后来就成了工作组了。后来科学院在人大会堂开万人大会的时候，陶铸当时就跟伯达同志说："你也派工作组了？——新华社工作组"。我当时听了非常生气，因为这件事是我经手的，经过就是这样，他一定要说工作组（伯达同志插话说：而且是中央工作组）后来谢平仄犯了错误．新华社同志写了封信，后来伯达同志发现了看了这封信以后非常生气，后来给康老看了，说那里是工作组！谢平仄是什么人？（伯达同志说：这个人我根本不认识他，沒有见过面）当时我给赵××打电话查这个人是什么人，根本不了解是什么样人，谁叫他当工作组组长的，后来说马上把他撤回去，撤回去检讨，后来在新华社的马列学院所有的同志都撤回去，他们在这儿闯了祸，事情经过就是这样，刚才同志们还一再强调是工作组，实际上不是工作组，陶铸一直也强调这是工作组（群众说：这是陷害陈伯达同志，这是个阴谋）伯达同志接着说："我在这里就沒有派过工作组就是了，如果有是假的就是了，不过，我已经来过你们这里二次，以后再沒有来过了，总之，这个官僚主义帽子总要戴上，戴上，今天晚上我老实说我已经吃安眠药，好几个钟头了。江青同志提议说来看一看大家，见见大家，这两个传单，一个是揭穿一个大阴谋，这个照片是新华通讯社新闻造反团揭露的。还有一个传单是新华社毛泽东思想战斗团发的，新华社革命群众造反行动好的很，因此江青同志建议来看看大家，我同意她的建议，同时向大家进行自我批评，就说明我有官僚主义吗？可能我的官僚主义不止是在你们这个地方，连人民日报在内，人民日报我也不大管了。无形当中工作组就消灭了，人民日报的工作组大概干了一个月的时间吧，仅仅干了一个月的时间，就是从六月一日开始换掉吴冷西，吴冷西搞的不成样子，把我们中央的机关报搞的一塌糊涂，搞成修正主义报纸了。那个时候我们是五月卅一日到人民日报，大家帮忙，大概搞了一个月，可是我们这个工作组慢慢地消失了，就请唐平铸同志代理总编辑，我呢？他要问我一下，有时我就回答一下，有时我就回答一下，有时也就不回答，官僚主义总归是官僚主义十足就是了给大家说。我拥护你们这两个传单(掌声)你们这两张传单好的很(热烈掌声)。从新的中央宣传部，陶铸同志接管宣传部以后，就接管了新华社。这个新华社，在他接管下面，搞了很多非常糟糕的事情，同党的十一中全会相对立的一些照片，明明把中央所批判的，以刘邓为代表的资产阶级反动路线，这样一些代表人跟我们伟大领袖毛主席硬要凑在一起，有好几次。你们今天这张，只是其中一张，刚才有个同志递了一个条子，才可笑哩，说有一张邓小平的照片，身子是陈毅同志的，头是邓小平的(笑声)这么凑的！就是想各种办法要在他所操纵的新华社发表的消息，发表的照片和电影把刘邓美化，这些算是什么东西是什么性质呢？(众：反党)由你们判断是不是呀？(众呼口号：打倒陶铸，打倒中国最大的保皇派陶铸；敬爱的毛主席万岁！)从文化大革命以来，半年了，看我们全国的群众，觉悟的很快，进步很快，你们也一样，这两个传单就说明这个问题，你们不肯受蒙蔽，不肯受欺骗，揭露了这么一个大阴谋，能够识别它，识别这种……(江青插话，恶劣的)极端恶劣的手法，揭发这种阴谋，揭发这种卑劣的手法这是一种很好的现象，这是我们党和毛主席所提倡的实事求是的传统，揭露阴谋，这种歪曲我们党以毛主席为代表的我们的革命传统，实事求是的传统，科学的传统，尊重事实的传统，有人在这个文化大革命当中，想把这个传统抛弃掉，想篡改这个传统，这是很清楚吧！这些图片就是很清楚的呔！还有电影(戚本禹插话：还有些电影，我把情况说一说吧：主席接见几次，拍了一些电影，这些电影在审查时，发现他们在影片当中，他们突出刘、邓，把刘少奇、邓小平的画面搞的很大，形象搞的很大，当时江青同志、伯达同志，指出了这个问题，后来才不得已作了这个修改。)所以我们看的很清楚，以毛主席为代表的无产阶级革命路线和资产阶级反动路线在新华社这个斗争是很激烈的，在一切文艺界斗争是很激烈的，现在还是很激烈的。你们挺身而出来揭露这些事实，我们感谢你们！(掌声)至少使我们增长了许多知识，识别资产阶级反动路线是怎样搞阴谋，这些照片你们还有一些，你们还可以找出来做为教育的材料，做为反面教材。我们这个讲话就完了吧！可以了吧？太长了?!

戚本禹同志一月八日在国防部接见测绘学院技术工程学院革命造反团的讲话

首先戚本禹同志问了我们两个学校的文化革命情况，然后说：你们的情况我不了解，有些意见我们大家商量，我感到你们造反忽略了一个重要问题，有一个重要问题你们很少谈，忽略了那个问题你们谈谈，有的同学说我们沒有讲阶级斗争，有的同学说，我们沒有上纲……戚本禹同志说，你们讲到现在就是沒有上到刘、邓路线的纲上，你们造反造谁的反？同志们说造“资产阶级反动路线的反”。戚本禹同志问：你们为什么不讲刘、邓呢？你们谈半天，陶铸你们连提都沒提，你们是有弱点的，你们不如北航。你们可能不服气，怎么我们都是解放军了还不如北航呢？不要以为自己是很高明的，我老实说，我是很不高明的。

我认为刘、邓就是党内最大的走资本主义道路的当权派，有的同志反对我，我的意见就是这样，你说他是不是最大的，是不是党内的，是走社会主义道路的还是走资本主义道路的，是不是当权派，所以我说他就是党内最大的走资本主义道路的当权派。有人说：我这是加起来的，当然光有推理还不行，你们还要深刻地理解，这条路线对中国革命的危险性，中国文化大革命，最大的问题就是解决这个问题，问题不是罢官，党内路线斗争。毛主席从来就不主张罢官的。譬如王明这个人是一直反对毛主席的，还是叛徒，他现在在苏联还写文章反对攻击毛主席。但是毛主席在七大、八大上还动员大家选他。同志们不同意，但是这是毛主席的指示，想不通也得执行，所以当时比如一个小组五个人让三个人投票，其它二人就不投了，因此他的票最少，是中央委员最后一名，比如刘、邓现在还保留中央常委，重要问题不在罢官，而在每个工人，每个农民，老百姓都要知道他们是错误的，我们军队每个人都能深刻地认识到这个问题，因为这个问题不光是文化大革命以来的问题，而是四五年七大以后一直是党内两条道路斗争，现在文化大革命不过是他的暴发点，是高峰，不得不解决。对建国十七年以及十七年以前到七大共有二十二年了，对二十二年的斗争我们要了解，都要关心，都要清楚。这样我们在斗争中才能了解毛泽东思想，用毛泽东思想把我们每个人武装起来，不仅我们要(一行字未印上)每个学员都要了解，每个工人都要了解，现在广大的工人、农民、军人和干部揭发了许多问题，如一九四五年毛主席提出蒋介石在磨刀，我们也要磨刀，而刘少奇提出“和平民主新阶段”要搞和平共处，把军队交给国民党，毛主席就不交武装，就反对刘少奇这个路线，当时国民党军队有五百万，我们只有一百万，经过了艰苦斗争解放了全国，全国解放以后。毛主席说要提防“糖衣炮弹”，刘少奇就是中了“糖弹”，“糖弹”就是王光美，刘就搞了个王光美结合起来篡党，用他们的世界观来改造我们的党和国家。刘少奇本来就是走资本主义道路的，他愿意吃这个“糖弹”，王光美是个什么样的人，你们知道吗？王光美是个大资本家，她哥哥也是天津的大资本家，刘少奇过去在苏联留学，受到布哈林的影响很深，他讲中国农民受剥削不是受多了，而是受得少了。有个党员变成富农，有人主张开除，刘少奇说党员可以变成富农，富农可以入党，可以剥削人，刘少奇见王光美的哥哥、嫂嫂说：大哥、大嫂你们好啊！你们应入党，……共产党的电影他不愿看，我过去在中南海工作过，他整天就看古戏，资本主义黄色电影，很有兴趣，江青同志反对他，反了以后，他还偷着看，而这一点，你们虽是戴五角星，这很光荣，但我还要不客气地说你们比北航差些，同学们说：上面框框多，过去都不让我们出去，怕介入地方的文化大革命……戚本禹同志说，你们不要把责任往上推，沒有冲破框框是你们的错。昨天我在神经病院碰到一个军人，别人说他是神经病，六二年就反对刘少奇，因为他反对刘少奇《论共产党员的修养》所以把他送到神经病院，医院里给他上电刑、吃药……但是他还是反对刘少奇。四机部有个战士，也在神经病院，他老是看红旗十三期社论，当时就把刘、邓上了纲。他们也说他是神经病，我看这个医院简直是法西斯，我建议他们起来造这个医院的反，他们条件比你们还不如那个“神经病”，我建议你们造反派回去开个会研究研究，分析一下全国的形势，要总观全局。批判刘、邓是全世界人民的大事，否则中国就会改变颜色，变成修正主义，61 年 62 年的“三自一包”“三合一少”你们知道不知道就是刘、邓鼓吹的。他们害怕帝国主义，特别怕他的原子弹，什么苏联变修了，××也变修了，印度和我们不好了，以和为贵，就王光美做交易，出国到处访问，和苏加诺很不像话，那个电影你们看过沒有，可以放给你们看看，总参研究一下，你们自己要知道这是国家大事，反对刘、邓就是最大的国家大事，这比你们一个学校的，一个系的两派间的斗争意义要大，要通过具体斗争来突出刘、邓路线的斗争，现在最大的突出政治就是突出反对刘、邓路线的斗争。要抓住这个纲。我们学习毛泽东思想要结合反对刘邓路线，你们写过批判刘、邓路线的大字报沒有？我希望你们回去每个都写一篇批判刘、邓路线的大字报，不是光喊口号，而要具体批判，用毛泽东思想分析，不要迷迷糊糊……。

毛主席从提出“海瑞罢官”到现在要打向谁，你们知道不知道，北航就派人到四川抓“海瑞”，海瑞是明朝人，二百多年前的事了，……“海瑞”就是彭德怀，彭德怀不是你们部队里的吗？你们部队里为什么就沒有人去抓呢？我看你们又要把责任往上推，忘记了主席说的內因是起主要作用的。你们部队有一个学习毛著积极分子，七月份就写过一封信批判刘少奇，毛主席在旧社会就起来造反，粪土当年万戶侯，毛主席那时候还沒有党，现在你们还有毛泽东思想，毛主席当时就最敢渺视困难，成立了马列主义小组，你们现在比毛主席好多了，你们要从內因，从思想觉悟上找差距。军內斗爭与刘、邓路线联系紧密，卢山会议当时有个“军事俱乐部”彭德怀、黄克诚、张闻天、周小舟一个反党集团，他们反对毛主席路线，与刘、邓路线有密切联系，军事斗爭仅仅是揭开序幕，彭德怀在四川到处转，北航、地质把他抓回北京，他还向红卫兵说：我是拥护毛主席的，反对刘少奇的，有的红卫兵以为他还不错呀，拥护毛主席，反对刘少奇呀！这就是说北航里也有不高明的。

刘、邓就是为彭德怀翻案，彭不仅反党，而且里通外国，是个民族的败类，他们想把毛主席反掉。他们在党內翻案，在党外做舆论准备，就搞“海瑞罢官”叫李青天回来吧！说彭德怀只不过是在党內提的意见，就被罢了官。刘、邓路线与部队关系很密切，后来罗瑞卿篡军反对林总。你们要区别两条路线，这是两个纲，执行刘、邓路线的是彭、陆、罗、杨，而林总是坚决反对的，抵制刘、邓路线的。有一次刘少奇在七千人的大会上大刮阴风，在我们困难时期大反三面红旗，形成一股逆流，林彪同志挺身而出，起来讲话，坚决反对刘少奇这股逆流，越是困难的时候越是要顶住，三面红旗好得很。越是困难时，越是要坚持，越要高举毛泽东思想红旗，将来这个报告可以给你们传达。部队以林彪同志一方执行的毛主席无产阶级革命路线，以罗瑞卿一方执行刘、邓反动路线，每个人都要考虑这个人是执行那条路线的，一定要搞清究竟是刘、邓路线一边，还是站在林彪同志一边，要区分这个大(不清)把目标搞准确，要把部队斗爭与路线斗爭联系起来，要调查一下，是毛主席司令部的人还是刘、邓司令部的人，有时毛主席司令部的人也可能说一些刘、邓司令部的话，但对他们不能打倒、火烧、油炸，属于刘、邓司令部的可以彻底打倒、火烧，还可以象你们说的“油炸”。不要大水冲了龙王庙，一家人打了一家人，当然不打不相识，有时你们可以问一问是那个司令部的，是毛主席司令部的就不要烧焦了，烧焦了就坏了，不能象烤鸭子那样。比如谢镗忠同志还是毛主席司令部的人，错误是有的，不要尽抓小辫子，刘志坚不要看他官不大，他是刘、邓司令部的人，就是要油炸。杨成武这个同志我可以给你们保证是忠于毛主席的、林副主席的，是很好的同志。他是有战功的，立下了汗马功劳。十八勇士抢渡大渡河的，我沒有战功，我是个书生，他的东西我看的不多，有错误可以批判吗，你们不要再问了，杨成武是有特殊贡献的，要是沒有杨成武和以他为首的拥护毛主席的军队顶着，罗瑞卿早就下手了。你们每天不要想当然，可以写信问问，问问杨代总长，某某是那个司令部的(不清)目标找一个就可以串联，比如解放军报总编辑胡痴是毛主席司令部的。

你们要保护总参，沒有总参我们文化大革命就不能前进，我也会变成“神经病”，甚至坐监狱，当然我们不怕，但是我们要有这个准备，苏联现在有多少人因保卫斯大林被关、被杀。部队很重要，是无产阶级专政的工具，军队、法院、监狱，其中最重要的是军队，所以军队的文化大革命一定要搞好，不能搞坏。要关心部队的两个司令部，不是你们院校的也可以点把火，街上的标语你们看到沒有，要打倒廖汉生(北京军区政委)还有些人沒有大字报，但你们要心中有数，要开动脑筋想一想，这些人头上是有皱纹的，要开动脑筋想一想，究竟讲的有什么奥妙在里面，部队斗爭很复杂，因为反对毛主席的人的头上也是有个红五星的，要想想这个问题，刘志坚这个家伙很坏，想把叶总讲话中的错误以林总的名义印发给全军、在文化革命中他乱发很多指示。你们应一个一个研究还有支持他的人，不要这样想刘志坚的上级是谁，上级的上级又是谁，沒有这么简单，有个曲折性，你们也要来一个曲折，这样才能找到根子。找到了根子后，还要讲究斗爭策略，要善于斗爭，想点办法，把目标集中集中，分析一下形势，加强战略战术，这个很不简单，只有这样才能眞正在游泳中学会游泳，挖掉修正主义根子。毛主席为什么要搞这场文化大革命，就是使大家在大风大浪中锻炼，将来不出修正主义，那些家伙的脑袋上是有皱纹的，我们也要皱眉头、计上心来。毛主席不是说眉头一皱，计上心来吗？你们要善于分析形势，要把主攻方向对准，要掌握战略战术。我建议你们对黑材料不要化那么大的精力，主要是把走资本主义道路的当权派打垮，如果不打垮，他们思想里还是有黑材料，对黑材料要分析一下，那些是黑材料，那些不是。

我现在正在研究高干子弟，比如周荣鑫的女儿是个造反派的，我还研究了一些“造反派”，但不是造反派，是形“左”实右，我就研究出这么一个，暂不公布。

你们不要只蹲在学校里，只看到本单位的当权派，要研究分析，要顾大局，识大体，你们到国防部是不正确的，三大纪律你们沒有执行好，但是就是愿意进来，我讲这个可能你们不高兴，但我是共产党员，要讲原则性，我还是要讲的。

我来时跟总参讲了，总参让你们进来是严重的错误，让你们进来是原则性错误，首先由总参负责，其次你们也要负责任，但是不同意说冲国防部就是反革命，这在小组里是有爭论的，后来叶帅做了检查，但不能因为叶帅做了检讨就做得对了，不是反革命的不一定都是对的，错误的东西就不能坚持，我们要坚持眞理，修正错误嘛！

建议总参同志们在门口设立接待站，对同学们不要有对立情绪，因为他们也是保卫毛主席的，保卫毛主席革命路线的。

周恩来、陈伯达、康生、江青同志一月十日在人大会堂接见北航《红旗》等单位代表谈话纪要

江青同志讲话

今天这个会有各方面的同志，也有自己写信来说犯了错误不知怎么办的，这个问题好办，只要承认错误，认清方向，我相信大家都会欢迎你们归队的，你们说对不对？（众答：对）今天在座工人同志比较少，最近接近工人同志也少，提不出名字，在坐的多数是同学。今天我们想把我们所想的告诉同志们，听听同志们的意见，我们要走以毛主席为代表的无产阶级革命路线，反对以刘邓为首的资产阶级反动路线，这是大前提，在这个大前提下，斗爭矛头要集中，而不是把矛头对准一些久经考验的，但说了一些错误话，做了一些错事的同志。

我今天说两个问题。第一，一小撮走资本主义道路的当权派，采取经济主义的手段来同我们作斗爭，刚才发给大家的三份材料，反映了上海发生的一些问题，这个问题是普遍存在的，我

在这里不想多说,革命的同学要警惕,有人以经济主义来瓦解我们的红卫兵队伍,这是一个方面。他们以经济主义来收买一些不明眞相的人,破坏生产,这个吕正操是自己跳出来的,他本来是桃园三结义中的一个(彭眞、林枫、吕正操)本来在揭发彭眞问题时,是保护了他一下的,这样的人,应闭门思过。可是他自己跳出来,在经济上挑动,在政治上也挑动,如有些乘务员在受了点委曲,就停止工作了,离开工作岗位,他挑动起来,在铁路沿线散发传单,在经济上支持他们,在政治上也支持他们,以至于许多重要的铁路枢纽停止了工作,他们以此对抗中央,对抗毛主席的革命路线,他们想给国际名声造成困难,破坏无产阶级文化大革命,造成了七千万元的损失。后来我们及时冻结了资金,才制止了这种现象。北京也有这样的情况,不过数字还沒有那么大,这一点我非常希望同学们提高警惕,牢记毛主席的教导,艰苦朴素。北航红旗的代表来了沒有?(答:来了)你们拿了自行车沒有?(答:十辆),还有三辆摩托?(答:对!)这是余秋里给你们的是不是?他手里的这些东西是不是国家的?人民的财产?当然,必要的交通工具是可以有一些的,不过我希望你们把这些东西还回去,那就漂亮,有的人用安着两个大喇叭的广播车在大街上广播,搞得大家半夜觉也睡不着。有的单位的工人是三班制,你们应该保证他们休息的好,你们在运动的高潮中可能有几天睡不好,但时间长了就不好了。有些车子还是从东北带来的,但是在广播时就开着车跑了,只听得半句,我和你们讲这个……。

那是经济主义,他主要想破坏文化大革命。抗拒党中央,毛主席。这一点我只是希望大家击溃他的阴谋。刚才我说的好同志,不是说沒有缺点和错误,有些甚至还是非常严重的。但是我们不能以对待敌人的态度对待他们,你们可以批评。你们不要上当,有些人想把水搅混,我相信你们是好意的。如陈毅,他是说错话,写过些诗,(指有问题的诗)我和他当面争执,也是有的,但这个人不是两面派,他什么都说出来了,这就好。比如,他有时能跟我争得面红耳赤,但是最后还是承认了。"嗅鬼戏丑恶!"陶铸却不是,他还镇压我。如王任重压制过我,背着我们小组干,你们说性质是不是两样?陈毅在广州会议上他是说得很不好的,但六二年他就作了检查,我们也批了他,比如这一些,他有些话说得过了些,他现在认识错误在做自我批评嘛!他们历史上是很有功勋的,项英是忠实执行王明机会主义路线的,把我们新四军的一万多人掉进了敌人的大口袋里,这是我军的奇耻大辱,是我们的奇耻大辱,但陈毅与刘伯承把军队扩大到两、三万人,陈毅和刘伯承在淮海战役中功劳很大。有个电影叫"战上海",那仗是打得很漂亮的,这个电影我开了一炮,这一仗是谭震林指挥的。他好还是王观澜好?他好。他去保王观澜,王观澜却一声不响。他好还是王震好呢?他好。王震是中央让谭震林保下来的,但是王震不悔改,还在背后搞他那一套。谭震林是久经考验的,一向勤勤恳恳地工作,在重大问题上,他是站在毛主席一边的。李富春也是这样,你们最近要斗他,他是个好同志,我认识他很久了。前几天他生病,小将追到医院要斗他,还是关锋同志给他解的围,这样的同志不能用敌对态度来对待,当然适当地批判还是可以的。比如李先念,谢富治也是那样,谢富治是邓小平的老部下,但他首先站出来揭发邓小平的。我们同意总理对他的批评,就是手软了一点。联合行动委员会要去反对它,是错误的,统统要抓起来,他们的基本骨干是少数,大多数是受蒙蔽的,是可以被分化的。他们(江青同志上面讲的老革命)做过一些坏事,说过一些错话,但在大的问题面前他是跟着毛主席的。陶铸就不是这样!开始我们对他也是善意的。但是举一张照片你们就知道了,有一次康生同志主持大会的那次接见,陶铸令熊复一定把邓小平的照片搞得大大的。邓小平的照片很小,他们就把站在主席身旁的陈毅同志的头换成邓小平的头。还有一次,他们把三张照片拼凑起来,搞成刘少奇在中间,主席在身边,宋庆龄在一边,使人看了气愤得很,这些照片已经在全国流传了,而且流传到国外,这是一种特务作风。这一类东西上述讲的人是不干的。

只有这位陶铸，还有他的“得力”人物熊复，还有一个人……，你们现在看到的电影(指毛主席接见红卫兵的电影)已经好得多了，原来他们把刘邓的照片都搞得大大的。肖望东是坚决执行他的路线的，像陈毅、李富春现在都在工作，而且还在准备检讨，你们应该理解他们，他们不是两面派（周总理:陈毅的自我批评写了七天，改了四天）你们要是上了别人的当是不对的，你们应当把矛头对准刘邓陶这样的人。另外一个动向就是指向我们军队，刘志坚到我们小组说军队的工作忙，到军队里又说他的三分之二时间都化在小组里，就是这个刘志坚，怎么帮也不行，而上述(指谭震林同志)这些同志在大方向上都是跟着毛主席的。桃园三结义是一直整他（指谢富治同志）的，像吕正操这样的人，帮他一下应该改过，他不，他拿出了“杀手锏”，停车。看你怎么办?这很容易，揭穿他，同学们也应该做这种工作么！宣传中央的精神，我名义上是军队文化顾问。可是刘志坚什么也不向我报告，肖华同志好呢还是刘志坚好呢?当然肖华好，最近他也参加工作了。有些东西肖华也批了。最大的阴谋是他(刘志坚)向徐向前、叶剑英、聂荣臻报告一些不真实的情况，使他们讲错了话，使一些歌舞团的同志矛头都对准他们，而他自己却躲起来，还在你的面前装左的面目。因为肖华生过一年病(他实际是在第一线，他还在去年捞了点政治资本(指刘志坚)就是去年林总委托我主持召开文艺座谈会，他做了点工作，就捞了点政治资本，他很隐蔽，但是我们还是要和他作不疲倦的斗争，终于把他揪出来了，开始是王任重，后来是他，后来是陶铸，所以我们现在应把斗争的矛头集中起来，不要对准这些目前还在工作，经受了长期考验的老同志，你们要他们做自我批评是可以的，但不能用象对待刘少奇、邓小平、陶铸、刘志坚一样对待他们。你们看咱们这么大一个国家，他们的工作都停下来，我们怎么进行，这样讲能解决了你们问题吗?以前每次接见(共八次)有一千多万人，这说明了很大一个问题，那就是我们的经济很稳定，今年我们的农业生产也是丰收，难道我们不应该努力去宣传党中央的精神吗?他们的“杀手锏”掌握了一部分部门，也掌握了一些人，他们想以此破坏生产，对抗党中央，能允许他们这样做吗?(不能)那我们就要做工作，动员他们回去做工，回到自己的生产岗位上，从党中央、中央军委、国务院、我们已经基本上把所有好同志的名字都点出来了。李富春以前在统战部犯了错误。但是统战部还是他去送了大字报，点起火来的，有些人现在要炮打我们这些老同志，我们能允许吗?这合乎毛泽东思想吗?以前我就讲过，在你们自己的队伍里，要善于分析敌友我，现在在领导阶层中也要这样。加强调查研究，而且慎重地调查研究，我们一定要按毛泽东思想办事。

康生同志的讲话

我完全同意伯达同志和江青同志的讲话，江青同志讲的两个问题是很重要的，上海文汇报，解放日报两篇文章是我们伟大领袖毛主席决定向全国广播的，这是个大事情，是无产阶级文化大革命的新阶段，对这两个文件《人民日报》在一、两天內就要发表社论，中央还准备贺电，庆贺他们斗争胜利的果实，《人民日报》按语是这样讲的:这是关系到全国的问题，不仅是工人的问题，对学生、机关基本方法都实用。同志们要好好学习这两个文件，同志们已经看到了中央军训文件，有一句话:我们要加强运动的革命性、科学性、组织纪律性，这是林彪同志的新指示，第一、所谓革命性就是要有更热烈的革命首创精神。第二、科学性就是要调查研究，科学分析，军训文件中提出了学毛著，文件一共十五篇(总理:还可以更多一些)，十五篇是不够的，沒有革命精神不成，沒有调查研究、沒有科学分析也不成，如江青同志提出对陶铸问题就是个科学分析，她分析了陶铸是坚决执行了刘、邓路线的两面派，与犯有一般错误的同志作了比较，就是科学分析，就是活学活用毛主席著作的榜样。第三、关于纪律性，就是在毛泽东思想的基础上组织起来，例如七号晚上冲中南海西门一事，这就是沒有组织纪律性，中南海是毛主席住的地方，现在中南海西门天天有人围着，有人爬墙进去，这很不好，这怎么行呢？出了这种事，使坚持资产阶级反动路线的人高兴，毛主席的亲密战友林彪同志指示的这三点，只有密切的结合，才能使我们立于不败之地。

陶铸坚持刘、邓路线，这不是偶然的，同志们几次批评帮助他，他总是采取两面手法，有时讲话相当的左，形"左"实右。十七年来，党内进行了三次大的斗爭，一次是对高饶的，一次是对彭、黄的，最近一次是对彭、罗、陆、杨的，陶铸是拥护高岗的，55年检讨沒有能够过关，第二次才勉强通过，他的错误不是偶然的，请看广州日报、羊城晚报，就可以知道陶铸是什么货色。周扬的堂兄弟周立波写了诬蔑毛主席的一篇《毛主席到韶山》的大毒草，羊城晚报登了，今年四月（六六年四月）中旬，北京日报搞批判三家村的把戏，中央通知全国不准转载，广州当然也不例外，可是广州日报于四月卅日全文转载了这篇假批判，同志们你们想想看，你们反彭呢？还是拥护彭呢？王任重一套也是彭眞的一套。姚文元写的评海瑞罢官，全国省委的报刊都转载了，只有湖南省委的报纸不登这篇文章。陈伯达同志元月四日有关陶铸的问题的讲话，是我们讨论过的。陶铸和谭震林、叶剑英、陈毅等同志是根本不同的。有一小撮人在混水摸鱼，竟有人把周总理的大字报贴到天安门，这是什么人？（众：是反革命！）应该怎么办？（众：抓起来！）

他们（指上述几位元帅）是有错误的，应该批，但总的是反彭、陆、罗、杨的，是反刘、邓路线的，是跟毛主席走的，在刘、邓路线的影响下，有错误应该批评，但主流、支流要分清。

我们青年同志应当警惕，防止敌人用经济收买，不要上当，有些东西，给他们退回去。（江青同志：我们不得到主席的批准敢抓人？我们原说抓几个，你们抓了一百多个。）最近有些谣言说主席写出了第二张大字报即三条指示，这纯属造谣，实质上是指向解放军，反对谢富治，反对中央文革，反对林彪同志和毛主席的，同志们要善于区别。我们要和大家一起闹革命，我们要组织大联络站一起战斗。（江青：联合可以采取上海那种形式，组织上硬合到一块不一定好，要在战斗中体会到友谊，这样联合才有基础。）

周总理讲话

周总理讲：上海《文汇报》和《解放日报》的造反派，请他们发言。

《文汇报》代表：我们要和大家一起闹革命，特别是首都的三司和新北大的在上海的联络站和我们一起战斗。我们体会到报纸要为革命左派说话，必须夺权，我们夺了领导权，我们决心为革命造反派大叫大嚷，坚决支持革命造反派干到底。

周总理讲：我来说一说上海的革命造反派《告上海市人民书》抓住了目前的关键问题。主席发现了，马上叫发表，像聂元梓大字报一样，这次也一定会对全国有重大的影响，我这里和在北京的同志谈一谈，并通过你们做做工作，使全国人民起来一齐干，我们非常欢迎《文汇报》革命派改革的决心，《文汇报》改革的第二天，《解放日报》也采取了革命行动。现在我来谈谈两个问题；一个是各级领导中坚持资产阶级反动路线和走资本主义道路的当权派他们还继续顽抗，以新的形式进行破坏文化大革命，刚才江青同志和伯达同志讲到了经济主义的危害性，这是他们放出来的，现阶段新的斗爭展开了，推向工厂、企业、科学单位、设计单位，从城市发展到乡村，重点转了，他们想以搞革命为名，破坏生产，方法就是实行经济主义，也就是修正主义。交通的问题过去曾发生过抢车，卧轨等事件，但是都很快的解决了，沒有影响运输，现在铁道部本身要罢工，引起了运输的停顿，那些罢工的原来大部分是保守派，现在要造反了，造反嘛，就罢工。北京的列车乘务员受了点委曲，完全可以做点工作把事情解决，但铁道部的吕正操沒有那么干，反而挑动工人罢工，铁道部的武××，他是个花花公子，他犯了很多罪，就在毛主席坐的列车上，他窝藏了十七大箱的黑材料，是三司搜出来的。

我们想好好地抓一下运输，叫吕正操搞个计划，做个安排，想不到年前长辛店车辆厂把他揪到长辛店去了，四天也不回来，反而打电话要我去给他解围，我沒去，因为他根本就不想干工作，果然到元旦前他自己就回来了，这是个阴谋，我们要揭穿铁道系统的资产阶级反动路线的新反扑，不能把交通搞断，考验吕正操已经到了时间还是过不了关。工交这摊难办的很，薄一波、陶鲁笳你们已经知道了，已经做不了工作，只得分两邦，一个给余秋里，一个给谷牧，谷牧的邦手林加很不得力，各地的工厂不是在本地解决问题，而是把矛盾上交，什么都交到北京，铁路上经常发生打人事件，打人最厉害的京广线，长沙、株州最厉害，打人最凶的一个组织是“长江风雷”，现在查明北上抢车打起来的，都是省委要他们来的，陶铸批准让他们来的。

大庆是面红旗，前五年艰苦卓绝，白手起家，自力更生，把大庆的油田发掘出来了，现在已经年产 1300 万吨，总结起来经验有四条：第一是毛泽东思想的胜利，第二是全体同志的努力，第三是全国的支援，第四当地党组织的领导。三年前余秋里同志调来后，毛主席点名调的，铺张浪费就上来了。王进喜总算站住了，愿意改正错误，马上就回去，张洪池摔跟斗，现在各个部都住满了人。有人利用造反破坏生产，有的部、司、局长以下的以搞革命为名都不抓生产，现在我在抓财经、外交、石油、铁道这四个部，我不能什么事都管啊！只能抓一下，还得靠各个部抓到底。

中央文革小组是毛主席最好的参谋部，军委是司令部，我们国务院是执行机构（伯达同志插话：中央文革不是参谋部，只是一个工作机构）我们要以上海为起点做个榜样，铁道学院已经决定到铁路沿线去宣传了，别的院校也可以考虑大搞宣传。

第二个问题。现在阶级斗争在这个关键时刻走向了新高潮，必然要出现全面的反扑，全面的反击，这个高潮比以前更广，要大辩论，要大搞军政训练，在马列主义毛泽东思想的基础上搞大联合。春暖以后向全国推广（江青插话：上海这种联合可以推广）。北京有什么联合委员会，造谣说主席不在北京，这纯粹是造谣，上海最近发表的这篇文章，是主席先看到的，比我们先看到，并且命令立即公布，怎么能说主席不在北京呢？还有更荒唐的谣言，什么主席批评了×××，什么连江青也批评了，什么主席写了第二张大字报，发表了三条指示……等。这更是荒唐，不能相信，对中央文革小组我们要坚决支持的。上海卅一个团体发表的十条，我们完全赞成。左派有了分化，我们希望在大前提下统一起来，在马列主义毛泽东思想基础上团结起来，我们都愿意接受批评，接受同志式的批评，我个人，同志们批评我是可以的，我们要处理那么多事，不可能沒错，军事系统在运动初期仓促上阵，也是有错误路线的，军队派出的工作组因为长期沒有做群众工作，执行了错误路线。批评是需要的，派到文化部所属各院校的军队工作组主要由文化部肖望东负责，肖望东不是好人，（江青插话：是肖望东，还有煤炭部的张霖之）。对解放军的工作队员，可以批评，对他们的军人标志要尊重，不要随便脱军装摘帽徽。

江青同志讲话

江青同志站起来说：补充两句，今天指责你们多了些，不要灰溜溜的，今天的目的不是为批评你们，而是信赖你们，向你们亮底，我们小组的成员和总理都很忙，每天工作到天亮，向你们亮底是请求你们帮助我们做工作，向你们亮底的这些事我们已经判断的差不多了。过去我们每次开会都赞美你们，学习你们的造反精神，现在我们成了救火队了。第一我们把底亮给你们，第二希望你们做工作。有人提出关于三司和北京公社合并的问题，我的意见重要的是在行动，斗争实践中考验。只有斗争的友谊，联合发展才能巩固，今天有保守派的同学来参加了，有的人有意见，这不怕，经过揭发检讨欢迎归队。如果坚持自己的错误就不对了，昨天晚上我本来可以早一点休息，晚上两点听说北京车站保守派的同学要把关锋、王力扣下，这不妥当，我打了电话叫回来，他们扣关锋、王力的目的就是想要我们和总理接见他们，我们说这不成，就是不能见，什么时候你们改正了错误我们就接见，我们是把你们当做国家财产，接班人来看待的，你们跌了跟斗有什么了不起的？第一是欢迎有错误的检查归队。第二，如果要威胁我们，我们不理他们，我们就不妥协，如果和他们的错误妥协，那他们的错误还是要发展的。我们对有些人实行了专政，专政也是要教育人，有些人为此老要冲公安部，这办不到，我希望你们回到正确的道路上来，做了自我批评欢迎归队。第二条我看是撒骄，我们不能妥协。

戚本禹同志一月十二日在国家科委接见少数派代表讲话

当听到现在大部分受蒙蔽的同志起来革命时，说：要团结那些反对过你们的人。你们那里"八・五"事件后，我来调查过。调查时，有一个女同志，年纪不大，闹得挺厉害，现在他转变了沒有？"八・五"事件中的科协同志很好，在当时那种困难情况下，他们对你们帮助很大。那天调查，他们沒车，自己走来。请你（张本同志）代我向他们问好。你们应当感谢他们，不要忘了他们。"八・五"事件是低潮，你们那里过去一段时间反复了很多次。我估计今后还可能有反复。

当听到我委十七级干部会议开门吸收广大群众参加时，说：我对讲级别最讨厌，什么十七级干部会，这些是封建性的，连资产阶级的都不是。封建社会尽讲几品几级的。雷锋就沒有级嘛，他就比刘志坚强。机关要革命化，要打破讲级别的框框，十七级干部才能参加会议之类必须打破，不然的话，革命群众解放不出来。当权派往往以级别来进行收买，这样，我们就要变成官僚机关。十七级以上干部，才能看什么文件，参加什么会议，这是邓小平发明的。级别这套东西，是从苏修那里学来的。我们在大革命时期，十年国内战争时期，抗日战争时期，解放战争时期，都沒有这些。今后，干部的生活水平应和工人一样。那些有乌纱帽的，是即得利益者，可能反对。机关干部的级别，作为物质利益，还可以，当然也不好。更不利的是现在成了政治特权了。我建议，大胆提拔干部，二十四级的干部也可领导九级干部。开会，党内外要有区别，按职务需要来参加，不要按级别。当权的不一定需要级别高的。级别高了，就要保级。要大胆提拔干部，不讲级别，不讲资历，不讲年龄，不够林彪同志提的五条标准的就不能当领导。

当谈到当权派的情况时，说：我看可以夺权，革命就是争权，我们不争个人权力，我们争人民权力，我们无产阶级就是要夺韩光资产阶级的权。人家说你是“野心家”，我看你野心不够大，不够当“家”，就是要夺权嘛！问题在于怎么夺法。不一定马上罢官，要监督。你们有条件可建立真正的文革权力机构，对行政实行监督，也可以由革命左派联合组织来监督。上海造反派的革命联合组织，现在就在发号施令，监督市委，公安局。韩光随便把汽车、办公室给人，不行，他的汽车又不是他的，办公室也不是他的。他批了条，乱给东西，我们不承认，让他自己去撤销。他们躺倒不干，你们干。不一定要名义，要掌握权，大量提拔青年人，按照林总讲的三条标准，拥护毛主席、突出政治、有干劲。大改组，提到岗位上来，先不要给什么名义，这也是对他们的考验。要给革命左派讲清楚，你们现在已掌权。韩光他们送给总理的报告，你（张本同志）要看过，不对，就不同意送，党组以后当然要改组。

当听到罢官问题时，说：罢官，要有阶级分析，那些是应该罢的，那些是形“左”实右的作法。技术员有什么官好罢？群众对罢官的合理要求，要支持，不能压制，但是要和群众讲清楚，不一定马上罢官，让他们靠边站。他们已当了几年官了，你们忍受也已多年了，再忍受几天，还忍受不了？罢官一般可放在运动后期，除非是突出的问题，要马上罢官，象逼死人的，要马上处理。

当谈到批判刘邓资产阶级反动路线时，说：你们那里，批判刘邓的大字报，见到不多。可以转抄一批，自己也可以出一大批吗！现在群众对两条路线斗争，对毛主席革命路线和刘邓资产阶级反动路线的认识如何？是否搞深搞透了？现在斗争很复杂，有新形式的反扑。我是赞成你们开科技战线万人大会的。你们科技战线一个刘邓大会也未开，已经落后了。只有批判刘邓路线，才能使科技战线问题得到解决。搞大联合，光联合科学院，不要怕找错对象。开大会，我不一定来，我给你们请领导。你们可以请总理参加，请他讲讲批判刘邓路线的重要性，总理忙的话，请来二、三十分钟也好。

当讲到有人贴聂荣臻大字报时，说：江青同志说过，聂总是好同志，他有缺点，有错误，可以批评，但是要保的。他是毛主席司令部的。要按总理讲的作。如果有人过去保韩，现在打聂保韩，应加以揭露。

当讲到抓革命、促生产时，说：上海的几篇文章很重要，是毛主席亲自批的，要特别重视。上海革命左派联合组织很好，他们已在监督市委了。这就是权力机构。你们要创造抓革命、促生产的经验。要使今天工作比过去好，要做得比他们（指韩光等人）好。你们提出要宣传动员外地工人回到生产岗位上去，对！你们行动吧！

当问到如何看待革命派时，说：应该用辩证法来看问题，以前是左派的，以后可能有人变成中间派、保守派。以前是中间派、保守派的，也可能变成左派。这可在毛主席著作中找到答案。

当讲到出去串联时，说：一九六五年大学毕业生的串联，应该宣传总理的三点指示，要服从本单位文化革命的需要，要服从生产需要，要自觉自愿。可以建议总理发布一个书面指示。机关干部的下厂下乡，要有组织，要分批安排好，不要马上就走。

当讲到反扑时某些形左实右的谬论，要求戚本禹同志帮助我们分析提高时，他说：要靠你们自己搞。你们也可以写些理论性文章嘛！毛主席说过：“人民，只有人民，才是创造世界历史的动力。”

戚本禹同志在谈话中还说到：张本同志参加中央文革主持的纪念鲁迅大会和文艺界文化革命大会，并上了主席台，这是中央文革有意识安排的。

陈伯达、周总理一月十五日在工人体育场召开“抓革命、促生产，彻底粉碎资产阶级反动路线的新反扑誓师大会”上的讲话

陈伯达同志讲话

向同志们问好！刚才看到一个告全国人民书，题目叫“无产阶级革命派联合起来，彻底粉碎资产阶级反动路线新反扑”这个口号很好，我们看到你们这样做，我们一定要胜利，敌人一定要失败的。

从无产阶级文化大革命以来，六、七个月资产阶级反动路线的表现形式已经很多了，我们要一步步地识破敌人的阴谋诡计。一开始资产阶级反动路线还以各种形式来镇压革命的群众运动，毛主席建议把工作组撤了，毛主席告诉我们：我们要充分发动群众，相信群众、尊重群众的首创精神。虽然以毛主席为代表的革命路线取得了新胜利，可是资产阶级反动路线的代表人物他是不会放手不干的，他们表面上同意我们撤走工作组，实际上他们用其它的方式，如利用党内一小撮走资本主义道路的当权派掌握一部分群众组织，这样来继续镇压无产阶级文化大革命，后来工人农民起来了，投入到无产阶级文化大革命中来了，他们(指当权派)开始就借口要搞生产而不要搞文化大革命，说：“搞文化大革命，生产就搞不好了，就搞乱了。”我们用毛泽东思想识破了他们的阴谋诡计，他们起了压制革命，同时也破坏了生产，他们就这样搞了。可是后来又说：“要革命就革命去吧！”用各种办法，企图用经济主义破坏文化大革命，用经济主义破坏国民经济生活，破坏无产阶级文化大革命。毛主席提出的“抓革命、促生产”是相互联系的，他们既不要革命又不要生产，用“大家去革命”的名义来破坏生产，他们用停止生产阻碍交通的方法来破坏文化大革命的名义，败坏无产阶级的名义，现在这个阴谋诡计要揭穿它。

刚才在休息室里，上海工人对我说：“他们又用新的花样，工厂、机关让你们接管吧！”他们好跑到后面去，让我们社会经济秩序搞不好，他们想看我们的笑话。我想他们的阴谋诡计是会继续被群众揭穿的，刚才和一些工人同志商量，是不是一般不用接管的办法，而用派革命群众代表监督的方式，他们是想偷懒，想轻松，想坐山观虎斗。我们如果监督就更好了，更主动了，当然个别的地方、机关也可接管，但大量的不要接管，大量接管会上当的，因为资产阶级反动路线的代表人物要看我们的笑话。要当心呀！

大家的行动正向无产阶级革命派联合起来。有什么问题大家开联席会议商量，这样妥当不妥当？(众答：妥当)不要搞小集体主义，而要联合，如果有联席会议，提出的问题要交给群众讨论，不合适的可以改正。还有的工人谈到，工人农民之间有问题，有矛盾怎么解决？应开工人，农民代表的联席会议，商量解决，不要成了对抗。会上讨论的问题，作出的决议，要交工人，农民讨论，如果不适合，可以改正，这样革命的工人，革命的农民全联合起来了，敌人就挑不起来了，这个意见对不对？(众答：对！)全体无产阶级革命派联合起来，革命的工人、农民、革命的

师生联合起来，革命的干部，革命的群众联合起来，在毛泽东思想的伟大红旗下联合起来！

周 总 理 讲 话

同志们，朋友们，革命的同学们，红卫兵战友们，解放军同志们：你们好，向你们致无产阶级文化大革命的战斗的敬礼。

我现在代表伟大的领袖毛主席和他亲密的战友林彪同志及党中央国务院向你们好，现在首先庆贺你们誓师大会成功。

刚才陈伯达同志的讲话，我完全同意，今天的誓师大会，表示了决心，要响应上海的革命群众组织"告上海市人民书"的倡议，支持"抓革命、促生产，粉碎资产阶级反动路线的新反扑"。你们做得对，做得好。我们欢迎上海革命群众派的代表参加今天的誓师大会，他们不愧为上海革命群众的代表。我们支持你们高举毛泽东思想的伟大红旗，支持你们对反对资产阶级反动路线，支持你们反对经济主义，支持你们反对把矛盾上交，主张把革命进行到底。

刚才陈伯达同志说得对，我们要打回老家去，革命靠自己，自己教育自己，每个单位、每个工厂、机关、每个学校要靠自己的革命造反派，把人组织起来，管理监督业务工作，不让他们在后面让我们上当，我们认为提得对，提得及时，全北京市的无产阶级革命派联合起来，全北京一切革命的工人、农民、学生、知识分子、革命干部和全国的无产阶级革命派，一切先进分子联合起来，响应伟大的领袖毛主席的伟大号召"抓革命、促生产，粉碎资产阶级反动路线的新反扑"。我们要高举以毛主席为代表的无产阶级革命路线的伟大红旗，粉碎资产阶级反动路线的新反扑，把无产阶级文化大革命进行到底。

全军文化革命小组领导同志
一月十三日接见空军机关、院校
革命群众代表时的讲话

一九六七年元月十三日晚八时四十五分至十时三十分全军文化革命小组长徐向前、顾问江青、付组长杨成武、关锋、谢镗忠以及叶群等同志接见了空军机关、院校的革命群众代表，当徐付主席、江青等同志进入会场时，到会同志全体起立热烈鼓掌，并高呼毛主席万岁！万万岁！等口号。在接见时徐向前、顾问江青、关锋等同志作了重要的讲话，杨成武同志也作了重要讲话。现在把他们的讲话根据记录整理如下：

徐向前副主席的讲话

今天和同志们座谈一下。

我们大家都是革命。我们究竟革谁的命？这个问题要每个革命者必须解决的问题，如果不明白这个就不是革命派，也沒有法革，沒法称为革命者。我们革命，就是以毛主席为代表的革命派，革以刘少奇、邓小平为代表的资产阶级反动路线的人的命，这一点必须弄清楚，不含糊，

如果含糊，就不是眞正的革命者，起码不是坚定的革命派。目标要选准，要集中火力斗，一定要斗倒、斗臭、斗垮。斗爭要注意策略，不能把打击面放宽了，不能把牛鬼蛇神放过，不能把好同志，不能把犯错误已经改正的同志当成敌人，当作革命对象，不能随便乱打，不能打错了。这样就不讲策略，就不成为毛主席的好战士。

吳法宪同志是个好同志，他是忠实执行毛主席正确路线的，是坚决执行林付主席指示的。你们空军有眞正的牛鬼蛇神，如果把他们放过去不打，而要革命的同志，那是不得了的，这是要同志们深思的。

关锋同志讲话

同志们：

昨天下午我和空军院校的十二位代表座谈了几个小时，听取了同志们的意见，回来向江青同志，徐向前付主席及其他领导同志作了汇报，看了一些材料。对你们的革命精神很赞扬，你们的革命精神很好。

现在徐付主席让我讲几句话，我讲错了欢迎大家批评。请徐付主席，江青同志纠正。我讲的供大家参考，和大家商量。

昨天和十二位代表交换意见中，曾提出希望认眞学习一下上海革命造反团《给毛主席的致电》和《紧急通电》、中共中央、国务院、中央军委、中央文革小组的贺电，《人民日报》《红旗》杂志的社论，这些文件大家都看了沒有？（答：都看了）这是一件大事，毛主席号召我们关心国家大事，这是文化大革命的大事，这关系文化大革命全局的大事。大家知道，去年六月毛主席亲自决定广播北京大学聂元梓等人第一张革命的大字报，在全国点燃了无产阶级文化大革命的熊熊烈火，这是毛主席的伟大战略决策。现在毛主席又亲自决定广播上海革命造反团体《告上海全市人民书》和《紧急通告》这是又一个伟大的战略决策。这个伟大战略决策，将把无产阶级文化大革命推向新阶段，使无产阶级文化大革命来一个新飞跃。

上海的经验值得我们大家认眞学习。贺电概括了上海的经验，《人民日报》《红旗》杂志的社论，根据中央的贺电作了一些解释。

下面说一点，上海的经验是多方面的，集中到一点，就是无产阶级革命派大联合，向党內一小撮走资本主义道路当权派夺权。正如中央贺电所指出的：他们自己掌握了经济事业的命运。马列主义和毛泽东思想教导我们：革命的根本问题是政权问题。林彪付主席根据毛主席的教导，号召我们要念念不忘无产阶级专政。用这个根本观点来看待无产阶级文化大革命中无产阶级革命派同党內走资本主义道路当权派的斗爭；归根到底，是夺权反夺权的斗爭。党內走资本主义道路当权派只是一小撮人。但是在他们盘踞的地方，在一定程度上掌握了党权、政权、财权，他们总是用掌握这些权力来打击革命群众，对抗无产阶级文化大革命，对抗毛主席的正确路线，千方百计地进行破坏，他们利用所掌握一个单位，一个部门的权力，把我们党的纪律，革命的纪律歪曲成奴隶主义变成不让革命的紧箍咒，谁反对他们，就把谁打成“反革命”。党內走资本主义道路当权派和用他们掌握的政权，在他们力所能及范围內实行资产阶级专政，对革命的少数派进行镇压，扣工资，开除甚至监禁。党內走资本主义道路的当权派，利用他掌握的财权，煽动不明眞象的人，乱发物资，收买人心，破坏生产，妄图破坏金融，妄图破坏社会主义经济事业。这一点在最近几天报纸上讲的比较清楚了。当前，党內走资本主义道路的当权乱发物资，乱开条子，搞经济主义，企图把我们的银行，办事机构搞垮，他们自以为这一手很厉害，其实是纸老虎,更加暴露了他们,说明他们快接近完蛋了。

在文化大革命中,我们同党内走资本主义道路的当权派的斗爭,最重要的就是从他们手里夺权,他们是死抱住他们的权不放,而且施出花招,甚至和地、富、反、坏勾结起来,向无产阶级革命派夺权,我们要把资产阶级的堡垒一个一个的攻下来,他们也要向我们夺权,他们惯于制造谣言,挑拨离间,煽风点火,欺骗不明眞象的革命群众,把火煽向无产阶级革命派,他们趁机夺权,这一点有些地方发生在斗爭中应引起警惕。他们的阴谋是不能得逞的,因为我们有伟大的战无不胜的毛泽东思想,有毛主席,林付主席的领导,有广大革命群众,他们越是要阴谋,越是暴露自己。但是我们千千万万不可忘记擦亮眼睛,分清大是大非,分清敌我,像十六条中指出的严格区别敌我矛盾和人民内部矛盾,严格区别犯了一些错误,说了一些错话,做了一些错事,写了一些错误文章,和反党反社会主义问题。当然,在斗爭中,有时弄不清楚,这是沒有什么奇怪的,这就要好好调查研究,上下结合,只要这样去做,总能搞清楚。在这个问题上,要多花脑筋,多做调查研究。认准了党内走资本主义道路的当权派的目标,就狠狠的斗,当然对于那些在文化大革命中和文化革命前犯有这样那样错误的同志,也需要批评,但是这种批评是要按毛主席教导的与人为善,惩前毖后,治病救人,帮助他们认识和改正错误。

下边谈到有关空军司令的一些问题。

我觉得,昨天十二位代表反映大家的情绪和要求,基本精神是好的,对吳法宪同志有意见可以提,可以批评。但在这里,我向大家说明一些情况,有些情况,昨天我和十二位代表见面时,我也不了解。你们不了解,这不奇怪,好多同志在三座门等了两天三夜,大家火了,这是可以理解的。

我在这里向大家说明一点情况:为什么这几天吳法宪同志沒有和你们见面,有两个原因:一个原因就是他担负着重要的战备任务,组织上要做最紧要的事情。现在向大家报告一个好消息,我们打下了敌人一架飞机,这是林彪付主席根据毛主席的战略思想指挥的,但是吳法宪同志做了具体工作,他执行了这个任务,很紧张的战斗任务。第二个原因是吳法宪除了执行战备任务以外,还在写检讨,还沒写好,是组织让他写好了检讨再和大家见面,向大家做检讨,是这样两个原因。

你们一些同志,对吳法宪同志在无产阶级文化大革命中,是犯了一些错误的。但是总起来看,在大关紧要问题上,是紧跟毛主席的。是紧跟林付主席的,从根本上看是一位好同志。昨天上午徐付主席讲话,讲了吳法宪同志的情况和对他的看法,我们认为,徐付主席讲的是对的,有错误不要紧,改嘛!

听说成钧和你们见过面,他应该了解吳法宪同志情况,但是他和你们见面时,不但沒有说明这些情况,而且说了不三不四的话,有的同志说成钧讲的说明问题的本质,说明了吳法宪问题的本质,同志们,不是的,这正好说明了成钧问题的本质。

空军司令部有这样几个人:一个是刘震,那是反党反社会主义修正主义分子彭德怀的死党。还有一个何廷一,他是反党分子罗瑞卿、杨尙昆的卒子,成钧这个人是另外一个大坏蛋的死党(喊口号:打倒贺龙)这三个人搞阴谋,煽动一些不明眞相的人反对空军党委,他们从中捣鬼,要夺空军的权,他们要趁机夺吳法宪的权。今天到会的有空军司令部机关的同志,你们要和广大同志一道揭发他们。同志们在院校受了打击,但是根子还在刘志坚那里,大家很激愤,这种心情是可以理解的,我们同情你们,支持你们,但是对空军党委的问题要看清楚,哪是眞正的好同志,哪是坏蛋,要把坏人揪出来,刚才讲的这个人就要揪出来斗倒、斗垮,有的同志讲:军事院校的文化大革命落后了,这完全是刘志坚搞的,刘志坚要负责任。但是不要紧,我们相信,有毛主席正确路线，有高举毛泽东思想伟大红旗的林付主席的正确领导，有新改组的全军文化革命小组徐付主席做组长，江青同志做顾问，有广大革命同志的革命精神，我们的机关、部队文化大革命一定能搞好，林付主席决心很大，因为军队很重要，他是无产阶级专政的工具，所以，必须把无产阶级文化大革命搞好。

无产阶级文化大革命万岁！

战无不胜的毛泽东思想万岁！

我们伟大的导师、伟大领袖、伟大统帅、伟大舵手毛主席万岁！万岁！万万岁！

江青同志讲话

同志们，战友们，你们好！

我名义上是军队文革顾问，实际上既沒有顾也沒有问。（徐向前付主席插话：过去刘志坚不让你顾也不让你问嘛！）怎么说呢！向你们承认错误，向你们检讨，请你们谅解，就是这个刘志坚，从去年春天，林彪同志委托我召开全军文化工作座谈会，指定他参加，他捞了一点政治资本，当了中央文革小组付组长，他到文革说军队的事情很多，他回到军队又说三分之二时间在中央文革工作，实际上是两头不沾边，他搞另一套。这个人最坚决执行刘少奇、邓小平、陶铸那一套资产阶级反动路线的，他参加座谈会后回到中央，在中央文革开会，那时我不在北京，是伯达同志告诉我的，撤工作组他是投反票的，后来参加刘邓主持的会议，他又写上投降了（徐向前同志：他还攻击伯达同志）在上海他也不请示就自己走了，我感到在紧要关头，这个人靠不住，但是我多年来养成一个习惯就是不轻易怀疑一个人，现在才发现他是个两面派，一方面对你们装出支持你们的样子，另一方面破坏文化大革命，把斗争锋芒指向了不应该指的方面，这次把他识破了是一个大胜利。

目前在全国进行的反对资产阶级反动路线的斗争，是资产阶级代表挑起的，我们左派是最讲理的，向来沒有围攻过什么人，现在他们既然挑起来了，那我们就坚决应战，关锋同志讲的我就不再重复，他们当前的反扑形势，一个是搞经济主义，一个是把矛头引向不应当的方向，企图打乱我们的阵营，但是被毛主席和林付主席识破了，我们现在发动全面的反攻。

两条路线的斗争反映在军队内部是十分尖锐的，也是十分复杂的，不要以为军队内部沒有两条路线斗争。这一个刘志坚就不承认，我军在建军开始就存在两条路线斗争，徐付主席是最老的同志之一，这个他最清楚，有时间可以让给你们讲革命故事，远的不要说，高饶以后是彭、黄，彭德怀当了七年国防部长，他带走了几个人？还不是个小小丑！以后就是罗瑞卿，目前就是刘志坚了，同志们要知道政治部是我们党在军队中做政治工作的一部分，前两年肖华同志有病，他是首任，他的手伸的特长，政治部无产阶级不挂帅那是什么挂帅（众答：资产阶级挂帅）对了，因此，在军内部的两条路线斗争是尖锐的，也是复杂的。我相信同志们是满腔热情的，是要决心搞好无产阶级文化大革命的。我第一次接见同志们，更多的情况不了解，我听了关锋同志的汇报，看了一些材料，也听过一些东西，现在出现一些情况，你们是不住到空军司令部去了？（答：是）就是一些不允许住的地方，你们住进去了，国防部、空军司令部、海军司令部，因为他们有战备任务：一是准备对付国外敌人，二是保卫文化大革命，因此在北京第一司令部，第二司令部成立时我出席了他们的会议，曾向他们建议，对这样一些部门不要去冲击，他们同意了，今天和你们关上门谈话，现在你们由于受了气，气愤极了，冲进了司令部，现在是不是可以考虑退出去？要当心敌人颠复我们，因此作战机关不能打乱，我今天建议你们退出来，不要把你们的司令员逼得到别处完成任务。(徐向前插话：如果把你们的司令员抓去，今天的飞机可能打不下来的。)(杨成武插话：今天你们的司令员是在别的地方指挥的，你们的指挥所不灵了。)我接到了一个报告(打下敌机情况的报告)吴法宪同志要是个不成材的司令员，在这种情况下还能打下敌机吗？从这个上看，我就保吴法宪同志，我保吴法宪同志，并不是保他的错误，他的错误应该检讨，你们可以做同志式的批评，但是他不是犯路线错误，他是紧跟着毛主席林付主席走的，在大事大非问题上他是好的，至于在具体作法上有缺点有错误，有的甚至很严重，听说他抓过你们一个同学，他是上了刘志坚的圈套，上当了至于你们那里真正走资本主义道路的当权派就是关锋讲的成钧、何廷一、刘震这三个人的材料我过去看过，今天听了，并且又拿到了一些，今天他们又兴风作浪，利用同志们只看到一个侧面，看不到整体，造谣生事，企图打乱我们阵营，这个何廷一是罗瑞卿杨尚昆的人，杨尚昆是个里通外国的家伙，他们有个小集团，一天到晚吃喝玩乐，一句话，不干革命专干反革命勾当，刘震是彭德怀的死党，成钧是赤膊上阵，自己跳出来的(杨成武：成钧这个家伙跳了两次了，去年六月在空军党委第十一中全会他想夺权，这是第二次了)一个空军司令部就出来三个，够你们揪的，现在也有空军机关的同志，这些问题大家都很清楚，我们如果沒有确凿的材料，是不会讲这些问题的，正是有确凿的材料，才向同志亮这个底，同志们要分清谁是我们的朋友，谁是我们的敌人，分清敌我非常重要，有许多同志是受了蒙蔽，要赶快醒悟过来，这种革命造反精神是可贵的，我们的军队是毛主席亲自缔造的，是世界上无敌的，正是因为这样，我建议你们退出司令部，并替我们作工作，是退出去，我们的人少，不可能到处去"救火"(众：笑)我们相信你们，今天把这个底毫无保留地交给你们，想像你们完全可以做好这个工作。

(院校代表高呼：明天我们就退出去)

江青同志高呼：同志们万岁！

同志们高呼：我们伟大的领袖毛主席万岁！万岁！万万岁！！！

江青同志解答问题

刚才有个同志递了个条子关于斗争大方向问题，这个问题说起来很复杂，我们只提倡文斗不提倡武斗，因为文斗是建立在调查研究的基础上的，武斗只能触及皮肉，文斗才能触及灵魂，在斗争激烈时出现一些反常情况，这也沒有什么，但是，总的我们还是提倡文斗。你们住进了司令部，这不怪你们，据我所知，住到国防部同学，就是接过去的，他们上当了，你们是不是有坏人捣鬼还不知道，有牛鬼蛇神可以揪出来斗，不要打乱他们的秩序，作战系统是昼夜值班的，从这个角度上看，我们还是向你们建议，退出来，我不是怪你们，我们支持你们革命行动，但不要打乱作战机构，你们不仅自己退出来，而且要做说服工作。杨成武是个好同志，在文化大革命以来，我接触了三个人，一个是肖华，一个是杨成武，一个刘志坚，党性最纯的是杨成武同志，去年因工作太累昏倒了，在他醒来的时候首先想到的是毛主席林付主席的健康，他虽然有弱点，但是他的党性是最纯，忠于毛主席，忠于林付主席，忠于党(口号：学习杨成武同志)我个人很感激他。王尚荣现在有人替他翻案，雷英夫也闹翻案，雷英夫是个国民党的军官，同志们说他要翻案行不行？(众：不行)。徐付主席带病出来工作，担任全军文革小组长，要讲山头的话，他人最多，山头最大，但他沒有私心，他坚决斗刘震、成钧，要坚决斗倒、斗垮、斗臭他们。斗争刘震、成钧、何廷一你们要费点力气，要深入调查研究，要善于斗争，在战略上要蔑视敌人，因为走资本主义道路当权派就是一小撮人，在战术上要重视敌人，因为他们掌握了财权、兵权，要讲作战方法。

小将们，战友们，仗是有的打的，要充分准备，不能只是横冲直闯，斗争的方法我们还是主张文斗，不能武斗。

徐向前同志的讲话

江青同志、关锋同志的讲话，我完全拥护。这眞正是毛泽东思想挂帅的，我们要很好领会。

刘震原来是四方面军的，他家是湖北孝感的，很小参加革命，以后在徐海东部队里，照理说应该是革命的吧，可是到社会主义这一关就不行了，过不了这一关了。这不仅对你们是个教训，对我们也是很大教育。军队中有一批牛鬼蛇神，他们从革命的立场上转到反革命的立场上去了。我们一定要把他们揪出来。（杨成武代总长插话：现在美蒋就是要趁我们搞无产阶级文化大革命来袭击我们，破坏我们，我们的情报机关早就得到了消息，所以我们的情报、指挥、机关部门是不能搞乱了的）（江青同志插话：今天就钻进了五架敌机）肉包子打狗，有去无回。空军你们自己搞乱了就危险。刘震这个人去年七月间，他自己承认他夺权。成钧去年是要停职的，我们是保了他的。何廷一是坏蛋，杨尚昆的死党，事情是明摆着的。昨天我讲了吴法宪同志的情况，说我是保吴法宪的，你说，我不保吴法宪同志，难道还保成钧、刘震吗！吴法宪同志是一方面军的，刘震是四方面军的，有两个标准，就是看谁是毛主席的好战士（杨成武代总长插话：成钧在防空军时是付司令员，我那时是北京军区司令员，那个时候成钧就不好，这个人很阴险，不是毛主席的好战士，他是反对毛主席的，他是有后台的，这一点你们都很聪明。）（众高呼：打倒贺龙）所以我们要好好读毛主席的书，听毛主席的话，分清谁是好人，谁是坏人，分清敌我友。不然就打错了方向。你们迷失了方向，我们有责任引导你们，不然我们就不是毛主席的好战士。最高军事机关，他们的工作都很紧张，不能冲击，这点要明确，革命不能搞错方向，这些机关中有牛鬼蛇神，要把牛鬼蛇神揪出来。牛鬼蛇神不仅空军有，海军、总参、通讯兵等部门都有，我们心里都有个数，靠你们去揪。你们的目标，要找准，要打正，要进行调查研究。毛主席教导我们说："谁是我们敌人？谁是我们的朋友？这个问题是革命的首要问题。"每天要学习毛主席著作，按照林付主席指示的"要带着问题学，活学活用，学用结合，急用先学，立竿见影，在'用'字上狠下功夫。""应该响应江青同志的号召，从空军司令部退出来。（江青同志插话：不怪你门，你们受骗了，怪刘志坚）（杨成武插话：怪刘志坚、刘震、何廷一、成钧）刘志坚的情况，在毛主席、林付主席刚刚接见了后，他还要我们接见院校革命师生，我们说不要了，他不听，非要我们接见不可。（叶群同志插话：林彪同志也不赞成接见）林付主席的他不听，还要我们四位付主席都讲话，我们要他搞出讲话稿，在军委常委会上讨论通过，他是在讲话了才把稿子送走，叫你连看都沒有时间看，（叶群：搞突然袭击）对！搞突然袭击。陈毅付主席本来不准备讲话，他临时也拉上台去讲。这仅是我最近对他的一些感觉。你们应该恨，应该气，恨谁气谁呢？不是要把目标搞错，就像飞机扔炸弹，不要扔在自己人的头上来。但是有的同志打错了，应该向打得准的同志学习，我们要把军队办成毛泽东思想的大学校。

戚本禹同志一月十五日在政协礼堂接见北京轻工业学院红色造反委员会部分战士座谈纪要

戚：都是老熟人了，大家随便谈谈吧。

你们是中央文革最早支持的，现在对你们的情况我不太满意，可能我不太了解你们的情况，我从你们学校发现了"逆流"，当时刘邓路线压得很厉害，就写了报告，那时我还沒有认识到刘邓路线，知道你们受迫害的情况，我好几夜沒睡着觉，我去你们学校去得早了，这一点你们可以批评我，我接受你们的批评，去晚一点，让他们多暴露暴露就好了，同志们，受到迫害有好处吧！（答：有好处！）那时七月初吧（同学：七月六日）到你们学校里，那家伙（工作组的凶凶的，还要赶我走。保卫科、武装部都拿出来了）（同学：你的汽车号码都记下来了）当时对我很厉害，后来你们整他一下沒有？（同学：整了！他们还整理了你的材料）他们整理了我的，我也整理了他们的，我先告状了，陈伯达同志批了，让戚本禹当观察员，第一天赶我回去，我回来就向他们抗议我知道是薄一波搞的，薄一波还装样子。

我觉得你们不如北航《红旗》，你们是中央文革最早支持的，清华蒯大富也在后，你们不如北航，你们是否觉得有差距？

同学：有，差距还不小呢！我们学校反对中央文革的家伙还沒有回来，老在外边"避难"。

戚：那你们把他们揪回来，揪回来不一定送公安部，送公安部他倒轻松了，吃得好、住得好、回来斗他，给他压力，叫他坦白交代，检讨好了还可以，检讨不好就不行，有些人的改变是要有一定压力的。

同学：目前我们学校运动又落后了，批工作组都沒批透。

戚：你们学校里这么多造反派，旗子举得不高，左派组织应在毛主席路线的大方向下大团结起来，你们学校是大有希望的，回去好好搞。

同学：我们学校里，最近忙于下厂、下乡的同学很多，当权派还给他们很多钱，还给介绍到专业工厂里去，还要到上海、广州、昆明等地去找工厂。

戚：都是在搞经济主义，钱不能乱给，谁给的？

同学：院党委。

戚：要党委给追回来，为什么不在北京找工厂？你们和院党委谈判，下厂、下乡要有组织的下，应统一安排和工农相结合，提倡步行不要发路费，钱要追回来，不然，就扣发党委的工资，叫他自己赔，来京串联已经停止了，和工农结合应当步行出来，下厂，下乡发助学金就行了，你们多少助学金？

同学：十七块五，这是最高的。

戚：不低了，只要有饭吃，能劳动就行了，要那么多钱干什么，不够，可以适当补助。告诉你们，毛主席当年在湖南搞运动，只四十块大洋，合人民币一百二十元，你们一个人就几十元，你们回去可以宣传一下，有些走资本主义道路的当权派，用经济主义抗拒毛主席的领导，破坏无产阶级文化大革命，这是阴谋，不要上他们的当，相信大多数不会上当，极少数还是要上当的，你们回去可以宣传吗!

同学:目前学校里下厂、下乡和学校里斗、批、改,如何结合起来!下厂、下乡有的三三两两就走了。

戚:这两个月,大部分应留在学校里搞运动,主要批判刘邓路线、批判经济主义,同学也可以下厂、下乡和工农相结合,但一定要有组织,三三两两去干什么呢?你们把他们组织起来!你们应当把薄一波好好斗一下,你们学校应当演主角。

同学:有些不在组织的同学,极端民主化,开批判斗争会他不参加,打毛衣、安收音机,革命组织联合起来发通告,他根本不听也不执行。

戚:要反对极端民主化,学生中有一小部分是极端民主化,这样不行,革命的同学,要有革命的纪律,你们学校里还有革命委员会吗?

同学:沒有了,革联会给砸了,红组织联合起来成立了革命造反联络站。

戚:革联可以代替革委会的职权,他们沒有组织也要听。

同学:他们有些就是不听,他们说:反正联络站又不是巴黎公社式民主选举出来的,管不着我们。

戚:你们联络站可以管,不符合毛泽东思想的就要管。

同学:有些沒有组织的人,过去犯了方向路线性错误,而又不承认错误,现在可以参加革命造反组织吗?

戚:他们既然要参加革命组织,就应首先承认错误,改正错误,否则就一边呆着去。(政协礼堂内部突然闯入会场、要求戚本禹同志接见)

戚:今天接见同学,你们协商一下,双方各留一名或二名服务员,其余的同志都回去好不好(他们都回去了)。

你们看那里都有斗争,有斗争就有希望。

同学:我们已经四十八小时沒睡觉了。

戚:辛苦了,我今天睡了四个小时。

同学:还是中央文革的同志辛苦。

(戚本禹同志看北京轻工业学院红色造反委员会、井岗山战斗兵团关于接管第一轻工业部的通告说,你们准备怎么干?)

同学:我们要监督轻工业部的工作,监督轻工业部的财政开支,我们不当部长,当不了。

戚:那不一定,要破除迷信,我相信年青的一代只要努力学习毛泽东思想就能干嘛,不要当官,但要关心国家大事,掌握国家命运。

同学:我们主要是监督他们工作,恢复正常的工作秩序。

戚:行,你们这样干行。

同学:一轻部住了六千多外地工人,吃饭不给钱,有的还要钱,要小汽车,要汽油。

戚:这个问题,你们集体商量一下,再和工人商量一下,吃饭不给钱这不太合理,工人与学生不同,要监督轻工业部的财政开支,流动资金冻结。

同学:溫州地区银行二天就发出一千多万元……

戚:都是搞经济主义,有些人想从经济上搞垮我们,很恶毒,我们要多为国家着想,一个人多从国家拿一块钱,这要给国家造成多大负担啊!大家不要上当,你们回去讨论一下,可以和别的组织联合发通告嘛!上海这个联合行动搞得好,你们回去想想办法,一定比我想出来的好,在谈到全国性的组织时,戚本禹同志说:当前成立全国性的组织是不适宜的,我们一个都沒有承认,比如有三个人搞了什么"全国工农兵造反委员会"他们自己说,一个是工人,一个是农民,一个是军人,还刻了一个公章,随身携带,到处盖章,后来他们抢了××部的机密档案,我们就把他们全部逮捕了。

同学:余秋里的全权代表林平加说:有价值的黑材料,应当拿出来批判,不能一烧了之。

戚:整理同学的黑材料应当一烧了之,我们应当有无产阶级的胸怀,他交出来连看也不看,就把他烧掉,林平加这个人很坏,你们应当揪他。

同学:据我们了解有的整同学的黑材料已经装入档案了。

戚:档案不要动,现在主要是夺权,否则既使是现在把材料拿出来,他以后还要整你的,斗争胜利了,我们再把档案审查一遍。

同学:我们学校有人说:中央文革有人参加了"首都红卫兵联合行动委员会"召开的会议。

戚:沒有这回事,这是造谣,他们给了我请贴,我沒有去,"联动"的大方向是错误的吗?在谈到一切权力归左派时,戚本禹同志说"一切权力归左派"这样说是有片面性的,应该是归以左派为核心的革命群众,你们看看毛主席的指示:就是要夺权,把权夺到以左派为核心的革命群众手中,革命左派要在毛主席的革命路线的大方向下团结起来,左派队伍要联合起来,毛主席指出要组成浩浩荡荡的革命队伍,否则就成了毛主席所说的"为丛驱雀,为渊驱鱼"了,当谈到左派队伍的出身时,戚本禹同志说:你们是什么出身?

同学:有工人、有职员。

戚:什么职员?

同学:中小学教师。

戚:小学教师不坏吗;

同学:不是所谓"红五类"。

戚:什么"红五类"根本不科学,我就不赞成,不过出身好的大多数都很好,我接触过很多出身好的,他们都很好,李洪山出身贫农,但他反毛主席、林付主席,就要抓,成了刘、邓的小走狗还不抓,反对戚本禹的不要抓,戚本禹是可以反对的,是不怕反对的,你们不要叫我首长,我是无足轻重的,我和关锋都是一般干部,和你们一样,不要弄得我很被动。

同学:有人污蔑江青是小资产阶级感情。

戚:江青同志的无产阶级感情很深厚,旗帜很鲜明,我很佩服她,你们要对这些人说:你不仅是小资产阶级感情,而且是资产阶级感情。

戚本禹同志一月十七日在人大会堂接见工人造反派时的讲话

你们夺权还定什么框框,资产阶级司令部就是应该夺,如组织部是资产阶级司令部,就应该夺权。上海市曹荻秋是走资本主义道路的当权派,就应该夺他的权。铁道部、劳动部的权就是要夺。吕正操最近跳出来了,应该夺他的权。至于怎么夺,应该由内部左派来夺。无产阶级司令部就不能夺。沒有什么首先不首先的。要有策略,但不能成为策略派。对于一些单位,首先接管,其次再夺权。资产阶级司令部不应该监督,对他们沒有什么监督的,就是要夺权。接管以后再监督。一般的说，就要接管，接管后再监督。而应该紧紧掌握在左派手中。“一切权力归左派”的这个口号一般不要提，不巧妙，应该团结大多数，假如这样一提的话，不是左派的，象原来保守，现在造反的中间派，就沒有权了。应该是以左派为核心，讲究策略，作的时候想点办法，把权牢牢掌握在革命派手中。

接管以后再监督，工资权力要接管，你（指走资本主义道路当权派）不来，就不发工资，这样他就怕了，哪些权是必须夺的？走资本主义道路当权派的权就必须夺（有人问技术员的问题怎样处理？）技术员的权，有什么权可夺，假如他有严重的资产阶级思想，是资产阶级的，就监督他。红旗付总编辑关锋同志，他干得很好，很支持你们，他有什么权可以夺的，你们还夺他什么权？应该夺资产阶级当权派的权，让那些作官当老爷的，不干工作的，写检查都不写的，还叫人家写的人靠边站着，夺他们的权。要有实干的，符合林付统帅提出的三条标准：突出政治、高举毛泽东思想伟大红旗的、有干劲的人来夺权，什么几级几级（干部）都不要管他。好象过去封建社会的几品几品的官，要打破他！这是资产阶级，封建社会中的一套。作什么报告，几级干部可以听，几级干部不可以听，这些都打破他！你们厂里有沒有这种情况？（众：有！）应该打破他！有些走资本主义道路的当权派听他话的就提级。有人造了十年八年的反，一级也沒提，不提的好，有些提了级的，倒变成了修正主义。你们应该造级别资历的反，不要崇拜权威，青年人革命干劲足，也有的人说：“嘴上沒毛，办事不牢”不是这样，嘴上无毛，办事很牢，要用级阶分析，看你是哪个阶级的，究竟是拥护毛主席，还是拥护刘少奇的。嘴上沒毛、办事不牢是资产阶级封建主义的说法。雷锋很年青，只有二十岁，他干得很好，大家都学习他，假如雷锋不死，他当总政治部主任，肯定要比刘志坚当的好。……。知识分子，越高可能越不革命，什么高级知识分子、大学生，当然现在许多大学生都是革命的，我们元帅里，就沒有几个大学生。

（最后有人提到关于转移黑材料，应该给开除党籍处分时）戚本禹同志说：“一般党籍，党内处分放到运动后期。”）

周总理一月二十一日接见科学院京区各单位代表谈话纪要

我还有一个会。今天怎么来的，每个单位一名？每个组织一名？（翻阅名单）应地所是×××同志来的。你们那里夺权了吗？原子能所×××来的，你是造反派吗？你对钱三强怎么看？……（沒听清）办公厅也夺权了？办公厅是一个单位吧？那里的情况我不知道。党委你们可以暂时不管，他们只能做些请示，现在也沒有什么可请示的。审干在运动中沒有什么可干的，档案也不要动，过去档案不见得可靠，现在也不要去改他。审干、档案、党委可以不去管它。保卫工作可以找积极分子担任。人事业务是干什么的？你们是不是可以监督他们作些具体工作。你们工人造反派是不是占多数？工人造反派成多数了，完全可以管。你们只要承认我们党的领导，具体的你们造反。（办公厅的同志说有一张传单，是说总理与刘宁一关于合同工、临时工的意见）根本沒这回事，我完全沒有说过这些，具体的我不能回答你。现在一些制度不能马上改，合同工、临时工的问题以后会解决。武器问题可由你们造反派信任的人去管。

我总想向你们说一个问题，一直沒时间。去年三、四月分罗瑞卿的问题被林付帅揭出来，后来彭真的问题也揭出来了，首都安全问题也被提出来了。主席上半年沒回来，就是因为不安全。主席在北京，总的要有一个安全的环境。我们搞文化大革命、搞四大、搞大串联，就要有秩序，既有民主又有集中。首都警卫部队要加强，要保卫中南海、钓鱼台、人大会堂，保卫首都的机要地方、电台、尖端要害部门。要保卫首都的安静，要把过去公安、保卫系统掌握的地、富、反、坏分子清洗出去。根据主席指示，林总提议成立一个北京工作组，准备处理这个问题，是毛主席亲自批准的。步骤是先从中南海开始，杨尙昆在中南海搞了二十多年的警卫。中南海首先是不安全的，我们用了二个月时间先把中南海的问题解决了。你们不能冲进中南海。中南海接待过红卫兵，现在还住着步行串联的红卫兵。即使这样，还常常发生事。我们内部还有违犯的，有人来开会还把票给学生，学生来了，怎么也不走，非要我出去处理才行，别人都管不了，这就不好了，当然到最后他们还是听话的。为了首都的安全，五月中央扩大会议，调来了部队，加强卫戍，使主席十次接见红卫兵都沒出大乱子。只有一次组织工作不够好。三次在街上接见红卫兵都出大乱子。加强守卫，还要在人民中宣传，人民绝大多数拥护党和毛主席，党和毛主席有极高的威望。但是，机关、工厂、公安部门总还有些坏人，当然他们很少，但不甘心失败。一方面走资本主义道路当权派搞经济主义，矛盾上交，把人集中到北京。另一方面有一小撮坏人组织红旗军，欺骗少年。西城区纠察队开始破四旧，后来走向反面。现在红旗军被破获了。哈尔滨、长沙有些红旗军冲进军区。在长沙等地革命推进了，这是我们的成绩，还应该注意到，敌人会错误地估计我们，一旦打我们，那些受委屈有情绪的同志还会和我们一起打敌人的。三六年斯大林宪法后，社会主义经济沒什么进步，经济基础，上层建筑存在不少问题，法权更多了，又有自留地。但卫国战争一发起，还是起来保卫祖国。斯大林如此，我们毛主席领导我们，更能团结起来，小道理服从大道理。现在爭论很多，一旦大敌当前，一定会团结抗战，你们说是不是？文化大革命初期，总想把地、富、反、坏弄走，有些不稳当的人也调一调，组织一个工作小组，但又担心扩大化，有点踌躇，请示主席，主席指示：除个别劳改犯外，其他自己消化，不要矛盾上交，也不要矛盾下放。前阶段红卫兵将四类分子赶回农村，后来他们回来参加红旗军，过分了就有不好反应。还是主席讲的自己消化对。六月十日我请示过主席，六月十三日回来，传达主席指示，这个工作就停了。当时将一些坏人向新疆送了一些，可能送得多一些。这个工作和后来刘、邓路线将革命群众打成反革命完全是两回事。你们抄黑材料也发现了这些。在六月中旬，停止这个工作的指示都传达下去了，可能有些部门沒传达下去。六月分传达的，以后还搞就不对了。我和你们讲讲，你们就不要追了，不要说什么黑线了，这种事在几万人大会上讲也不合适。你们全面夺权后，依靠造反派，成立专门小组，审查一下。有一次在这里开辩论会，我故意问张劲夫这件事。张劲夫很狡滑，要说又沒说出来，含含糊糊，做了些暗示。这件事是总参布置下来的，你们年青，一些事，沒有经历过。

人事局也夺权了吗？你们就管人事了。人事工作有很大问题，还是革命造反好。中干造反团来人了吗？（一位同志反映解除临时工的问题）我怎么会和刘宁一搞在一起搞什么传单呢？这些人一方面搞经济主义，一方面还打击临时工的积极性。把工资增加不对，开除也不对。

很多具体问题，你们自己解决，你这不是考我?!

现在你们夺权了，就要创造条件，促生产，和任务联系起来。科学院被一小撮走资本主义道路的当权派掌握，你们批，就会促生产。你们已有三十五个单位夺权，今天二十一号，这个月底你们可以解决夺权问题。所谓联合，是造反派联合起来夺权。要一边夺权，一边批，把刘邓路线批臭。过去我要大家不要喊打倒保皇派，是他们自己出来表演好，他们又和李洪山滑在一块儿了。造反派要组织起来，联合来夺权，这是现阶段的任务。

所里夺权已实现，就还有院里的问题了。王锡鹏怎么沒有来？我不想多说了。不要录音，这就谈就随便了。江青同志的讲话在北大就被歪曲了。北大的大字报还说，伯达同志讲军队有资产阶级化了，这是不可能的。伯达同志是我们党的杰出的理论家，对主席思想领会很透，他不会说这样的话。你们录音了，为其中的一句话辩论，不值得。

这次文化大革命的思想准备阶段，从六二年开始搞社教运动，从上面规定了一些办法。发动群众，有领导的发动群众，上下结合，排除那种派工作组，搞人海战术。冷冷清清地搞社教，这是刘少奇搞的，在社教过程中发现了反党集团，六六年五月把它揪出来了，把毛主席身边最危险的人物揪出来了。他们是二面派，阳奉阴违，他们都是打着红旗，但是反党分子。揪出来了，就沒有反毛泽东思想的人了吗？首先暴露出来的是刘邓。这是新型的革命，由上而下，大大超过十月革命。十月革命毕竟有限。在停战后，十四个帝国主义国家围攻苏联，后来进行社会主义革命，斯大林就沒有进行文化大革命这一课。要有百年、千年、万年大计。要多次复辟才能建立这一种剝削制度。要消灭剝削制度怎么会沒有复辟呢？六二年苏修开始走下坡路，我们都从苏修那里得到了经验和教训。尽管那时刘邓路线得到贯彻，但毛主席相信群众，依靠群众，放手发动群众，在大前提下发扬大民主。一定要按着毛主席的无产阶级革命路线的方向。象红旗军这样的组织一定要解散，还有什么“战备军”，“战备军”要夺造反派的权，已夺了公安部的权，这是要夺无产阶级的权。他们头扎白布，口带白口罩，因为用白色区别，但也暴露了他们的政治面目，当时立即通知了省、军区，……在长沙，他们用学生的方法冲进了军部，我们号召他们的群众退出，然后包围少数顽固分子，不能因为提倡大民主，连反对毛主席的人也保护。造反派里也有激进的、保守的，但要看主流，大方向是造走资本主义道路当权派的反，如何区别他们呢？运动初期将革命学生当突击队，都轰一下，如确实站在毛主席这一边，就不怕轰，如果继续执行资产阶级反动路线，就证明自己是走资本主义道路当权派。不是初期，运动只在大中城市，运动不按主观愿望去走，按革命群众运动洪流方向走，那些地方有走资本主义道路当权派，或继续执行资产阶级反动路线的人，它就往那儿去，要由学校走向社会，工矿企业，由北京走向农村。十二月分有了双十条文件，就是为了迎接新高潮，尽管你本身力量沒有准备好，不能革，但还不是在高潮中取得经验，所以毛主席在《矛盾论》后，强调《实践论》，通过实践才能得经验，才能不断提高，不断改革，不能一件事作得很彻底，才能前进，这就是事物发展的客观规律。鲁迅曾讲过三种人：一种是敢于迎接浪头的，是弄潮儿，他们把船头一拨正，迎接浪头前进；第二种是看到浪头打来，怕淹沒了自己，躲开浪头；第三种人是观潮派，不可能等你安排好，运动就不按你的设想变化，推动你们的夺权运动，群众运动起来，链锁反应，不可能所有都是走资本主义道路当权派，都是张劲夫，否则如何解释十七年来的成绩，有些单位比较好，如国家科委张本就是造反派，从内部起来造反，而广播事业局是由下而上成立自己的领导。首先，文化大革命大权要夺过来，政治统帅一切，要全面夺权，领导革命，督促生产。有的撤职留用，有的停职留下，还可能出现新的形式。是否一切机关都要夺呢？如中央局是否要夺？不好的可换，夺到中央就不行了。上海只有一小撮走资本主义道路的当权派，换掉可以有代替的人。北京旧市委领导几十年，北京市夺权就弱些。北京市眞正的造反派沒有眞正的形成，如果工人联合起来，当然可以领导，但还未联合。上海市工人毕竟先进，许多部门也有这个情形。在科学院不属于这种而属于前一种。革命靠自己，碰到一些问题，可由联络员通知一下。

科学院造反派联合起来，取得全面的胜利！

江青、陈伯达、周总理一月十九日在人大会堂小礼堂接见北京工人革命造反派代表时的讲话

江青同志讲话：同志们，战友们，你们好！

今天开的会，是无产阶级革命造反派的群英会，同志们说了许多宝贵意见。长了我们许多知识，我们还有机会和大家交换意见。

现在祝贺同志们夺权，我们刚进城时叫军事接管，即夺权。现在是革命人民大联合夺资产阶级当权派的权，一切权力归革命工人，农民，革命知识分子以及其他劳动人民，预祝同志们胜利。

本来不想辟谣。但是谣言很多，现在我讲几点：

工部革命造反联络委员会总部反映，说他们那里的文革中成立了党组，还说是中央指示的。中央沒有这个指示。你们别上当。

现在，广州的保皇派到处宣传，说我上广州了。那里还贴了许多"欢迎我的大标语"，他们骗人去广州，广西就去了二十万，人去了沒人管，吃住都成问题，希同志们辟谣，江青在北京，哪儿都沒去。

（总理插话：还有人造谣说主席到那里那里去了，这也是谣言，主席一直在北京）

北京有个人冒充是我的秘书和警卫员到东北去了，去搞文化大革命。组织了什么《文化大革命干部训练班》，这是谣言。东北的同志要辟谣，教育这个组织的大多数群众，把他们的头头抓起来。

× × ×

当代表讲到"联合行动委员会"和"捍卫团"阻挠革命派夺市委的权时，群众愤慨地高呼，把他们抓起来。江青同志说："我建议把他们的头头抓起来，对他们的群众要争取过来，教育改造他们"。

七机部一代表反映七机部情况时，江青同志说："七机部有个刘允若，是刘少奇的儿子这个人里通外国，是个苏联货，你们可以把他抓起来"。

地质部一代表反映说他们夺权，总理办公室值班室不同意，要求查办时，江青同志说："你们权夺的好，要查办。"

代表们讲到学习上海工人经验时，江青同志说："我们研究了上海工人的经验，要北京学习上海工人的经验最重要的一点就是要夺权。如果北京做的超出了上海，上海就要向北京学习。

（王力同志插话：学习上海工人的经验，集中到一点就是夺权）

陈伯达同志讲话：（第一次）我们到工人群众中去还是去得很不够，我们接触了一些，但接触不全，不够。你们知道，我们经常说过："我们是你们的小学生，我们今天就是来当小学生的。我们的工作：就是一方面上面接受毛主席的指导，一方面不断接受群众的经验，在毛主席思想指导下总结群众的经验，现在就要在毛泽东思想为指导来总结群众夺权的经验。

今天大家讲了许多好意见,给我们上了一课。我们得到了很多东西,我们要去消化它,我们中央文革小组欢迎工人同志们经常地向我们反映意见,反映情况。我们还是要学习用毛泽东思想来不断分析同志们的意见,谢谢你们,感谢你们。

陈伯达同志讲话:(第二次)我多讲几句,如果不对,大家可以批评。无产阶级文化大革命。实际上从一开始就是一个夺权的革命斗爭。文化大革命从反对彭、罗、陆、杨的斗爭开始,这是一个夺权的斗爭,半年多来,无产阶级文化大革命的发展,给广大革命群众的夺权斗爭做了一个思想准备,在这个运动中,重新跳出了资产阶级反动路线代表人物的大头目刘少奇、邓小平、陶铸。这也是夺权斗爭。他们是在文化大革命发展过程中跳出来的。这说明了什么呢?这说明夺权斗爭就是无产阶级夺资产阶级的权,夺资产阶级代表人物的权(群众高呼:“打倒刘少奇!打倒邓小平!打倒陶铸!”)夺党内资产阶级代理人的权。这正象毛主席告诉我们的,是一个阶级消灭另一个阶级的斗爭。这个斗爭不会是平坦的,会有很多曲折的。现在有一些单位,无产阶级夺了权,有一些资产阶级代表人物又要反夺权要较量许多回合,一个堡垒,一个堡垒地夺。所以我们要有一个精神上的准备,不可能一下子就全部夺完了,也不可能希望被打倒了的反动阶级全甘心他们的死亡。

刚才江青同志和周恩来同志都说了,这是毛主席教导我们的,我们中国无产阶级夺权斗爭经历了两个阶段。第一个阶段,解放时,那时是军事接管,人民解放军夺权,现在是另一个阶段,是工人阶级接管,是革命群众接管。因为只有军事接管还沒有完全解决无产阶级的夺权问题,也不可能彻底解决无产阶级的夺权问题。因为那时解放战爭得到胜利,民族资产阶级留下来了,这个阶级还作为一个阶级存在,我们接管机关还保留了很多旧人员,旧知识分子,他们还是在起作用,想和平演变,想把无产阶级政权倒退,变成资产阶级,封建地主专政的政权。如果他们这一个企图实现,中国就有亡国的可能。毛主席早在进城以前就警告我们:有许多人可能经得起战爭的考验,但经不起资产阶级“糖衣炮弹”的考验。你们看看王光美是不是一个“糖衣炮弹”?(群众答:是)有些人就是这样,经不起“糖衣炮弹”的考验。无产阶级专政实现了,可是他们还要走资本主义道路,这在中国是不可能的,只有重新走到半封建,半殖民地的道路上去。十七年来,除了旧人员继续起作用外,就有一些人蜕化变质了,所以有一些政权机构,机关,单位不是掌握在无产阶级手里,而是掌握在资产阶级及其代理人手里。毛主席62年给我们敲起了警钟,提出了阶级,阶级矛盾,阶级斗爭的问题。在十中全会的公报中反映出来了。这是总结了我国自己的经验。总结国际无产阶级专政的经验。总结了苏联无产阶级专政怎样和平演变的经验,还有东欧,东方一些国家的经验。无产阶级专政经验在无产阶级文化大革命中,毛主席给我们总结了比较完整的经验。现在任何一个人,一个单位,一个机关,一个学校,任何一个组织,任何一个领导人,都要在无产级阶文化大革命中经受考验,要让群众来鉴别他是无产阶级代表人物,还是资产阶级代表人物。凡是资产阶级代表人物,凡是资产阶级代表人物统治的地方,我们统统要把权夺过来。所有资产阶级垄断的权,我们无产阶级统统要夺过来,主要是政权,还有大家刚才说的财权,生产管理权等等。我们在十七年自已锻炼出一批很有能力的人,眞正的无产阶级革命队伍,可以甩开那些不能为无产阶级服务的人。这和刚进城时不一样,那时我们是有一些机关,单位原封不动地接收过来。现在凡不适应社会主义制度,不适应无产阶级专政的东西,都要斗垮它。所以说,夺权就是无产阶级夺资产阶级的权。我们夺过一次,还未夺全,夺好,有的和平演变了,现在要来一个群众夺权。在无产阶级文化大革命的大风浪中,我们识别了这个问题,毛主席给我们总结了这一个问题。毛主席给我们指出了斗爭的正确方向,在每一个关键的时刻,都是毛主席给我们指点出来的。开始是北京大学贴出了第一张大字报，放了第一炮。是在学校，文教领域，毛主席马上看出这一个问题，他看了这一张大字报，叫马上广播，就掀起了无产阶级文化大革命的浪潮，这是全国夺权的准备，思想的准备，舆论的准备，但不会停留在这个上面，运动继续前进。上海工人及其它革命造反团体发表了《告上海全市人民书》，毛主席看到这个东西，认为是一个非常重要的文件，人民日报的按语，就是根据主席的指示写的。这样由学校的夺权问题，发展到工业铁路及其它一系列单位的夺权问题。有很多单位，夺权夺的很好，从一个单位出发，引起了全市的高潮，上海就是这样，现在北京工业方面开始了夺权的高潮，是这样吧？（众答：是！）别的系统，旁的地方，也出现了这种夺权高潮，无产阶级夺权的高潮，要记住，我们是无产阶级夺权，是我们解放后无产阶级夺权的继续。有毛主席领导，有群众这么多经验，我们的夺权斗争一定能搞得很好。这是全世界空前的一件大事，是人类有史以来的一件大事。

无产阶级革命，我们说中国革命是十月革命的继续，也可以说，十月革命是不完全的，甚至许多方面是很不完全的。在意识形态方面，他们沒有搞文化革命。列宁死的早，斯大林也沒有搞，后来碰到反希特勒战争。在这个战争前，他们拉出了一批帝王将相，美化了俄罗斯的帝王将相，彼得大帝……等等。都是封建时代的统治阶级代表人物，最富侵略性的代表人物。……

思想领域是一个非常重大的问题。毛主席告诉我们，任何一个革命阶级夺取政权或反革命阶级搞反革命政变，都要搞舆论准备。苏联沒有搞文化大革命，大吹俄国帝王将相，才子佳人，并且大吹西方资产阶级的东西。大吹美国的东西。这样使许多群众迷惑了，所以斯大林一死，赫鲁晓夫就搞反革命政变。为什么那么容易搞？因为事实上原有就有舆论准备，思想准备。许多人脑子受到资产阶级思想的侵蚀。这样赫鲁晓夫的和平演变，修正主义就适合它，用修正主义代替马克思主义，赫鲁晓夫大捧列宁是个幌子，事实上完全篡改了列宁主义的灵魂，所以林彪同志说过，苏联在列宁死后，未普遍宣传列宁主义思想，这使俄国吃了大亏。我们现在高举毛泽东思想大旗，使人民群众用无产阶级思想武装起来，我们就可以击退各种资产阶级思想的侵蚀。无产阶级文化大革命就证明了这一点。大家在毛泽东思想伟大旗帜下继续夺权，庆祝胜利。

最后说一句：敌人不投降，就让它灭亡！

无产阶级文化大革命万岁！

毛泽东思想万岁！

毛主席万岁！万岁！万万岁！

周总理讲话：各位同志，各位同学，各位战友：

我同意江青同志和陈伯达同志的意见。从你们那里学到了许多知识和经验，并了解了许多我们不知道的情况。例如北京车站的情况。到北京来串联的工人，学生和干部现在共有100多万人，要他们赶快回本地闹革命。

前几天几个革命组织夺了吕正操等人的权。要加大北京站的运输计划，过去每天开出70多趟列车，现在才开40多趟，还有很大潜力。据说已安排好了，但那些走资本主义道路的当权派，当面答应好了，背后又做坏事，这说明我们一定要夺他们的权。

我们最近开了各大中学校，各机关革命造反派的座谈会，分系统研究夺权问题，在今天会上，听到有些厂矿已夺了权，但还只是部分单位，要把夺权斗争变成社会的运动，汇成一股巨大的洪流。当前主要是抓革命，促生产，粉碎资产阶级反动路线的新反扑，但其目的就是要夺权。对走资本主义道路的当权派和顽固坚持反动路线的人，就要夺他们的权。不夺权，他们就是抓革命促生产的阻碍。

刚才江青同志说了，十七年前的夺权斗爭，是人民解放军在毛主席领导下，把 500 万蒋匪军扫到大海里去了，打了江山。当时大中城市都是军事接管。这次不同，无产阶级专政已经十七年了，但是各级领导机关、工厂、农村、文教、科研等单位都存在一小撮走资本主义道路的当权派，一小撮顽固坚持资产阶级反动路线的人。他们的领导权必须夺。怎样夺法？有毛主席领导群众起来自下而上的夺。这个权是毛主席授予的，是群众给的，上下结合，上有毛主席做主，林付统帅帮助，下有人民群众做我们的后盾。

北京存在两种情况，一种是中央各系统，一种是北京市的。上海只有一种情况，就是对上海市一小撮走资本主义道路的当权派夺权。刚才上海的同志讲到夺权当中遇到一些困难，这是可以克服的。依靠工人，农民，依靠夺权单位的基层群众，就能学会不懂的东西，把全部权力掌握在革命派手中。在北京，中央党的各部革命造反派正在夺权，中央支持他们，政府各部门要按系统联合起来。例如，财经，政法，文教，工交，农林等共有 8 个系统。一个铁路系统就有一百多万人，首先要动员北京的职工和院校，也要动员唐山，兰州，长沙的铁道院校还可以加上其它院校（象北京站那样）。以内部力量为主加上外界帮助来夺权。煤炭系统，石油系统……也是如此。以工人为主。吸收广大职员。特别是革命学生参加，联合起来搞。

北京是一个市，是首都。今晚已有三十多个单位的造反派去夺权了。进驻了市委大楼。祝贺他们夺权的胜利，北京市范围很广，夺权斗爭不能一下解决。吸收工人、大专院校的革命造反派参加，市级的工人造反组织要加强，院校中综合大学象北大，清华等对北京市的夺权斗爭应多负一些责任。夺权不是一个简单的事，而要认眞的做许多工作，具体事务工作，可以由原来的人做，令他们好好做，否则就罢官，处分他，夺权问题是个认眞严肃的问题，同时是锻炼革命造反派，大家要认眞的做这件事，已参加的要扩大队伍，未参加的要参加，一步步扩大，一步步加强，只能前进，不能后退。今天多讲一点这个问题。一定要好好搞。

夺权问题对党中央、国务院、中央文革小组、解放军也是一个新课题。在无产阶级专政的条件下，我们相信你们，你们同样的也相信我们。这一个重大步骤希望你们有重大事情及时反映给我们。

最近发现有两个反动头子组织的两个反革命组织："中国红旗军"和"全国工农兵夺权司令部"。他们夺我们的权，怎么行？我们已经抓了他们两个头了。昨天发现他们有七、八个头子，有一个叫刘海清，是李井泉的警卫员。他们霸占了中医学院一座大楼，我们去抓他们，他们竟然缴了我公安人员的枪，扣了我们的人。我们勒令他们 15 分钟把人交出来，否则就要采取必要措施，结果他们瓦解了。据说这个组织在北京已经成立七个分部，大部分群众还是受骗的。

希望在座的革命造反派广为宣传，制止谣言，要识破一些反动的活动，他们冒充全国性的组织，其实我们现在还沒有一个全国性的组织。如有利用什么"全国退伍转业军人委员会"复员转业军人都有岗位的，在厂矿、学校、公社、机关等工作，不应该单独成立全国性组织。复员军人应在各单位参加文化革命，不应该抽出来单独组织。

有的以前被开除的和受其它处分的，现在也要翻案，那是不行的。中央规定平反是从去年五月十六日以后文化大革命中被打击的革命群众，以前的除了个别的以外都不能翻。比如说 57 年的反右派斗爭也要翻，那怎么行？社会上的渣滓，就是要乘机捣乱。所以我们要很好地分析。

现在学生內部有个中学生的"联动委员会"名字就有点修字号，差不多，不是一个(不淸)单位，而是一个个人参加，名字也不暴露，现在提醒大家。不署名写大字报、只写某某战斗小组，是我们不提倡的。我们是无产阶级专政，保障大家的民主权利，不要隐姓埋名。这是刘少奇的办法。搞四清扎根串联不露真名，王光美搞四清化名叫董璞。（江青同志插话：王光美出国戴项链，把我们国家的脸丢尽了。）我们现在是有（不清）进行革命。请大家擦亮眼睛，在斗争中不要被反动分子钻空子，我们要严阵以待，不要掉以轻心。

今天是个开端，以后还有机会和大家见面再交谈。

陈伯达同志一月二十三日在部分学校造反派组织座谈会上的讲话

陈伯达：你们鼓掌鼓太早了，太多了。你们要看我讲的话值得不值得鼓掌不然鼓了掌不好，我下不了台。会开了两天了，刚才周恩来同志讲了一下江青同志讲了一下我的话可能有重复，那也沒关系。毛主席党中央号召无产阶级革命派大联合，许多人这样做的，这样很好。可是现在有的人反而有小团体主义、宗派主义、个人主义、风头主义。这种小团体主义、宗派主义，个人主义，风头主义过去有，好像现在特别厉害些。对这个问题我想应从阶级的观点来观察，这是无产阶级的作风还是资产阶级的作风？小团体主义，个人主义，风头主义，宗派主义是资产阶级的作风，不是无产阶级的作风，这是第一个问题。第二，毛主席党中央号召我们无产阶级文化大革命的斗争矛头是以刘邓为代表的资产阶级反动路线斗争中以毛主席为代表的无产阶级革命路线已经取得胜利。但是有人把斗争矛头转向革命派，转向中央文革小组，转向总理江青同志康生同志王力同志关锋同志戚本禹同志。对这种情况，难道不需要用无产阶级世界观在观察一下吗？看他们这种做法代表那一个阶级，灵魂是不是资产阶级灵魂在作怪？这是第二个问题。第三，毛主席党中央号召无产阶级革命派要夺走资本主义道路当权派的权。有许多单位从内部夺权夺得不错夺得好！但是有的小单位（从全国，全北京市，还是小单位）到其他单位去夺权，你要夺，我要夺，不是夺资产阶级的权而是小集团夺权，沒有夺到的就去夺，这是內部的斗夺爭。大家想一想。我有一个想法，在全市內夺权应该是巴黎公社式的，应该是工农兵学商的代表形式全面夺权。这有个准备，是不是你们考虑一下，工人农民店员还有机关工作人员搞一个全市代表委员会。代表一个全市的委员会还要有军队。工人、农民、军队、革命师生、店员、街道居民，搞一个权力机关，那怕是临时的，比这样一个小团体，你夺过来我夺过去好一些，看这样怎么样。有些机关单位属于全市性质的，全国性质的。比如一个小团体还不能代表一个学校的大多数去占领一个全国性单位，让谁去承认？不是承认不承认的问题。应当是人民承认，无产阶级授权去夺权，这样才能有效。这样一个小团体夺了一个全国性机构全市性机构这样另一个小团体就有权再夺过去。要总结经验，有不同的形势有的以夺单位为主，有无产阶级革命派大联合。有的可以搞临时代表会。搞大联合，成立总部像山西的经验，这样好些。也可以是各团体的代表会议，那个集团夺权提出方案，这要自己创造。这样就会出现夺权的新形式。不要因为夺权发展了小团体主义。所以大联合和夺权是分不开的。现在的夺权那一些是很好的，不管是本市的经验，上海的经验，山西的经验，还是要总结一下经验。毛主席说过：无产阶级接管政权，在中国有两个阶段，一个是军事接管，自上而下地派人去接。现在出现了一个新的阶段，由群众去接管。所以我们的经验比巴黎公社的经验多了。我们接管应该是更好一些，现在有一个过渡的现象，总结经验。我建议北京的工农兵学商开一个临时的联席会议，筹备一个比较大的范围的筹备会议。

无产阶级文化大革命是从北京开始的。现在北京落后了。现在你们的小团体主义成了全国的模范。现在，模范不值称赞不要让全国学这种风。小团体主义夺来夺去是不是有这种缺点（有）。要从文化大革命中总结经验增长我们的经验。主席说吃一堑长一智我们还是在胜利前进，但是如果不懂得总结经验，不懂得合作，不懂得大联合，就要走曲折路。最后胜利是属于我们的。曲折路可以不走嘛！毛主席给我们提供了经验，三个月作总结。现在文化大革命搞了半年了，应该作个总结，有的战斗组织本身也沒有总结，在目前斗争中你们有缺点，为什么上海搞得好，上海工人起来了，上海工人大联合，上海工人也有小缺点，小团体主义，但比北京好。北京工人有多少？谁能说出数字？沒有上海那样老练的，北京大量工厂是解放以后建立的。大量的工人是新的。这一点要向上海工人学习，打了几次大仗（王力：在北京捍卫团还沒有打得起来）。现在我们赞成知识分子要搞好夺权斗争，要搞好与工农结合，现在有好多厂已经搞起来了，你们要有所作为，必须这样作。正象主席告诉我们：知识分子不与工农群众相接合，必将一事无成。如果象你们再这样开下去，还会更糟，假如沒有这个结合的话，你们今后开起会来，还是不解决问题。两天会解决了什么问题了呢？这对你们有好处，上了课教育了我们，也教育了你们。究竟如何变成一个无产阶级战士，这几天会议看起来同志们可要努一把力。大家可以有计划、分期、分批地下厂下乡。一个厂不要搞人海战术，听说第一机床厂一共有四千人，一共去了两千学生，很多是小学生，影响那里的革命，影响那里的生产。所以要有计划，分期、分批。过去那里说是有捍卫团吗？他们把大门关起来，学生就从墙上跳过去。我们说：学生要欢迎。一下子就去了两千人，你们不是把无产阶级影响带到工厂，而把小派別小团体这种风带到工厂，很不好。不要把这种风带下去，要作小学生，作为工厂的一部分。善于和工人合作，不然会带来不好的结果。下乡也是这样，过去毛主席就反对人海战术，一个村庄容纳好多，和村里人的总数差不多，所以二十三条就是反对刘少奇搞的人海战术，北京郊区有这样多乡村，你们可以安排去。北京街道你们可以摸索一些经验，北方还沒有总结出很好的经验。

只有用毛泽东思想很好地武装自己，才能成为一个无产阶级革命者，我刚才说的那些问题，很多都是属于思想革命的问题，这是思想革命，你们这两天吵架不是无产阶级思想。有些是对的，有些是错的；有些是大是大非问题；有的是小团体问题；有的把內部矛盾当成敌我矛盾了，斗争锋芒搞错了；有的不三不四的组织他都可以联合，丧失了无产阶级原则，把来历不明的也搞进来了；有的是反革命组织，这是宗派主义在作怪，是非无产阶级思想在作怪。资产阶级、地富反坏右和他们代理人是不会自动退出历史舞台的，他们利用我们內部的弱点搞分裂，所以要搞好夺权斗争，必须要搞好思想。我们思想革命和夺权搞在一起，这是我们革命的特点。受剝削阶级影响，旧社会影响，还有坏人挑动，这些东西在我们头脑中的反映要革命，这个革命是痛苦的。要把小团体主义、个人主义等搞掉，这是很痛苦的。不要怕痛苦。这种痛苦比流血的痛苦还要痛苦。两种思想在脑子里的斗争，无产阶级和资产阶级，革命的和反革命的，看谁胜利。头脑中的斗争是痛苦的。我看今天就表现出了你们的痛苦，自己又想革命，又有私心杂念；又想大联合，又想搞小团体，这怎么能不矛盾？不痛苦？我对你们也很奇怪！一个学校那么多团体，要在毛泽东思想基础联合，这是好组织。组织內部有些渣子要清除出去，要排除个人主义、宗派主义、小团体主义，排除一切私心杂念，才有可能把无产阶级文化大革命进行到底。

我们曾经召呼一些同学不要犯那些可以不犯的错误，现在好像文化革命小组召呼这个召呼那个，是不是文化革命小组內部有问题？请大家不要误会，我们小组里面沒有小团体主义，虽然我们小组很小就这么几个人，我们不用小团体主义。我们的立场是清楚的，态度是鲜明的，不拿原则作交易。不要认为我们怕别人贴我们的大字报，愿意贴就贴吧，一千张一万张都可以。我和个别人说过不要搬起石头砸自己的脚。我们打召呼完全是照顾，因为是自己人(要是联动、捍卫团我们就不打召呼了)如果有人不听一意孤行，那就好吧自己看看。

现在有个别人或少数人，对一些事情主观地先定调子，先入为主，再找一些莫须有的材料。这不是毛泽东思想，毛主席说："实践是真理的标准"。请看同学们的实践吧！请注意生活吧！请按实践和生活去辨别是非吧！

有些人参加调查康生问题委员会，这简直是荒唐。我要声明一下，从文化大革命以来起过好作用的个人和团体，我们希望和我们合作下去，他们自己也合作下去。如果要作到这一点，他们自己就要改造自己的资产阶级世界观，用毛泽东思想代替一切非无产阶级思想，内部的问题可以用批评和自我批评的方法解决。这两天的会你们不要难过，我们也不难过，作为一种经验、一种教训，还是用无产阶级的批评和自我批评的好武器，如果是同志的善意批评，对待同志的批评有则改之；如果批评得不对，无则加勉；如果火气太大了一批评就不好进行了，好像打一场架就解决问题了。你们说武斗就能解决问题吗？声音大就能解决问题吗？我有一次到天津调查回来，看到这边有喇叭，那边也有喇叭，这边声音比那边高，听了不舒服，这样群众也不一定有好感。

有的同志要我顺便提一下，你们的斗争方式问题，用喷气式的方式抓一个黑帮还不一定是黑帮，就用喷气式飞机的方法。这种形式不一定要采取，听说北京出现了这种形式以后就当成典型了，以后就按这种模型去搞。要把内部矛盾和篡党、篡军、篡政分开，一般沒定性质不采取这种方法。这就说差不多了，话沒准备，说得比较乱，大家要休息了。

周总理一月廿五日在北京科学系统夺权誓师大会上讲话

同志们，战友们：

我首先向你们致无产阶级文化大革命的战斗的敬礼。

我现在代表我们伟大的领袖毛主席和他的战友林彪同志，党中央，国务院，中央军委，中央文革小组问你们好！

中央文革本来要参加，但实在人手太少，工作繁忙，身体不好，脫不开身，伯达、江青托我向你们道歉。

你们这个大会应该说是北京的科学系统的战友们夺权的誓师大会。因为现在无产阶级文化大革命，正进入新的阶段，特点就是：毛主席所亲自批准发表的上海革命群众团体的"告上海全市人民书"。向上海人民呼吁反经济主义为代表的文件。这个文件是如同文化大革命第一个阶段以聂元梓等七同志的大字报为代表的阶段一样，将要兴起一个轰轰烈烈的夺权斗爭。这个夺权斗爭，我们前几天向来北京访问串联的七十万群众大会上讲的，我们要发动广大群众，把无产阶级革命派联合起来，向党內走资本主义道路当权派和顽固坚持资产阶级反动路线的人夺权，简单地说，就是无产阶级夺资产阶级的权，本来这个夺权斗爭，是从一九四九年我们解放全中国就开始了这个斗争。一九四九年我们进入当时的北京以前，在七届二中全会上，毛主席就宣布，今后社会上主要斗争是无产阶级与资产阶级两个阶级的斗争，中国走社会主义还是走资本主义两条道路的斗争，从这个斗争中，就可以看出谁推行资产阶级反动路线，谁执行了以毛主席为代表无产阶级革命路线。十七年的历史表明，我们主要执行了毛主席的革命路线，这是一条红线，沒有这条红线，我们就不可能取得这样大的胜利，也不可能在人民大会堂召开这个大会，十七年內，在经济基础上解决了所有制问题，我们也在经济战线上，政治战线上进行了"三反"、"五反"、反右派斗争，这都为我们进行更重要的两个阶级、两条道路的斗争准备了更有利的条件，所以八届十中全会（1962 年）毛主席指出，社会主义社会存在阶级矛盾阶级斗争，所以，一九六三年才有关于社教十条的规定和一九六五年的23条，又进行一些文艺改革，这样就为我们去年开始的无产阶级文化大革命创造了有利条件。不仅如此，我们把彭、罗、陆、杨揪出来了，这是个阻力，我们进行无产阶级文化大革命首先要排除这个阻力，因为这个反党集团，不仅在暗中活动，而且打着"红旗"反红旗进行两面派活动，表面上站在毛主席这一边，实际上暗中或背着中央贩卖私货，最典型的是，去年"二月汇报提纲"，毛主席和林付主席把他们一个一个揪了出来。这个扫除党內暗藏的反党集团是一个伟大胜利。不要以为他们是死老虎了，他们实际上还沒有死，还是"阴魂未散"在许多地方，部门还要潜在影响，在北京潜入了许多部门单位。他们是隐藏的，我们轰轰烈烈的无产阶级文化大革命是公开的，这给我们初期运动造成困难。单提反对刘、邓还不够，去年 5 月 16 日就在党內提出关于无产阶级革命的通知，又公布聂元梓的大字报，但后来却又仍然出现刘、邓资产阶级反动路线，压制革命派，打击革命左派，实行白色恐怖，造成六七两个月那么严重的情况，在我们科学界，科学院出现了把王西光打成反革命那么突出的例子，这不是偶然的，因为这种思想在我们党內各级领导人，有许多有这种思想，——资产阶级思想很容易接受反动路线，因此，毛主席一时不在，就在全国出现那么严重的情况。党內各级干部存在的问题正是这场大革命要解决的问题。正是毛主席说的触及人们灵魂的大革命。所以说这次革命是一场思想革命，是触及人们灵魂深处的阶级斗争，是包括我们在座的每个人在內的思想大革命。所以不仅在文化大革命准备阶段揪出了彭、罗、陆、杨反党集团，而且在党中央八届十一中全会上批判了刘、邓的资产阶级反动路线，不仅批判了各级党委曾经执行并有的顽固坚持的资产阶级反动路线，而且深入我们每个人的思想深处，和你们刚才读的第二条语录 36 页阶级斗争、生产斗争和科学试验是建设社会主义强大国家的三项伟大革命运动，是使共产党人免除官僚主义，避免修正主义和教条主义……。这不仅对共产党人说的，是对一切无产阶级革命者说的。如果我们沒有前一阶段的、深入的、从下而上的思想革命，我们就不可能进入现在的、新的夺权斗争阶段。

这个思想革命的动员形势，与以前的运动有所不同。以前都是从上而下和从下而上结合进行的，而这次是史无前例的从下而上进行的，当然我们不能脱离毛主席的领导。我们要相信两个原理，一定要相信群众，这是毛泽东思想，是群众路线，这才出现了史无前例的群众性的革命运动。有了群众的发动，充分的发动，表现在从四大民主到五大民主（加上大串联），开始从大中城市，文化教育单位，党政领导发展到社会，到工矿企业，从北京到全国，从工厂到农村不可阻挡，按它自己规律发展。资产阶级反动路线是压不住的。十一中全会后，所设想的按规定分期分批有领导的进行也约束不了。势不可挡。这样就不可避免的进入了新的阶段，——夺权阶段。在抓革命促生产，反对经济主义，反对矛盾上交中进入了新的阶段。

不能设想，从中央到地方都是修正主义，我们高举毛泽东思想伟大红旗，任何地方有修正主义，牛鬼蛇神，我们都战胜他，冲垮他。整个无产阶级文化大革命就是夺权，无产阶级文化大革命初期已经准备着。蕴藏着夺权，是每个时期有它中心和重点，哪个地方前一段搞得深，搞得透，现在夺权就成功，否则就有反复。

科学系统夺权斗争时间比较长，尤其是国家科委和科学院。开始都被走资本主义道路当权派包办垄断，他们推行反动路线，他们还组成了反动集团。我七月份从国外回来，首先遇到外事系统张彦的集团跟着就遇到科学院王西光打成反革命。张劲夫这一小撮向中央国务院谎报军情，造成错觉，用这个办法来镇压革命运动。幸而王西光同志挺身而出，写信给林彪同志，使我们得以了解，我们进行实际调查，接着国家科委张本同志又受韩光迫害。张本同志给李富春同志江青同志写了信。知道了这一点，我们当时就在这个会场举行了万人大会，也就是有名的七月三十日大会。在这个大会上哲学科学部有人讲话，张本，王西光同志也讲了话。这样就把这个问题揭开了，接着举行了十一中全会，就在闭幕第二天（八月十三日）我接受中央委托，对国家科委、科学院进行过问。当时可以有两种设想，一是满足部分群众要求，让张劲夫，韩光等停职反省，指定一个人负责。这是最省事的办法。我一天就解决了。但我不能这样做。这不符合我在实践中认识的毛泽东思想，我用了第二个办法，也就是最费力最费时间的办法，用了六个月，这是发动群众，充分地发动群众。从极少数人批韩光到绝大多数人批判韩光，认识到他们帮助牛武恒等资产阶级面目。等一下可以由张本同志对这个夺权斗争做一个扼要的实质性的说明，这个方式不同于其他单位，张本站在韩光的对立面，这个斗争既是从下而上，又是从上而下的。到这个月我与张本等战友们见面，他们说：已经争取到 90% 了，这说明已经快到十六条提出的 95% 了。但我当时就向他们提出既然达到 90% 了就要防止两个问题；一个是骄傲，尤其领导中的骄傲。一个队伍中的不纯，有人钻入内部来破坏，尤其第二点很重要，照我看仅仅半年就达到 90%，快了一点，有混进来的，因为国家科委运动方式是从上而下，发动不那么深透，会有人钻进来，从内部杀一刀。我们绝不能自满骄傲。在胜利还要戒骄戒躁，提高警惕。另一个典型是科学院，同样进行了艰苦斗争。他们是由下而上的，上面领导集团已经瘫痪了，张劲夫这么一小撮反党集团，经半年多才揭发出他们不仅是走资本主义道路当权派，而且是阴谋集团，使科学院五六十个单位认识到这点，符合主席的胜利一个个夺得、堡垒一个一个占领，这一个范例比前一个更进一步了，但也并不是完全夺得胜利了。由下而上有这么个特点，由于观点的差别，不是大方向的差别，形成很多革命组织，大家都从思想上高举毛泽东思想伟大红旗，接受毛主席伟大领导，按十六条办事。从认识上有距离，由观点不同形成许多派别，这在科学院很突出。我们提倡大联合，但现在有这么一种思潮，也要联合，但认为越小越好，越分散越好。我们并不否认革命派别之间也有认识上的不同，在实践中联合，在斗争中联合，但总不排除高举毛泽东思想红旗这个大方向的一致。我们就在这个实践中联合起来。所以我们在前几天的社论中提出反对小团体主义，希望各革命派互相尊重彼此观点，允许大同小异，但在大夺权中要联合起来，首先要把科学院中的主要敌人张劲夫一小撮人的权夺取过来，故然我们已经把他停职了但这是命令上夺取呀！还要由群众来做到呀！这个斗争必然有阶段，有步骤，这种联合是夺权斗争的第一步。要把联合的行动扩大，包括所有的无产阶级革命派，接着还是吸收那些中间分子，吸收那些没有参加革命造反派组织的人，最大限度孤立那些走资本主义道路当权派。然后还要与国内其他科学单位的革命造反派大联合，还要同中央保持密切联系，你们夺权要受党中央、毛主席的领导和委托的机关的领导，你们夺权胜利了，我就要把这个过问权委托给李富春、聂荣臻同志了。整个夺权斗争是链锁反映向全国，不能掉以轻心，不能放任自流，不能只是那个地方夺权只去表面支持，那么做就是对毛泽东思想不忠。我们所谓过问，绝不是包办代替。

第二个问题我讲一讲科学系统无产阶级革命家，无产阶级革命者，应站在什么立场来进行这场斗爭。林彪同志对大中学校军政训练上提出了二点要求：革命性、科学性、组织纪律性，这同样适用于科学界革命同志。沒有革命性怎么能取得今天的胜利，怎么能取得今天夺权的胜利呢？怎么可能对以前的制度彻底改革呢？破四旧，立无产阶级四新，我们要做这么多事，沒有革命性是不行的，无产阶级文化大革命就是要打破的东西。建立一个在毛泽东思想指导下，在伟大的毛主席，党中央的领导下的新的革命秩序。这就需要广大革命群众的首创精神。但仅有冲动是不够的，还要有智谋，科学性，你们是科学界的，你们懂得这个。毛泽东思想有最大的科学性，具有最严格的符合无产阶级革命的科学性，要学习我们在军政训练中新介绍的那些文章。我们的科学界在闹革命中不管在就地闹革命还是外出串联，每天都要保证一到两小时学习毛著，无论多忙都要学。对科学家光学习语录不够了。要读全篇。林彪、陈伯达同志的文章也要读。

要向群众学习，我与你们接触学到了不少东西，从这点谈我是你们的小学生。你们也要到群众中去，向群众学习，到社会上去，接触工农，不仅大中学生要与工农结合，科学院的知识分子也要与工农结合，这样，上请教主席著作，下请教工农群众。从实践中来，到实践中去。正确的坚持，错误的改正，实践理论、理论实践，从群众中来到群众中去，毛主席思想精华，一分为二，这一点特别要向科学界同志强调，这就是矛盾，对立统一的思想，所以你们对十七年科学的评价也要做这样分析，不能说漆黑一团，什么都是资本主义、封建主义、修正主义。一句话就把你们问倒了，你们是从那里来的？难道就是文化大革命把你们造出来的呢？很简单一个道理，科学家往往搞不清，既使是张劲夫一小撮、韩光一小撮也要分析，不能都是牛鬼蛇神嘛！要分析，怀疑一切，打倒一切，是不正确的。是无政府主义。必须革命性与科学性相结合。当然，革命性是主导是第一位的。组织纪律性也很重要的。你们要坚持岗位。刚才讲了十六条的十四条，抓革命促生产，这样很好，不能想到什么地方就到什么地方，不能“你管不着”这是无政府主义、分散主义，不符合无产阶级民主集中制，不符合无产阶级民主与集中相结合。六五年毕业生也不能想到什么地方就到什么地方。我们要号召来北京的群众得到原则的答复后就应该立即回到原地去抓革命，促生产，夺权斗爭不可能成为自由座庄、轮流坐庄，这是章伯钧右派的想法，我们不少人头脑中的不是无产阶级思想而是资产阶级思想。当然，领导不健全还可以加强，甚至在大多数同志同意下还可以改组，但绝不搞资产阶级那一套，可见在新阶段中，还是贯穿着思想斗爭。

我说了上面两点供你们参考，要通过你们的实践认识来检查，发现错了，还可以爭论当然最高指示，毛主席书上的眞理是我们一切行动和言论的准则。

周总理一月二十六日在国务院小礼堂召开工交各部革命造反派座谈会上的讲话摘要

关于夺权和当权问题？

现在不是一定要对百分之百走资本主义道路当权派，坚持资产阶级反动路线的顽固分子才夺权。从上海文汇报1月5日发表《告上海市人民书》，我们估计到这必然要起连锁反应，到一月十六日就决策了，到了十七日、十八日就见报，我们估计这是大势所趋。夺权不能都看成全国都是坚持资产阶级反动路线的，走资本主义道路当权派的"三反分子"。那还有什么一小撮，那还有什么区别对待。怎么能把毛主席领导下的长字号看成都是铁板一块。

夺权这个问题，政府部门一般的说，首先是夺取领导文化大革命的权。

当权派有的是搞阴谋的三反分子，反党集团，像彭、陆、罗、杨反党集团，两面派要专案审查；第二类就是十六条说的重点要整的走资本主义道路当权派，坚持反动路线滑过去的，制定了反动路线而不改的也属这类；第三类一般的执行反动路线是内部矛盾，制定反动路线但改过的也可属于这类；第四类已经改了，但有严重错误的；第五，沒有执行反动路线的。

一个支部书记也是当权派。一个科长一个处长也是当权派，科长对那个科是当权派。各级当权派，长字号的都要经过广大群众审查，考查一下，区别对待，进行批评与自我批评。要允许别人申辩，不能都轰一下了事，不能把所有当权派都看成铁板一块。毛主席思想这条红线是通过报纸传播的，难道只有人民日报，解放军报传播了，地方报纸也传播了，当然地方报纸有的地方也有错误。现在人民日报，解放军报内部也有些问题，我们处理方法不同，它们在国际上有很大影响。

因此北京的夺权，要分二步走。一步是夺取文化大革命的领导权，不管是选了文革委员会的，都要夺权。对于业务总是先实行监督，逐步熟悉业务，对长字号的逐步吸收。另外，造反派也要逐步熟习业务，代替老的长字号。过去的人当然也不是全部不要。这是一般的做法。

当然，如果造反派有能力担当起业务，也可以一气呵成，夺二个权。如广播局，他们有中层干部参加造反派。新华社也是这样，这样的单位会逐渐多起来。

另一种，推迟一下，把力量集表起来，还有当权派不是很坏的，这是比较少的。

第三种，现在根本沒有什么业务，如妇联，青年团，红卫兵这样轰轰烈烈搞文化大革命，青年团起不了什么作用。大概分这样三类，一类先夺文化大革命领导权的比较多，夺两个权的比较少。

我们大致归纳起来有这样几类组织形式，你们去创造，我们不能定框框。比如革命造反委员会下面分几个监督小组。如果都夺了，也要抓业务，用政治统帅业务。

对于部长也要区别对待。现在有几种处理方式，如科委的韩光，有反党活动，科学院的张劲夫搞阴谋，这些人罢了官；第二种是撤职留用，定期考察，允许他带罪立功，以观后效。如铁道部吕正操就是采取这个办法，限三个月，如果表现好可以再延期使用。当然，这种人恢复原职是不可能了；第三种停职留用，允许改过自新，在限期之中，一方面让他工作，一方面批判他；第四种是监督留用；第五种是原职不动。

监督留用，停职留用较多；第一、第二和第五种较少。如陈毅外交部长沒有撤职，就是监督留用。业务上留用，一样可以夺权。业务上可以用他们，如果对你们在座的我们来个假设，封个部长，这样让你们摔跤，这不符合毛泽东思想。也许还不止上面五类，由你们在实践中产生，这决不是框框。

现在我再说一下夺权的原则。刚才说了中央各部夺权不一定都是要走资本主义道路的当权派才夺，这样就要辩论很长时间。夺权必定要由眞正的左派来夺，不能由中间派和保守派来夺，那是假夺权，当然假夺权也沒有什么了不起。当然革命造反派也不可能都是左派，也有一些中间派。我们党中央也有左、中、右，这可以起变化，这不仅中国共产党如此，苏联列宁时代的党也是如此，这并不影响十月革命的胜利。所以左派组织里也会有不是眞正的左派，即使是假左派组织里边也有眞左派。这个革命造反派夺权最好大联合，高举毛泽东思想伟大红旗的大联合。夺走资本主义道路当权派的权，夺资产阶级代理人的权，进行全国全面的大夺权。这是最好的一次夺权演习。

我们有五个伟大，伟大的人民经过长期革命斗争，出了我们伟大的领袖，出了伟大的军队，五个伟大集中体现，在伟大毛泽东思想，有了毛泽东思想武装起来的人民，才能实现无产阶级专政下的大民主。我们这样的全国全面大夺权，这在世界上沒有一个国家有过的。一个国家虽然无产阶级掌权，但是有资产阶级腐蚀，就有可能变修正主义国家。有了这次夺权大演习，形成一个群众监督的制度。将来如果发生修正主义纂政的话，我们就可以起来夺权。所以这次大演习，一定要大联合，不能独霸一切，一派独霸一切的是不符合毛泽东思想。难道只有你这派是符合毛泽东思想，别派不符合毛泽东思想？我们青年一定要打破包办代替，这样下去要变成工作组了。你们这样做，我旁观了不说话那我就不对。我们反对工作组包办代替，反对把自己当成诸葛亮，把群众当成阿斗。现在我们也决不能把自己当成诸葛亮，把群众当成阿斗。

左派首先要联合起来，再把各派联合起来，这样才能实现巴黎公社的选举。现在看来，实现巴黎公社选举要由左派推动，团结大多数，孤立最右的，这是符合毛泽东思想的。

大联合的三个前提是：

高举毛泽东思想，拥护毛主席和党的领导；坚定走社会主义道路；遵照十六条和去年十二月的两个十条的决定进行文化大革命。你总要在毛主席的领导下，按照党的方针政策办事吧！不然你就变成三反分子，这个组织不可能是革命的组织。当然，大联合是逐步的，一步一步的。我看现在好像有种理论，革命造反派是少数。革命的思想开始是少数，但不能总是少数，思想和组织是两回事，组织必须是由小到大，由弱到强。组织应该是团结中间，分化右的，孤立极右的。不能总是少数。不能不断地分了合、合了分。这变成三国演义第一句话：天下合久必分，分久必合了。夺权必须走联合到大联合，这是第一个原则。

第二个原则是以本单位的革命造反组织为主，外单位的为辅。本单位的是主要的，革命靠自己嘛！也有本单位革命造反派力量很弱，外单位不去点火夺权，也要被右派夺去。如公安局本身造反派力量很弱，政法学院的造反派就进去夺权。当然，夺了权也还要把本单位的革命群众发动起来，内因才是可靠的。

第三个原则，一个系统的夺权，必须要一个一个单位的来夺。先从部里夺权。

夺权反夺权一定会有的。有的是夺权夺得不那末完全，人家不满意，刚才说的几个原则也不可能你们的夺权完全符合这样，夺得不完全可以加强嘛！改组嘛！加强改组都算一次夺权。我们夺权不要总认为先夺权是眞的，后夺权是假的，不要绝对化。这里有个从下而上问题。夺权反夺权总有个斗争，不要总认为我是延安，你是西安，摆一个公式来套，要照毛泽东思想办事嘛！

关于四清问题：

关于四清中央最近要发一个文件。四清工作是毛主席提出的，要进行一次从上而下的阶级教育。因为有工作队，所以又是由上而下的结合，四清是有成绩的，四清的成绩为这次由下而上的大民主打下了基础。所以四清的工作队不能同去年五月十六日以后的文化大革命工作队等同看待。当然四清工作队也会有缺点错误。

有的四清工作队连下来当了文化大革命工作队，搞了文化大革命，如果工作队在文化大革命中犯了错误，这也要把四清和文化大革命的工作分开，不然，把四清工作队都揪回去，这样几百万人来回不得了。这样一揪，可能你们在座的人、受打击的造反派也要被揪回去，揪走这是不合理的。中央文件下来后，要张贴出去。

关于薄一波问题：（周总理问到经委造反派批判斗争薄一波、陶鲁笳的时候说了下面一段话）

你们批判斗争薄一波、陶鲁笳为什么还沒有展开？抓彭陆罗杨怎么一抓就抓出来，为什么揭露薄一波这么困难。你们工交各部应该深思一下，薄一波管各工交部、工交政治部，工交党委。他抓你们抓的很深，可是为什么各部揭薄一波揭得很少，值得同志们深思。

为什么对薄一波恨不起来。你们现在把余秋里弄得好像比薄一波还坏，这我很难过。其实余秋里刚管几个月，被迫上任的。能在最困难的年代搞出了大庆，总有余秋里一分力量吧！做出成绩不外乎五条：一是毛主席和毛泽东思想的领导；二是工人阶级的努力；三是兄弟单位的支援配合；四是或者还有勘测设计力量的努力；第五至少有个指挥人的努力吧！搞出了大庆，毛主席亲自提出学大庆。余秋里从65年来到小计委，搞了第三个五年计划，两年把三线建设抓出来了，他不但完成了任务，而且工作中有创造，不是吃老本。

当然他在这次文化大革命中压制了群众，犯了错误，但是他是人民内部矛盾，和薄一波问题不同。余秋里是个老实人，已经做了六次检查，心脏病暴发了，幸亏年计划做出来了。所以我呼吁，现在我们需要他，党中央需要他，我们对同志要一分为二，他是部长主任级的标兵，这是主席说过几次要保的，那天主席走到门口还跟我说，"你要赶快去说啊？"我这不是用主席的话压你们。我这个保，决不是个人行动。

薄一波执行反动路线，而且自己充当打手，包庇掩护梁膺庸，打高杨，打张轸，在钓鱼台紧张地抓汇报。在十一中全会上，他觉得这个关很不好过，他的病就来了。薄一波在1959年，1961年反对大跃进疯狂得很，当被揭露后他的病又来了。他就是要想滑掉，想滑是滑不掉的。

陶鲁笳是薄一波的爪牙，薄是确实有些爪牙，其实部长对薄一波的问题知道得很多，你们现在把部长都关得找不到了。如果你们不管自下而上地揭发，我们常委就要召集部长来背靠背地揭发薄一波了。这样你们就要把部长放给我们，揭发了材料，再供给你们。

揪人总不是好办法，有的人学乖了，揪走可以休息几天。也有揪去一连斗几天的，这也不好，我们党是不赞成逼供信的，这样不能触及他的灵魂，谈真实思想。我看最好是揪走了批判完了，就放回来，放在工作岗位上。不然的话一个部长、付部长沒有消息。所以揪人一定要商量一下，打个招呼。我们要呼吁，部长都揪走了，业务怎么搞，你总得给他们个机会，上面说过的当权派，几种用法都可以揪！这样一方面抓业务；一方面批判他，现在是夺权了嘛？

会上，周总理十分亲切地向计委、物委、统计局、经委、石油部、煤炭部、地质部、化工部、一机部的革命造反派谈了话，问了各单位的夺权情况，革命造反派大联合等情况。一机部革命造反联合委员会李老明同志，机院红旗劳少华同志，部直红战联周茂华同志汇报了夺权的革命造反派大联合等情况。

陈伯达同志一月二十六日的讲话

关于下厂的问题，中央抓革命提生产的问题。学生要有计划地下厂，不要一踊而去。现在听说有些厂学生去的过多了，听说有一个厂四千人，去了两千学生，到了车间生产发生问题。

还是按中央规定分期分批下厂。小学和初中学生应该不要下去，下到工厂要退出去。经济主义在这里发生了，下厂补了四毛钱，应该不给这种补贴，下厂本来是参加劳动，向工人学习，结果是为了发财，结果是背道而驰。有一个厂利用国家物资制造匕首，希望他们觉悟，劝告他们不要这么干，匕首要沒收回去。

革命的工人如果不能处理这些事，就不能管理国家大事。但是我不赞成粗暴的办法。对这些小孩要进行教育，不要进行武斗。他们有兴趣的就是搞武斗，他们就迷失了方向，要劝他们回到毛主席的革命路线上来。希望你们好好地做工作。

造反派是讲道理的，对不对？对就写大字报。

要克服小集团主义、宗派主义、个人主义。我们准备在报纸上发表毛主席的一系列文章。《关于纠正党內的错误思想》、《整顿党的作风》，不然的话，革命就搞不好，有小团体主义、小派别主义、个人主义、夺权斗爭就夺不好了。要克服这些，要用毛泽东思想，照顾整个国家利益，照顾大局。

小学初中开学的问题，我们想觉得还是开学好，现在准备。前些时候和小学教员接触，他们有些思想不大对头。他们出来串联，把小学生收回家去，他们的思想出发点不那么对。小学教师要革命，才能教好书，他们不一定非出来嘛！可以就地与工农结合，拜工农为师。这个问题要有中央的正式文件才行。今天对小学问题，还沒有研究好，不久可能要做出规定。

大家提到“联动”，好象我为头痛的问题。对工厂、煤矿都有很大的影响，我要负很大责任。因为我对他们沒有很好做思想工作，他们就不服气，就干他们的。有很多人跟他们说，说不通，大家一起来做工作，劝他把自己当成普通老百姓，不能把自己父亲、母亲的工作做为自己的保符，如果父母有错误，就不应有对抗性情绪，要做他们父母的工作。

国防工业系统和三线的建设，同学们沒有国家的允许，不要去串联，因为国防工厂制造保卫国家的武器，如果随便去冲，就要打乱我们的计划，凡是敌人赞成的事，我们不做。敌人就希望我们国防工业搞得乱七八糟。大家要保卫国防工业，我有个建议，看大家同意不同意。

北京是我们伟大国家的首都，是毛主席所在地。工厂抓革命促生产要做好样板，就不要闹小集团主义，这样对革命不利，对生产不利。抓革命促生产是联系的两个环节，如果生产不好，对革命就不利，看看我说的就是这样一些问题。

陈伯达、江青、王力等同志接见“全国革命造反派出版毛主席著作委员会”筹委会代表的座谈纪要

陈伯达同志说：“有气概，支持你们！”

江青同志说：“好，你们的气魄很大，我们坚决支持你们！”

王力同志说：“你们已经夺了权，就要行使权力！”

一月二十六日下午，陈伯达、江青、王力等同志，在人民大会堂接见了“全国革命造反派出

版毛主席著作委员会”筹委会和人民出版社、农村读物出版社遵义战斗兵团以及北京新华印刷厂职工革命造反团的代表共十五位同志。这是毛主席、党中央和中央文革对全国革命造反派，对全国出版系统革命造反派的最亲切的关怀，最坚决的支持，最巨大的鼓舞！

五点半，王力同志来到山东厅，大家热烈掌握欢迎，王力同志问大家：“你们是造了那个会（指文化部出版局在民族饭店阴谋召开的所谓“全国毛主席著作印制工作会议”）的反了？现在情况怎样？”代表们当即汇报了造反的情况。

五点五十分，陈伯达同志和江青同志来了，全场立即沸腾起来，不断高呼“祝毛主席万寿无疆！”“战无不胜的毛泽东思想万岁！”“毛主席万岁！万岁！万万岁！”

陈伯达、江青同志坐下后，王力同志向他们介绍到会的同志说：“他们是造了那个会的反的同志。”代表同志插话：“那个会是文化部颜金生指挥的。”江青同志说：“颜金生也不是好东西！”

代表们说：“我们已经把出版毛主席著作的大权夺过来了！”江青同志说：“你们夺权夺得好！”

代表们说：“现在我们要联合全国的革命造反派，特别是出版系统的革命造反派，一起大出特出毛主席著作，要使今天的中国成为毛泽东思想的中国，明天的世界成为毛泽东思想的世界。”江青同志听了非常高兴，加重语气地说：“好！你们的气魄很大，我们坚决支持你们！”

陈伯达同志接着说：“有气概，支持你们！”

上海同志讲，上海印刷厂的走资本主义道路的当权派，不叫工人印毛主席著作，每人发给一百元，让他们到北京来“串联”。陈伯达同志说：“这就是经济主义”。江青同志接着说：“这就是破坏生产，破坏革命！”

陈伯达同志和江青同志马上要接见另外一批同志，起告辞。他们再次表示：“我们坚决支持你们！我们感谢你们。”代表们请江青同志向我们最最伟大的领袖毛主席问好。大家尽情高呼“祝毛主席万寿无疆！”“毛主席万岁！万万岁！”

王力同志继续和大家座谈。

王力同志说：“北京、上海出版毛主席著作的大权首先要掌握好。你们已经夺了权，就要行使权力，不一定派人到各地去串联，可以发号召，如果一定要派人去，也不是串联，而是正常的派出工作，行使权力。

“凡是夺了权的地方，如山西，你们就不一定要派人去，而是要把任务交给山西革命造反总指挥部，叫他们承担起来，要他们派主要的负责人来抓毛主席著作出版工作”。

王力同志说：“成立全国革命造反派出版毛主席著作委员会筹委会是可以的。你们要坚决反对经济主义，经济主义是破坏毛主席著作出版的。坚决揭露他们两面派的阴谋。粉碎资产阶级反动路线的新反扑。”

王力同志说：“要对外单位的群众做工作，要争取他们。对中间派、保守派也要做工作，争取他们；反革命、右派是另外一回事。你们气魄很大，要加强核心领导，还要得到群众的支持，你们就一定能够把毛主席著作出好。”

王力同志还谈到革命造反派内部的团结问题。他说：“有的是敌人在挑拨离间，有的是队伍本身不纯，大量的是思想问题，有山头主义、有小团体主义……。从明天开始，《人民日报》要陆续刊登《关于纠正党内错误思想》和《反对自由主义》等文章。大家要好好学习。”

接见于七时零五分在热烈的掌声中结束。

* * * * * * *

陈伯达、江青、王力同志的讲话，给全国革命造反派，给全国出版系统的革命造反派，指出了战斗的方向，增添了无穷的力量。我们一定坚决遵照最最伟大领袖毛主席的教导，“抓革命，捉生产，”彻底粉碎资产阶级反动路线的新反扑，打倒反革命经济主义，实行无产阶级革命派大联合，夺走资本主义道路当权派的权，夺出版毛主席著作这一最光荣、最神圣的权力，大出特出毛主席著作，保证超额完成今年出版八千万套《毛泽东选集》的伟大政治任务。

天津日報

永远忠于党，
忠于人民，
忠于毛主席，
忠于毛泽东思想。

第6417号　1966年9月4日　夏历七月二十　星期日

毛主席接見刚果（布）国民议会议长穆亚比

【新华社北京三日电】毛泽东主席今天下午接见刚果（布）国民议会议长穆亚比·安德烈·乔治和夫人，以及由他率领的刚果（布）议会代表团的成员，同他们进行了亲切友好的谈话。

接见时在座的，有人大常委会副委员长康生和夫人，人大常委会副秘书长连贯。

刚果（布）驻中国大使馆临时代办让·丹尼尔·巴库拉也在座。

★ ★ ★ ★ ★

九月三日，毛泽东主席接見刚果（布）国民議会議長穆亚比·安德烈·乔治和夫人，以及由他率領的刚果（布）議会代表团。

图为毛主席同穆亚比·安德烈·乔治議長（前右四）和夫人（前右三）以及其他刚果（布）貴宾合影。　新华社記者摄

亿万工农兵协同战斗創造新世界
紅卫兵小将革命行动威力震全球

【据新华社北京三日电】我们最敬爱的伟大领袖毛主席在首都接见各地五十万红卫兵和革命师生的喜讯，极大地振奋着全国工农兵群众、革命干部和革命知识分子的革命精神。各地亿万工农兵群众一致表示，一定要最最坚决地支持红卫兵们的革命行动，誓把无产阶级文化大革命进行到底。

"向我们的红卫兵致敬！""向英雄的红卫兵学习！""誓作红卫兵的坚强后盾！"——在全国各地，这已经成为广大工农兵群众的共同口号。

首都广大革命群众这几天正和红卫兵们一起继续横扫"四旧"。北京"二七"机车车辆工厂（原长辛店机车车辆工厂）的一百六十名"二七"老工人，在毛主席再一次会见各地红卫兵和革命师生以后，怀着满腔激情给全市红卫兵小将们写了一封信，欢呼红卫兵的革命造反精神。他们在信中写道：红卫兵小将们的行动，真正把整个世界震动了。我们为有你们这样用毛泽东思想武装起来的革命接班人而自豪。我们和你们一起向世界革命人民宣告：我们永远忠于党，忠于人民，忠于毛主席，忠于毛泽东思想。让帝国主义、现代修正主义和一切反动派在我们面前发抖吧！

在工人阶级最集中的城市上海，许多工厂的工人欢呼英雄的红卫兵在这场斗争中立下了不朽的功勋，并且表示一定要永远地、最坚决地、最热情地支持红卫兵小将们的革命行动。沈阳市东方红副食品商店副政治指导员李素文说：红卫兵的革命行动，使帝国主义、修正主义和各国反动派吓得发抖。我们一定和他们并肩战斗，打出一个崭新的世界来。

昆明百货商店团总支书记、全国著名的女英雄徐学惠听到喜讯后，马上以实际行动来和红卫兵一起闹革命，她带领商店里的一群青年，敲锣打鼓上街宣传十六条。许多革命学生激动地表示，要象徐学惠一样学习好十六条，掌握好十六条，宣传好十六条，把十六条变成无比巨大的物质力量。

"我爱红卫兵，我们贫农下中农有这样一代敢想、敢说、敢干、敢闯、敢革命的革命接班人而骄傲。"山西昔阳县大寨大队党支部书记陈永贵的这几句话，代表了我国广大贫农下中农热爱红卫兵的共同心情。陈永贵在他写的题为《我爱红卫兵》的文章中，热情赞扬红卫兵在短短几天里就用革命的扫帚，把"四旧"扫得落花流水，用革命的千钧棒，把一切剥削阶级的威风打倒在地。全国大寨式先进单位、河北省平山县宅北公社南滚龙沟大队党支部副书记李双锁说：红卫兵革命小将们破旧立新的革命行动规模大，声势猛，大长了无产阶级的革命志气，大灭了剥削阶级的威风，真是大快人心。

人民解放军的指挥员和战斗员们，对有红卫兵这样一支可靠的后备军感到无限自豪。共产主义战士刘英俊生前所在连队的干部和战士们说，无产阶级文化大革命是共产主义运动史上的一个伟大战役。有伟大的统帅毛主席指挥我们向旧世界冲击，有红卫兵们带头冲锋陷阵，我们一定能够取得这个战役的伟大胜利。

根据广大群众要求，经中共中央批准
《毛泽东选集》简体字横排本将出版
人民出版社已把大批紙型陆续发往全国各地，开始大量印行

【新华社北京三日电】人民出版社根据广大群众的要求，经中共中央批准，决定出版的《毛泽东选集》简体字横排本，已经完成制版任务。大批纸型已经陆续发往全国各地，开始大量印行。

新排本的排校制型工作，得到北京、上海有关出版、印刷和制型单位广大干部和工人的大力支援，在短短两个月内就胜利完成了这项光荣的政治任务。

毛主席人民战争思想武装的民兵
政治质量空前提高战备思想加强

林彪同志的《人民战争胜利万岁》发表一年来，解放军许多部队积极帮助民兵学习毛主席人民战争思想，广大民兵正以百倍的信心，百倍的警惕，随时准备配合部队消灭美帝侵略者及其帮凶

【新华社北京三日电】中国人民解放军许多部队，近一年来积极帮助民兵学习毛主席人民战争思想，使广大民兵政治质量空前提高，反侵略战争的思想准备日益加强，正以百倍的信心，百倍的警惕，随时准备配合部队把胆敢突然袭击我国的美帝国主义及其帮凶全部消灭在人民战争的汪洋大海里。

去年九月，林彪同志的《人民战争胜利万岁》一文发表后，许多部队把帮助民兵学习毛主席人民战争思想，作为自己的重要任务。他们有的在驻地组织辅导站，指战员和民兵们一起学习毛主席的人民战争思想，学习林彪同志的《人民战争胜利万岁》；有的派出干部到民兵组织中蹲点，在民兵中培养学习毛主席著作和人民战争思想的辅导员。还有些部队开赴偏僻的山区，用人民战争思想武装广大民兵的头脑，从根本上加强了民兵建设。

学习中，战士和民兵都结合国内外阶级斗争形势，结合战备，大谈人民战争思想的伟大战略意义和国际意义，大讲人民群众在战争中的伟力和主力军、地方军与民兵三结合的强大战斗威力。当美帝国主义在越南把侵略战争上升到一个新的更严重的阶段时，当无产阶级文化大革命的号角传遍边疆和海岛时，战士们就和民兵一起学习毛主席有关帝国主义本性的论述，关于阶级和阶级斗争的论述，关于"枪杆子里面出政权"的论述等，使广大民兵充分认识到，在社会主义革命和社会主义建设时期，民兵是对外防御帝国主义侵略，对内巩固无产阶级专政的工具之一。四川某部战士组织民兵学习掌握枪杆子的重要性时，同民兵一起大讲过去无枪的苦难史，夺枪的斗争史，有枪的幸福史。民兵们纷纷表示，牢记阶级仇，紧握手中枪，保住印把子，永做革命派。北京、广州、济南、沈阳、昆明、武汉等许多部队，为了使广大民兵进一步理解"*战争的伟力之最深厚的根源，存在于民众之中*"，还请老干部、老赤卫队员、老民兵讲革命战争年代武装斗争的故事，使大家进一步认识到毛主席人民战争思想是战胜美帝国主义及其帮凶的最有效的法宝，实行全民皆兵，是什么力量也打不破的铜墙铁壁。

广大指战员在和民兵一起学习毛主席人民战争思想的过程中，十分注意带着问题学，活学活用，及时解决各种活思想和民兵工作中的问题。曾经在炮击金门中发挥过巨大作用的大嶝、小嶝岛上的民兵，有的曾一度认为解放军越来越强大，民兵的作用可能不会象以前那么大了。岛上部队和民兵组织抓住这一活思想，组织大家学习毛主席语录："*我们不但要有强大的正规军，我们还要大办民兵师。这样，在帝国主义侵略我国的时候，就会使他们寸步难行。*"狼牙山五壮士当年所在的七连，到山区帮助民兵搞训练时，有的民兵在人和武器的关系上，对武器看得太重，在政治和技术的关系上，对军事技术过于重视。七连战士们一方面组织大家学习毛主席关于政治是统帅，是灵魂，政治工作是我军的生命线等论述；一方面用狼牙山五壮士的事迹向大家说明，最好的武器，不是飞机、大炮，不是原子弹，是毛泽东思想；最大的战斗力，是用毛泽东思想武装起来的人，是勇敢，不怕死。从而大大提高了民兵们的无产阶级觉悟和学习毛主席著作的自觉性。民兵们说：解放军给我们送来了毛主席人民战争思想，这是对我们最大、最好、最根本的帮助。他们以毛主席人民战争思想为指针，加强了"三落实"的工作，决心同全国解放军和民兵一起，消灭一切胆敢来犯的敌人。

1966年9月4日 星期日 天津日报 ·2·

人民的革命战略必将战胜美帝的反革命战略

——为纪念林彪同志《人民战争胜利万岁》一文发表一周年而作

东 明

一年以前，林彪同志发表了《人民战争胜利万岁》这篇著名的文章。这篇文章，对毛泽东同志的人民战争的理论和战略思想作了全面的、系统的、深刻的分析，给全世界革命人民提供了反对帝国主义和现代修正主义的强大思想武器。它沉重地打击了美帝国主义及其走狗的威风，大大鼓舞了各国人民争取自由解放的斗志。这篇文章的发表，具有极其伟大的历史意义和国际意义。

目前全世界百分之九十以上人民同美帝国主义之间进行的大搏斗，是一场决定世界前途的革命与反革命的决战，是社会主义同资本帝国主义两种制度的决战，也是以人民战争为基础的毛泽东同志的革命军事战略，同以唯武器论为基础的帝国主义的反动军事战略的决战。

一切反动派，包括美帝国主义在内，他们所从事的战争是反人民的。他们在战争中不能依靠人而只能依靠武器，因此就必然要片面地夸大和迷信武器的作用。这种唯武器论，决定了他们在战争实践中的强权主义、机会主义和实用主义的态度。他们总是见可而进，知难而退，欺软，硬的怕。你软他就硬，你硬他就软。你越怕他，他越威风，越要得寸进尺；你越不怕他，坚决同他斗，他就毫无办法。他们的剥削阶级本性，常常使他们利令智昏，不愿意也不可能正确估计客观的力量对比，认识战争的发展规律。他们在战略决策和战争指导上不能不是主观唯心主义的。他们总是过高地估计自己的力量而过低地估计人民的力量，犯下一个又一个无法挽回的错误，而且永远也无法改正这些错误。

美国这个最大的军事帝国主义，二十一年来，生产和储备了大量的核武器。它利用自己庞大的经济力量和现代科学技术，拼命发展杀人武器，同时也就在军事思想上，集唯武器论、强权主义、实用主义、机会主义和主观唯心主义之大成。第一个造出了核武器的美帝国主义，在军事思想上完全成了核武器的奴仆。第二次世界大战以后，美国的军事战略虽然几经变化，但是依靠核武器进行核讹诈，却是始终如一，贯串于每一个军事战略之中。美帝国主义唯武器论的军事思想之荒谬和可笑，超过了历史上以及和它同时代的一切反动派。

美帝国主义在二十一年前造出第一颗原子弹之后，他们满以为"从今以后，使用或威胁使用具有大规模毁灭性的原子武器"，就足以保证美国在世界的霸权了。但是，中国革命的胜利，朝鲜抗美战争的胜利，当前越南抗美战争的胜利发展，以及亚洲、非洲、拉丁美洲许多国家革命斗争的胜利发展，都宣告了美帝国主义以核讹诈为基础的反革命军事战略的破产。

一九五九年，在美国第一颗原子弹爆炸之后的十四年，华尔街的忠实奴仆泰勒将军终于发现了这种"原子武器能决定一切"的概念是一种"大错特错的见解"，并且提出了"灵活反应"战略，作为美帝国主义的救命药方。泰勒虽然看到了主要依靠战略核武器的"大规模报复"战略的错误，但是，他所提出的新战略也还是建立在唯武器论的基础之上的，还是依靠所谓"海空优势"、所谓"高效率的常规武器"等等武器优势，而且仍然是以核战争的威胁作为这种新战略的支柱和后盾。因此，这种战略一遇到不怕天，不怕地，不怕苦，不怕死的革命人民，就只好一筹莫展了，就再也无所施其技了。

至于最近两年出笼的，为"灵活反应"战略打强心针的"逐步升级"战略，就更是离不开核讹诈和核威胁，完全是一种赌棍、流氓耍无赖的战略，是一种十足的机会主义、实用主义的战略。它的特点是，既要大叫大嚷扩大战争，挥舞着核武器吓人，又生怕一旦战争扩大起来，闯出大乱子，局势不好收拾。它既讲上梯子，也讲下梯子，一旦扩大战争对它不利，或者对方不吃这一套，它也可以来一个"光棍不吃眼前亏"，编一个"保全面子"的话头，自己下楼梯。这就十足地暴露出了它外强中干的纸老虎本质。

中国和各国革命人民同美帝国主义及其走狗进行长期搏斗的经验证明，毛泽东同志创造的人民战争的革命军事战略，是被压迫人民战胜一切敌人的唯一正确的致胜战略。

毛泽东同志的人民战争的军事战略思想，是建立在彻底的历史唯物主义和辩证唯物主义的基础上的。人民是创造世界历史的动力，这是马克思主义的一条根本原理。毛泽东同志创造性地运用这个原理于战争，认为武器在战争中有其重要的作用，但不起决定的作用，决定战争胜负的根本因素是人而不是武器。革命战争是群众的战争，只有动员群众、依靠群众，才能进行战争和赢得战争。

从这一指导思想出发，我们认为，最好的武器不是飞机、大炮、坦克、原子弹之类的杀人玩艺，而是毛泽东思想；最大的战斗力不是任何新式武器的威力，而是用毛泽东思想武装起来的觉悟了的人民。

从这一指导思想出发，我们对任何强大的敌人，都能够在战略上藐视之，而在战术上重视之；能够最正确地估计敌我力量的对比，最巧妙地利用敌人内部的一切矛盾；能够最大限度地实行军队和人民的结合，最大限度地调动人民群众的积极性，实行战略上的以一当十和战术上的以十当一，灵活机动地避敌之长而击敌之短；能够集中优势兵力打歼灭战，把敌人分割开来一口一口吃掉；能够充分发挥战士和人民群众的智慧，越打越有办法，越打越有经验，越打越聪明，越打越强大，直到从根本上改变敌我力量对比而彻底全部干净地歼灭之。

这种革命的军事战略一旦为人民所掌握，同群众相结合，就成为无敌的力量，就必将最后埋葬美帝国主义及其一切走狗，而使被压迫人民赢得真正的解放。

同一切反动派的预料相反，核武器的出现，并不能挽救唯武器论的破产。越是面对着帝国主义的核战争威胁，革命的人民战争就越是大放异彩、大显身手。当前越南人民正在胜利进行的抗美战争，给我们提供了一个"弱者"能够战胜"强者"的新的范例，提供了一个人民能够依靠人民战争打败美帝国主义的反人民战争的最活生生的榜样。

正如林彪同志在《人民战争胜利万岁》中所指出的："人民战争是对付美帝国主义及其走狗的最有效的法宝。全世界革命人民，都将学会用人民战争来对付美帝国主义及其走狗，都将从没有武器到拿起武器，从不会打仗到学会打仗，从不善于进行人民战争到善于进行人民战争。美帝国主义这只到处乱闯的野牛，终将在它自己点燃起来的人民战争的烈火中被烧成灰烬。" （原载三日《人民日报》，新华社发）

印尼继续恶化两国关系疯狂逼迁华侨无理驱逐华侨校长

我最强烈抗议印尼政府法西斯暴行

我照会指出，印尼政府是破坏中国和印尼两国关系的罪魁祸首。同时正告印尼政府：中国政府派船接回受害华侨，是世界公认的权利，我们绝不会对成千上万受迫害华侨的命运置之不顾，我们不达到接回他们的目的，决不罢休

【新华社北京三日电】 雅加达消息：中国驻印度尼西亚大使馆八月三十一日照会印度尼西亚外交部，就北苏门答腊亚齐地

照会向印度尼西亚政府提出了四点紧急要求：

一、立即停止在亚齐和印度尼西亚各地驱逐和迫害华侨的罪行，制止事

岸为例，揭露在这次逼迁中华侨被极端严重迫害的情况。这个地方的华侨被强迫集中监禁在一所学校中，从七月三十日到八月

动，是几个月来一系列迫害华侨暴行的高峰，是印度尼西亚右派反动势力排华阴谋的大暴露。照会又以亚齐省首府班达·亚齐

度尼西亚大使馆九月一日照会印度尼西亚外交部，对印度尼西亚政府在西爪哇、苏门答腊、加里曼丹等地无理驱逐华侨学校校

生在印度尼西亚，许多人早已获得了永久居留的权利。他们执有合法证件，并一贯遵循印度尼西亚政府外侨教育监督部门的规定，从事华侨学校的教育行政工作，对培养服务于当地的各种人材，对中国和印度尼西亚两国人民之间的文化交流，作了积极的贡献。他们的辛勤工作和友好态度一向为当地公众人士所赞许。印度尼西亚政府有什么理由剥夺他们居留的合法权利呢？

照会指出，印度尼西

简明新闻

美国接连爆发黑人暴力斗争

连日来，美国中西部接连爆发黑人暴力自卫斗争，在俄亥俄州的戴顿市，为了抗议白人种族主义者在八月三十一日深夜无端枪杀一名黑人，数百名黑人群众涌上街头示威；他们用石块、砖头和自制燃烧瓶作为武器同前来镇压的武装警察英勇搏斗。在芝加哥东北的本顿港、杰克逊市（密执安州）也发生了暴力斗争。

部，就北苏门答腊亚齐地区大规模逼迁华侨的暴行表示无比的愤慨，并向印度尼西亚政府提出最强烈的抗议。

照会指出，居住在亚齐地区各埠的华侨，由于受到惨无人道的迫害和逼迁，已经有三千一百多人流落在北苏门答腊首府棉兰。他们在八月二十九日从棉兰写紧急信件给印度尼西亚政府外交部长，对这一暴行提出了申诉，并将这封信件的副本送给中国大使馆。

照会以中亚齐的打京

迫害华侨的罪行，制止事态的继续扩大；

二、迅速解决已集中在棉兰的受难华侨的食宿问题，供应必要的医药和治疗，保障他们的人身安全，并允许他们在当地谋求生计；

三、赔偿受难华侨所遭受的一切财物损失；

四、派船遣送受难华侨返回中国或立即就中国派船接侨进行谈判，使受难华侨能最迅速地返回自己的祖国。

中，从七月三十日到八月三日，一连五天四夜。暴徒对被捕华侨进行疲劳审讯，恣意拷打。当地军政当局拒不制止这种暴行。由于地方当局协同暴徒进行百般胁迫，华侨生活于恐怖之中，生命安全得不到保障，不得不被迫离境。受难华侨流落到棉兰后，棉兰的右派势力和蒋匪特务马上展开活动，继续迫害他们，并阻挠他们返回祖国。

照会指出，亚齐地区这次大规模逼迁华侨的活

以亚齐省首府班达·亚齐的情况为例，揭露了这个阴谋。照会指出，这个地方的华侨从四月初到八月中，一直处于紧张和恐怖的气氛之中。印度尼西亚当局和暴徒迫害华侨手段狠毒，作法卑劣，从非法扣押、审讯、敲榨、勒索、侮辱、恐吓、绑架、殴打、骚扰、破坏以至最后逼迁，无所不用其极。暴行的直接指挥者包括第一军区司令。“卡比”（“印度尼西亚青年学生统一行动组织”）暴徒是直接执行者。蒋匪帮分子是印度尼西亚右派的公开和最得宠的助手。蒋匪帮分子在五月初组成的所谓“效诚委员会”，附设在班达·亚齐的防卫司令部内。

照会强调指出，印度尼西亚当局几个月来在亚齐地区的所作所为，是赤裸裸的法西斯匪盗行为，它的排华暴行，比之南非最残酷的种族主义有过之无不及。

中国大使馆在照会中正告印度尼西亚政府：“中国政府派船接回受害华侨，是世界公认的一个主权国家不容剥夺的护侨权利，我们绝对不会对成千上万受迫害华侨的命运置之不顾，我们不达到接回他们的目的，决不罢休。”

【新华社北京三日电】 雅加达消息：中国驻印度尼西亚大使馆九月一日照会印度尼西亚外交部，对印度尼西亚政府在西爪哇、苏门答腊、加里曼丹等地无理驱逐华侨学校校长提出严重抗议，指出这是极其反动无理的排华措施，是继续恶化两国关系的又一新步骤。

照会说：“大使馆严正要求印度尼西亚政府，立即停止对华侨学校校长和其他华侨的迫害，立即撤回驱逐华侨学校校长的命令，保障他们的居留权利和人身安全不受侵犯。”

照会指出，自六月下旬以来，西爪哇、苏门答腊、加里曼丹等地的移民厅，勒令当地的一些华侨学校校长和家属在限期内离开印度尼西亚。当有关的校长质问被驱逐的理由时，这些移民厅官员无辞以对，只说：“这是奉上级的命令行事”。

照会指出，各地华侨学校的校长长期在印度尼西亚居留，其中有些人出

和友好态度一向为当地公众人士所赞许。印度尼西亚政府有什么理由剥夺他们居留的合法权利呢？

照会指出，印度尼西亚政府是破坏中国和印度尼西亚两国关系的罪魁祸首，业已受到全世界正义舆论的同声谴责。

照会指出，印尼当局的这种行为，“违背了最起码的国际关系准则，只能再次表明你们十分虚弱，只有靠法西斯的霸道混日子。”

照会指出，华侨学校校长向移民当局陈述困难，要求收回成命，并表明除非印度尼西亚政府负责遣送，自己无法自费回国，所有这些都是十分合情合理的要求，理应受到印度尼西亚政府的重视和考虑。

照会最后指出，“如果印度尼西亚政府一意孤行，绝对推脱不了由于采取这一措施所应承担的全部责任。”

北京国际乒乓球邀請賽单項比賽接近尾声

我选手实际已取得男女单打冠亚军

【新华社北京三日电】 一九六六年北京国际乒乓球邀请赛五个单项的比赛今天接近尾声。中国选手实际上已取得这次邀请赛的男子单打和女子单打的冠、亚军。

今天举行的女子单打半决赛，是在三名中国选手和一名日本选手之间进行的。其中林慧卿对日本攻击型选手山中教子的一场比赛，引起了观众的极大兴趣。林慧卿在比赛前重温了毛主席有关革命英雄主义的教导，因此上场后斗志旺盛，越战越勇，再一次显示了过硬的削球功夫。两人一交手，林慧卿稳削对方的两角，并且经常突然起板反击，从而控制了整个战局，使山中发挥不出快速侧身扣杀的特长。山中失掉两局后，曾一度试图改变拉攻为短搓，但是仍然扭转不了被动局面。比赛结果，林慧卿以二十一比十三、二十一比九、二十一比十四轻取三局。另一场女子单打半决赛结果是：李力以三比零赢了郑敏之。山中教子和中国的郑敏之并列女子单打第三名。

今晚在四名中国选手之间展开的男子单打比赛，也十分精彩。比赛结果李富勇以三比一胜周兰荪；庄则栋以三比〇胜苏国熙。庄则栋和李富勇将在明天进行男子单打冠亚军决赛。周兰荪和苏国熙并列第三名。

今天还举行了男、女单打安慰赛。

美舰美机侵入我领海领空

我提出第四一一次严重警告

【新华社北京三日电】 九月三日四时三十二分至五时二十二分，美国军舰一艘，侵入我广东省担杆列岛东南地区领海。同日十时零六分至十时零九分，美国军用飞机一架，侵入我广东省海南岛文昌县东北地区领海上空。同日八时十三分至八时二十二分和十二时三十四分至十三时零二分，美国军用飞机各一架，先后侵入我广东省西沙群岛的东岛、永兴岛地区领空。对于美国军舰和军用飞机的这种军事挑衅，我外交部发言人奉命提出第四百一十一次严重警告。

争，在俄亥俄州的燕顿市，为了抗议白人种族主义者在八月三十一日深夜无端枪杀一名黑人，数百名黑人群众涌上街头示威；他们用石块、砖头和自制燃烧瓶作为武器同前来镇压的武装警察英勇搏斗。在芝加哥东北的本顿港、杰克逊市（密执安州）也发生了暴力斗争。

印度又搬出叛匪达赖进行反华

印度反动政府在美帝国主义的指使下，最近又把它们长期豢养的西藏叛匪头目达赖指出来，大肆进行反华活动。叛国分子达赖八月二十六日开始，到中印边境的印占克什米尔地区的列城活动四天。据报道，达赖此行目的，是妄图煽动当地居民反华，“遏制”中国的影响。

西德加紧对外进行经济扩张

西德垄断资本加紧对外经济扩张。据西德经济部最近发表的数字，从一九五〇年到一九六五年期间，西德以所谓“开发援助”为名，总共拿出二百三十三亿马克向亚洲、非洲和拉丁美洲国家进行经济渗透。

美帝继续在南越撒放化学毒药

美帝国主义不顾世界人民的强烈谴责，最近继续在越南南方迪石省和广义省撒放化学毒药，残杀无辜人民。

我红十字会捐款救济土耳其灾民

中国红十字会三日打电报给土耳其红新月会，对八月十九日土耳其东部地震时的死难者表示哀悼，同时捐款人民币三万五千元救济受灾人民。

黎工人举行罢工要求增加工资

黎巴嫩工人和职员最近以来不断举行罢工，要求增加工资和改善工作条件。约二千六百名电力工人和职员九月一日举行罢工，二日继续罢工，抗议黎巴嫩政府违反给他们增加工资百分之十的诺言。

北大西洋集团举行军事演习

美国控制的北大西洋集团不顾挪威人民要求摆脱这个侵略性军事集团的日益强烈的情绪，一日开始在挪威北部举行军事演习。参加这次演习的外国士兵中，大部分是美国和英国的士兵。

南泥湾、亦工亦农

世界见闻（7、8号）国际民兵

列宁在一九一八

南方少年

区委书记

苦菜花

“特快”列车

胜利在望

红色邮路

二十中学	即日起改名为	“八·一八”要武中学
二十一中	即日起改名为	反帝战校
二十二中	即日起改名为	紅旗軍校
二十九中	即日起改名为	解放中学
天津冶金工业学校	即日起改名为	卫东鋼校
西康路中学	即日起改名为	白求恩农医学校
新大路中学	即日起改名为	革命中学
西湖道中学	即日起改名为	东方紅四中
卫津路中学	即日起改名为	东方紅八中
贵阳路中学	即日起改名为	延安一中
咸阳路中学	即日起改名为	延安继中
何兴庄中学	即日起改名为	紅卫一中
成都道中学	即日起改名为	东风中学
四合庄中学	即日起改名为	代代紅中学
建筑工程职校	即日起改名为	共产主义建筑学校
咸水沽一中	即日起改名为	天津紅卫兵战校
无线电半工半读工业中学	即日起改名为	抗大紅卫战校

天津市公私合营新光渔网厂即日起改名为天津市紅旗网厂

天津市公私合营恒源毛纺织厂改名为天津市第一毛紡織厂

河北省河北宾馆即日起改名为河北工农兵宾館

紅艺兵京剧团 地点紅卫兵剧场 今明日 沙家浜

电台广播要目

天津电視台

地址：天津市鞍山道66号 电报挂号：5887

本报今日四版

天气预报 4日8时——5日8时 白天：多云间晴 风向：偏南 风力：2—3级 夜间：晴间多云 风向：东南 风力：1—2级 温度：最高：22度—24度（摄氏） 最低：15度—17度（摄氏）

天津日报　1966年9月4日　星期日

毛主席人民战争思想是我們克敌制胜的根本

天津警备区干部战士学习林彪同志《人民战争胜利万岁》，决心当国内外革命促进派，为彻底埋葬美帝国主义贡献力量

【本报訊】林彪同志《人民战争胜利万岁》的文章发表一年了，最近天津警备区政治部组织了部分干部、战士座谈了一年来学习这篇文章的收获，深入系统地学习了毛主席人民战争思想。大家进一步体会到，人民战争这个克敌制胜的法宝，是伟大的毛泽东军事思想的核心，是我们赢得革命胜利的根本，也是我们对付帝国主义和一切反动派侵略的最雄厚、最可靠、最牢固的基础。广大干部、战士经过学习，坚定了实行人民战争定能打败任何敌人的信心，个个意气风发，斗志昂扬，发扬我军吃大苦、耐大劳、勇敢善战、一不怕苦、二不怕死的革命精神，为争取世界被压迫人民的解放，为彻底埋葬美帝国主义贡献自己的一切力量。

帝国主义的本性永远不会改变

五好战士**馬永兴**说：一年来，我反复地学习了毛主席人民战争思想和林彪同志《人民战争胜利万岁》的文章。通过学习，我深深地认识到，美帝国主义的本性是永远不会改变的。正如毛主席指出的："捣乱，失败，再捣乱，再失败，直至灭亡——这就是帝国主义和世界上一切反动派对待人民事业的逻辑，他們决不会违背这个逻辑的。"

目前，美帝国主义又把侵略越南的战争发展到一个新的极其严重的阶段，把侵略战争升级再升级，并准备把战火扩大到整个印度支那和我国的领土上，各国反动派也积极配合美帝国主义，在我国周围建立一个反革命的军事包围圈，把侵略矛头对准了我国。事实说明：美帝国主义比当年的希特勒更加疯狂，更加毒辣。我们要努力学习毛主席人民战争思想，提高警惕，加强战备，做好打仗的思想准备，准备对付敌人早打，大打，打核战争，打各种战争，在几条战线上打。

决定战争胜败的是人而不是武器

干事**席树业**说：学习了林彪同志《人民战争胜利万岁》这一伟大著作后，使我进一步认识到，决定战争胜败的是人而不是武器这一真理。毛主席教导我們："武器是战争的重要的因素，但不是决定的因素，决定的因素是人不是物。"几十年来的中国革命和世界人民革命斗争史，充分证明了毛主席这一英明正确的论断。想当年，德意日法西斯是何等嚣张！蒋介石匪帮在美帝国主义援助和支持下发动全面内战的时候，是何等嚣张！美国侵略者在侵朝战争中，又是何等猖狂！但是，最后还不是都被我们一个个打得落花流水！

历史的事实是这样，当前的现实也无一不是这样。二十年来，美国侵略者尽管花了成百上千亿美元，大造其原子弹、氢弹，但是，它并没有也永远不能吓倒世界各国的革命人民，它并没有也永远不能阻挡亚洲、非洲、拉丁美洲各国人民革命斗争的发展和取得最后胜利。今天英雄的越南人民，正以劣势装备战胜着优势装备的美国侵略者，就是最好的证明。

为什么我们能够以劣势装备战胜武装到牙齿的敌人呢？其根本原因，就在于我们有党和伟大领袖毛主席英明正确的领导，我们进行的是正义的革命战争，因而能够最广泛地动员人民、依靠人民、武装人民，充分发挥人的因素的作用，实行了毛泽东同志所制定的一整套人民战争的战略战术。胜利必将属于为正义而战的革命人民。

牢固地树立打歼灭战的思想

参谋**張福业、狄月起**说：毛主席关于"你打你的，我打我的；打得赢就打，打不赢就走"的四句话，是人民战争的战略、战术的高度概括。其基本精神就是在人民战争的基础上打歼灭战，以我之长，击敌之短，趋利避害，力争主动。要正确处理走和打、局部和全局、得和失、暂时和长远等关系。在思想和行动上，要机动灵活，你发挥你的优势，我发挥我的优势；你有你的一套打法，我有我的一套打法；你打我时，叫你打不到，摸不着，我打你时，就要打上你，打准你，吃掉你。所以我们要天不怕地不怕，敢于诱敌深入，大胆穿插，迂回包围敌人；集中兵力歼灭敌人有生力量；要敢于二百米内过硬，敢于刺刀见红，发扬我军夜战、近战的特长。有了打歼灭战这条红线，我们就能更好地领会毛主席的战略战术思想。

突出政治、加强民兵工作、搞好人的思想革命化

干事**馬强**说：毛主席说："革命战争是群众的战争，只有动员群众才能进行战争，只有依靠群众才能进行战争。"历史证明，在毛主席人民战争思想光辉照耀下，充分发动群众，动员群众，用毛泽东思想武装广大民兵的头脑，在我国革命战争中取得了一次又一次的胜利。所以，在民兵建设中必须抓住突出政治这一根本，在民兵中掀起活学活用毛主席著作的高潮，用毛泽东思想武装人民的头脑，大办民兵，使广大民兵深刻认识到，人民战争是战胜美帝国主义和一切反动派的法宝。我们要坚决地贯彻毛主席关于民兵工作要做到组织落实、政治落实、军事落实的指示，把我国的国防力量建设成为真正的铜墙铁壁，敌人从哪里来，我们就在哪里彻底消灭它！

滔滔长江后浪推前浪　老紅軍高度……

【据新华社北京三日电】人民解放军许多部队的红军老战士，满怀革命激情，高度赞扬在无产阶级文化大革命中充当急先锋的红卫兵的革命行动，热烈欢呼红卫兵小将们破"四旧"立"四新"所创建的伟大功勋。他们表示，要把老赤卫队员们敢于斗争、善于斗争的革命造反精神发扬光大，永葆革命的青春，坚决做红卫兵们的坚强后盾，和革命小将们一起，以毛泽东思想为指针，认真地、全面地、彻底地、不折不扣地贯彻执行十六条，夺取无产阶级文化大革命的彻底胜利。

曾经跟随毛主席南征北战的许多红军老战士同声欢呼红卫兵小将们的无产阶级革命造反精神好得很，赞扬他们是在毛泽东思想哺育下成长起来的天不怕、地不怕的革命闯将。某部红军老战士周昌举说，用毛泽东思想武装起来的红卫兵小将们，以排山倒海之势，雷霆万钧之力，荡涤旧社会遗留下来的污泥浊水，正像当年工农红军向着反动派开

我市红卫兵决心以解放军为榜样活学活用毛主席著作

认真全面彻底不折不扣地贯彻十六条

【本报訊】全市广大红卫兵和革命的青少年，在我们最最敬爱的伟大领袖毛主席接见五十万红卫兵和革命师生的巨大鼓舞下，决心以解放军为榜样，活学活用毛主席著作，用毛泽东思想做指南，把无产阶级文化大革命

的阶级感情，带着问题，抓紧时间学习毛主席著作。很多红卫兵坚持天天读，天天学，活学活用。他们认为，只有以毛泽东思想做为指南，才能取得无产阶级文化大革命[illegible]说，十六

也是这样。武斗只能触及皮肉，文斗才能触其灵魂。只有文斗，进行充分揭露，深刻批判，才能彻底暴露他们的反革命面貌，才能把他们最大限度地孤立起来，才能

在大风大浪中前进，永远做毛主席的好学生、好战士，誓把无产阶级文化大革命进行到底！天津医学院、抗大天津附中等许多学校的红卫兵和革命学生都表示，有伟大

短短二十天时间里，三次和首都及来自全国各地的革命群众见面，最有力地说明了毛主席最相信群众，最支持群众，最热爱群众，最尊重群众的首创精神。他们牢记着毛主席的教导

贊揚紅卫兵小将革命行动

喜看一代新人在成长

战一样，"横扫千军如卷席"，真是大快人心！我们热烈欢呼红卫兵小将们创立的伟大功勋。我这个当年的老赤卫队员，衷心地向他们致敬，向他们学习！某部曾在三十九年前参加过农民暴动的老赤卫队员胡孝武说，三十多年前，我们在毛主席的英明领导下，大造国民党的反，推倒了压在中国人民头上的三座大山，建立了新中国。今天，红卫兵小将们的这种革命造反精神，正是老一辈革命者的革命造反精神的继承和发扬。有了这种革命精神，就一定能砸烂封建主义的残余，消灭资本主义的毒菌，斩断修正主义的老根。我们坚决作他们最坚强的后盾。某部一九二九年参加工农红军的冉光普说，红卫兵小将们真不愧为毛主席的好学生，好战士，我们这些老红卫兵，全力支持红卫兵小将的革命行动，一定虚心向小将们学习，永葆革命的青春，同小将们一起，彻底砸烂旧世界，建立崭新的无产阶级的新世界。

许多红军老战士从他们跟随毛主席闹革命的亲身经历中得出一个共同的结论，毛主席的话句句是真理，毛主席指引的道路是胜利的道路，毛主席制定的政策是我们的生命线。在文化大革命运动中，这些红军老战士们更加努力活学活用毛主席著作，并且通过各种形式勉励革命小将们在斗争中活学活用毛主席著作，用毛泽东思想武装头脑，在斗争中学会斗争。某部红军老战士罗有德晓得自己的女儿在学校里参加了红卫兵，并改名叫罗继红，他高兴地把自己读过的一套《毛泽东著作选读》赠给女儿，他对女儿说：继红，就是要继承毛泽东思想，高举毛泽东思想伟大红旗。希望你好好读毛主席的书，听毛主席的话，照毛主席的指示办事，做毛主席的好学生。女儿接过这部宝书后，激动地表示决心说：我一定响应毛主席的伟大号召，在游泳中学会游泳，在斗争中学会斗争，在文化大革命中做闯将，当尖兵，把文化大革命进行到底。

进行到底。

红卫兵和革命青少年们表示，毛主席这样亲切关怀我们，这样热情支持我们，这是我们最大的幸福，这是我们胜利的最根本保证。我们一定要在斗争中活学活用毛主席著作，认真地、全面地、彻底地、不折不扣地贯彻执行十六条；一定要分清敌我，团结大多数，明确打击重点；一定要学习解放军，敢于斗争，敢于革命，善于斗争，善于革命，让无产阶级文化大革命的烈火烧得更旺。很多学校的红卫兵带着强烈

十六条是毛主席亲自主持制订的，一定要努力学习它、熟悉它、掌握它、运用它。天津师范学院许多革命学生学习了林彪同志、周恩来同志的讲话，联系实际，深深感到只有不折不扣地按十六条办事，才能取得无产阶级文化大革命的彻底胜利。王宝芬说，过去对要文斗不要武斗的精神领会不深，经过学习，现在认识到，我们一定要按照毛主席的教导，要用文斗，不用武斗。不要动手打人。斗争那些走资本主义道路的当权派，斗争那些地、富、反、坏、右分子，

津市造纸工业公司半工半读中等技术学校、延安半工半读红专学校的革命学工说：毛主席接见红卫兵和革命师生，是对我们革命青少年的无限关怀，是对我们革命青少年的殷切希望。毛主席相信我们自己能够解放自己，我们一定不辜负毛主席对我们的希望，决心以毛泽东思想做为无产阶级文化大革命的指南，大学解放军，发扬敢想、敢说、敢干、敢闯、敢革命的无产阶级革命精神，坚决依靠革命左派，注意团结大多数，坚决按十六条办事，永远跟着毛主席

有毛主席亲自主持制定的十六条，林彪同志和周恩来同志又作了明确指示，不论有多大风浪，有多少曲折，无产阶级文化大革命一定能够取得伟大的胜利。很多红卫兵说，有伟大的舵手毛主席给我们掌舵，有光辉的毛泽东思想照亮我们前进的道路，我们完全有信心，有决心，用我们的双手开创一个崭新的世界。我们红卫兵最听毛主席的话。我们要努力向解放军学习，赤胆忠心，永远跟着党，跟着毛主席干革命，干到底！

许多红卫兵和革命的青少年在座谈会上激动地说，最最敬爱的领袖毛主席，在

广泛、更深入地开展起来。不少学校以十六条做为战斗武器，对照着前一阶段开展无产阶级文化大革命的具体情况，总结工作，提高认识，订出改进办法。井冈山中学的红卫兵们，结合大学解放军，根据十六条的精神，讨论和总结前一阶段斗争的经验，检查执行三大纪律八项注意，遵守群众纪律，保卫人民利益，保卫国家财产的情况。他们表示，坚决听毛主席的话，努力地学习、忠实地贯彻、热情地宣传、勇敢地捍卫十六条。革命二中的红卫兵以解放军为榜样，自觉地学习、熟悉、掌握、运用十六条，他们在执行任务的时候，更加注意组织性、纪律性；在进行辩论的时候，坚持文斗，不用武斗；而且，无论到了哪里，都结合具体情况宣传十六条。红卫兵决心像解放军那样，活学活用毛主席著作，奋起千钧棒，拿起革命的铁扫帚，把一切牛鬼蛇神扫得一干二净。

▷ 前往广州进行革命串连的首都红卫兵八月二十八日到广州海军疗养院探望战斗英雄麦贤得。麦贤得和革命小将们放声同唱革命歌曲《大海航行靠舵手》。

新华社记者摄

贊紅卫兵

解放军驻津某部五好战士 文学 宝芸

紅卫兵——
毛泽东思想的革命闖将，
毛泽东时代的革命英雄，
无产阶級文化大革命的尖兵。
你們，以毛泽东思想为武器，
敢想！敢說！敢做！敢闖！敢革命！
敢于向旧世界宣战！
我們高呼：
革命造反精神万岁！

× × ×

紅卫兵——
你們，天不怕！地不怕！
用勇敢的双手，
举起了革命的鉄扫帚，
砸「四旧」，建「四新」，
使资产阶級威风扫地，
使无产阶級扬眉吐气，
真是大快人心！
我們高呼：
好得很！好得很！

× × ×

紅卫兵——
你們，敢于披荆斬棘，
推动着历史車輪滾滾前进，
这是頂天立地的革命大志。
战斗吧！革命的小将！
奋飞吧！勇敢的雄鹰！
广大工农兵是你們的坚强后盾。
我們高呼：
让我們伟大的祖国，
千年紅！万年紅！世世代代紅！
永葆革命青春！

麦贤得会見十个省市的紅卫兵

麦贤得向红卫兵问好，表示坚决支持红卫兵的革命行动。红卫兵小将们表示，要学习麦贤得的无产阶级硬骨头精神，永远忠于党，忠于人民，忠于毛主席，忠于毛泽东思想，夺取无产阶级文化大革命的彻底胜利

【据新华社广州三日电】 战斗英雄麦贤得，二日下午在广州会见了来自北京、吉林、江西等十个省市的三千多名红卫兵和革命学生。麦贤得向红卫兵们问好，表示坚决支持红卫兵的革命行动。红卫兵小将们表示，要很好地学习麦贤得的无产阶级硬骨头精神，像麦贤得那样，永远忠于党，忠于人民，忠于毛主席，忠于毛泽东思想，夺取无产阶级文化大革命的彻底胜利。

当麦贤得进入会场时，掌声雷动。"毛主席万岁""向毛主席的好战士麦贤得同志学习"等口号声、欢呼声响彻全场。红卫兵们激动地向麦贤得问好，把红卫兵袖章戴在麦贤得的手臂上，把有毛主席像的纪念章佩戴在麦贤得胸前。麦贤得在会上讲了话。他说："红卫兵同志们，你们好，我向你们致敬，向你们学习！我完全支持你们的革命行动，坚决将无产阶级文化大革命进行到底！"他振臂高呼："中国共产党万岁！""毛主席万岁！万岁！万万岁！"接着，他又激动地指挥大家高唱《大海航行靠舵手》，表达他们对伟大导师、伟大领袖、伟大统帅、伟大舵手毛主席无限热爱、无限敬仰、无限崇拜的深情。

中共中央中南局、人民解放军广州部队、中共广东省委和广州市委的负责人出席了会见大会。广州部队负责人首先代表人民解放军广州部队指战员，热烈欢迎来自全国各地的红卫兵，并向红卫兵们致敬。他说，麦贤得所以具有无产阶级硬骨头的精神，成为毛主席的好战士，最根本的是毛泽东思想哺育的结果，是他活学活用毛主席著作的结果。学习麦贤得首先要学习他无限热爱毛主席，无限忠于毛泽东思想。

中共广东省委负责人代表广东省委、省人委和广东省人民，向来自首都和全国各地的红卫兵们致敬。

来自北京的两位红卫兵在会上讲了话，他们说，麦贤得同志是毛主席的好战士，他对毛主席无限热爱的深厚阶级感情，深深地教育着我们；他对毛主席、对毛泽东思想的赤胆忠心，永远激励着我们；他对我们红卫兵的支持，给了我们巨大的鼓舞。我们一定要像麦贤得那样，永远忠于党，忠于人民，忠于毛主席，忠于毛泽东思想，坚决按照毛主席的教导，敢于斗争，敢于革命，善于斗争，善于革命，认真地、全面地、彻底地、不折不扣地贯彻执行十六条，紧紧跟着毛主席，将无产阶级文化大革命进行到底！

·4·　天津日报　1966年9月4日　星期日

毛主席万岁！人民万岁！

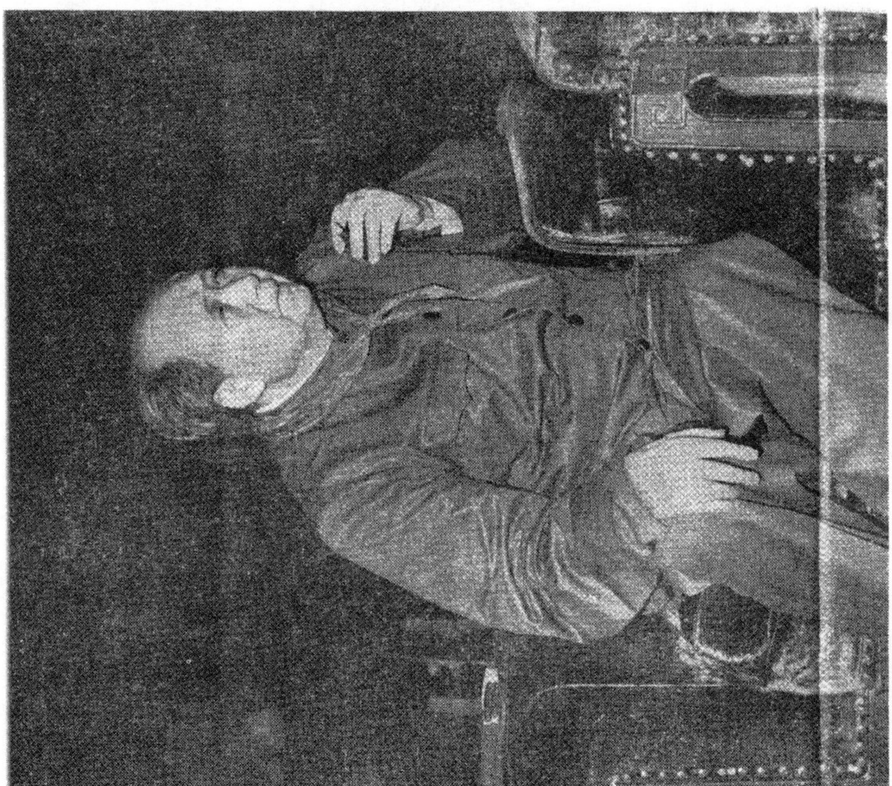

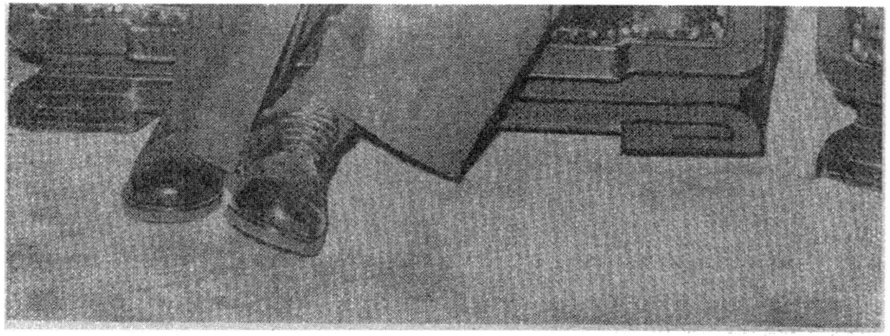

⇧ 伟大的导师毛主席，全世界革命者都仰望您，五洲四海都看到您的光芒。您开辟了亿万人民战斗的道路，您指出了亿万人民前进的方向。 人民日报記者摄

⇧ 毛主席穿着軍装来了，天安門城楼上霞光万道，一輪紅日当空照，我們最热烈地欢呼“毛主席万岁！万岁！万万岁！”

新华社記者摄

⇩ 五十万紅卫兵和革命师生纵情欢呼，五十万颗紅心一齐跳跃。“毛主席万岁！万岁！万万岁！”革命的豪情在激蕩，革命的烈火在燃燒。我們永远記住毛主席的教导：敢于斗爭，敢于革命，善于斗爭，善于革命。在毛泽东思想伟大紅旗指引下，把无产阶級文化大革命更加轰轰烈烈地开展起来。

人民日报記者摄

天津日報

第6432号　1966年9月19日　夏历八月初五　星期一

毛主席语录

中国的红军是一个执行革命的政治任务的武装集团。特别是现在，红军决不是单纯地打仗的，它除了打仗消灭敌人军事力量之外，还要负担宣传群众、组织群众、武装群众、帮助群众建立革命政权以至于建立共产党的组织等项重大的任务。

《关于纠正党内的错误思想》

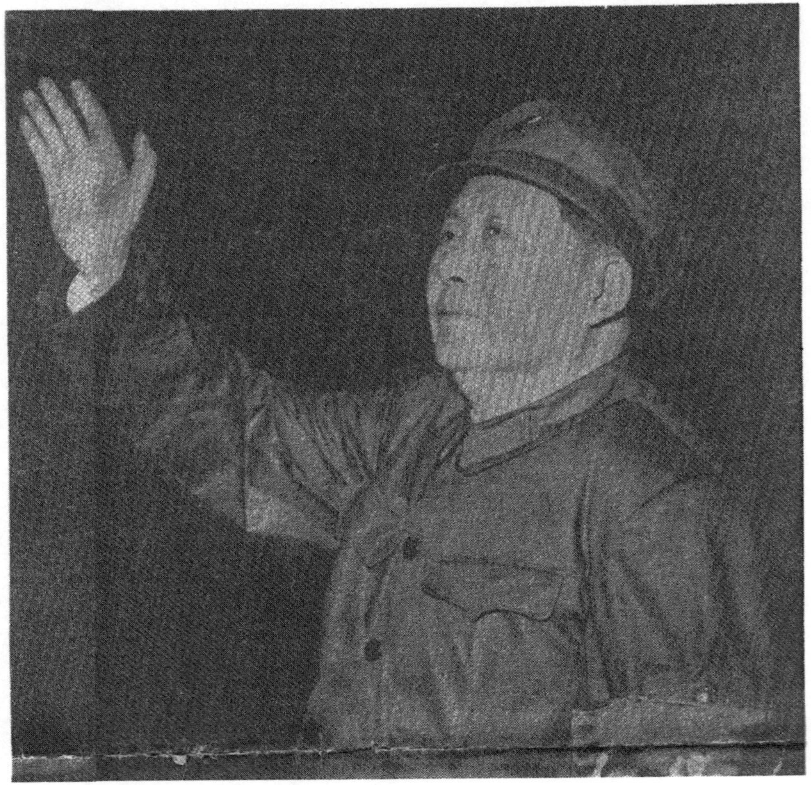

我們最敬愛的偉大領袖、偉大导师、偉大统帅、偉大舵手毛主席

城楼上，向百万革命小将亲切招手。

新华社稿

人民日报社论

抓好

农村的秋收大忙季节，已经开始了。

今年秋收丰产年景已定。农村各级干部，人民公社社员，都应当全力以赴，抓好秋收，把丰产的果实拿到手。

今年是第三个五年计划的第一年。抓好秋收，夺取农业生产的好收成，不仅是完成今年工农业生产计划的重要环节，而且将为实现整个第三个五年计划创造有利条件。

今年的秋收，是在无产阶级文化大革命的高潮中进行的。文化大革命是改造人的灵魂的大革命，也是促进社会生产的大革命。乘文化大革命的东风，抓革命，促生产，充分发挥广大农民的劳动积极性，无疑地，必将赢得秋收秋种秋购的胜利，促进我国社会主义农业的新高涨。

在农业生产第一线辛勤劳动的人民公社社员，你们的岗位是光荣的，你们的贡献是伟大的。在秋收大忙季节，你们要以新中国主人翁的态度，尽一切努力，细收细打，高标准、高质量地完成秋收任务。

领导农村工作的同志们，你们按照毛主席和党中央的指示，一手抓革命，一手抓生产，负有重大的任务。面临的秋收这场紧张的战斗，你们要更好地担负起领导的责任，领导群众不失时机地搞好秋收。你们要集中力量打歼灭战，把各种力量组织起来，迅速投入到　第一线。你们要突出政治，抓好活思想，　群众活学活用毛主席著作。你们要按照农业生产季节

秋收

用毛主席著作。你们要按照农业生产季节性强的特点，妥善安排三秋工作，充分利用时间，保证不误农时。

毛泽东同志说："不违农时，即在农忙时允许农民停止一切无关农业的开会与动员。"在秋收秋种秋购最紧张的日子里，"四清"运动可以暂停。农村破四旧、立四新的活动，可以在以后农闲时间进行。

大中学校的红卫兵和革命师生，解放军的干部战士们，你们在秋收大忙期间，应当有计划地到农村去参加劳动，帮助秋收。在帮助秋收的时候，你们要虚心向贫下中农学习，并对他们进行毛泽东思想的宣传教育工作。

商业部门，财经部门，粮食部门，供销合作社，农具生产、农产品加工部门，等等，也都需要积极地为三秋工作服务。县和公社要加强统一指挥，保证生产、市场、收购、分配等工作的正常进行。

在文化大革命的新高潮中，打好秋收这一仗，这是广大贫下中农和全体劳动人民的光荣任务，也是各级领导的重要职责。我们一定要鼓足革命干劲，出色地完成这个重大的战斗任务！

（《人民日报》今日社论，新华社发）

在天安門

响应毛主席党中央伟大号召　学习贫农下中农的高贵品质

首都十万红卫兵革命师生下乡支援秋收

【据新华社北京十八日电】首都近十万名大中学校的红卫兵和革命师生，响应毛主席和党中央的伟大号召，奔赴郊区农业生产第一线，参加劳动，帮助秋收，学习广大贫农下中农的革命干劲和勤劳的品质。

这几天，在通往郊区各人民公社的大路上，一队队红卫兵和革命师生，高举红旗和毛主席语录板，背着行装，唱着革命歌曲向农村行进。许多学校的红卫兵组织，为了不失时机地帮助人民公社搞好三秋工作，连夜组织队伍，赶赴农村。他们在出发前反复学习了毛主席关于知识青年要与工农兵相结合的语录和有关思想改造的文章，学习了林彪同志和周恩来同志在接见全国各地来京革命师生大会上的讲话，下定决心要在这次秋收劳动中锻炼自己。有的学校还召开了誓师大会，他们庄严地表示：要在游泳中学会游泳，在阶级斗争和生产斗争的大风大浪里经风雨见世面，决心取得无产阶级文化大革命和工农业生产双胜利。

在西郊的东升人民公社，每天有数千名红卫兵和革命师生来支援三秋。他们和贫农下中农社员同吃、同住、同劳动、共同学习毛主席著作和十六条，与贫下中农建立了深厚的革命友谊。

有近千名红卫兵和革命师生来到京北昌平县老革命根据地的海鹊乐地区参加劳动。他们一到生产队就被贫农下中农接到家里，社员们首先问候毛主席，红卫兵们接着就兴致勃勃地介绍了最近毛主席在天安门广场接见他们的动人情景，社员们听说毛主席的身体很健康，都感到无比喜悦。不少革命师生还访问了老武工队员、老民兵和军烈属，听他们讲村里的阶级斗争史，讲家史，还参观了阶级教育展览，贫农下中农社员嘱咐他们千万要牢记阶级苦，不忘血泪仇。红卫兵和革命师生们在"三同"的过程中，深深体会到，向贫农下中农学习，首先是要学习他们对党、对毛主席、对社会主义无限热爱的深厚阶级感情。下乡参加秋收的红卫兵和革命师生，不仅是一支劳动队，而且是毛泽东思想的宣传队。他们来到哪里就把毛主席著作带到哪里，许多革命师生利用劳动休息时间同社员一道在田头学习毛主席语录，学习十六条，晚上为不识字的社员念毛主席著作；他们还同当地的青少年社员一起写黑板报、写毛主席语录，组织革命文艺晚会，利用各种场合宣传毛泽东思想。

* * *

人民解放軍各部队广大指战員积极支援駐地公社"三秋"

热情地帮助广大社员学习毛主席著作　极大地鼓舞群众夺取革命生产双胜利

【据新华社北京十八日电】中国人民解放军各部队指战员，最近纷纷带着毛主席著作和生产工具，以在无产阶级文化大革命中焕发出来的冲天的革命干劲，奔赴农业生产第一线，热情帮助社员群众学习毛主席著作，积极支援农村人民公社秋收、秋种、秋耕。解放军指战员的行动，极大地鼓舞了各地群众夺取革命生产双胜利的热情。

北京、济南部队领导机关，最近分别发出通知，要求所属各部队积极支援地方"三秋"，夺取今年丰收。各部队接到通知以后，认真组织指战员学习了毛主席关于"人民解放军应该是一个大学校"的指示和《人民日报》有关社论，充分认识到打好"三秋"生产这一仗的重大意义。许多部队立即行动，指战员们来到生产第一线以后，主动挑重担，抢重活，充分发扬了吃大苦、耐大劳，英勇顽强的战斗作风和全心全意为群众服务的精神。沈阳部队某部驻地附近的钢都人民公社，因连日大雨，一千二百多亩马铃薯泡在地里，眼看就要受损失。这支部队的干部战士闻讯后，以刘英俊的革命精神，冒着大雨投入了抢收马铃薯的战斗。经过两天奋战，胜利完成了任务。广大指战员全心全意支援"三秋"的精神和行动，受到社员群众的热烈赞扬。社员们说，解放军真是毛主席的好战士，人民的子弟兵，我们最需要的时候，他们就来到我们身边，真是及时雨。

在农业第一线支援"三秋"的各部队指战员，在紧张的劳动同时，采用多种形式，热情宣传毛泽东思想。南京、广州、福州、昆明、成都、兰州等地区的许多部队指战员，把毛主席语录板带到田间，休息时又和社员一起在田头学习毛主席著作，使田野变成活学活用毛主席著作的大课堂。许多连队指战员还在地头、路口、场边、庭院插遍了毛主席语录板和写上大字标语，让社员群众时时、处处读到毛主席语录，从毛主席教导中吸取力量。沈阳部队某部侦察连指战员在连续五天的劳动中，每天与社员一起学习《为人民服务》、《愚公移山》，并一起开讲用会和心得交流会。不少战士还把毛主席像送到社员家里。贫农刘大娘激动地说："毛主席像挂在我的家，毛泽东思想扎在我的家，毛主席的战士住在我的家，天大的困难也不怕。"指战员们积极、热情地宣传毛泽东思想，大大激发了社员们的革命精神，他们纷纷表示，坚决读毛主席的书，听毛主席的话，照毛主席的指示办事，做毛主席的好社员，一定按照毛主席的指示，抓革命，促生产，夺取革命生产双胜利。

在共同劳动中，广大社员表现出来的对党和毛主席的无比热爱，对毛主席著作无比深厚的阶级感情，以及他们勤劳勇敢和艰苦朴素的优秀品质，给了广大指战员极大的教育。他们通过参加农村劳动，亲眼看到广大社员掌握了毛泽东思想所焕发出来的巨大物质力量，更加深刻体会到毛泽东思想的无比威力。

·2·　　天津日报　　1966年9月19日　星期一

紅卫兵贊

《紅旗》杂志評論員

现在，全国革命人民争夸红卫兵。

红卫兵的革命首创精神，震动了全世界。

红卫兵是在无产阶级文化大革命的暴风雨中涌现出来的新事物，是在无产阶级文化大革命中诞生和成长起来的。

红卫兵是毛泽东思想哺育出来的。红卫兵们说得好：毛主席是我们的红司令，我们是毛主席的红小兵。

我们的红卫兵最爱读毛主席的书，最爱听毛主席的话，最热爱毛泽东思想。他们随身带着《毛主席语录》，把学习、宣传、执行、捍卫毛泽东思想，作为自己最高的职责。

在毛主席亲自发动和领导的无产阶级文化大革命中，红卫兵坚决同走资本主义道路的当权派，同一切牛鬼蛇神，进行了英勇顽强的斗争，成了无产阶级文化大革命的闯将。

毛主席亲自主持制定的《中国共产党中央委员会关于无产阶级文化大革命的决定》公布之后，八月十八日，伟大领袖毛主席和他的亲密战友林彪同志，在首都检阅了红卫兵。在伟大统帅毛主席的直接鼓舞下，红卫兵和其他青少年革命组织一起，掀起了一个文化大革命的新高潮。

千百万红卫兵由学校走上街头，形成了一股不可抗拒的革命洪流。他们高举战无不胜的毛泽东思想红旗，发扬了敢想、敢说、敢干、敢闯、敢革命的无产阶级革命精神，荡涤着旧社会遗留下来的一切污泥浊水，清扫着几千年来堆积起来的垃圾脏物。

红卫兵干了大量的好事，提出了大量的好倡议。他们按照毛主席的教导，在破除剥削阶级的旧思想、旧文化、旧风俗、旧习惯，树立无产阶级的新思想、新文化、新风俗、新习惯的斗争中，取得了辉煌的战果。

红卫兵是无产阶级文化大革命的急先锋。他们的革命行动，激发了群众的革命热情，出现了更大规模的蓬蓬勃勃的群众运动。这种轰轰烈烈的革命群众运动，使钻进党内的一小撮走资本主义道路的当权派，陷入革命群众的汪洋大海之中。没有这样规模巨大的群众运动，就不能摧毁一小撮资产阶级右派的社会基础，就不能把无产阶级的文化大革命搞深，搞透，搞彻底。

红卫兵是东方地平线上出现的新生事物。革命的青少年是无产阶级的未来和希望的象征。革命的辩证法告诉我们，新生的力量是无敌的，它一定会在斗争中获得壮大和发展，最后战胜腐朽的力量。因此，我们就是要赞美新事物，歌颂新事物，为新生事物的发展，擂鼓助威，鸣锣开道，高举双手，欢迎新事物。

我们的红卫兵，在无产阶级文化大革命中，创建了不朽的功勋。毛主席和党中央热烈地赞扬他们的冲天革命精神，广大工农兵群众热烈欢呼他们的革命行动。

革命小将们的革命行动，真是好得很！他们在文化大革命中的功绩，将永远载入无产阶级的革命史册。

红卫兵们在游泳中学会游泳，在革命中学会革命。他们要求自己，不仅敢于斗争，敢于革命，而且善于斗争，善于革命。他们正在根据自己的实践经验，进一步地学习十六条，掌握十六条，进一步地贯彻执行十六条。

革命小将们受到了毛主席和广大工农兵群众的热烈赞扬之后，他们提出戒骄戒躁，要虚心向人民解放军学习，向工农群众学习。他们下定决心，要按照人民解放军的三八作风、三大纪律和八项注意，来进一步提高自己的政治觉悟，加强组织性和纪律性。他们决心在革命熔炉里，把自己锻炼成雷锋、王杰、麦贤得、刘英俊那样的革命战士，培养成为专门利人毫不利己的共产主义者，成为无产阶级革命事业的接班人。

对待红卫兵的革命行动，不同的阶级有不同的看法，革命的阶级认为好得很，而反革命的阶级则认为糟得很。

全世界的革命人民为红卫兵的革命行动拍手欢呼，向红卫兵致以崇高的敬意。帝国主义，各国反动派，现代修正主义和蒋介石匪帮，则用最恶毒的语言咒骂红卫兵。他们污蔑红卫兵是“少年狂热分子”，攻击红卫兵的革命行动是“违反人类尊严”，是“破坏社会传统”，等等。

毛主席教导我们，被敌人反对是好事而不是坏事。如若敌人起劲地反对我们，把我们说得一塌糊涂，一无是处，那就更好了。红卫兵受到国内外阶级敌人的起劲的反对，这真是光荣得很。

“少年狂热分子”。革命的敌人总是极端仇视群众的革命热情，并诬之为“狂热”。敌人所恨的，正是我们所爱的。革命小将们，不仅要继续保持充沛的革命热情，并且要进一步发扬这种冲天的革命精神。

“违反人类尊严”。红卫兵无情地鞭挞、揭露和批判资产阶级的反动腐朽的文化，把资产阶级右派分子的丑恶嘴脸暴露在光天化日之下，成为人人喊打的过街老鼠。于是他们大叫：“违反人类的尊严”。老实说，我们不仅要违反你们的“尊严”，而且要把你们打倒在地，叫你们永世不得翻身。

“破坏社会传统”吗？你们说对了。红卫兵就是要破坏地主资产阶级的传统。革命的小将们，对于封建主义的余毒，资本主义的病菌，修正主义的祸根，就是要扫清，灭绝，斩断。只有彻底破坏了剥削阶级的种种旧传统，才能够继承和发扬无产阶级的革命传统。

按照毛主席和党中央的指示，红卫兵小将们，集中力量打击一小撮资产阶级右派分子，重点打击党内走资本主义道路的当权派。这样，就挖掉了帝国主义、修正主义埋在我国的定时炸弹。因此，帝国主义、修正主义对红卫兵的革命行动，感到震惊、恼火和愤恨，这是很自然的。

反动阶级的代言人罗马教皇保罗六世无可奈何地供认，红卫兵的革命行动，对他们来说“是死亡的象征，而不是生命的象征”。不错，革命小将们的革命行动，确确实实是国内外阶级敌人的最后灭亡的象征。而我们的红卫兵，则象征着无产阶级革命事业的欣欣向荣，具有无限的生命力。

史无前例的无产阶级文化大革命，犹如东方升起的红太阳，以自己的辉煌光焰普照大地。

用毛泽东思想武装起来的红卫兵万岁！

我们伟大的导师，伟大的领袖，伟大的统帅，伟大的舵手毛主席万岁！（原载《红旗》十二期，新华社发）

各地工农群众坚决响应毛主席号召

把各項工作发揮主力軍

【据新华社北京十八日电】伟大领袖毛主席又一次接见百万革命小将的喜讯，使肩负社会主义革命和建设主力军这一光荣任务的广大工农群众，感到万分振奋和自豪。各地广大工农群众表示：坚决响应毛主席的号召，以无产阶级文化大革命为纲，抓革命，促生产，把在文化革命中焕发起来的冲天干劲用到工农业生产和科学实验中去，把各项工作做得更多、更快、更好、更省，夺取革命和生产双胜利。

随着无产阶级文化大革命高潮的兴起，我国工农业生产正在出现一个更新的繁荣局面，到处热气腾腾，意气风发，革命和建设的形势越来越好。广大工农群众激动地说：毛主席早就指出，根本的革命力量是工农，革命的领导阶级是工人阶级。我们绝不辜负毛主席的信任和期望，一定

本市广大工农群众把文化大革命中焕发起来的冲天干劲用于生产

精神战线打胜仗　物质战线传捷报

【本报訊】我们最敬爱的伟大领袖毛主席又一次接见百万革命小将的喜讯，给本市广大职工和农村人民公社社员以无比巨大的鼓舞和战斗力量。他们满怀最幸福最豪迈的革命激情表示：我们一定积极响应党中央和毛主席的伟大号召，紧紧掌握文化革命斗争的大方向，以无产阶级文化大革命为纲，一手抓革命，一手抓生产，迎接文化大革命和生产建设的新高潮，夺取文化大革命和生产建设的新胜利。

连日来，全市工厂企业的广大职工群众，反复深入地学习了林彪同志、周恩来同志的讲话和《红旗》社论《掌握斗争的大方向》，纷纷举行

按照毛主席的教导，紧紧抓住革命和生产的两个环子，在文化大革命和生产建设两条战线上打胜仗，发扬敢想，敢说，敢干，敢闯，敢革命的无产阶级革命精神，闯革命新路，攀科学技术高峰，为超额完成第三个五年计划打响头一炮，为支援我国社会主义建设，支援越南抗美救国斗争，支援世界人民革命斗争做出更大的贡献！在昨天的大会上，就有二十多个工厂的职工代表报捷。他们以优异的生产成就，生动地说明用毛泽东思想武装人的头脑，狠抓人的思想革命化，就会促进生产大发展。健民制药厂今年以来　月月　国家计划。从开展无产阶级文化大革命和

次接见红卫兵小将，学了林彪同志、周恩来同志的讲话，我们受到很大鼓舞，干劲更足了。我们一定按照毛主席的教导，一手抓革命，一手抓生产，保证文化革命和生产双胜利。”许多青年社员表示，毛主席把我们比作早晨八、九点钟的太阳，把希望寄托在我们身上。我们绝不辜负毛主席的期望，一定要在文化大革命中打先锋，在生产劳动中打头阵，乘无产阶级文化大革命之风，掀起生产新高潮。

财贸战线上的许多职工热情地表示：一定要在战无不胜的毛泽东思想光辉旗帜下，把无产阶级文化大革命进行到底，全心全意为人

席伟大号召抓革命促生产

做得更多更快更好更省的带头作用和模范作用

辜负毛主席的信任和期望，一定要更好地活学活用毛主席著作，坚决贯彻毛主席主持制定的十六条，发挥主力军的带头作用和模范作用，挑好革命和生产两副重担，在精神和物质两条战线上打更多更大的胜仗，对我国的社会主义革命和建设，对坚决支援越南人民以及全世界各被压迫人民和被压迫民族的革命斗争做出更大的贡献。

在上海，广大产业工人谈起抓革命促生产，充满了自豪感。著名的高速切削能手、上海机床厂技术革命办公室副主任盛利和工人工程师朱文田、吴德伦满怀革命豪情说，在文化大革命中，我们高举毛泽东思想伟大红旗，活学活用毛主席著作，发扬敢想、敢干、敢闯、敢革命的大无畏精神，用"三结合"的方法，只用了四五个月就搞出了资产阶级"权威"们七八年也没搞出来的许多高精产品和精密仪器。今后我们一定响应毛主席的伟大号召，把文化大革命中焕发起来的冲天干劲，用到新的生产和科学研究中去。毛主席又一次接见革命小将的喜讯迅速传遍大庆油田。大庆工人、技术人员和家属纷纷表示，一方面抓革命，一方面不失时机地搞好油田生产、科学实验和农副业生产。

天津电器控制设备厂职工，在文化大革命中活学活用毛主席著作，今年以来月月超额完成国家计划。工人们说，有毛泽东思想这个强大的思想武器，我们就一定能挑起革命和生产两副重担，夺取精神战线和物质战线的胜利。

西安广大出版印刷职工，热烈响应毛主席和党中央的伟大号召，一面把本单位的文化大革命搞得轰轰烈烈；一面坚守生产岗位，以最高的热情、最好的质量、最快的速度，印制和发行毛主席著作。他们说，我们印制的是世界上最宝贵的书，是威力最大的精神原子弹，是横扫一切牛鬼蛇神的最强大武器，是支援世界革命的最强大思想武器。

在我国重工业基地之一的沈阳，全市广大工人群众在文化大革命中，以高昂的革命热情进行紧张的生产劳动。在八月份出现了最近六年没有过的最高月产水平。十七日，全市各条战线一万多名革命职工又隆重举行了抓革命促生产迎接国庆誓师大会，表示最坚决最热烈地响应毛主席的伟大号召，一手抓革命，一手抓生产，争取无产阶级文化大革命和社会主义建设的双胜利，以最优异的成绩迎接伟大的国庆十七周年。

中国科学院兰州化学物理研究所革命科学工作者们说，无产阶级文化大革命冲破了资产阶级的框框，解放了我们的思想。我们再不迷信资产阶级"专家"、"权威"了，再不受那些资产阶级框框、条条束缚了。我们一定根据毛主席的教导，充分发挥人的主观能动性，依靠集体力量，更出色地完成国家交给的科学研究任务。

毛主席又一次接见革命小将的喜讯传到农村，广大公社社员群情振奋。他们说：无数的事实证明，听毛主席的话就是胜利。毛主席怎样说，我们就怎样做。我们一定按照毛主席的指示，在革命和生产两条战线上打更多、更大的漂亮仗。焦裕禄生前树立的四杆红旗之一、河南省兰考县堌阳公社秦寨大队的贫下中农在抗旱工地上听到这个大喜讯后，干劲倍增，斗志更旺。他们说：我们坚决响应毛主席的伟大号召，抓革命，促生产，以愚公移山的精神，和旱魔斗到底，不失时机地夺取秋季农业大丰收，以丰收的事实，打击阶级敌人。

伟大领袖毛主席又一次接见百万革命小将的喜讯传到福建前线地区的城市海岛和乡村，顿时万众欢腾。厦门前沿和其他许多前哨地区的广大贫下中农和民兵表示，坚决听毛主席的话，在文化大革命中，提高警惕，一手拿枪，一手拿锄，坚守海防，搞好秋季生产，誓夺革命、生产双胜利。

各地红卫兵和革命师生在毛主席又一次接见革命小将喜讯鼓舞下，一面更勇敢地投入文化大革命的斗争，一面分批组织力量下乡宣传十六条，帮助农民秋收秋种，虚心向贫农下中农学习。广大红卫兵和革命师生说，毛主席指示要抓好革命和生产这两个环子。我们不仅要在破"四旧"立"四新"的革命斗争中打先锋，也要在学习工农兵、保证革命生产双胜利方面做模范。红卫兵小将在下乡劳动中吃大苦，耐大劳。他们还和贫下中农一起学习毛主席著作，请贫下中农讲家史，和贫下中农同吃忆苦饭，同上忆苦课，决心牢记阶级仇，永做革命人。许多贫农下中农热情称赞说：这些革命小将真是毛主席的好战士，真是劳动人民的好后代。

《红旗》社论《掌握斗争的大方向》，纷纷举行座谈会，许多同志还给报社写信写稿。天津机械厂老工人刘振荣说：在毛泽东思想指引下，我们工人阶级坚决要掌握好斗争的大方向，以十六条为武器，把钻进党内的走资本主义道路的当权派和一切牛鬼蛇神彻底斗倒、斗垮、斗臭。我们在生产战线上，坚决照毛主席的指示办事，把革命干劲鼓得足足的，用辉煌的战果痛击国内外一切阶级敌人！服装二厂职工抓革命促生产，现在已经提前完成了全年国家计划。这个厂老工人、五好职工李竹岭说：我们绝不辜负毛主席的殷切期望，抓好革命，促进人的思想革命化，使精神力量转化为物质力量，为革命做出更大贡献。昨天，市化学工业系统两千多名职工代表集会，大家一致表示：我们工人阶级最听毛主席的话，我们一定

计划。从开展无产阶级文化大革命和四清运动以来，职工们在斗争中活学活用毛主席著作，大破旧框框，实现了包装缝口自动化，生产效率大大提高。天津农药厂职工学习了林彪同志、周恩来同志的讲话和《人民日报》社论，决心多增产农药，更好地支援农业。

当前，郊区旱田区农作物已经开始收割，广大社员乘文化大革命东风，力争做到丰产丰收。稻田区和园田区的社员，在积极开展文化大革命的同时，加强了田间后期管理，准备秋收。南郊区长青公社星光大队成立了两个班子，一个班子主要抓文化革命，一个班子主要抓生产。同时，他们还成立了青年突击队，采取集中力量打歼灭战的办法，解决生产当中遇到的劳动力不足的问题。贫协主席吴恩通说："听到毛主席又一

级文化大革命进行到底，一全心全意为人民服务，力争超额完成党和国家交给的任务。新华百货商店（原五和百货商店）的职工，总结了前一段的斗争经验，深有体会地说：无产阶级文化革命运动和社会主义生产运动，是相互联系的。正是由于搞无产阶级文化大革命，促进了人的思想革命化，调动了群众的积极性，使我们方向明，决心大，干劲足，因而做到了革命、业务双胜利。人民商场、新胜利百货商店（原汕头路百货商店）等商店的职工在来信来稿中说：国庆节快到了，国家的政治经济形势好得很。我们一定要把文化大革命中焕发起来的革命干劲，用到工作中去，大力组织货源，采取各种措施便利群众购买，做好供应工作，更好地为广大工农兵服务。

（综合来稿）

本市轧钢三厂二车间甲班工人在无产阶级文化大革命中，一方面积极学习毛主席著作，学习十六条，参加文化大革命；一方面坚守岗位，创造生产新纪录。这是甲班工人正在轧制型钢。　本报记者摄

紅卫兵紅心向党　組織起来鬧革命

本市半工半读学校红卫兵联络站成立

【本报訊】天津市半工半读学校红卫兵联络站现已成立。

这个联络站是本市第一机械工业局、第二机械工业局、第一轻工业局、第二轻工业局、冶金工业局、纺织工业局、建筑工程局、公用局和财贸系统一百多所半工半读学校的一万多名红卫兵革命小将的革命组织。

十五日，这些局（系统）半工半读学校红卫兵联络站的代表，举行了成立天津市半工半读学校红卫兵联络站的会议。

会前，革命小将们手捧金光闪闪的《毛主席语录》，满怀革命激情，一次又一次地集体朗读了毛主席语录：「领导我們事业的核心力量是中国共产党。指导我們思想的理論基础是馬克思列宁主义。」「我們应当相信群众，我們应当相信党，这是两条根本的原理。如果怀疑这两条原理，那就什么事情也做不成了。」

经过充分讨论，会议一致通过由各局（系统）联络站各派一名代表，组成市半工半读学校红卫兵联络站，并于十六日开始办公。

少数尚未建立半工半读学校红卫兵联络站的局（系统），正在积极准备召开红卫兵誓师大会，并筹备建立联络站。

会议还通过了关于红卫兵的编制，研究了建立红卫兵纠察队的问题。

会议希望全市半工半读学校红卫兵热烈响应毛主席的伟大号召，大学解放军，像解放军那样，努力地学习毛泽东思想，坚决地贯彻毛泽东思想，积极地宣传毛泽东思想，勇敢地捍卫毛泽东思想，突出无产阶级政治，大兴三八作风，遵守三大纪律八项注意，把红卫兵培养成具有高度政治觉悟、高度组织性纪律性的战斗队伍，成为解放军强大的后备力量。

会议号召各局(系统)半工半读学校红卫兵联络站积极组织红卫兵战士们努力学习毛主席著作，学习十六条，熟悉十六条，掌握十六条，运用十六条，努力学习林彪同志和中央其他负责同志在接见全国各地来京革命师生大会上的讲话和《人民日报》、《红旗》杂志的有关社论，不断地提高红卫兵的政治思想水平和政策水平，把无产阶级文化大革命进行到底。

最后，中共天津市委有关部门负责同志在会上讲话，热烈祝贺红卫兵小将们建立了自己的革命组织，表示今后继续坚决地热烈地支持红卫兵的一切革命行动，坚决把无产阶级文化大革命进行到底。

天津市半工半读学校红卫兵联络站的地点在河北路二九二号。

1966年9月19日 星期一　天津日報　·3·

毛泽东主席和应邀来我国进行友好訪問的澳大利亚（馬克思列宁主义者）共产党主席愛·弗·希尔同夫人乔·希尔在天安門城楼上。　新华社記者摄

阿尔及利亚人民热烈欢迎毛主席的光辉著作

毛主席是当代列宁　毛泽东思想最有力量

全世界需要毛泽东，他永远同人民在一起

【新华社阿尔及尔十七日电】在第三届阿尔及尔国际博览会的中国馆，阿尔及利亚观众热烈地欢迎毛主席的光辉著作，满怀深情地歌颂毛主席。

在十六日晚中国馆开放后，中国馆的毛泽东著作阅览室内挤满了人群。有的夹着刚买到的《毛泽东选集》，又来索取毛主席著作单行本。有的说："我的朋友嘱咐我，要我一定到中国馆买些毛主席著作。"有的说："我要找毛泽东的《矛盾论》。"有的问："你们有毛泽东的关于土地改革、自力更生的著作吗？"有一位观众在人群中挤得满头大汗，选了几本毛主席著作单行本，他说："毛泽东主席是当代的列宁。"

短短四小时内，观众就索取了大量毛主席著作单行本，购买的《毛泽东选集》的数目超过了人们去年在中国馆订购的总数。

许多观众在毛主席的巨幅照片前面对这位人民的伟大领袖表示仰慕和敬意。一位老工人看到毛主席的巨幅照片时说："他永远和人民在一起。我很久很久就听到他的名字，今天我从照片上看到了他。他真是伟大！"有一位学生说："北京离我們很远，我們不能看到毛泽东。现在我讀了他的著作，就好像他和我們在一起。"

有位名叫克里姆的老战士买了一部《毛泽东选集》。他说，他早在阿尔及利亚解放战争初期就读毛主席的书。他说："毛泽东是真正的人民领袖。他永远生活在人民群众之中，他最懂得群众的心，最了解群众的疾苦。他的眼睛，他的思想，是永远向着群众的。我們革命人民最喜爱他的书。"

有一位老游击战士手里抱着十多本毛主席著作的单行本。他说，他读毛主席著作已有几年了，现在正在学习毛主席的《矛盾论》。他说："我晚上少睡一、二小时，读毛泽东的书。毛泽东是全心全意为人民服务的，毛泽东思想是最有力量的。我认为在毛泽东领导下的中国是真正的社会主义，苏联不是真正的社会主义。"

电器工人穆罕默德说："毛主席是中国人民的领袖，也是世界人民的领袖！"

有位中学教员说："我們需要毛泽东，全世界需要毛泽东。"

十六日晚，在中国馆的留言簿上，有一百七十位观众写下了他们的观感。他们以深厚的感情，歌颂毛泽东主席和毛泽东思想。一位司机写道："我，赛义德，一个司机，我要喊毛泽东主席万岁！中国万岁！"

赫尔辛基国际博览会观众对毛主席无限崇敬

毛泽东万岁！中国文化大革命万岁！

【新华社北京十八日电】赫尔辛基消息：许多观众怀着对毛主席的无限崇敬，在十六日参观了赫尔辛基国际博览会中国馆中毛主席著作的展出。他们热烈赞扬毛主席和毛泽东思想。

许多观众说，毛主席是伟大的人物，是杰出的領袖。在毛主席的領导下，中国越来越强大。只有跟随毛主席，才是最明智的人。典型的例子是署名为青年共产党人的两个参观者在留言簿上的留言。他们热情洋溢地写道："中国是真正的社会主义国家。我們贊扬这个展覽館。修正主义滚出去！毛泽东万岁！中国文化大革命光芒万丈！"许多参观者都要求得到一枚毛主席纪念章；得到以后就深为感动，一再说毛主席纪念章是无价之宝。有些参观者在离开中国馆时脱帽表示向毛主席致敬，还一次再次地回到毛主席像前说："再见，再见！"

* * *

我三軍指战員在文化大革命大好形势声中发出豪言壮語

一手握笔一手握枪誓在文武战线上打胜仗

广西、广东、云南、福建等地民兵集会声討美国飞賊侵犯我領空的罪行

【据新华社北京十八日电】人民解放军广大指战员在热烈欢呼无产阶级文化大革命的大好形势声中，牢记毛主席关于人民解放军永远是一个战斗队的教导，意气风发，斗志昂扬，决心在毛泽东思想伟大红旗下，一手握紧笔杆，批判资产阶级，夺取文化大革命的新胜利；一手握紧枪杆，百倍警惕，加强战备，严阵以待，随时准备粉碎美帝国主义及其帮凶的突然袭击，誓在文武两条战线、两个战场上，打败一切敌人，保卫文化大革命，保卫无产阶级铁打的江山。

在面对台湾海峡的福建前线阵地上，在随时准备凌空歼敌的战鹰旁，在巡航在祖国海洋的海军舰艇部队各个战斗岗位上，在和英雄的越南山水相连的西南边疆的边防线上，日日夜夜警惕地守卫着祖国海防边防的陆海空三军指战员们，怀着对伟大领袖毛主席无限热爱的革命激情，收听了毛主席又一次接见百万革命小将的喜讯，热烈欢呼文化大革命的形势越来越好。福建前线某部"红色尖刀连"指战员，连日来在前沿阵地上举行集会，他们说，当前文化大革命的形势大好，我们一定要更好地发挥主力军的作用，坚决和广大工农群众、革命学生团结一起，紧紧掌握斗争的大方向，夺取文化大革命的新胜利。我们人民解放军是祖国的保卫者，我们已经做好了一切准备，严阵以待，如果美帝国主义和一切反动派胆敢动武，我们一定发扬连队在战争年代敢于当"尖刀"的革命精神，坚决把它们消灭掉。广州部队驻守南海前哨海岛的指战员们纷纷表示，我们是毛泽东思想武装起来的革命战士，一定要一手握紧笔杆，积极参加文化大革命，批判资产阶级，扫除四旧，扫除一切害人虫，大立四新，大立毛泽东思想；一手握紧枪杆，加倍提高警惕，严守战斗岗位，随时准备粉碎美帝国主义和一切敌人的突然袭击，保卫无产阶级文化大革

我贸易促进会同日本国际贸易促进协会代表团交换会谈纪要

为加强中日人民友好发展贸易关系共同奋斗

【新华社北京十八日电】中国国际贸易促进委员会今天同日本国际贸易促进协会经济友好代表团交换了会谈纪要。在会谈纪要中，双方一致表示，要更高地举起中日人民友好的旗帜，加强联系，密切合作，克服一切人为障碍，为中日两国人民的友好和贸易关系的进一步发展而共同奋斗。

会谈纪要说，中国国际贸易促进委员会以及有关单位的负责人同日本国际贸易促进协会经济友好代表团，最近就当前国际形势、中日友好和贸易关系以及双方共同关心的问题，进行了十分友好的交谈。

会谈纪要说，代表团在中国访问期间，看到了中国人民都在学习毛泽东主席的著作，并在毛泽东思想指引下，为建设社会主义而奋勇前进。当前的文化大革命运动，正成为推动生产、技术、文化等所有领域大发展的动力。代表团确认，无产阶级文化大革命是中国社会主义革命的新阶段。拥有广阔土地和七亿人口的中国，其发展前途是不可限量的。

代表团认为，日中两国人民不要再打仗，要世世代代友好下去。日中两国邦交的正常化和正常贸易关系的建立，是符合两国人民的愿望和利益的，是任何力量都阻拦不了的历史潮流。

代表团强调，为了实现日中友好和贸易的发展，必须消除障碍，正如团长所指出：今天，保卫和平和发展日中友好与贸易的最大障碍，在于美帝国主义的侵略政策和战争政策，特别是扩大侵略越南和遏制中国的政策，以及为其帮凶的佐藤政府的敌视中国的政策。

代表团表示，日本国际贸易促进协会及其代表团，为了保卫和发展日中友好和贸易，决心同日本广大人民一道，更高地举起日中友好的旗帜，不怕任何困难，坚决同形形色色的一切阻碍和破坏的势力进行斗争。代表团深信，为了保卫和发展民间友好贸易，必须在过去已有的成就的基础上，坚持日中关系政治三原则、贸易三原则和政治、经济不可分的原则。

中国方面认为，中国人民在以毛泽东同志为首的中国共产党的领导下，社会主义革命、社会主义建设和正在进行的无产阶级文化大革命取得了伟大的胜利。

中国方面认为，为了发展中日两国人民的友好和正常贸易关系以及维护亚洲及世界和平，应该正视并克服我们两国人民友好道路上的种种人为的障碍。中国方面强调指出：美帝国主义一贯在全世界执行侵略政策和战争政策，目前正加紧扩大侵略越南的战争。中国人民坚决站在越南人民一边，全力支援越南人民抗美救国的伟大斗争。佐藤政府成立以来，日益反动，甘心充当美帝国主义和现代修正主义在亚洲策划的反华的新神圣同盟的一员，加紧复活军国主义，采取敌视中国的政策。这不仅阻碍和破坏了中日友好和贸易关系的发展，而且严重地威胁着亚洲及世界和平。对此，我们两国人民、两国经济贸易团体和人士，必须加强友好团结，为反对美帝国主义、日本反动派、苏联现代修正主义领导集团及其形形色色的新旧追随者而共同奋斗。

中国方面认为，发展中日两国人民之间的友好和贸易关系，开展正常的经济文化交流，是中日两国人民的共同愿望，是符合两国人民的根本利益的。任何阻挠和破坏中日两国人民友好往来的势力及其卑鄙阴谋，都是枉费心机的，它们只能搬起石头砸自己的脚。

中国方面认为，日本国际贸易促进协会经济友好代表团的这次访问是成功的。日本国际贸易促进协会同广大的日本友好商社和经济企业界人士一道，多年来，为发展中日友好和贸易关系作了不懈的努力。对此，中国方面表示赞赏并将继续予以合作和支持。

代表团提出了有关贸易事项的四点具体建议。

中国方面认为，代表团提出的各项建议，是符合双方共同的愿望的，表示同意，并予以大力支持。

双方一致认为，日中贸易促进会的一部分领导人物越来越露骨地表现出破坏友好的反华倾向，今后再不能期待他们在中日经济交流上起任何积极作用。双方认为，日本国际贸易促进协会今后的责任更加重大。

……命，保卫国防。二州部队某部副团长、一等战斗功臣赵八维说，我们人民解放军最听毛主席的话。过去，我们靠伟大的毛泽东思想打下了江山，今天，我们靠伟大的毛泽东思想保无产阶级铁打的江山。我们掌握了战无不胜的毛泽东思想，就有最大的战斗力，就有最大的杀敌本领，就永远立于不败之地，一切敌人都不在话下。美帝国主义和它的帮凶们，胆敢把侵略魔爪伸进我们神圣的国土，我们就毫不留情地坚决把它斩断！

【据新华社北京十八日电】连日来，广西、广东、云南、福建等地的广大民兵，怀着满腔怒火，纷纷举行集会，愤怒声讨美国空中强盗肆无忌惮地侵入我领空，投弹扫射，打伤我公社社员的滔天罪行。在各种集会上，用毛泽东思想武装起来的广大民兵坚定地表示，一定要保持高度革命警惕，紧握手中武器，密切配合人民解放军严惩一切敢于来犯的敌人。

在广西壮族自治区，几天来，从友谊关下到北仑河畔，从北部湾渔港到十万大山村寨，各族民兵一致发出了声讨美帝国主义罪行的最强音：美国强盗听着，你要来，我就打，决不客气。不管你从空中来，海上来，还是陆上来，我们一定要打断你的脊骨，坚决、彻底、全部、干净地把入侵的强盗消灭掉！在友谊关地区的各族民兵，这些天来，更是怒火满胸。

广东省港口英雄民兵连全体民兵愤怒地谴责美帝国主义犯下的新的滔天罪行。歼灭美蒋武装特务荣立二等功的民兵彭锦才说：毛主席說：“搗乱，失败，再搗乱，再失败，直至灭亡——这就是帝国主义和世界上一切反动派对待人民事业的邏輯，他們决不会違背这个邏輯的。”很多事实证明这一论断无比正确。目前美帝国主义不断扩大侵略战争，我们要更好地用毛主席的人民战争思想武装头脑，认真做好战争准备，配合人民解放军，坚决和美帝国主义斗争到底。

越南北方击落美机两架

南越解放武装力量炮轰美伪军后勤基地

【新华社河内十八日电】据这里今晚公布，越南北方宁平和河北两省军民，十八日上午击落入侵的美国强盗飞机两架。

【据新华社河内十八日电】据越南南方解放通讯社报道：越南南方西贡—嘉定区解放武装力量，八月十七日晚上以猛烈的炮火袭击位于新山一机场附近的一个美伪军后勤基地。

解放武装力量的炮火准确地击中了敌人后勤基地的停车场，使这个停车场顿时变成一片火海，共击毁敌军车一百多辆，打死打伤美国侵略军、伪军和新西兰技术人员八十多人。

在毛泽东思想的光辉照耀下

我国参加亚新会选拔赛胜利閉幕

在历时八天的选拔賽中共打破二十項、平一項全国紀录

【据新华社北京十八日电】参加第一届亚洲新兴力量运动会各项体育代表队选拔赛的我国运动员们，在毛泽东思想的光辉照耀下，经过八天紧张而激烈的奋战，今天在北京胜利结束了比赛。

这次选拔赛是在当前我国伟大的史无前例的无产阶级文化大革命高潮时期举行的大型综合性体育比赛。来自全国各地的优秀选手同红卫兵小将和其他革命观众一起，在参加比赛和观看比赛过程中，始终高举毛泽东思想伟大红旗，把在文化大革命中焕发出来的高昂的革命精神带到了比赛场地。

选拔赛期间，运动员们身不离《毛主席语录》，在比赛前，一遍又一遍地学习毛主席的有关语录，用以鼓舞自己在比赛场上取胜的信心，在比赛中遇到了问题，立即翻开《毛主席语录》，寻求解决问题的指示。运动员们在比赛场上表现出的对伟大领袖毛主席的无限热爱、无限敬仰和无限崇拜，以及他们活学活用毛主席著作的精神，受到观众热烈的称赞。

前往各运动场地观看比赛的广大观众，为了使运动员在比赛中发挥出风格和水平，为了对第一届亚洲新兴力量运动会的召开贡献一分力量，给予运动员无限关怀和鼓励。特别是在这次文化大革命中诞生的革命组织——红卫兵的小将们，更是以主人翁的姿态出现在各个比赛场。他们不仅积极地投入大会的各项工作，还时常带领观众齐声为运动员朗读毛主席语录，高唱革命歌曲，使比赛场充满着强烈的革命气氛，强有力地鼓舞了运动员的革命干劲。

这次选拔赛从本月十一日到十八日，共进行了足球、篮球、排球、乒乓球、羽毛球、田径、游泳、射击、射箭、体操、举重、赛车场自行车等十二种项目的比赛。各运动项目的选手们，在历时八天的选拔赛中共打破二十项、平一项全国纪录。

簡明新聞

南越又有一批伪军官兵哗变

在南越美伪统治区堤岸省德和县协和基地的伪保安队的一部分官兵，由于不堪忍受美国侵略者和他们的走狗的虐待和凌辱，在九月二日下午哗变。哗变的士兵共打死打伤四十一名美国侵略军和伪军，并且烧毁了两座兵营。

当天晚上，又有一百五十名伪军炮兵炮轰别动队的兵营，打死打伤十八名伪军。

法国又向美国兑换大量黄金

美国财政部十四日发表的一项报告透露，今年第二季度内，法国一共向美国兑换黄金二亿二千零七十万美元，比第一季度兑换的数字增加了一倍多。七、八两个月的兑换数字又有进一步的增加。七月份美国一共流失黄金一亿一千六百万美元，其中大约有一亿美元流入法国。

西德纺织业工人示威反解雇

西德北来因—威斯特伐利亚州来因城两千名纺织工人十一日举行示威，抗议资本家关闭工厂，解雇工人。

美国国外机构的狼狈相

美国政府苦于它在海外机构的玻璃窗子经常被反美群众打烂，“最近正在寻找更坚固的东西代替玻璃。”美国国务卿腊斯克最近在国会十七日公布的一个文件中透露，美国国会中谈到世界各地此伏彼起的反美示威浪潮时，供认了美帝国主义“老鼠过街，人人喊打”的狼狈相。

美侵略军参与镇压泰国人民

泰国他侬—巴博卖国集团的一名高级军官十六日第一次公开承认，驻在泰国的美国侵略军参加了泰国反动部队镇压泰国人民的战斗行动。（据新华社讯）

天气预报　19日8时——20日8时　白天：晴间多云　风向：偏南　风力：2—3级　夜间：多云转阴有小雨　风向：西南　风力：2—3级　温度：最高：26度—28度（摄氏）　最低：16度—18度（摄氏）

·4· 天津日報 1966年9月19日 星期一

伟大领袖伟大导师伟大统帅伟大舵手毛主席万岁！

毛主席是我们心中最红最红的太阳

解放军驻津某部 王长寿

看完大型彩色纪录片《毛主席和百万文化革命大军在一起》，心里万分高兴！这部影片真实地生动地纪录了我们的革命战友——红卫兵和革命群众，对我们最最敬爱的伟大领袖、伟大导师、伟大统帅、伟大舵手毛主席的无限热爱、无限信仰、无限崇拜的强烈感情。这部影片反映了我们广大工农兵天天想、夜夜盼，渴望见到毛主席的强烈心愿。

我没有参加八月十八日在天安门举行的庆祝大会，但是，随着电影的放映，我的心和百万文化革命大军一样激烈跳动。银幕上的每一个镜头，都像雨露一样地渗在我们的心坎上，像春风一样吹进我们的胸膛。特别是看到我们最最敬爱的伟大领袖毛主席，他老人家穿着草绿色的军装，面带亲切的微笑，迈着稳健的步伐，向红卫兵走去，和革命大军亲切握手，亲切交谈，这些场面，更使我激动万分。看到毛主席红光满面，精神焕发，在庄严雄伟的天安门城楼上，从这头走到那头，从那军见面了！接着，就是暴风雨般的欢呼声：毛主席万岁！万万岁！我们仰着头，目不转睛地看着大喇叭，聆听着大会的盛况。这时，我们的心啊，像海水一样沸腾，像波涛一样激荡。我们是多么幸福啊！我们是多么光荣啊！回想革命前辈走过的革命征途：从秋收起义到井冈山上；从二万五千里长征到全国解放；从延安到天安门上；从遵义城到人民大会堂，哪一刻都离不开毛泽东思想。我们就是靠毛泽东思想，打败了日本帝国主义、消灭了国民党八百万匪军，推翻了压在人民头上的三座大山，建立了新中国。革命的路啊，是多么不平坦！

有这样的伟大领袖，做我们革命的导师，我们多么自豪啊！有这样的伟大导师，他的身体是那样健康，我们多么幸福啊！有这样的伟大统帅，领导我们从胜利走向胜利，我们多么骄傲啊！有这样的伟大舵手，指引我们破惊涛骇浪，我们永远不会迷失方向。在这极度欢乐和幸福时刻，一位战友对大家说：同志们，让我们全体起立，纵情歌唱《大海航行靠舵手》。我们随着喇叭里铿锵有力的乐曲兴奋地唱起来。声音越唱越大，和百万文化革命大军的歌声汇在一起，像春雷般的荡过高山大海，响彻全中国，响彻全世界。

毛泽东思想是世界革命人民的灯塔，是我们心中最红最红的太阳，是我们战无不胜的法宝，是鼓舞我们永远前进的巨大力量。我们是革命的后代，是工农红军的接班人，我们是在毛泽东思想哺育下成长，我们要永远跟着毛主席，誓做无产阶级的革命接班人。

敬爱的毛主席，您是我们心中最红最红的太阳，我庄严地向您宣誓：我要一辈子读您的书，听您的话，照您的指示办事，做您的忠实的好战士。为革命我们不怕苦，不怕死，上刀山，下火海，都在所不辞。在这场史无前例的无产阶级文化大革命中，以十六条为武器，用文斗不用武斗，坚决支持红卫兵和革命群众的革命行动。

毛主席永远和我們在一起

（数来宝）

解放軍某部毛澤东思想宣傳队集体創作

甲 打竹板我情绪高
走上台来把喜报
乙 心里激动走得急
我向大家来报喜
甲 我这个喜报顶重要
好似那金色的太阳当空照
乙 我这个喜报真无比
那真是一轮红日东方起
甲 我这个喜报火样红
你听了心红志坚眼睛明
乙 我这个喜报真突出
世界革命人民齐欢呼
甲乙 （对问、白）
你是什么喜报？
合 八月十八那一天
火红的太阳出海面
太阳升，红彤彤
我们看见了
最最敬爱的领袖毛泽东
（白）我们见到了毛主席！
甲 这一天
天安门前百万文化革命大军英姿真雄壮
乙 这一天
天安门前红旗如海，歌声飞扬，革命激情翻巨浪
甲 无数红心渴望幸福时刻的来临
乙 无数眼睛等待日出望东方
甲 千万颗心无比激动剧烈跳
乙 千万双眼睛一齐飞向
身穿军装戴着红领章
军帽上红星放光芒
乙 毛主席呀毛主席
百万双眼睛望着您
激动的泪花止不住流
千言万语涌心头
甲 毛主席呀毛主席
百万颗红心飞向您
多想跟您把手握
内心的誓言对您说
合 千张嘴，万张嘴
齐呼：毛主席万万岁！
千幸福，万幸福
毛主席健康最幸福
甲 我跳跃
乙 我欢呼
甲 我鼓掌
乙 我歌唱
甲 我手掌拍红还鼓掌
激动的泪花满眼眶
乙 我欢呼跳跃踮脚尖
恨不得插翅飞向前
合 （白）看见了！看见了！
甲 毛主席身穿草绿军装
五星帽徽放红光
两个领章火样红
慈祥招手向群众
乙 毛主席身穿绿军装
满面红光精神爽
天安门红旗舞东风
万众齐唱《东方红》
甲 毛主席身体真健康
步伐坚定有力量
毛主席满面笑容把手招
向革命群众亲切笑
乙 毛主席检阅革命百万军
把文化革命来指引
甲 时间时间你慢些走
幸福的时刻你留一留
乙 百万颗红心在一起
紧紧贴着毛主席
合 欢腾的海，欢腾的洋
欢呼声一浪高一浪
毛主席万岁！万万岁！
我情不自禁高声唱
甲 （唱）大海航行靠舵手
万物生长靠太阳
乙 大海航行靠舵手
万物生长靠太阳
（上两句歌用轮唱方式唱，即甲先唱两拍，乙紧跟上）
合 毛泽东思想是不落的太阳
乙 欢呼声，像雷鸣
排山倒海贯长虹
甲 欢呼声，像电闪
牛鬼蛇神吓破胆
乙 欢呼声，震天响
五洲四海齐震荡
甲 欢呼声，冲云端
百万大军发誓言
革命者敢造资产阶级的反
誓把旧的世界全砸烂
乙 欢呼声，连一起
亚非拉风雷激
有了伟大舵手毛主席
世界革命定成功
甲 毛主席呀毛主席
您秋收起义点火炬
井冈山，红旗飘
我军是您亲手造
乙 长征两万五千里
排除万难得胜利
拨开云雾绕晴礁
天安门上五星红旗迎风飘
甲 无产阶级文化大革命
您亲自指挥方向明
从塞北到江南
从雪山到草原
合 革命浪涛冲天起
工农兵改天又换地
甲 伟大领袖穿军装
我们无比自豪和光荣
乙 伟大导师穿军装
我们战斗意志更坚强
甲 伟大统帅穿军装
我们永远紧握手中枪
乙 伟大舵手穿军装
我们心中升起红太阳
合 太阳红，太阳亮
毛主席啊！
您是我们心中最红最红的红太阳
甲 毛主席啊毛主席
战士的红心永远和您在一起
乙 千道水，万重山
伟大领袖就在战士的身边
甲 跟着您，伟大领袖毛主席
毛泽东思想伟大红旗永高举
乙 跟着您，伟大导师毛主席
刀山火海闯过去
甲 跟着您，伟大统帅毛主席
您指到哪里打哪里
乙 跟着您，伟大舵手毛主席
乘风破浪举红旗
合 最最敬爱的毛主席
全国人民永远跟着您
甲 跟着您，跟着您
敢于革命经风雨
乙 跟着您，跟着您
破"四旧"立"四新"
甲 跟着您，跟着您
呼唤五洲风雷起
乙 跟着您，跟着您
开辟无产阶级新世纪
合 毛泽东思想伟大红旗高举再高举
宝书四卷金光闪闪照天地
紧跟伟大领袖毛主席
把世界革命进行到底

永远跟着毛主

解放军驻津某部 楊

万頃波涛托紅日，
亿万人拥向毛主席。
毛主席，我們心中的紅
毛主席，时刻跟我們
起！
多少双眼睛泪花冒，
多少双鉄臂高高举。
多少颗心呵激烈跳，
多少人情感难平息！
——井岡山上紅旗飘，
毛主席带領咱們打游
延安火炬照夜空
毛主席指揮咱們开来
——艰苦創业盖高楼，
毛主席亲自打地基。
向資产阶級大进攻，
毛主席又亲自举紅旗
啊！毛主席跟咱心連
毛主席时刻跟咱在一
咱們永远跟着毛主席，
誓让全球飘紅旗。

席红光满面，精神焕发，在庄严雄伟的天安门城楼上，从这头走到那头，从那头走到这头，高举着军帽，向百万大军频频挥手致意的镜头，我高兴得热血沸腾，我兴奋得两眼含着幸福和喜悦的热泪，我再也抑制不住激动的心情，竟忘记自己是在看电影，情不自禁地振臂高呼：毛主席万岁！万岁！万万岁！

八月十八日清晨，我们正在学习毛主席著作，突然扩音器里传出了最幸福的喜讯：我们伟大领袖毛主席穿着军装来到天安门和百万文化革命大军……为武器，用文斗不用武斗，坚决支持红卫兵和革命群众的革命行动。

敬爱的毛主席，我们一定牢记您的话，提高革命警惕性，苦练杀敌本领，加强战备，如果美帝国主义及其走狗胆敢把战争强加在我们的头上，那我们就坚决、彻底、干净、全部地把它消灭在人民战争的汪洋大海里。

敬爱的毛主席，我永远不脱掉绿军装，当一辈子解放军，跟您闹一辈子革命，坚决把无产阶级文化大革命进行到底！

◇

烈跳

乙　千万双眼睛一齐飞向金水桥

甲乙（唱）东方红，太阳升

合　幸福的时刻来到了
幸福的时刻来到了
（白，激情地高呼）
毛主席来了！毛主席来了！

甲　东方红，太阳升
毛主席来到群众中

乙　毛主席检阅革命百万军
把文化革命来指引
我激动的心啊要跳出
我高兴的泪花止不住

◇

旗。
毛主席，
咱在一起，
咱心连心，

举紅旗！
进攻，
地基。
盖高楼，

們歼来敌。
空
們打游击。
紅旗飘，

平息！
烈跳，
高举。
花冒，

跟我們在一
心中的紅太阳，
東席。
日，

毛主席

某部 楊洪立

我以万分激动的心情，观看了大型彩色纪录片《毛主席和百万文化革命大军在一起》。当我看到我们伟大的领袖、伟大的导师、伟大的统帅、伟大的舵手毛主席，身穿草绿色的军装，佩戴着鲜红的领章和红星帽徽，迎着灿烂的朝霞登上雄伟的天安门城楼时，仿佛自己也置身于这欢乐的海洋，亲身受到了伟大领袖毛主席的检阅。这时，我含着热泪，同银幕上的百万文化革命大军共享同毛主席在一起的幸福。

从影片里，我看到毛主席他老人家满面红光，神采奕奕，身体魁伟，步伐稳健。毛主席身体这样健康，这是我们最大的幸福，是全中国、全世界革命人民的最大幸福。

伟大的领袖毛主席身穿军装，和百万革命群众见面，这是对我军最大的信任，最大的鼓舞，最大的期望。想过去，毛主席穿上军装，带领我们转战南北，奔驰疆场，爬雪山，过草地，昼不息，夜不眠，历尽千辛万苦，推翻了三座大山，为我们夺取了一个又一个的胜利，给我们开辟了正确的航道；看今朝，毛主席又穿上了军装，亲自领导着无产阶级文化大革命，把一切牛鬼蛇神扫光，彻底砸烂旧世界。敬爱的毛主席啊！无论是艰难困苦的过去，还是社会主义的今天，如果没有您老人家在最关键最重要的时刻，指导我们拨开层层迷雾，绕过重重暗礁，就没有无产阶级的天下，就没有我们的一切，就没有全世界人民的希望。

永远跟着伟大领袖毛主席干革命

解放军天津警备区政治部　席树业

最敬爱的毛主席，您最相信群众，最关心群众，最尊重群众的首创精神，最支持群众的革命运动。一九二七年您在《湖南农民运动考察报告》一文中就教导我们："一切革命的党派、革命的同志，都将在他們面前受他們的检验而决定弃取。站在他們的前头领导他們呢？还是站在他們的后头指手画脚地批評他們呢？还是站在他們的对面反对他們呢？每个中国人对于这三項都有选择的自由，不过时局将强迫你迅速地选择罢了。"今天，您又亲自领导无产阶级文化大革命，亲自主持制定了无产阶级文化大革命的纲领性文件十六条。是您指挥着我们向资产阶级和一切剥削阶级的意识形态发动了总攻击。现在，无产阶级文化大革命的形势好得很，它已经触及到政治，触及到经济，正在荡涤着旧社会遗留下来的一切污泥浊水，改变着我国整个社会的面貌。

最敬爱的毛主席呀！我是一个革命战士，我向您宣誓：我永远听您的话，天天读您的书，终身跟您干革命，做一个永远革命，永不变色的无产阶级革命战士。我向您保证：永远忠于您，忠于毛泽东思想，忠于党，忠于人民，在当前国内外复杂的阶级斗争中，更高地举起毛泽东思想伟大红旗，紧握手中枪，坚守战斗岗位，提高警惕，加强战备。同时，要坚决地同工农群众和革命师生一起，把无产阶级文化大革命进行到底，保卫无产阶级的红色江山永不变色。

歌唱十六条（天津快板）

卫东区教师革命学校
卫东区红岩二街小学　宣傳队

你把竹板打，我说十六条，
革命的群众们千万要记牢。
文化大革命，制定十六条，
党中央毛主席亲自来领导。
战斗有四个宝，学习十六条，
大鸣大放大辩论还有大字报。
矛盾要分清，熟悉十六条，
是敌人是朋友一定区分好。
「敢」字要当头，掌握十六条，
资产阶级当权派坚决要斗倒。
不要用武斗，运用十六条，
要揭露要批判，文斗方法好。
群众智慧大，贯彻十六条，
一是斗二是批三改别忘了。
思想革命化，执行十六条，
抓革命促生产好上加好。
革命要彻底，捍卫十六条，
毛泽东思想一定掌握牢。
砸烂旧世界，「四旧」要横扫，
坚决把文化革命彻底搞好。

用文斗　好得很（小快板）

东风区永革小学演出組

斗黑帮，要狠斗，
党的政策领会透，
用文斗，不武斗，
武斗只能触皮肉。
对走资本主义道路的当权派，
还有那地、富、反、坏、右分子，
我们一定要狠斗，
斗倒，斗垮，又斗臭。
用文斗，好处多，
听我慢慢跟您说：
充分揭露，彻底批判，
暴露反革命面貌最有力。
大字报，威力大，
牛鬼蛇神最害怕；
你一张，我一张，
魔鬼一定现原形；
批斗会，大家揭，
吓得坏蛋直哆嗦；
用文斗，狠揭发，
触及灵魂威力大。
文斗好，文斗妙，
必须学好十六条；
学习好，熟悉好，
不折不扣掌握运用十六条，
毛泽东思想伟大红旗举得高，
一切牛鬼蛇神跑不了，跑不了！

地址：天津市鞍山道66号　电报挂号：5887　电話：总编辑部2·5803　工业部2·2995　农业部2·5784　財貿部2·0491　政教部2·2858　美术摄影部2·2752　文艺部2·2674　理論部2·5605　群工部2·2476　发行广告科2·5271　昨日开印11点39分　本报今日四版　零售每份四分

天津日報

第6487号 1966年11月13日 夏历十月初二 星期日

我们伟大的导师、伟大的领袖、伟大的统帅、伟大的舵手毛主席和他的亲密战友林彪同志在天安门城楼上。 人民日报记者摄（新华社发）

红日东升，光芒万丈。我们的伟大导师、伟大领袖、伟大统帅、伟大舵手毛主席在天安门城楼上，第七次接见来自全国各地的革命师生和红卫兵小将。 人民日报记者摄（新华社发）

发揚孙中山先生革命战斗精神　毫不妥协地把反帝反修斗爭进行到底

首都万人集会紀念孙中山先生誕生一百周年

周恩来宋庆龄董必武陶铸陈伯达等领导人出席，董副主席致开幕词，周总理宋副主席等讲话

周总理說，中国人民在毛主席領导下所进行的伟大斗争，所取得的伟大胜利，都远远超过了孙中山先生的理想。我們今天紀念孙中山先生，就要永远跟着我們伟大領袖毛主席，永远同革命人民在一起努力学习新事物，不断改造自己，在社会主义革命的烈火中永远前进！

【据新华社北京十二日电】首都革命群众和红卫兵一万多人，今天下午举行盛大集会，隆重纪念伟大的革命先行者孙中山先生诞生一百周年。

周恩来、宋庆龄、董必武、陶铸、陈伯达、邓小平、刘少奇、朱德、李富春、陈毅、贺龙、谭震林、叶剑英、李雪峰、谢富治、刘宁一、萧华、杨成武、郭沫若、何香凝、杨明轩、程潜、张治中、阿沛·阿旺晋美、周建人、徐冰、高崇民、蔡廷锴、邓子恢、李四光、谢觉哉、沈雁冰、许德珩、李德全、杨秀峰、张鼎丞、邓颖超、廖承志、穆欣、解学恭、许广平、李宗仁、熊克武、邵力子、章士钊等，出席了纪念大会。

大会开始前，周恩来、宋庆龄、董必武、陶铸、陈毅和何香凝，接见了参加大会的部分外国朋友、港澳人士和华侨代表。

纪念大会在宏伟的人民大会堂举行。会场上高悬巨幅标语，上面写着："伟大的导师、伟大的领袖、伟大的统帅、伟大的舵手毛主席万岁！""纪念伟大的革命先行者孙中山先生"。主席台中央悬挂着孙中山先生的画像。画像两旁插着十面红旗，以及金色字标："1866—1966"。

纪念大会开始以前，参加大会的工人、人民公社社员、解放军指战员、红卫兵和机关干部，齐声朗读毛主席十年前所写的《纪念孙中山先生》一文中的语录："事物总是发展的。一九一一年的革命，即辛亥革命，到今年，不过四十五年，中国的面目完全变了。再过四十五年，就是二千零一年，也就是进到二十一世纪的时候，中国的面目更要大变。中国将变为一个强大的社会主义工业国。中国应当这样。因为中国是一个具有九百六十万平方公里土地和六万万人口的国家，中国应当对于人类有较大的贡献。……"

下午三时三十分，中华人民共和国副主席董必武宣布纪念大会开始。全场起立，乐队高奏中华人民共和国国歌。

董必武副主席首先致开幕词。他扼要地介绍了孙中山先生在中国人民反对封建主义和帝国主义的斗争中立下的不朽功勋。董必武副主席说："我们永远不会忘记孙中山先生对中国革命事业所作出的伟大贡献。孙中山先生是永远值得我们纪念的。"

周恩来总理接着在大会上讲话。他在讲话开始时，首先引述了我们伟大的领袖毛主席在《纪念孙中山先生》这篇文章中，对孙中山先生革命的战斗的一生所作的崇高评价。

周总理说："孙中山先生的一生表明：一个真正的爱国者，一个真正的革命民主派，必须坚决地、毫不妥协地反对帝国主义。"他说："我们今天纪念孙中山先生，就要进一步发扬孙中山先生的反帝斗争精神，为解放台湾、实现祖国领土的完全统一而奋斗，坚决支持越南人民的抗美救国斗争，坚决支持亚洲、非洲、拉丁美洲和全世界人民的反帝革命斗争。"

周总理说，孙中山先生从列宁领导的十月革命中看到了被压迫民族和被压迫人民争取解放的希望。可是，今天苏联领导集团完全背叛了伟大的列宁，背叛了伟大的十月革命的道路，已经堕落成为美帝国主义的帮凶。周总理说："我们今天纪念孙中山先生，就一定要同全世界革命人民一道，坚决反对背叛列宁、联合美帝国主义的苏共修正主义集团，把反对现代修正主义的斗争进行到底。"

周总理说："中国人民在中国共产党和毛泽东主席的领导下，完成了孙先生没有完成的民主革命，并且把这个革命发展为社会主义革命，在社会主义建设事业中取得了伟大的成就。"周总理说："前不久，我国导弹核武器试验成功，再一次表明，中国无产阶级不仅能够做到中国资产阶级革命家不能做到的事情，而且一定能够在不太长的历史时期内把我国建设成为一个社会主义的现代化强国，赶上和超过西方。"

周总理在谈到当前的无产阶级文化大革命时强调指出："我们必须彻底批判资产阶级反动路线，坚决执行以毛主席为代表的无产阶级革命路线，信任群众，依靠群众，尊重群众的首创精神。我们必须发扬无产阶级的彻底革命精神，决不半途而废。我们一定要把无产阶级文化大革命进行到底。"

周恩来总理最后说："中国人民在毛主席领导下所进行的伟大斗争，所取得的伟大胜利，都远远超过了孙中山先生的理想。毛泽东主席天才地、创造性地、全面地继承、捍卫和发展了马克思列宁主义，把马克思列宁主义提高到一个崭新的阶段。毛泽东思想是我们一切工作的指导方针。我们今天纪念孙中山先生，就要永远跟着我们伟大导师、伟大领袖、伟大统帅、伟大舵手毛主席，永远同革命人民在一起，努力学习新事物，不断改造自己，在社会主义革命的烈火中永远前进！"

中华人民共和国副主席宋庆龄，在大会上发表了题为《孙中山——坚定不移、百折不挠的革命家》的长篇讲话。她的讲话，详尽地介绍了伟大的革命先行者孙中山先生的生平和革命活动（全文另发）。中国国民党革命委员会主席何香凝、日中友好协会理事长宫崎世民在大会上讲话（全文日内刊登）。

大会结束时，全场起立鼓掌，乐队高奏《东方红》和《大海航行靠舵手》。

伟大的革命先行者孙中山先生　　新华社稿

在纪念孙中山先生诞生一百周年大会上

董必武副主席的开幕詞

孙中山先生诞生一百周年纪念大会现在开始。

伟大的革命先行者孙中山先生诞生到现在整整一百年了。在这一百年中，中国发生了翻天覆地的变化。中国已经从一个任人欺侮，腐败无能、半封建半殖民地的国家，变成了一个扬眉吐气、自力更生、强大的社会主义国家。新中国的诞生和壮大，极大地影响了整个世界历史的进程。

一百年来，为了反对封建主义和帝国主义，中国人民进行了前赴后继、艰苦卓绝的革命斗争。在这一斗争中，孙中山先生立下了不朽的功勋。他作为中国革命民主派的旗手，在民主革命准备时期，同当时以康有为、梁启超为代表的改良派进行了毫不调和的斗争。他领导了辛亥革命，推翻了封建王朝，建立了共和国。他在晚年，同中国共产党进行了合作，制定了联俄、联共、扶助农工的三大政策，对三民主义作了新的解释，把旧三民主义发展为新三民主义。

孙中山先生没有完成他的革命事业就去世了。他去世到现在也已经四十一年了，在这四十一年中间，中国人民在中国共产党和我们伟大的导师、伟大的领袖、伟大的统帅、伟大的舵手毛主席的领导下，进行了英勇顽强的斗争，终于推翻了帝国主义、封建主义和官僚资本主义的反动统治，完成了孙中山先生没有完成的民主革命，并且把这个革命发展成为社会主义革命，在社会主义建设中取得了伟大的胜利。

今天，全中国人民正在我们伟大领袖毛主席的亲自领导下，进行着一场史无前例的无产阶级文化大革命。这场无产阶级文化大革命，无论就其广度和深度来说，都是历史上任何革命运动所不能比拟的。我们已经做的和正在做的，大大超过了我们的前人。但是，我们是历史唯物主义者，我们是在前人奋斗的基础上创立了我们自己的事业的，我们是孙中山先生革命事业的继承者。因此，我们永远不会忘记孙中山先生对中国革命事业所作出的伟大贡献。孙中山先生是永远值得我们纪念的。　　（新华社北京十二日电）

·2· 天津日报 1966年11月13日 星期日

我們完成了孙先生沒有完成的民主革命，并且把这个革命发展为社会主义革命。我們正在完成这个革命。

事物总是发展的。一九一一年的革命，即辛亥革命，到今年，不过四十五年，中国的面目完全变了。再过四十五年，就是二千零一年，也就是进到二十一世紀的时候，中国的面目更要大变。中国将变为一个强大的社会主义工业国。中国应当这样。因为中国是一个具有九百六十万平方公里土地和六万万人口的国家，中国应当对于人类有較大的貢献。……

毛泽东《纪念孙中山先生》

在紀念孙中山先生誕生一百周年大会上

周恩来总理的讲话

今天，是孙中山先生诞生的一百周年。

在孙中山先生诞生九十周年的时候，我们伟大的领袖毛主席写了《纪念孙中山先生》这篇著名的文章，对孙中山先生革命的战斗的一生作出了崇高的评价。毛主席說：

“紀念伟大的革命先行者孙中山先生！

紀念他在中国民主革命准备时期，以鲜明的中国革命民主派立场，同中国改良派作了尖銳的斗爭。他在这一场斗爭中是中国革命民主派的旗帜。

紀念他在辛亥革命时期，领导人民推翻帝制、建立共和国的丰功伟績。

紀念他在第一次国共合作时期，把旧三民主义发展为新三民主义的丰功伟績。

他在政治思想方面留給我們許多有益的东西。

现代中国人，除了一小撮反动分子以外，都是孙先生革命事业的继承者。”

在中国民主革命的准备时期，存在着两条政治路线的斗争：一条是孙中山先生所代表的革命的民主派的路线，一条是康有为、梁启超所代表的改良派的路线。

孙中山先生，从革命民主派的立场出发，主张用革命的手段推翻清朝政府，建立民主共和国。康有为恰恰相反。他从改良派的立场出发，主张不触动清朝皇帝统治的根本利益，反对革命，破坏革命。在孙中山先生的领导下，革命派同改良派展开了一场大论战，为辛亥革命作了思想上的准备。

孙中山先生领导的辛亥革命，具有伟大三民主义。毛主席說：“孙中山先生之所以伟大，不但因为他领导了伟大的辛亥革命（虽然是旧时期的民主革命），而且因为他能够‘适乎世界之潮流，合乎人群之需要’，提出了联俄、联共、扶助农工三大革命政策，对三民主义作了新的解释，树立了三大政策的新三民主义。”

孙中山先生，作为中国资产阶级民主革命时期的一个伟大革命家，他的奋斗的一生留给我们很多有益的东西。

孙中山先生的一生表明：一个真正的爱国者，一个真正的革命民主派，必须坚决地、毫不妥协地反对帝国主义。孙中山先生从他开始革命活动时起，就立志要使中国从帝国主义列强的压迫、奴役和欺凌下摆脱出来。在早年，孙中山先生也存在过某些幻想，他曾多次地向资本主义国家呼吁过援助，结果却一切落空，反而遭到了无情的打击。经过了实践的痛苦教训，特别是在列宁领导的十月革命的影响下，孙中山先生终于认清了帝国主义是中国人民的死对头。他敢于响应列宁的反帝号召，公开向帝国主义高举起反抗的旗帜。这是孙中山先生、也是中国人民在长期革命斗争的实践中取得的一个极其宝贵的经验教训。

今天，美帝国主义是中国人民和全世界人民最凶恶的共同敌人。美帝国主义霸占我国领土台湾，敌视中国人民，利用孙中山先生的叛徒蒋介石作为它的走狗。美帝国主义侵略越南，不断扩大侵越战争。美帝国主义及其走狗正在亚洲、非洲、拉丁美洲广大地同全世界革命人民一道，坚决反对背叛列宁、联合美帝国主义的苏共修正主义集团，把反对现代修正主义的斗争进行到底。

时代不断前进。在孙中山先生逝世四十一年的时间内，中国人民在中国共产党和毛泽东主席的领导下，完成了孙先生没有完成的民主革命，并且把这个革命发展为社会主义革命，在社会主义建设事业中取得了伟大的成就。中国的面貌已经完全改变了。孙中山先生在本世纪初曾经预言，中国人民“发愤自雄”，一定能够打破常规，以“异常之速度”，在几十年内赶上和超过西方。孙先生的理想正在我们手中得到实现。前不久，我国导弹核武器试验成功，再一次表明，中国无产阶级不仅能够做到中国资产阶级革命家不能做到的事情，而且一定能够在不太长的历史时期内把我国建设成为一个社会主义的现代化强国，赶上和超过西方。

当前我们正在全国范围内开展一场史无前例的无产阶级文化大革命。这是我国社会主义革命发展的一个更深入更广阔的新阶段。这是一场破剥削阶级的“四旧”、立无产阶级的“四新”、触及人们灵魂的大革命。在这场大革命中存在着两条路线的斗争。我们必须彻底批判资产阶级反动路线，坚决执行以毛主席为代表的无产阶级革命路线，信任群众，依靠群众，尊重群众的首创精神。我们必须发扬无产阶级的彻底革命精神，决不半途而废。我们一定要把无产阶级文化大革命进行到底。这场大革命的胜利，不仅将保证我们社会主义的祖国永不变色，而且必[illegible]

毛主席第七次检閱文化革命大軍极大地鼓舞了各地广大…

热烈欢呼毛主席正确路线的…

广大干部决心遵循毛主席教导，要政治挂帅，到群众里面去，和群众在一起

【据新华社北京十二日电】 我们最敬爱的伟大领袖毛主席第七次接见和检阅文化革命大军的喜讯传到各地，全国到处一片欢腾。广大革命群众纷纷举行集会、座谈，纵情欢呼以毛主席为代表的无产阶级革命路线的胜利，欢呼无产阶级文化大革命和生产建设的大好形势。他们怀着最幸福、最豪迈的感情表示：一定不辜负伟大领袖毛主席的信任和期望，坚决按照毛主席指引的方向，把无产阶级文化大革命搞得更好，夺取新的更加伟大的胜利。

毛主席在天安門城楼上对参加接见的一些負責同志說：“你們要政治挂帅，到群众里面去，和群众在一起，把无产阶级文化大革命搞得更好。”我们伟大领袖这一亲切的教导，给全国广大干部无限鼓舞和力量。他们说：毛主席最关心群众，和群众心连心，时时和广大群众在一起，这永远是我们学习的最光辉的典范。我们一定听毛主席的话，坚决执行毛主席这一最新指示，要政治挂帅，做一个一心为公，终身为人民服务的勤务员，做一个随时准备坚持真理、修正错误，无所畏惧的共产主义战士。在当前无产阶级文化大革命更深入、更广泛、更健康地发展的大好形势下，一定要高举毛泽东思想伟大红旗，敢字当头、到群众里面去，和广大群众在一起，坚决站在以毛主席为代表的无产阶级革命路线的立场上，彻底批判资产阶级反动路线，清除它的恶劣影响，坚决贯彻执行十六条，把无产阶级文化大革命搞得更好。

正在车间、田间劳动的各地各族广大工农群众听到毛主席第七次检阅文化革命大军的喜讯，激动地说：当前我国无产阶级文化大革命和生产建设一派大好形势，充分说明毛主席的正确路线深入人心，跟着毛主席前进就是胜利。他们表示坚决把毛主席抓革命，促生产的指示贯彻到行动中去。上海著名的先进生产者杨富珍、孟德和、张梅华、陈富等，怀着无比激动的心情说：革命和生产，这是毛主席和党中央交给我们的两大任务，我们一定要把这两副担子挑起来，既要把文化大革命搞得更好，又要保证完成生产任务，夺取革命和生产双丰收。

各族广大农牧民表示，在丰收的日子里，我们正在庆祝毛泽东思想结红果的时候，又传来毛主席检阅文化革命大军的喜讯，真是双喜临门。全国大寨式先进单位、广西陆川县雄鹰公社车路生产队的社员们说：我们听毛主席的话，抓革命促生产，[illegible]

的历史意义。这场革命没有完成反帝反封建的民主革命任务，但结束了中国两千多年的封建帝制，推动了民主精神的高涨。中国人民将永远纪念孙中山先生在这个革命中所起的作用。

在辛亥革命以后的十年内，孙中山先生经历了一段漫长的失望、苦闷和探索的过程。辛亥革命的果实被袁世凯为代表的大地主、大买办势力篡夺了。反动的逆流重新增长起来。中国的情况一天比一天坏。在绝望里，孙中山先生遇到了列宁领导的伟大的十月革命和以毛泽东同志为代表而创立的中国共产党，实行了他一生中最伟大的转变。

孙中山先生不顾国民党内顽固派的反对，坚决地实行了联合列宁斯大林的苏维埃俄国、联合中国共产党、扶助农工三大政策。他同中国共产党合作，重新解释了他的区内奴役和镇压广大的革命人民。我们今天[illegible]纪念孙中山先生，就要进一步发扬孙中山先生的反帝斗争精神，为解放台湾、实现祖国领土的完全统一而奋斗，坚决支持越南人民的抗美救国斗争，坚决支持亚洲、非洲、拉丁美洲和全世界人民的反帝革命斗争。

孙中山先生从列宁领导的十月革命中看到了被压迫民族和被压迫人民争取解放的希望。可是，今天苏联领导集团完全背叛了伟大的列宁，背叛了伟大的十月革命的道路。他们推行赫鲁晓夫修正主义路线，出卖世界人民的革命利益，在资本主义世界维护帝国主义、殖民主义的统治，在社会主义世界实行资本主义复辟。他们联合美帝国主义，反对社会主义的中国；他们热衷于美苏合作，主宰世界。他们已经堕落成为美帝国主义的帮凶。我们今天纪念孙中山先生，就一定要[illegible]主义的祖国永不变色，而且必[illegible]使我国的社会主义建设事业更加一日千里地向前发展。

中国人民在毛主席领导下所进行的伟大斗争，所取得的伟大胜利，都远远超过了孙中山先生的理想。毛泽东主席天才地、创造性地、全面地继承、捍卫和发展了马克思列宁主义，把马克思列宁主义提高到一个崭新的阶段。毛泽东思想是我们一切工作的指导方针。我们今天纪念孙中山先生，就要永远跟着我们伟大导师、伟大领袖、伟大统帅、伟大舵手毛主席，永远同革命人民在一起，努力学习新事物，不断改造自己，在社会主义革命的烈火中永远前进！

伟大的革命先行者孙中山先生永垂不朽！

伟大的战无不胜的毛泽东思想万岁！

我们伟大的领袖毛主席万岁！

（新华社电）

……革命群众

的伟大胜利

一起，把无产阶级文化大革命搞得更好

先进单位、广西陆川县雉鸡公社王垌生产队的社员们说：我们听毛主席的话，抓革命促生产，粮食连年增产。现在，我们要认真学好"老三篇"，实现思想革命化，搞好秋收冬种。

世界上什么最红？天安门上的太阳最红。世界上什么人最亲？伟大的领袖毛主席最亲。各地广大革命师生和红卫兵热情欢呼毛主席第七次接见文化革命大军，他们说，毛主席啊，倾尽五湖四海之水，也难写出我们对您的热爱之情。只有您这样伟大的领袖才能发起和领导这样伟大的革命的群众运动。您每分每秒都和我们在一起，您每时每刻都在哺育着我们成长。您是我们心中最红最红的红太阳，我们就是那永向红太阳的葵花。我们要永远忠于您，永远跟着您在革命的大风大浪中前进再前进。

许多步行串连的革命师生和红卫兵小将，在长征路上听到这个喜讯，高兴得忘记了多日的疲劳，信心倍增。他们纷纷表示，决心沿着毛主席开辟的革命道路奋斗终生，把自己锻炼成毛主席的好战士，锻炼成无产阶级革命事业的可靠接班人。

孙中山——坚定不移、百折不挠的革命家

（上接第三版）

孙中山的遗训就是他的三民主义和三大政策。这是他在致力于完成中国反帝反封建的资产阶级民主革命的过程中发展而成的。**毛主席曾说，一百年来帝国主义压迫中国，中国人民一直坚持反抗，"但是从孙中山先生开始，才有比较明确的资产阶级民主革命。"**（《青年运动的方向》）毛主席对孙中山的贡献作了精确的估价，指出辛亥革命"**有它胜利的地方，也有它失败的地方**"。说它胜利是因为它废除了宫廷制度赶跑了皇帝，说它失败是因为它没有赶跑帝国主义和封建主义。孙中山认识到这一点，并要求继续革命。他在遗嘱中说，"革命尚未成功，同志仍须努力！"

孙中山一生致力于推动革命。这一点今天仍然值得我们学习。世界上还有三分之二的人民没有获得解放，我们必须坚持反对帝国主义的革命斗争，坚持为建设社会主义和共产主义而进行的革命斗争，使我国在各方面实现现代化，并努力攀登科学高峰。孙中山对革命的抱负并不限于中国。他对各国反对帝国主义的革命特别注意。从一九〇〇年以来，他同亚洲各国的民族革命志士保持密切的联系——为反对英国统治而斗争的印度人和缅甸人、反对日本统治的朝鲜人、反对法国统治的越南人、反对荷兰统治的印度尼西亚人以及在菲律宾反抗美帝国主义的阿吉纳尔多和其他爱国者。同时，他也同比利时和法国的社会党人有联系，包括在第一次世界大战期间因号召欧洲工人不要为帝国主义的目的互相残杀而遇刺的让·饶勒斯。他建立所有这些关系都是为中国及各国的革命服务的。外国友人用贷款、通信联络、购运军火等行动帮助孙中山的革命事业，孙中山也在财政上和其他方面帮助他们的事业。至于孙中山和列宁相互之间的友谊和富有成果的通讯和合作，我在前面已经谈到过了。

孙中山还有另一方面值得我们学习。为了使自己在政治上适应当前革命任务的需要，他坚持不懈地进行自我教育。他不停地从理论和实践上进行探索，寻找引向革命胜利、中国获得解放以及使中国在国际上取得平等地位、中国人民得到自由的道路。

我们也许可以说，孙中山政治上的成熟集中表现在这样一个问题上：在长期而曲折的革命实践过程中，他越来越深刻地认识到，掌握武装的重要性，必须"第一步使武力与国民相结合，第二步使武力为国民之武力。"今天在我们看来，这是一个简单的问题。但我们在估价孙中山及其对中国革命的贡献时，必须从这样一个前提出发，即整个世界和革命实践在孙中山诞生后的一百年、特别是最近的五十年中，已经发生了巨大的变化。为什么必须革命、应该进行什么样的革命，怎样进行革命——在这些问题上，我们今天的认识来自我们的前人成功和失败的经验。他们当时是根据他们所继承下来的对革命规律的认识行事的；只是在运用这些规律碰了壁，不能得到预期的结果时，他们才不得不去探寻新的规律。他们付出了很高的代价，但他们的目标导向我们的目标，所以我们认为，他们是虽败犹荣的。

至于那些最后认识了自己的错误，而且勇敢地、坚决地改正这些错误的人，就显得更加光荣。孙中山晚年的生活和革命活动正是这样。一九二四年六月，他对黄埔军官学校的教职员和学生讲话时曾说："在几十年的革命事业中，既取得了成功的经验，也取得了失败的教训。中国革命所以迟迟不能成功的原因，就是没有自己的革命武装，没有广大人民的基础……现在为了完成我们革命的使命，所以我才下定决心改组国民党，建立自己的革命军队……这就是创办黄埔军校的宗旨。"⑧

学习是一个逐步前进的过程，学习革命也是这样。只有经过一步一步的摸索，我们才能懂得应该做什么、应该怎样去做。孙中山时代的中国是十分复杂的。这个半封建半殖民地社会的阶级矛盾，特别是在满朝被推翻之后，由于军阀统治和军事割据发展到白热化的程度。而这些军阀又各有一个帝国主义国家作为后台，日本、英国、美国、法国、比利时、德国等都插手进来。孙中山要把中国人民从苦难中解放出来，但还不懂得人民只有用自己的双手才能赢得解放，因此他曾企图利用一个军阀反对另一个军阀。

这是一条充满惨痛失败的道路，但最后的结果却是给了孙中山和其他中国革命者一个重要的教训。他对失败的原因进行了严肃的探讨。当他发现他所建立的政党都缺乏坚实基础时，他并不畏缩。通过对这问题的严格的自我检查和许多新朋友的帮助，他开始看到了光明。他认识到，必须走列宁的道路，以俄为师，走中国共产党唤起民众、领导国民革命的道路。革命只能依靠那些最迫切要求解放的人，即被压迫的人民群众。他明白了这一点以后，就不再为资产阶级民主那一套漂亮的装饰所迷惑了，他看穿了这不过是骗局。今天，反动派力图欺骗全世界人民，特别是青年，叫他们不要搞革命，不要相信马克思列宁主义，说这些都已经"过时"了。他们妄想诱使人民相信，革命是可以通过不革命而完成的！但四十多年前孙中山已经得出结论，资产阶级民主本身已过时了一百年，而且实际上资产阶级自己也早把它抛掉了。唯一的解决办法就是进行以群众为基础的革命。

这样，孙中山到了晚年清楚地看到了关于中国革命的真理。他总是这样，一旦看清楚了真理就立即行动起来。他欢迎中国共产党的合作和新生的苏联的援助。他全力进行改组他所领导的政党，目的是要唤起民众，采取革命行动。当国民党内有人拒绝跟他走的时候，他以坚强的原则性态度告诉他们：要末革命要末就退出；如果他们不退出，他就退出。而且他公开表明，如果他退出，就去加入中国共产党，和那些真正要使中国在世界上享有自由和平等的人在一起。

关于他的革命的政治纲领，孙中山以同样的决心采取行动。他重新解释了他的三民主义，并且增加了联俄、联共和扶助农工三大政策。在一九二四年中国国民党第一次全国代表大会上，他声明：三民主义和三大政策作为中国革命的基础是不可分割的，也是不容改变的。四十年前，这样一个纲领是很激进的，要实现这个纲领需要进行严峻的、持续的斗争。

毛主席很早就指出："这种三大政策的三民主义，革命的三民主义，新三民主义，真三民主义，是新民主主义的三民主义，是旧三民主义的发展，是孙中山先生的大功劳，是在中国革命作为社会主义世界革命一部分的时代产生的。"（《新民主主义论》）在指出孙中山的纲领和中国共产党的纲领不同之处的同时，毛主席说明，两者在民主革命的任务上，是基本上相同的。这为三民主义和共产主义结成统一战线以及第一次国共合作提供了可能，这种合作赢得了全国人民的支持并且实现了一九二四——二七年的大革命。接着，蒋介石抛弃了孙中山的革命遗训，背叛了革命，而中国共产党在毛泽东主席领导下却负起了把新民主主义革命进行到底的重担。

孙中山在遗嘱中要求所有革命者继续斗争，直到胜利。中国共产党领导中国人民实现了这一遗志，并远远超过了它。如果孙中山还健在，他会为中国共产党团结全国人民和全国各民族、领导人民在社会主义革命和社会主义建设中取得巨大成就并在当前世界上坚持马克思列宁主义真理的坚决立场而感到骄傲。

孙中山一生奋斗的目标已经实现并且已经超过了。但他的名字和他的精神仍然活在我们心中。我们为他四十年的忘我斗争而感到骄傲。他的遗言"必须唤起民众，及联合世界上以平等待我之民族"，今天听来仍然是正确的。

我国人民实现了空前的团结，鼓足干劲发展生产和攀登科学、教育和文化的新高峰。随着无产阶级文化大革命的开展，我国的社会主义革命进入了一个更深入、更广阔的新阶段。我们在反对帝国主义、特别是各国人民的主要敌人美帝国主义的严峻斗争中，同全世界劳动人民的团结，同被压迫民族和被压迫人民的团结正在日益加强。全世界呈现着一片大好革命形势。孙中山在革命斗争中表现出来的坚定性和坚韧性经常鼓舞着我们。怀着对我们的奋斗目标的不可动摇的决心，对马克思列宁主义、毛泽东思想的坚强信念以及对我们赢得胜利的力量的无限信心，我们同一切为了实现一个没有人剥削人、没有民族压迫、没有种族歧视的世界而努力的人们，在斗争中携手前进。

①《孙中山选集》，人民出版社，一九五六年，第67页。
②《列宁全集》第十九卷，人民出版社，一九五九年，第82页。
③《辛亥革命回忆录》第一集，中华书局，一九六一年，第566页。
④同上书，第575页。
⑤同上书，第597页。
⑥同上书，第565页。
⑦同上书，第4[illegible]页。
⑧同上书，第602页。

（新华社电）

1966年11月13日　星期日　　天津日报　　·3·

孙中山——坚定不移、百折不挠的革命家

宋庆龄

在这纪念孙中山诞辰一百周年的时候，我想就这位中国人民伟大儿子的生平和活动，谈谈我的一些感想。

他生在帝国主义垄断资本开始统治世界之前。他出生的时候，国内的封建王朝刚刚受到太平天国农民革命的震撼，我国人民还刚刚同资本主义国家发生接触。

当他离开人间的时候，帝国主义力量正不可一世，欧洲列强处心积虑要瓜分我国领土，近邻日本的军国主义也不断威胁着我们整个国家的生存。国家被军阀们分割成几部分，他们各自直接或间接地同一个帝国主义国家相勾结，在他们割据的地区垄断军械弹药的进口。当时四分五裂的中国，已成为帝国主义肆意争夺的猎物。

今天，中国发生了多么伟大的具有历史意义的变化！在中国共产党和毛主席领导下，中国人民已经搬掉了帝国主义侵略、封建统治和官僚资本垄断这三座大山。中国人民不但胜利地完成了新民主主义革命，并且在社会主义革命和建设中取得了光辉的成就。中国人民紧密地团结一致。我们的政治制度、社会组织和经济在本质上比西方资本主义国家先进，而帝国主义则开始瓦解，并且正面临着无可逃避的政治和经济危机。

那末，我们现在为什么还要来纪念孙中山呢？我想，这是为了使我们永远怀念中国民主革命时期这位坚定不移、百折不挠的革命家，中国伟大的革命先行者。

我想先谈一谈孙中山的性格。

孙中山是一个有远大目光和深刻预见的人。因此，他的一生是一个顽强的革命者的一生。他一开始就不相信封建王朝，而随着革命的发展，他对人民则产生越来越大的信心。他看到了官场的腐败，统治者对人民作威作福、对帝国主义则俯首贴耳，于是他决心推翻清朝。同他成为鲜明对照的是一些他的同时代人如康有为、梁启超、严复等，他们虽然充分了解君主政体的种种弊端，但是不信任人民，不敢进行革命和建立共和政体。他们主张的是君主立宪。康有为后来甚至于参加了妄图拥戴清帝复辟的小集团。

六十多年前，一九〇五年七月，孙中山在对东京华侨和学生发表的演说中，驳斥了君主立宪的纲领。他说："且世界立宪，亦必以流血得之，方能称为真立宪。同一流血，何不为直截了当之共和，而为此不完不备之立宪乎？"①孙中山有信心和勇气宣布这个主张，因为他坚信中国人民能够在较短的时间内超过日本，甚至西方资本主义国家。像梁启超这样的改良主义者却硬说中国人民只能模仿和追随西方，没有能力超过西方。在西方国家面前，梁启超和所有改良主义者简直是懦夫。

当时的保守派和改良派嘲称孙中山为"孙大炮"。这只能说明他们自己鼠目寸光，缺乏勇气和信心，缺乏对永远要求进步的人民的同情。我们知道，理想和远见是干革命的必要前提。没有革命的理论，就不可能有革命。

一个革命者，一个全心全意为人民利益奋斗的人，总是不知道疲倦的，总是把未来看作是光明的。列宁在一九一三年，早在他和孙中山开始通讯之前（这些信件由马尔林同志传递，他现仍住列宁格勒）就从革命精神和革命前景方面谈到了"落后的欧洲和这所小宅是华侨国民党员送给他的。

上海永安公司是澳洲华侨创办的。经理郭彪有一次派人送给孙中山一件皮大衣。当时把这件事报告孙中山的马湘回忆道："先生惊讶地说：'上海不算十分冷，回广东更不冷，我又不到北方去，我不受他的，你拿回去还给他吧！'"⑥两天以后，郭彪来见孙中山，孙中山感谢他的好意，但直截了当地说，他没有理由接受这样奢侈的礼物。

一九二四年，孙中山在广州讲三民主义，讲演的地点是广东大学。每次都有十多个干部陪他从大元帅府出发到珠江对岸，再乘三辆汽车前往。孙中山打听了一下，知道汽车来回四五里路要化十五元钱。以后他就不坐车，同干部们一起步行而去。

孙中山的毕生好学精神，是所有认识他的人都称道和钦佩的。一九一三年到一九一六年，他在东京。老同盟会员仇鳌回忆道："他的寓所内，四壁图书，琳琅满目，十三经、二十四史、中外政治经济书籍、各种地图，应有尽有。他经常读书，手不释卷；融会贯通，能得要领。"⑦

我自己记得，他只要有一点空，就在书房里把大地图铺在地上，手里拿着深色铅笔和橡皮，在上面标绘出铁路、河道、海港等等。他订阅了一种英国出版的航运年鉴，知道很多关于船只吨位、吃水等这一类的事情。有一次他乘巡洋舰视察海宁时，告诉大副，航道水浅，把船靠外行驶。但这位大副自以为他更熟悉情况，结果船搁了浅。

最后，我想用菲律宾作家马利亚诺·庞塞的一段话来说明，孙中山很早就明确地看到亚洲各国的革命问题是一个整体。庞塞是一八九九——一九〇〇年间在日本同孙中山结识的，当时菲律宾刚刚摆脱西班牙殖民统治的桎梏，正在为反抗掠夺成性的美帝国主义而进行剧烈的武装斗争。庞塞写道："孙中山熟悉菲律宾的时局，以最大的兴趣密切注视它的发展。他曾以极大的热情研究里萨尔、德尔·皮拉尔等我国最伟大的人物的事迹。……在孙中山看来，远东各国的问题是如此密切关联，要各别了解每个国家的问题，必须把这些国家作为一个整体来进行全面的探讨。……因此，孙中山是'东方青年协会'的最热心的赞助者之一。这个协会是由朝鲜、中国、日本、印度、暹罗和菲律宾等国留学生在东京组织的……孙中山对有关远东的一切问题都表现出真正的关心。他研究这些问题，并且帮助有关方面找出解决的办法。"庞塞还引述了他和孙中山在一八九九年的通信，讨论反帝武装斗争的经费和武器问题。

类似这样的接触是一直不断的。我记得，在一九一五年及其后一段时期，我们在东京的寓所里经常坐满来自亚洲和世界各地的革命者。

下面我再谈一谈孙中山生平的一些经历，以及这些经历对他一生的影响。

孙中山出生在一个贫农家庭，有时饭不够吃，只好以甘薯充饥。童年时代，当地说书人常在晚上讲关于太

一到海外，孙中山立即恢复革命活动。他到处在华侨和留学生中间进行宣传和组织工作。从一八九六年到一八九九年，他访问了有中国人在那里生活和学习的一切欧洲中心城市——伦敦、巴黎、布鲁塞尔、日内瓦、柏林。在宣传民族主义时，他觉得人们是很听得进去的。满族统治中国虽已两百多年，在华侨中间，汉族的民族意识并未消灭，因为一六四四年明朝亡后，一些学者逃亡海外，建立了秘密组织，把民族意识一代代传留下来。孙中山从华侨那里不但得到了对他的主张的道义上的支持，而且得到了大量款项来支持他推翻清朝政府的事业。

就在这一海外活动时期，孙中山根据他当时的理解，制定了他的民族主义、民权主义和民生主义。他知道马克思和恩格斯，他也听到了关于列宁和俄国工人革命活动的消息。早在那个时候，社会主义就对他发生了吸引力。他敦促留学生研究马克思的《资本论》和《共产党宣言》并阅读当时的社会主义书刊。

在进行这些活动时，孙中山的生活是艰苦的，而且常常冒着生命危险。但他对革命的信念从不动摇，也从未放松过寻找机会给中国人民的压迫者以打击。一八九六年十月，当他在伦敦进行革命活动时，曾经险遭毒手。十月十一日，他途经中国公使馆，被使馆人员认出后遭到绑架。清朝官员把他严密地囚禁在公使馆里，等有了船就送回国去斩首。他唯一能接触到的人是每天给他送水的一个年老的女佣人。

幸运的是，不久前孙中山在檀香山时，有一次在路上步行，看见一辆马车迎面而来，想不到坐在车里的竟是他在香港时的老师詹姆士·康德黎医生夫妇。他们告诉他，他们已经退休，正在回国途中，还给他留下了他们在伦敦的地址。

孙中山经过多次尝试之后，终于赢得那个年老的女佣人的同意，送一张字条给康德黎医生。康得讯后立即设法营救。孙中山被释后，就同这些英国朋友住在一起。但危险并没有过去，他无论走到什么地方，背后总有人盯梢。有好多次，他不得不化装，以摆脱敌人的追踪。

一八九九年，他取道往日本，积极准备第二次起义。起义是一九〇〇年义和团运动爆发后不久在惠州发动的，孙中山亲自组织了这次起义，但因军械未能按时运到指定地点，又告失败。

虽然失败了两次，孙中山毫不气馁。在以后的几年里，他领导了对保皇党的论战，击败了他们的观点，他同时在国外到处奔走，在华侨中为革命活动筹募款项并争取更多的支持。为了发展革命组织，他在一九〇五年到日本。在那里他把兴中会同另外两个反清团体（黄兴和宋教仁领导的华兴会以及徐锡麟和章炳麟所属的光复会）合并组成了同盟会。这样就产生了一个资产阶级和小资产阶级革命团体的统一战线组织。它的纲领

一

多煤矿

当时中国情况下存在的主要矛盾的必要性，那就是用武力推翻封建王朝的统治。

起义军占领武汉之后，孙中山立即回国，当选为首任大总统。但他任职时间很短，因为真正的权力落在以袁世凯为首的军人手中。袁世凯是一个大军阀、大官僚，直到清廷退位他一直是清朝的奴才。在保守分子和帝国主义的支持下，袁世凯迫使孙中山辞职，由袁继任。后来我曾问过孙中山，他为什么在南京辞去总统职位。他告诉我，他没有革命军队，也没有革命的干部。他很后悔，没有把他认为最爱国、最可靠的中国海员组织起来。当时，甚至于孙中山在反清革命中亲密的合作者之一汪精卫也被袁世凯收买了过去。

袁世凯利用总统职权建立起军事独裁，后来居然还想当皇帝。孙中山领导的国民党（它的前身即同盟会）被宣布为非法，国会被解散，许多囊的政敌被暗杀。一九一三年，袁派兵南下，进攻那些在辛亥革命中崛起的军队。孙中山想使这些军队坚持抵抗，但它们都因势单力薄而告失败。孙中山和许多同志避居日本。

辛亥革命初期所取得的胜利是由于资产阶级取得了工人、农民和城市小资产阶级的支持。它的失败是由于国民党领导的摇摆不定（这是它的阶级成分造成的），主要原因则是由于未能正确处理农民问题。**毛主席指出："国民革命需要一个大的农村变动。辛亥革命没有这个变动，所以失败了。"（《湖南农民运动考察报告》）**辛亥革命丝毫没有减轻农民所受的压迫。相反地，在革命后，政权落到了那些一味听命于封建阶级和帝国主义的人们手里，他们加紧了对农民的压迫。

这就是说，中国的根本问题——推翻封建主义和帝国主义统治——并没有得到解决，革命斗争必须继续。孙中山看到这一点，并且根据这一认识采取了行动。他这种坚韧不拔的精神，成为当时一切爱国的、革命的中国人学习的榜样。他这种精神进一步唤醒了人民，使他们认识到国家和人民所处的屈辱地位，并加强了他们不遗余力地解放祖国的决心。

一九一四年，孙中山在日本建立中华革命党。这个新党是从国民党分裂出来的。它的成立说明孙中山不满国民党的妥协政策，正是这种政策为袁世凯扫清了道路。但这个新党仍然是资产阶级和小资产阶级代表的联盟，所不同的是它坚持反袁。通过这个新党孙中山在一九一四年和一九一六年两次在上海发动武装起义，第二次是他秘密回国亲自领导的。在他的影响下，在上海的海军部队发动了另一次革命起义。正在这时，袁世凯猝毙，其他军阀纷起争夺他的权位。

一九一七年，孙中山率领起义的海军舰只由上海去广州。他同南方军阀结成联盟，并建立了一个反对北方军阀的政府。被袁世凯宣布解散的国会重新召开，选举孙中山为广州护法政府的大总统。他立即筹划和准备北伐。一九二一年，北伐军自湘桂出动。一九二二年，南方军阀陈炯明勾结北方军阀进行叛变，使北伐军的后方受到威胁。一九二四年，受英国汇丰银行津贴、由买办陈廉伯率领的雇佣军广州"商团"反对广州政府。孙中山领导革命军队打败了敌军。

列宁在一九一三年，早在他和孙中山开始通讯之前（这些信件由马尔林同志传递，他现仍住列宁格勒）就从革命精神和革命前景方面谈到了"落后的欧洲和先进的亚洲"。②列宁对孙中山是一个巨大的鼓舞。列宁对那时正在进行的中国革命的胜利也充满着信心。

孙中山很了解中国的历史。他对封建制度下的剥削者和被剥削者有明确的看法。

据马湘（马湘原为旅美华侨工人，后参加革命，自一九一六年起历任孙中山先生的卫士、卫士长、副官等职，直到中山先生逝世）回忆，一九一六年在上海时，"有一次，我跟随先生步行至愚园路，他忽然指着路旁一幢幢的洋房对我说：'你看！愚园路这一带地方，以前都是坟墓，现在都是华丽的洋房了。这些洋房都是我国军阀建筑的。他们割据地方，横征暴敛，开烟开赌，无恶不作，吸尽民脂民膏，来到这里盖起洋房，娶小老婆，打麻雀牌，饮洋酒和吃大菜，弄得工人农民都吃不饱，穿不暖。这样，中国还能不亡国？所以我们非打倒军阀不可。'"③

一九二一年十月，孙中山到广西南宁视察时，曾在一次群众大会上讲话。他对听众说："革命就是要使工人、农民以及各界人士都过好生活……你们是主人，省长是仆人。仆人必定要做到使主人满意，才是一个好省长、一个好仆人。马（君武）省长现在首先要把陆荣廷、谭浩明等（本省军阀）存在上海外国银行的现款设法取回，连同他们在省内的产业一齐拿出来分给大家，使大家有衣穿、有鞋着。"④

一九二三年在广州时，有一天他去白云山，一群衣衫破旧的农民跟踪而至。他对他们说："我刚才所见山下附近的乡村，不是茅棚便是泥墙小屋，可以料定你们的生计是不充裕的．这原因都是地权制度不好，耕田的人每年要付出很大的田租，这个问题我一定要把它解决。"⑤

从他个人生活的简朴，我们可以看到孙中山的伟大的另一方面。他没有置过一座住宅。寓居上海时，他先住在环龙路六十三号，这是租赁的房子，以后搬到莫利爱路二十九号，就是现在作为中山故居的地方。这些经历对他一生的影响。

孙中山出生在一个贫农家庭，有时饭不够吃，只好以甘薯充饥。童年时代，当地说书人常在晚上讲关于太平天国和其他农民起义事迹的故事，使他听得入迷，他的家庭出身、他和下层被压迫人民的共同生活，以及他所听到的人民企图挣脱压迫者的斗争故事，在他的思想上留下了不可磨灭的印象。以后的发展证明，这些童年的经历对于他决心终生献身革命起了决定的影响。

他在国内上不起学。因为他有一个哥哥在夏威夷务农，他才有机会到国外念一点书。虽然他身处异地长时期与祖国分离，但他的思想感情并没有一刻同祖国分开。当离开檀香山回国时，他的思想已很进步，认为中国的唯一出路就是推翻清朝帝制。在制定一个政治纲领作为传播革命思想的基础时，他提出了第一个口号："神圣的权利不是永恒的！"

在着手联络同志时，他考虑到为了生存必须有一种职业来掩护他的革命活动。他选择了医生作为职业。他一方面在广州博济医学校就学，一方面鼓吹革命。在学校里，他结识了郑士良，郑热烈赞同孙中山的主张。他们两人开始联络更多的青年参加革命，并不断讨论斗争的策略。一年后，孙中山转学到香港西医书院，因为这里的课程更完备些。在香港，他又结识了陈少白、尤少纨、杨鹤龄和陆皓东等战友。

毕业后，孙中山在澳门开业，根据原定计划，他的主要目的仍然是进行革命。他组织的秘密团体"兴中会"于一八九四年在檀香山正式宣告成立。同时又在香港和广州分别设立"乾亨行"和"农学会"这两个组织事实上就是革命的领导机关。

清廷的无能导致甲午战争的失败。孙中山不能再等待了，他感到革命，只有革命才能拯救祖国。发动第一次打击的时机到了。一八九五年十月，孙中山准备发动对广州清吏衙门的武装进攻，但遭到了第一次失败。原来打算给革命党人的六百支手枪在船上为清吏截获，他的两位亲密的同志陆皓东、朱贵全遇难，另有七十个同志被捕入狱。清廷下令缉捕孙中山，他逃出魔掌，潜往夏威夷，以后又到美国、英国及欧洲大陆各处。

……组和小资产阶级革命团体的统一的总组织。它的纲领是推翻清廷、建立资产阶级民主共和国、平均地权。

一九〇六年，浏阳、醴陵和萍乡三县交界处六千多煤矿工人举行了另一次起义，这些矿工是在拿起武器前不久加入同盟会的。领导人之一刘道一在这次起义中被捕牺牲。

一九〇七年，孙中山在紧邻中国的越南（当时称作安南，是法国殖民地）设置了领导机关，发动了四次起义。两次是在广东省东部，一次在广东省的西南部，另一次由孙中山亲自领导攻打靠近越南的广西省镇南关（现改名为"友谊关"）。革命军夺取了三座炮台，但援军迟迟不至，又被迫撤退。

一九〇八年，在广东省西南部和云南河口又举行了两次起义，但这些起义又失败了，因为象在其他许多时候一样，完全忽视了革命的政治方面。单纯依靠军事手段，不可避免地要导致失败。

为了完成他的使命，他已经历八次失败了。由于清廷屡次要求，法国人把孙中山逐出越南。他到了新加坡，一九〇九年再赴美国筹款。一九一〇年，当他还在美国的时候，他的同志攻打广州但遭到惨重失败。孙中山赶回新加坡后，发现同志们因屡受挫折，意气消沉。他在槟榔屿召集了一次会议，来重新鼓起大家的革命精神和勇气，把斗争继续进行下去，会上并讨论了未来的革命策略。

由于革命经费常感不足，孙中山把很多时间和精力用于筹款。他又去美国，在华侨和留学生中进行宣传和筹款工作。他不在的时候，他的同志们又企图夺取广东省，这就是一九一一年三月二十九日黄花岗烈士的起义。起义虽然看来又失败了，但事实上由于革命力量不断的进攻，清廷统治日趋动摇。

一九一一年，孙中山和同志们举行第十一次起义。这次起义的结果与前不同，它改变了中国历史的进程。一九一一年（辛亥年）十月十日，革命党领导的武装力量，在武昌起义中，占领了武汉三镇。自此以后，各省纷纷响应，支持革命运动。为全国人民深恶痛绝的清廷终于最后被赶下台去，两千年封建专制政体至此告终。孙中山从开始革命的时候起，就抓住了解决广州政府。孙中山领导革命军队打败了敌军。

在不平等条约下，中国海关原来都由外国人控制。当广州护法政府接管海关时，英国、美国、甚至葡萄牙都调集兵舰开入珠江，以炮轰相威胁。孙中山不为所动。他对英美水手发出呼吁，揭露英美政府的非正义行为，指出他们自己的祖先也曾为抵抗暴政压迫而斗争。他努力唤醒水手们的良心。他对美国水手们说，他们应该记得"没有代表权就不纳税"的原则，应该记得他们的祖先曾在波士顿港口把英国人迫使他们接受的印度茶倒进海中。就我记忆所及，这是他亲自用英文起草的第一批传单。为了散发传单这件事情，英国领事曾到中国政府所在地来提出抗议，孙中山严厉地训斥了他一顿。

这时，北方奉直两系军阀交战，自相残杀。孙中山立即动员军队，准备再度北伐。冯玉祥推翻了军阀"总统"曹锟后，邀请孙中山北上，共商国事。孙中山接受了邀请，但抵天津不久即告病重。在病床上，他接见了当时占据着北京的军阀段祺瑞的代表。段坚持在北方军阀邀请孙中山参加的圆桌会议上，不谈反帝。孙中山怒不可遏地表示，如果这样，他宁愿回广州，不主持这次"统一"会议。他说，废除不平等条约和抵抗帝国主义侵略应该是会议的主要议程。这同他在北上前对英文《粤报》记者谈话中所公开和明确宣布的立场是完全一致的。他在那篇谈话中说，"帝国主义……不仅为我国实现独立自由的主要障碍，而且是反革命势力中最强大的因素。"

就在这时，他的肝病越重了，进北京时已不能步行。一九二五年三月十二日，不治之症夺去了孙中山的生命。在逝世之前，他给继承他的革命事业的人留下了遗训。国民党内右派和帝国主义代理人的总头目蒋介石，在一九二七年背叛了他的遗训。这些叛徒从此成为历史的罪人，他们继续压迫人民并发动内战，使中国人民的解放推迟了二十多年，并且引来了日本军国主义和美帝国主义的侵略，使国家财富受到无可计量的损失，千千万万祖国的儿女丧失了宝贵的生命。他们使美帝国主义至今仍霸占着我国领土台湾。

（下轉第二版）

地址：天津市鞍山道66号 电报挂号：5887 电話：总编辑室2·5803 工业部2·2995 农业部2·5734 财贸部2·0491 政教部2·3858 美术摄影部2·2752 文艺部2·2974 理论部2·5605 群工部2·2476 发行广告科2·5271 昨日开印13点24分 本报今日四版 零售每份四分

天气預报 13日8时——14日8时 白天：阴有小雨转多云 风向：东北转偏北 风力：4级转2—3级 夜间：多云转晴 风向：西北 风力：2—3级 温度：最高：12度—14度（摄氏） 最低：1度—3度（摄氏）

天津日报

1966年11月13日 星期日

·4·

毛主席万岁！人民万岁！

我们敬爱的领袖毛主席和中国人民解放军领导干部在一起 检阅文化革命大军。

⇧ 山在欢呼，海在歌唱，毛主席第七次接见革命小将。敬爱的领袖毛主席，您教导我们要关心国家大事，我们永远铭记心上，世世代代跟着您干革命，颗颗红心永向党。

毛主席乘坐的汽车越驶越近，革命小将无限兴奋。毛主席啊，毛主席！我们一定要沿着您的正确路线奋勇前进，把无产阶级文化大革命进行到底！ ⇩

（本版照片均为新华社稿）

⇦ 毛主席啊！您是我们心中最红最红的红太阳。今天我们接受您的检阅，感到无比的幸福。我们要永远记住这个最幸福的时刻，永远读您的书，听您的话，照您的指示办事，跟着您干一辈子革命。

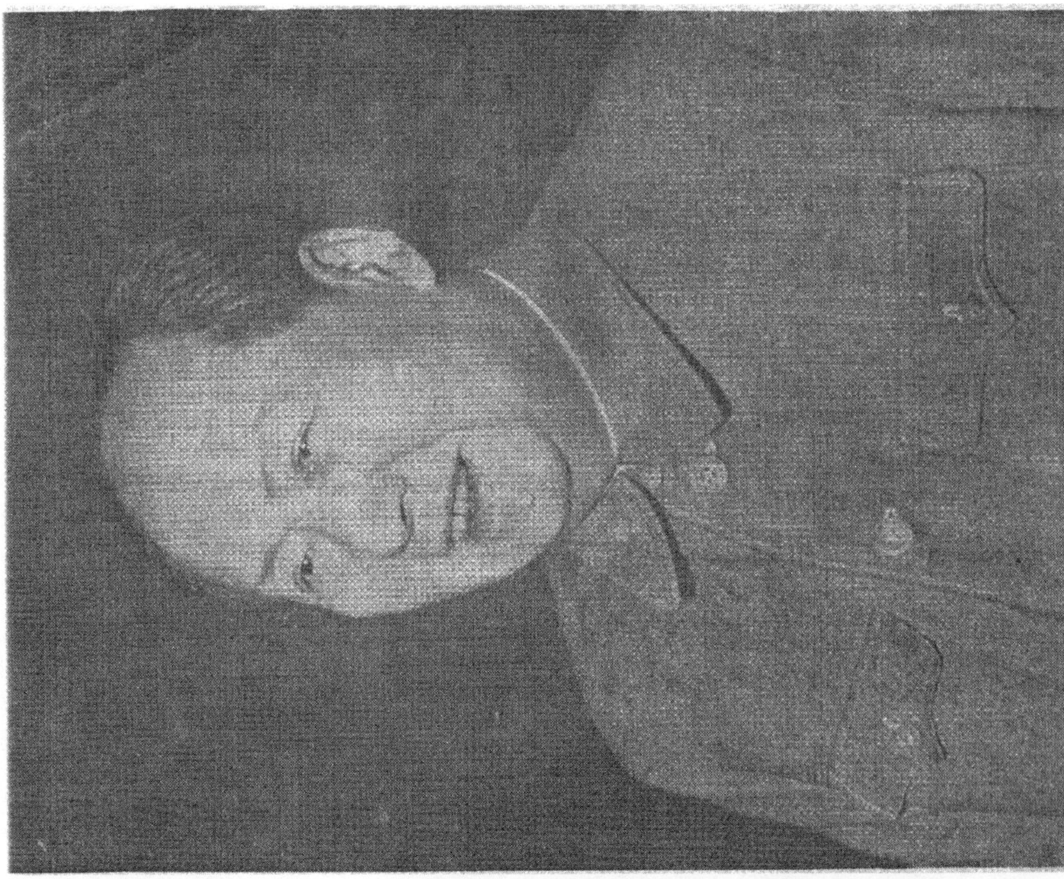

天津日报

天津市革命委員会机关报

第879号 1970年5月3日 夏历三月二十八 星期日

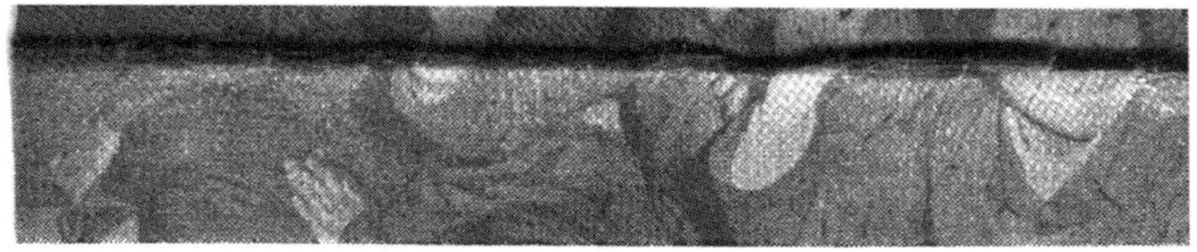

[illegible]爱的伟大领袖毛主席，在天安门城楼上[illegible]民一起，欢庆[illegible]的第一个“五一”国际劳动节。　　新华社发

左图：[illegible]无产者团结战斗的“五一”国际劳动节夜晚，参加联欢的首都军民热烈欢呼伟大领袖毛主席登上天安门城楼和革命群众一起欢度节日，他们千百遍地高呼：毛主席万岁！万万岁！　　新华社记者摄

周恩来总理举行盛大宴会

最热烈庆贺印度支那人民最高级会议圆满成功

西哈努克亲王和夫人、苏发努冯亲王、阮友寿主席、范文同总理出席了宴会

周恩来总理、西哈努克亲王、苏发努冯亲王、阮友寿主席、范文同总理相继讲话，热烈赞扬这次印度支那人民最高级会议的成功，对进一步加强印度支那三国人民反对美帝国主义的战斗团结，作出了重大贡献。他们的讲话，不断地被热烈的长时间的掌声所打断

宴会自始至终洋溢着中国人民和印度支那三国人民战斗团结的热烈气氛

新华社北京二日电　周恩来总理四月二十五日从北京赶来举行盛大宴会，招待出席在老挝、越南和中国边境某地举行的印度支那人民最高级会议的柬埔寨、老挝、越南南方共和、越南民主共和国人民代表团的全体贵宾，最热烈地庆贺这次具有重大历史意义的印度支那人民最高级会议的圆满成功。

柬埔寨人民代表团团长、柬埔寨国家元首、柬埔寨民族统一阵线主席诺罗敦·西哈努克亲王和夫人，老挝人民代表团团长、老挝爱国战线党主席苏发努冯亲王，越南南方共和人民代表团团长、越南南方民族解放阵线中央委员会主席团主席、越南南方共和临时革命政府顾问委员会主席阮友寿，越南民主共和国人民代表团团长、越南民主共和国政府总理范文同，出席了宴会。

宴会自始至终洋溢着中国人民和印度支那三国人民战斗团结的热烈气氛。宴会大厅里挂着柬埔寨国旗、老挝爱国战线党旗帜、越南南方共和正式旗帜、越南民主共和国国旗、中华人民共和国国旗。晚上八时，当周恩来总理陪同西哈努克亲王、苏发努冯亲王、阮友寿主席、范文同总理步入宴会大厅时，全场响起了热烈的掌声，乐队奏柬埔寨国歌、老挝国歌、越南南方共和正式歌曲、越南民主共和国国歌、中华人民共和国国歌。

周恩来总理、西哈努克亲王、苏发努冯亲王、阮友寿主席、范文同总理相继发表了讲话（讲话全文另发）。他们的讲话，不断地被热烈的长时间的掌声所打断。他们在讲话中，都热烈赞扬这次印度支那人民最高级会议的成功，对进一步加强印度支那三国人民反对美帝国主义的战斗团结，作出了重大贡献。他们表示深信，中国人民、柬埔寨人民、老挝人民、越南人民将更加紧密团结，相互支援，为反对美帝国主义及其走狗而共同战斗！

周恩来总理在讲话中宣布了中国在四月二十四日成功地发射了第一颗人造地球卫星的消息，并把它作为礼物送给印度支那人民最高级会议。这时候，全场起立，爆发出春雷般的经久不息的掌声。印度支那三国四方的贵宾们和中国同志紧紧握手，热烈拥抱，祝贺中国人民的这一伟大胜利。

宴会上，宾主为印度支那三国人民抗美斗争的光辉胜利；为柬埔寨人民揭竿而起，进行武装斗争，反对朗诺—施里玛达反动集团取得的重大胜利；为印度支那三国人民和中国人民的战斗团结和友谊，频频举杯祝酒。

应邀出席宴会的贵宾中还有：柬埔寨人民代表团副团长宾努亲王和夫人，代表团团员胡森巴、沙林察、周成、秀木、伦马奇，老挝人民代表团副团长坎苏·高拉、富米·冯维希，代表团团员坎派·布法、温亨·丰沙瓦；越南南方共和人民代表团副团长郑廷草，代表团团员阮廷芝、黎光政、阮文孝、武东江，越南南方共和驻中国大使阮文广；越南民主共和国人民代表团副团长黄国越，代表团团员阮基石、阮商，越南民主共和国对外贸易部副部长李班。

西哈努克亲王的随行人员努呼将军等，以及柬埔寨、老挝、越南南方共和、越南民主共和国人民代表团的工作人员，也出席了宴会。

出席宴会作陪的，有我国有关方面负责人李强、韩念龙、王珍、曹克强、韩叙以及当地的许多负责人。

宴会后，西哈努克亲王和夫人、苏发努冯亲王、阮友寿主席、范文同总理以及参加印度支那人民最高级会议的印度支那三国四方代表团的其他贵宾，在周恩来总理等陪同下，观看了精彩的文艺演出。

天津日报　1970年5月3日　星期日　第二版

周恩来总理的讲话

在四月二十五日庆贺印度支那人民最高级会议圆满成功举行的宴会上

尊敬的柬埔寨国家元首诺罗敦·西哈努克亲王和夫人，
尊敬的苏发努冯亲王，
尊敬的阮友寿主席，
尊敬的范文同总理，
尊敬的柬埔寨、老挝、越南南方共和、越南民主共和国三国四方人民代表团的全体贵宾们，
同志们，朋友们：

由柬埔寨、老挝、越南南方共和、越南民主共和国三国四方最高级领导人参加的印度支那人民最高级会议已经胜利闭幕了。今天，我们能够同三国四方最高级领导人，以及与会的全体贵宾们欢聚一堂，共同庆祝会议的圆满成功，感到十分高兴。我代表中国人民的伟大领袖毛主席和他的亲密战友林彪副主席，代表中国政府和中国人民向你们，并通过你们向兄弟的柬埔寨人民、老挝人民、越南人民，表示最亲切的问候和最崇高的敬意。

为了庆祝这次会议的成功，我给你们带来了中国人民的一个礼物，这就是昨天中国成功地发射了第一颗人造地球卫星。中国人造地球卫星的上天，是中国人民的胜利，也是我们大家的胜利。

印度支那人民最高级会议是在美帝国主义加紧扩大侵略印度支那战争的重要时刻举行的。通过这次会议，印度支那三国四方最高级领导人对当前印度支那地区的形势和面临的共同任务取得了完全一致的意见，并且即将发表联合声明。这是印度支那三国人民在反帝革命的历史上具有重大意义的一次会议。中国政府和中国人民对会议所取得的巨大成果，表示最热烈的祝贺。

当前，国际形势一派大好。美帝国主义在印度支那三国人民和全世界人民的沉重打击下，内外交困，走投无路，日子越来越不好过。但是，美帝国主义并不甘心自己的失败，正在进行垂死的挣扎。

在印度支那地区，尼克松政府采取更加阴险、更加狡猾的反革命手法，一面口口声声叫嚷要"谈判解决越南问题"，要"从南越撤军"，要"保证尊重柬埔寨和老挝的和平中立"，等等；一面却在疯狂地扩大侵略战争。他们在南越大搞侵越战争"越南化"，对老挝加紧进行狂轰滥炸，并公然把泰国帮凶军引进老挝战场，竭力扩大侵略越南和老挝的战争，与此同时，变本加厉地对柬埔寨王国进行侵略、干涉和颠覆。今年三月十八日，柬埔寨朗诺—施里玛达右派叛国集团发动的反对国家元首诺罗敦·西哈努克亲王的反动政变，就是美帝国主义进一步扩大侵略印度支那战争计划的重要组成部分。

美帝国主义本来认为，通过它的走狗朗诺—施里玛达右派叛国集团发动反动政变，就可以随心所欲地控制柬埔寨，扑灭越南人民的抗美救国战争，进而实现它霸占印度支那地区的狂妄野心。但是，客观形势的发展同美帝国主义的愿望完全相反。美帝国主义的侵略行径和柬埔寨右派叛国集团的残暴统治，在国际上遭到全世界人民的同声谴责，处境十分孤立；在国内激起了柬埔寨人民的无比愤怒和强烈反抗。一个多月来，柬埔寨人民，在国家元首诺罗敦·西哈努克亲王的号召下，揭竿而起，拿起武器，在全国各地同美帝国主义及其走狗开展了英勇顽强的斗争，有力地打击着右派叛国集团的反动统治。

美帝国主义在越南和老挝早已被英雄的越南人民和老挝人民打得狼狈不堪，现在，它又把侵略魔爪伸进柬埔寨，在自己的脖子上又加上一条新的绞索，从而陷入印度支那三国人民的重重包围之中，加速它在这一地区的失败。

印度支那三国人民具有团结反帝的光荣传统。为了实现民族独立和祖国解放的神圣目标，柬埔寨人民、老挝人民、越南人民，在长期抗击法国殖民主义和日本帝国主义的斗争中，曾经同生死，共患难，并肩战斗。现在，面对反对美帝国主义侵略的~~共同斗争，~~又使印度支那三国人民更加

西哈努克亲王的讲话

在周恩来总理为庆贺印度支那人民最高级会议圆满成功举行的宴会上

中华人民共和国总理先生，
代表团团长殿下和诸位代表团团长阁下，
诸位阁下，女士们，先生们，
亲爱的中国、老挝、越南兄弟姐妹们，
亲爱的同胞们：

我们高棉人怀着十分激动、十分满意的心情，应我们最伟大、最忠诚的朋友周恩来阁下的盛情邀请，参加今晚中国—印度支那大家庭的这一令人欢欣鼓舞的聚会。

请允许我用"中国—印度支那大家庭"这个字眼，因为，一方面，几千年来从未间断的悠久的历史上的联系以及亲戚关系使中国人民、高棉人民、老挝人民和越南人民结成了真正的兄弟，另一方面，这四国人民将永远团结在一个以正义、和平、自由、民主与进步为理想的大家庭内，将永远团结一致进行反对帝国主义、反对新殖民主义、反对法西斯的战斗。

这一盛大的宴会不仅表明了英雄的中国人民对印度支那三国人民的深情厚谊，同时也标志着全世界进步的、反帝的革命人民崇敬和热爱的英雄毛泽东主席领导下的极其光荣的中华人民共和国，本着十分友好、团结和平等的精神，现在和将来都全面地、极其有力地支持印度支那三国人民为反对美帝国主义及其走狗而进行的、具有历史意义的和必将胜利的斗争。

总理先生，您作为英雄的中国人民的伟大领袖毛泽东主席的杰出的代表，今晚给我们这一具有历史意义的会议带来了一件具有同样历史意义的礼物，这就是中华人民共和国令人鼓舞地发射了第一颗人造卫星。请允许我告诉你们，我们作为亚洲人和你们的亲密朋友，对于中国人民这一辉煌的新的胜利感到多么自豪。这样，印度支那人民斗争力量和印度支那人民最高级会议决议的力量就大大地增强了。我们向最尊敬的毛泽东主席阁下，向光荣的中国人民和中国政府，表示最热烈、最崇敬的祝贺和感谢。

毛泽东主席说过：**"帝国主义者的寿命不会很长了，因为他们尽做坏事，专门扶植各国反人民的反动派，……"**

这是十分正确的，我的不幸的国家当前的命运沉痛地证明了这一点。同时，可以断定，一旦印度支那人民把美帝国主义从自己的印度支那赶走时，压迫本国人民的傀儡政权就连二十四小时也无法维持。

毛泽东主席还说：**"帝国主义者目前还是在活着，他们依然在……横行霸道。……这种局面必需改变。结束帝国主义主要是美帝国主义的侵略和压迫，是全世界人民的任务。"**

朗诺—施里玛达法西斯新纳粹政权一个月内就把一个在过去十五年中一向在全世界以自由、和平、幸福著称并且受到尊重的柬埔寨，变成了一个受人奴役的、流血的、非常不幸的柬埔寨。

这无疑是美帝国主义所犯下的罪行，他们在柬埔寨干这种坏事前，已经（现在仍在继续）使越南南方和老挝遭受这种灾难。

高棉人民是十分热爱和平的人民，但是，由于在朗诺—施里玛达集团血腥镇压背后的美帝国主义的粗暴侵略，他们今天面临着一个新的形势。

毛主席有一句有历史意义的名言，最清楚不过地阐明了当前高棉人民面临的这种形势：**"就我们自己的愿望说，我们连一天也不愿意打。但是如果形势迫使我们不得不打的话，我们是能够一直打到底的。"**

于是，柬埔寨民族统一阵线就诞生了，由于数以千计的公民，尤其是外省青年的积极参加，民族统一阵线的军队——民族解放军仅仅几个星期的时间内，就迅速成长壮大，已经解放了大批村庄，甚至许多县，并且在那里建立了进步的人民政权。

高棉人民的革命战争开始了。美帝国主义及其走狗都不可能使它停止。同样，阿达姆·马利克、他纳·科曼之流以及联合国组织的傀儡秘书处也绝不能使美帝国主义者及其走狗逃脱在柬埔寨的无可挽回的彻底失败。

高棉人民对敌斗争力量，有了中国人民、老挝人民和越南人民的坚强支持，有了印度支那人民最高级会议的极其重要的具体决议，就大大地增强了。

然而，我们知道，我们国家的解放主要应该是我们高棉人自己的事业，为了战胜敌人，收复我们的首都——金边，我们现在和将来都要首先依靠我们自己的力量和努力，并且做出一切牺牲。

为此，我们要揭露和谴责敌人在宣传方面施展种种阴谋诡计，他们妄图不让人们知道，存在着真正是高棉的、人民的抵抗运动和革命。

[illegible]在，面对反对美帝国主义侵略的共同斗争，又使印度支那三国人民更加紧密地团结在一起。我们相信，这次由三国四方最高级领导人参加的印度支那人民最高级会议的胜利举行，必将进一步加强三国人民的战斗团结，把反美救国斗争推向一个新的阶段。

中国政府和中国人民深信，英雄的柬埔寨人民、老挝人民、越南人民，在全世界人民的支持下，必将取得抗美救国斗争的最后胜利。不管美帝国主义及其同伙怎样企图利用联合国或别的什么国际组织、国际会议来破坏柬埔寨和印度支那三国人民的反美救国斗争，都挽救不了它们彻底失败的命运。

印度支那三国是中国的亲密邻邦。中国人民和印度支那三国人民在长期的反帝斗争中，结成了深厚的战斗友谊。中国政府和中国人民坚决支持柬埔寨国家元首诺罗敦·西哈努克亲王三月二十三日庄严宣布的五点声明，坚决支持柬埔寨人民拿起武器为赶走美帝国主义、打倒卖国贼而进行的爱国正义斗争；坚决支持老挝人民抗击美帝国主义侵略的英勇斗争；坚决支持越南人民抗美救国的正义斗争。

中国人民的伟大领袖毛主席曾经指出：**“七亿中国人民是越南人民的坚强后盾，辽阔的中国领土是越南人民的可靠后方。”**[illegible]七亿中国人民也是印度支那三国人民的坚强后盾，辽阔的中国领土也是印度支那三国人民的可靠后方。兄弟的印度支那三国人民可以相信，在反对美帝国主义的共同斗争中，中国人民将永远同你们在一起。我们将团结在一起，战斗在一起，胜利在一起。

最后，我提议：

为印度支那人民最高级会议的圆满成功，

为印度支那三国人民团结抗美斗争的伟大胜利，

为柬埔寨、老挝、越南和中国人民的团结和友谊，

为柬埔寨国家元首诺罗敦·西哈努克亲王和夫人的健康，

为苏发努冯亲王的健康，

为阮友寿主席的健康，

为范文同总理的健康，

为印度支那三国四方代表团全体贵宾们的健康，

为在座的同志们和朋友们的健康，

干杯！（新华社北京二日电）

[illegible]存在着真正是高棉的、人民的抵抗运动和革命。

陷入绝境的叛逆分子和他们的帝国主义主子的宣传，把上述抵抗运动和革命无可否认的[illegible]“[illegible]”[illegible]是所谓自由世界的最认真的报纸如今也承认，是高棉人自己通过柬埔寨民族阵线担负着柬埔寨解放事业的责任。

最后，请允许我代表我们的阵线，代表我国人民，代表进步的、反法西斯的、反帝国主义的柬埔寨，再次向中华人民共和国表示我们无限的谢意，感谢她为我们的国家和人民已经和将要做出的一切贡献。我们还要向中华人民共和国表示无限的钦佩，因为她遵照毛泽东主席的教导，一贯给予全世界一切被压迫人民的斗争以无比巨大的支持。

请允许我向我们的老挝、越南北方和越南南方的兄弟姐妹们表达我们诚挚的谢意，感谢他们给高棉人民和高棉人民的统一阵线以具有历史意义的支持和声援。

我们会议所作出的决议不仅会极大地增强我们三国人民的斗争力量并会使这一斗争取得更大的成果，而且，我确信，必将给世界上、第三世界、尤其是东南亚地区遭受压迫和侵略的人民的斗争以极大的鼓舞。

我相信，以高棉人民、老挝人民和越南人民为榜样，拉丁美洲人民将加强自己的团结；阿拉伯人民和非洲人民将克服他们的微小的分歧，完全实现并且加强他们的团结；印度支那的邻邦——东南亚各国人民以及亚洲其它国家人民，将掀起或加强反对帝国主义、新老殖民主义以及背叛本国人民神圣事业的帝国主义和新老殖民主义的走狗的武装斗争的革命运动。

在这方面，我还要引用我们亚洲的灯塔——毛泽东主席说过的两段话：

“在人类历史上，凡属将要灭亡的反动势力，总是要向革命势力进行最后挣扎的，而有些革命的人们也往往在一个期间内被这种外强中干的现象所迷惑，看不出敌人快要消灭，自己快要胜利的实质。”

“全世界人民团结起来，打败美国侵略者及其一切走狗！全世界人民要有勇气，敢于战斗，不怕困难，前赴后继，那末，全世界就一定是人民的。一切魔鬼通通都会被消灭。”

印度支那三国人民结成统一战线，进行斗争。这一斗争正沿着并且将永远沿着由伟大中国人民的英明、敬爱的领袖毛泽东主席以及越南人民十分怀念的敬爱领袖胡志明主席正确地指出的道路前进。

东南亚其它国家的人民，一定会加入高棉人民、越南人民和老挝人民的行列。

我们东南亚地区的彻底解放不要很久就一定会得到实现。

毛泽东主席万岁！

中华人民共和国和英雄的中国人民万岁！

中国和印度支那的友谊与战斗团结万岁！

（新华社北京二日电）

以无比深厚的无产阶级感情衷心祝愿我们伟大领袖毛主席万寿无疆！

全国人民热烈庆祝“五一”国际劳动节

热烈欢呼我国第一颗人造地球卫星发射成功，热烈欢呼无产阶级文化大革命和社会主义建设的伟大胜利

新华社北京二日电 全国工人阶级和广大劳动人民满怀革命胜利的豪情，欢庆七十年代第一个“五一”国际劳动节。亿万人民以无比深厚的无产阶级感情，衷心祝愿我们伟大的领袖毛主席万寿无疆！热烈欢呼我国第一颗人造地球卫星发射成功，热烈欢呼无产阶级文化大革命和社会主义建设的伟大胜利。

在各地的庆祝活动中，广大劳动人民兴奋地指出：在伟大领袖毛主席和以毛主席为首、林副主席为副的党中央的英明领导下，在党的“九大”团结、胜利光辉旗帜的指引下，全国各族人民坚决贯彻执行“九大”提出的各项战斗任务，取得了一个又一个伟大的胜利。最近我国成功地发射了第一颗人造地球卫星，实现了毛主席提出的**“我们也要搞人造卫星”**的伟大号召，这是毛泽东思想的伟大胜利。他们坚决表示，一定要更高地举起马克思主义、列宁主义、毛泽东思想伟大红旗，紧紧抓住两个阶级、两条道路、两条路线斗争这个纲，把斗、批、改各项工作做得更好，掀起抓革命，促生产，促工作，促战备的新高潮，把我们伟大的社会主义祖国建设得更加强大。同全世界无产阶级和革命人民紧紧团结在一起，把打倒美帝、苏修和各国反动派的伟大斗争进行到底！

五月一日这一天，各地城市红旗飘扬，主要街道和高大建筑物上，悬挂着庆祝“五一”国际劳动节的巨幅标语，到处呈现一片革命战斗的节日景象。北京、上海、天津、河北、山西、内蒙古、辽宁、吉林、黑龙江、陕西、甘肃、宁夏、青海、新疆、山东、江苏、安徽、浙江、江西、福建、河南、湖北、湖南、广东、广西、四川、贵州、云南、西藏等省、市、自治区，都举行了热烈的庆祝活动。广大革命工人、贫下中农、人民解放军指战员、红卫兵、革命干部、革命知识分子，认真学习了《人民日报》庆祝“五一”国际劳动节的重要社论。不少地方还燃放焰火，举行文艺晚会，人们激情满怀地高唱《东方红》、《国际歌》和革命历史歌曲。各省、市、自治区革命委员会和驻军的负责同志，同当地革命群众一道，欢庆全世界工人阶级和劳动人民团结战斗的节日。

“五一”节晚上，首都人民沉浸在无比幸福和欢乐之中。广大工农兵群众在天安门广场幸福地见到伟大领袖毛主席，心情十分激动。他们回到本单位后，连夜向周围的同志报告毛主席身体非常非常健康的特大喜讯，激起一片欢呼：“毛主席万岁！万万岁！”“敬祝毛主席万寿无疆！”大家纵情高唱《东方红》和《大海航行靠舵手》。他们纷纷表示，一定要进一步掀起活学活用毛泽东思想群众运动的新高潮，掀起抓革命、促生产、促工作、促战备的新高潮，紧跟伟大领袖毛主席，从胜利走向更大的胜利。首钢初轧厂的工人，“五一”坚持节日生产，创造了日产最高水平；工人代表回去传达见到伟大领袖毛主席的喜讯后，五月二日又创造了开工以来日产最高水平。提前完成四月份煤炭生产计划的北京矿务局，广大工人在“五一”节这一天，用超额完成日产计划百分之十三的成绩向“五一”节献礼。这个矿的工人代表在“五一”节晚上见到伟大领袖毛主席，使全矿工人受到巨大鼓舞，工人们表示，一定要遵照毛主席关于**“自力更生”**、**“艰苦奋斗”**的伟大方针，进一步掀起增产节约运动，创造更优异的成绩，为伟大领袖毛主席争光，为伟大的社会主义祖国争光！

我国工业、交通、基本建设战线的广大革命工人，以无比喜悦的心情欢庆自己的节日。他们怀着为伟大领袖毛主席争光，为伟大的社会主义祖国争光的豪情壮志，深入开展社会主义革命竞赛，创造革命和生产的优异成绩，迎来了“五一”国际劳动节。鞍钢、武钢、包钢、太钢、重钢和上海、天津、本溪、马鞍山钢铁企业的革命工人，五月一日坚持生产，纷纷传来捷报。鞍钢第一、第二炼钢厂的工人，在超额完成四月份生产计划的基础上，节日里又创造了班班高产，炉炉优质的优异成绩。

（下转第三版）

天津日报　　1970年5月3日　星期日　第三版

在周恩来总理为庆贺印度支那人民最高级会议圆满成功举行的宴会上
苏发努冯亲王的讲话

周恩来总理先生，
柬埔寨国家元首诺罗敦·西哈努克亲王和夫人，
阮友寿主席先生，
范文同总理先生，
各兄弟人民代表团团员先生们，
女士们，先生们，中国、高棉和越南朋友们，兄弟、姊妹们：

周恩来总理先生代表中华人民共和国政府和伟大的兄弟的中国人民为祝贺印度支那人民最高级会议而举行了既亲切又隆重的宴会，老挝人民代表团为荣幸地参加这个宴会而感到十分激动。在这个宴会上，周恩来总理将中华人民共和国发射第一颗人造地球卫星的消息告诉我们，这是赠送给我们三国人民的无法估价的礼物。在这里，我完全赞同诺罗敦·西哈努克亲王表示的祝贺和深切感谢。

这是用毛泽东思想武装起来的七亿中国朋友给予正在同美帝国主义侵略者及其仆从和走狗卖国贼进行殊死搏斗的我们印度支那人民的又一巨大鼓舞。

此外，这也证明了中国政府、中国共产党和兄弟的中国人民对我们这一具有历史意义的会议所给予的关怀和特别重视。

在此，我谨以老挝人民代表团的名义，对这一崇高精神表示最深切、最衷心的感谢。

亲爱的朋友们和尊敬的贵宾们：

第一届印度支那人民最高级会议以一致通过和签署一项联合声明而胜利地闭幕了，这项声明具有重大的历史意义和长远的指导意义。这是我们老挝、高棉和越南三国人民的战斗团结和亲密友谊的光辉象征与辉煌胜利。经过这次会议，这种团结和友谊得到了空前的发展和加强，世界上任何敌人的力量都休想损害它。

我们这次会议表达了我们印度支那三国人民为争取独立、国家统一和自由，为维护印度支那和东南亚的持久和平与安全而顽强战斗到底的不可动摇的决心。我们最高级会议的成就也是对旨在让亚洲人打亚洲人的"尼克松主义"的无情打击，使"尼克松主义"遭到可耻的破产。

因此向全世界揭示了这样一个真理：老挝人民、高棉人民和越南人民的抗美救国斗争是一场正义斗争，因而是一场必将取得胜利的斗争。

老挝人民代表团认为联合声明是我们三国人民的统一行动纲领。完全可以肯定，这个纲领将成为日益进一步动员、加强和提高印度支那，特别是我们三国中的每一个国家爱国进步力量的战斗热情的强大推动力，将给美帝国主义及其同伙扩大战争的计划以更沉重的打击，并且将使我们解放民族和国土的事业走向新的转折点。

老挝人民代表团始终坚信：具有战斗团结的悠久传统并且不断取得胜利的我们印度支那三国人民，定将为共同的斗争事业加倍努力，直至取得彻

在周恩来总理为庆贺印度支那人民最高级会议圆满成功举行的宴会上
阮友寿主席的讲话

敬爱的周恩来总理，
敬爱的诺罗敦·西哈努克亲王元首，
敬爱的苏发努冯亲王主席，
敬爱的范文同总理，
诸位：

首先，越南南方共和人民代表团对敬爱的周恩来总理在这个隆重的宴会上发表的充满友好情谊的讲话和对印度支那人民最高级会议成就的高度评价，向周恩来总理表示最热烈的敬意和衷心的感谢。总理刚才的讲话清楚地表达了同印度支那人民同甘共苦、患难与共、山水相连的邻邦和朋友的七亿中国人民的情谊。在印度支那人民最高级会议的巨大成就所带来的这种兴高采烈的气氛中，我谨代表越南南方人民、越南南方民族解放阵线和越南南方共和临时革命政府，对敬爱的毛主席领导下的中国人民、中国政府和中国共产党给予的巨大而卓有成效的支持和援助表示深切的、衷心的感谢。

越南南方人民、越南南方民族解放阵线和越南南方共和临时革命政府热烈欢迎中国人民在社会主义建设和保卫自己领土的事业中的巨大成就。特别是，我们热烈欢迎中国人民成功地发射了自己的第一颗人造卫星的新的辉煌成就。这是中国人民的先进的科学技术迈出的新的一步，正如周恩来总理所说的是献给印度支那人民最高级会议的宝贵礼物。中国人民的这一新胜利和这个历史会议的胜利肯定将给越南南方军民在抗美救国道路上以强有力的鼓舞。

敬爱的总理，
诸位：

印度支那人民最高级会议取得了辉煌成就，这不仅是印度支那三国人民战斗团结的胜利，也是中国人民与越南人民、高棉人民、老挝人民之间的唇齿相依的邻邦友情的胜利。

这对美帝国主义是又一个沉重的打击。美国依仗它庞大的经济和军事力量，顽固地把它的侵略战争扩大到整个印度支那，推行它的"用亚洲人打亚洲人"、妄图把印度支那各国变为美国的军事基地和殖民地、并把它们作为进攻其它亚洲国家的跳板的阴谋。面对着这种形势，印度支那各国人民越是加强团结，推进斗争，就越是得到五大洲朋友们的同情、支持和援助，就一定能够完全打败美国侵略者及其走狗。

越南南方人民在自己的抗美救国斗争事业中，始终得到七亿中国人民在各方面的巨大的同情、支持和援助。越南南方人民将永远牢记敬爱的毛主席的明确表达了兄弟的中国人民的感情和意志的话：**"七亿中国人民是越南人民的坚强后盾，辽阔的中国领土是越南人民的可靠后方。"**

七亿中国人民正满腔热情地在各方面的工作中努力执行毛主席的这些崇高的话。这些话是越南人民和中国人民之间的兄弟般的团结的雄辩的证明，是对正在决战决胜美国侵略者的越南人民的巨大鼓舞。请允许我们在这里代表越南南方人民再一次对敬爱的毛泽东主席领导下的中国人民、中国政府和中国共产党所给予的无私的支持和援助表示无限感谢。

诸位：

在周恩来总理为庆贺印度支那人民最高级会议圆满成功举行的宴会上
范文同总理的讲话

周恩来总理，
柬埔寨国家元首、柬埔寨民族统一阵线主席诺罗敦·西哈努克亲王和夫人，
老挝爱国战线党主席苏发努冯亲王，
越南南方民族解放阵线中央委员会主席团主席阮友寿主席先生，
同志们和朋友们：

在柬埔寨国家元首、柬埔寨民族统一阵线主席诺罗敦·西哈努克亲王的倡议下召开的印度支那人民最高级会议在四个代表团意见完全一致和热烈友好的气氛中获得了圆满成功。我们的会议是印度支那人民团结和顽强的、必胜的战斗力量的象征，是完全摆脱美国侵略者及其走狗的、独立与和平的印度支那地区的象征，在这个地区，各国人民根据他们自己的道路和本领建设繁荣昌盛的祖国。

我们这个会议的辉煌成就，对那些正在反对美帝国主义干涉和侵略而进行斗争的民族来说，是一个巨大鼓舞和一个好经验，是对争取和平、民族独立、民主和社会进步的世界各国人民斗争事业的一个重大贡献。

我们代表团重申越南人民和越南民主共和国政府不可动摇的决心：一定根据会议的联合声明，始终不渝地履行我们的各项义务。我们决心不怕一切艰难困苦和一切牺牲，顽强地继续进行并且加强我们的抗美救国斗争，直至取得完全的胜利。我们坚定不移地全力支持兄弟的柬埔寨人民和老挝人民的爱国斗争。我们保证同高棉人民和老挝人民在互相友爱和互相尊重的基础上永远紧密地团结在一起，无论是在困难的时刻还是胜利的时候，无论是在对敌斗争中还是在国家建设中永远并肩战斗。

敬爱的周恩来总理，
诸位代表团团长，
同志们和朋友们：

印度支那人民最高级会议在印度支那三国人民和世界民族解放运动的伟大朋友——伟大的中华人民共和国的热情支持、帮助和无微不至的关怀下，取得了成功。

趁此机会，越南人民和越南民主共和国政府向中国共产党、中国政府和兄弟的中国人民表示衷心的和深切的感谢，感谢他们遵循兄弟的中国人

民，进行为共同的斗争事业加倍努力，直至取得彻[illegible]

通过在平等、互相信任和互相尊重的基础上就我们三国人民中每一国人民的利益和深切愿望进行坦率的、诚恳的会谈，就象我们这一次做的那样，我们还将有种种机会在我们反对美帝国主义侵略者及其走狗卖国贼的共同斗争中，进行各个方面的卓有成效的合作。

老挝人民代表团特别高兴地看到：中国人民在以敬爱的伟大领袖毛泽东主席为首的中国共产党和中国政府的领导下，始终全心全意、全力以赴与无私地从物质上和道义上援助和支持斗争中的印度支那人民，对印度支那人民来说，中国始终是一个永久的、十分强有力的和完全可以信赖的大后方。中国人民、老挝人民、柬埔寨人民和越南人民之间的团结象“长城”的城墙那样雄伟，是不可战胜的。我们坚信：兄弟的中国人民定将继续不断地援助和支持印度支那人民的抗美救国斗争，直至这一斗争取得完全的胜利。

最后，请允许我提议：

为中国人民敬爱的伟大领袖、老挝人民最伟大的朋友毛泽东主席的长寿，

为林彪副主席的健康，

为周恩来总理以及全体中国共产党和国家领导人的健康，

为中华人民共和国的社会主义建设和无产阶级文化大革命的成就，

为印度支那人民的永恒团结和中国人民与老挝人民的永恒团结，

为全体代表和朋友的健康，

干杯！

（新华社北京二日电）

[illegible]的失败[illegible]的[illegible]，然而它[illegible]顽固和狡猾。美帝国主义竭力延长在越南南方的侵略战争，并把战争扩大到整个印度支那。尼克松今年四月二十日的讲话再一次赤裸裸地暴露了美帝国主义者的这一顽固的侵略立场。但是，不管他们如何顽固，如何狡猾，他们终将完全失败。我们印度支那人民为了自己民族的崇高事业，在五大洲朋友的支持和援助下，在联合声明的光辉指引下，将比以往任何时候更加加强团结，推进斗争，必将完全打败美国侵略者及其走狗。越南南方人民遵循伟大的胡志明主席的神圣遗训，决心乘胜奋勇前进，有力地把抗美救国斗争进行到最后胜利，解放南方，保卫北方，进而和平统一祖国。

最后，请诸位同我们一起举杯：

为兄弟的中国人民的伟大领袖、越南人民的伟大朋友毛泽东主席的健康长寿，

为林彪副主席的健康长寿，

为敬爱的周恩来总理的健康，

为敬爱的诺罗敦·西哈努克亲王元首和夫人的健康，

为敬爱的苏发努冯亲王主席的健康，

为敬爱的范文同总理的健康，

为印度支那各国人民反对美国侵略者及其走狗的斗争的胜利，

为中国人民在建设美丽、富饶和强盛的国家的事业中所取得的胜利，

为中国人民、越南人民、高棉人民、老挝人民之间的友谊万古长青，

为所有在座的诸位和朋友们的健康，

干杯！

（新华社北京二日电）

[illegible]国人民是越南人民的[illegible]，[illegible]是越南人民的可靠后方”的教导所给予我们抗美救国斗争的一贯支持和大力的帮助。

由于高棉人民、老挝人民和越南人民的战斗团结，由于各社会主义国家和整个进步人类的同情和支持，高棉人民、老挝人民和越南人民争取独立和自由的斗争一定会取得完全的胜利。

越南人民和越南民主共和国政府对中国成功地发射第一颗卫星和在探索宇宙方面向前迈进一步这一新的胜利表示热烈的祝贺。

同志们和朋友们，现在我提议：

为毛泽东主席的健康和长寿，

为林彪副主席的健康，周恩来总理的健康，

为诺罗敦·西哈努克亲王和夫人的健康，

为苏发努冯亲王的健康，

为阮友寿主席的健康，

为在座的全体同志和朋友的健康，

干杯！

（新华社北京二日电）

全国人民热烈庆祝“五一”国际劳动节

（**上接第二版**）本钢钢厂五号电炉炼钢工人，在“五一”节前夕大胆革新了旧设备，并且在“五一”节这天胜利投产，使每炉钢的产量提高了百分之八十。这一天，炼钢工人通过开展炉与炉之间的快速炼钢革命竞赛，为国家多炼了九炉高级优质钢。武钢工人贯彻执行毛主席亲自制定的《**鞍钢宪法**》，认真执行“**独立自主、自力更生**”伟大方针，在“五一”前胜利地建成了现代化大型球团烧结工程，并在节日这一天正式投入生产。工人们兴奋地说：我们取得的这一成就有力地证明，有了伟大领袖毛主席的英明领导，有了战无不胜的毛泽东思想指引，我们工人阶级的革命积极性和创造性就能得到充分发挥，就能不断克服困难，夺取新的胜利。

大庆油田的工人满怀革命豪情，座谈学习《人民日报》庆祝“五一”国际劳动节的重要社论，回顾大庆油田建设发展的过程，高兴地说：经过我们工人阶级勤劳的双手，一个具有世界先进技术水平的大油田屹立在茫茫的草原上。这一成就说明，只有用毛泽东思想武装头脑，我们工人阶级才能充分发挥自己的聪明才智。大庆工人正是依靠毛泽东思想，才打破了帝、修、反的封锁，闯出了一条独立自主发展石油工业的道路。

各地煤矿工人广泛举行了庆祝会、报告会和讲用会，并且用抓革命、促生产的新成绩来庆祝节日。在宁夏回族自治区石咀山矿务局第一煤矿的井下，到处呈现着团结战斗的革命景象。这个矿连日来班班超产，日日超产，提前五天完成了四月份生产计划。跨进红五月的第一天，工人们采用新的多工序综合作业，超额百分之一百二十完成了当天的计划。内蒙古乌达矿务局的广大革命工人，凭着一颗红心两只手，突破重重难关，建成一座大型机械化煤矿，在“五一”正式投入生产，当天就把采出的焦煤运往包钢，支援钢铁生产。矿工们说，这座新型煤矿的迅速建成，是贯彻执行毛主席的“**自力更生**”、“**艰苦奋斗**”的伟大方针，执行毛主席的**鼓足干劲，力争上游，多快好省地建设社会主义**的总路线的伟大胜利。

江西、湖北、四川、云南等省机械工业的工人，以新生产的汽车，向“五一”国际劳动节献礼。江西井冈山汽车制造厂的工人，大破“洋奴哲学”、“爬行主义”，在去年造出五百多辆汽车的基础上，七十年代第一个“五一”国际劳动节前夕又胜利完成了三百辆汽车的生产任务。云南省许多工厂大搞社会主义协作，自己设计、制造出一百多辆“昆明牌”载重汽车、农用汽车和几十台拖拉机。“五一”节这天，这批装饰一新的汽车和拖拉机行驶在昆明街头，向全省人民报喜，街头上响起了热烈的掌声和欢呼声。工人们说：我们能够取得这些成就，集中到一点，是坚决按照毛主席的指示办事。对毛主席的指示，照办，就有正确的方向；照办，就有无穷无尽的力量；照办，就能团结起来，争取更大的胜利。

正在为加速发展我国科学技术而努力的广大革命工人和科学技术工作者，在我国成功地发射第一颗人造地球卫星的喜讯鼓舞下，在“五一”国际劳动节的光辉日子里，满怀胜利豪情地说：在毛主席的英明领导下，我们的伟大祖国已经成为一个初步繁荣昌盛的社会主义国家。勇敢、勤劳、智慧的中国人民有志气，有能力，一定能够赶上和超过世界先进水平。首都工人阶级在创造单晶炉的过程中，发挥劳动人民的聪明才智，以继续革命的精神不断攀登科学技术高峰，“五一”节前夕又创造了具有先进技术水平的大型单晶炉，同时在发展电子工业的技术上又取得了许多重大进展。天津市原来由八名家庭妇女办起来的红声半导体器件厂，工人们活学活用毛主席的光辉著作，破除迷信，解放思想，发扬自力更生、艰苦奋斗的革命精神，生产出各种型号半导体晶体管全套金属配件。“五一”前夕，这个厂又超额百分之三十完成了四月份生产计划，为发展电子工业做出了贡献。

各地广大科学技术工作者在节日期间畅谈了在毛泽东思想的指引下，思想革命化和科学技术研究方面所取得的成就。大连化学物理研究所的革命知识分子，走出科研机关大门，认真接受工农兵的再教育，在加速思想革命化的同时，胜利完成了“新型粘合器”等十一个科学研究项目，还帮助一些工厂试制和研究成功了五项新产品、新技术。中国科学院冰川冻土沙漠研究所的革命科学工作者，发扬一不怕苦、二不怕死的革命精神，爬冰山，走沙漠，在珠穆朗玛峰上创造了世界测绘史上的新纪录，在冰川、冻土、沙漠等方面的科学研究工作中取得了新成果。科学工作者深有体会地说：毛泽东思想的威力，不但在阶级斗争中充分发挥出来，而且也在生产斗争和科学实验中充分发挥出来。毛泽东思想给了我们智慧和力量，使我们敢于走前人没有走过的道路，攀登科学技术新高峰。

正在夺取今年农业新丰收的我国农村广大贫下中农、社员群众和革命干部，五月一日这一天纷纷举行各种活动，欢庆全世界无产阶级和劳动人民团结战斗的节日。伟大领袖毛主席的家乡——湖南韶山的贫下中农，回顾在“九大”精神鼓舞下所取得的重大成就，深有体会地说：过去这一年，国内外形势一片大好，我们韶山的形势也越来越好。“九大”以来，全区新开水田六百多亩，新开旱地两千多亩，战胜特大山洪灾害，获得粮食大丰收。我们所取得的成就，证明了一个伟大真理：紧跟毛主席就是胜利。山东省滨县杨柳雪大队全体贫下中农，“五一”前夕在家庭毛泽东思想学习班上，认真收听、学习和讨论了《人民日报》“五一”国际劳动节社论。大家回忆了杨柳雪夺取粮、棉双丰收的战斗历程，深有感触地说：我们祖祖辈辈居住在黄河下游这块盐碱洼地上，旧社会由于头上有帝国主义、封建主义、官僚资本主义三座大山，我们贫下中农的智慧受到压制，杨柳雪十年九灾，粮、棉产量很低。今天，用战无不胜的毛泽东思想武装了我们贫下中农的头脑，我们就有了无穷的力量，就能改天换地，叫盐碱低头，洪水让路，叫粮食过千，皮棉超百。地处杭嘉湖平原的浙江省平湖县的广大干部和社员群众，在欢庆“五一”国际劳动节的日子里，回顾连续多年夺得粮、棉双高产的成就，兴奋地说：沿着毛主席指引的航向前进，去年全县创造平均亩产粮食一千一百五十六斤、皮棉一百五十斤的新成绩，这生动地说明，用毛泽东思想武装起来的人民群众，是真正的英雄。我们决心沿着毛主席指引的道路，戒骄戒躁，乘胜前进，夺取今年粮、棉的更大丰收。

全国各族人民和人民解放军指战员，在欢庆“五一”国际劳动节的时候，决心更加紧密地团结在以毛主席为首，林副主席为副的党中央周围，坚决贯彻执行毛主席关于“**提高警惕，保卫祖国**”、“**备战、备荒、为人民**”的伟大战略方针，更好更快地完成“九大”提出的各项战斗任务。广大群众表示要更好地发扬无产阶级国际主义精神，坚决支持英雄的阿尔巴尼亚人民的反帝反修斗争，坚决支持英雄的越南人民把抗美救国战争进行到底，坚决支持老挝人民的抗美救国斗争，坚决支持柬埔寨人民在国家元首西哈努克亲王领导下的反美爱国的正义斗争，坚决支持印度支那人民最高级会议的联合声明，坚决支持日本人民、朝鲜人民和亚洲各国人民反对日美反动派复活日本军国主义的斗争，坚决支持世界各国人民的革命斗争，坚决同全世界无产阶级和革命人民紧紧地团结在一起，把打倒美帝、苏修和各国反动派的伟大斗争进行到底！

天津日报

1970年5月3日 星期日 第四版

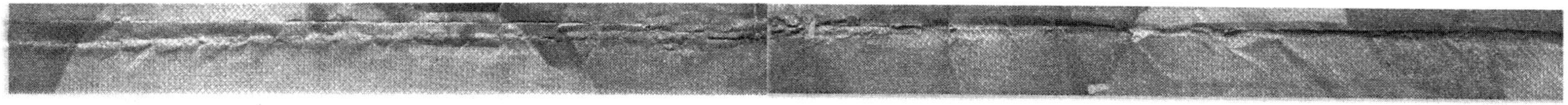

上图　我们的伟大领袖毛主席和他的亲密战友林彪副主席在天安门城楼和首都军民、外国朋友一起欢度"五一"国际劳动节。

新华社发

左图　我们最敬爱的伟大领袖毛主席和他的亲密战友林彪副主席，五月一日接见了柬埔寨国家元首、柬埔寨民族统一阵线主席诺罗敦·西哈努克亲王和夫人以及其他柬埔寨贵宾。

新华社发

左图　首都人民载歌载舞，欢庆七十年代第一个「五一」国际劳动节，欢呼我国成功地发射了第一颗人造地球卫星，欢呼战无不胜的马克思主义、列宁主义、毛泽东思想的伟大胜利！

新华社记者摄

右图　五一节之夜，首都郊区农民在天安门广场演出革命文艺节目，热情宣传毛主席人民战争的光辉思想，欢呼各国革命人民反对帝、修、反斗争的伟大胜利。

新华社记者摄

《文革史料叢刊》六冊

李正中編著 古月齋叢書3-5

第一輯共六冊，圓背精裝
ISBN：978-986-5633-03-5

第二輯共五冊，圓背精裝
ISBN：978-986-5633-30-1

第三輯共五冊，圓背精裝
ISBN：978-986-5633-48-6

文革史料叢刊 內容簡介

《文革史料叢刊第一輯》共六冊出版了。文革事件在歷史長河裡，是不會被抹滅的，文革資料是重要的第一手歷史資料。其中主要的兩大類，一是黨的內部文宣品，另一是非黨的文宣品，本套叢書搜集了各種手寫稿，油印品，鉛印文字、照片或繪畫，或傳單、小報等等文革遺物，甚至造反隊的隊旗、臂標也不放過，相關整理經過多年努力，台灣蘭臺出版社出版《文革史料叢刊》，目前已出版第一輯六鉅冊，還在陸續出版中。

蘭臺出版社書訊

第一輯－第三輯（三輯）目錄

文革史料叢刊第一輯

第一冊	頁數：758
第二冊	頁數：514
第三冊	頁數：474
第四冊	頁數：542
第五冊	頁數：434
第六冊	頁數：566

9 789865 633035　20000

古月齋叢書 3　定價　20000元

文革史料叢刊第二輯

第一冊	頁數：188
第二冊㈠	頁數：416
第二冊㈡	頁數：414
第二冊㈢	頁數：434
第三冊	頁數：470

9 789865 633301　20000

古月齋叢書 4　定價　20000元

文革史料叢刊第三輯

第一冊	頁數：239
第二冊	頁數：284
第三冊	頁數：372
第四冊㈠	頁數：368
第四冊㈡	頁數：336

9 789865 633486　25000

古月齋叢書 5　定價　25000元

書款請匯入以下兩種方式

銀行
戶名：蘭臺網路出版商務有限公司
土地銀行營業部（銀行代號005）
帳號：041-001-173756

劃撥帳號
戶名：蘭臺出版社
帳號：18995335

100 台北市中正區重慶南路1段121號8樓之14
TEL：（8862）2331-1675 FAX：（8862）2382-6225
E-mail：books5w@gmail.com
網址：http://bookstv.com.tw/